谨 以 此 书 献 给

为祖国空天防御事业不懈奋斗的人们

钱文极在国立同济大学

钱文极（右）与黄纬禄

钱文极（左一）与王诤（右二）、林爽（右一）、刘有光（左二）在莫斯科

徐馨伯被授予上校军衔

徐馨伯在南京军事学院

徐馨伯（左一）和国防部五院二分院同事

青年时期的陈怀瑾

晚年的陈怀瑾

陈怀瑾（右）和蒋鄭平在美国考察时与航天员合影

解放战争时期的柴志

柴志（左一）欢迎试验队归来

时任二院院长柴志在表彰大会上讲话

解放战争时期的耿锐

耿锐（中）与战友

耿锐（前排右二）与同事在 061 基地大院办公楼前

谈凤奎（右一）与同学在湖南第一师范

谈凤奎在办公室

谈凤奎作会议发言

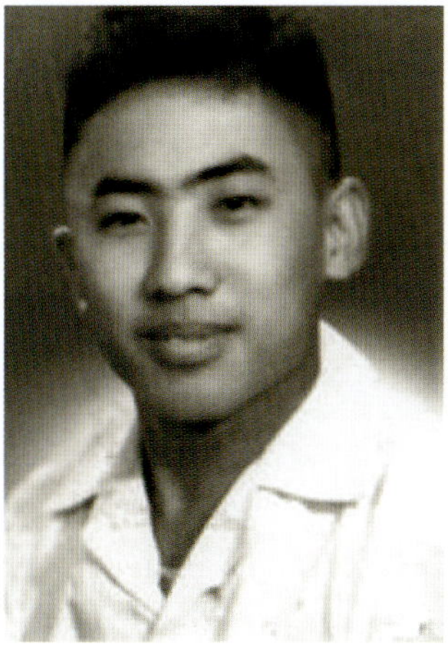

青年时期的徐乃明

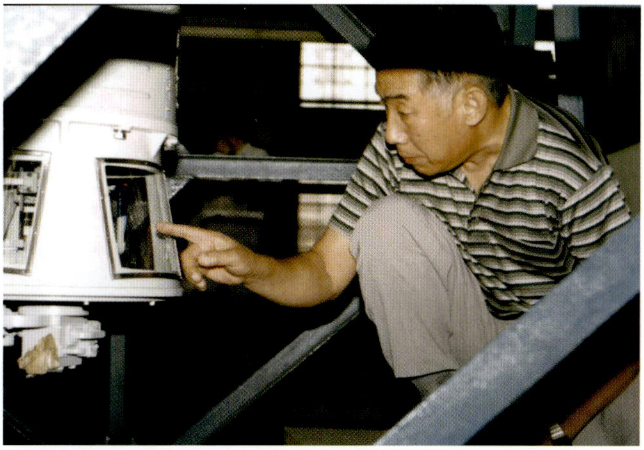

徐乃明在海红旗七号试验现场检查工作

徐乃明（中）与陈定昌（左）、黄纬禄（右）在基地

青年时期的陈国新

陈国新（左）与钟山

任红旗七号设计师时的陈国新

参军入伍时的吴北生

在试验现场（左起：陈定昌、沈忠芳、钟山、吴北生、陈金坤）

时任二部主任吴北生在办公室

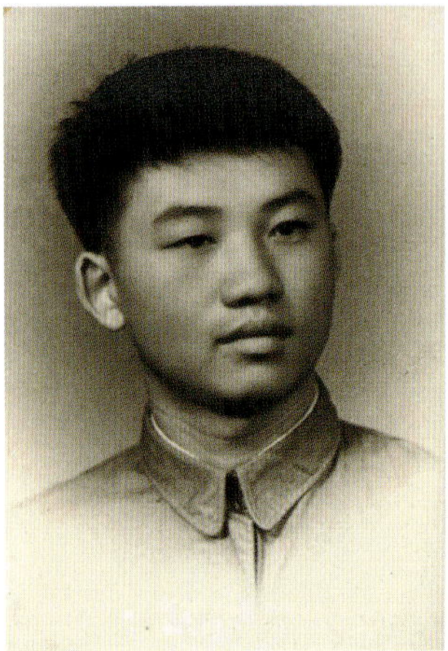

青年时期的沈忠芳

沈忠芳（左二）与同事们在试验场

沈忠芳在办公室

青年时期的张福安

张福安（右一）和技术人员讨论红旗七号方案

张福安在办公室

青年时期的王国祥

王国祥在办公室

主持二院党委工作的副书记孙庚臣（左二）迎接王国祥（右二）等试验队员凯旋

导弹人生 上

DAODAN RENSHENG

● 马 杰 宋晓明 主编

1956 1960 1982 1987 2005 2013
1964 1966 1990 1999 2019 2022

中国宇航出版社
·北京·

图书在版编目（CIP）数据

导弹人生 ：全 2 册 / 马杰，宋晓明主编. --北京 ：中国宇航出版社，2022.4（2024.7 重印）

ISBN 978-7-5159-2054-2

Ⅰ. ①导… Ⅱ. ①马… ②宋… Ⅲ. ①航天工程—科学家—生平事迹—中国—现代 Ⅳ. ①K826.16

中国版本图书馆 CIP 数据核字(2022)第 046383 号

责任编辑 刘　凯　　　**装帧设计** 易美优创

出版发行 中国宇航出版社

社　址 北京市阜成路 8 号　**邮　编** 100830
(010)68768548

网　址 www.caphbook.com

经　销 新华书店

发行部 (010)68767386　(010)68371900
(010)68767382　(010)88100613(传真)

零售店 读者服务部
(010)68371105

承　印 北京中科印刷有限公司

版　次 2022 年 4 月第 1 版
2024 年 7 月第 6 次印刷

规　格 710×1000

开　本 1/16

印　张 67.25　**彩　插** 12 面

字　数 864 千字

书　号 ISBN 978-7-5159-2054-2

定　价 168.00 元（全 2 册）

编 委 会

序 言

2022年是我国进入全面建设社会主义现代化国家、向第二个百年奋斗目标进军新征程的重要一年，也是中国航天科工集团第二研究院成立65周年，作为共和国神盾利剑的锻造者，二院不断书写着壮丽的空天防御事业新篇章。

二院创建于1957年11月16日，建院初期为国防部第五研究院二分院，是我国火箭（导弹）控制系统专业技术研究院，现为我国空天防御技术总体研究院，是我国重要的导弹装备研制生产基地。建院以来，一代代二院人秉承“国家利益高于一切”的核心价值观，勇扛“科技强军，航天报国”顶梁之责，以“有矛必有盾”的胆魄和自信，白手起家，艰苦奋斗，走出了一条自力更生、自主创新发展我国导弹事业的成功之路，积淀了生生不息、代代相传的航天精神。

习近平总书记指出，“科学成就离不开精神支撑。科学家精神是科技工作者在长期科学实践中积累的宝贵精神财富。”二院党委主持编写的《导弹人生》是一次可贵的尝试，也是传承航天精神、弘扬科学家精神的一次生动实践。在航天工程研制实践中，二院逐步探索形成了以总指挥系统和总设计师系统为代表的“两总”系统，为完成各项型号任务提供了强有力的组织保证。本书选取了二院代表性研制型号的基本型中，已退休、且过脱密期的型号总指挥、总师正职，已编入《中国航天院士传记丛书》的两总不再列入本书，全书共收录了12位型号两总的故事。他们分别是红旗一号总设计师钱文极，红旗一号总设计师徐馨伯，红旗二号总设计师陈怀瑾，巨浪一号、东风二十一号总指挥柴志，红旗七号总指挥耿锐，红旗七号总指挥谈凤奎，红旗七号总指挥徐乃明，海红旗七号总设计师陈国新，第三代防空武器系统技术总负责人、总设计师吴北生，第三代防空武器系统总指挥沈忠芳，第三代防空武器系统总设计师张福安，第三代防空武器系统总指挥王国祥。

全书分为上下两册，共 80 余万字，以客观、严谨、求实的态度讲述型号两总的一生，既有对他们成长经历的精彩描写，也有对两总系统团队在型号研制历程的专业解读。撰稿人在创作中更是倾注了深深的敬意，使故事更具感染力和原创价值。

首先，本书具有史料价值。这是我国第一本系统总结导弹研制的两总故事的读物，当一个对国家有着重大贡献的特殊群体还不为社会广泛熟知的时候，填补空白就显示出巨大的价值。本书大量的资料来自于型号档案，来自于两总本人或相关人员的口述。故事中收录的 12 位两总中有 8 位已经离开了我们，读他们的故事，令人抚册追忆，思绪绵绵。随着时间的流逝，这本故事集的史料价值将越来越显得弥足珍贵。

其次，本书具有实践价值。型号两总是我国航天事业的重要参与者和组织者，是我国航天事业人才队伍的杰出代表，他们的科研生涯和工程经历，也是我国空天防御事业的历史缩影。在艰苦卓绝的奋斗和拼搏中，为保证型号任务的圆满成功，两总系统探索和总结出许多型号研制中的宝贵经验，如“四共同原则”“型号管理十六字令”等，时至今日，对我国武器装备型号研制仍具有重要的借鉴价值和启示意义。

第三，本书具有文化价值。品读这本故事集，读者不仅了解两总系统对我国航天事业作出的积极贡献，而且可以学习他们胸怀祖国、服务人民的爱国精神，勇攀高峰、敢为人先的创新精神，他们是航天精神、科学家精神的实践者、传承者，他们的事迹值得后人敬仰和学习，将激励新一代航天人砥砺“以身许国万事轻”的勇毅担当，激扬“敢为天下先”的创造豪情，为实现中华民族伟大复兴作出新的更大贡献。

站在新的历史起点上回望，珍贵的记忆里闪耀着时代的光芒。讲述型号两总的故事，让榜样的力量在新时代熠熠生辉，这是对型号两总们的敬意，也是对两总系统团队的致敬，更是对中国共产党领导下的空天防御事业奋斗征程的礼赞！

本书编委会

二〇二二年四月

总目录

钱文极的故事

钱文极（1916.6.10—2006.6.15)，原名钱景伊，江苏省太仓县（今太仓市）人。在抗日战争时期、解放战争时期及新中国成立后从事通信设备的设计、制造与领导工作，是我国第一代地空导弹总设计师，曾任通信兵部军事电子科学研究院副院长、国防部第五研究院二分院副院长、第七机械工业部第二研究院副院长、第四机械工业部第十九研究院院长、国家电子计算机工业总局副局长。他长期从事通信机研制技术领导工作和地空导弹武器系统研制的领导工作，主持完成了红旗一号、红旗二号等型号研制任务，对我国通信技术、电子技术、导弹技术、计算机应用事业的发展和相应的技术基础建设作出了重要贡献。

◎目　录

第一章 投笔从戎 奔赴延安誓救国

钱文极，原名钱景伊，1916年6月10日出生于江苏省太仓县（今太仓市）牌楼乡（今浮桥镇牌楼社区）一个乡绅家庭。他从小性格平和、做事认真，功课始终名列前茅。初中毕业后，他以优异成绩考入上海国立同济大学附属高级中学。中学时他便是无线电爱好者，关心国事，立志科学报国。“七七”事变爆发后，他毅然放弃大学学业投身抗日，成为同济大学第一批投笔从戎的大学生，后经辗转武汉来到延安，开启了自己的革命生涯。

1. 儿时悠悠成绩佳

钱文极出生在江苏省太仓县（今太仓市）牌楼乡（今浮桥镇牌楼社区）。太仓位于长江口南岸，这里不仅风景秀丽，而且物产丰富，更是自古重视读书，是科举状元进士辈出之地。

钱家祖辈是当地名门大户。钱文极的祖父钱守卿，是颇有威望的老乡董；祖母顾氏，贤淑能干，勤俭持家。到他的父亲钱汉平一辈时家境日渐发达，拥有数十间房屋和500多亩土地，自种30多亩，其余雇长、短工耕种。

钱汉平(1889—1952)，字深淮，毕业于江苏省立第四中学首届高中，是当时家族中文化程度最高的人。承前辈勤学之风，以教书育人为始，在乡里原有私塾的基础上，钱汉平创办了牌楼乡小学，自1913年担任牌楼乡小学第一任校长至1932年，是该校任职时间最长的一任校长，而后从政，曾任太仓县参议员，第三区区长，致力于家乡的文化教育事业。1937年11月，日本侵占太仓，成立伪太仓县维持会。他辞去所有公职，拒不参政，退居在家，经营家业。钱汉平性格刚毅，行事果断，思想开明，为人严肃，一生省吃俭用，善于经营。

其妻闵氏(1887—1952)，出身大户人家，秉性善良贤惠，勤俭持家，养育子女，辛劳一生。尽管裹着小脚，仍每天身穿粗布衣、头戴粗布巾，肩扛锄头与长工一起下地干活，收工回来便料理家务，并遵丈夫要求坚持识字。

“玉不琢不成器，人不学不知义。”钱汉平夫妇教子有方，先后将三个儿子钱景仁、钱文极（当时叫“钱景伊”）和钱景伟送入乡里最好的小学和中学读书，兄弟三人又均考入国立同济大学。除钱文极中途退学参军，另二子先后毕业于同济大学。

1922年，钱文极进入太仓县牌楼乡小学读书。他性格平和，做事认真，功课总是名列前茅。他喜欢体育运动，短跑速度快，小皮球踢得尤其好。这是一种橡皮球，踢法和足球一样，只是每队只有7个人，场地也小。踢好是件不容易的事，但钱文极的左右脚都踢得很好。

五年级时，父亲送他到太仓县城的省立太仓中学附属小学读书，这是当时太仓县最好的小学。学校离家24里路，钱文极便开始住校生活。小学毕业时，他学习成绩列全校第二名。

1929年，钱文极考入太仓县省立太仓中学初中部读书，各科成绩中数学成绩是最好的，每次都是甲等。中学毕业后，钱文极以优异的成绩考入国立同济大学附属高级中学。

2. 中学痴迷无线电

1931年9月18日，日本发动“九一八”事变，相继占领东三省，1932年1月28日，日军侵略上海。钱文极目睹了日本帝国主义的侵略行径，深切感受到国家遭受侵略的屈辱。初中时，他就对自然科学非常感兴趣，加之对帝国主义侵略的愤恨，因此萌生了科学救国的朴素思想，促使他在初中毕业后报考了同济大学附属高级中学。同济大学是德国人创办的，采用德国的教学内容和教学制度，考入同济附中后将来可以直接升入同济大学的工学院。

同济附中特别注重德文教学，一年级时每天上午四节课里有三节是德文课。那时中学的部分课本采用德文，大学后全是德文。在“科学救国”思想影响下，钱文极热衷学习技术和技能，功课中数学和物理最好，一直都是甲等。

同济附中的管理模式与大学基本一样，除上课外，课余时间完全由学生自己支配。每天自由活动的时间很多，因此学生们在课余时间可以根据自己的爱好，参加体育运动、学习乐器等。

在同济附中时的钱文极

高中时，钱文极和爱好篮球的同学组建了“稚鹰”篮球队，课后经常一起练球。为了提高球技，他们还专门请了同济大学篮球队的一位队员做教练，从最基本的动做练起，拿球、拍球、投篮，再到进攻、防守、队形变化。教练讲解认真，要求极其严格。在教练的指导下，球队的技术水平提高很快，两年后，“稚鹰”队成为校内各队中的佼佼者。每年他们都参加上海市的各种比赛，虽然是一支业余球队，但接近专业队水平。

钱文极是球队主力，多次担任球队队长。他的弹跳力很好，中距离投篮命中率高，而且左右两手都能在行进中单手上篮。除了喜爱篮球运动，他还参加网球、足球、排球和田径等运动。体育锻炼使钱文极拥有了良好的身体素质。

除了打篮球，最让钱文极痴迷的莫过于钻研无线电。初中时钱文极看到堂叔买的一台德国进口的三灯收音机，引起了他的极大兴趣。1932 年夏天到上海考高中时，钱文极专门到书店，购买了一些关于矿石收音机的基础书，开始自学。进入高中后，钱文极就开始自己动手组装收音机了。

一开始，他和几个同样爱好无线电的同学王辅民（任第四机械工业部

772 厂总工程师）、王叔皓（后更名为王立，任第五机械工业部副部长）一起，大家共同出钱，一起购买零件、仪器和书籍，学习组装。当时的同济附中在吴淞镇附近，他们利用矿石收音机可以接收到从上海发送来的音乐。1935 年，钱文极和王辅民等人看到美国的一本杂志上，有一篇讲述制作五公尺超短波发话机的文章，便按照原理图自己设计制作了两台收发话机。在宝山县附近的一片空地上，他们开始了首次野外试验。第一次试验就取得了成功，钱文极钻研无线电技术的兴趣更加浓厚了。

后来又有五六个同学加入进来，钱文极和同学们便将活动组织取名“同济无线电研究会”。他们在校外租了一间 20 平方米的房间作为活动场所，配备了工作台、仪器工具柜、书架等，并陆续购买了很多无线电零件、仪器、仪表和改锥、钳子等工具，还有不少无线电方面的书籍，并长年订阅一些中英文无线电杂志，如《业余无线电手册》《中国无线电》《Short Wave Craft》等。

看到学生们对无线电的热情，物理老师王世模主动提出给研究会的同学们义务讲授交流电路的知识，让同学们非常开心，学习知识更加系统了。

参加研究会的同学每人每月交 5 元会费。那时每人每个月的伙食费只有 8 元。一个学期下来，钱文极花在无线电方面的费用大概有三五十元，相当于一名普通学生一个学期的生活费。

稚鹰篮球队合影（前排右二为钱文极）

钱文极（工作台后面右侧）在自建的工作场所内

身处这样的环境，钱文极课外时间大都用在埋头钻研无线电知识上了。令钱文极意想不到的是，在这里学到的无线电知识，竟然为他一生从事的革命事业奠定了良好的专业基础。

在课余时间，钱文极阅读了许多中外小说，最多的是俄国小说，尤其是俄国十月革命前一些著名作家的作品，如屠格涅夫的《罗亭》《父与子》，陀思妥耶夫斯基的《罪与罚》，托尔斯泰的《复活》；十月革命以后的小说主要有绥拉菲莫维奇的《铁流》，法捷耶夫的《毁灭》，高尔基的《母亲》《童年》《我的大学》，革拉特珂夫的《士敏土》。

钱文极还是《生活周刊》的忠实读者。1931 年日本侵占东三省后，《生活周刊》的政治倾向性越来越鲜明，宣传抗日救国，反对内战，对当时社会上进步青年的影响越来越大。国民党屡次禁止出版，但该周刊总以变换刊名、改变地址等方式继续顽强地发声。这个周刊还经常报道苏联的情况，钱文极特别喜欢这个刊物。

1936 年秋，钱文极（第二排右一）和同济附中“三五”级同学去南京、无锡和苏州旅行

这些进步文学和抗日救国期刊，让钱文极的政治思想逐步成熟，基本形成了他今后一生的行事作风和思想

品性。与他一样的积极分子还有王立、施家淦（后更名为肖淦，我国兵工事业的创业者之一，著名的火炸药和固体推进剂专家。曾任我国第一个火炸药研究所和第一个固体火箭推进技术研究所所长、第二机械工业部第三研究所所长、第七机械工业部第四研究院副院长）、陈志德、任有性、王辅民等人，他们对苏联和共产党有了初步的认识。

高中时期的钱文极已经开始思考社会问题，那时他目睹了帝国主义侵略中国的情景，对帝国主义的侵略行为极为不满。至于怎样救国， 怎样才能使国家强大起来，怎样才能把日本帝国主义赶出中国，那时他并不能直接听到中国共产党的主张，受到马克思主义的教育，这些问题并没有找到答案。

在高中毕业纪念册上，钱文极这样写道：我无所知，亦无所得。这也许就是他努力求索而未果的注解吧。

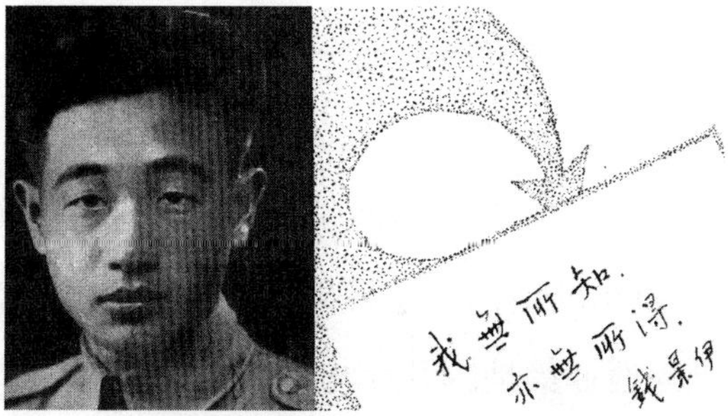

钱文极在同济附中毕业纪念册的毕业留言

3. 大学国难弃学业

1936 年，钱文极直接升入同济大学工学院机械系读书。当时的同济大学只有医科和工科两个学院。同济大学用德语授课，完全采用德国教学体制，学制为五年。工学院开设机械、土木、测量等专业，并未开设电机或无线电专业。

同济大学创办于 1907 年。校歌中这样写道：

好一片中华大地，不振兴工艺，真可惜，真可惜！

同有耳目，同有手足，同有心思才力，不作工负了好教育。

勤劳、诚毅，提携我中华国民，

同舟共济，同舟共济，振兴工艺；

……

这一办学宗旨正好符合钱文极科学救国的理念。

新入校大学生的第一年主要是工作实习。上午在实习工厂做工，学习手艺；下午安排体育课、公民课，或是英语课。钱文极上学时勤奋刻苦，做事非常自律，除上课外，大部分时间都是在图书馆度过的。

1937 年上半年读完大学一年级后，钱文极和同学们一起参加了上海市大学生军训，时间有一个多月。期间“七七”事变爆发，揭开了全面抗战的序幕。

军训结束后返回学校，钱文极继续钻研无线电，他和王辅民制作了一台 40 米的业余波段发射机，电台呼号为 XU8TC，成功联通了日本、菲律宾、马来西亚等地的几个电台，这让他非常兴奋。

与此同时，上海的局势越来越紧张。1937 年 8 月初，同济大学校长翁之龙当机立断，部署学校向上海市区公共租界搬迁。至 8 月 12 日，全校师生及物资撤离吴淞迁入市区。9 月 1 日，日军轰炸了位于吴淞的国立同济大学，经营近三十年的同济大学校舍被日军夷为平地。面对日益恶化的局势，同济大学决定迁往浙江金华。

进入同济大学的钱文极

就在钱文极回到太仓牌楼乡家中的第二天，“八一三”淞沪会战爆发。他的家乡离上海仅 50 公里，上海战事的发展对家乡影响很大。父

参加上海市大学生集中军训时的钱文极

亲担心他的安全，不让他出去，在家无事可做，钱文极内心焦虑不安，他便向父亲提出要回学校去。父亲认为浙江方向相对安全，便同意了他的想法。

11 月初，钱文极乘小船到达苏州，因苏嘉铁路已被炸断，便沿着运河向嘉兴徒步前行，几经周折才到了金华，回到学校。那时到校的学生已有半数，学校安顿下来后陆续开课。

11 月 12 日，中国军队在淞沪浴血奋战后撤离上海，上海沦陷。许多同学的家乡被日军占领，难以安心在校读书，感到中华民族到了生死存亡的关头，继续读到毕业还有四年的时间，他们不敢想象四年之后的国家会是怎样的情景。于是同学们组织起来向学校请愿，要求缩短学制，以适应战时需要。钱文极也参加了请愿活动，但学校没有给出答复，请愿无果。

1937 年 11 月，同济大学的学生组织了一支 20 多人的救亡宣传队，钱文极被选为队长，带领同学们一起到金华县（今金华市）郊区等地开展抗日救亡的宣传活动。

上海失守一个月后，日军先后占领南京、杭州。由于学制不能缩短，钱文极感到继续这样读书完全不符合时局的变化，形势已非常危急，国家和民族受到灭亡的威胁，指望国民党打赢抗战的想法逐渐破灭，他想到了去延安找共产党。尽管父亲一心希望他完成学业留学德国，并已为他准备好了出国学习的费用，但在钱文极心中，想的却是国家与民族的命运，是怎样把日本帝国主义赶出中国的问题。

4. 辗转武汉奔延安

在这种紧张动乱的时局下，有同学在《东南日报》上看到了一则“武昌无线电短期训练班”的招生广告，广告声称这是一个战时无线电训练班，经过短期训练即可派往前线部队。招生条件是高中毕业，入学方式是由学校军事教官介绍到当地的师管区（相当于军分区），再由师管区介绍至训练班，同时师管区承担前往训练班的路费。

看了广告后，同学们开始酝酿着去训练班的事。钱文极很快就决定要去参加这个训练班。他觉得在国家的危难关头，不能再坐在教室里读书了，他说：“正值青春，不去为保卫祖国而战，更待何时！”怀着这样的信念，钱文极下决心放弃文凭，投身抗日。

最终，包括钱文极、任有性、王叔皓、王辅民等在内的10名学生，决意投笔从戎。他们很快办理了退学手续，按广告上的要求，在金华师管区办理好介绍信，领取了路费。

1937年11月30日晚，在金华火车站，列车即将驶离站台。钱文极等10名学生登上火车。他们是同济大学金华校区中第一批自愿放弃大学学业、参加抗战的学生。很多同学来到车站送行，场面十分热烈感人。就这样，一批热血青年，义无反顾，心怀救民族于危难的满腔热忱，走出校门。

在路上，为了能够统一行动，大家推选钱文极担任领队。在金华上车后，车内几乎无立足之地，钱文极从车窗爬到车外，在车顶上躺了一夜。一路上交通既拥挤又混乱，他带领大家由金华到南昌，再换车到九江，在九江换乘轮船，12月5日到达汉口，次日他们便前往武昌去训练班报到。

训练班实行严格的军事化管理。见了上级要立正，说话要先喊报告，对于一路风尘仆仆赶来参战的年轻人，见此状很不理解。国家和民族已危在旦夕，为什么还在这里固守形式、拘于礼节？尤其他们是过惯自由生活的青年学生，这种约束与他们追切的报国之心相抵触。反感的情绪引发了他们对训练班的猜疑，在这里毕业后去什么地方工作？大家开始四处打听。

当时训练班还没有开课，报到的学员连他们一共 20 多人，工作人员也不多。打探的结果要么含糊其词，要么避而不答。这让同学们对训练班的办学目的产生了疑问，这是一个战时训练班吗？会不会是特务训练机构？大家心里既不安又害怕，知道一旦进入这样的机构便很难脱身。冷静下来后一商量，同学们一致决定离开这里。他们开始积极准备，主要是将带进训练班的随身物品转移出去。两三天后，趁晚上天黑，同学们冒充刚搬进训练班院子里的医院工作人员，三三两两分批混出了门岗，成功实施了逃离计划。

离开训练班后，他们决定立刻离开武汉。最快的撤离办法就是各寻出路，于是有的同学投亲靠友，有的同学返回学校，钱文极和任有性等四人决定暂避长沙，再做打算。当晚他们乘火车离开武汉，12 月 15 日到达长沙。

在训练班前后不到十天时间，给钱文极的感觉犹如当头一棒，受到很大打击。回想离开学校不过半个月，但这半个月的经历给他的思想带来的影响是持久的。当时他们认识不到也做不到去调查清楚训练班的性质，只是直觉告诉他们青年学生纯洁的爱国热情被利用了。想到刚跨出校门第一步就险入火坑贻误一生，心中的愤恨难以平复。钱文极不再犹豫，决定去延安找中国共产党。

钱文极（右二）和同班的任有性（左一）、金永康（左二）、王叔皓（左三）、包其国（右一）在同济大学金华校区

这是他一生中做出的最重要

的决定，并且再也没有动摇过。多年后每当回忆起这段经历，钱文极不无感慨，进入训练班看起来是个挫折，但也是件好事，坚定了他走向革命的决心。

12 月底，钱文极和任有性返回武汉，经一位同学的姐夫介绍，他们联系上了八路军驻武汉办事处，当时办事处主任董必武任中央代表。钱文极拿到了由武汉八路军办事处开具的介绍信，让他们到陕甘宁边区参加安吴青年培训班。1938 年 1 月 10 日，钱文极等四位同学离开武汉，奔赴安吴堡。

第二章 学有所用 研制电台立战功

1938 年 1 月，钱文极到达延安后，进入安吴青年训练班，接受革命思想教育，后入陕北公学继续学习革命理论。1938 年 3 月，钱文极加入中国共产党，坚定了自己的理想信念，跟着共产党抗日救国,为民族解放而奋斗。在中央军委三局工作的七年时间里，他先后在材料厂从事小电台装配、大功率电台的设计和制作工作，在通信学校任教员，努力为我党培养通信人员，在抗日战争中作出了突出贡献。

1. 初到安吴青训班

1937 年，“七七”事变爆发。为抗战需要，中共中央在咸阳市泾阳县云阳镇筹建青年训练班，主要目的是培养青年干部，发展抗日力量。青训班第四期后迁至蒋路乡安吴堡村，时称安吴青训班。安吴堡地处泾阳县北，毗邻中共陕西省委机关所在地云阳，又十分靠近国民党统治下的西安，各种人员进出方便，易于掩护身份。这是共产党在抗日战争期间培训青年干部的重要场所，许多青年怀揣革命理想奔赴延安抗日，经八路军西安办事处的介绍，转赴安吴堡青训班。

“带着新鲜血液与朝气加入革命队伍的青年们，无论他们是共产党员或非党员，都是可宝贵的，没有他们，革命队伍就不能发展，革命就不能胜利。”这是毛泽东给安吴青训班两周年纪念的题词。抗战期间，安吴青训班共举办 14 期，培养了 12000 多名革命青年，他们有的去了延安，有的走上了抗日的最前线。革命精神的熏陶和战火的洗礼，使这些青年成为抗战和中国革命的中坚力量，被誉为“革命青年的熔炉，青运史上的丰碑”。

1938 年 1 月中旬，钱文极等四位同学到达陕西安吴堡镇，参加了八路军举办的安吴堡青年训练班第 4 期，钱文极被编入第七队学习。到安吴堡之前，钱文极对中国共产党的认识极其有限，只是通过很少的书籍和报刊上的报道略知一二，印象深刻的是美国记者埃德加·斯诺写的《西行漫记》中的前一部分。现在钱文极来到了青训班，在共产党的领导下学习和生活，看到、听到和体验到的一切都让他感到十分新鲜和激动。

训练班的集体生活紧张，条件十分艰苦，每天主要是上课或开会。上课时，学员们席地而坐用膝盖当桌子。晚上就寝时，学员们相互紧挨着打地铺。吃饭时，学员们只能蹲在院子里。

安吴堡青年训练班旧址

青训班的主任是冯文宾，副主任是胡乔木。胡乔木亲自为青训班班歌创作歌词，著名音乐家冼星海谱曲。“烈火似的冤仇积在我们心口，同胞们的血泪在交流，英雄的儿女在怒吼”，慷慨激昂的班歌在青训班广为传唱，鼓舞着每一位青训班学员。

对于来自上海且家境较好的钱文极来说，尽管生活和学习条件非常艰苦，但他很快便适应了新的环境。在日记中，他这样记录了自己当时的心情：

“我的情绪非常高涨、兴奋、热烈！因为我是来打日本、保卫祖国的！是为了革命的！要革命就应该不怕艰苦。这里到处是革命歌声嘹亮，这里到处充满着团结友爱，我仿佛变了一个人。”

共产党抗日救国的道理让钱文极大开眼界，他不仅拥护这些道理，还愿为此献出一切！学习使他发现自己在这方面的知识实在是太少了，因此求知欲望强烈，学习的积极性特别高。刚来北方钱文极不会说普通话，但他在学习、讨论的时候积极发言，努力学说普通话。

青训班结束后，钱文极被分配到陕北公学。听到这个消息，他兴奋得一夜未睡，因为就要去向往已久的革命圣地了！在钱文极心中，那里就是他人生的方向，就是他体现生命价值的战场。

在安吴青训班结业证上，胡乔木给学员们寄语：“聚在这儿我们上了生命的第一课，再会吧，我们到战场上去上第二课。我们将亲见祖国在血里得到自由，我们将在灿烂的乐园里上第三课。”钱文极终于在第一课中找到了自己久久探索的答案，科学救国不能摆脱强权的侵略和欺侮，只有跟随共产党，走上战场，才能让祖国重获自由。怀揣着这样的理想信念，一个青年学生从延安起步，开始了一个革命战士的斗争生涯。

2. 陕北公学再培训

全面抗战爆发后，大批爱国青年从全国各地涌到延安，当时在延安仅有一所大学就是抗日军政大学，已不能满足抗日战争的需要。为了培养优秀的抗战干部，1937 年 7 月，中共中央决定创办一所新的学校——陕北公学。因此，从安吴青训班毕业的学员大部分进入了陕北公学继续学习。

从安吴堡到延安约 400 公里路程，几百名学员要步行前往。为了安全，学员们被临时编队，每队一百人左右。七队队长田夫指派钱文极带一个队。钱文极接受了任务，带一队学员由安吴堡出发，一路风餐露宿，十余天后学员们到达延安。

陕北公学采取半军事化编制，将学员按分队和区队组织起来。分队为排，区队为连，全校为营。钱文极被编入第十一区队，队长是刘瑞森。十一区队共八个分队，每个分队一百人左右，学员上课以“区队”为单位，生活以“分队”为单位。

陕北公学位于延安东关清凉山的山坡上和山脚下。山脚下一个院子中，两边各有两排房子，中间是一个土操场。这个院子后面有一个广场，平时开会听报告大家就在广场上集合。讲台是一个半米多高的土台子。在这个广场后面的山坡上有一排石窑洞，陕北公学的校部就在那里。

课程主要有社会科学概论、抗日民族统一战线与民众工作、中国近代革命史、政治经济学、游击战争与军事常识等，学员每天学习 8 小时，上午上课，下午讨论或自习。那时上课没有课本，全靠个人记笔记。钱文极学习刻苦认真，尽管没有桌子和椅子，只能用膝盖当桌子，但他的笔记依然记得完整、清楚，每一次的笔记订在一起，就是一本很好的手写课本。遗憾的是，这些笔记在后来辗转中都遗失了。

系统的理论学习使钱文极掌握了中国共产党抗日救国的道理，认识到中国共产党是为民谋福利的政党，他完全拥护共产党的主张，并愿意为党的事业献出自己的一切。1938 年 3 月，钱文极向党组织提出了入党申请。经过组织培养和考察，1938 年 3 月 31 日，钱文极加入中国共产党。他站在鲜红的党旗下，庄严宣誓，为共产主义事业奋斗终身，永不叛党。陕北公学助理员宋新士和李其英两人是钱文极的入党介绍人。

1938 年 6 月，陕北公学的学习生活结束了，钱文极被安排到新成立的高级研究班继续学习。在随后三个月的集中学习期间，钱文极更加系统地学习了马恩列斯著作，理论水平有了较大提高。

学习结束，钱文极被分配到中央军委三局从事无线电工作。离校的前一天，一个容光焕发、身材瘦高的人来到研究班，与钱文极进行了一次谈话，鼓励他坚定革命信念，努力为党工作。后来他才知道，和自己谈话的人就是中央军委三局局长王诤。

中央军委三局局长王诤

王诤（1909.5—1978.8）1930 年参加中国工农红军，土地革命战争时期，屡建奇功。抗日战争时期，任军委通信联络局局长兼三局局长。曾任军委通信部部长，国防部第五研究院副院长兼二分院院长，中华人民共和国第四机械工业部部长，中国人民解放军副总参谋长兼原总参谋部四部部长。

自 1938 年起，钱文极就一直在王诤的直接领导下工作，直到 1963 年王诤调离国防部五院，前后一共 25 年的时间，他始终对这位老首长充满了敬意和感激。钱文极在回忆文章中写道：“他的形象时刻在我的脑海中浮现”“我在他领导下工作的二十多年中，深深感到他重视科学技术、尊重知识、尊重知识分子的精神是十分突出的。”从这些话语中足以看出王诤对他一生的重要影响。

3. 材料厂做技术员

中央军委三局始建于江西瑞金。1934 年 1 月，中央军委成立第四局（通信联络局），10 月改称第三局。1937 年 8 月，中央红军到达延安后改称中央军委三局，是负责保障党中央和全军通信联络的领导机关。

战争年代，通信是生命的保障线。1938 年，为打破国民党对边区的封锁，适应新四军和八路军深入敌后、广泛开展武装斗争的需要，党中央要求中央军委三局建立延安通信材料厂。1938 年 6 月，材料厂成立，由段子俊（新中国成立后任第三机械工业部副部长）任厂长。

延安通信材料厂位于距离延安 10 多公里的闫店子村，工厂设置在一处院子里，共有十多个窑洞和四五间小平房。由于材料厂的保密性质，院子周围的老百姓都被安排到其他地方居住。成立之初，规模并不大，只有 20 多人，设备只有一台小车床和一台台式手摇钻床。因为没有动力设备，所以只能用人力摇动车床。材料厂因陋就简，克服各种艰难困苦，艰苦创业，装配了数百部小型电台、电话单机和总机，为全军提供了良好的通信保障。

1938 年 9 月，钱文极到中央军委三局通信材料厂工作，担任业务指导员。

从这时起，他将自己的名字“钱景伊”改为钱文极。

当时材料厂唯一的工程师是罗沛霖（后当选中国科学院院士、中国工程院院士，任信息产业部高级工程师，西安电子科技大学电子信息工程专业主要创始人），负责材料厂的技术和生产工作。钱文极是技术员，主要从事军用通信机的生产制作工作，参与设计了一批小型收发报机，并投入小批量生产，装备了我军领导指挥机关的通信设备。

当时的电台有2瓦、5瓦、7.5瓦、15瓦发报机，线路都用的是哈特莱式，收报机主要是三灯再生式，也生产过一些四灯的，当时的工作方式是每人独立操作装配一架机器。从事装配生产的人员多为早年红军部队中的电台报务人员，他们在工作中摸索掌握了一些无线电知识，动手能力强，可以自装自修电台。然而，这种方式生产出来的电台一人一个样，质量也不可靠，钱文极发现问题后，组织大家对生产方式进行了优化。

延安时期，军委三局通信材料厂在闫店子村的旧址

军委三局通信材料厂自制的通信器材

1939年6月，材料厂已经可以自制一些可变电容等器件，具备了批量生产和流水作业的条件。钱文极自制机器底板图、面板图等，每批机器都按统一的图纸生产，统一的排列，统一的走线，每人按工序进行分工操作，完成装配的机器再由钱文极一人进行调试和检验，这

样出厂的机器每一批次都是一样的，质量也有了较大提高。

当时所用的材料、元器件除了从国民党统治区买来的部分外，主要依靠自力更生。钱文极主张就地取材，生长在山脊上的杜梨木质地坚硬，成为材料厂重要的制作材料，用途十分广泛，可以用来制作机箱，还有机器上可以用木头代替的东西，如面板、底板、机架、度盘、转扭、灯丝变阻器等都采用了杜梨木。对绝缘性能要求高的器件，钱文极就和大家一起，把成型的木质器件放在石蜡中煮一下，增加材料的绝缘性，这样做也大大节约了成本。难怪当时人们说，这样出厂的机器就好像是一架木头机器。

1940 年，材料厂元器件自给率达到 70%，部分满足了我军部队的需要。1940 年 7 月，军委三局为庆祝建厂两周年，举办了通信器材展览，展出了自制的生产设备、无线电收发报机及各种无线电元器件。中央领导同志参观了展览并题词，毛泽东欣然题词：“发展创造力，任何困难可以克服，通信材料的自制就是证明。”充分肯定了我军在通信材料制作过程中发挥的自力更生的创新精神。

在材料厂的那段时间，每天工作之余，钱文极大部分时间都用来看书钻研无线电技术。当时只能借到几本英文书籍，由于在大学期间他学习的是德语，为了能读懂这些英文版的无线电书籍，钱文极下功夫学习英语，经过半年多的时间，他的英语水平有了很大提高，基本可以看懂英文版无线电专业的书籍了。

4. 研制大功率电台

1940 年后，小电台的需求量减少，生产也相应减少了。随着战争形势的发展，材料厂开始组织生产一批大功率的发报机。钱文极主持设计了我军第一批 100 瓦主振强放式发报机，一共生产了十台 100 瓦的发报机。当时为了便于管理和节省材料，这十台发报机安装了一个共用的整流器。

罗沛霖调离材料厂后，陆亘一（曾任中央军委三局通信材料厂工程师、厂长，陕北新华广播电台工程师，中央广播事业管理处工程部副主任）担任了材料厂的工程师。陆亘一从牛津大学留学回国后来到延安，参加抗日，是解放区大功率电台的总体设计者之一。

1940 年，为了加大新华通讯社的功率，延安通信材料厂开始制造 500 瓦发报机。钱文极积极协助陆亘一参与了发报机的制造工作。这两套机器的零器件，除电子管、固定电容器、电流表外，其他都是自制的。这台发报机成为新华通讯社最早使用的大功率发报机。对钱文极来说，这是自己参与设计和装配的功率最大的发报机。

1942 年，在这台 500 瓦发报机装配基本完成时，钱文极接到调令，到通信学校工作。

5. 通信学校当教员

1942 年 11 月，钱文极到通信学校任教，担任电学教员组的组长和学校实验室的主任。此时的通信学校只有三个队，每队约三十多人，课程主要有《电学常识与实习》《通报手续与缩写简语》《政治教育与电台工作》等。

结合战时需要，通信学校坚持以下教学原则：一是学以致用，从对学员的要求和实际出发制定教育计划；二是突出重点，课题设置上，在一个时期内只安排一门主课，以免影响教学效果；三是重视实操，让学员在收报机上练习收报、用野外电台通报去增加实战经验。钱文极认为，学校的教学方式灵活多样，学以致用，这种教学方法在战争时期是非常实用的，也使通信学校成为为党培养通信人才的重要阵地。

当时，通信学校的文娱活动十分活跃，走进校区，歌声不断。钱文极担任党支部的文娱委员，兼任材料厂俱乐部主任，组织厂里职工开展文化教育和文娱活动。《兄妹开荒》《夫妻识字》《血泪仇》等都是当时经常演出的剧目。钱文极在《血泪仇》演出中负责拉低音二胡，用陕北的眉户调，演奏中欢快的节奏和抒情的慢板相结合，常常赢得阵阵掌声。

6. 文体活动挑大梁

钱文极（左一）与妻子张峻（左二）和张峻的姐姐张琛（右二）、姐夫王逢原（右一）在延安合影

1939年下半年，中央军委三局的领导机关搬到闫店子村，距通信学校所在地川口村六七里地，还有三局直接管辖的电台和其他单位，也都陆续搬到闫店子村附近。1940年5月，三局又把在延安地区的绝大部分电台集中到枣园、闫店子、川口一线，有10个电台和1个新闻台，11个单位共300多人。这时在闫店子村附近五六里地以内集中了近千人，20岁上下的男女青年占了很大比例，因为多是青年学生，又是在一个系统内工作，彼此之间都很熟悉。

军委三局为丰富大家的业余生活，专门修了一个运动场、一个篮球场，还有一个排球场，在客观上创造了开展文体活动的条件。

打篮球是三局重要的体育活动，篮球场上经常人群聚集，热闹非凡。

1938 年，陕北公学第十一区队排球代表队（前排右一为钱文极）

钱文极（后排左一）与军委三局直属篮球代表队

三局局长王诤是体育健将，是三局篮球队的中锋。每天晚饭后，村里的篮球场上便热闹起来。王诤特别喜欢打篮球，几乎是每天必到，一个小时左右的比赛，让大家放松了心情，增进了友谊。

1940 年 5 月，军委直属队举行运动会，三局组织了男女篮球队参加运动会，王诤指定钱文极为男队的队长和女队的指导。男队队员有王诤、张立中（通信学校第 13 期教员，后调入军委三局通信材料厂）、李庄（军委电台报务主任、电台队长，后任总参通信兵科技部副部长、国防科委科技部副部长）、申仲义（军委三局通信材料厂实验室主任，后任国防部第十研究院院长、第四机械工业部副部长）和王子纲（军委三局一科科长、分队长、副局长，后任邮电部部长、第四机械工业部副部长）。这次运动会的篮球比赛中，三局男队和女队双双荣获冠军，声名大振。

1945 年 9 月，钱文极被调往太行山区晋冀鲁豫军区工作。

第三章 解放战场 电信领域展才华

1945年解放战争爆发后，钱文极被派往太行山区晋冀鲁豫军区工作。在我军通信装备与器材十分匮乏的情况下，钱文极组织机务人员把从敌人那里缴获来的破损装备和通信器材，修理改装成多种型号的电台。在太行山区，钱文极参与筹建和改装邯郸广播电台，保证了党中央的声音传遍大江南北。在新中国成立前，钱文极先后赴天津、重庆等地负责无线电和电信物资的接管工作，保证了接收地的无线电企业尽快恢复生产。

1. 太行山装配电台

1945年8月，中国人民抗日战争取得胜利。为推翻国民党统治，解放全中国，毛泽东号召延安的干部和战士们到前线去，粉碎国民党的进攻。为响应党中央的号召，延安干部开始奔赴各作战前线。

1945年8月20日，中共中央决定成立晋冀鲁豫中央局，同时成立晋冀鲁豫军区。钱文极被派往晋冀鲁豫军区的所在地太行山区工作，执行筹建邯郸广播电台的任务。

此时钱文极的妻子张峻已有八个多月的身孕，考虑到两人分开后生活多有不便，妻子坚持与钱文极一起前往太行山区。经考虑再三，钱文极同意了妻子的意见。为方便出行，钱文极向组织借了一些钱，买了一只小毛驴作为交通工具。离开延安时，钱文极整理了一些简单的生活用品，用一只破了洞的皮箱装好，还带了一条被子，白天行军时当垫子，晚上宿营时就当铺盖。

就这样，钱文极牵着毛驴，妻子骑在毛驴上，一支20多人的队伍开始向太行山区出发。经延川、清涧、绥德，渡黄河，进入山西，每天得走三四十公里路，一个多月后，终于到达山西省黎城县麻田镇看后村。

刚安顿下来，钱文极的妻子即将临产，便住进八路军白求恩医院。那一年的冬季特别寒冷，大雪纷飞。他们的儿子终于出生了，出生地桐峪村属于左权县，故起名左生，以资纪念。

1945年10月，在晋东南长治的上党地区，晋冀鲁豫军区战事正紧，钱文极来到八路军总部三科材料股工作。在我军通信装备与器材十分匮乏的情况下，他组织机务人员把从敌人那里缴获来的破损装备和通信器材，修理改装成多种型号的电台，及时保证了战争需要。特别是在上党战役中，通信器材为战役的胜利提供了保障，此次战役共歼灭国民党军 11 个师 1 个挺进纵队，歼敌 3.5 万余人，有力地配合了中国共产党在重庆的谈判斗争，巩固了晋冀鲁豫解放区。

1946 年 2 月，晋冀鲁豫军区组建了通信分局，钱文极任分局二处装配科科长，主要负责装配各种无线电军用机。邯郸战役后，司令部的领导机关迁往邯郸。通信分局装配科从太行山的山沟里搬出，迁往峰峰矿区。矿区地理位置好，紧挨着河北平原，同时有发电厂等比较好的工业条件，便于开展生产，为通信器材改装工作提供了更好的保障条件。

2. 筹建邯郸广播台

1946 年，国民党单方面撕毁“双十协定”，向解放区发动全面进攻。在全面进攻失败后，国民党又集中兵力对陕甘宁边区和山东解放区发起“重点进攻”。按照中央部署，通信分局二处再次转移到太行山区，驻扎在涉县的沙河村。当时村子里生活条件非常艰苦，因为粮食短缺，老百姓家家都采摘榆树叶，储存起来充饥。

日本投降后，国民党为抢占北方广大日占区，用空运的办法调动军队，派飞机运送两套美国的军用物资导航台，其中包括动力、汽油发电机、备用零部件等。飞机飞过黄河时天已黑了，飞行员看到一片灯火，误以为到了新乡，就下降着陆，哪知这里不是新乡，而是焦作，是解放区，就这样，国民党军队给我们送上了两部全新的电台导航台。

钱文极到达太行山后接受的第一个任务就是筹建邯郸广播电台。钱文极主要负责电台的改装和调试工作。由于导航台的波长特别长，不适合做广播用，必须进行改装。按当时的计划，一部改装为短波，一部改装为中波，除了高频部分需要改装外，还要增加语言的调幅部分，工作量非常大。对于研制安装 200 瓦大功率的语言广播机，通信分局缺乏经验，改装工作主要在晋冀鲁豫军区通信处副处长王士光（新中国成立后任重工业部电信工业局副局长，第二、第一、第三机械工业部无线电工业管理局副局长，第四机械工业部副部长，电子工业部总工程师）领导下开展的。

1947 年，钱文极（第二排左三）和军委三局干部功臣合影

在无任何技术资料和零配件短缺的情况下，王士光、钱文极和技术人员一起，利用缴获敌人飞机上的旧通信装备，进行设计、分解和组装，经过反复试验，1946 年 5 月，两台机器改装完毕，调制工作基本完成。

1947 年，国民党全面部署进攻延安的计划。2 月 9 日，胡宗南组织召开进攻延安的军事会议，声称“两个月内解决陕甘宁边区的军事问题”。此时，国民党部署 39 个旅，在陕甘宁边区周边形成包围之势：南面胡宗南部有 15 万人，西南面马鸿逵、马步芳部有 7 万人，北面榆林邓宝珊部有 1 万余人，共计 23 万兵力。而陕甘宁边区部队仅有 1 万余人，敌众我寡，力量悬殊。

延安对于国共两党来说都具有特殊意义。对国民党而言，延安是中共中央的政治中心，占领延安具有巨大的宣传和象征意义。对中国共产党而言，自从中共中央到达陕北后，延安逐渐成为革命的象征，被称为“革命圣地”，是容不得敌人侵犯的革命中心。

为了突破国民党军队对解放区的重点进攻，1947 年 3 月初，根据毛泽东主席的战略部署，党中央决定放弃延安。在党的高级干部会议上，毛主席明确指出：“退出延安是为了打到西安，我们要用一个延安换取全中国。”

新华广播电台使用的 500 瓦发报机

1947 年 3 月 11 日，美军驻延安视察组撤离，7 小时后，国民党飞机开始轰炸延安，中共中央按计划分批撤离。3 月 12 日，朱德、刘少奇等撤离延安。3 月 14 日，延安新华广播电台撤离，在转移中继续播音。3 月 18 日，毛泽东、周恩来等撤离延安。

1947 年 3 月，钱文极带领技术人员改装的大功率语言广播机及时接替了陕北延安的广播任务。9 月初，邯郸新华广播电台正式开始工作，成为陕北新华广播电台暂停播音后的重要接力站，保证了党中央的声音在空中从未中断，在解放战争中发挥了瓦解敌军、鼓舞军民的巨人作用。

胡宗南部队占领延安后，听到陕北广播电台还在播音，十分惊讶，特调用美国的测向机专门寻找这个电台，但始终未能找到。胡宗南做梦也没有想到，这个电台在太行山里！

邯郸广播电台的成功组建具有重要的战略意义，由于在工作中的突出表现，钱文极荣立战功。

1947 年 8 月，刘邓大军率领晋冀鲁豫野战军南出陇海路，渡黄河，击破 10 余万国民党军队的围追堵截，挺进大别山，拉开了解放战争战略反攻的序幕。为保证刘邓大军南下，钱文极组织人员抓紧时间生产电台。这一时期，装配科的生产能力有了较快发展。在器材供应方面，因为前线打胜仗，缴获的物资也多了，可以供应组装大量发报机，保证了前线部队的需要。

3. 接收战后电器厂

1948 年夏，晋冀鲁豫军区和晋察冀军区合并，成立华北军区，钱文极调入华北军区司令部通信处工作。

1948 年 6 月，钱文极举家来到河北省平山白沙村，这里是华北军区通信处驻地。在军区通信处，钱文极任器材科科长，妻子张峻在器材科任报务员。

1948 年下半年，中国人民解放军在战场上节节胜利。为了做好战后生产恢复工作，通信处处长钟夫翔（新中国成立后任中央军委电信总局副局长、邮电部副部长、国防部五局局长、二机部和一机部副部长）奉命负责安排人员赶赴山西省榆次县，为太原解放后入城接管工作做好准备。钱文极随部队出发，驻扎在距离太原三四十公里外的榆次县，一边学习党的城市政策，一边等待太原胜利解放的消息。

1948 年 10 月 5 日，解放军华北军区主力部队攻打太原。太原地处晋中盆地北部，西、北、东三面环山，易守难攻，为华北的战略要地。阎锡山在此长期经营，修筑种类繁多的城防工事，其外围据点和纵深阵地由各式堡垒与壕沟、暗道相结合，形成互为依托的多层次、大纵深的环形防御体系。解放军浴血奋战，付出巨大代价仍难以攻克。1948 年 12 月中旬，平津战役打响，解放战争形势一片大好。上级决定把接收太原的全部人马调到天津，做好接管天津的准备工作。钱文极随部队由榆次转赴天津。

此次去天津参加接管工作的，除了司令部的同志外，还增加了通信学校的一批学生，共有五六十人，由钱文极带队，从石家庄出发徒步前往天津附近的胜芳镇，组织要求以最快的速度赶到目的地，与参加接管的其他单位的人员汇合。从石家庄到胜芳镇约400公里路。钱文极随身带了一台小收音机，每晚宿营时都会打开收听前方战况。那时正是淮海战役打得最为激烈的时候，胜利的消息不断传来，钱文极和同志们很受鼓舞，一路上，他组织队伍急速行军，10天的时间便赶到了目的地。

天津接管工作由天津市军事管制委员会负责，钱文极一行隶属委员会的电信接管处，钟夫翔任处长。钱文极主要负责接管天津市的无线电、电机工业和电信物资。当时被接管的单位主要有两个，一个是国民党资源委员会无线电公司的天津无线电制造厂，另一个是国民党资源委员会电工器材公司的天津电工器材制造厂，此外还有一些小型的无线电生产厂和仓库。

钱文极等人在胜芳镇住了半个月的时间，一方面学习党的城市政策，一方面抓紧时间熟悉天津概况和有关接管单位的具体情况。

1949年1月16日，天津解放的第二天，战后的硝烟还没有完全熄灭，道路上随处可以看到用白粉笔画的圆圈，标注出有地雷的位置。

钱文极等人从天津西郊进入市区，正式开始了接管工作。与钱文极同行的是器材科的于侗。于侗是天津本地人，对天津情况比较熟悉。他们先去了位于长春道的电工器材制造厂厂部，掌握了工厂的基本情况。为顺利接收，钱文极在总厂各部和各分厂都派驻了军代表和工作人员，接收工作有序推进。

接收工作刚开始的半个多月，每天工作十分紧张。白天忙着接收，晚上听汇报或开会研究工作，每天睡觉时间只有五六个小时，由于工作异常繁重，钱文极病倒了，好在他身体素质不错，很快便康复了。

1949年6月，我党对国民党资源委员会电工器材制造厂的接收工作全部结束。根据新中国建设需要，对接收企业机构进行了调整改编，成立了天津电工一厂、电工二厂和中央电器公司，中央电器公司位于天津市繁华的罗斯福路。钱文极任公司经理，他非常注意对留用人员的团结和教育，经常给他们讲形势，耐心细致地与他们谈心谈话，掌握他们的思想情况，引导和教育留用人员积极工作，工厂很快恢复了生产。

为了照顾生活，组织上将钱文极的妻子和儿女也安排到天津，妻子张峻在电器公司修理门市部修理收音机，后又做秘书工作和党务工作。

1949 年 5 月，上海解放。8 月，钱文极到上海出差，主要为公司收购电工原材料。当时钱文极的哥哥钱景仁、弟弟钱景伟都在上海工作。他们先后从同济大学毕业，留在了上海工作。到上海后，钱文极与他们取得了联系，兄弟三人久别重逢，相拥而泣，分别后的点点滴滴让兄弟三人有说不完的话。这一次，钱文极抽出时间和弟弟一起回了一趟老家，见到了久别的父母。父母看到突然回来的儿子非常激动，村里的乡亲们见到村中小道上身穿军装、脚步匆匆的人原来是钱家老二，也都非常欣喜。此次回家是钱文极参加革命十几年后的第一次，也是父母健在时的最后一次。

1949 年 10 月，钱文极被调到无线电天津电工二厂任厂长。二厂原为国民党的无线电制造厂，接管时约 500 多人，这在国民党统治时期已经算是一个大工厂了。解放战争时，国民党的非军事系统只有两个无线电厂，一个在南京，另一个在天津，两个厂规模大体相当。还有一个厂属于军事系统，在重庆，约 300 人左右。这便是国民党留下来的无线电工业的全部家当。

钱文极任二厂厂长时，正面临进口零件即将用完、生产难以维系的局面。党对新解放城市的政策是迅速恢复生产，以支援全国的解放战争并安定人民生活。经向上级请示，钱文极在二厂增加了生产小型电动机业务，保证了工厂的生产能力。

1949 年 10 月 1 日，开国大典在北京天安门广场隆重举行。钱文极接到命令回京参加了开国大典。在观礼台上，钱文极的心情久久难以平静，望着鲜红的五星红旗，泪水夺眶而出，模糊了双眼。1937 年 11 月 30 日，那个寒冷的冬夜，在金华火车站，同学们为他送行的一幕又闪现在脑海中。青春年少，怀着一颗抗日救国的初心，他们出发的脚步是那么坚定，那么义无反顾。弹指一挥间，12 年过去了，从延安一路走来，钱文极完成了从一个青年学生到革命军人的转变，跟着中国共产党干革命，远远超越了自己青年时代科学救国的单纯理想。

4. 赴渝接管通信业

1949 年 11 月 30 日，重庆解放，重庆是在解放战争中解放的最后一座特大城市。1950 年 3 月，中央财经委成立重庆市接管物资清理小组，王逢原（后任中央财经委员会物资分配局副局长、国家物资总局副局长、国家经济委员会副主任、黑龙江省副省长等职）任小组负责人。

自 1937 年 11 月 20 日国民党政府迁都重庆后，重庆由一座古老的内陆城市成为中国的战时首都。因国民党的军政机关在重庆有大量的物资，必须及时清理处置。依照"按系统接管"的工作方针，重庆的接管工作共分为政务、军事、财经、交通、后勤、文教、公安等七大系统，并组成军事、政务、财经、文教、交通、后勤、房地产七个

1949 年，钱文极（中）在天津中央电器公司

接管委员会和一个公安部，分别接管与之相对应的原国民党中央机构与省市机构，包括国家行政机关、军事单位、厂矿、企事业单位、学校及其所属单位的一切物资财产、档案材料和全部人员。

1950 年 2 月，钱文极奉命离开天津火速赶往北京集结，经武汉乘船到达重庆。作为军队通信系统代表，钱文极主要参与无线电工厂和电信物资接管工作。有了此前天津接管工作的经验，钱文极在重庆的工作开展得非常顺利，仅用了三个月的时间就完成了接管工作。

5. 朝鲜战场保通信

1950 年 5 月，在中央军委原三局的基础上，成立了中央军委通信部，王诤任首任部长。当时军委通信部正在筹备之中，钱文极被任命为中央军委通信部器材处处长。同年，钱文极举家迁往北京。

器材处的工作主要是负责全军通信装备器材的采购、供应和储存。在此之前，解放军的这类装备物资除了各地区自己制造一部分外，主要是依靠缴获国民党的物资。那时由于我军不能大量生产通信器材，同时解放区战事未息，交通不便，因此无法组织全军统一的供应生产。新中国成立后，有了一定的工业基础，主要靠有计划地组织全国有关工厂的生产，来保证部队供应，提高部队装备质量。

这一时期，钱文极经常到各大城市——天津、沈阳、上海、南京、汉口、广州等地出差，组织库存物资清理和工厂生产，以保证供应前线部队的需要。全军的通信机器材基本都用上了自己生产的装备。

1950 年 6 月 25 日，朝鲜战争爆发。美国决定对朝鲜实行武装干涉，6 月 26 日，美国调动其驻日本的空军和海军部队侵入朝鲜，支援韩国军队作战。同时，派遣其驻菲律宾的海军第七舰队入侵台湾海峡，公然干涉我国内政。随着美国介入朝鲜战争，战火不可避免地烧到中国边境。

对于刚刚成立的新中国来说，如何应对是一件生死攸关的大事。中央经历了 18 天的艰难抉择，反复权衡利弊得失，最终作出“抗美援朝，保家卫国”的战略决策，中国人民志愿军赴朝作战。在极其艰苦的条件下，中国人民志愿军同朝鲜军民密切配合，以大无畏的英雄气概同现代化装备的侵略者英勇作战。

1952 年年底，我军在朝鲜召开志愿军司令部组织的通信工作会议。钱文极带队参加，这是他第一次出国，也是第一次到战争前线去。当时敌人空中力量较强，常派飞机轰炸我军的后方交通运输线，一直炸到鸭绿江上的大铁桥。钱文极等人到达丹东时就已经明显感受到了战争的硝烟。

进入朝鲜境内，不少村镇已被炮火轰炸成废墟，但后方交通线尚可通行。在行驶过程中，钱文极乘坐的车辆行驶得非常谨慎，车队在行进过程中开着小灯，一旦发现有敌机来袭，便发出信号，提示所有车辆立刻熄灯隐藏。

在朝鲜战场上，无线电通信是志愿军的主要通信手段。通信工作会议召开时，正是上甘岭战役最紧张的时候。会议对志愿军在朝鲜战场上的通信工作进行了分析，提出了通信工作保障朝鲜战场作战的具体措施。一周后，

1950 年 9 月，钱文极（二排左一）参加全军通信器材会议

会议结束，钱文极回到北京。此次亲临朝鲜战场，钱文极深刻感受到我军的通信技术和装备必须不断突破，这是战场上官兵生命的保障，也是取得战争胜利的保障。

中国人民志愿军司令员彭德怀曾讲道："朝鲜打仗，一是打后勤，一是打通信。"彭德怀的评价使全体通信官兵受到很大鼓舞。战场上，通信官兵机智果敢，群策群力，确保了作战指挥的顺畅联络，也积累了非常宝贵的战时通信保障工作经验。

朝鲜战场上的我军 71 型短波电台

1953 年 7 月，停战不久，上级决定对志愿军的全部通信装备进行一次大整修，组织全国各有关工厂的工人和技术人员参加整修任务。组织上指派钱文极负责主持此项工作，于是他带队再赴朝鲜。

到达朝鲜后，钱文极深入军、师、团，详细了解部队通信装备情况。这次他到了上甘岭战役的战场上，这片 3.7 平方千米的土地已经被鲜血浸透。钱文极目睹了战场上布满弹片的木桩，深刻感受到志愿军不畏强敌、敢于斗争的革命精神。在《抗美援朝战争史》中，有这样一段描述：上甘岭战役中，危急时刻拉响手榴弹、爆破筒、炸药包与敌人同归于尽，舍身炸碉堡、堵枪眼等，成为普遍现象。在这场持续了 43 天的战斗中，中国人民志愿军击退"联合国军"900 多次冲锋，谱写了气壮山河的英雄赞歌。

怀着对志愿军战士的崇高敬意和对工作的高度负责，钱文极带领技术人员，出色地完成了通信装备整修任务。

第四章 国之伊始 军事通信图发展

1955 年 6 月，钱文极调入中央军委总参通信部电信技术研究所，参与了《十二年科技发展远景规划》的制定，对推动我国电子学、计算机等专业领域建设发挥了积极作用。1956 年年底，钱文极任军事电子科学研究院副院长。1957 年，他先后参加中国无线电工业考察团、中国政府代表团出访苏联，就两国无线电工业、国防新技术合作进行谈判。

1. 研制新型通信机

1955 年 9 月，钱文极（前排右一）在授军衔后留念

1955 年 9 月，中国人民解放军实行军衔制，钱文极被授予技术上校军衔。

1955 年 6 月，钱文极调入总参通信部电信技术研究所，任研究所主任。总参通信部电信技术研究所于 1952 年 10 月 27 日成立，是中央军委通信部接收了邮电部电信科学研究所和上海电工研究所成立的。军委通信部的电信技术研究所集中了邮电部系统和无线电工业系统相当一部分国民党时期留下的无线电技术人员。研究所主要承担通信设备的研制和原有通信装备的技术改造工作。

当时，无线电通信技术方面的研究所在全国仅此一家。研究所创建之初有 90 多人，后来根据综合表现进行调整，并补充了一些高校毕业的大学生，人员规模基本保持在 100 人左右。当时全国很少有在一个单位可以集中如此多无线电技术的专业人员。此外，所里还有 100 多名技术工人，大多工龄较长，技术也很过硬。所里的机械加工设备齐全，精度较高，主要任务是研制各种新型的通信机。

1955 年下半年，全国开始了大规模的肃反运动。研究所成为总参通信部肃反运动的重点单位。为此，总参通信部党委专门组织了一个工作组，总参通信部王诤部长担任工作组组长，领导所里的肃反运动。

钱文极作为所领导，非常重视这项工作，他非常清楚，研究所之所以是总参通信部肃反运动的重点单位，一是因为所内大部分技术人员是国民党时期留用下来的，对他们的政治历史背景需要进行严格的审查；二是研究所又是一个军事科学研究单位，保密性要求高，对每个人的政治历史情况必须有一个清楚的了解，才能确定今后是否可以继续从事此项工作。这是为党的事业负责，为通信事业负责。

肃反运动持续了半年时间，期间，钱文极组织协调了大量的外调工作，较为全面地掌握了技术人员的政治历史情况。

1956 年年初，肃反运动结束后，研究所的科研工作开始逐步恢复。钱文极认真分析了工作面临的新情况，在工作内容上，他认为自己此前多从事通信机等设备的技术工作，对如何根据部队要求开展研究工作需要学习；在工作对象上，过去工作中接触较多的是工农干部或普通技术人员，现在组织领导的是“大知识分子”，是科学家。钱文极认识到自己的工作具有挑战性，需要学习的东西非常多，他更加努力地钻研业务，并逐步调整工作方式，研究所各项工作有序开展。

2. 参与十二年规划

新中国成立之初，全国仅有 30 多个科研机构，科研人员不足 5 万人。通过第一个五年计划的实施，科研状况有所改善，但仍然无法满足新中国各项建设的需要。为了促进我国的科技进步，保证科学研究的顺利进行，1956 年 3 月，国务院正式成立科学规划委员会，全面展开规划编制工作。

制定全国性长远发展科学规划的核心问题，就是要快速提高我国的科学技术能力，赶上世界先进水平。中国科学院、各高等院校、工业部门和国防部门分别制定出各自的规划上交国务院，然后由一批专家对各部门的规划初稿进行审查，综合梳理后加以汇编。

此次规划制定工作，集中了全国几乎所有现代科学技术门类的600多位科学技术工作者，工作进行了三四个月，后期苏联方面派出高级科学家代表团来华协助制定规划。规划制定期间，专家们废寝忘食，谈论的都是怎样使我国科学技术水平快速提高，使国家进步强盛起来。电信技术研究所也参加了规划制定工作，钱文极作为军事通信技术专业的带头人，在规划会议上被任命为无线电电子学规划组组长，负责主持编写通信技术方面的发展规划。中央高度重视无线电电子技术的发展问题，在规划制定过程中，将电子学、计算机、半导体和自动化四项技术列为规划中的重点项目。

1956年12月22日，中共中央批准了《1956—1967年科学技术发展远景规划纲要（草案）》，简称《十二年科技发展远景规划》（以下简称《规划》），这标志着新中国成立后的第一个科学技术发展远景规划进入了全面实施阶段。

《规划》中明确规定了在全国各大学普遍设立电子学方面的相关专业，培养电子学方面的人才。《规划》制定之前，只有清华大学一所高校开设无线电系，此后，全国许多大学相继开设了无线电电子学方面的院系或专业。有关部门也迅速建立起电子学方面的研究单位，而此前这方面的研究所只有军委通信兵部的两个研究所，即在北京的电信技术研究所和在南京的雷达技术研究所。《规划》的实施为我国无线电电子学专业的蓬勃发展起到了积极的推动作用。

《规划》指出，无线电电子技术已渗透到科学技术的各部门，这是现代科学技术的一个重要标志。各方面对于电子器件和装备的需要，不论是品种、性能还是数量都在激增。加速发展无线电电子技术的关键，在于加强构成研制无线电电子装备的各种基本部件，尤其是电真空器件和各种半导体器件，更是研究试制的首要课题。

《规划》中还提出了发展多路通信技术，指出我国现有的长途通信干线网由单一的明线组成，缺乏迂回线路，易受自然气候影响和自然灾害破坏，安全性和可靠性差，无法适应国防建设的需要。因此，必须大力发展多路通信技术、多路微波技术、对称和同轴电缆载波技术以及电报、电话自动接转新技术，设计试制相应的技术装备，并注意半导体技术在通信设备中的应用。

根据《规划》要求，1956 年年底，通信兵部研究决定，将电信技术研究所改编为军事电子科学研究院，王诤部长兼任院长，钱文极任副院长。

1957 年年初，研究院发展到 600 人，下设无线电波、通信、侦察干扰、防空情报与指挥体系、理化与元件、测试仪器与环境试验 6 个研究室和 1 个试制工厂。为加强科研工作，研究院决定再聘请 7 位苏联专家，同时调入技术干部，大大加强了研究院科研能力。

军事电子科学研究院除开展无线电通信研究外，还承担了地球物理中有关电离层方面的研究工作。1957 年 2 月，钱文极奉命赴日本出席国际地球物理年西太平洋区域会议。

此次会议主题是为 1958 年地球物理年进行各种观察测量开展组织筹备工作。参加这次会议的中国代表团主要是中国科学院地球物理所的专家，团长是该所所长赵九章，副团长是中央气象局局长涂长望，钱文极作为团员并担任代表团临时党小组组长，负责代表团人员的思想政治工作。代表团先抵达香港，再乘机赴日本东京。这是钱文极第一次到资本主义国家，入驻东京皇子饭店。会议有中国、苏联、美国、日本等国家参加，会期一个星期，会议期间，钱文极随团参观考察了东京的一些工厂和科学研究机构，此行让他对资本主义国家的科技水平有了进一步的了解。

3. 赴苏考察与谈判

1957 年 5 月，中国无线电工业考察团访问苏联，刘寅（中国人民解放军通信事业和国家电子工业的奠基人之一。曾任中央军委三局科长、处长、秘书长，中央军委通信部党委第一副书记，第二机械工业部第十局局长、副部长，第一机械工业部副部长，第三机械工业部副部长，第四机械工业部副部长）任团长。钱文极作为无线电技术专家随同考察，同行的还有无线电专家孙俊人、雷达专家申仲义、电子器件专家吴祖凯等。

此次出访是学习苏联无线电工业建设经验的极好机会，通过参观座谈，对苏联无线电工业进行全面考察，考察内容涉及国家管理体制、行业建设、人才培养，还有企业管理、新产品试制、无线电专业的高等教育及职业教育等。考察团专门提前制定了详细的工作计划，在上报国务院的同时，由外事处青年翻译钱平译成俄文，提前送交苏联无线电工业部，各项工作组织有序。

钱文极提前做了充分准备，反复修改和确认工作安排，希望通过此次全面考察和学习，为我国无线电工业发展找到一条切实可行的路子。

代表团到达莫斯科后，日程安排十分紧张，白天参观，晚上讨论，整理材料，梳理问题，钱文极感到收获很多。在代表团工作即将结束时，得到国内指示，要代表团暂留莫斯科，主要成员加入即将赴苏的聂荣臻率领的中国政府代表团，钱文极奉命留在苏联，继续参加中苏国防新技术合作谈判。

1957 年 9 月 3 日，中国政府代表团抵达莫斯科，聂荣臻任团长，陈赓和宋任穷任副团长。当时，聂荣臻担任航空工业委员会主任，代表团专门就火箭和航空技术领域援助中国一事，与苏联政府进行了反复谈判。

1957年，钱文极在苏联莫斯科北京饭店

苏联向中国转让新技术主要原因是为巩固其国内与国际政治地位，并寻求中国的支持。10月15日，双方签订了《中华人民共和国政府和苏维埃社会主义共和国联盟政府关于生产新式武器和军事技术装备以及在中国建立综合性原子能工业的协定》，简称《中苏国防新技术协定》。

谈判结束后，钱文极继续留在苏联，就苏联援建事宜落实后续具体工作。

《中苏国防新技术协定》签订后，中央军委于1957年10月开会研究新形势、新任务，以及导弹研制的领导和组织机构等问题。国防部第五研究院提出，以军事电子科学研究院为基础，与国防部五院控制系统、控制元件、无线电、计算技术、技术物理五个研究室，合并组建国防部第五研究院二分院。随后，军事电子科学研究院正式划归国防部第五研究院。

第五章

投身航天 艰苦创业保国防

1957 年，中央加快推进我国原子弹和导弹的研制工作。钱文极所在的军事电子科学研究院划归国防部第五研究院，与国防部五院的五个研究室合并，组建为二分院。1957 年 12 月，钱文极任五院二分院副院长，分管技术组织工作，主管“8109”工程建设。钱文极重视加强计量技术、计算机技术等基础学科建设，为推进二分院建院初期的各项工作作出了重要贡献。

1. 转战国防部五院

20 世纪 50 年代，导弹事业在我国还是一片空白。1956 年 4 月，国家成立了航空工业委员会（国防科工委前身），聂荣臻任主任，王诤、钱学森等被遴选为委员。1956 年 10 月 8 日，国防部组建了导弹研究院，即国防部第五研究院（以下简称国防部五院）。国防部五院的核心任务是全力研制导弹，提高我国的国防能力。

1957 年与苏联谈判后，中央加快了国防部五院的组建工作。国防部五院下设 10 个研究室，即：六室（总设计师室）、七室（空气动力研究室）、八室（结构强度研究室）、九室（发动机研究室）、十室（推进剂研究室）、十一室（控制系统研究室）、十二室（控制元件研究室）、十三室（无线电研究室）、十四室（计算技术研究室）、十五室（技术物理研究室）。当时通常把六至十室称前五室，把十一至十五室称后五室。

1957 年 11 月 16 日，国务院总理周恩来任命钱学森为国防部五院院长兼一分院院长，刘有光为国防部五院政治委员，王诤为国防部五院副院长兼二分院院长；谷景生改任国防部五院副政治委员兼一分院政治委员，刘秉彦为国防部五院副院长兼一分院副院长。至此，国防部五院一分院、二分院正式成立。

1957 年 11 月，钱文极从苏联回国后便接到命令，到国防部五院二分院工作。对于钱文极而言，从 1938 年 9 月参加革命工作时就一直在军队通信系统工作，到 1957 年 11 月，已有将近 20 年的时间。至此，他离开通信系统进入全新的导弹研制领域。

随着军事电子科学研究院划归国防部五院，大批老通信兵加入我国导弹开创事业中。通信兵在战争年代是技术兵种，与无线电通信有关的人员大体分三类：报务人员（收发电报）、机务人员（维修电台）、器材保障人员（组装和生产电台）。在我国创建导弹事业初期的各个阶段都能看到他们的身影。如报务人员的代表王诤、钟夫翔、周维、廖昌林等；机务人员的代表王世光、林爽、钱文极等；器材保障人员的代表李强、段子俊等。

1957 年 12 月，国防部部长彭德怀任命钱文极、廖昌林为国防部五院二分院副院长，董启强为国防部五院二分院副政治委员。钱文极主要分管技术业务的组织工作。

二分院成立时，主要从事导弹控制系统的研制工作，是高度保密的军事尖端技术的科研部门，属军队建制，除试制工厂的工人和部分技术人员外，都是现役军人。领导体制实行“双首长制”，单位行政首长和同级政委均为单位的首长。

2. 主抓“8109”工程

1959 年 5 月，国防部五院政委刘有光带领一分院、二分院的专家赴苏联谈判，谈判的主要内容是“8109”工程建设。

“8109”工程包括苏联帮助进行初步设计的工业项目和我国自行设计的部分工业项目与全部民用项目。苏联帮助进行初步设计的工业项目，关系到我国导弹事业中控制、无线电、计算机等技术的发展，事关重大。

中苏双方在完成“8109”工程设计任务书的谈判与制定工作后，二分院按合同规定，按时组织了“8109”工程地形测量和水文地质测量，并将测量数据按要求适时地提供给苏方设计单位。

1959 年 7 月，在苏联参加谈判的钱文极给二分院院长周维等分院领导写信，就设计资料等情况进行详细汇报。当时我方收到苏联提供的设计资料4套，每套5册，其中包括第一设计部资料3套。钱文极决定将资料留一套在莫斯科，其余寄回二分院，主要考虑当国内技术人员对资料产生问题时，便于查对和交涉。

其间，钱文极还积极协调落实聘请“543”苏联专家事宜，聘请的专家涉及控制系统、稳定系统、弹道、误差分析及计算、飞行模拟试验、自动驾驶仪、陀螺、舵机、弹内无线引信、雷达、发射等各专业领域，为我国仿制导弹提供指导和帮助。在购置物资方面，钱文极等积极与苏联无线电技术委员会交涉，顺利完成了物资采购等相关工作。

1959年8月，苏联无线电技术委员会设计院将“8109”工程初步设计方案交给国防部五院，同年9月16日，苏方还将“8109”工程32本设计图纸资料交给国防部五院。国防部五院二分院随即开始初步设计的审查工作。为此，二分院于1959年9月15日召开专题会议，研究部署关于“8109”工程初步设计答辩、审查的准备工作。

紧张的工作之余，钱文极挤出时间，利用这次机会认真学习俄语。二分院二部的李岩是早年留学苏联的技术专家，这次与钱文极一起工作，既是钱文极的翻译，也成为钱文极学习俄语的老师。在学习中遇到任何问题，从单词、语法到发音等，钱文极都会虚心请教李岩，很快在字典的帮助下，他可以看懂短文了。特别是在听力方面，钱文极进步很快，一般生活上、技术方面的对话基本上可以听懂了，还可以进行一些简单对话。钱文极掌握德语、英语和俄语三种外语，其中德语学习时间最长，但在实际工作中，使用更多的是英语和俄语。

1959年11月，钱文极圆满完成了在莫斯科的谈判工作，与工作组一同返回北京。

1959年12月1日，国防部五院批准组成“8109”工程初步设计审查代表团。团长为二分院院长周维，成员有廖昌林、钱文极、薛伟民、蔡金涛、赵淮川、张慕枚、王道力、晋炯、张锋、吕理复、李湘等。

1959年，钱文极（左一）、刘有光（左二）、王诤（左三）、林爽（右一）在莫斯科

代表团下设六个专业组和一个秘书组，其中，技术审查组组长为蔡金涛，副组长为吴朔平、黄纬禄，成员由各专业的科技专家组成。技术审查是一项艰巨而细致的工作，蔡金涛以高度负责的精神，一丝不苟地研究苏方提供的初步设计方案及设计图纸资料，并根据技术审查组成员的专业情况，进行分工，各司其职，对初步设计方案和设计图纸资料进行详细的学习和研究，然后由技术审查组集中讨论，为与苏方谈判做好充分准备。

二分院成立后，从部队调入一批优秀干部，同时从全国各地调入一批人员，包括政工、行政和工人等，还从各类高等院校分配来大批大学毕业生，至1960年，全院职工已超过1万人。在此期间，二分院科研部门陆续调整，成立了第一至第六设计部，一个设计部相当于一个研究所，试制工厂也扩大了，全院的科技人员、工人和行政管理人员的比例基本是各占三分之一。

在迅速发展的形势下，二分院的基本建设，包括科研生产用房、设备等物质条件建设成为一项突出的紧迫任务。由于建院初期二分院人员增加很快，等苏联设计的厂房建设起来已来不及，因此二分院党委决定，1958年起，在永定路西院自建一部分科研和生产用房，以应急需。二分院成立时，在永定路接管了两个单位的房子，即东院的原总后勤部财务学校和西院的通信兵部第一通信团的营房。

1960年，各类技术人员加入二分院，其中新毕业的大学生就是1956

年《十二年科技发展远景规划》实行后设新专业的毕业生，专业更加对口，基本满足了基地建设的需要。1960 年 3 月，基建工程破土动工，1965 年上半年，土木建筑全部完工。

“8109”工程设计任务书拟定，由钱文极、蔡金涛、黄纬禄、梁思礼、张履谦等组成二分院谈判组，参加谈判。二分院的基建工程扩大初步设计由苏联无线电工业部第六设计院负责，施工设计由一机部的第十设计院负责，全部建筑面积为 14 万多平方米。在“8109”工程的扩大初步设计期间，钱文极代表二分院去莫斯科与苏联无线电工业部第六设计院谈判“8109”工程的设备分交方案，协调落实苏联专家对五号厂房进行设计、完成设备和图纸分交、组织购置物资等工作。

钱文极思路条理清晰，做事非常认真，原则性很强，特别是对工程质量严格要求，不允许有任何偏差。为确保总体工程质量达到标准，钱文极对工程中凡是技术含量高的项目都要进行细致充分的调查研究，还多次向施工设计部门的总工程师吕理复（曾任电子工业部基建司司长）提出确保工程设计及施工质量的建议。

在工程建设中，钱文极多次强调要立足和依靠自己的力量解决问题。“8109”工程设计方案中包括了当时国内第一座超净厂房和超净实验室，有精密机械加工能力很强的试制生产车间，有精密电镀能力很强的稀有金属电镀部门、类型齐全的先进表面处理车间等，所需设备由苏方提供，而我国能制造的一般设备就自己解决，从而使该项工程节省了不少经费。

工程项目的确定和实施，都受到了党和国家领导人的高度重视。1963 年 7 月 8 日，陈毅、聂荣臻两位副总理到二分院视察工程建设情况。陈毅副总理鼓励大家：“工程建得不错，要好好管理。”聂荣臻副总理十分关心地说：“这里风沙大，要多种些树，搞好绿化。”聂荣臻副总理还非常关心二分院图书馆的建设，他说：“我们的专家要有自己的图书馆，设计上要朴素大方，美观适用。”他亲自确定了图书馆的设计方案，关注图书馆的建设情况。

作为工程的负责人，钱文极对图书馆楼建设十分关心。在繁忙的工作之余，他几乎每天都来图书馆看一看，了解建设中存在的问题并及时协调解决。该项工程由清华大学设计院设计，占地7000平方米，在20世纪60年代，这座图书馆是国内一流的，技术先进，质量优良，并有很强的实用性。图书馆建成之后，钱文极专程陪同钱学森到图书馆参观。钱学森和钱文极边走边聊，还不时和图书馆工作人员交谈，询问书籍资料的使用情况，给工作人员留下了深刻的记忆。

20世纪60年代初，我国正处于三年困难时期。当时全国许多基本建设纷纷下马，但二分院的基建却加班加点，数千人的施工队日夜奋战在永定路地区。“8109”工程倾注了彭德怀、陈毅、聂荣臻以及罗瑞卿等老一辈无产阶级革命家的心血，体现了党和国家的巨大关怀，得到了全国人民的大力支援。在当时国家三年困难时期，能够高速度、高质量地完成建设任务，确实是非常不容易的。

3. 计量工作是关键

计量测试工作随着型号的需要而建立和发展。1958年，二分院从事计量测试工作的技术人员仅有五六人，到1960年时已增加到37人，其中大学毕业生10人，中专毕业生27人，并正式以室为建制，成立了标准计量室。无线电标准仪器室提出计量为型号服务、为科研服务，以任务促计量工作建设的指导思想。

王诤（前排右三）、钱文极（前排左三）等欢迎援助二分院基建工作的苏联专家

在“8109”工程的编制中，原计划将计量部门设置为一个管理机构，但当时二分院的计量部门已是技术力量较强的研究室。钱文极凭着多年领导研究工作的经验，认为不应削弱这个部门，而是应该进一步加强，因此决定将计量研究室扩建成了所一级的计量站，并亲自组建这支技术队伍。当时钱文极明确提出，技术人员“政治不合格”是不能进入型号队伍的，计量站队伍必须政治上过关、技术上过硬。

为使计量工作迅速开展，并纳入正确轨道，钱文极协调曾在美国国家标准局工作、当时主管二分院科技工作的蔡金涛副院长，到计量站举办有关计量测试工作的讲座，传授计量技术与工作经验，并对计量工作给予指导，促进计量人员业务水平的提高。

根据“1059”仿制任务对计量工作的需要，测试处提出了充分利用院内精密测试仪器，建立“相对标准”，利用当时已有的精密仪器研究计量方法，建立了从直流、低频到高频常用主要参数的相对标准，并陆续开展了检定工作。

这一方案经分院领导批准后，经一年的努力，成立了实验室，全站同志齐心协力，在人力少、条件差的情况下，克服困难，群策群力，不仅满足了“1059”仿制和东风二号设计定型的需要，而且摸索出了计量工作的一般规律，同时积极开展建立计量标准和检定方法研究，为型号任务服务。此后，计量站在仿制工作中承担了统一有关军工生产厂的无线电计量标准，保证了在仿制工作中从未发生过计量误差问题，为仿制工作的一次成功起到至关重要的保障作用。

1961 年 5 月 9 日，二分院党委研究决定建立分院无线电计量中心。时至今日，张履谦院士回忆起钱文极，对他当时重视计量工作、坚持组建计量站的决定，以及对航天事业发展所起的积极作用表示钦佩。

4. 计算机所不可缺

钱文极参加我国《十二年科技发展远景规划》的制定时，就非常深刻地认识到建立和发展我国计算机技术的重要性。

1957 年年底，中国科学院计算机所进口了苏联援助的小型及大型数字计算机样机及图纸，并开始试制生产计算机。钱文极把握机会，敏锐地认识到这是一次难得的学习机会，他立即推荐张梓昌（我国计算机工程技术专家，中国计算机专业的主要创业者之一，第一台电子数字计算机 103 的技术带头人之一，曾任 706 所所长）带队的十多位技术人员去学习和参加试制工作。

从 1957 年年底开始，二分院党委先后派出电子计算机室（四室）计算机专业的 20 余人赴中国科学院计算技术研究所参加全国大协作，参与我国第一台小型和大型电子计算机 103、104 的研制工作，培养了一批计算机专业人才。

当时，国家将生产出的第一台计算机分配给科学院计算所使用，钱文极便积极争取，为二分院争取了到了第二台计算机。为此二分院专门建设了计算机房，配备了相应的程序员。

钱文极多次强调，要加强计算机技术的机构建设，为发展计算机事业打好基础。1958年7月，第四研究室改编为第五设计部的一室。1960年3月，原第五设计部调出二院时，一室留下并扩大编制成立计算处。1962年6月，计算处改称第五设计部。

由于专用计算机是导弹武器系统中的主要机种，研制过程与控制系统及测量系统密切相关，指标和参数需要在研制过程中反复平衡，而不断地研制样机数额较大，二分院党委决定，“要制成高性能的导弹必须狠抓专用计算机的落实”。因此决定建立专门的研制生产单位，在地地导弹和地空导弹地区建立设计所，为弹上和地面各种制导专用计算机的样机研制提供技术指导。

自1961年开展自行设计工作以来，计算机所先后成功研制了“S-1”“S-2”等7种型号20余台计算机，这些计算机多用于“东风”“红旗”等型号任务，质量可靠，技术先进，受到用户的普遍欢迎。这些计算机还承担了核工业部的计算任务，为我国核武器发展做了大量基础性工作。

1965年6月，第五设计部改为706所。706所是我国创建的最早的计算机专业所之一，也是计算机应用及军用系列中小型计算机研制的总体单位。

钱文极非常重视加强计算机专业队伍建设，多次要求加强专业技术干部的培训，加强专业能力建设，为在全院应用计算机创造了条件，也为开创我国计算机事业和奠定计算机技术基础作出了积极贡献。

5. 三线选址建基地

1964年5月，党中央作出建设三线的战略部署。在全国国防工业工作会议上，中央要求国防工业部门要“立即行动起来，调整一线，支援后方建设”。

1964年11月23日，中共中央、国务院决定，以国防部五院为基础，从三、四、五机部及其他有关部门和省、市，抽调若干工厂和事业单位组成第七机械工业部。七机部是参与国家三线建设的重点单位之一。

钱文极（前排左二）在贵州调研

三线建设的选址工作遵循“靠山、分散、隐蔽、进洞”的八字方针。根据七机部总体安排，1965年到1978年，二院先后在黔北和湘西两地进行了三线基地建设。

钱文极负责到陕北等地选址，经过反复论证，最后选定了贵州遵义地区，也就是今天的061基地。遵义地处大娄山山脉，山地面积接近七成。蹚过河沟，穿过荆棘，选址人员几乎走遍了遵义以北沿川黔公路两侧的地区，工作异常辛苦。

为了加快基地建设，国家专门成立了061基地建设领导小组，由上海、贵州、建工部和七机部各出一名领导，加强对基地建设的领导工作。钱文极主要负责061基地建设的规划工作。在中央领导的关怀重视下，061基地建设进展十分顺利，1972年基本建成投产。

第六章

出任总师 研制导弹创基业

1960年5月，钱文极任“543”导弹总设计师，1962年2月，任红旗一号总设计师，1964年4月，任红旗二号总设计师。作为中国第一代地空导弹的总师，钱文极组织了导弹仿制到自行设计，负责和领导了几种弹道导弹控制系统的研制工作。20世纪60年代初，他主持仿制成功从苏联引进的P-2液体近程弹道导弹控制系统，开辟了这一全新的技术门类，使中国从此有了自己制造的导弹。为此后导弹研制工作积累了宝贵的经验，培养了我国第一代航天工作者，对我国导弹事业的起步与发展作出了重要贡献。

1. 第一代导弹总师

1958 年 3 月开始，美蒋高空侦察飞行队频繁飞临我国内地进行高空侦察，侦察目标主要是我国大陆西部的核工业基地、核试验基地和导弹发射基地。美国生产的 U–2 高空侦察机，专门配置了用于高空侦察的 B 型照相机，可以较为清晰地捕捉情报和拍照留存。每隔一段时间，U–2 高空侦察机就会从大陆南部入境，绕经西北，再返回台湾。仅 1962 年上半年，U–2 高空侦察机就对大陆纵深地区进行了多达 10 余次的侦察。

为了逃脱我地空导弹部队的打击，U–2 高空侦察机接受 RB–57D 高空侦察机遭我地空导弹部队重创的教训，不断变换飞行路线和飞行高度，使我军仅有的三个地空导弹营很难捕捉到战机。中央军委及空军领导对高射炮和歼击机都无能为力的局面十分焦急，能对付 U–2 侦察机的武器只有从苏联引进的地空导弹。

1958 年 11 月，满洲里火车站。一个寒冷的冬夜，由苏联方向开来的一列火车驶进车站，车上装的是提供给我国的萨姆 –2 导弹中的第一套。

萨姆 –2 导弹采用无线电指令制导，能在各种复杂气象条件下击毁高度在 3000~24500 米的空中目标，作战半径达到 29000 米左右，属于中高空、中程武器系统，主要担负要地防空任务，具有较高命中率，是当时世界上性能先进的防空武器系统之一。整个系统由六个部分组成，即导弹、目标搜索指示雷达、制导雷达、导弹发射架、供电设备、技术保障设备，是一个复杂的大系统。

导弹运抵北京后，中苏双方在长辛店进行了交接签字仪式。主管国防科研工作的聂荣臻副总理决定，在引进苏联萨姆 –2 的基础上，一方面装备部队，另一方面仿制生产，研制我国第一代中高空地空导弹。

“543”导弹系统即苏联萨姆–2地空导弹的仿制代号。从1958年开始，在苏联的帮助下，我国地空导弹武器系统研制在仿制苏联援助的“543”型地空导弹基础上艰难起步。

“543”型地空导弹是战斗武器，所以仿制生产以三机部为主，国防部五院作为设计师单位参加。1959年4月，二分院组织学习“543”，旨在通过学习，使年轻的技术队伍能够掌握现代的地空导弹设计技术。

为了完成此次学习任务，二分院详细策划了学习安排，包括学习内容和参加人数：一中队21人，学习自动驾驶仪；二中队116人，学习“543”的整个系统；五中队3人，学习引导雷达；六中队5人，学习电子器件、元件等。在全院形成了学习“543”、仿制“543”的良好氛围。

作为二分院副院长，钱文极要求，在苏联专家到京之前，要组织相关人员对资料进行翻译、复制和消化吸收，要大胆提出问题。为了做好资料整理和翻译工作，钱文极要求在翻译复制工作过程中，必须高度关注质量问题，他讲道：“我对这批资料的内容有些了解，对我们建院工作关系重大。若在翻译中出现差错或不准确，将对今后的工作带来很大影响。因此我认为，在组织翻译时必须特别强调质量，强调内容的正确和名词的统一，在复制中要强调不出差错和遗漏。”为了做好这一点，钱文极多次要求，在工作中必须强调校对制和责任制，要求译者、制图、校对者必须在图纸上面签字。针对二分院的翻译人员对资料中很大一部分有关土建方面的内容很生疏，钱文极专门与十院吕理复总工程师商量，请十院派人参加翻译工作。

1959年，“543”导弹系统资料陆续到达。1960年上半年，苏联专家先后到齐，资料翻译工作全面展开。国防部五院的技术人员有的翻译资料、消化吸收资料内容，有的深入工厂参观实践。

1960年，钱文极（左一）与苏联专家

1960 年 6 月，正当仿制工作刚刚全面展开时，苏方突然撕毁协议，撤走专家；加之我国国民经济下滑、物资匮乏，科技人员营养不良、体质下降，很多人患上了浮肿病，有的还患上了夜盲症。“543”仿制工作被迫处于半停顿状态。

面对困境，聂荣臻指出，“要发挥中国专家的积极性，依靠自己的技术力量，把‘543’仿制出来。”对于苏方的背信弃义，二分院科研人员非常气愤，下决心自行设计地空导弹。

为加强“543”仿制工作，1960 年 5 月，国防部五院下发文件，任命钱文极为“543”总设计师，徐馨伯为“543”副总设计师，陈怀瑾为“543”弹体主任设计师。

1960 年 9 月 19 日，红旗一号型号设计委员会成立，钱文极任主任委员。

1961 年 5 月 26 日，钱文极主持召开红旗一号型号委员会会议。特别是针对“543”仿制工作提出全面的保密要求，对“543 ”设备、部件等的保管、使用、维护和运输等均作出明确的规定。

二分院党委高度重视仿制工作，加强“543”地空导弹的仿制力量。到 1961 年 9 月，已经集中了一支包括钱文极、蔡金涛、吴朔平、黄纬禄、梁思礼、张履谦、陈怀瑾等专家在内的科技专家，成为二分院重要的科研力量。

在工作中，蔡金涛与钱文极密切配合。1956 年，蔡金涛是解放军通信兵部军事电子科学研究院总工程师。进入二分院后，任二分院总工程师，后任副院长兼第二总体设计部主任。在仿制“543”导弹武器系统中，钱文极与蔡金涛密切配合、精诚合作，负责和领导了几种弹道导弹控制系统的研制工作，初步掌握了自行研制导弹的技术，共同见证了我国导弹从仿制到独立研制的历程。

2. 组织设计师下厂

1961 年 12 月，为加强红旗一号的仿制工作，国防部五院党委决定，组建地地型号和地空型号总设计师室，作为总设计师的办事机构。

1961 年 12 月 28 日，国防部五院向国防科委上报了组建型号总设计师室的报告。报告指出，为健全新型号设计工作中的技术责任制，加强技术组织与协调，拟实行单一型号设计师制度，即每个型号均设总设计师、副总设计师、主任设计师、主管设计师和设计师。该报告很快得到国防科委的批复。型号总设计师制度的实施，实现了型号队伍逐级负责，责任明确，将一支庞大的设计队伍有序地组织起来，协调开展工作。

1962 年，中央决定恢复“543”仿制工作，要求集中力量，抓好“543”任务的完成。1962 年 2 月 24 日，国防部五院党委常委会决定，钱文极任红旗一号总设计师，主要负责地空型号总设计师室的工作。国防部五院副院长王诤批示，红旗一号设计任务不能动摇，要落实好新型材料、电子元件、仪器仪表、精密机械、特殊设备、测试技术和计量基准，做好型号的仿制工作。

1962 年 5 月，国防部五院任命林爽为国防部五院第一总设计师室总设计师，负责地地导弹；钱文极为国防部五院地空导弹总设计师，负责地空导弹。至此，中国导弹事业有了总设计师制度。

作为总设计师的钱文极，认真贯彻聂荣臻副总理的指示，他要求科研人员自力更生，继续加强对技术资料的学习和钻研，提出通过对“543”的仿制，保证把“543”技术学到手，全面加速二分院的建设。为推动“543”的仿制工作，9月，二分院筹备召开“543”学习交流会。筹备工作中，钱文极、蔡金涛等认真地进行交流会的准备工作，审改二分院提出的13篇技术报告，严把技术报告的质量关。这次会议是对1958年以来仿制学习“543”的一次检查，总结了经验，也提出了不足，对推动“543”的仿制工作起了积极作用。

为了加强设计师队伍建设，国防部五院设立了地空导弹总设计师办公室。钱文极搬到国防部五院办公，领导一、二分院1100多人，参加各工业部门的仿制工作，参与仿制的人员绝大部分是大学毕业来院不久的大学生。

钱文极记忆力极强，很少在工作笔记本上记录，各项工作全然记在脑子里，无论是布置安排，还是落实检查，从来都是条理清晰，全面准确，让与他共事的同事们都非常佩服，这也成为钱文极独特的工作方式。

在地空导弹总设计师办公室，钱文极组织领导技术人员同三机部的科研人员一起，解决仿制生产中发生的各种技术问题，经常通宵达旦、废寝忘食，保证了仿制工作的顺利进行。当年国防部五院总师室的很多技术人员日后都成了导弹各专业的精英。

当时中国的经济基础和工业基础都十分薄弱，承担仿制生产任务的各个工厂共有18个，其中导弹生产厂8个，制导站厂6个，地面设备厂4个，加上外协的新元器件与新材料的试制和生产厂，共有数十家工厂。各厂都有设计科和一批技术人员参加仿制。

“543”的仿制工作分技术前方和技术后方。前方即派出驻仿制工厂的工作组，主要处理仿制生产中的设计技术问题，派技术人员下厂，直接参加仿制生产、履行设计师方面的职责。后方则是在分院内利用试验室设备，处理厂际之间的协调和驻工厂工作组所不能处理的设计技术问题。这种工作模式也是型号工作中的管理创新。

钱文极积极倡导、组织、鼓励科技人员下厂，他坚持认为，技术人员下工厂参加生产实践是加速培养技术队伍的捷径。工厂生产是从图纸下厂到产品出厂的一个完整过程，这个过程也是理论与实践相结合的过程。在生产过程中会有一系列的技术问题，需要技术人员去解决，因此，钱文极主张，通过仿制来练兵，通过下厂学习来培养能独立设计的队伍，技术人员深入科研生产第一线，并身体力行，深入仿制厂去处理和解决各类技术问题，才是培养技术人才队伍的最佳途径。

为协调科研单位下厂人员与生产厂技术人员在仿制生产中的关系，钱文极带领生产厂领导和相关部门共同拟订了《地空型号设计师下厂工作条例》。条例按武器系统分别规定了国防部五院设计师系统下厂人员与生产厂技术人员的职责分工，特别明确了设计师系统下厂人员负责生产过程中“超差代料”以及底图更改的审批权限，规定了设计师系统的组成和各级设计师之间的关系，解决了不同行政单位的人员在仿制工作中的技术指挥

钱文极（前排左四）、林爽（前排左三）与总师办公室人员

关系问题。该《条例》的发布，明确了各级技术责任制，从源头上把控“543”仿制工作的质量，为保证仿制试验的一次成功奠定了坚实的基础。

面对设计师队伍从未接触过导弹技术的特点，钱文极提出了“搞清设计原理、吃透设计思想、把握技术关键、严格控制质量”的要求。工作中，钱文极要求实行“三分之一”加“三分之二”的工作方式，安排三分之一的技术人员长期驻厂，其余三分之二的人员在本院办公室进行反设计，并轮流下厂工作。这样的做法使技术人员在理论联系实际的工作中，通过反设计理解设计文件的内涵，在参加生产实践的锻炼中基本掌握了地空导弹武器系统的设计技术。

在工厂生产中，“超差代料”是一个必须解决的问题，超过误差是否可以使用，工厂就需要技术人员进行确认。设计师要解决问题，进行签字确认，总师要进行最终签字确认。

在国防部五院工作期间，钱文极对规划的重要性和必要性有了更加深刻的体会。他认为，“工作必须要有长远的目标，要有方向”。钱文极重视长远规划和人才队伍培养，这和导弹研制周期长有很大关系。

这一时期，出差成了钱文极的工作常态。当时，上海、南京、沈阳、太原、西安、成都、重庆、桂林、柳州等地，也都有军工企业，承担了我国地空导弹的研制和生产任务。钱文极作为型号总设计师，一年中有几个月的时间都在出差，经常深入这些企业了解和掌握情况，及时处理和解决出现的各种问题。

3. 红旗一号转批产

1964 年，“543”正式定名为红旗一号。经过两年多的艰辛努力，各厂产品陆续出厂，运往酒泉导弹试验基地做分系统试验。至秋天，仿制“543”

型地空导弹的全型号武器系统实弹试验一次成功，并通过了生产定型。

1964 年 12 月，国务院特种武器定型委员会批准红旗一号地空导弹武器系统定型，转入批生产，仿制工作完成。

“543”仿制成功的意义在于：第一，它使我国形成了一条能生产并装备部队的完整地空导弹生产线；第二，形成了立足国内的全套生产协作网，在仿制生产的同时，试制并生产出一批新材料和新型元器件，攻克了许多生产技术难关，在国内建立起全套武器系统独立生产的条件；第三，为我国培养出第一支年轻的初步掌握地空导弹系统研制技术的设计队伍，为我国自行设计地空导弹武器系统奠定了基础。

纵观“543”地空导弹仿制工作的全过程，在出成果、出人才这两个方面，无不凝聚着钱文极的心血。

4. 雷达技术大攻关

1965 年 1 月，钱文极任第七机械工业部第二研究院副院长。5 月，二院全体军人转业，钱文极也退出现役，由正师级定为国家行政 9 级。

同时，国防部五院一分院、二分院由原来按专业划分改为按型号划分，一分院成为地地导弹研究设计院，改称为一院；二分院成为地空导弹研究设计院，改称为二院。

弹体和发动机的设计部分原在一院，若要搬到永定路地区，这里没有合适的厂房，也没有场地可以新盖厂房。因此决定与上海市合建一个全弹的科研试制生产基地，将一院有关地空导弹的弹体和发动机设计部分，加上二院有关弹上设备部分，包括自动驾驶仪、指令接收机、无线电引信等，一起迁往上海。为此，上海市专门成立了机电局负责此事，机电二局成为二院的一部分。

“543”定型后，还遗留了一个最困难的生产技术问题，主要是雷达天线的使用频率数未达标，严重影响了“543”的使用性能，制约了新型地空导弹的研制。该天线采用的是制造飞机的蒙皮铆接技术，尺寸精度要求极高，但由于生产厂工艺水平低，很长一段时间都过不了关。

1964 年，试制成功的中国第一批地空导弹红旗一号

1963—1965 年，二分院开展了对红旗一号改进工作，钱文极作为总设计师，积极组织科研人员开展相关工作。为了攻克这一技术难关，钱文极亲自担任雷达攻关组组长，发挥技术专家的作用，组织该技术领域的专家进行设计分析和反复计算，制定技术方案，并与专家们一起下厂协调与厂方的关系。经过半年的反复计算与试制，最终采用在天线内部开口的办法突破了难关，使雷达天线可用频率数全部达标，此技术还获得了国家科委成果一等奖。

1965 年 1 月 10 日，我空军用红旗一号国产导弹击落了一架入侵华北地区上空的 U–2 侦察机。这是被我空军导弹部队击落的第四架 U–2 侦察机，也是采用仿制并加以改进的红旗一号国产导弹击落的第一架 U–2 侦察机。

中国人民解放軍
預备役軍官兵役証
京 予字第 91244号
钱文极同志系 江 苏 省
太仓县（市） 区
人民公社
人。按照兵役法的规定编入軍
官預备役。
此証
中华人民共和国国防部 部长 林彪
1965年 5 月 31 日
持証人像

钱文极的军官证

5. 红旗二号获成功

在各生产厂陆续完成第一批仿制生产任务后，国防部五院驻厂的设计师代表也逐步回到各自的研究所，开展红旗一号的反设计和改进工作。因此，在红旗一号定型之后，国防部五院立即着手开始组织红旗二号的研制工作。

1964 年 1 月，为了满足对敌斗争的迫切需要，国防部五院提出在红旗一号导弹的基础上研制红旗二号导弹的任务，争分夺秒地进行新的抗干扰研究工作。红旗二号导弹在当时是世界上较为先进的防空武器，最大射高在 2 万米以上。

1964 年 4 月 22 日，国防部五院颁布命令，任命钱文极为红旗二号总设计师，吴展、陈怀瑾和李蕴滋为副总设计师。在红旗二号研制队伍中，还有张履谦任引导站主任设计师，刘从军任弹体结构主任设计师，何午山任弹上无线电设备主任设计师等，他们后来都成为空天防御事业发展的重要技术骨干。

与红旗一号相比，红旗二号增加了燃料舱容量，加大了前翼面积，增加了射高与射程，还有针对性地加装了“28 号反干扰电路”。作为一种用液体推进剂提供动力的导弹，它的最大射程可以达到 35 千米，最大射高为 27 千米，但发射准备时间仍然较长。

红旗二号的基本战斗单位是营，每营有制导雷达站 1 套，导弹发射架 6 个，配发导弹 10~20 发。对付每一目标一次最多可连发 3 发导弹。除这些主要装备以外，还有庞大的技术勤务保障设备，机动性很差。若需要远距离转移，全营人马需要装两列火车才可以完成。

红旗导弹的生产是全部国产化的，所以通过大批量生产，我国建立了一个相当规模的导弹生产体系。这和地地导弹是不一样的，地地导弹因为批量小，基本上是国防部五院自己的工厂就可以生产，但地空导弹生产则是分布在各个军工生产部门进行合作生产，促进了我国常规武器的生产。

1965 年 4 月，七机部召开红旗二号导弹研制工作会议，决定由二院负责导弹总体技术及遥测弹设计试制。

从1965年4月至1967年2月，设计人员和工艺人员密切配合，同心协力，红旗二号研制进展很快。红旗二号先后进行了 7 发飞行试验，结果证明设计满足要求。 1966 年 6 月，国务院特种武器定型委员会通知，军委批准了地空、海防导弹定型委员会名单，七机部副部长钱学森任地空导弹定型委员会副主任委员，二院副院长钱文极为委员。

1966 年 7 月至 12 月，红旗二号两次进行定型飞行试验，第二次取得 6 发 5 中的好成绩。

红旗二号的问世，标志着我国的防空导弹已经由单纯的仿制走上了自行研制的道路。红旗二号连续生产了十多年，为部队提供了大量导弹装备。

1967 年 9 月，敌 U–2 侦察机入侵华东地区，尽管使用了转播干扰手段，仍被红旗二号导弹一举击落。这是被我空军导弹部队击落的第五架 U–2 侦察机，也是采用红旗二号导弹击落的第一架 U–2 侦察机。二院创造的技术和战术相结合的“近快战法”，在世界上首创电子战背景击落 U–2 侦察机的战例，取得令人瞩目的光辉战绩。此后，美蒋停止了对我国大陆的侦察飞行。

红旗一号仿制生产和红旗二号改进设计的成功，表明已经锻炼出了一支由数千人组成的、可以独立设计现代化地空导弹的设计队伍。作为总设计师，钱文极欣慰地感叹：“从 1959 年到 1965 年这六七年时间内，由完全不懂导弹技术为何物的青年学生，达到了能掌握当时世界上先进的地空导弹设计技术，而且形成了几千人的完整的设计队伍，这是一项很了不起的工程！”

红旗二号导弹

1965年后，二院开展了红旗三号、红旗六十一号等型号的研制工作，同时继续协助解决各军工生产厂在生产红旗二号过程中存在的部分技术问题，其中最突出的是西安786厂生产的雷达天线。此项雷达天线生产要求高，使用航空工厂生产飞机的工艺，这对无线电厂是个很大的难题。为了解决雷达天线工艺问题，1965年年初，院党委决定成立一个专家组，专程赴786厂攻关解决问题。专家组由二院23所有关技术人员和院相关技术管理人员组成，钱文极带队赴厂指导工作。在786厂，钱文极多次组织技术人员进行分析，针对关键技术进行论证，最终攻克了这一技术难题。

6. 总师感悟凝心血

钱文极从一个学生时代的无线电业余爱好者到从事电子技术工作，进而参加尖端防空武器的研制，作为新中国第一个地空导弹型号的总设计师，从工程项目和技术攻关中，钱文极认真总结了工作体会和管理方法，为后续导弹研制提供了重要借鉴。

一是运用系统工程理念。组装一部电台，用简单的元器件和结构即可完成。而一个地空导弹战斗单位是一个庞大而复杂的系统，由导弹、雷达、发射架等主要设备和众多辅助设备组成，各个部门之间在技术上紧密关联、不可分割，研制过程就是一项系统工程。因此，研制和生产必须以系统工程的理念来把握，以系统工程的方法来管理。

地空导弹总设计师钱文极

二是跨界学习多技术门类。研制一部电台主要运用无线电通信技术，地空导弹则涉及众多技术门类。宏观有雷达技术、空气动力学、弹体结构、液体火箭发动机、火工技术、自动控制、弹道学、战斗部杀伤技术，等等。科研人员面对从未接触过的技术领域，要不断摸索，拓展学习范围，扩大自己的知识面。

三是必须高度重视精加工技术。精加工技术是保证导弹研制质量的突出指标之一，主要包含于陀螺制造技术中，大体分精密机械加工和精密电镀两类。陀螺是一个超高速运转器件，为使其运转平稳、高效，首先要求机加工精度极高，加工物表面应当光亮如镜，装配应当一尘不染，因此必须要有超净厂房。其次要求陀螺转子和电刷的接触点用如金、钯、铂之类贵重金属精密电镀，以保持接触状态始终良好，电镀的表层始终保持光亮如新，不因温度、湿度等变化而氧化。导弹之所以作为尖端技术，也在于它包含了精加工技术。

四是严格要求产品质量。导弹研制技术极其复杂，而质量要求是严苛的，同时还得保证存放3~5年并经长途运输后仍保持质量稳定。为达此目的，要在设计和生产过程中采取一系列相应措施，如制定测试细则、维护保养细则等设计文件，从设计、生产、使用的全过程考虑各种可能发生的情况，尽可能地制定出完善措施，要求实施过程中严格执行各项规定细则，确保武器装备正常使用。

五是职责分明的管理方法。国防部五院的研制与生产系统在产品从设计、试制到成批生产过程中，严格遵守“所管产品设计，厂管产品试制；

生产厂无权更改设计文件，生产工人无权更改厂制定的工艺文件；厂所结合，在统一计划下为生产出合格产品共同合作”的管理方法，使设计、试制和生产三者密切结合，平稳过渡。

六是建立分层分级工作体制。地空导弹是一个大型的武器系统，包括弹体、雷达、发射架、辅助设备等分系统，在每个分系统内又分解为很多组成部分，如弹体分为助推器、液体发动机、自动驾驶仪、指令接收机、无线电引信、战斗部和弹体结构等。参加这一大型工程的设计人员是很多的，当时在国防部五院内部就有技术人员3000多人，分属于各个研究所，而每个所在同一时期内承担型号研制任务往往就有两三个。这样复杂庞大的设计任务，靠少数总设计师是无法完成的，为此要组成一支技术力量十分雄厚的总体设计师队伍和分系统设计师队伍，形成设计师系统。这样逐级负责，责任明确，把一支庞大的设计师队伍组织进来，协调进行工作，把握全系统、全过程、全周期研制过程，从任务的可行性论证，到系统、分系统的设计任务书、设计条件等文件，一直到写出定型试验大纲和定型试验报告为止。在全过程中还要了解各分系统设计进展情况，并及时协调各分系统之间的技术问题，型号总设计师就是依靠这一设计师系统来完成型号设计任务的，一个型号设计工作就是一个典型的系统管理过程。

七是大型的综合试验的管理。导弹的试验是大型的综合试验。试验场地是在几十平方千米，甚至几千、几万平方千米范围内；参加试验的人员有几百、几千，甚至上万人。例如地空导弹的设计定型试验就是大型的综合试验，需要上千人参加。试验时需将全套武器系统在靶场上对接起来，进行实弹打靶试验。试验靶场本身就是一套庞大的组织系统，有很多先进的设备，如靶机、光学观测设备、通信设备等；还要有靶机起飞的机场、机场设施和人员。被试验对象本身，即武器系统除了有关设计人员到场外，还要有一套操作手来实施试验。他们都属于靶场的工作人员，整个试验全部由靶场工作人员来实施。

八是制定规划至关重要。导弹型号的研制周期长，没有规划无法开展工作。规划的面要广，不仅要有近三五年内完成几个型号的规划，还要有为三五年后研发新型号做准备的预研课题规划。规划的确定要经过相关人员参与讨论，并且在一段时间后，再讨论、再修订，使其不断完善，更加符合实际。唯此，方能保证一个大型系统工程的研制与生产稳步进行，避免造成时间、人力、财力的巨大损失。尤其在重大项目的决策上，必须要有可行性论证研究，要有相关人员参与意见。

这些宝贵经验是对我国导弹研制初期重要工作的总结，凝聚了一位总设计师对导弹事业的热爱和心血。

7.“文革”期间上干校

1965 年，二院改为地空导弹研究院后，各类地空导弹研制工作有了较大发展，当时二院基本上有三个导弹系列：一是中低空，在红旗六十一号基础上发展；二是中高空，在红旗三号基础上发展；三是反弹道导弹，以红旗七十一号为起点。为此，七机部专门成立了一个研究小组。

这是根据中央指示成立的科研项目，按当时的工作计划，要把三个系列发展成为三个研制基地，红旗六十一号在北京，红旗三号在上海，红旗七十一号在沈阳。但这项工作刚刚起步，就被迫中止了。

1966 年“文化大革命”开始，二院科研生产受到严重冲击。不少领导和专家有的被关押，有的被批斗，还有的被关进“牛棚”。但他们始终信念坚定，坚信党的领导，坚信共产主义理想。

钱文极作为分管技术业务的副院长，也被揪到台上进行批斗。1968 年夏秋之际，钱文极家中遭到造反派的抄查，他拍摄的很多照片、往来的很多书信等被强行抄走。后来这些物品在平反之后才被退回。1970 年 8 月下旬，钱文极被送到河南正阳县五七干校劳动改造。直到 1972 年春节前，钱文极才结束干校的劳动，回到北京。

“文革”期间，二院的科研生产工作受到巨大冲击。在这种情况下，就是否要上一个高难度的尖端工程，钱文极提出了自己的意见。他认为，此工程不是当时我国科技水平和工业水平能够达到的，同时，国家的经济状况也难以承受，不应作为一项工程任务大规模展开，可以作为一项预研项目。为此，钱文极专门给时任国防科委副主任的钱学森和国防科委领导提交了书面材料，提出了自己的意见。多年后的发展证明，当初他的意见符合国情，是正确的。

1972 年 10 月，钱文极重新回到七机部二院核心小组，当时的领导成员还有张怀忠、董启强等。恢复工作后，钱文极分管行政管理工作，主要是解决职工生活中的实际问题。

1978 年，钱文极调离二院。

第七章 再战通信 放眼长远办实事

1978 年，钱文极调任第四机械工业部十九院任院长，他坚持引进、消化、吸收与创新相结合，重视我国电子通信装备的系列化、小型化、半导体化及通用化的工作，领导、组织和实施了计算机、卫星通信、光纤通信、数字通信等多方面的课题研究和重点工程建设，推动了我国电子科学技术的发展。

1. 出任十九院院长

1963 年 9 月，为推动我国电子工业发展，第一机械工业部拆分出第四机械工业部，主要负责我国的电子工业。王诤中将任四机部首任部长。

十九院组建于 20 世纪 70 年代中期，由李兆吉（任第四机械工业部二局局长及十九研究院院长，第四机械工业部副部长、党组成员）带领通信兵一批同志组成院的领导机关，接管了一批分散在全国各地的研究院或研究室，主要承担通信技术和电子计算机技术研制工作。十九院是四机部直属的三个研究院之一，另外两个研究院是十院和十四院，十院是雷达技术和测控技术研究院；十四院是元器件技术研究院。

1978 年 5 月，钱文极从第七机械工业部二院调入第四机械工业部十九院工作，任十九院院长。

十九院下设 9 个所，其中 5 个是通信技术所，4 个是计算机技术所。5 个通信技术所分别是石家庄的 19 所（主要研制生产通信机）、成都彭县（今彭州市）的 30 所（主要研制生产保密机）、桂林的 34 所（主要研究光纤通信）、广州的 7 所（主要研制生产小型通信机）、浙江江山的 36 所（主要研究通信对抗）。4 个计算机技术所分别是北京 15 所（主要研究生产计算机主机、外设和软件）、上海 32 所（主要研究生产计算机主机、外设和软件）、太原 33 所（主要研究磁性材料）

钱文极（右一）、罗沛霖（左一）在十九院

和2所（主要研究外部设备和工艺技术）。

十九院领导班子团结民主，党委书记袁正伦从成都784厂调入十九院工作，784厂也称国营锦江电机厂，是“一五”时期156个重点工程之一，当时是由苏联援建的重大工业项目，1958年工厂建成投产，主要生产国防军工雷达整机，曾生产了我国第一部测高雷达。袁正伦技术水平高，作风正派，原则性强。在工作中，钱文极与袁正伦配合很好，十九院各项工作有序开展。

十九院业务包括通信技术和计算机技术两大类。对于通信工作，钱文极并不陌生，算是自己的“老本行”了。但对计算机技术，钱文极却并不精通，但他深知，计算机这门新兴的技术是未来科学技术发展的方向，于是他下决心系统学习，认真钻研。

15所和32所在当时国内计算机领域有着重要地位，是电子工业行业计算机技术的两大权威单位。上任不久，钱文极便前往15所调研。

自从1946年世界上第一台电子计算机在美国诞生以来，计算机技术发展十分迅速。我国科技界在周恩来总理亲自主持下，于1956年制定了《十二年科技发展远景规划》，选定了“计算机、电子学、半导体、自动化”作为“发展规划”的4项紧急措施，并制定了计算机科研、生产、教育发展计划。我国计算机事业由此起步。1958年，15所成立，是国内创建较早的综合性计算机研究所。15所肩负的使命侧重于面向军用，而军用课题技术要求比其他领域应用，难度更高、涉及科技范围更广。因此15所研制的不仅是科学计算，而是科学计算、实时处理、数据处理三个领域的技术研究。

钱文极深入每个研究室和车间了解掌握情况，通过现场调研、座谈会等形式，对15所主要业务和计算机技术有了进一步的了解。同时钱文极从学习计算机技术理论入手，因为当时国内这方面的书籍较少，钱文极决定加强英语学习，直接阅读外文书籍来学习和快速掌握计算机专业知识。

为了补习英语，钱文极见缝插针，利用一切可以学习的时间看书。当时在“文革”期间停刊的《英语学习》期刊恢复出版，他一期不落地买回来阅读，同时还坚持阅读英文原版小说，英语水平在较短时间内便有了很大提高。

为了贯彻党的十一届三中全会精神，钱文极积极对十九院的技术管理体制进行改革，进一步明确了总工程师的职责，建立了技术指挥体系和相应的管理制度。

2. 创办北大二分校

为了培养计算机方面的技术人才，特别是软件人才，钱文极利用十九院 15 所的计算机技术力量与北京大学联合，于 1978 年创办北京大学第二

北京大学第二分校首届毕业生合影（二排左十为钱文极）

分校，即北京信息工程学院的前身，为日后我国大批培养计算机方面的人才创造了有利条件。

1985年1月，经教育部批准，北京大学第二分校更名为北京信息工程学院，隶属于中华人民共和国电子工业部。2003年8月21日，北京市委、市政府决定由原北京机械工业学院和北京信息工程学院合并，组建北京信息科技大学。

钱文极经常深入部属大中专院校调研，为院校的建设发展和国家电子工业人才的培养，做了大量卓有成效的工作。

3. 主管计算机工业

1979年3月，国务院决定成立管理计算机工业政策、规划及有关企业的国家电子计算机工业总局，钱文极兼任副局长。体制的改变预示着计算机从象牙塔走出来，不再仅仅作为被研究的尖端技术。国家需要建设一个强大的工业体系，使其成为满足社会发展、国民经济和国防建设旺盛需求的先进技术装备部门。总局成立后，我国计算机工业体系建设进入快速发展时期，总局制定了行业规划、技术政策，进行了产业调整和布局，实行产学研结合，更加关注科技如何更好地为工业、国防和经济服务。

国家计算机工业管理总局由国务院直属，由第四机械工业部代管，主要任务是统一领导和管理电子计算机工业的科研、开发、生产、基本建设和应用服务工作，加速电子计算机事业的发展。此后，随着计算机技术的发展，1982年5月，国家电子计算机工业总局与第四机械工业部、国家广播电视工业总局合并，成立电子工业部。

作为我国现代计算机行业的早期管理者之一，钱文极善于思考，知识

1979年秋，钱文极（后排左三）随中国电子学会出访美国

广博，工作中形成了一整套严谨务实的管理方法。在技术管理工作中，他注重深入实际、调查研究，具有很强的系统性和实事求是的科学精神。

由于钱文极注重扩充和更新自己的知识，注重理论联系实际，使他在数十年的工作中能始终保持敏锐的技术眼光，组织能力和技术水平也不断提高，出色地完成了党和国家交给的各项任务，为我国电子、通信、导弹及计算机技术的发展作出了突出贡献。

1981年8月，钱文极（前排左八）参加中国电子学会电子机械工程学会成立大会

第八章

终生学习 老有所为心常惬

1982 年，离休后的钱文极仍然关注着我国计算机的应用和推广，他多次参加计算机应用推广会，宣传应用计算机的重要性。他还积极支持史料的收集和整理工作，为二院院史编写工作出谋划策。钱文极爱好广泛，通过练习书法、欣赏京剧、读书看报等，使自己的晚年生活健康惬意。

1. 力推计算机应用

1980 年 9 月，第五届全国人民代表大会常务委员会第十六次会议审议通过《国务院关于老干部离职休养的暂行规定》。不久，钱文极便正式向组织提交了自己请求离休的报告。1982 年年初，钱文极第二次向组织提交离休报告，表示坚决拥护中央政策，让年轻优秀的干部得到更多的锻炼机会。

1982 年 7 月，钱文极正式离休。当年在国家电子计算机工业总局办公时，钱文极就非常重视计算机的应用与推广，他多次强调打开计算机应用局面是发展计算机工业非常重要的工作环节。离休后，他仍然抓住各种机会坚持推广工作，多次到北京、广州、昆明、厦门等地参加计算机应用推广会，宣传应用计算机的重要性。

1983 年 4 月，钱文极参加了在昆明召开的计算机推广会议。会议结束返京途中，他专程路过西安，看望了自己的老同学、老战友肖淦。

肖淦是钱文极大学时期的同窗与舍友，后又一起离开学校奔赴延安；他们两人志同道合，又一起在国防部五院、七机部同一个系统工作。

当时的肖淦身体已经十分虚弱，交谈已有困难。以往工作中长期接触化学品，使他的身体受到损害，饱受耳聋、肝痛等疾病的折磨。肖淦仍一直抱病坚持工作，但“文革”期间遭受的残酷迫害彻底摧毁了他原本带病的身体。肖淦的夫人向钱文极详细介绍了肖淦的病情。

望着眼前的老同学老战友，钱文极百感交集，感慨万分。没想到，这次探访竟成为两人最后一次见面。1984 年 5 月 2 日，肖淦带着壮志未酬的遗憾溘然长逝，他对固体火箭推进事业真正做到了鞠躬尽瘁、死而后已。

钱文极积极支持史料的收集和整理工作。蔡金涛晚年主笔，王端骧、钱应瑞、孙栋臣、陈毅四位老同事一起编写了《旧中国无线电工业概况（从清朝到解放）》，由于资料较少，编写难度很大，便向钱文极请教。钱文极充分肯定编写工作的重要意义，他协助蔡金涛等人，一起回忆和收集相关资料，讨论内容的编写，最终书稿付梓刊出，受到了同行的高度赞扬。此书对新中国成立前后我国无线电事业的发展进行了简要回顾和梳理，是非常宝贵的资料，被收入全国政协的文史资料。

1986 年，在二院建院 30 周年庆祝活动的策划中，编写《二院院史》是其中一项重要的工作。钱文极作为二院创建初期主要领导之一，受邀参加了在延庆组织的座谈会。钱文极积极提供资料和线索，为编写院史出谋划策。

1986 年 9 月，钱文极（前排右四）参加二院院史编写工作座谈会

1986 年，钱文极（右）与黄纬禄

2. 入选科学家传略

1986 年 6 月，中国科学技术协会第三次代表大会召开，会议决定编纂出版《中国科学技术专家传略》。这是一部以介绍中国近现代科技人物为主线，反映中国科技发展进程的历史性文献，旨在为中国著名科技专家立传，记载他们的生平及其对祖国乃至对人类科学技术、经济和社会发展作出的贡献，为中国科技史的研究提供史实，并从中总结经验教训。全书分工学、

农学、医学、理学四编。其中工学编12卷，航天卷是以航天科技专家为主线，集专家传略与我国航天科技史实为一体的文献性书籍，收录了我国航天科技界1935年以前出生的有突出贡献的61位专家。

钱文极作为我国第一代地空导弹武器系统总设计师，解决了导弹研制、试验、生产中的关键技术难题，为我国航天事业作出了突出贡献，入选《中国科学技术专家传略》，充分表明了国家对钱文极为航天事业作出突出贡献的肯定。

郝丕英，钱文极在二院时的秘书，执笔了《中国科学技术专家传略》一书中钱文极内容的撰写工作，对钱文极的生平和贡献进行了认真的总结，对钱文极的贡献给予了客观的评价。

《中国科学技术专家传略》（航天卷2）于2002年4月出版发行。

3. 温馨家庭互敬爱

钱文极的妻子张峻，原名张玉云，1921年6月出生，山西省汾阳人。1937年下半年，她随父亲逃难至山西灵石县遇到游击队，便参加了游击队。先是在游击队的宣传队做抗日救亡宣传工作，1938年4月在游击队政治部民运股担任干事。1938年6月加入中国共产党。1938年9月到达延安。

1938年下半年，延安通信学校搬到川口村，钱文极兼任学生的报务实习指导工作。张峻在通信学校担任区队长，两个年轻人因此相识，经过一段时间的接触，彼此有了好感。

1940年，张峻从通信学校毕业后，被分配到电台先后做过报务见习员、调配员和机务员等工作，后调到新闻台抄收新闻。钱文极和张峻的接触更多了，经过慎重考虑，两人确立了恋爱关系。1941年11月，钱文极和张峻结婚。

婚后因为工作原因，两人常常聚少离多，这也让张峻性格十分独立。1948 年 10 月，傅作义对石家庄发动突然袭击，机关被迫转移到山沟里。当时钱文极出差在外，张峻带着两个孩子，在组织的安排照顾下才转移到安全的地方。

钱文极调入国防部五院二分院工作后，张峻由参通信兵部幼儿园调入五院二分院幼儿园工作，担任幼儿园主任。1963 年成立四机部时，张峻调入四机部中监组工作。中监组是中央监察委员会驻四机部的工作组，业务上归中央监察委员会直接领导。张峻在组内负责部分案件的调研工作，并负责组内文件、档案等资料的保管工作。

1972 年 4 月，张峻从四机部在河南叶县的干校返回北京，工作调整到四机部办公室厅档案处文书档案室管理档案。张峻的身体不好，患有美尼尔氏综合征，经常头痛和胃痛。1964 年夏天，张峻病情复发，头痛眩晕、耳鸣呕吐、卧床不起。那时，因为子女多且年龄小，家务繁重，钱文极不得不请保姆帮忙。其中工作时间最长的保姆是李雅贞，从 1955 年到 1962 年一直在钱家料理家务。李雅贞非常负责，工作细致，干活干净利落，把家里照料得井井有条。钱文极一家对她非常信任，待她如同家人。1962 年时，李雅贞身体不太好，钱文极依然让她留在家中，希望可以多照顾她。李雅贞本性淳朴，不愿在钱家养病，增加负担，坚持离开了钱家。

在生活上，钱文极一家十分简朴。1947 年年底，石家庄解放后不久，钱文极到石家庄出差。工作之余，在市里的商店买了两件日用品，一件是蓝色带花的陶瓷饭盒，另一件是红色胶木盒的刮胡刀，这两件东西一直用了 30 多年，修补了多次都没有舍得扔掉。

钱文极和张峻夫妇育有一子四女。

长子钱左生，1945 年出生于山西省左权县，原哈尔滨军事工程学院导弹工程系毕业后，进入电子工业部石家庄第 19 研究所，1979 年，国家科委外事局招考外事干部时调入北京，1983 年派驻纽约总领事馆任科技副领事、领事。1987 年卸任回国任科技部计划司处长，1992 年派驻洛杉矶总领事馆任科技参赞，1996 年回国任中国工程院国际与合作部副主任、正局巡视员，2006 年退休。

长女钱春莎，1948 年出生于河北省沙河县（今沙河市），1970 年参军入伍工程兵，转业后分配到北京第六建设工程公司。二女钱燕英，1950 年出生于北京，1968 年到黑龙江生产建设兵团，中国广播电视大学毕业后就职于四机部第 6 研究所，1984 年就职于电子工业部电子科学研究院从事软件开发工作。三女钱三妹，1952 年出生于北京，1969 年到内蒙古生产建设兵团，后考入重庆外国语学院，毕业后分配到青岛远洋船员学院任教，1986 年就职于科技日报社国际部。四女钱婷婷，1953 年出生于北京，原电子工业部技校毕业，先后供职于通信兵研究所、北京市电话局、中国联通下属营业部。

1992 年，钱左生赴美国前与父母合影

一直以来，钱文极的子女们上学和工作各在不同地方，曾有过全家七口人身处七个地方的情况，直到 1988 年年底，才陆续回到了北京，全家人重新团聚。对此，钱文极十分感慨。国家命运的变迁使一家人从分散到聚齐，前后历经了二十多年的时间。

4. 兴趣爱好伴晚年

1964 年，钱文极全家合影

1982 年，组织上也批准了妻子张峻的离休请求。忙了一辈子工作的夫妻二人开始真正有了自己的闲暇时间，享受他们的晚年生活。

相伴旅游。离休后，钱文极夫妇每年出游，到全国各地领略祖国的大好河山。他们的脚步踏过广州从化、深圳、黑龙江镜泊湖、哈尔滨、大庆油田、安徽黄山、南京、杭州、苏州、无锡、青岛等地。1990 年后，他和妻子感觉年龄大了，体力不比从前，旅游时有了诸多不便，便减少外出，更喜欢居家慢节奏带来的舒适感。

锻炼身体。年轻时钱文极就酷爱体育运动，身体素质很好。离休后他选择了健步走作为自己强身健体的运动方式。健步走的运动量可大可小，运动时间可长可短，且对场地没有特殊要求。冬季每天下午 4 点后，其他季节则是在早上的时间，围着社区沿马路健步走 40 多分钟，一直坚持了 10 多年，直到行走不便才逐渐停了下来。

练习书法。有了充分的闲暇时间，钱文极开始练习毛笔字。读小学时他就练习毛笔字，尤其是寒暑假几乎天天练习。后因战争和工作原因中断了练习。为了写好毛笔字，他参加了院里的书法学习班，早饭后便背上书包去上课，课后回到家里反复练习。 钱文极练习写字非常用心。楷书主要是临摹欧阳询的九成宫碑，行书则是临摹王羲之的《圣教序》，后来又学习了隶书和魏碑。每天上、下午各练习一个小时，进步很快。

喜爱京剧。听京剧是钱文极的另一大爱好。夫妇两人都是京剧爱好者，一开始，他们从收音机中把京剧录下来，以便随时收听，家中陆续存了几十盘录音带；后来有了录像机，便从电视节目中摄录京剧，家中又多了几十盘录像带，一有空便在家中播放欣赏。一次偶然的机会，钱文极看到《中国戏剧》杂志，感觉内容很好，便常年订阅学习，对提高戏剧欣赏能力有很大帮助。

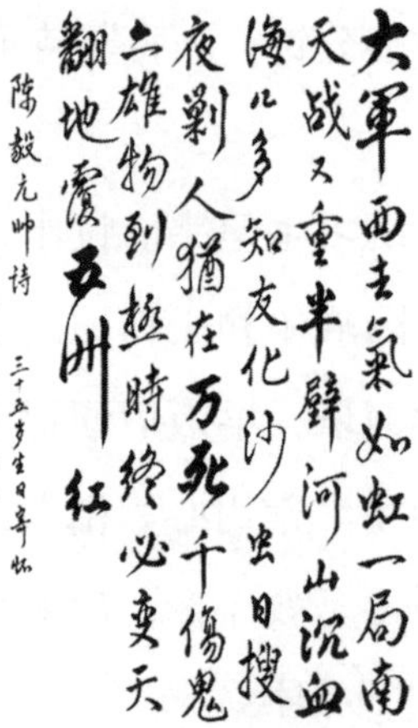

钱文极在家中练习书法

酷爱阅读。阅读是钱文极从小养成的习惯。离休在家，几乎是手不释卷。他尤其钟爱历史，对一些历史故事熟记在心。为了看书方便，钱文极办理了国家图书馆的借书证，把中央政协文史馆主编的100多本《文史资料选辑》全部看了一遍。20世纪80年代，各种文学、历史类季刊、月刊种类繁多，他便订阅《名人传记》《纵横》《中国作家》等多种杂志，以及《光明日报》《参考消息》《人民日报海外版》等报纸，养成了很好的阅读和学习习惯。

欣赏油画。20世纪50年代，钱文极从苏联买回许多苏联的油画册，但在“文革”时都未能保存下来。离休后，他经常去中国美术馆，买回许多世界著名博物馆的画册，包括俄罗斯艾米尔塔什博物馆、普希金造型艺术博物馆等。钱文极当年出访美国时曾途经巴黎停留一天，未能去卢浮宫参观，留有遗憾。晚年他流连忘返于一幅幅世界名画的海洋中，足见他对绘画艺术的热爱。

热衷摄影。对摄影的兴趣始于钱文极的中学时代，成家后，钱文极时常为孩子们拍照，记录每个孩子的成长过程。不可或缺的是每年的全家合影，从有了第一个孩子起直至他离世前，记录着一个家庭的成长和变迁。离休后，钱文极集中精力，按照时间排序，整理了家中所有的照片并将装订成册，大开本的相册有 16 册之多。

晚年的钱文极回顾自己的一生，写下了这样一段话：

我经历了不堪回首的旧中国，有幸在青年时期参加了革命工作，跟随毛主席和共产党闹革命，打走了日本帝国主义，又打走了蒋介石，建立了新中国，建成了初步繁荣昌盛的社会主义社会。虽然在革命洪流中做了一份微小的工作，但我还是参加了这个伟大的、历史性的建设过程，我为此感到自豪！

离休后，钱文极仍始终关注着二院的发展。

2006 年 6 月初的一天，钱文极给主持二院党委工作的副书记孙庚臣打电话，提出希望可以到北京仿真中心去看看。北京仿真中心的成立，为我国运载火箭、防空导弹等型号研制提供了仿真试验，为试验任务的成功发挥了重要的技术支撑作用。

孙庚臣副书记爽快答应，表示星期一陪同钱文极一同去仿真中心参观。然而天公不作美，周一早上天气阴沉，刮起了大风。孙书记担心钱文极的身体，便打电话约好天气好时再陪他一同前往。不曾想到的是，这一约定成了永远的遗憾。

2006 年 6 月 12 日，钱文极突感身体不适，当晚被紧急送往北京友谊医院，即刻进入 ICU 治疗。

2006 年 6 月 15 日，钱文极永远地离开了我们，享年 90 岁。

今日之航天二院，从小到大，从弱到强，从国家导弹武器控制系统专

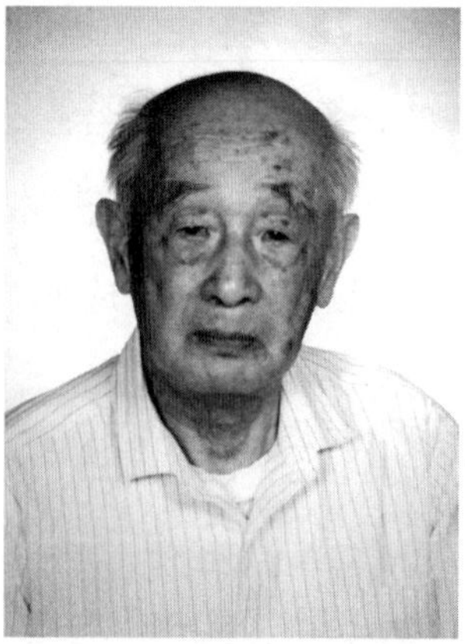

晚年钱文极

业技术研究院发展成为国家空天防御技术总体研究院，成为我国重要的导弹研制生产基地，科研能力到生产制造均处于国内领先水平，二院人用忠诚、智慧和汗水，描绘了一幅共和国空天防御体系蓝图。

今日之成就，足以告慰我国第一代地空导弹的总师——钱文极，告慰老一代航天事业的开拓者们。（撰稿：罗朝晖）

钱文极大事年表

- **1916 年**

  6 月 10 日，出生于江苏省太仓县（今太仓市）牌楼乡。

- **1922 年 6 岁**

  进入太仓县牌楼乡小学。

- **1927 年 11 岁**

  转入太仓县省立太仓中学附属小学。

- **1929 年 13 岁**

  太仓县省立太仓中学附属小学毕业 。

  考入太仓县省立太仓中学初中部。

- **1932 年 16 岁**

  太仓县省立太仓中学初中部毕业。

  考入国立同济大学附属高级中学。

- **1936 年 20 岁**

  国立同济大学附属高级中学毕业。

  直升国立同济大学工学院机械系学习。

- **1937 年 21 岁**

  11 月，在同济大学退学，放弃学业，经武汉奔赴延安。

- **1938 年 22 岁**

  1 月，参加八路军安吴堡青年训练班（第 4 期）。

  2 月，进入延安陕北公学第十一区队学习。

  3 月 31 日，加入中国共产党。

  9 月，任中央军委三局材料厂技术员。

- **1939 年 23 岁**

  任中央军委三局材料厂股长兼通信学校机务指导。

- 1940 年 24 岁
  任中央军委三局材料厂实验室副主任。
  主持设计我军第一批 100 瓦主振强放式发报机。

- 1941 年 25 岁
  11 月，与张峻结婚。

- 1942 年 26 岁
  11 月，调任中央军委三局通信学校任教员，后任电学教员组组长、学校实验室主任。

- 1945 年 29 岁
  9 月，调晋冀鲁豫军区筹建邯郸广播电台。

- 1946 年 30 岁
  2 月，任晋冀鲁豫军区司令部通讯分局第二处装配科科长。

- 1947 年 31 岁
  3 月，完成邯郸广播电台组建工作，荣立特等功

- 1948 年 32 岁
  6 月，调往华北军区司令部通信处任器材科科长。
  12 月，赴天津，参加天津军事管制委员会接管工作。

- 1949 年 33 岁
  1 月，任天津市军事管制委员会电信接管处军代表。
  6 月，任天津中央电器公司总经理。
  10 月，任天津电工二厂厂长。

- 1950 年 34 岁
  2 月，赴重庆，代表军队通信系统参加重庆接管工作。
  5 月，调任中央军委通信部器材处处长。

- 1952 年 36 岁
  年底赴朝鲜，代表中央军委通信部带队参加志愿军通信工作会议。

- **1953 年 37 岁**

  7 月，赴朝鲜，主持志愿军全军通信设备大整修工作。

- **1955 年 39 岁**

  6 月，调总参通信部电信技术研究所，任所主任。

  9 月，被授上校军衔，荣获三级独立自由勋章、二级解放奖章。

- **1956 年 40 岁**

  3 月，参与《十二年科学技术发展远景规划》制定工作，任无线电电子规划组组长。

  5 月，参加中国电子学会筹建工作并被选为中国电子学会副秘书长。

  年底任军事电子科学研究院副院长，主管业务工作。

- **1957 年 41 岁**

  2 月，赴日本，参加国际地球物理年西太平洋区域会议。

  5 月，参与中国科学院计算所对苏联计算机的仿制工作。

  5 月，赴莫斯科，作为无线电技术专家随同中国无线电工业考察团访问苏联，作为无线电电子学小组组长参加中国科学技术代表团与苏方签订中苏科学技术合作协定。

  11 月，调国防部第五研究院二分院。

  12 月 2 日，国防部部长彭德怀任命钱文极为国防部五院二分院副院长。

- **1958 年 42 岁**

  1 月 18 日，参加国防部第五研究院代表团，同苏联代表团就苏联援建、组织型号生产等问题谈判。

- **1959 年 43 岁**

  2 月 5 日，任“543”仿制任务领导小组副组长。

  5 月至 11 月，在莫斯科，协助苏联无线电工业部第六设计院为国防部五院完成基建设计。

- **1960 年 44 岁**

  5 月 30 日，任“543”总设计师。

  6 月 8 日，晋升大校，正师级。

  9 月 19 日，任红旗一号型号设计委员会主任委员。

- **1962 年 46 岁**

  2 月 24 日，任红旗一号总设计师。

5 月，任国防部五院地空导弹总设计师。

9 月 18 日，国防部五院任命代号“543”（红旗一号）地空导弹总设计师。

- **1964 年 48 岁**

4 月 22 日，任红旗二号总设计师，组织领导完成地空导弹改型研制任务。

- **1965 年 49 岁**

1 月，任第七机械工业部第二研究院副院长。

5 月，退出现役，定为国家行政 9 级。

- **1966 年 50 岁**

3 月，赴西安 286 厂参加“四清运动”。

- **1978 年 62 岁**

5 月，任第四机械工业部第十九研究院院长。

10 月，任中国电子学会常务理事兼副秘书长。

创办北京大学二分校，即北京信息工程学院前身。

- **1979 年 63 岁**

3 月，兼任国家电子计算机工业总局副局长。

秋，参加中国电子学会赴美访问团出访美国。

- **1981 年 65 岁**

春，应西柏林通信技术研究所邀请访问联邦德国。

- **1982 年 66 岁**

5 月，参加上海同济大学 75 周年校庆活动。

7 月，离休，享受副部级待遇。

- **1992 年 76 岁**

享受国务院颁发的政府特殊津贴。

- **2006 年 90 岁**

6 月 15 日，在北京友谊医院去世。

参考文献

［1］石磊，王春河，张宏显，陈中青．钱学森的航天岁月［M］．北京：中国宇航出版社，2012.

［2］鲁之玉．王诤传［M］．北京：电子工业出版社，1998.

［3］中国科学技术协会．中国科学技术专家传略（工程技术编，航天卷 2）［M］．北京：宇航出版社，2002.

［4］谭邦治．蔡金涛院士传记［M］．北京：中国宇航出版社，2015.

［5］钟轫，童晶静．张履谦院士传记［M］．北京：中国宇航出版社，2014.

［6］周武，侯萍梅，李路，李善春．钟山院士传记［M］．北京：中国宇航出版社，2015.

［7］马杰．筑梦空天——航天精神在二院［M］．北京：中国宇航出版社，2020.

［8］航天工业部第二研究院院史编委会．航天工业部第二研究院院史 (1957—1987).1987.

［9］中国航天工业总公司．航天春秋——航天 40 年回忆录文集（第二辑）［C］.1997.

［10］航天事业三十年编审委员会．航天事业三十年［M］．北京：宇航出版社，1986.

徐馨伯的故事

徐馨伯（1917.7.9—1989.5.3），江苏扬州人。1939 年参加新四军，同年加入中国共产党，入伍后历任连指导员、营教导员、团政治组织股长、副主任、主任、军政治部组织部组织科长、南京军事学院训练部政治处主任、政治部直属工作部部长等职，参加过抗日战争和解放战争，多次受到上级奖励，1955 年获颁三级独立自由勋章和三级解放勋章，被授予上校军衔，1964 年被授予大校军衔。1959 年调往国防部五院二分院第二（三）设计部（后改制为 23 所）工作，历任设计部主任、政治委员、党委书记、“543”地空导弹武器系统仿制工作副总设计师、总设计师等职，为我国地空导弹研制作出了重要贡献。

◎目　录

第一章 共赴国难 参军入党

在许多23所或二院其他单位老同志的回忆中，老政委徐馨伯是一位操着浓重江苏口音的率真军旅干部，他有着深厚的政治素养和家国情怀，特别是烙印于灵魂的共产主义信仰一直影响着身边的人。率直果敢、平易近人、热爱学习，这些个性来源于扬州人特有的豪爽包容，来源于他以学治家的家庭氛围。“七七”事变卢沟桥的炮声彻底改变了中国，也改变了这个生于鱼米水乡、好学机敏的高中少年。在亲历战火和逃难、目睹当时中国的积贫积弱后，徐馨伯毅然决然投身革命，选择加入中国共产党，为实现民族的复兴奉献一生。

1. 苦难岁月，种下爱国种子

1917 年 7 月 9 日，江苏扬州某医院产房中响起了一阵嘹亮的啼哭声，一个男婴来到了人世间，他就是徐馨伯。

1917 年对于徐家乃至整个中国都是极不寻常的一年。小家庭迎来了新生命的诞生，而中国看到了民族解放和民族复兴的新希望。这年 11 月的一声炮响，伟大的俄国十月革命取得成功，中国先进知识分子受到启发，十月革命和马克思主义思想的火种在中华大地遍地播撒。刚刚出生的小馨伯的命运轨迹也将会与这红色的思潮交汇并进，成为解放中国最先进、最革命的力量。

徐馨伯的父亲徐授之是一名平凡的水利工程职员，担任过测绘员、技师、工程师等职，工作虽然平凡，但徐授之忧国忧民。他没有参加任何党派，但民族自豪感极为强烈，骨子里对国家和人民拥有着深厚的感情，发自内心地期盼着国家的发展能早日走上正途，人民的生活能够永远平安幸福。他时常教导儿子要牢记民族大义，掌握本领，为国尽忠。

在国力羸弱的当时，徐馨伯和母亲及后来的弟弟徐仲远，一家四口仅依靠父亲一人所得的薪金度日。生活的压力、腐败的社会没有压垮徐父。但凡有零碎时间，他就会教导徐馨伯读书。

“乖乖！你爸爸布置的功课学完没？”

“嘿嘿，没有！妈妈，我这就去！”

徐馨伯自幼懂事，虽有寻常孩童的天真顽皮，但对父亲所教从不敢懈怠，母亲稍加督促就能学习大半天。徐父觉得大儿子是个可造之才，因此即便家庭拮据，还是尽自己所能，在徐馨伯九岁时把他送入了江苏省立实验小学读书。

江苏省立实验小学的教学条件在当时十分优越。得益于此，小馨伯不仅在早期就学习了不少中国传统文化知识，还培养出了对自然科学的浓厚兴趣。在五六年级时，徐馨伯参加学校的演讲比赛，拿到了锦旗。年幼的他满怀期待地把锦旗拿回家给父亲看，徐父看孩子取得好成绩，其实心里早就乐开了花，但又怕他因此而骄傲自满，便装作若无其事地说："不错，有点小聪明，但这都是小孩子的小打小闹。我儿有这么好的脑子，以后要用在更重要的地方，学好一门技术，这样不愁饭吃，又可以建设国家，那才是有真本事！"见父亲的反应没有预想中那么开心，徐馨伯顿时仿佛泄了气的皮球，出于性格里的那股倔劲儿，他把这句话牢牢地记在了心里，并暗自发誓，有朝一日一定要让父亲认可自己就是那个"有真本事"的人。

15 岁高小毕业后，徐馨伯想要进一步学习工学技术，但在当时，不具备一定英文基础是行不通的。恰逢当年徐父工作发展顺利，徐馨伯得以如愿以偿地进入由美国教会承办的美汉中学初中部读书。这所中学可以提供给就读的学生直升上海圣约翰大学的机会，前途一片光明。在校期间，徐馨伯对物理、化学产生了强烈的兴趣，尤其喜爱电学部分，甚至有时还缠着父亲购置一些器材，自行组装收音机，这也为其后期学习电机机械打下了基础。徐父又高兴又发愁，高兴的是孩子真的在钻研一门学问，愁的是这无疑又给家庭增加了一项不小的开支，不过为了孩子的成长，徐父再次选择了咬牙坚持。

平静安逸的校园生活，没有让徐馨伯在思想上陷入对优越生活的沉迷、对外国文化的倾慕，相反，因为一件事，徐馨伯彻底认清了帝国主义的侵略本质，爱国主义情怀也被极大地激发了。

事情发生在一节地理课上，当时来自英国的教员马瑞生公然宣称西藏是英国的领土。他的言论激起了全体学生的愤慨。"如果这名老师继续在学校任教，我们宁可一起退学！”徐馨伯和同学们一起向校方提出严正抗议。最终，校方迫于学生们的压力，将此名教员辞退。

1936年，青年徐馨伯

高中时，徐馨伯的生母过世了，父亲的薪金也不复从前，家庭状况渐衰，而外资美汉中学的学费高达80元大洋，再加上书籍、服装、伙食等开销，一个普通家庭根本无力承担这样的开支。即使这样，徐父依然没有放弃对孩子的教育，安排徐馨伯转入扬州中学高中部继续就读。

就这样，时间来到1936年，也就是抗日战争前夕，全国各学校中抗日情绪高涨，学生运动十分活跃，这让徐馨伯在学生时代就真实感受到了“不抗日就难逃亡国命运”的思潮。

“七七”事变后，日本全面侵华战争开始，扬州沦陷。徐馨伯随继母、弟弟逃难至乡下，一路辗转，颠沛流离。其父所在的江北运河工程局迁至淮阴，无法与家人见面，这一别就是整整一年。直至1938年7月，徐馨伯抵达淮阴，徐家人才得以再次团聚。

时局动荡，国情混乱，徐馨伯失学在家，跟随父亲到导淮工程处电台学习电报技术。谁知这样的生活也不过维持了短短3个月不到的时间，该工程处又被遣散，徐父失业，携全家老小返回扬州，在日本侵略者的直接压迫下艰难度日。平静的生活几次三番地被破坏，徐馨伯的内心对侵略者沉积的愤怒已达到顶点，在与父亲的交心谈话中吐露了参军报国、驱除日寇的志向。徐父得知了儿子的想法，陷入了短暂的沉默，最终他选择支持孩子的决定。他从本不富裕的家庭资产中挤出一部分，为儿子们参军提供财物支持，对于未来的选择，他只有一个要求——必须要加入一支纪律严明的正义之师。徐馨伯非常感动，并向父亲承诺，不管今后自身境遇如何，一定要成为一名行得正、立得直，对得起自己良心、对得起国家人民的好兵。

此时，扬州南乡大桥驻军为新四军，其军纪为周边百姓交口称赞。在1939年2月，不满22岁的徐馨伯和弟弟在同学王珍的介绍下，加入了新四军挺进纵队军政学校，正式入伍，开启了一段波澜壮阔的战斗生涯。

2. 战火纷飞，深植红色信仰

在加入新四军挺进纵队军政学校不到半个月，由于战事紧张，加上其在部队中文化水平较高，徐馨伯被上级调往泰州北乡周庄区宁乡一带，负责组织武装斗争等工作。

在徐馨伯抵达宁乡之初，县委书记俞铭璜（新中国成立后任江苏省宣传部长）接待了他。这是一支由泰州县委领导的武装力量，部队人数只有11人。后经徐馨伯等人的辛苦经营，队伍逐渐发展壮大到了两个中队的规模（约120人），其中有30人是中国共产党员，番号为“江北第一游击区第一指挥部特务二连”。在这支年轻队伍的组建壮大过程中，徐馨伯的思想政治观念也在快速成长着。他恪守着自己对父亲的承诺，其所在部队严明的纪律赢得了沿途广大人民群众的一致认可。百姓的赞誉也给徐馨伯带来了极强的荣誉感，鞭策他始终保持着这一优良作风。

徐馨伯军装照

不止是在行事作风上，徐馨伯在全局战略上也在不断探索。当他阅读了毛泽东主席的《论持久战》后，觉得这是一篇惊世骇俗的文章，结合自身过往的作战实际经验，他顿时有所明悟，不禁对毛泽东主席的高瞻远瞩和雄才大略心悦诚服。他摒弃了自己先前的速胜观念，开始潜心思考持久战环境下的种种军事策略。

也正因为这个契机，本来仅仅出于强烈的民族主义而投身军队的徐馨伯，自那时起对共产主义组织萌发了强烈的向往之情。在工作中，徐馨伯常常看到身边的党员同志们在一起开会讨论问题，会议气氛融洽而热烈，所谈之事多能切中时局要害，所提观点每每能够发人深思。这让徐馨伯内心深处加入中国共产党的想法愈发明确和坚定。最终，1939 年 4 月，经参谋恽前程等同志（新中国成立后任福州军区空军参谋长）介绍，徐馨伯成为一名光荣的中国共产党党员。此后，徐馨伯不断吸收党的知识，愈发觉得中国共产党的理想与自身诉求契合，一些从前久思不得其解的问题，甚至从未思索过的问题，都得到了答案。在先进思想的指导下，徐馨伯的努力工作促进了泰州革命武装力量的良好发展。

在抗日战争国共第一次合作时期，虽然两党之间偶尔也会发生一些小的摩擦或冲突，但国民党阵营中仍有部分进步人士对我军提供过很多秘密帮助，其中李明扬将军就是中国共产党真诚的朋友之一。李将军曾参加过辛亥革命，立下过赫赫战功，他为人正派，有很强的军事才能，被孙中山先生赏识，也深受周恩来总理认可。

在徐馨伯前往泰州组织武装期间，李明扬担任鲁苏皖地区的游击队总指挥驻扎泰州，正因受益于他的种种庇护，泰州武装力量才拥有了稳定而快速的成长机会。但在恶劣的大环境下，好的时光总不会很长，徐馨伯所处地区南有李长江，北有韩德勤。韩德勤当时担任国民党政府鲁苏战区副总司令，一边组织抗日，一边组织反共。特别是在 1939 年 1 月，国民党五中全会确定了“防共、限共、溶共”的方针后，双方的矛盾摩擦顿时升级。

而这支在泰州组建起来的年轻的部队缺乏工作经验和防范意识，大多时候都是仅凭一腔热情组织革命，很快部队中徐馨伯以及俞铭璜、恽前程、刘克白等数名关键同志被韩德勤通缉，徐馨伯被迫于 1939 年 8 月由苏北特委调回挺纵三团。

从泰州调回后，徐馨伯的工作几经调动，但无论调到哪里，他都严格要求自己，始终保持一名共产党员的本色。他先是担任挺纵三团组织干事，后在 1939 年部队进驻淮南天长区时被调任至办事处任指导员兼特二营政教工作，奉命组织武装，又于 1940 年 4 月，调任至苏皖支队任司令部政治指导员。同年 5 月，郭村战斗爆发，新四军在实现渡江北上，开辟苏北战局的战略蓝图，积极抗日的过程中遭到国民党部队的军事攻击，也是这一次，徐馨伯经历了人生中的第一场大硬仗。

郭村战斗前，新四军西援半塔集挺进纵队在途经江都、大桥、吴家桥地区时，遭到扬州、泰兴的 3000 余日伪军扫荡。在兵力不对等的情况下，新四军经过一个昼夜的殊死激战，重创日伪军。为了防止报复，纵队迅速移至泰州 15 公里处的郭村进行休整。韩德勤得知此事，认为时机成熟，欲借此彻底拔除这颗“眼中钉”“肉中刺”，以新四军侵占己方驻地为由，煽动部队对其进行围攻。他调集了 13 个团的兵力向郭村发起进攻，挺进纵队刚经遭遇战，又被迫进行自卫反击战。但战士们没有绝望，迸发出了惊人的战斗力，于 7 月 4 日一举攻占泰州以西塘头，歼灭顽军 3 个团，俘虏 700 余人，使韩德勤偷鸡不成反蚀把米。新四军没有被胜利冲昏头脑，从大局出发，本着有理、有利、有节的战斗原则，率先提出谈判议和，向国民党军队提出“团结抗日，重修旧好”的主张，争取到了宝贵的缓冲的机会。

通过郭村战斗，身为政治教员的徐馨伯比以往任何时期都更加清醒地认识到：国共双方抗日态度存在着根本上的差异，同时也认清了蒋介石和国民党代表大资本家、大地主等利益集团的本质，对中国共产党员的强大意志品质有了更加直观的认知，对共产主义的信仰上升到了一个新的高度。他作战勇敢、思维机敏，一改刚入伍时残留的个人英雄主义和骄傲自满态度，深入群众和部队，善于做组织和沟通工作，受到了上级的认可和广大群众的表扬。经过战火的淬炼，年仅 20 多岁的徐馨伯快速成长，成为一名坚定的中国共产党党员和一名优秀的新四军战士。

第二章 以身许国　建功立业

1939年至1949年，10年的战斗岁月将一个满怀革命热情的青年锤炼成一名成熟老练、信仰坚定的新四军军官，这些战斗岁月中有坚守阵地、宁死不退的果决，有运筹帷幄、掌控战局的睿智，也有咬牙苦战的焦灼和失去战友的痛苦，这些血与泪的磨炼塑造出了最坚定的信仰、最强大的军魂。从抗日战争到解放战争，无数先烈抛头颅洒热血，中华民族终于拼来了一个崭新的中国。艰苦卓绝的战斗使数枚弹片永远留在了徐馨伯的身体中，但是他从未向他人说起这些伤痛的来历。每当有儿孙问起，他总是摇摇头，说道："这不算什么，我的那些战友已经为国捐躯了"，说罢他怔怔望向远方，思绪又回到了那些炮火连天的岁月中。

1. 坚守阵地，黄桥战役初建功

1940年春，中国的抗日战争进行到战略相持阶段，国民党发起了第一次反共高潮，急速扩大反共活动。新四军顶着巨大的压力，历经半年有余的时间，在华中从西、南起家，逐步扩大，以蓬勃的发展势头，剑指苏北，形成了难以被国民党军队轻易控制的规模。这让韩德勤隐隐感受到了威胁。韩不甘自己掌控的地盘被新四军蚕食，而新四军惊人的生存能力、战斗能力和成长速度，也让他不想继续任由这个隐患发展下去。于是，他打定主意，自恃兵多粮足、装备精良，亲率3万顽军进攻只有7000人的新四军，企图全歼新四军，并收复黄桥。

陈毅、粟裕将军经过全局的考量和周密的计划，决定以“诱敌深入、逐个击破，于运动中歼击韩部”的策略打败顽军。他们命令大部队在城外埋伏，仅以少部分兵力守城。10月4日，韩部第33师由分界直扑黄桥东北前沿阵地，实施猛烈攻击。在顽军疯狂进攻新四军苏北指挥部所在地黄桥镇的时候，徐馨伯担当防守重任的第3纵队指导员，任务是带领一个机枪班坚守镇外的一个阵地。韩部独立第6旅率先经高桥南进，企图袭击黄桥侧背。第1纵队适时勇猛出击，一举将行进中的独立第6旅分割包围于高桥一带，经3小时激战，全歼该旅。为扭转不利局面，韩德勤拼命扑攻黄桥，以猛烈的炮火掩护部队进攻，新四军大部分防御工事被毁，伤亡惨重，战事陷入胶着。阵地被包围，眼看顽军都快打到陈毅指挥部了，徐馨伯毅然带队坚守，他深知，此阶段的守卫关乎整个黄桥战役乃至全国战局的走向，宁死不肯后退！随后，在粟裕将军身先士卒的指挥下，守卫部队夺回了黄桥镇东门，赢得了守卫战阶段的胜利，为新四军主力部队的迂回和围歼赢得了宝贵时间。

4日午夜，第2纵队经八字桥插到分界，切断了第89军退路，协同第1、第3纵队形成三面夹击，将第89军主力分割包围于黄桥东北地区。5日中午，第1纵队第4团首先攻击其军部，第1团主力随后勇猛出击，各纵队旋即紧缩包围，奋勇冲杀。第89军军长李守维在逃跑中落水毙命。经数日乘胜追击，10月10日，新四军苏北指挥部所属第2纵队前锋与八路军第5纵队先头部队，于东台以北的白驹镇胜利会师。至此，黄桥战役取得了全面胜利，此役共歼国民党顽固派韩德勤部1.1万余人，俘虏3800余人。

黄桥战役大捷，致使国民党怀恨在心，后引发了惨绝人寰、震惊中外的“皖南事变”。何应钦、白崇禧以国民党政府军事委员会正副参谋总长的名义，向朱德、彭德怀、叶挺发出代电（即“皓电”），强令黄河以南的八路军、新四军于1个月内开赴黄河以北。朱德等于11月9日复电，驳斥了国民党顽固派的荒谬命令和对共产党及其领导的军队的诬蔑，同时为顾全抗日大局，表示可以将皖南新四军移到长江以北。

徐馨伯在激烈的作战中，面对数倍于己方的敌人，以勇敢的作战态度带领机枪班悍击敌人，坚守阵地、突围厮杀，一次又一次在生与死、血与火的考验中加深了对共产主义的信仰，其军事能力也得到了飞跃性的增强，成为一名优秀的新四军指挥军官。

2. 抗日战争，机敏思变破伪军

抗战期间，苏中地区丰产粮棉，税收较多，是上海的原料产地和销售区，为华中根据地收入最多的地区，因此成为日伪军施行经济侵略的重点地区。

1941年8月13日，日伪军集中1万多人，从南通、如皋、海安和东台等据点出发，对苏中敌后根据地进行大扫荡，苏中根据地大部被敌占领。

日伪军拟进一步夺取位于苏中中心区域的三仓镇和丰利镇。三仓镇是个只有20多户人家的小镇，位于东台、潘撇的中心位置，地处江淮之间、黄海之滨，物产丰富且交通便利，在清代是存放食盐的超级大仓库之一，故名三仓。三仓镇处在盐阜区、三分区、四分区之间，战略位置很重要，此处有大片茂密的芦柴和茅草丛，可供新四军进行隐蔽潜伏。丰利镇的地位次之，两镇呈互为掎角之势。日军旅团长南部襄吉计划在占领三仓和丰利后，打通东西、南北两条交叉的公路，进而对苏中军区形成彻底分割和压迫。

粟裕判断敌人“占得越多，包袱越重”，其兵力不仅要守城市，还要守村镇，机动兵力将严重不足，再也无法组织起万人规模的大扫荡。新四军有能力使用主力部队通过反复争夺，来达到保卫三仓的目的，因此决心不让日伪军占领三仓。同时考虑到新四军枪弹不足，无法同时巩固两个要塞，因此丰利有可能陷于敌手，但可以策应三仓争夺战。于是粟裕提出了“保卫三仓、保卫丰利”的战略构思。

1941年10月初，日军第十二旅团和日伪军2000多人从富安、李堡、潘撇三路出击，杀气腾腾合围东台三仓。当时守卫三仓的只有新四军一师三旅第七团团部，兵力薄弱。七团团长严昌荣得悉敌情后，感到任务艰巨，略做思考后命令作战经验丰富的徐馨伯带领团部直属机枪连队快速赶到一仓设伏，给敌人迎头痛击，并拖住他们的行动。徐馨伯知道，这场战斗关乎苏中战略全局，不仅要尽最大可能扩大战果、削弱敌军，还要尽最大可能保存新四军实力，这对指战员的要求很高。在前往战场的途中，他就在不断推演战局，不放过任何可能导致失利的细节。不久，从潘撇南犯的400多日伪军行至一仓时，钻进了机枪连的伏击度。确认敌军未识破埋伏，且敌援军无法快速到达，徐馨伯一声令下，两挺重机抢和众多步枪一齐开火，日伪军顿时倒下了一大片。但敌军数量实在太多，余敌很快重整了战斗姿态，双方形成了对峙的局面。这时，进攻三仓的李堡、富安之敌也已迫近，奇袭的最佳时机已经错过，为避免腹背受敌，徐馨伯当机立断，指挥部队撤出战斗，安全返抵团部，最大化地保全了部队的有生力量。

1943 年 10 月，徐馨伯又参加了围歼大官庄日伪军的战斗，大官庄位于宝应城东北，是钉在高宝抗日根据地心脏地区的顽固敌军据点。它的存在牢牢钳制住了新四军的行动，也让该地区各部无法顺畅沟通，因此，为取得革命的胜利，新四军必须打掉这个令人头疼的据点。一分区刘先胜司令员决定以诱敌、切割、奇袭相结合的方法合粉碎敌军防御工事。他派遣五十二团围攻大官庄的敌人，七团负责歼灭敌方援军，徐馨伯和三营长徐彪率部在大官庄南沿河北岸一线阵地设伏。经过五十二团对大官庄一夜围困佯攻，在哈土沟的伪军终于沉不住气了，除留下前少数人防守外，其余敌军在一名副团长的带领下倾巢出动。但敌人没预料到，他们刚出来不远，在据点的大门口就遭到了新四军的痛打。枪声一响，七团一营从南向北，二营居中，三营从北向南对伪军发动攻击，并切断敌退路，又以一部分兵力攻向哈土沟的敌人，七团全力向被分割包围之敌冲杀。刹那间，敌人死的死，伤的伤，其余投降受俘，副团长亦被活捉。

在整个作战计划实施中，徐馨伯善于用计诱敌、思维机敏，在这场战役中取得了俘敌 300 余人，七团仅牺牲 2 人、伤 5 人的耀眼战绩。

3. 解放战争，运筹帷幄战豫东

豫东战役被“一代战神”粟裕称为“最复杂、最剧烈、最艰苦”的战役。华东野战军西线部队在中原野战军的配合下，经过艰苦卓绝的斗争，胜利完成了开封战役，又在睢杞地区，一举将国民党军区寿年兵团的 5 万余人装进口袋。

1948 年 5 月 21 日，中央军委向陈粟、刘邓下达了歼灭邱清泉第五军的作战指示：“粟裕全权指挥一、三、四、六、八及十一纵之作战，并指挥许谭在津浦线上之配合作战。……刘邓担负钳制 18 军（胡琏的整编十一师），使不能东援。”

整编第五军“五大主力”之一，是国民党的第一支现代化装甲部队，不仅本身是王牌军，还是王牌军的“摇篮”。另两个正在关外作战的五大主力之新一军和新六军，都是抗战时期从第五军一个师衍生而来的，辖有两个整编师四个旅，装备精良，步炮协调，战斗力很强。

在当时的中原战场上，国民党的 25 个整编师，除 13 个担负要点守备外，其余 12 个整编师均组编为高度机动的兵团作战。战端一起，驻马店的胡琏兵团、郑州的孙元良兵团、南阳的张轸兵团都能即刻响应，凭借机械化部队的优势迅速调动，朝发夕至，随时增援。

当时，徐馨伯在华东野战军第四纵队十二师三十四团任政治处主任。为了保证主力部队全歼区寿年兵团，该团奉命在杞县以东的管庄地区构筑阵地协同友邻部队阻击开封一线的敌军邱清泉兵团增援。

该团刚构筑好工事，正准备和敌人正面交锋的时候，师部突然传来新的命令，蒋介石为了挽救区寿年被歼的命运，电令开封一线的邱清泉兵团火速增援，又调集胡琏兵团和黄白韬兵团，星夜兼程，向睢杞地区奔杀过来。徐馨伯所在三十四团奉师部命令撤出阵地，配合兄弟部队前去围歼黄百韬兵团，防御阵地由第三纵队接防。

情况紧急，团党委经过短暂研究，决定由徐馨伯带领一营和特务连固守阵地，等待兄弟部队接防。

邱清泉兵团的整编八十三师过去曾几次与我军三十四团交手，一直没吃过大亏，气焰非常嚣张。这次来的速度比较快，当部队赶到官庄地区时，敌军已从开封出发，其先头部队距我军只有10多里路了。陈桂昌团长走到徐馨伯面前叮嘱说：“老徐，你们的任务是很艰巨的，我们走后，你们要组织部队抓紧每一分钟加强工事，战斗打响后要顽强阻击，寸土不让，定要把阵地完整地交给兄弟部队。”徐馨伯坚定地说：“请团长放心，人在阵地在，保证完成任务！”说完，他们紧紧握了握手。

陈团长走后不久，敌人的增援部队就赶到了，在距阵地约三里的庄子前，与徐馨伯警戒分队展开了激烈的枪战。为了集中兵力，经过一阵阻击后，徐馨伯把部队撤回了主阵地。在回忆中，徐馨伯提道：“敌人趁机占领了庄子，但是没有马上发起攻击，只是向我们的阵地胡乱地打了一阵炮，接着就没有了动静。”敌人在搞什么鬼？难道在等待后续部队？大家正在疑惑，通信员急匆匆地跑过来，说团长叫徐馨伯接电话，他急忙回到指挥所，抓起电话耳机。

“老徐吗？情况怎么样？”

“报告团长，敌人已经攻占了阵地前面的庄子，正在调集力量，看样子一会儿就要发动进攻！”

“你们要做好打恶仗的准备！接防部队大约在下午4点钟才能赶到，为了确保阵地安全，师长特调三十六团的三营配合你们行动，部队由你指挥，袁营长他们一会儿就到。”

接着陈团长又问徐馨伯对三营如何使用，徐馨伯回答说：“三营是兄弟部队，重担子应当由我们挑，现在部队的士气很高，战士们听说是八十三师这个老对头，个个摩拳擦掌，决心要和敌人大干一场，我的意见是三营不能过早地消耗，应当留在关键的时候使用。”团长听后同意了徐馨伯的意见。

放下电话，徐馨伯低头看了一下表，刚好是11点整，还有5个小时兄弟部队才能赶到，看来一场恶仗无法避免了。

刚走出指挥所，三营长袁俊同志就带着部队迎上来了，一边擦汗一边对徐馨伯说："徐主任，部队来了，向你报到！我们的任务是什么？"徐馨伯把整个战斗部署和对面敌人的情况，简要地向他做了介绍，又一起观察了地形，接着让他把部队带到了指定地点休息待命。此时，战场格外沉寂，对面庄子上静悄悄的，没有一点动静，但是徐馨伯清楚这种异常的宁静，正预示着一场激战将要来临。

大约在12时，正面三连阵地上首先传来枪声，紧接着敌人的炮弹就呼啸着飞了过来。刹那间，我们的阵地就像处在火山口一样，地动山摇，浓烟滚滚，炮弹掀起的碎土块暴雨般洒落下来，头和脸被打得麻辣辣地疼，浓烈的硝烟一股股直往鼻子里钻，呛得人喘不过气来。

猛烈的炮火刚刚稀疏，密密麻麻涌动的敌军就以密集的队形向我们的阵地发起了猛烈的冲击。他们以机枪和自动枪为前导，一边冲，一边疯狂射击，看样子他们是想不惜血本冲破我们的阵地。同志们屏住呼吸，手指勾着扳机，打开盖的手榴弹紧紧攥在手里，沉着应战。一直等到敌人离我方约有30米时，阵地上所有武器一起开火，眨眼间敌人就倒下一大片。紧接着一排排手榴弹准确地飞向敌群，敌人被炸得伤亡惨重，战意全无。几个侥幸冲到阵地的面的，在爆炸的烟雾中滚动了几下就不动了，残余敌人慑于我军之威，连忙逃窜退却了。

敌人的第一次集团冲锋被击退以后，接着又来了第二次。这次敌人足足炮击了20分钟，整个阵地变成了一片火海。一营和特务连不愧是一支在战火中久经考验的部队，非常沉着坚定，等到炮声一停，他们从被炸塌了的掩蔽部里爬出来，拍拍身上的泥土，立刻投入激烈的战斗。进攻的敌人像一群发了疯的狼，在督战队的威逼下死命往上冲，还不住地往阵地上扔手榴弹。爆炸声中一连的一名机枪手倒下了，一群敌人趁机冲了上来，肉搏战开始了。只见阵地上刀光闪闪，枪托飞舞，“噼啪咔嚓”的刺刀碰击声和被刺中的哀号声响成一片。在惨绝人寰宛如人间地狱的血战之后，敌人终于败了下去。

激烈的战斗在片刻不停地进行着，疯狂的敌人一次又一次地组织冲锋。企图用波浪式的进攻吞没我军。部队的伤亡在逐渐增加，弹药也不足了，但是无论敌人怎样疯狂进攻，我军的阵地仍像铜墙铁壁一样牢不可破。

这时，阵地上传来了不幸的消息，一营教导员朱克同志英勇牺牲了，这消息就像迎头一棒，徐馨伯觉得脑袋“嗡”的一声响，眼前直冒火星。朱克同志身材不高，长着一副忠厚而又朴实的脸，工作起来总是勤勤恳恳、踏踏实实，始终给人一种信任之感，是一位深受干部战士信赖的优秀政工干部，也是徐的挚友。

对战友的怀念，对敌人的仇恨，激起了同志们的极大愤慨，“为教导员报仇！”的口号传遍阵地，英勇的战士们怀着复仇的怒火，用手榴弹和刺刀与敌人进行了殊死的格斗。

敌人无数次轮番冲锋都失败了，太阳偏西的时候进攻暂时停止下来，徐馨伯从掩体里站起身来，向四周的阵地望了一下，清楚地看到在这短短的几小时里经历了一场多么激烈的恶战！一段又一段的战壕被炸塌，一处处掩蔽部和单人掩体被炸平，树木被炸的光秃秃，只剩几根木桩倒在那里，时断时续地冒着青烟，阵地前面堆满了敌人的尸体和丢弃的枪支，青绿的草丛被鲜血染成红色。再看看同志们，一个个满脸乌黑，不少人身上缠着绷带，烧焦的衣服被鲜血染成紫黑色。他们有的在抢救伤员，有的在捡拾弹药，有的在加修工事，战斗的士气依然是那么高涨。

徐馨伯走出掩体，正准备利用战斗间隙整领一下部队，三营长袁俊同志跑上来一把拉住徐馨伯，带着焦急的声调说："徐主任，你怎么到现在还不用我们？你们打得这样苦，我们三营的战士已经憋不住了，纷纷要求任务。"徐馨伯想了一下，感到现在还不能让三营上，接防的兄弟部队马上就要赶到了，敌人很可能在我们交接换防的时候趁机发动攻击，如果不掌握一支强有力的反冲击部队，万一阵地被突破，后果不堪设想。另外，一营和特务连经过连续苦战，虽受到一定的伤亡，但部队的士气还很高，再打个反击还是不成问题的。徐馨伯把想法对袁俊同志讲了，他听后同意了徐馨伯的意见，最后，徐馨伯对他说："敌人马上就要发动进攻了，你回去告诉部队，要么不打，要打就要刺刀见红，这次能不能完成任务，主要靠你们了。"

袁营长离去不久，接防的兄弟部队赶到了，徐馨伯和几个干部还没说上几句话，敌人的炮弹就呼啸着飞过来，紧接着就向阵地发起了冲击。这一次敌人真是孤注一掷了，投入的兵力比每次都多，密集到一枪能撂倒好几个。在这同时，接防的兄弟部队也陆续进入了阵地，可是战壕已经被敌人的炮弹几乎炸平，阵地上非常拥挤，如果不迅速撤出阵地，部队将会受到无谓的伤亡，阵地也有失守的危险。于是，徐馨伯立即命令一营和特务连迅速撤出阵地。

狡猾的敌人发现我军正在交接换防，乘机加紧进攻，密密麻麻地平推而上，我军将士的机枪、步枪不停地射击，手榴弹也在敌群里猛烈爆炸，可是敌人太多了，前面的倒下后面的又涌上来。这时，徐馨伯见右侧阵地上一片混乱，喊杀声异常激烈，部队与敌人短兵相接了。徐馨伯急了，跳出战壕，组织部队准备反击，可是震耳的枪炮声把一切都遮盖住了，部队根本听不见命令。在这紧急关头，三营长袁俊同志跑过来，大声对徐馨伯说："敌人突进来了，我们反击吧！"徐馨伯厉声说："狠狠打！坚决把敌人反击出去！”这时，右侧阵地已经被敌人突破了，黑压压的敌人一批批地往上涌，一部分已经冲到庄子东面了，三营的同志早就憋坏了，见到这种情况都急红了眼。攻击令一下，一个个如猛虎下山，高喊着震天动地的杀声，向着敌人猛扑过去，先是一排手榴弹，接着就拼上了刺刀。敌人喊，我军将士也喊，刀声喊声响成一片、刺刀拼弯了就用枪托砸，枪托砸坏了，就和敌人抱在一起扭打，阵地上到处飞溅着敌人的污血，到处都可以听到敌人的惨叫。激战中，三营的同志们充分发扬了勇猛顽强的作风，表现出敢于战斗的英雄本色，在顽强的敌人面前始终刺刀闪闪，奋力刺杀。最后，终于在天黑时，与兄弟部队一起打退了敌人的进攻，收复了全部阵地。

夜幕悄悄地降临了，周围一片昏暗，徐馨伯凝视着鏖战后的阵地，一天的激战情景历历在目。他深深地呼吸了几口带有浓烈烟火药味的空气，带领着部队离开了阵地。

徐登伯

第三章 加盟航天 攻坚克难

1952年12月，美国总统艾森豪威尔宣称对中国不限制使用核武器。次年春，美国将携带核弹头的导弹运抵日本冲绳岛，公然对我国实行核讹诈。为了反击美国的军事威胁，中央决心大力发展国防事业，研制导弹和原子弹等尖端武器，在战略上给予还击。随后，在党和国家领导人的关心下，成立了研制导弹武器的国防部第五研究院以及相关工厂。五院成立之初按照军事化制度进行管理，院里都是穿着军装的科技人员在埋头研制大国重器。在那个一穷二白的初创时期，一批由国防部委派，从部队调任来五院的军队首长和科技人员一道担起了筚路蓝缕、艰苦创业的历史使命，战争时期他们曾经是战斗英雄，现在他们变身科技尖兵承担起新的重任，徐馨伯就是这些部队首长的一员。

1. 加入五院，战士变身科技兵

1949年新中国成立时，一些发达国家如美国、苏联、法国等，逐渐进入“原子时代”“喷气时代”，而中国国防所需的相关科研工作还基本上是一片空白。从国际环境来看，中国处在帝国主义的封锁、包围和战争威胁中，美国在日本、韩国及我国台湾地区部署军事力量，对中国大陆形成“半月形包围圈”。尤其是1953年春，美国总统艾森豪威尔下令将携带核弹头的导弹运抵日本冲绳岛，公然对我国进行挑衅。新中国面临着巨大的军事压力，国家安全形势危如累卵。

如何解决这一严峻的问题呢？唯一的办法就是迅速改变中国科学技术的落后面貌，尽快研制出尖端武器，增强国防实力。毛泽东主席、周恩来总理、聂荣臻元帅等老一辈无产阶级革命家一致决定，要用国产尖端武器回应美国的军事威胁，赢得战略主动权。

1956年2月17日，刚刚归国不久的著名科学家钱学森同志根据周恩来总理的指示，向国务院提交了《建立我国国防航空工业意见书》，提出了发展中国导弹事业的规划设想。22日，周恩来总理将钱学森同志的意见书送交毛泽东主席审阅，又让秘书将意见书印发中央军委秘书长、国防部副部长黄克诚和中央军委各委员。

3月14日，周恩来总理主持召开中央军委扩大会议，传达了中央关于研制导弹的决定。经研究，决定组建导弹与航空科学研究的领导机构——航空工业委员会（简称“航委”）。4月，中央正式批准成立航委。这样，在中央层面就明确了发展导弹的规划以及领导机构。

5月10日，聂荣臻副总理向国务院、中央军委报送了《建立我国导弹研究工作的初步意见》。该《意见》建议：在航委下设立导弹管理局，统一领导导弹的研究与生产工作，由钟夫翔同志任局长，钱学森同志任总工程师；建立导弹研究院，钱学森同志兼任院长，该院的主要任务是负责导弹结构及动力方面的研究、设计与研制工作，并对控制系统提出技术条件。5月26日，中央军委第71次会议通过聂荣臻的报告。10月，导弹管理局（国防部第五局）和导弹研究院（国防部第五研究院）成立。

随后，中央开始在全国各地的高等院校和研究机构“调兵遣将”，将学习过导弹以及相关专业的人员调入北京，集中优秀的人才开展导弹研究。在八九月间，任新民等一众后来为大家所知的“两弹一星”功勋奖章获得者及航天专家相继加入五院。

经过一番前期准备，10月8日下午，国防部第五研究院借用北京车道沟附近空军四六六医院食堂，召开了成立大会。聂荣臻在大会上宣布：“国防部第五研究院正式成立！”他勉励大家以自力更生、奋发图强的精神，进行学习研究，毕生致力于我国的导弹事业。虽然与会的200多人是当时中国导弹科研队伍的所有家底，但是，聂荣臻铿锵有力地说道：“现在人数较少，但只要大家团结一心，艰苦奋斗，中国的导弹事业一定会有美好的前景。”

聂帅的讲话引起了一片热烈的掌声。他在大会上同时宣布中央的任命：钟夫翔（时任中央邮电部副部长）任国防部五局局长，钱学森任五局第一副局长兼总工程师，林爽（时任北京邮电学院副院长）为五局副局长兼副总工程师。

五院成立之后不久，根据钱学森同志的意见，11月23日，设立了10个研究室：导弹总设计师室、空气动力研究室、结构强度研究室、发动机研究室、推进剂研究室、控制系统研究室、控制元件研究室、无线电研究室、计算技术研究室、技术物理研究室。国防部第五研究院的成立，为我国导弹事业的发展提供了组织机构保障。

1957年11月9日，国防部五院院长钱学森、政委古景生向聂荣臻副总理呈送《关于导弹研究院的体制意见的报告》。钱学森同志在报告中提议，以军事电子科学研究院为基础，与五院的控制系统研究室、控制元件研究室、无线电研究室、计算技术研究室、技术物理研究室合并，组建国防部二分院，主要就是负责地地、地空和飞航式导弹控制系统的设计工作。11月16日，中央批准成立国防部五院二分院，周总理任命王诤为二分院院长。二分院院址设在原为中国人民解放军财务学校和通信兵第一通信团驻地的永定路地区。

正当我国导弹事业在北京完成从无到有的开辟时，此时的徐馨伯正在南京军事学院担任训练部政治处主任，协助刘伯承完成新中国第一所现代高等军事学府的建设工作。在抗日战争时期始建于1937年的抗日军政大学吸引红军干部以及来自全国各地的知识青年纷纷加入，共计培养了十多万名抗日干部，成为决定抗日战争胜利的中坚力量。新中国成立后，中国人民解放军的职能，由推翻国民党反动统治、夺取全国政权，转到保卫社会主义建设，保卫国家领土、主权和安全，防御帝国主义侵略。面对新的历史条件和新的任务，中共中央委员会和中央人民政府人民革命军事委员会，开始着手建设一支强大的正规化、现代化国防部队，落实毛泽东主席提出的“我们将不但有一个强大的陆军，而且有一个强大的空军和一个强大的海军”的要求。当时，最迫切的任务之一，也是毛泽东主席最为关注的，就是改建、创办军事院校，尤其是办一所高等军事学府，培养训练能熟练掌握现代军事科学技术，能组织指挥诸军种、兵种协同作战的中高级指挥员。

1949年10月20日，在军委组成后的第一次会议上，代总参谋长聂荣臻就在关于军事问题的报告中透露出重要信息：军委正在筹备陆军大学。

时任西南局第二书记、第二野战军司令员的刘伯承，得知消息后给中央写信，提出：“要建设一支现代化的军队，最难的是干部的培养。我愿意辞去在西南担任的一切行政长官的职务，去办一所军事学校。战争已经结束了，我年龄这么大了，还是让我去办学校吧！”刘伯承同志早在1927年便赴苏联留学，先后在苏联高级步兵学校、伏龙芝军事学院学习，是学院高才生。回国后曾任中国人民抗日军政大学副校长，兼任过中原军区、第二野战军军政大学校长和政治委员等，有丰富的治校育才经验。

经过慎重考虑后，毛主席同意了刘伯承的请求。他还给军委副主席、总司令朱德给刘伯承写信，要他把西南工作交给邓小平、贺龙后，早日到北京负责筹建陆军大学。

此时，陆军大学筹建工作已在军委领导下展开，有关负责人为选择校址而奔忙。1950年6月，军委决定成立陆军大学筹备委员会，指定军委军训部部长萧克为筹委会主任，当时主要工作仍是选择校址。9月，聂荣臻向毛泽东主席呈送报告说：“关于陆大校址问题，曾拟以香山作为临时校址，先行开学，择地修建校舍，后拟将长辛店营房改作陆大临时校舍。约苏联顾问柯托夫、康略夫一同去看，他们均认为作陆大校舍太不合适，提议在长春、天津、南京等地另找地址。又据由华东方面来的同志谈，南京原国民党办的陆大校址设备颇全，可容3000人，现华东军政大学校部即驻此。同时，南京附近尚有原伪各军校址数处，似可调整。我认为，为节省开支与时间，同时，北京又无适当校舍，暂设在南京为好（利用伪陆大设备）。”毛泽东主席批复：“同意陆大设在南京。”经中央人民政府人民革命军事委员会批准，在原华北、华东军事政治大学的基础上，创办中国人民解放军军事学院。

解放战争时期担任23军205团政治处主任的徐馨伯，在经历了前文中讲述的艰苦卓绝的豫东战役后，又随部队参加了淮海、渡江、解放上海等著名战役。在1949年7月，第三野战军第8兵团部、第三野战军军事政治干部学校与华东军事政治大学合编，组成中国人民解放军新的华东军事政治大学，徐馨伯跟随第三野战军东军区政治部副主任钟期光（开国上将，后任职中国人民解放军军事学院政治委员）等领导调任至华东军事政治大学，担任老干部大队政治处主任。

1951年1月15日，军事学院在南京成立后整编华北、华东军事政治大学，徐馨伯来到南京，任军事学院训练部政治处主任，应用其丰富的作战经验，为我军培养现代化、正规化的军事人才继续贡献力量。

军事学院的成立，是中国人民解放军由初级建军阶段进入高级建军阶段的主要标志之一。军事学院编制等级为大军区级，直属中央军委领导。其基本任务是：认真学习马克思主义军事理论和毛泽东军事思想，总结人民解放军丰富的作战经验和学习其他国家军队的有益经验，在人民解放军现有军事、政治素质的基础上，培训能够组织指挥现代条件下各军种、兵种协同作战的合成军队高级指挥员和高级参谋人员，以加速建设现代化、正规化的革命军队。

徐馨伯在南京军事学院

1955年1月23日，中央

1955 年，徐馨伯夫妇

军委发布《关于评定军衔工作的指示》。同年 2 月 8 日，第一届全国人大常委会第六次会议通过了《中国人民解放军军官服役条例》，规定我军采用世界通用的军衔体制，军衔设 6 等 19 级。在 1955 年 9 月 27 日，中南海授衔活动后，从 10 月 22 日起，各大军区分别在北京、南京、兰州、成都、广州、武汉、沈阳等地举行了授衔活动。南京由刘伯承元帅主持，代表毛泽东主席授予勋章，代表周恩来总理授予将官军衔，代表国防部长彭德怀授予校官、尉官军衔。徐馨伯由于在抗日战争和解放战争期间的突出表现和重要贡献，获颁三级独立勋章和三级解放勋章，并授予上校军衔。

1957 年至 1959 年，根据中央军委决定，以军事学院有关的系为基础，分别组建高等军事学院、军事学院和海军、空军、炮兵、装甲兵等学院。高等军事学院设在北京，其任务是：训练全军陆海空军正师职以上现职军事、政治、后勤干部，高级参谋人员及军事理论人员。刘伯承为第一任院长兼政治委员，叶剑英、陈伯钧、李聚奎先后任院长，李志民任政治委员。军事学院仍设在南京。其任务是：培训全军团职及部分师职军事指挥干部。至此，中国人民解放军形成了高、中级指挥院校培训体系。

1959 年的北京，在中国航天事业正处于方兴未艾的阶段，一位中等身材，有着浓重扬州乡音，体格健壮的上校军官，带着军人特有的坚毅和献身国防科研事业的决心，来到了位于北京国防部五院二分院第二设计部（即后来的航天科工二院 23 所），就任设计部主任一职。这个人正是徐馨伯。

读到这里大家应该都知道，徐馨伯出身军旅，虽然青年时期学习过通信工程知识并在军事学院完成深造，但始终没有接受过尖端武器研发方面的教育，相较于技术专家，技术能力是所有投身航天的部队首长的共同短板。不利的客观因素没有让徐馨伯打退堂鼓，刚一上任，他就全身心地投入航天事业中，表现出了高度的事业心和责任感。徐馨伯把战争年代时运筹帷幄的领导才干活用于科研生产中，同时保持了年轻时孜孜不倦的钻研精神，他尊重知识、尊重人才、深入实际、深入群众的优良作风，给广大群众留下了深刻的印象，这些让接触过徐馨伯的人都对这个不一样的部队首长印象极为深刻。

在23所创建初期，各方面的条件都极其艰苦，在这样的条件下搞科研无疑是一项艰巨的任务。徐馨伯迎难而上，领导全所开展“543”地空型号的仿制工作，1960年12月被任命为型号总设计师后，作为行政领导与总设计师，他挑起了组织领导和技术指挥的双份重担。徐馨伯快速适应了这双重的工作压力，看到他指挥自如、调度得当，在工作上表现得游刃有余时，一些同是从部队或军事院校调来的军政领导干部异常惊讶。一位当年与他共事的老政委回忆说：“我们当时从部队调国防部五院二分院，感到很光荣、很伟大，但更感到压力大、担子重。面对复杂的导弹武器系统，摆在我们面前的难题有三个：说不出，看不清，听不懂。徐馨伯同志和我们一样面对这些问题，但不一样的是，听他介绍人员情况、技术问题、型号研制，总能说出道道。我们当时想，大家都是军队干部，他来的时间也不算太长，怎么就能介绍得这么清楚呢？我就这个问题跟他反复聊了几次，他对我说：要真正深入航天事业，就必须钻进去，到科技人员中去，到技术活动中去！只有做到这些才有发言权！”徐馨伯作为行政领导和型号总设计师能取得发言权，正是因为他付出了比常人多得多的心血。从上任的第一天起，他每一天的工作日程表都排得满满的。每天上班，他必亲自去计划部门了解当天的工作进展情况，听取大家的意见和建议，然后加以归纳和分析，提出下一步具体实施办法。他经常深入研究室和车间，与各类人员交谈，边学习边指导工作，他集学生、同志、领导三者于一身，一丝不苟地贯彻上级指示，指导大家工作，同时也不断地充实、丰富自己。他常对科技人员说，“我是小学生，你们是专家，我要向你们学习。”他白天研究处理日常工作，晚上则潜心研究学术，学习型号资料，构思人才培养、机构建制、发展前景。他经常是带着厚厚的文件回家，第二天上班带着自己的构思、打算以及学习中的问题悉心向专家、技术人员请教，一遍弄不懂就再问，直到眉目清晰、找到问题的最佳解决方案为止。

由于徐馨伯勤于思考，虚心好学，短短数月时间，他已经能自如地安排、布置、调度、指挥全局工作了。尤其是1960年8月苏联单方面撕毁协议撤走专家后，他抱着一定要把“543”仿制出来的坚定信念，奋发图强，领导驻厂工作组，会同有关工业部门，夜以继日地奋战在仿制生产第一线，狠抓技术协调和质量工作。在那段特殊的困难时期，他经常与驻厂领导促膝谈心，统一思想，协调关系，创造性地建立了“解决技术问题卡片”机制，提高前后方信息沟通效率，使“543”仿制工作得以顺利向前推进。徐馨伯虽然身为领导，但为了切实抓生产、抓进度，他深入生产一线，到一线拜工人师傅为师，认真学习生产的流程和细节，因为率直果敢的性格和雷厉风行的领导作风，他深受大家的爱戴与信赖，工人师傅们都争相对他倾囊相授，老战友们钦佩地称他是“半个技术专家”，群众则满怀敬仰地称他为“为人师表的好领导”。

徐馨伯认真贯彻执行党对知识分子的政策，惜才爱才、用人不疑、坦诚相待。1964年，徐馨伯由主任改任政委时，负责技术领导工作的是位老专家，他真诚地对老专家说："技术上我徐馨伯听你的，因为你是内行。"他身体力行，处处尊重支持这位老专家的工作，使这位老专家工作起来心情舒畅、尽心尽力，因而研制工作的进展始终非常顺利。时隔多年，当这位老专家回首这段往事时深情地说："徐馨伯同志办事认真果断、敢于拍板，给了我最高程度的信任，他是我的老领导，我是他的兵！"徐馨伯关心爱护知识分子是真诚坦荡、发自内心的，他经常带着半玩笑的口吻对身边的同志们说："我们党在战争年代就很重视吸收知识分子，别看我当年参加新四军时只是个高中生，但在当时已经算大知识分子了！庆幸党十分重视，也愿意培养有知识的人，这才有我徐馨伯的今天。干革命、干事业没有知识分子的推动是行不通的！我们都要牢记这一点！"

在聂荣臻亲自主持制订著名的《科学工作十四条》后，徐馨伯对知识分子更是在政治上爱护有加，在工作上大力支持，对积极要求入党的老专家，他总是发自内心地欢迎，并全力以赴地培养。一位同志潜心钻研业务经常忘记时间，久而久之在政治学习上落后了，因此在"红与专"的大讨论中遭到非议，徐馨伯当即站出来，义愤填膺地说："你们可不能给这位同志戴'白

徐馨伯和所内同事（左一徐馨伯、左二陈敬熊、左三王韬、左四李蕴滋，左五魏兴业、左六赵琦）

专’的帽子！23所有10个这样的人才就翻身了！”他言语果断，态度坚决，不仅及时保护了同志，更为重要的是为一大批有志于航天事业的学子护住了一方和谐、宽松、加速成长的环境，成就了后来众多的23所科研生产骨干人才。

2. 攻坚克难，指挥仿制“543”

“543”地空导弹的仿制工作，从1958年年底开始，到1965年年中批准定型结束，共历经6年半的时间。对参与其中的科技工作者们来说，仿制“543”的这段时间，也是中国地空导弹“从无到有、从小到大”的创业时期，它对我国科研人员探索这门学科的规律，培养第一代又红又专的科学技术队伍都起到了重要的奠基作用。

“543”的仿制生产工作是以工业部门为主的。初期，苏联提供了相对完善的技术指导体系，包括用于参考的成品装备，基本成套的技术资料（包括工艺资料），以及充当顾问的来华苏联专家。因为当时二分院正处在建院初期，缺乏自行设计和研制工作经验，所以在“543”仿制的全过程中，工业部门参与的部分被当作了当时任务的重点。

我国仿制“543”的主要目的，是在仿制的过程中逐渐掌握武器制造的技术，培养专业的队伍和人才，为今后自主设计武器打下基础。为此，国防部五院及其分院党委为下厂参加“543”仿制工作制定了一系列的方针政策，例如“加强团结、促进生产、深入学习”等。下厂的口号也配合这一主要目的，被定为：“仿出‘543’，摸透‘543’，锻炼提高设计队伍，建立试验设计基础”。

为深入贯彻下厂方针，国防部五院领导层也做出了积极的响应，第一时间组织专家在宝鸡召开了现场会议，向有关单位借鉴在“1059”仿制生产过程中同步研究该型号设计思想的经验。同时，动员包括机关干部在内的各方面人员，都切实地参与到下厂参加仿制的工作中去。

在整个“543”仿制工作中，徐馨伯领导的支队主要承担制导站的仿制工作。该任务的特点是：技术新、要求高、规模大、协作面广，而受限于当时我国落后的工业水平，制导站仿制工作推进起来困难重重。

徐馨伯没有过组织复杂、尖端武器的生产试制经验，且国内的相关工艺水平、机床设备、材料元器件等工业基础也比较薄弱。从国防部五院的整体情况来说，因处在导弹事业刚刚起步的时期，各方面工作也几乎都是从零开始。一线技术人员又大多是刚刚走出学校的大学、大专毕业生，缺乏参与实际设计和生产的经验。而恰恰是这群人，下厂承担了设计师和部分军代表的职责，这引起了大量理论与实际结合不上的问题，给本就难以推进的仿制工作带来了更多的挑战。接踵而来的问题，像是一座座沉重的大山，压得人喘不过气。然而，这些没有动摇徐馨伯的信念，经历过战火洗礼的他始终坚信：只要坚持走伟大的中国共产党给出的正确路线不动摇，通过日复一日地钻研，大家必定能快速进步，找到突破口，取得最终的胜利！

经过严密地论证与规划，“543”制导站的仿制工作大致被分为了四个阶段：第一阶段是历时一年的准备阶段，用来整理文件资料；第二阶段同样是历时一年的零组件生产阶段；第三阶段为精细作业，主要进行质量整顿和工艺攻关阶段，计划用两年内完成；第四阶段是装配调试，飞行试验和鉴定定型阶段，鉴于这一阶段具有一定难度和很多的不确定因素，因此规划在三年内完成。蓝图绘就，在徐馨伯等同志的带领下，众人斗志昂扬地开始了仿制工作。

在同志们的奋力坚持下，仿制任务最终圆满结束。由于任务的高度保密性质以及年代特色，仿制成果似乎没有在整个社会激起很大反响，看似寻常最奇崛，成如容易却艰辛，新中国第一次具备了研制尖端防空武器研制能力，这从零到一的伟大成功来自徐馨伯团队夜以继日的艰苦奋战。

研制过程中，整个团队首先面对的难题就是要面对大量的苏联原文技术资料，主要是要对设计资料进行清理、配套、翻译和复制，为生产提前作足技术准备。当时苏联提供的原文设计蓝图质量很差，团队成员在整理之余还需要完成修订和补充设计，按仿制生产的要求，对 23600 份设计资料进行了整理审批，为了消除原文图纸差错，发出了共 23040 份中文更改命令；审核了苏联发来的原文更改命令 4014 份，勘误苏联发来的错误更改命令 282 份；为补充原文设计资料的缺项，徐馨伯团队又补充设计了 570 份设计图纸资料。

在下厂仿制阶段，整个设计团队深入工厂工人队伍中开展抓生产，组织进行各仿制工厂之间、各设备之间的技术协调，与工厂一起攻下仿制生产中关键技术 241 项，在厂设计师审批了生产中大量的超差代料共约 12800 多件，其中材料代用约占 56%，元件代用占 14%，为型号设计变为现实装备倾注了大量的精力，实现了仿制设计的本土化。

型号设计生产完成后，徐馨伯迅速带领团队转向定型工作中。质量就是生命，定型阶段的第一项工作对产品质量进行全面鉴定，包括 100% 的交收试验和例行试验，并对全部设备签署了质量证明文件。第二是对设计资料进行了设计定型工作，这项工作将整个仿制工程落实为可继承的设计经验，为了摸透“543”，对设计资料中的关键技术问题进行了大量的反设计工作，设计师们共写出了各种技术报告和技术总结 507 份，各级技术负责人进行了详尽的审核和归档。

在各车间对接试验及多次靶场试验后，型号试验数据符合指标要求，这是“543”仿制工作的历史性里程碑。功夫不负有心人，仿制生产“543”的成果与收获无疑是巨大的。经过努力，我国仿制出了两套性能符合要求，并可以立刻部署于实战的制导站，共有10辆工作车、48个机柜和447个电子组合。在整个研制期间，积累了大量、完整且详细的技术资料，其中包括经审批定型的一整套制导站设计技术资料、技术档案、各类技术文件资料、生产技术总结、技术报告等关键设计文件5000余份。

通过实战锻炼，型号培养了一支配套的技术队伍，有车一级设计师15人，机柜或系统一级设计师35人，组合和关键整件设计师80人。这些同志从初出茅庐的学生成长为研制大国重器的成熟人才，他们的先进事迹和突出成就受到了上级单位的高度肯定，其中荣立三等功13人，获通令嘉奖75人，获得大型集体奖项3项。

在产品基本定型后，徐馨伯在与党委班子回忆仿制“543”生产实践时，曾感慨地谈了三个方面的经验和体会。

首先要在仿制生产中同部外工厂加强团结，第二设计部与部外工厂虽然是两个单位，但双方的总体目标是一致的。设计部的同志们在仿制生产中承担了设计师职责和部分军代表职责，与生产厂不可避免地会在工作中发生一些矛盾，为此，在下厂期间，如何加强与工厂的团结显得尤为关键和重要。

为缓解矛盾，当时设计部党委班子采取的具体作法有以下几点。

一是要有健全的驻厂工作组，并建立工作组党团支部，实行厂党委和院党委的双重领导，并强调接受工厂党委领导为主。工作组在驻厂期间，应该遵守工厂的各种规章制度，尊重工厂各级领导并经常向他们汇报和提出建议。

二是设计部的同志要和工厂同志一样热情地关心工厂的进度，紧跟生产，关心生产质量，主动地、及时地解决生产中的问题；要有“甘当小学生”

的精神，不要不懂装懂，指手画脚，要在生产实践中主动地问、实际地看、深入地想，树立实事求是、深入调查研究的态度和作风。

三是设计部的同志在技术上与工厂同志有意见分歧时，要细心地听取对方的意见，尊重对方意见，不要自以为是。对于双方不能统一或者没有把握的问题，要双方联合上报，请上级决定。

四是设计部工作组的同志，吃在工厂、住在工厂，和工厂职工接触极为广泛，因此对人对事都要摆正态度。要虚心向工厂的同志学习，多看人家的长处，学习人家的长处；对他们的不足之处，要平和、善意地提出自己的观点；对工厂的工作和生产活动要充分看到成绩、肯定成绩；看到问题，应经过深思熟虑后再在适当的时间和场合提出建议，切忌妄加评论。做到这些，就能加强和改善设计部与工厂的关系，促使大家拧成一股绳，推动仿制生产任务的完成。

其次是要高效管理，促进生产任务的完成。管理首先抓组织建设，作为负责人首先要抓住技术关键、组织力量、突破难点。技术新、要求高，是制导站的主要特点之一。因此在仿制生产中要抓住关键技术问题，组织力量，加以突致。也就是在紧跟生产，去发现、去分析、去抓住那些影响全局的关键技术，根据问题的不同性质，采取不同的方法，组织力量，加以解决。具体方法上，同志们采用了如下做法：一是设计、工艺、检验三结合，召开现场“诸葛亮会”，集思广益，发挥大家智慧，研究解决。二是加强前后方的密切联系，前方难以解决的重大技术关键，通过技术卡片的形式，由后方安排任务，指定专人研究解决。三是对技术难题组织实验验证。四是安排专题，分析讨论。

“543”型号具有规模大、系统多、协作面广的特点。鉴于此特点，徐馨伯身为型号总师提出要抓紧技术协调，即必须抓住各系统之间、各厂之间、各设备之间以及计量标准之间的协调，以保证武器系统的性能与量值的统一。具体做法是通过不同规模和各种形式的协调会议或者通过文件来往的形式进行协调。

打造国之重器是一项很复杂的工作。身为型号总师的徐馨伯第一时间认识到在提升研制效率之外，必须狠抓产品质量。这是对设计部的技术水平和政策水平的一个综合考验。为了从根本上解决这个问题，他提出了一系列以人为本的、实事求是的工作方法。

一是抓工作组的同志在思想上的统一，统一在中央方针政策上。努力贯彻中央关于“军工产品质量第一”和“在确保质量基础上求数量”的方针以及“先用后提高”的精神，既要严肃地处理产品中的质量问题，又要全力以赴地促进生产，把质量与进度地矛盾统一起来。

二是充分相信工厂党委和工厂领导，珍惜工厂职工为提高产品质量所做的每一分努力。在具体工作中及时向工厂党委及各级领导汇报产品质量的情况并提出具体建议。

三是坚持“三要三不要”原则：要深入车间，发现问题，及时解决，争取把问题消灭在萌芽状态之中，不要等问题成堆再算总账；要充分考虑我国的条件和车间的具体情况，本着“先用后提高”的精神，实事求是地处理问题，不要机械地生搬硬套苏联技术资料；要做医生不要做法官，对待产品质量问题，首先要弄清问题及其产生的原因，与工厂同志一起研究处理，能补救的尽量补救，不要轻易否定。

四是既要坚持原则，又要注意方式方法。在生产过程中要善于发现问题、分析问题。正确地区分哪些是原则问题，哪些是非原则问题。原则问题也要态度谦逊，注意方式方法。对某些忽视质量的倾向要敢于坚持原则，并注意掌握六个“从严”，即影响产品精度的从严、影响可靠性的从严、影响稳定性的从严、影响安全的从严、影响产品齐套的从严、影响主要设备备份和互换的从严。对于非原则性的问题，允许采用临时违犯卡片予以通过或在产品质量证明文件上加以注明。

在狠抓产品质量的基础上，要延伸这种严慎细实的工作作风，确保技术资料的正确性和完整性，这也是设计师最重要的任务和最大量的工作。参加仿制不仅要仿出合格的产品，而且要拿出一套符合中国条件的设计资料。在这方面，设计部党委班子会同技术骨干创造性地发明并采用了“一对口”“两条线”“三环节”“四阶段”“五结合”的做法。

“一对口”就是按各类人员（电气、结构等）分别对口，按设计师系统，层层负责，逐级审批。

“两条线”就是设计师工作组与工厂设计科这两条线在职责范围内，要有明确分工，又要密切合作，只有正确处理好这两条线的关系，才能拧成一股劲，保证设计图纸的正确和高质量。

“三环节”就是在消化设计图纸资料过程中，要围绕弄清原理、抓住关键和提出问题三个环节。首先在了解和掌握情况的基础上，经过反复钻研和生产实践，突出重点，抓住关键技术，反过来又进一步弄清原理，掌握设计思想，提出改进设计意见。

“四阶段”就是把生产过程分为生产准备、零组件生产、装配调试和鉴定定型四个阶段，设计图纸资料的正确性指导着各个生产阶段工作，又受着各阶段的实践验证，因此设计师必须参加生产的全过程，掌握与了解生产情况，以发现和解决问题。

“五结合”就是要机电结合、纵横结合（即搞清上上下下，左邻右舍的关系）、资料与实物结合、设计与工艺结合、理论与实践转合，这五个结合，既是消化设计资料的具体方法，又是审批图纸必须遵循的五项原则。

作为技术负责人关注的第三点就是通过仿制生产培养专业的技术队伍，为科研事业培养新生力量。通过仿制生产“543”，造就了一批又红又专的技术骨干队伍，在型号研制中，徐馨伯作为总师深刻认识到，虽然管理方法和体系尤为重要，但人作为重要的管理要素，是型号中的关键节点，人才的成长更是型号主要的发展目标。

谈起人才队伍培养，徐馨伯颇具感悟，他最关注思想政治的教育，最善于从马克思主义哲学、爱国主义教育、集体主义优势等方面引导同志们提高思想政治能力，总结出了一套适应国情时事的团队建设经验。

一是对驻厂的同志进行理论联系实际重要性的教育。要求同志们做到下厂放下架子，甘当学生，深入车间，参加劳动，向实际学习，向工人学习。同志们在厂里不怕脏，不怕累，与工厂同志同吃同住同劳动，受到了工厂职工的好评，密切了与工厂职工的关系。

二是对驻厂同志们进行爱国主义教育。正当国防部五院的仿制工作才刚开始，苏联赫鲁晓夫领导集团背信弃义，撤走专家，停止了援助，给我国留下了一个混乱的摊子。于是国防部五院号召大家，积极响应党中央提出的“发奋图强、自力更生”的伟大号召，为祖国争光，为人民争气，从而极大地激发了大家的革命热情，使大家备加热爱自己的岗位。当时大家为了早日拿出产品，加班加点工作，有的同志吃在车间，住在车间，通宵达旦工作，有的甚至带病坚持工作。还有的推迟婚期，放弃休假，把全部精力投入工作中，使仿制工作出现了一个热气腾腾、热火朝天的局面。

三是对同志们进行艰苦奋斗、团结友爱的教育。国防部五院仿制开始的前三年遇到了三年困难时期，驻厂工作组的领导和同志们一起，严格要求自己，自觉地经受革命的锻炼。在厂期间，同志们不讲任何报酬，与广大群众同甘共苦，各驻厂工作组在艰苦生活中还先后节约粮票1600多斤，油票200斤，布票1500余尺，这些物资全部用于支援灾区人民。

同志们当时身在工厂，远离驻地和家人，但大家团结友爱，互相帮助，自觉遵守党的政策法令和工厂纪律，受到了工厂同志们的一致好评。

徐馨伯在工作上大胆用人，每个同志下到工厂，将工作固定下来以后，党委领导组便让他们放手工作，履行职责、承担任务。同时根据设计部具体情况提出补充要求，这样有利于调动广大群众的积极性，同时也加重了技术干部的技术责任和任务观点。生产上出现的问题就会逼着你去想，逼着你去钻，而且要限期解决。这样压力大、责任重，有利于干部成长。在承担任务中要求大家边干边学，要不耻下问，学用结合，发现问题要抓住不放。巩固理论知识，指导生产实践，锻炼一点过硬的本领。在生产间隙和业余时间，根据工作需要，系统地补充有关理论和外语知识。

在任人唯贤的基础上，为了完善人员要素之间的联系，管理上严密组织必不可少。以徐馨伯为核心的领导组提出对复杂的工程型号在管理上要做到：专业配套、人员固定。同志们按专业把岗位固定后，尽量少变并做长久打算，钻进去，学深学透，这样有利于单位对整个型号全面、系统地掌握，有利于弄清技术问题的前因后果，有利于有效地积累资料，有利于技术队伍的成长。事实证明，凡坚持在工厂参加仿制全过程的同志，绝大多数都成了相关专业的技术骨干。

时代的大潮一去不返，如今的23所早已今非昔比，不仅拥有强大的技术支撑，还掌握了先进的生产工艺，具备了独立研究新时代武器装备的能力，为我国造就打胜仗的军队提供强有力的科研生产支援，若老政委有知，当感无比欣慰。饮水思源，我们应清醒地认识到，今天我们拥有的一切都是无数像徐馨伯一样的老一辈航天人用自己的生命和热血换来的！他们的精神我们不能忘，他们的品格我们要发扬，他们的成功经验和成果于今天仍

徐馨伯（前排左四）与23所所领导及中层领导

有很好的指导意义，他们留下的事业必须由我们这一代人接过大旗，走下去，向着新的胜利前进！

第四章 建章立制 无私奉献

第二设计部成立之后，通过“543”仿制和红旗系列型号自行设计，逐步积累起一些管理经验，在总结执行五院、二分院的管理条例和规章制度的基础上，徐馨伯带领机关同志和相关人员全面总结设计部的科研管理和保障工作经验，形成了一系列管理流程和制度文件，为23所管理工作的科学化、程序化、制度化发展奠定了坚实的基础。“文革”结束后，徐馨伯恢复了领导职务，为了使科研生产工作尽快回归正轨，他身先士卒地投入到“715”雷达研制的攻坚会战中，繁重的工作和旧疾缠身最终使他的健康状况亮起了红灯，在解除危险后，他又拖着病体投入工作中去，继续在后方指挥调度、团结群众。在他心中，党的事业最重，个人得失最轻，他用一生的无私奉献昭示着一名中国共产党员的初心和使命。

1. 管理有方，十大文件立规范

建所初期，从科研生产到人员管理的一切工作都是从头开始。要开展仿制，反向推导设计（以下简称“反设计”），组织自行设计，下厂处理生产图纸的工艺、设计问题，组织好人员从事系统的组织管理、协调院内外的关系等等，真是千头万绪。而这些工作之间相互间联系又非常密切，哪一个环节出现“卡壳”都会对其他方面的工作造成影响，甚至延误总进度。面对如此纷繁的大系统，就算是行家里手也会感到非常棘手。那么，作为军政干部的徐馨伯，为什么能在这种情形下仍然能够应对自如，并且各方面工作都卓见成效呢？徐馨伯当年的亲密战友王韬同志曾经认真地总结，徐馨伯是从以下几个方面掌握全局的。

一是依靠集体领导。当时，担任设计部主任兼党委副书记的徐馨伯，凡遇到涉及领导决策、技术指挥和人员安排等全局的问题，总是事先主动向政委通报，并且提供若干条可行的解决方案，请政委同志共同参与决策。政委则根据单位的实际情况，在征求有关部门或同志意见的基础上，形成与党委共同的决策依据，正是由于领导班子成员之间能及时、顺畅地沟通，彼此了解、相互支持，才保证了单位内部贯彻落实一系列方针政策都非常顺利。

二是依靠机关同志。起初，虽然负责管理科研计划的所机关同志只有4名，人手确实十分紧张。但他们分工明确、各尽其责，分别对仿制进程、反设计和新型号自主设计研制等业务模块掌握得非常纯熟，并且都主动加班加点、全力保障进度，有着很强的责任感和奉献精神。他们成为徐馨伯在技术管理工作中的参谋和得力助手。领导信任机关，机关敬爱领导，群干关系非常融洽，政策上通下达，使得全所整体的办事效率得到了显著提高。

三是依靠专家和技术人员。对老专家，徐馨伯始终坚持既信任依靠，又严格管理的做法。一方面，全力支持配合他们，工作上能满足他们的要求就尽量予以满足，让他们在相对宽松的环境下彻底放开手脚推进工作。另一方面，又对他们提出了明确而严格的要求，红线、底线坚决不能逾越，质量问题一刻也不放松。参与生产工作前，徐馨伯对初出茅庐的他们提出了“先当学生”的恳切建议。“只有把仿制型号的设计思路吸收过来，你们才能当先生，带领、指导和培养我们自己的科技人员开展仿制，乃至进行新型号的自主设计研制工作！”远大的目标和光明的前景令他们心情振奋，纷纷铆足干劲学习。很快，这批人才在各自负责的专业领域内展现出卓越的才干，纷纷成为我国在该领域内的领军人物。

当时的科技人员多数是刚走出校门的大学、大专毕业生，可塑性很强。徐馨伯视这支“学生军”的每个孩子如同己出，他经常深入基层，与他们亲切交谈，了解他们的专业特长、兴趣爱好、理论水平以及处理实际问题的能力。时间长了，在徐馨伯心中逐渐形成了“一本账”，他将全所175名科技人员分成三大类：第一类，独立思考，有领导、抓总能力者；第二类，积极参与，在专家指导下能独当一面者；第三类，支持配合，有一定的工作经验，可完成分内工作者。

按照上述分类，徐馨伯根据他们各自的能力分别安排任务，提出不同层次的要求，并对每个人进行有针对性的培养和能力再发掘。由于他的调查深入，知人善任，加之老专家不遗余力地悉心指导，一支年轻的武器系统设计师队伍，通过下厂仿制、反设计和自行设计的实际锻炼，迅速地成长起来，成为我国航天事业的一支主力军。

为了加强科研管理工作，徐馨伯亲自组织机关领导和有关人员，总结编写科研工作流程和科研管理制度，并在二院率先颁发了《研究工作几项暂行规定》，即后来被奉为经典的“十大文件”。其中包括关于任务（课题）立项、加强计划管理、合理计划调度、结构设计工作管理、试制生产管理、技术成果与人员鉴定管理、器材设备管理、仪器管理、试制成本核算、情报工作管理10个重要课题的充分理论论证和具体实施细则。文件一经发布，就得到了上级领导的一致肯定与充分赞扬，并迅速推广，应用到了全院的科研生产工作中。

“十大文件”的拟定，为23所管理工作科学化、程序化、制度化奠定了坚实的基础。如此伟大的成就让人不禁赞叹不已，但是徐馨伯在23所的功绩还远不止如此。他在任职期间还大力倡导技术创新，推动型号初期进行民主设计，在保证任务可以顺利进行的前提下，最大限度地激发设计师的创造活力。在研制过程中，徐馨伯努力促成了“三结合”（即领导干部、技术人员、工人三方面工作相互紧密结合）的研制模式，让整个单位内部仿佛浑然一体，工作效率节节攀升。徐馨伯还率先试行了厂所结合等创新性的发展理念，为23所先期事业的开拓、发展作出了卓越的贡献。

徐馨伯作为航天事业的创业者，是为23所的创建和发展立下汗马功劳的早期领导人之一。虽然他已经与世长辞，然而他那对党的事业的忠诚之心，高度的政治责任感、事业心，以及他孜孜不倦的钻研精神，必将永世长存。他的高大形象，不应随着时间的流逝而在我们这一辈人的心中渐行渐远。我们记录下他的光辉事迹，亦是希望后来人能了解这位他们素未谋面的前辈，永远记住他、怀念他、学习他！

2. 重返工作，壮志满怀赴天津

“文革”十年浩劫，徐馨伯也未能逃脱厄运，和很多老一辈的航天知识分子一起受到了批斗，被迫“靠边站”。徐馨伯的儿子回忆：“‘文化大革命’初期，父亲受到了极为不公正的待遇。幼时的他曾亲眼看到父亲挂着‘日本特务’或者‘走资派’的牌子游街，批斗的标语和大字报都贴到了王府井大街。父亲被含冤关进牛棚，母亲也被发配到河南的某个农场劳动。在此期间，爷爷又突发心脏病去世了，家庭变故巨大。”但即使身陷牛棚，徐馨伯依然心系航天，一心向党，矢志不渝，哪怕生活再艰难也不曾放弃希望。

1971 年年底，徐馨伯的坚持终于迎来了转机，他被“解放”了出来，恢复了领导职务。令他的家人和同事们敬佩的是，经历了这些苦难的岁月，徐馨伯对党的忠诚和信任，对航天事业的热情和期待却丝毫不减当年。由于“文化大革命”中两派的斗争剧烈，研究所的科研工作基本停顿。为了使科研生产尽快回归正轨，徐馨伯怀着誓死也要把损失的时间夺回来的决心扑进了繁重的任务中，像个二十几岁的小伙子一样没日没夜地拼命工作，全然不顾自己已经患上了高血压和糖尿病。

在 20 世纪 60 年代，我国集中力量开展导弹仿制和研制工作的同时，美国、苏联等国家也在发展更为先进的武器，先后研制出可携带核弹头的中、远程弹道导弹，这些导弹成为继战略轰炸机之后的新型战略武器。为了打破美国和苏联的核垄断地位，使我国的中心城市和重要工业基地等战略目标具有一定的防御能力，1964 年，毛泽东主席从战略防御角度出发，提出在研制进攻性武器之外，还要开展防御武器的研发。1964 年 2 月 6 日，初春时节的北京虽然寒风凛冽，但阳光格外明媚。毛泽东主席邀请竺可桢、李四光、钱学森到中南海紫云轩畅谈科学工作。在与钱学森同志谈到国防科研工作时，毛泽东主席提出要搞防御研究，并且指示：“有矛必有盾，搞少数人有饭吃，专门研究这个问题。五年不行，十年；十年不行，十五年，总会搞出来的。”

毛泽东主席的这段话，成为我国开展防御武器研究的起点。1964 年 8 月，中央专委将研制防御武器的某工程列为国家重点任务。1964 年 3 月 28 日，国防科委为了贯彻落实毛泽东主席的指示精神，安排钱学森同志主持召开弹道导弹防御技术讨论会。参加此次会议的有四机部、国防部五院、十院、中国科学院以及炮兵等单位的 30 多位领导和专家，会议最后提出多种防御途径。随后，会议决定二分院在第二设计部成立防御规划小组，并成立 26 所，负责防御系统的总体工作。7 月 2 日，国防部五院党委常委会决定，将一分院 12 所的无线电控制综合研究室、无线电控制装置研究室以及天线研究室划归二分院第三设计部，参与某工程制导雷达研制工作。

8 月 24 日，3 个研究室的所有人员正式开始在第三设计部工作。两天后，二分院党委会议提出要尽快拟定某工程方案设想，要求第三设计部组织部分力量，积极开展某工程制导雷达研究工作。于是，第三设计部安排部分人员组成八一突击队，开展制导雷达的方案论证工作。

1965 年 5 月 10 日，中央专委办公室正式要求四机部、五机部、七机部、中科院等相关单位必须把防御导弹的研究，纳入本单位的年度工作计划和长期规划中。7 月 8 日，国防科委向中央专委呈交了研制规划报告。

20 世纪 60 年代，全球处于冷战格局中，美国和苏联为了争夺世界霸权，都在大力发展各自的进攻性武器。这其中又以导弹最受关注，包括美、苏两个超级大国在内的西方国家纷纷投入大量人力、物力和财力，研制发展洲际、中程导弹，甚至将导弹能否运载核弹头视为国际力量是否强大的重要标志。“有矛必有盾”，这是毛泽东主席在和钱学森同志谈话中提出的一个观点。针对洲际、中程导弹的“矛”，研制防御性的“盾”就显得尤为重要。对“盾”的要求也十分严格。

因此只有在第一时间发现导弹的飞行轨道，进而跟踪、击毁导弹，就成为整个防御武器研制过程中最核心的问题。然而，弹头的雷达散射面积很小，且随着弹头突防技术的发展，通过释放诱饵等手段，进一步增加了发现导弹的难度。

基于上述因素，在防御系统的组成中，必须具备能准确进行远距离观测的预警系统等多个系统。由于实战中，留给防御系统判别处置时间极其有限，而在这段有限时间内，却要完成大量复杂操作，因而各子系统之间必须达到高度自动化，具备极佳的协调性和高可靠性。

根据防御武器特点及需要解决的问题，某工程先后开展了多个子系统地研制工作。其中，二院承担的任务主要包括导弹系统、预警系统、目标识别系统。为了能使二院的组织机构适应研制任务的需求，1969 年 8 月 14 日，经周总理批准同意，二院的主要任务从地空导弹的研制调整为防御武器系统的研制。1970 年 5 月 15 日，国务院和中央军委批准正式将二院组建为某工程总体研究院。

至此，一场新的科研战斗打响了，在这场战斗中，最具有难度的当属研制三号任务的“715”雷达，国内当时并不具备研制这种雷达的技术条件，为了响应毛主席关于开展防御系统研制的号召，1970 年 4 月 4 日，七机部军管会主任杨国宇和天津市革委会主任解学恭决定以会战的方式，合作完成此次研究任务。为此，该工程在天津组建了一次大规模会战攻坚，这就是著名的“天津会战”。

在 1971 年年底，被“解放”的徐馨伯适逢“715”雷达项目启动，他带领各研究室主任立即赶赴天津开展工作，当时需要接洽的技术人员很多，安排的项目有 100 多项，但这些工作分布在天津的十余个工厂，并且在时间、地点的安排上多有冲突，因此难以频繁组织大规模的会议把事情拿出来统一说清楚。同时，受限于那个时代的通信技术水平，徐馨伯等人只能依赖分别会面沟通的方式，交流起来极为不便。但徐馨伯没有被这一难题绊住手脚，他仔细梳理了各个单位所提供技术之间的逻辑顺序，充分考虑人员的时间安排，尽量减少了不必要的交流，极大地节约了时间。接着徐馨伯又不辞辛苦地四处奔波，白天一个工厂一个工厂地了解生产和技术设计情况，晚上召集室主任们共同分析研究生产中的关键技术问题，骁勇不减当年，为“天津会战”协调、有序地进行起到了关键的保障和推动作用。除了要指挥协调科研生产外，徐馨伯还要调解两派的思想对立，常常工作到凌晨。由于休息时间太少，工作强度太大，他的身体渐渐开始吃不消了。

1972 年 2 月 21 日（美国总统尼克松访华当天），徐馨伯突发脑梗，军管会将他送到当时的 721 医院（今航天中心医院），可是当时医院正闹派性，没有人来抢救病患。家人们只好迅速将徐馨伯转移到附近的 301 医院，就在他们觉得这次终于有救了的时候，却上演了同样的悲剧。眼看救治的时间窗口将要错过，这让徐馨伯的家人们感受到了前所未有的焦急、无助和绝望。幸亏海军总医院院长周振新得知消息后马上将徐馨伯抢接到了其辖下医院，并给予了良好的治疗，这才保住了性命。

徐馨伯住院期间，他的妻子在给他洗衣服时，无意发现他的口袋里藏了几张有些破碎发黄的张纸条，妻子担心是什么重要的东西，小心翼翼地展开一看，不禁失声痛哭起来。原来，这些都是很早以前医生开具的假条以及一张住院单，原来，丈夫一直是在用生命来做着这番事业啊！

从1972年到1980年，徐馨伯拖着半身不遂的身体，继续担任研究所党委书记长达8年之久。期间总是拖着病体到单位去或是让秘书将工作资料送到家中，每天坚持工作到深夜。在这期间，徐馨伯最大的欣慰是，他虽然离开了“715”雷达的工作一线，但总能听到关于它的好消息，这个项目最终取得了圆满的成功。

徐摩伯

第五章 爱国齐家 心系航天

突发的健康状况让徐馨伯告别了科研生产一线，但是报效祖国、奉献国防的毕生志向没有丝毫动摇，“工作不能停止”，忍着身体的病痛，他很快又投入工作中去了，在后方策划协调，为所里的科研工作铺平道路。离休后的他仍然心系航天事业，竭尽所能地协助工作。徐馨伯前半生经历战火，为了新中国而奋不顾身，后半生他又数十年如一日奋战在航天科研一线，全身心的奉献背后是与家人的聚少离多，但他总是想方设法、尽己所能关爱家人并始终秉持着以学治家的理念，将自己对科学的热爱、对党和国家的真挚感情融入对儿女的教育中去。

1. 奉献航天，带病思虑为国谋

1972 年，徐馨伯因罹患中风而偏瘫。重病在身的他，仍全身心地关注着航天事业，心系所里的工作。他对前来看望他的战友、专家、科技人员说："我虽然身体不方便，但头脑清楚好用，我们一起来研究工作吧！"这句话使前去看望他的同志们顿时湿了眼眶，心情久久难以平静。

由于没有得到及时的治疗，徐馨伯的脑梗后遗症一直恢复不了，因此再也无法正常上班了。"必须长期休病假这件事对他的打击非常大，他一个人一动不动地坐在沙发上，两眼直勾勾地盯着窗外发呆，约莫有半个多小时。"徐馨伯的儿子这样回忆道："爸爸就像是在对着什么发狠一样说：'工作，绝不能停止！'我们看着他这副样子，心疼极了，但也清楚他的脾气，都不敢过去劝说。"此后，徐馨伯就在家中坚持带病工作，阅读文件、听取汇报、布置工作、召开党的民主生活会等，每每坚持到深夜。

儿子们还清楚地记得，父亲经常执拗地让母亲推着轮椅，亲自到所里去参加党的会议，常人几分钟就可以走完的路，徐馨伯却需要花费将近一小时的时间。短短的路程即使被人搀扶着，他也要休息多次，累得汗流浃背，即便这样，他也坚持说："我作为党委书记，所里开政治会议，我一定要去，就是爬也要爬去看看"，经常这样一扎进单位就是到了下班时间仍不见他回家。

徐馨伯参加会议

徐馨伯在家养病期间，"文化大革命"的余波并没有停止，身为党委书记，他深感科研生产进度受思潮对立影响之大，时刻关心着所内通知的团结情况，积极协调各派人员，充当两派之间的“润滑剂”。在批林整风运动时，一名所内核心组人员受到影响，被要求停止职务，徐馨伯认为当时该同志问题情况还不清楚，且该同志的停职会对所内科研工作产生重大影响，这种过激的行为不利于整风运动和实际工作的进展，于是，他在爱人的搀扶下找到了院核心组领导，当面汇报了自己的想法并从多方面说明了利害关系，恳请上级暂缓决定，回来后又给两派同志打电话，说服同志们不要出现顶牛的思想，不要只批评他人，要把自己摆进去，多做自我批评。同志们深知书记一向严于律己，对自己要求极严格而对待同志又一向坦率真诚，被劝说的同志说：“政委您对我们的严格要求，我们一定接受，以后有什么问题，您就尽管批评我，帮助我进步”。这样一来，经过一番周折，他保护了受到过激批判的同志也维护了所内稳定团结的工作环境。

有一次，23 所根据院扩大会精神举办了一场大规模的党员学习活动，徐馨伯也来到了现场，与同志们一起学习座谈。参会的其他党员同志看到徐馨伯都深受触动，会上他要求大家多向他做批评，帮助他肃清派性思想，同时他一再嘱咐其中比较激进的同事，语重心长道：“你们在群众中有很大影响，要带头做革命的团结工作。”会议结束后，他又来到各组一一看望同志们，在看到在“文革”期间曾批斗过他的同志时，他上前紧紧握住他的手说：“我作为党委书记，之前没能帮助你们做好工作，是我的错，我要向你们检讨，现在我希望大家团结起来，以公斗私，为了共同的革命理想努力工作。”在场同志深受感动说道：“老政委说得对，我们要以公斗私，老政委带病看望大家，又对所里的工作这样关心，我们还有什么理由不搞好团结、努力工作呢！我们一定要端正思想，在毛主席的革命路线上团结起来”，当天学习活动结束，党委副书记何顺刚同志和几位核心组领导与徐馨伯紧紧握手，激动地哭了，

1986 年，徐馨伯（前排左起第十六位）参加 23 所党代会

在场许多同志都感动地流下了热泪，正是徐馨伯的毫不利己、专门为人的情怀和他为航天事业的付出，深深地打动了他们。

1980 年徐馨伯离休后，对所里的情况依然念念不忘，坚持定期联络原来的秘书，听他讲所里的近况，积极和国防科委协调，为 23 所解决科研项目遇到的困难。当研究所的领导、科研人员和工人们来看望他时，偶尔也会说起所里发生的事情和遇到的困难，他总会凭借自己丰富的经验和独到的见解积极地为他们出谋划策。那时徐馨伯经常说的一句话就是："我身体虽然不方便了，但我的头脑清晰好用，所里有什么需要可以随时来找我！

2. 仁爱爱人，赤诚无私心向党

作为研究所政委，为了团结所内所有的科研力量，贯彻中央对知识分子的政策，调动他们的积极性，除了做好他们的政治思想工作外，徐馨伯对科研人员的生活十分关心。三年自然灾害期间，他将国家特供给他的全部物品转给有困难的科研人员和工人。当时徐馨伯家里每个月的最后一周都断粮，不得不向邻居借粮。每当从邻居那里借来粮食，徐馨伯母亲看到这些食物高兴得不得了，心想家里的小孙子终于可以吃一顿饱饭，但是徐馨伯却根本不让儿子们碰这些粮食。徐母只有含着眼泪，帮着徐馨伯把物品分包好，给所里的技术人员送去。

儿十年的政治工作经验，使徐馨伯与普通群众的关系融洽得就像兄弟。20世纪70年代，徐馨伯家里有一台黑白电视，每逢有好节目或适逢节假日，都会有所里的科研人员、工人和邻居到家里来看电视。为方便大家看电视，徐馨伯总是早早打开大门，让儿子们摆好各种椅子和凳子。久而久之，成了惯例，每当节日或转播重要的国家大事，所里的“兄弟们”会不约而同地到家里来看电视。这时的政委家的客厅总是挤得满满的，热闹异常。直到今天，在院里的路上遇到所里的老同志，他们还会感慨过去与徐馨伯共同工作与生活的情景，并常常自我介绍说：“我在老政委家里看过电视。”

徐馨伯即使在患病期间。也不忘关心科研人员。当他了解到研究所内有一对科研人员年龄不小了，因为没有房子还迟迟不能结婚，就主动把家里的一间房让出来作他们的婚房。他的小儿子在回忆时说道：“当天我回家吃完饭，看见饭桌上多了一对不认识的叔叔阿姨，直到饭后很久也没有离开的意思，当时特别疑惑，父亲叫来我们四个儿子说，从今天起，李叔叔、夏阿姨就跟咱们一起住，是咱们自家人了，你们快问好！” 这房间一让就是5年，直到单位给这对青年夫妇分了房子才搬走。而搬走时，两家人已经亲如一家，徐政委腿脚不便，需要上下楼走动时，往往是同住的小李主动背着政委，真挚的感情冲破了人与人之间的隔阂，这一习惯直至他们搬走也没有改变，小李夫妇经常回来看望老政委，两家至今交好，这种质朴浓烈的同志情谊在今天这个时代仍然闪闪发光。

3. 坚持学习，言传身教立家风

1947年，孟良崮战役中，有一名叫姚季勤的卫生女兵，巾帼不让须眉，护送100多名伤员从前线转移到后方师部，队伍中除了司务长和后勤人员外，只有她一名医生，那个年代物资奇缺，不要说药品装备，100多名伤员队伍的口粮只有不多的一包红薯干，为了给战士们伤口消炎，她调制盐水为战士们清洗伤口，哪怕伤势极重也只能简单消毒进行包扎，百余名伤员的伤痛彻夜刺痛着她，但痛苦、坚忍才是战争的本色，徒步数天后，她终于历尽艰辛完成了任务，将伤员安然送至后方集中医治。通过此次事件，她荣立三等功。这时师卫生部李康河部长牵线，介绍了一名年轻有为的政治处主任与她相识，正是时任23军205团政治处主任的徐馨伯，同样的革命理想和勇敢果断的性格让他们惺惺相惜，当年他们就结婚了。1949年12月，他们有了第一个儿子申庆，新中国成立后在南京生活期间，二儿子中庆、三儿子书庆、四儿子春庆陆续出生，革命年代的艰难困苦后，他们迎来了自己的幸福生活。

幸福生活来之不易，但徐馨伯并没有一丝懈怠，他在工作和学习上追求进步和提高，1950年，徐馨伯调入南京军事学院，在刘伯承院长率领下参加了学院的创建和教学管理工作。这期间家中的孩子年龄都还小，徐馨伯却为了事业不能经常回家。1956年，徐馨伯为进一步提升能力，到南京军事学院基本系学习，更是三过家门而不入。1959年，徐馨伯从基本系毕业，参加了国庆十周年的天安门大阅兵，踏在南京军事学院学员方队的第一排，光荣地接受了毛泽东主席的检阅。

1949年，大儿子出生不久后全家合影

1960 年，徐馨伯夫妇与四个儿子

几个儿子都是出生在新中国，虽然国内已无战事，安稳的和平时光下，徐馨伯从不肯放松对孩子的一点点管教，经历过革命年代的他深知科学知识的重要，不仅自己刻苦学习，还经常督促孩子们不要贪玩，要抓紧时间好好学习，早日成为国家有用之才。

四儿子春庆今天回忆起父亲的教诲，说起了父亲总挂在嘴边的两个故事。一是 1966 年北京三十五中学请徐馨伯给同学们做革命传统教育。在课堂上，父亲徐馨伯讲了这样一件事。抗日战争时期，部队缴获了鬼子的一门掷弹筒，谁也不会用。战士看到掷弹筒底座上有一个凹槽，以为这东西是顶在脑袋上用的，结果一个战士被当场震死，他借这个简单的例子向中学的同学们说明学习知识的重要性，并语重心长地对同学们说："在战场上，没有知识是要死人的。在和平时期，没有文化、没有科学知识就不能建设好国家。你们要好好学习，国家需要你们。"

二是"文化大革命"期间，徐馨伯的长子被单位派去南京工业大学学习。当时闹派性闹得严重，接到通知后，大儿子就是不去，并说上了学就是知识分子了，他不愿意做"臭老九"。父亲知道后非常生气，发火了，父亲对大儿子说："'臭老九'怎么了？没有'臭老九'，卫星就上不了天，国家需要有知识的人，你必须去当这个'臭老九'！"这件在家里引起轩然大波的事情给几位弟弟留下了难以磨灭的印象。

除了坚持对孩子们科学知识的教育，徐馨伯对思想政治教育也毫不放松，孩子们懂事后，他常常用《毛泽东选集》原文教育孩子，如果他们有什么疑惑和迷茫，他会直接告诉他去看去领悟其中的具体章节。这些细节都显示出其政治能力的精专。在四儿子成婚时，徐馨伯没有给他们小家分一笔启动资金，也没有买一件家具，而是把儿子、儿媳叫到书房，郑重地将自己多年使用的那套《毛泽东选集》转赠给儿子、儿媳。采访时谈及此处，四儿子徐春庆动情地说："这是我收到的最好的礼物！"。

除了政治理论的教导，徐馨伯还进一步通过言传身教，为儿孙们讲授党员的原则。在所里担任政委后，所里给他配了公务车，他对自己和家人约法三章：非公务外出不用车，接送亲友不用车，家人有事不搭车，唯一一次破例是三儿媳生病昏倒在家，为了急救，他艰难破了一次例，事后又立即找到车队补交了车费。老伴总是说他太顽固，他却说："这些特权是人民给我的，应该用在为人民服务的事业上，这是我的原则！"

四个儿子中，有三人在二院工作，大儿子曾回忆说："我来院里工作，不仅没能借上父亲的力，考核标准反而更高了，我当时通过考试通过了院里的考核，进入技校学习，一经录取，我回家高兴地告诉父亲，想让他为我自豪高兴一下，谁知父亲一言不发就出门了，后来才知道，他直接去找了主管招聘的领导，直截了当地追问技校领导是不是有个人情面的因素，在对方否定后，他仍然坚持要查阅考卷和招聘档案，确定了招聘没有水分才肯罢休，回家来才展开笑颜祝贺我，并嘱咐我好好学习，今后为国防军工单位工作，一定要用更高标准严格要求自己，若被发现耍小聪明，一定严惩不贷。"

该严厉时严厉，该宠爱时徐馨伯也毫不吝啬，他毫无保留地支持儿孙们的兴趣发展，四儿子喜欢音乐，是二院乐队的队长，经常在工作之余组织乐队的排练和演出活动，同事们都说他弹奏的手风琴非常不错，徐馨伯一生为了人民的事业忙碌，孩子们都说记不得爸爸下班的情景，因为在他们睡着前父亲都在加班，他毫无保留地支持儿孙发展自己的爱好也许是对自己父爱未至之处的遗憾进行弥补。

徐馨伯在晚年的时候，对孩子更是十分喜欢。每逢节假日，儿子儿媳带孩子回家，他总是非常高兴，逗逗这个，抱抱那个，享受着天伦之乐。每次孩子们总要向爷爷展示刚学到的东西，不管演得怎么样，爷爷总是带着慈爱的目光笑津津有味地看着。孩子们表演完了，他还要说很多鼓励的话。

他每天总是让保姆搀扶着到外面走路锻炼，走累了就坐在单元门口，与路过的邻居打打招呼；看到老领导老同事下班回家，总要问候一下，有时还开两句玩笑，孩子们跑过，总会叫一声“爷爷好”，他也会高兴地和孩子们打招呼，然后面带笑容默默地看着孩子们，目送他们远去。

72 岁，不能算福寿延年，但徐馨伯走过的是不同寻常的道路，在这有限的时光里让自己的人生得到了伸展，不断照亮着后来的人。

纵观徐馨伯的一生，可圈可点，精彩丰富，给我们留下了宝贵的精神财富和博大的人生哲理。在这 72 年中，他参加了抗日战争和解放战争，在刘伯承领导下，参与了南京军事学院的创建和教学工作；为了建设强大的国防力量，徐馨伯服从党的安排，离开了熟悉的南京军事学院，投身到研制我国“两弹一星”的艰苦创业之中。他以高度的革命事业心和责任感，领导开展了“543”地空导弹的仿制生产工作。作为行政领导和总设计师，他挑起了组织领导和技术指挥的双重重担，1964 年，红旗一号地空导弹设计基本定型。基于红旗一号的设计经验，我国自主设计研发的红旗二号得以快速研究成功，1967 年，我国用国产红旗二号导弹击落美国的 U–2 侦察机。

徐馨伯革命的一生，从参军抗日开始，从事了部队政治工作、参与军事教育工作，直至参加国防科研事业，他对党的事业的忠诚、他的高度政治责任感和对国防事业挚爱的情结，就像一条无声的溪流，注入到我们每个人的心中。（撰稿：赵东兴、刘璇）

徐馨伯与大孙女、二孙女、孙子的合影

徐馨伯大事年表

- **1917 年**

  7 月 9 日，出生于江苏省扬州市。

- **1927 年 10 岁**

  就读于江苏省立实验小学。

- **1933 年 16 岁**

  8 月，就读于扬州美汉中学（初中）。

- **1936 年 19 岁**

  8 月，就读于私立扬州中学（高中）。

- **1937 年 20 岁**

  “七七”事变爆发，日本全面侵华战争开始，12 月 14 日，施家桥战役后扬州沦陷，辍学逃难到乡下。

- **1938 年 21 岁**

  7 月，随父至淮阴导淮工程处电台学习无线电。

  10 月，工程局遣散，全家返回扬州，在家自修。

- **1939 年 22 岁**

  2 月，加入了新四军挺进纵队军政学校。

  3 月，奉令前往泰州北乡周庄区宁乡一带组织武装，番号江北第一游击区第一指挥部特务二连，期间任政治教员。

  4 月，加入中国共产党。

  8 月，从泰州调回至新四军挺纵三团政治处担任组织干事。

  12 月，调任至苏皖支队司谕草乡办事处任指导员，奉命组织武装。

- **1940 年 23 岁**

  4 月，调任至苏皖支队司令部担任指导员。

  5 月，参加苏中郭村战斗。

  5 月，调任至苏皖支队卫生队担任指导员。

  7 月，任新四军一师三旅七团机枪连指导员。

7 月，参加黄桥战役。

- **1941 年 24 岁**

9 月，参加夏家渡战役。

- **1942 年 25 岁**

7 月，升任 23 军 69 师 205 团 3 营政治教员。

- **1943 年 26 岁**

11 月，调任 23 军 69 师 205 团政治处组织副股长。

- **1944 年 27 岁**

2 月，参加苏北宝应车桥战役。

5 月，在苏中党校整风学习。

11 月，部队接到下江南进军浙西天目山地区的命令，结束学习调回 23 军 69 师 205 团 3 营任政治教员。

- **1945 年 28 岁**

2—6 月，参加浙西天目山三次反顽战役。

10 月，调任 23 军 69 师 205 团政治处组织股长兼总支书记。

- **1946 年 29 岁**

3 月，升任 23 军 69 师 205 团政治处副主任。

7 月，升任 23 军 69 师 205 团政治处主任。

7—8 月，参加苏中七战七捷战役。

- **1947 年 30 岁**

1 月，参加鲁南会战。

2 月，参加莱芜战役。

5 月，参加孟良崮战役。

- **1948 年 31 岁**

6— 7 月，参加豫东战役。

11 月—次年 1 月，参加淮海战役。

- **1949 年 32 岁**

2 月，调任 23 军军政治部组织科长。

4 月，参加渡江战役。

5 月，参加解放上海战斗。

11 月，调华东军大学习。

- **1950 年 33 岁**

1 月，调任华东军大一团二大队四队支书。

7 月，调任华东军大一总队二科政治处主任。

- **1951 年 34 岁**

1 月，南京军事学院成立，调任军事学院训练部政治处主任。

6 月，调任军事学院训练部政治处副主任。

8 月，调任军事学院直属政治处主任。

- **1952 年 35 岁**

6 月，调任军事学院政治部、干部部机关政治处主任。

- **1954 年 37 岁**

6 月，调任军事学院第三政治处主任。

- **1955 年 38 岁**

7 月，被授予三级独立自由勋章、三级解放勋章各一枚，并授予上校军衔。

- **1956 年 39 岁**

9 月，在担任军事学院管理职责同事进入学院基本系进行深造。

- **1958 年 41 岁**

4 月，调任军事学院政治部直工部副部长。

- **1959 年 42 岁**

9 月，从军事学院基本系毕业。

10 月，作为军事学院基本系学院代表，参加国庆阅兵。

11 月，投身航天事业，被国防部委派为五院二分院第二设计部主任。

- **1960 年 43 岁**

  4 月，任国防部五院二分院三设计部主任。

  5 月，被任命为“543”副总设计师。

  12 月，被任命为“543”总设计师。

- **1962 年 45 岁**

  4 月，集中力量摸透“543”，重新转入以“543”仿制为中心的各项工作。

- **1963 年 46 岁**

  3 月，组织 15 人试验队，到天津静海空军机场进行 2302 工程试验。

  7 月，组织开展“543”设计文件的整理定型工作。

  9 月，“543”仿制首批第一套引导站通过驻厂工作组验收审定。

- **1964 年 47 岁**

  1 月，赴空军二十基地参加国产首批第一套“3069”引导站的校飞打靶定型试验。

  4 月，任国防部五院二分院第三设计部政委。

  11 月，被授予大校军衔。

- **1965 年 48 岁**

  1 月，二分院第三设计部更名为第七机械工业部第二研究院第 23 所，任 23 所党委书记。

- **1970 年 53 岁**

  6 月，恢复领导职务，参加“715”天津会战。

- **1971 年 54 岁**

  4 月，任 23 所党的核心小组成员。

- **1972 年 55 岁**

  2 月，身患重病，坚持领导工作。

- **1981 年 64 岁**

  5 月，离职休养。

- **1989 年 72 岁**

  5 月 3 日，因病在北京逝世。

参考文献

〔1〕张姚俊，苏恩惠，吕成东 . 陈敬熊院士传记 [M]. 北京：中国宇航出版社，2015.

〔2〕中国航天科工集团二院二十三所所史编委会 . 中国航天科工集团二院二十三所所史（1958—2008）.2008.

〔3〕航空航天部二院二十三所所史编委会 . 航空航天部二院二十三所大事记（1958—1988）.1988.

〔4〕航天工业部第二研究院院史编委会 . 航天工业部第二研究院院史 (1957—1987).1987.

〔5〕航天工业部第二研究院 . 纪念航天事业三十年征文选编（经验篇）［C］.1986.

〔6〕航天工业部第二研究院 . 纪念航天事业三十年征文选编（纪实篇）［C］.1986.

〔7〕中国航天二院党委工作部 . 回首五十年——二院建院五十周年征文选［C］.2007.

〔8〕航空航天工业部第二研究院 . 缅怀为二院献身的人们［C］.1992.

〔9〕北京新四军暨华中抗日根据地研究会一师苏中分会 . 英雄岁月——纪念铁军老兵百年诞辰［C］.2017.

〔10〕北京新四军暨华中抗日根据地研究会一师苏中分会 . 烽火年华——新四军第一师部分将士照片录 .2020.

陈怀瑾

陈怀瑾的故事

陈怀瑾（1929.12.16—2017.8.6），上海人，1949 年加入中国共产党，1950 年毕业于交通大学电机专业，是我国航天事业的开拓者和奠基人之一，国际宇航科学院院士。曾任七机部二院技术副院长、生产组副组长，七机部总工程师、科技委副主任、地（舰）空导弹系列总设计师，国防科工委军用仿真专业组组长，国际宇航联合会副主席等。陈怀瑾曾参与创建我国第一支雷达部队，调任国防部五院后长期从事防空导弹的研制工作，是仿真技术的带头人，著名的导弹雷达专家。陈怀瑾在飞行器制导、自动控制与仿真领域为我国国防工业作出了杰出贡献，在技术上开创了我国第一代防空导弹研制工作，指导第二代防空导弹的研制。其研究成果多次获得光华科技基金奖、国家科技进步奖一等奖、航天科技进步奖等。

◎目　录

第一章 品学兼优的进步学子

陈怀瑾出生在一个知识分子家庭。在父辈知识救国思想的影响下，他自幼酷爱读书，尤其喜爱科学技术知识，在阅读中了解到了世界科学发展最新信息，为学习文化知识打下了坚实的基础。

由于童年经历的抗日战争、太平洋战争以及目睹了国民政府的腐败，陈怀瑾小小年纪就已逐步形成了自己的世界观，从那时起便立下了科技救国的决心。

1. 人人疼爱的乖孩子

"囡囡"是江浙一带对小孩子的昵称。1929 年 12 月 16 日，上海茂名路升平街润德里 22 号，陈家长孙出生了。然而，这个孩子是个早产儿，母亲王锦焕只怀了 7 个月，孩子一出生就送进了保温箱。此刻,陈家人的心都揪在了一块儿，时刻关注着这个刚刚降生的孩子，并把囡囡这个充满爱的昵称作为了孩子的小名。

1930 年，姑妈抱着不到周岁的陈怀瑾

在家人的呵护下，囡囡终于健康出院了。这个小天使的到来给陈家带来了新的希望。祖父陈萍舟给他起名叫陈怀瑾。怀瑾，出自《楚辞》中的《怀沙》："怀瑾握瑜"，意为怀抱着美玉，比喻人品高洁，不随俗流。祖父是希望这个孩子拥有世间最美好的事物，长大了具有高尚的情操。那时祖父一定没有想到，这个早产的孩子长大后成为著名的火箭技术专家，是我国航天事业的开拓者之一，并将他的一生无私地奉献给了祖国的国防事业。

陈家是地地道道的上海人，老家在漕河街附近。陈怀瑾的曾祖父陈蕴生是一名老中医，在上海周边行医。祖父陈萍舟经商，通过多年的辛苦经营，生意越做越大，购买了很多土地，在新龙华盖了一座三层的洋房。洋房的四边是大片的果园，在当时是颇有名气的陈家花园。家境宽裕殷实，陈怀瑾从小过着衣食无忧的幸福生活。

儿时的陈怀瑾乖巧可爱，家里每个人都喜欢他，将他捧在手心上。但因为是不足月出生的，家人总担心他的健康情况，不让他随意出门。作为一个男孩子，陈怀瑾十分好动，对院墙外的世界充满了好奇，总想出去看看。有一次姑妈要出门，陈怀瑾也想跟着。姑妈说："我要去朋友家，带着你这个小尾巴'不方便'的。"陈怀瑾嘟起小嘴跟姑妈撒娇说："还是把我这个'小尾巴'带着吧。"看着他那可爱的样子，姑妈真的是无法拒绝，疼爱地抱起他走出了门。此后，陈怀瑾又多了一个外号——"小尾巴"。

2. 坚决不受殖民教育

虽然家庭条件优越，众人宠爱，但父母对陈怀瑾并没有娇生惯养。他的父母都受过高等教育，1926 年一起毕业于东南大学。父亲陈岭梅大学期间因深受留美归国的银行家、教育家李道南赏识，被推荐赴美留学，1928 年毕业于芝加哥大学，获经济学硕士学位。回国后，他相继担任交通银行广州、香港、上海分行副经理，厦门分行经理等职务。母亲王锦焕与父亲是大学同学。因受新文化运动的影响，夫妻俩都怀揣着文化救国的梦想，因此对陈怀瑾的要求非常高，十分注重孩子的学习，家教极为严格。

20 世纪 20 年代，陈怀瑾父母合影

1934 年，陈怀瑾 5 岁的时候，父母就将他送到上海有名的位育小学的幼稚园。在那里，陈怀瑾只读了半年，在不到 6 岁时就上了小学一年级。1935 年，因为父亲调到交通银行香港分行工作，一年级下半学期，陈怀瑾和母亲跟随父亲到了香港。

1934 年，童年时期的陈怀瑾

1935 年，陈怀瑾在香港游泳

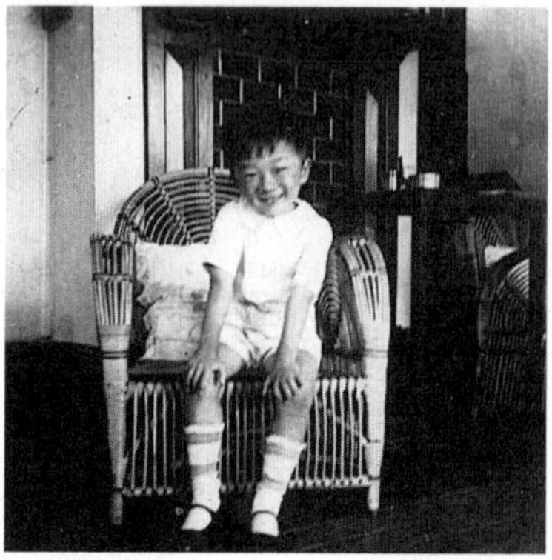
1935 年，陈怀瑾在香港的家里

那时候的香港还是英国的殖民地，学校教学只用英语，不用汉语。看到这种情况，母亲王锦焕不愿意让自己的孩子在中文教育上有所缺失，于是决定自己教。她找来一些适合小孩的学习资料，有语文，有数学，语文除了教白话文，还教一些文言文。一段时间后，王锦焕感觉这样孩子会缺乏集体意识，影响孩子对社会的认知。经过与丈夫商量，他们决定将陈怀瑾送回上海上学。于是 1936 年下半年，陈怀瑾回到上海外公家生活。外公家住在上海南市区，便上了位于南市有名的上海中学附属实验小学。由于入学考试成绩十分优秀，陈怀瑾插班直接进入三年级下学期学习。

3. 世界观已初步形成

1932 年 1 月 28 日，日军进攻上海，一·二八淞沪抗战爆发。在日机的狂轰滥炸中，位于新龙华的陈家花园也被毁于一旦。

“七七”事变后，为进一步威胁国民政府，日军又于 8 月 13 日向上海发动了大规模进攻，此即淞沪会战。一寸山河一寸血，战役持续了 3 个多月，中国军民血战不退，共同抵御日军。11 月 12 日，上海市区陷落，但军民一

1933 年夏，在外祖父王吟梅家阖家照（前排右一为陈怀瑾，二排右一为其母王锦焕，三排右二为其父陈岭梅）

心奋战，彻底粉碎了日军三个月灭亡中国的狂妄言论，提升了国民的自信心。

日本侵略者的法西斯罪行深深刺痛了陈怀瑾幼小的心灵。淞沪会战中，有两件事给年幼的陈怀瑾留下了深刻的烙印，让他对日本侵略者充满了极大的憎恨。第一件事是日军依靠制空优势，对上海租界进行了两次轰炸，而且都是在居住人口最密集的两个地方，上海路、南京路断壁残垣，无数百姓成为炮弹下的冤魂，情形令人发指。陈怀瑾的四姨母王素明（地球物理学家顾功叙的夫人），也在这次战事中腿部受伤。另一件事是“四行仓库保卫战”。八百壮士誓死坚守仓库，日军动用了大量的兵力和重炮一直未能攻下四行仓库。这八百壮士与日军孤军奋战了一个多月，最后只剩下二百来人，其间包括中国共产党在内的上海各抗日团体，组织各方面的民众资源进行支援。

中国积贫积弱，军事上没有制海权和制空权，只能是处处受制于人，被动挨打。陈怀瑾虽然年纪幼小，但也受家庭教育和长辈的影响，抱着爱国热忱，参加了学校的童子军，进行各项抗日活动和军事训练。此刻，只有 8 岁的陈怀瑾便在心里立下誓言，长大后从军报国，用一腔热血守卫国土安宁。

陈怀瑾的家庭非常重视教育，祖父陈萍舟做生意赚了钱之后，把三个儿子都送到国外留学，陈岭梅毕业于芝加哥大学；陈竹梅到德国汉堡大学学习土木工程，1945 年担任过高雄港第一任港务局长，塘沽港总工程师；陈铁梅年纪较小，20 世纪 50 年代毕业于列宁格勒大学（圣彼得堡大学）物理系，是我国著名的考古学家。两个女儿陈宝明和陈映梅也都是大学毕业。

淞沪会战前后，陈怀瑾住在姑妈陈宝明、陈映梅家，因为当时局势比较混乱，学校停课。陈宝明毕业于南开大学数学系，就重点教他数学。陈映梅毕业于东南大学所设上海商科大学，有很高的音乐素养，便教他拉小提琴。小时候的教育对陈怀瑾产生了很大的影响。他小提琴拉得非常好，一生酷爱西方古典音乐。舒伯特的《未完成交响曲》和贝多芬的《田园交响曲》是他毕生挚爱。20 世纪 80 年代，广播电台中经常播放西方古典音乐，陈怀瑾用卡式录音带在广播中录制了上千盘的音乐，不断地欣赏整理，是典型的乐迷。

陈怀瑾的书房里至今仍保留着当年收集的大量唱片

姑妈还给陈怀瑾订阅了《科学画报》。他如饥似渴地翻阅着每一页，从中学到了许多科学知识。他从小最喜欢数学和天文学。据弟弟王光曾回忆，哥哥高中时期借了很多天文学方面的书，又找了一张非常大的星象图，并且向三姨夫张寿庚借了 20 倍的天文望远镜，每天夜观星象，告诉弟弟天上的星星肉眼可以观测到的有几千颗。小小年纪的陈怀瑾还了解了当时世界科学界的最新消息，其中轰动中外的中国桥梁之父茅以升，主持修建中国第一座现代化桥梁——双层公路铁

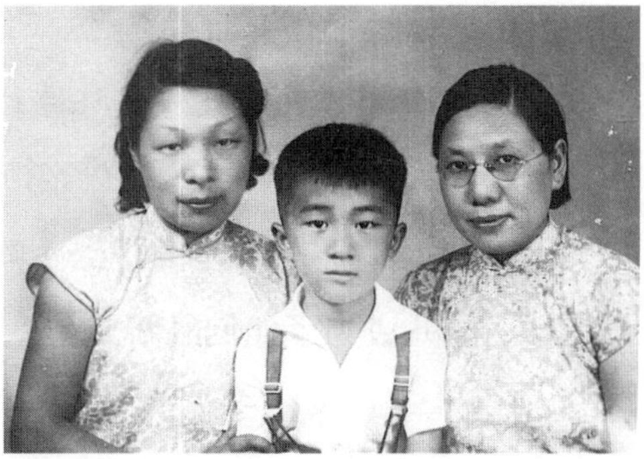
1938 年，陈怀瑾与姑妈陈宝明、陈映梅

路两用钱塘江大桥的消息对他影响最大。这让他明白只有发展科技才能提高国家实力，人民才能过上富足生活，科技救国的思想从那时起就在他的脑海中萌生了。

1938 年，上海局势逐渐稳定，陈怀瑾辗转到了租界的两所教会学校就读，直到 1940 年小学毕业。教会学校除了教授规范的课程以外，还有一些宗教课程，要经常诵读《圣经》，老师讲人类是上帝创造的。因为受到父辈们的影响，加上从小喜欢泛览群书，陈怀瑾是个无神论者，于是就人类是由猿人进化而来的这个问题与老师进行了激烈的辩论。那时，陈怀瑾虽然只有十来岁，但他的世界观已逐步形成。

1939 年，陈怀瑾（二排右一）和父母、弟妹

据妹妹陈怀琳回忆，家里当时有一套《学生文库》，几乎包罗万象，哥哥酷爱读书，中外著作都读。母亲曾经要求他们每个学期一定要精读一本世界名著，也包括中国古典小说。陈怀瑾什么都喜欢看，只是不太爱看《红楼梦》。显然，小小年纪的陈怀瑾，在科学的严谨与文艺

的浪漫中，已经选择了前者。

1939 年，日本帝国主义侵华路径已经从北方延伸到了南方，广州、厦门先后沦陷后，迫于这种情况，母亲带着陈怀瑾的三个弟弟妹妹回到了上海，1940 年又在霞飞路（今淮海中路）购置了上方花园 1285 弄 29 号，一座三层洋楼。这儿成为了他们的新家。

4. 这次才是真正长大

1941 年 1 月，家里发生了一件对陈怀瑾打击巨大的事，那就是父亲的去世。一天，在厦门鼓浪屿交通银行工作的父亲突然晕倒。听到这个消息后，母亲焦急万分，于是立刻动身前往厦门将父亲接回上海。家里联系了当时上海最有名的大夫为父亲看病，最后确诊是白血病。

母亲知道后久久没有说话，将自己关在房间里很长时间。陈怀瑾守在房门外默默地陪伴着妈妈。现实是残酷的，但必须要面对，更要积极治疗。于是父亲先后转院多次，但那时的医疗技术还不发达，多方求医治疗也没什么效果。

父亲的病情很快就恶化了。一天，他将妻子和孩子们叫到床前，恋恋不舍地握着妻子的手。此刻，妻子已经泪如雨下、泣不成声。父亲用极其微弱的声音叮嘱妻子，无论家里发生什么事情，一定要让孩子们读书，只有读书，孩子才有希望，只有读书，家族才有希望，民族才有希望。不久后，父亲去世了。

葬礼过后，陈怀瑾一下子长大了。他知道自己是家里的长子，要尽快成长起来，撑起这个家，照顾好母亲和年幼的弟妹们。

这时的陈怀瑾已经小学毕业，考入了南洋模范中学，在这里一直从初中读到高中毕业。1941 年 12 月 9 日，初二刚开学不久，陈怀瑾正在教室里上课，突然外面的新闻广播声传了进来：12 月 8 日，日军轰炸了美军珍珠港，美国对日宣战，与日本交战多年的中国也跟着宣战，纳粹德国和意大利也对美宣战，欧亚两大战场合一，太平洋战争爆发。听到这个消息，学校一下子沸腾了，学生们纷纷议论起来。此时陈怀瑾的心情十分激动，希望这次美国出兵能够牵制日军侵华，但他认为要把侵略者赶出中国，还是要靠中国人自己。这件事更加坚定了陈怀瑾科技救国的决心。

陈怀瑾真正长大是在上初二时受到学校处分。对于一个十三四岁的孩子来说，爱玩是天性。陈怀瑾从小喜欢下围棋、打桥牌等。因为爱玩，学习一向优秀的陈怀瑾受到了人生中唯一的一次处分。

这一天在历史课上，陈怀瑾觉得老师讲的内容太无趣，便和后排同学下起了围棋。他们在纸上画了棋盘，用“×”和“○”代表黑白棋子，就这么前后传着下棋。很快，老师发现了他们的小动作，罚站后又报告了教导处。教导主任对他们进行了严厉的批评，给了处分。

但陈怀瑾并不认为自己有错，反而不服气地小声嘟囔：“老师这样照课本念，有什么意思，我自学就行了，还节省时间。”随后学校通知家长到学校。

那天放学回到家，房间里安静极了，母亲一个人坐在窗前默默抽泣着，气氛压抑至极，这是陈怀瑾长这么大从未有过的。此刻，他才意识到这次受到学校处分的严重性。

陈怀瑾轻轻地走到妈妈面前，妈妈看着他叹了口气，哽咽着说：“爸爸去世前说过要你们兄妹几个好好读书，将来有出息，可你是怎么做的，这样做对得起你爸爸的临终嘱托吗？”这是妈妈第一次批评陈怀瑾，也是唯一的一次。妈妈所说的每一个字都深深地刺痛了他的心，陈怀瑾低下了头，懊悔的眼泪流了出来。

这一次受到学校处分和母亲的批评深深地教育了陈怀瑾。从那以后，他更加刻苦学习，尤其对理科课程十分感兴趣，其中最好的是几何。在读高一的时候，老师为了开拓学生解题思路，经常出一些超出课本知识的试卷，陈怀瑾是唯一每次都得满分的学生，到了学期总评时，他几何的总成绩是100分。几何成绩的优秀，也锻炼了陈怀瑾快速、严谨的逻辑思维能力。

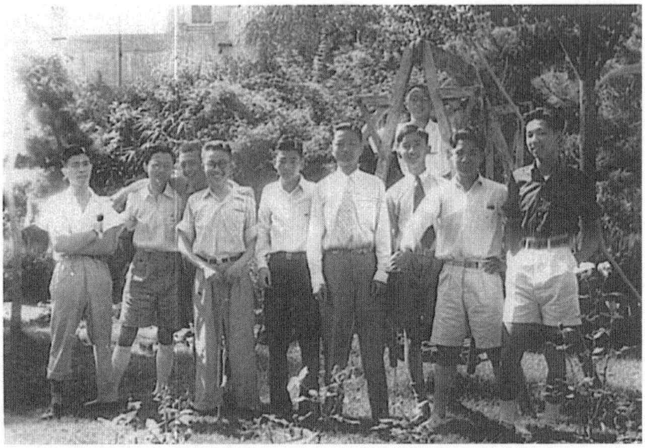
陈怀瑾（前排右三）与高中同学在一起

在高中时期，陈怀瑾把数学、化学、物理分别学了两遍，真正将学到的知识融会贯通了。因为学习成绩突出，高三时陈怀瑾被同学们选为班长，此时陈怀瑾的领导能力逐步显现。这些方面的历练，为他后续的大学学习，并成为学生领袖，加入中国共产党，走上革命道路，奠定了坚实的基础。

5. 如愿考入交通大学

1946年夏天，陈怀瑾即将高中毕业，面临着考大学、选专业的问题。一向成绩优异的陈怀瑾曾经梦想着到北平，考进中国著名学府清华大学。但当时父亲已经去世，作为家中的长子，陈怀瑾决定留在上海上大学，和母亲一起撑起这个家，照顾年幼的弟弟妹妹。

南洋模范中学曾经是南洋公学（现上海交通大学前身）的附属中学，

因此对于学生来说，高中毕业报考交通大学是最顺理成章的，也是最稳妥的。抗战时期迁往重庆沙坪坝的交大已经迁回上海，同原来留在上海的交通大学合并，是当时中国学术氛围很浓厚的学校。

1946 年，陈怀瑾大学学生证上的照片

因为从小就对物理很感兴趣，陈怀瑾从上中学起就阅读了大量的有关书籍，了解了很多知识，比如像宇宙的基本构成，从基本粒子到宇宙学等等都感兴趣，所以当时从自己的兴趣来讲，最想学的专业是物理。

但当时的实际情况不允许陈怀瑾这样做，那时抗战刚刚胜利，国家经济萧条，所以像数学、物理这类纯理论的学科，毕业后就业很困难。为了尽快挑起家庭的重任，陈怀瑾选择了交大的电机系，因为学的都是技术方面的知识，毕业后比较容易找到工作。

交大的电机系分为电力、电信两个专业，前者毕业后多数到电力公司工作，后者主要到电话公司工作。从毕业去向考虑，陈怀瑾选择了报考电信专业。

为防考试发挥失常，与家人商量后，陈怀瑾还报考了一所私立大学的电机系。如今看来这个备份显然是不必要的，作为优等生的陈怀瑾轻松通过了考试，以第二名的好成绩考进交大电机系。

6. 思想进步光荣入党

接受过无数次革命洗礼的交大，有着光荣的爱国主义传统，在这里活跃着中国共产党地下组织。随着地下组织在交大的领导和组织能力不断成熟，其领导下的学生运动恰如一股扑不灭的火焰，愈燃愈烈，交大也因此被誉为当时上海各个大专院校的“民主堡垒”，成为解放战争时期上海地区爱国民主运动的主战场。

因为有中学比较好的学习基础，进入大学的陈怀瑾并不费力地就获得了比较好的成绩。但相对于轰轰烈烈的学生运动，他最初基本上都采取旁观的态度，不参加任何政治运动。

内战爆发后，国民党对国统区的政治统治愈加黑暗，经济掠夺也愈加疯狂。作为时代的先锋，全国的大中学生奋起抗争，汇合成全国规模的学潮。交大学生在“反饥饿、反内战、反迫害”“反美扶日”等颇具影响的全国性学生运动中，始终冲在战斗的第一线，斗争锋芒直指国民政府当局发动内战，迫害民众，纵容美国扶植日本的反动政策。

1948 年，陈怀瑾（右二）与大学同学在一起

看到这一切的陈怀瑾，从思想和行动上逐渐发生了一些变化，参加了由中国共产党地下组织推动组建的三九社。这一时期，陈怀瑾主要参与文艺表演和时事报告会，通过这些活动接触到了一些红色思想。

对于陈怀瑾思想转变最为深刻的一次是参加电联社入社活动。在当时，电机系有一个电联社，社长是一名地下党员。电联社包含系里的每一个社团，主要由大三、大四学生组成。在大二下学期的一天，陈怀瑾和大家一起到一位同学家的花园里参加活动。很多同学都介绍了自己思想变化的过程，认识到只靠科学救国还远远不够，还要了解时局，如果不讲政治，一样无法救中国。听到这些，陈怀瑾的心灵再次受到冲击，在“三座大山”的压迫下，科学已然不能救国，如果要救国，中国必须要有一个超越了封建社会的另一更高级的社会制度，而这个制度只有在中国共产党的领导下才能实现，也就是只有中国共产党才能救中国。在思想上经历了一个认识过程，陈怀瑾终于觉醒了，萌生了加入中国共产党的愿望。

陈怀琳回忆说：“哥哥在大一大二的时候，还看不出来对政治多么关心。但记得大三的时候，有一次我们和往常一样在书桌前相对而坐写作业，但比较反常的是哥哥在前面立放着一本大书，好像要阻隔我的视线。”趁着哥哥上厕所，淘气的妹妹跑到他的桌面上偷看了一下，居然是“入党申请书”。陈怀琳那时也是思想非常进步，在中西女中加入了共产党的外围学生组织，很惊喜自己的亲哥哥也是同路人。兄妹二人此后无话不谈。

后来陈怀瑾曾经一度想辍学，去苏北解放区。怎奈一个大学生经济上还依赖家里，自己没有钱。妹妹就从母亲的箱柜中搜罗了一通，终于找到了三块银元，偷偷给了哥哥。但是最后因为战乱和交通阻隔没有成行，不过兄妹二人对理想的执着由此可见一斑。

1948 年下半年，陈怀瑾通过地下党同志的帮助，找来了一些介绍中国共产党和解放区的小册子，比如《新民主主义》《论联合政府》《中国革命与中国共产党》等，看后陈怀瑾对中国共产党的路线、纲领有了进一步的了解，思想也随之开始转变。当时，由中国共产党领导和指挥的三大战役取得了伟大胜利，全国解放的曙光就要到来。这让充满热血的陈怀瑾加入中国共产党的心情和决心更为迫切。

同年底的一天，母亲找怀瑾、怀琳兄妹谈话，很严肃地说："你们爸爸的老师李道南先生要全家移居美国了。师母跟我说，想让你们俩也去美国读书。你们要开始准备了。"没有想到的是，两个孩子毫不迟疑地都说：不考虑去美国。

陈怀瑾在这段时间一直住在祖父家阁楼的书房中，时常与三五同学在那里打桥牌。母亲曾经让祖父家的女佣以倒茶为借口上去打探。女佣告诉她："他们没有打牌，好像在说些什么事情，一看到我上去，就都不说话了。"母亲此时心里似乎也明白了他们在做什么，所以在去美国读书一事上，也就不再勉强了。

1949 年 1 月 15 日，经组织同意，陈怀瑾参加了党的地下外围组织——交大中国新民主主义青年联合会（简称新青联）。这期间，陈怀瑾积极参加了反迁校运动，冒着生命危险想尽一切办法发放革命传单和小册子，宣传党的主张。

1949 年 3 月，由许锡振同志（1948 年入党，后曾任中国航空工业规划设计研究院总设计师、副院长等职）单独谈话，电机系同学张磐（1949 年入党，后曾任国务院发展研究中心副主任、党组成员）、许锡振作为入党介绍人，陈怀瑾正式加入中国共产党，成为一名地下党员。

那一天，陈怀瑾与其他几位同学面对着鲜红的党旗，坚定地举起右拳郑重宣誓："我决心加入中国共产党，诚心诚意为工农劳苦群众服务，为新民主主义和共产主义事业干到底，自入党以后，努力工作，实事求是，服从组织，牺牲个人，执行命令，遵守纪律，保守秘密，永不叛党，如有违背，愿受党纪严厉制裁，谨此宣誓。"

7. 冒险完成党的任务

为了保存革命力量迎接解放，交大党总支根据上级党委指示，预估到一次大逮捕迫在眉睫，及时作了周密部署：通知最有可能暴露的学生、自治会领导人离校转移，留校坚持工作的党员、积极分子做好了晚间紧急情况时转移、隐蔽的准备。此时的陈怀瑾积极投入到工作中，加入学生护校队，每晚都组织200余人整夜在校园内巡逻。他还参与制定了应急方案，一旦军警进入学校，就敲响警钟，把同学集中到体育馆，保护可能被捕又来不及隐蔽的进步学生。

1949年4月20日，上海解放前夕，人民解放军百万雄师横渡长江。4月23日，南京解放，上海解放已经指日可待。国民党当局垂死挣扎，反动军警、特务到处抓人，上海陷入一片白色恐怖中。

覆没前夜的疯狂大逮捕开始了。4月26日凌晨1点，国民党当局对全市17所大专院校同时进行大逮捕。那天黑夜，大量军警用铁甲车开路，撞开交大后门冲进校内，全副武装的军警按预先准备好的名单逐房对照搜捕，包括许锡振在内的56名交大学生被抓入狱。

第二天清晨，陈怀瑾就接到通知，要求所有党员、积极分子、进步学生不得返校，并且要离开家另找住处，以避免国民党的进一步逮捕。于是陈怀瑾便住在祖父家一间比较隐蔽的书房里，直到上海解放。这个房间也就成了交大39级党的分支部的秘密据点。他们每周在这里开会，研究工作，布置任务。陈怀瑾被选举为分支委委员兼电机系三年级的党小组长，负责及时与分散在各处的小组党员进行单线联系，完成上级组织交给他们迎接解放的各项任务。

“四·二六”大逮捕后，陈怀瑾所在的党小组一名同志与组织失去了

解放军部队进入上海后严守纪律不进民房而露宿街头

联系。大家十分担心，分析他是不是已经被国民党特务抓走或是牺牲。经大家到处打听，最后了解到他住在铜仁路亲戚家。经支委研究决定，由组织委员陈怀瑾去寻找这位同志。这项工作十分危险，如果被特务发现，就会被捕甚至牺牲。

陈怀瑾毫不畏惧，一番乔装后就出发了。他机警地躲避了一个又一个检查哨和到处乱窜的特务，终于来到了铜仁路小弄堂的一个木匠铺，在阁楼上找到了那位同志。由于在大逮捕中受到了惊吓，他神志有些恍惚，精神上还很紧张。当陈怀瑾疾步向前，一把握住再次寻找到的革命同志的手时，这位劫后余生的同志不禁流下了激动的泪水。

目睹了反动派对学生的残酷镇压、疯狂迫害，陈怀瑾在这个打不垮的“民主堡垒”中快速锻炼成长为一名真正的无产阶级革命战士。

1949年5月12日，中国人民解放军发起了解放上海的战役。5月20日，上海已经可以清楚地听到炮声了。25日，整个上海被枪声笼罩着，清晨枪声渐弱，天大亮时，外面一片寂静。陈怀瑾打开家门，跑上街头看到街上都是解放军，他们没有像国民党军队那样闯入民宅欺压百姓、掠夺财物，而是安静有序地坐在人行道上集体休息，并且他们身上大都带着伤。

看到这一切，陈怀瑾被震撼到了。他想，有这样一支在共产党领导下的勇猛顽强、纪律严明的人民军队，中国一定有希望。陈怀瑾怀着万分激动的心情，紧紧握住一名手上打着绷带、身上布满枪伤的解放军战士的手，激动地说："上海人民欢迎你们的到来。"

1949 年 5 月 27 日上午，上海宣告解放。根据上级的指示，陈怀瑾参与建立全国统一的新民主主义青年团。1949 年 7 月 9 日，交大新民主主义青年团成立，组织将陈怀瑾调到新民主主义青年团总支工作。

第二章 苦练本领的防空战士

六年多的军旅生涯，陈怀瑾刻苦钻研专业知识，勇于开拓技术领域，善于总结解决工作难题，练就了一身“好功夫”，从一名学生领袖逐步成长为我军一名优秀的雷达技术骨干，成为祖国空中防线上的“千里眼”“顺风耳”。

1. 参与组建雷达兵

上海解放后，整个城市都沉浸在胜利的喜悦之中。在交大电机系上四年级的陈怀瑾和同学们一起庆祝这一最为难忘时刻。然而，逃到台湾的国民党不甘失败，扬言要炸烂上海，让共产党接管一个没有电、没有水，一片黑暗的上海。果然没过多久，国民党空军的飞机就不断地对上海市区、吴淞口和沿海、沿江一带进行轰炸骚扰，规模也越来越大，人心惶惶。

1950 年 2 月 6 日，国民党先后出动各型飞机 17 架窜入上海市区，制造了震惊中外的“二·六”轰炸，上海市断水断电，城市秩序一度混乱，给全市的生产生活带来了极大的困难和危险。

对此，陈毅在一次会议上曾精辟地指出：“……1949 年 5 月 27 日，我们解放了上海，但只解放了领土，还未解放领空，所以，那时上海只能算是解放了一半……”

新中国刚刚诞生，百业待兴，国防保卫力量面临从单一陆军转变成多军种的起步阶段。

为了加强上海防空情报保障，华东军区司令员陈毅指示，立即抽调交通大学电机系四年级部分学生，前往华东军区淞沪警备司令部防空处安国路雷达部队进行突击学习，尽快掌握雷达操作技术。

1950 年，“二 · 六”轰炸

2 月 16 日，陈毅的指示传达到了交通大学。当时距离毕业还有最后的半年，学校担心有些同学顾虑届时不能毕业，中共交通大学总支委员会和学校领导研究决定，把此任务交给电机系电信组毕业班的团支部，并派校党总支委员兼团委组织委员陈怀瑾去通知。

陈怀瑾感到任务十万火急，并极其重要，便飞也似地跑到教室，激动地对大家说："同学们，祖国需要我们的时刻到了！刚刚接到上级的指示，要抽调部分学生到雷达部队，这是无比光荣的任务。上海解放以来，国民党反动派炸毁了发电厂、自来水厂，毁坏了美丽的家园，我们坚决不答应，坚决要把国民党飞机打下来，保卫上海，保卫祖国。同学们，踊跃报名呀！"陈怀瑾慷慨激昂的讲话感染着每一位同学，班里顿时沸腾了，大家高喊着：保卫上海！保卫祖国！

虽然很多人从未见过雷达，更没有学过关于雷达的知识，但想着到部队将用自己学到的知识去保卫祖国时，大家无比激动。在班里几位党员的带动下，同学们纷纷报名，并表示：国家的需要就是我们的理想，一切听从党的召唤，坚决完成任务。在陈怀瑾的动员下，当天下午，2 名共产党员、18 名青年团员和 1 名主动请缨的同学，总共 21 人顾不得当天正是除夕，二话没说，告别亲人，整装前往淞沪警备司令部防空处报到了。他们便成了我军历史上第一代受过高等教育的雷达操纵员，不久加入了我军组建的雷达部队。

按照组织安排，当时陈怀瑾留在学校继续开展青年团的工作。

21 名同学报到后，立即进入角色，可是肉眼都能看见的敌机，雷达屏幕却毫无反应。他们找了自己在交大的无线电实验课老师蒋大宗，还有时任上海华东工业部电信工业局电工研究所研究室主任的蔡金涛，以及上海国际无线电台总工程师钱尚平帮助，最终成功完成了上海南京两地旧仓库中日美废弃雷达的修复工作，组装了新中国的第一批雷达。

蒋大宗就是陈怀瑾大表姐黄宗心的丈夫，在西南联大读书时为抵抗日寇，在缅甸战场远征军中服役时搞过雷达，后来成为交通大学教授、我国生物医学工程方面的创始人之一。而蔡金涛后来调入国防部五院二分院，与陈怀瑾成为几十年的老同事。

蒋大宗教授在给学生授课

2. 学好雷达当“种子”

现代战争中，空中力量扮演的角色越来越重要。没有空防就没有国防，而没有雷达兵和雷达网也就等同于没有空防。中央决定立即成立雷达营，总部专门下发电报，要求从地方招收一大批大、中学生和青年工人到雷达和对空监视部队工作。就这样，结束了在交大电机系 4 年学业的陈怀瑾，被分配到华东航空处工作。

而实际上在大学毕业前一年，母亲曾经托四妹夫顾功叙联系，看能不能给陈怀瑾找个科学研究方面的工作。顾功叙是我国著名地球物理学家，1938 年中断在美国的研究工作回到祖国，加入了当时在昆明的北平研究院。他与钱三强是同事和密友，在他的推荐下，时任清华大学物理系教授的钱三强看了陈怀瑾的履历，于 1949 年年初答应让陈怀瑾大学毕业后加入他的研究团队。然而毕业在即的陈怀瑾却选择了去华东航空处工作，母亲此时发现，从小聪明、听话的“囡囡”已经成为一个有主见、有抱负的青年了。

刚参军时的陈怀瑾

1950年8月1日，在完成庆祝建军节相关工作后，陈怀瑾怀着激动的心情与另外一名同学来到华东航空处报到入伍，成为一名光荣的解放军战士。

防空处梁处长热情地接待了他们，并询问了一些学习和家庭情况，然后很关心地问道：“你们离开家到部队上来，家里和个人有没有什么困难？”这时陈怀瑾一听，心想，这个处长真是太小看我们了，于是立刻挺直身板，坚定而洪亮地说道：“我们都是共产党员，服从组织分配，到这里参军，没有什么困难。”

“好！既然是共产党员，是革命战士，我们就不说这些了，现在就走，去看看雷达。”

陈怀瑾被分配到暂驻在杨浦区江湾五角场的雷达营做见习。后来他了解到，这个雷达营也才到了这里不久，是以南京的雷达研究所为基础，建立的我军第一个雷达营，对外称华东军区航空处电讯大队（后被授予中国人民解放军雷达101营番号）。

在五角场营房不到一星期，陈怀瑾又回到华东航空处，组织安排他到上海大厦防空处培训班学习。在那里，陈怀瑾见到了很多交大的老同学，一起参加了为期一个月的培训。

这个培训班由苏联混合集团军专门培训中国军人学习苏联的П3雷达。该集团军是“二·六”轰炸后，为协助我军担负上海地区的防空任务，经过中苏双方领导人紧急磋商，由苏联防空军巴基斯基中将率领来到上海的。

他们将在10月撤离上海，整个装备也将逐步移交给我国军队。为此专门办了这个培训班，想尽快培训出我军雷达操作手和技术人员。

在培训班，从未接触过雷达的陈怀瑾足不出户，如饥似渴地学习着，生怕浪费一秒钟。培训班的学习生活都在上海大厦里，教室在17层，宿舍在6层，食堂在1层，他每天就是这么上上下下地奔波着，一心埋在雷达知识的学习中，立志要练就祖国空中防线上最强的“千里眼”“顺风耳”。

1950年9月的一天，雷达培训班举行结业仪式。陈毅陪同巴基斯基到结业考试现场察看。考试采用苏军通用的“三堂会审”模式，那天仅抽试了两名同学，就包括陈怀瑾。苏联教员对陈怀瑾他们的回答非常满意。

陈毅问了陈怀瑾在学校学习的情况后，巴基斯基问他的父亲是做什么的？“我的父亲是银行职员。”对方笑着说：“哦，银行家，那你家很有钱咯！”陈怀瑾回答说父亲已经去世10年了。当巴基斯基听到另一个同学回答家庭出身是资本家时，面露疑惑。陈毅插话说：“他们都是上海著名大学刚毕业的大学生，新中国成立前就积极参加进步的学生运动。”巴基斯基听后才释然表示理解。

结业考试结束后，陈毅除了勉励同学们虚心向苏联专家学习，努力掌握先进的雷达技术外，还对在场的雷达营营长佐光说：“雷达部队今后要大发展，你们这个雷达营要起到‘种子部队’的作用啊！”

培训班的所有学员都顺利通过了考试和鉴定（政审），并掌握了雷达技术原理、操作及维护修理方面相关知识。陈怀瑾以优异的成绩完成了培训课程，成为一颗“货真价实”的种子，他将跟随着雷达部队播向任何一个国家需要的地方，在那里生根发芽。

3. 走南闯北修雷达

1950 年 10 月 27 日，上海的防空司令部正式成立，驻地就选在江湾五角场，人民解放军正式接替了苏联支援上海防空的巴基斯基部队防务。完成雷达培训的陈怀瑾被调到雷达第 141 营修理所工作。这个雷达修理所承担一些连队里雷达设备难度比较大的维修任务，以及各个连队的技术支援，同时还主管雷达设备消耗器材的供应。当时各连队要 24 小时轮流承担防空警戒任务，务必保证设备正常运行。

1951 年上半年，陈怀瑾被任命为修理所副所长。那时他的工作非常忙，还经常要出差，到连队维修、调试雷达。

随着任务的加重，连队还需要更多的雷达。在苏军撤离时，曾留下一套备用雷达设备。经过上级批准，陈怀瑾带领其他技术人员一起边自学边摸索着组装调试这部雷达。经过不懈努力，大家终于完成了组装调试任务。由于该雷达是中国人在 П3 基础上自己组装调试的，所以代号取为 П3K（K 是中国俄语拼写的第一个字母）。此外，陈怀瑾还维修了一些抗战时期日军留下的 313 雷达和日军飞机上用的空六号雷达。

随着中国防空力量的加强，1951 年国民党撤出舟山，退到大嶝岛，一部分部队干脆撤回台湾。在这样的情况下，我防空任务的前沿也随着往南延伸。那时，陈怀瑾经常要到沿海的一些岛屿上寻找适合驻扎雷达的阵地，登岛通常是坐登陆艇，任务艰巨，条件艰苦。

就在这时，“土改”开始了，陈怀瑾的家庭成分被定为资本家，随后又是“三反”“五反”。但这些并没有影响他的工作积极性，他决心要以自己最大的努力，保护好祖国的蓝天。

1952 年 7 月，陈怀瑾从上海调到杭州的雷达第 142 营雷达修理所担任副所长。这个雷达修理所设在距离西湖仅 100 米远的一所平房里，承担着连队雷达的技术支持、调试修理和器材供应的任务，此外还要进行阵地勘察，陈怀瑾几乎走遍了所有的连队。

有一次，陈怀瑾接到上级命令，到东北安东（今丹东）执行帮助兄弟单位调试雷达的任务。那时正是抗美援朝时期，我军的雷达信号遭受敌军的干扰。一接到命令，他立刻动身日夜兼程，以最快的速度赶到前线，了解敌我双方有关电子对抗的情况，经过努力，圆满完成了任务。陈怀瑾站在鸭绿江大桥上，遥望战火纷飞的战场，又一次感受到了战争的残酷和人民军队敢于战斗、不怕牺牲、保家卫国的大无畏精神。他真切地意识到，强大的国防力量才是一个国家综合实力提升的关键。

那年春节，因为有任务，陈怀瑾留在了部队。完成修理调试任务后，他和几个战友爬上了山顶。那天刚刚下过雪，站在山顶望下去，一片银装素裹。看到如此秀美的景色，陈怀瑾心想，美丽的祖国，人民的安康需要强大的国防力量来守护，只有搞出先进雷达，扩大雷达网，提高空防能力，才能保卫国家，守护和平。

4. 勇于探索重实干

虽然在大学时陈怀瑾是一名优等生，但书本里的知识比较理论，在实际工作中还远远不够用，而且工作与他所学的专业相去甚远，所以说到雷达部队对于陈怀瑾来说也极具挑战性。

从 1950 年 8 月到航空处参军到 1957 年 3 月离开防空军雷达兵部六年多的时间里，陈怀瑾刻苦钻研，在业务领域里孜孜不倦地学习着。

“其实我很幸运，从一开始就接触了当时比较先进的雷达技术，而且十分实用，我很享受当年的学习和工作。在与敌机进行防空对抗过程中，我运用学过的理论知识，解决了很多实际问题，守住了我们的领空。”后来，陈怀瑾回忆那段历史时这样说。

陈怀瑾善于总结归纳，在工作中收集梳理各型雷达实用技术的共同点，在下连队对雷达进行调试的过程中，快速掌握了 П3 型雷达的调试维修。后来，他又通过 П3 雷达的特点，掌握了 П8 和 П20 两型微波雷达的维修要点，还自行摸索学会了更先进的国产 101 雷达的调试及使用。

当时苏联 П3 雷达有两个天线，改变两个天线的能量分配最终使得合成的波段可以上下移动，通过移动具有一定的测高功能。陈怀瑾在使用中发现，测出的高度是随着天线架设高度的不同来改变的，是依靠雷达发射的电波，受到地面反射的影响形成了波段。那么其中的规律和原理又是什么呢？陈怀瑾进行了深入的思考。

于是，遇到不明白的问题一定要打破砂锅问到底的陈怀瑾开始行动了。为了搞懂原理，他到处寻找查阅相关书籍。书桌上、床头边、背包里，甚至口袋中都塞满了大大小小的专业书，那段时间书真是无处不在，只要有时间随手拿起一本就学。

有一天，他听说国外有一套 28 册的雷达丛书，里面讲了很多当前最先进的雷达技术。那个年代，想看到国外的书可不是件容易的事，陈怀瑾到处打听，几经周折后，终于拿到了这套书。他如获珍宝般地将书捧回宿舍，急切地翻阅着。其中一本关于大气中在同等自然环境中的电波传播的书，陈怀瑾看了数遍。他结合 П3A 雷达实际操作情况进行公式推算，草稿纸正反面写了一叠又一叠，最终推导出了地、海面波反射干涉下波段形成的计算方法。在这个理论上推算出来的方式在雷达实际使用中得到了充分的验证。

1956 年的陈怀瑾

由此，陈怀瑾推想不同的雷达在海面不同的高度，以及在涨潮、落潮情况下，波段变化也不一样。为了验证这个推想，他对各型雷达在不同反射环境下波段图的计算方法进行了推算。在实际的雷达使用过程中，陈怀瑾也曾经观察到，海面超视距的传输现象，也就是在空气湿度比较大的一些情况下，雷达波可以沿着海面传播很远，探测到几百公里以外的杂波。

他通过学习，弄清楚了这就是超远距离的波导传播。但很遗憾的是由于当时艰苦的工作条件，这些推算出来的公式没有留存下来。

此外，在作战当中陈怀瑾还碰到一个实际问题，就是遇到对方雷达要采取哪些干扰形式进行干扰。当时手段还比较初级，一般采用发射杂波干扰来针对敌军的雷达频率。对抗措施通常也采用比较原始的方法，那就是快速把频率调开，避开敌人释放的干扰。当然，此刻敌军知道我军调频后也会跟着调整到我军新调整的频率。但这中间存在一个时间差，陈怀瑾就和大家一起想尽各种办法同步调节收发信号，与对方的干扰手段比速度。这在实战中起到了很好的作用。

1956 年夏天，陈怀瑾到北京参加筹备雷达技术经验交流会的相关工作，在会上根据自己的实际工作，作了关于雷达使用调试以及在电子对抗方面如何采取调频措施抗干扰的技术报告，得到了参会领导和专家的高度评价。

5. 苦累更感责任重

出差下连队维修雷达是陈怀瑾的日常工作之一，交通方式有两种，一个是坐“二等车”，就是骑车带人，一个是坐船。到大一些的城市出差有长途车，但是小一些的城市就只有“二等车”。

上岛，运气好的话能坐海军的登陆艇，但屈指可数。通常是要乘坐机帆船的，条件十分艰苦。海上风浪比较大的天气最怕坐机帆船，由于船体太小，在海中随着浪头上下漂浮的幅度就会很大，有时能达到几米高。

有一次刮大风，正好一个连队里的一台雷达要紧急维修，陈怀瑾二话没说就登上机帆船。这时一个浪头打过来，陈怀瑾的胃跟着小船不停地翻滚着，晕船呕吐紧随而来，直到吐得眼冒金星、浑身无力。上岸后还有很长的山路要走，陈怀瑾一直感觉是脚踩棉花。

那时没有高速路，江浙一带都是含铁较高的红土地，崎岖的山路只有吉普车能开过去，还不能开得太快，有时还要在半路住一宿。一路的颠簸并没让陈怀瑾望而却步，反而是一路上“三分钱一斤的水果盛宴”令陈怀瑾乐在其中，夏天享受桃子的多汁，冬天享受橘子的甘甜，还有两毛钱的白斩鸡、三分钱的大黄鱼。

优美的风景、鲜美的食物给繁忙的工作带来不少的乐趣。陈怀瑾就是这样，在如此艰苦的条件下，一直保持着积极乐观的工作态度。

然而有些雷达连队驻守在孤岛上，条件非常艰苦，四周是茫茫大海，岛上只有礁石，不能生长任何植物，所有生活供给全靠船从陆地上运过去，如果遇上恶劣天气无法及时补给的话，战士们只能自己想办法。陈怀瑾和岛上的战士们一起攻克难关，没有淡水，就接雨水喝，粮食快没了，就一顿饭分成三顿吃。大家心底都有一个坚定的信念：一定要守住雷达，这样祖国的空防就多一分安全。

在舟山黄龙岛上有一个雷达站，其中一部雷达设在靠海边的一块大岩石上。当时陈怀瑾参与了这个阵地的勘测和选定。为了能够探测到比较高的敌机，就要想办法把雷达设置在比较低、靠近海面的地方。选择的这个阵地离海面还有十几米，大家认为安全性和稳定性没问题，所以就在岩石上用石头垒了一个房子，把雷达放在里面，天线就架设在房子外面。

1956年8月1日，舟山遇到超强台风袭击。据当时中央气象台信息和相关报道，这是百余年来影响我国威力最强、造成人员伤亡最多的台风之一。台风掀起了十几米的巨浪，海面迅速上升，巨浪飞出海面，拍打着架设这部雷达的机房。这时，雷达连连长心急如焚，带着几名战士冲出营门，义无反顾地奔到海边，与狂风海浪搏斗，抢救雷达。然而巨浪一浪高过一浪，狂风嘶吼着，无情地将年轻的战士卷入漆黑的大海，再也没回来。

当陈怀瑾听到战友们牺牲的消息时很自责，因为在选择阵地时，他考虑技术方面的问题比较多，但对于驻守战士和海洋气候变化考虑了解得很不够。这也更加让他感受到，雷达站点建设的责任重大，自己承担的工作不仅关系到雷达作用的发挥，更关系官兵的生命安全。

战士们牺牲后，在上海龙华公墓建了一面纪念墙，纪念弘扬他们奋不顾身抢救国家财产的英雄事迹。40多年后的2000年，陈怀瑾到舟山专门上黄龙岛纪念缅怀当年英勇牺牲的英雄们。如今雷达站已经没有了，当年架设雷达的地方改名为“情人谷”。陈怀瑾站在旧址上感慨万千：这是多么浪漫的名字，祖国的和平和人民的幸福生活都是英雄们用鲜血和生命换来的，我们将永远怀念他们。

第三章 铸剑凌空的航天总师

在红旗一号、红旗二号、红旗三号地空导弹的研制工作中，陈怀瑾埋头苦干，继续发挥当年的创业精神，成为我国航天事业的奠基人和卓越的科学家。

1. 加入航天，如饥似渴学新知

20 世纪 50 年代，世界几个主要大国的航天技术进入了新的发展时期。面对帝国主义变本加厉的核讹诈、复杂的国际局势和新中国发展的需要，要不受欺负，就必须拥有现代化的武器装备。

1956 年，党中央做出了在我国发展导弹事业的决定，随后成立了航空工业委员会，开始筹建导弹研究机构——国防部五院。

筹建工作中最大的难题是选调科技人员。此时新中国百废待举，全国各地、各行各业都在加紧建设，科技人才极度匮乏，科学家、专家更是凤毛麟角。于是周恩来总理给了钱学森“尚方宝剑”——只要是国防部五院需要的技术专家和党政干部，都可以从工业部门、高校和军队中抽调。

但“要”人并不是件容易的事情。周恩来总理干脆直接给各单位打电话“要人”。中共中央专门发出通知，要求各省、市委指定组织部长亲自负责人员挑选审查，迅速调齐。

就这样，国防部五院第一批高级专家和中高级技术骨干很快得到落实。陈怀瑾就是从部队“要”来的技术骨干，这些为数不多的人员就是我国最早的导弹技术队伍。他们的到来不仅为增加科技力量，为解决火箭、导弹的控制与制导等的研发创造了条件，而且通过他们的言传身教，还培养起一批青年骨干人才，极大地缓解了我国航天事业初创时期人才短缺的问题，奠定了事业发展所必需的人才基础，从而支撑起正在蹒跚起步的中国航天事业。

到 1960 年，光是大学生就分来了 4000 人，大家一听是去国防部五院，都愿意来。其中也包括后来成为陈怀瑾妻子的李顺梅，以及他最小的弟弟王光曾。李顺梅是交通大学毕业后来国防部五院报到的，王光曾则是在苏联乌拉尔钢铁学院以全年级第一名的优异成绩毕业，于1960年回国，分配到国防部五院，后来在三分院工作。

为祖国培养自己的科技人才队伍是钱学森梦寐以求的事情。为了尽快把这批人“拔”起来，钱学森向中央建议，在国防部五院开办一些短期培训班。他还亲自拟定了空气动力学、发动机、弹体结构、自动控制、电子线路、计算机等有关专业的授课计划，专家教授们齐上阵：梁守槃讲火箭发动机，庄逢甘讲空气动力学，史超礼讲航空概论，朱正讲制导。

根据形势发展需要，党中央决定将防空军和空军合并，抽调一部分技术人员到国防部五院工作。于是陈怀瑾主动向上级请示，要求参加培训班。经批准，他如愿以偿，前往国防部五院学习。学习中，他风雨无阻，十分珍惜这次千载难逢的机会。在课堂上，陈怀瑾特别认真听讲，生怕漏掉一个公式、一个概念。专家讲课非常生动，深入浅出，将有关导弹的深奥理论技术讲得通俗易懂。沉浸在新知识海洋里的陈怀瑾越学越感兴趣，越学越感到责任重大。他无限憧憬着早一天看到导弹这个“厉害家伙”的真面目。

1956年，科研人员就是坐着这样的“大班车”被接到了即将成立的国防部第五研究院最初的办公生活地点

国防部第五研究院旧址（原华北军区106疗养院）

3 月份，陈怀瑾接到命令，正式从防空军调到国防部第五研究院工作，被分配到梁思礼任主任的控制系统研究室工作。报到的第一天，梁思礼与陈怀瑾谈话，希望他努力学习，不断进取，在我国导弹研制工作中发挥作用。陈怀瑾在防空军的六年多时间里，已经深深地爱上了防空事业，将它视为人生中最不能割舍的一部分。然而，祖国在召唤，技术在发展，装备要更新，于是他愉快地接受了任务。从此，陈怀瑾进入一个全新的领域，走上了导弹研制之路，并将此生献给了他热爱的导弹事业。

2. 初见导弹，结下一生不解缘

1956 年 10 月的北京，秋高气爽。8 日，我国第一个导弹研究机构——国防部第五研究院正式宣布成立。

成立大会在北京西郊原解放军第 466 医院简陋的食堂召开。聂荣臻元帅庄严宣布：经中央军委批准，国防部第五研究院正式成立，由钱学森任院长，领导大家从事火箭、导弹的研究工作。“在座的各位，从今天起，你们就是中国导弹事业的元勋啦！”虽然现场不到 200 人，但聂帅的话音刚落，小礼堂响起了雷鸣般的掌声。会场没有鲜花，没有彩旗，没有锣鼓，没有剪彩。到场的人们，只有一颗火热的心。大会上，聂荣臻元帅勉励大家以自力更生、奋发图强的精神进行学习研究，毕生致力于我国的导弹事业。

国防部五院的成立，由此翻开了中国航天事业具有深远历史意义的第一页。这一刻也成为第一代航天人中国导弹梦、航天梦的起点。

导弹研究对于新中国来说，是前所未有的，面对这一复杂的新技术我们要怎么干呢？

经研究，党中央采纳了聂荣臻提出的“自力更生为主，力争外援和利用资本主义国家已有的科学成果”的方针，走一条适合我国发展的研制之路。白手起家，一切从头搞起。由于没有任何基础，导弹事业的开拓者们可以说是举步维艰。

早在1956年年初，彭德怀和陈赓会见苏联军事顾问时，就提出请苏联向中国提供火箭制造方面的图纸资料。

1957年12月的一天深夜，在满洲里这个中苏边境的小镇，数九寒天的西北风像野牛般嘶吼着，鹅毛大的雪花在风中狂舞。一支队伍在火车站执行着一项秘密任务——接P–2导弹。陈怀瑾参加了此次接装任务。他虽然在朝鲜战争时期到鸭绿江执行任务时，经受过严寒的考验，但那次的寒冷与满洲里的寒冷完全没有可比性。后来他在一篇文章中回忆，当时白天气温就已经达到零下37摄氏度。但大家深知此次任务的重要性，没有一丝马虎。

大家在寒风中等待着、期盼着。终于，一列载着P–2导弹及其配件、备件的专列驶入火车站。吊装、搬运，陈怀瑾和大家一同当起了搬运工。深夜的气温已达到零下40多摄氏度，陈怀瑾带着的眼镜被呼出的哈气糊满镜片，他深一脚浅一脚地搬着。想着任务的重要性，憧憬着中国未来的导弹事业，陈怀瑾感觉身上有使不完的劲儿。经过工作组和苏联官兵不分昼夜的努力，终于将导弹运回了北京，从此中国人手里有了防空导弹的实物。

这枚P–2导弹被送进了北京郊区长辛店一所学院的一幢4层楼房里，这个大家伙实在是太高了，大家在楼周围又搭起一个大棚，把导弹圈在中间。

不久后，陈怀瑾与其他国防部五院技术人员来到学院。虽然此前他参加了接装任务，但因为保密，导弹一直被包裹着，他并没有见到P–2导弹的真面目。当陈怀瑾走进楼房，第一次站在这个具有优美流线型的庞然大物脚下向上仰望时，他的心灵被撞击了，不禁在心里惊呼着：原来这就是导弹，如此重量级居然能飞200公里，简直是不可思议。也是从那一刻起，陈怀瑾与导弹结下了一生之缘。

为了进一步系统掌握导弹技术，组织决定派人赴苏联的军事院校学习，陈怀瑾和部分同事经选拔批准，于1958年到大连解放军俄专突击学习了俄文。然而，随着国际形势的变化，去苏联没有成行。

后来，陈怀瑾在第一设计部控制室(三室)参加了P-2(国产号1059)的仿制及反设计(或称逆向设计)工作。

1957年，陈怀瑾（左一）与国防部五院11室部分同事

1958年，大连解放军俄专陈怀瑾（后排左二）、文辉曦（后排右一）、吴润缘（前排左起）、黄培康、汪成为、陈明远

3. 仿制起步，临危受命担重任

国民党撤退到台湾后，成立了秘密侦察部队，使用美方提供的U-2侦察机，对中国大陆进行高空侦察，对外称第35中队，也被称作“黑猫中队”。

以滑翔机为蓝图所设计出来的U-2侦察机，结构轻巧，适合爬高，可以飞至2万米的高空，远远高于当时世界上所有高射炮和歼击机的作战高度。

面对前来侦察的敌人，解放军防空部队却只能望天兴叹。当时我军只能用从苏联引进的“543”导弹对付U-2侦察机，偌大的中国领空，怎么能仅依靠几十枚外国导弹守护？于是我军决定仿制“543”。

U-2 侦察机

中央将仿制任务交给了国防部五院二分院，副院长钱文极担任总设计师。国防部五院在1958年的工作纲要中提出，学习并掌握“543”，做好接收、仿制“543”的一切准备工作。接到任务后，在钱文极的组织下，陈怀瑾与吴展、宋健、张履谦等专家立即开展工作。

为了做好仿制工作，一分院和二分院都加强了防空导弹研制队伍。一分院成立了第二设计部，承担导弹部分的研制。二分院成立了第二设计部、第三设计部，分别承担导弹制导控制系统以及地面制导雷达的研制工作。

陈怀瑾于1959年下半年自一分院第一设计部调到一分院新成立的第二设计部，作为屠守锷的助手回到防空导弹研制行列。之前他参与1059任务，曾经向一分院副院长林爽反映过自己想参加防空导弹研制的愿望。

1959年，按照中苏签订的协议，苏军的一个防空导弹部队连同所装备的C–75（也叫萨姆–2）防空导弹系统全套设备（包括B–750导弹，导弹遥测弹）抵达中国，代号为“543”。当时防空军已经和空军合并，由空军和国防部五院在长辛店共同组建了“543”教导大队，培训地空导弹队伍及相关科研人员。此时，陈怀瑾被调到该大队担任炮兵连技术副连长、大尉军衔，主要任务是保障设备的调试维修工作。

随后，苏方将C–75防空导弹和导弹相关的全套图纸和资料一同交给中国，并派出专家帮助仿制。

当时苏联并不支持中国导弹事业走自主发展的道路，因此所提供的设计生产图纸资料并不包括设计生产过程的任何分析计算资料，也没有提供

B–750 导弹遥测弹的图纸。当问及派来的专家时，他们三缄其口，答复都是：“你们不需要这些，今后如有需要可向苏联要更先进的产品和资料。”这显然与我国独立自主地发展导弹事业的思路并不一致。当时国防科委明确提出了要“仿制—摸透”，以便在此基础上进一步发展我国防空导弹事业的要求。

为了加快“543”导弹的研制进度，中央几乎动用了整个工业体系，全国大协作，将仿制任务分散到全国各军工厂。聂荣臻提出防空导弹的研制工作重点转到“543”上来，要仿出“543”、吃透“543”、改进“543”，要像爬楼梯一样逐步提升。

1960 年 5 月，国防部五院任命钱文极为“543”总设计师，徐馨伯为“543”副总设计师，陈怀瑾为“543”弹体主任设计师。

分院根据聂荣臻的要求整理思路后，在这一方针指导下，派队伍下厂配合工厂仿制，尽快解决生产中遇到的问题。

由陈怀瑾组织，在二部总体室抽调 5 个人组成驻厂小组，到沈阳 112 厂生产一线，帮助工厂解决在生产中遇到的问题。当时中国正处于三年困难时期，饥饿威胁到每一个人。虽然国家重视，但工人们的生活条件艰苦，宿舍条件也比较差。为了能尽快解决技术难题，科研人员每天早上 5 点起床，中午也不休息，一直工作到晚上 9 点。有时晚上还要进行技术攻关，怕影响大家休息，他们就躲到外面去看书、研究，把白天的干粮留到晚上，看书饿了时再吃，后来很多人因为营养不良得了浮肿病，甚至还有人患上了夜盲症。

了解到这些情况后，聂荣臻亲自给各大军区打电话，说明情况，请求支援。在面对同样困难的情况下，很多单位慷慨解囊，按价拨给了一线科研部门一批猪肉、黄豆、海带、鱼、豆油等副食品。对于聂荣臻如此细致入微的关爱，科研人员们当时纷纷表示：连毛主席、周总理都在吃白菜汤，却给我们吃肉，就是拼了命，也要搞出成果来。

就是在这样的条件下，大家日以继夜地拼命工作，陈怀瑾带头冲在前，和大家吃住都在厂里，加班加点是家常便饭，通宵达旦也不足为奇。

“不清楚就问，而且直接找具体的技术人员了解。陈怀瑾身为领导，没有一点架子。”杨存富后来回忆。通过处理导弹生产过程中的有关问题，陈怀瑾在实践中全面真实地了解了整个生产过程，学习了导弹工艺的每一个细节，为后续改进“543”打下了坚实的基础。

正当大家士气高昂时，意想不到的事情发生了。1960 年 7 月 16 日，苏联政府突然照会中国政府，要把苏联专家和顾问从中国召回，而且不等中国答复，在 7 月 25 日就通知说， 在华工作的全部苏联专家均将于 7 月 28 日至 9 月 1 日离境。 从 7 月中旬起到 8 月 22 日，苏方撤走了在国防部五院工作的全部专家，带走了他们掌握的全部技术资料。

逼上梁山，自己干。突如其来的变化并没有吓倒我们的科研人员，周恩来总理鼓励大家，我们中华民族是有骨气的民族，也是富有智慧的民族，没有什么力量能压服我们，也没有什么事情会难住我们。

临危受命，困境下，时任二部副主任的陈怀瑾接过重任，成为“543”仿制工作的负责人，当时仅 30 岁出头。

4. 吃透技术，反向设计“543”

在 1955 年 9 月中国人民解放军首次授衔时，陈怀瑾被授予大尉军衔，正营级。1960 年晋升为少校军衔。

可以说陈怀瑾是当时很年轻的技术干部，少校营长，被同事们称为“少年领导”。与陈怀瑾共事多年的于本水回忆说：“陈怀瑾是一个聪明、谦虚、好学的技术人才，工作勤勤恳恳，待人和蔼可亲，当时他是我的领导，但从来不发脾气，没摆过官架子。”

陈怀瑾是学无线电的，对于导弹来说，他还是个门外汉。但他勤奋好学，兜里总揣着一个用废纸自制的小本本，无论对方是专家还是普通设计师，只要遇到问题就一定要“刨根问底”弄清楚，并一一记在本子上。为了搞明白导弹，他都快得“强迫症”了。

“不弄明白了怎么完成好仿制任务，还怎么更早地研制出我们自己的导弹？”他就是这么回答那些人的。“陈怀瑾当年是交大的全优生，数学功底极其扎实，与导弹相关的知识全是自学的。”曾经与他共事过的老专家都这么说。

苏联专家撤走后，“543”国产化的工程技术问题就更加凸显。当时的科研条件非常艰苦。没有厂房，就搭一个简陋的工棚干起来；没有机器，很多部件的精密加工都是靠高手艺的老工人师傅手工打磨的。虽然新中国已经成立10年了，但在导弹研制方面依然力不从心。

为了掌握系统设计技术，摸透“543”，陈怀瑾组织了“543”系统的反设计工作。没有苏联提供导弹方案设计资料，也没提供原理性的内容，通过反向设计，陈怀瑾掌握了整个武器系统及各分系统的性能、内在运行机理和规律、参数选择的依据等。

陈怀瑾对制导雷达精度进行了全面分析，指出了确保和提升精度的方向，是最早论述这一关键的报告。他提议并主持研制试验了两种遥测弹，获取飞行中大量数据进行分析。这些都为防空导弹自行设计奠定了基础。

为了掌握导弹实际飞行过程中的运动规律，获取飞行试验中的第一手资料，摸透导弹性能，吃透“543”，陈怀瑾大胆地、创新性地提出了设计

KTД 遥测弹（Д 音“dé”，俄文字母）和 ED 遥测弹。遥测弹是一种供科研试验用的导弹，装有遥测仪器，弹上各系统装有相应的遥测设备，可在试飞中采集各部分的工作数据，为故障分析、射程分析、精度分析和修改设计提供资料。

该任务得到了领导的大力支持，列入计划，在沈阳 112 厂安排了 6 发遥测弹的试制生产任务。在战斗弹飞行试验后又成功地进行了高低空多种作战条件下的遥测弹飞行试验，获取了大量飞行试验实测数据，从中发现并验证了导弹弹性振动对控制系统工作影响等情况。

在“543”地面制导雷达的仿制中，天线的设计极为复杂，并要求它在多个频率工作点上均能达到规定的技术指标，工厂生产中产品合格率极低。陈敬熊等同志在吃透其设计原理的基础上改进了设计，使产品合格率大大提高。

由此可见，在仿制“543”地空导弹的过程中，在“仿出、摸透”的方针指导下，团队已在一些重大问题上，跳出了一成不变地照葫芦画瓢的框框，有所创新，提高了产品质量，并为后来走自行设计道路奠定了基础。

1962 年，国防部五院对型号任务进行调整，建立型号研究院。一分院负责弹道式导弹的研制生产，二分院负责地对空导弹的研制生产。按照这一决定，原一分院第二设计部除结构设计室及试制车间仍留一分院成立第 20 设计所外，其总体、控制系统、遥测测试、地面设备各室均调二分院，与原二分院三支队合并组成地空导弹总体设计部（二分院第二设计部）。

时任一分院二部副主任的陈怀瑾被调到了二分院。和陈怀瑾一起调到二分院的于本水后来回忆说：“那是 1962 年 5 月 30 日，当时大家也没有什么东西，每人拎着个箱子就上了辆卡车，一路颠簸着就来了二分院。”二分院就在永定路，是家喻户晓的导弹的诞生地。

来到二分院的陈怀瑾任二部副主任、“543”副总设计师，负责“543”仿制工作。

随着仿制工作的推进，“543”逐步进入外场飞行试验阶段。1963年首次进二十基地成功进行了两发模型弹的飞行试验。为便于分院首长和领导机关及时了解仿制和遥测弹研制情况，陈怀瑾组织建立了研制情况简报制度，不定期向分院首长汇报工作进展。

1964年，全武器系统进场进行战斗弹的打靶试验。结果制导精度均符合要求，但打实体靶机时，引信却没有适时引爆战斗部，定型试验暂停。

撤场后，陈怀瑾提出了用飞机低空绕飞试验。团队通过大量引信地面低空绕飞试验及分析证明，靶机在不同角度对引信发射电波的有效散射面积有很大的起伏变化，在某些条件下小型靶机的散射电波可能不足以启动引信，这一结果大大提高了陈怀瑾对目标特性研究重要性的认识。在对引信及靶机采取相应的技术措施后，第二次进场成功地击落了靶机，实现了红旗一号的仿制定型，并开始装备部队。

5. 研制红二，击落U–2护领空

1964年1月，国防部五院提出在红旗一号导弹的基础上研制红旗二号，并陆续采取了一系列措施。4月22日，国防部五院任命钱文极为红旗二号总设计师，陈怀瑾和吴展、李蕴滋为副总设计师。陈怀瑾满怀干劲地投入到新型号的各项工作中，和团队一起认真落实分院党委常委扩大会明确的红旗二号研制工作指导思想“指标先进，留有余地，立足国内，集中全力，严格程序，主动协作”。7月10日，分院召开红旗二号战斗动员大会，要求集中主要技术力量，以分秒必争的战斗姿态，投入红旗二号的方案制定工作。

与此同时，国防部五院为加强各类研制型号的集中管理，酝酿提出了按型号分院的调整方案。1964 年 11 月，二分院经过深入调研，提出总体设计部要具有技术抓总和协调管理两方面的职能。根据这一主张，决定总体部门按型号设总设计师，并在科技处内设型号组，协助总设计师工作。随后宣布陈怀瑾为红旗二号总设计师。

其时，中国第一颗原子弹已于 10 月 16 日成功爆炸。美国和台湾当局都急于获取相关情报，此前由于我导弹部队采用“近快战法”，已不敢再进入我国领空的 U–2 侦察机再次频现。11 月 26 日，一架 U–2 侦察机从福建进入大陆。我军地空导弹部队迅速发现目标，对准目标射出三枚导弹。但奇怪的是，地面制导雷达明明显示击中了目标，却没有一发命中飞机。瞄得越准，打得越偏。这是为什么呢？专家分析，应该是 U–2 侦察机这次加装了欺骗干扰装置，“近打、快打”的战术显然失灵。红旗一号导弹已不能适应严峻的电子战形势，急需研制抗干扰能力强的防空导弹武器系统，红旗二号地空导弹的研制任务迫在眉睫。

当初，“543”仿制出来了，下一步怎么改，有两个方案。总装厂提出的是小改，红旗二号沿用红旗一号的气动外形，红旗一号作战部和引信之间有一段空间，把这段空间改成油箱，加大推进剂的质量，增加作战距离。当时美国已经有了新的高空高速战略侦察机，据说飞行升限比 U–2 侦察机更高，对我领空也存在威胁。针对这种情况，陈怀瑾带领团队代表二院提出的方案是大改，将作战距离提高到 30 公里的红旗二号甲（后改为红旗三号）方案。

提高作战距离对于防空导弹是个大事，提高一公里都难，何况是 30 公里。到底选用哪个方案？1965 年，在二院图书馆小礼堂召开了“1028”会议，

陈怀瑾在试验现场

三机部、七机部各一位副部长，二部副主任陈怀瑾等专家参加会议，集中讨论红旗一号改进方案。首先双方分别对大改和小改两个方案进行阐述。陈怀瑾对大改方案进行了讲解，将其必要性、技术问题的解决方法做了翔实的分析。在讨论中，双方真可谓唇枪舌剑。生产厂对产品熟悉，二院在技术上占优势。在几轮的舌战中，于本水在台前讲，陈怀瑾作为“军师”，在后排出谋划策。会一直开到很晚才结束。国防科委副主任罗舜初将军最后拍板，决定两家都搞，红旗三号以七机部为主，同时利用二院和上海的力量，红旗二号虽以工业部门为主，但武器总体和控制系统仍放在二院。

1965 年，国防部五院正式脱离军队系统，改组为第七机械工业部（简称七机部）。根据中央加快红旗二号研制工作的要求，1965 年 4 月，七机部召开红旗二号导弹研制工作会议，决定由二院负责导弹总体技术及遥测弹设计试制。

1965 年 7 月 19 日—21 日，为贯彻落实七机部关于型号研制任务的安排和二院党委常委七次会议关于“确保红旗二号任务”的要求，二院召开技术组织工作会议，陈怀瑾详细汇报了红旗二号等型号的研制工作，提出了后续工作的关键难点和措施，并明确了研制计划节点。

此后，在陈怀瑾的带领下，设计人员和工艺人员密切配合，同心协力，研制进展很快。同时充分考虑 U–2 侦察机抗干扰手段的不断变化，反复推演论证后，理想中的红旗二号性能大大提高：增加了射高和作战斜距，增强了制导站的抗干扰能力，确保了测量精度，改善了操作性能。

红旗二号导弹

1965年6月至1966年2月，红旗二号进行7发飞行试验，结果证明设计满足要求。

1966年7月至12月，红旗二号两次进行定型飞行试验，第二次取得6发5中的好成绩。

红旗二号防空导弹方队

1967年，红旗二号研制设计定型，批量装备部队。陈怀瑾主持了扩大红旗二号空域并针对U–2侦察机采取抗干扰措施的总体方案，参加舵系统关键技术攻关，研制定型后大量装备部队。

1967年9月，U–2侦察机再次飞临我国华东地区上空。指战员一声令下，一枚红旗二号导弹腾空而起，在电子对抗的条件下，一声巨响，天空中爆出一个巨大的火球，“黑猫”拖着长长的黑烟一头栽下。从此以后U–2侦察机再未敢进入我国领空。当时，陈怀瑾赶赴现场看到了敌机的残骸，参加了空军召开的总结大会。

在一份美国中央情报局的解密文件中，有这样一段文字：穿越（中国）领空的侦察之所以停止的一个原因是（中国）不断增长的跟踪和捕捉U–2

侦察机的能力。5 架 U–2 侦察机被成功击落便是证明……U–2 侦察机一旦升空，即被跟踪。现在，U–2 侦察机的风险似乎太大了。

此后，我国又对红旗二号进行改型设计，相继研制出红旗二号甲和红旗二号乙地空导弹，进一步压缩了作战界面，提高了抗干扰能力和生存能力。

20 世纪 80 年代中期，红旗系列地空导弹构成了我国地空导弹的主体，担负起祖国防空的重任。后来，随着时代的变迁和技术的发展，红旗二号渐渐淡出人们的视线。但是，红旗二号作为我国自行研制导弹的开山之作，其意义在于迈出了我国自主研制防空导弹的关键一步，并培养了一支年轻的、掌握导弹系统研制技术的人才队伍。

6. 攻克难关，研制红三拓新路

有了红旗二号，U–2 侦察机不敢来了。但是当时美国又研制了飞行速度高达 3 倍声速，飞行高度可达 30 公里的 SR–71 黑鸟高空侦察机。

面对这样的高速高空侦察机，红旗二号也无能为力。为达到完全掌控领空权这一目的，1965 年 5 月，由周恩来总理主持的专委十三次会议，决定研制红旗三号，陈怀瑾被任命为红旗三号总设计师。

红旗三号就是此前“543”仿制出来后的“大改”方案，可以说是从仿制向自行研制迈出的重要一步。

1965 年 7 月，二院召开技术组织工作会议，陈怀瑾做了汇报后，大家一致认为，在确保红旗二号的前提下，积极开展红旗三号研制工作是完全符合实际的，抓好红旗一号、红旗二号打下的牢固技术基础，就能促进红三研制任务的完成。

作为型号总师、总体部的副主任，在制定红旗三号总体方案之前，陈怀瑾经常到院内外各研究所了解他们的技术状态，做好充分的调查研究，然后提出总体方案及其关键技术项目，再将这些项目分别交给各研究所开展预先课题研究。在预先研究取得成果的基础上，正式确定总体方案，提出根据导弹的性能及 SR–71 的特点，要提高红旗三号的作战高度和对高速目标作战的目标。

为了实现这一目标，陈怀瑾带领团队进行了大胆创新。他虚心向负责总体设计的杨存富请教，对导弹的外形做了重新调整，增加机动过载，将舵和前叶的面积加大了 50%，提升控制力，局部改变了气动外形。这在导弹研制中属于第一次，是走上自主研制之路的重要标志。

在最初进行飞行试验时，没有相关的数据可以借鉴参考。虽然在地面上，新外形改进时已经完成了风洞试验，还对可能出现的问题进行了分析，但是首次飞行试验时，还是出现了问题。

“试验前明明做好了各种分析，怎么还会失败呢？”陈怀瑾的脑海里迅速回想着每个环节。他连夜带领大家进行数据分析，查看弹体的每一个地方，不放过任何一个细节。经过反复查找，发现在助推段，因舵面增大面积，舵锁机构没有相应改变，导致其在空中飞行时承受不住气动力，于是全弹破坏，试验失败。

原因找到了，然而加强了舵锁结构后再次进行试验，一级助推器分离后，导弹又在空中解体了。

面对失败，陈怀瑾作为总设计师顶住压力，一面组织数据分析，一面给试验队员们打气鼓劲儿。

陈怀瑾提议成立一个总体组，由二部、22 所、20 所组成，并指定杨存富担任组长，进行研制攻关。

大家从遥测数据的判读和分析中发现，导弹在飞行中出现了反操纵现

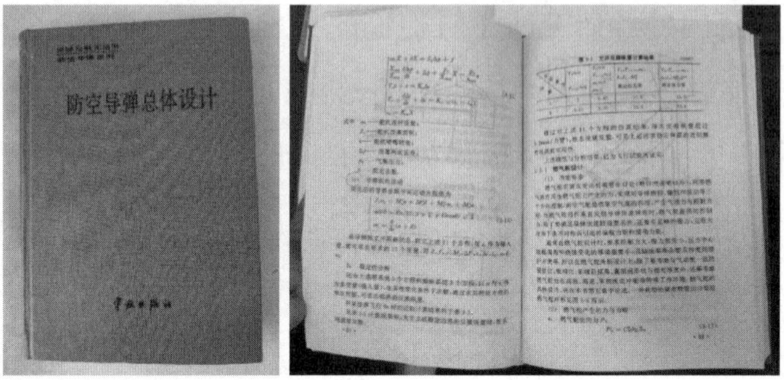

《防空导弹总体设计》一书

象，使得舵面压力中心移到舵轴的前面，所产生的力矩增大，导致使用气动舵机的舵系统失稳，试验再一次失败了。

那怎样调整舵轴和舵面之间的安装距离呢？杨存富提出需要将舵轴前移一定距离。为了验证这一方案，数学功底扎实的陈怀瑾通过仿真运算，昼夜计算着返回的各种数据，设想着各种可能性反复计算。白天陈怀瑾要安排分解工作任务，还要组织大家对数据进行分析讨论，他只有深夜挤出自己仅有的一点儿休息时间进行计算。在基地漆黑的戈壁上，陈怀瑾房间里的灯还亮着，他紧紧地盯着每一个数据，透过镜片的双眼炯炯有神。

终于，结果出来了，只要把舵轴在舵面上前移 6–7 毫米，就可以避免出现反操纵。这一数值在杨存富提出的方案范围内，也进一步验证了方案的可行性。陈怀瑾还将仿真过程总结成一种方法。多年后，杨存富将这个方法编入防空导弹系列丛书《防空导弹总体设计》一书中，成为教科书中一个重要的知识点。

这个结果要用实际的试验来验证。陈怀瑾认为，如果把在基地的第二发弹返厂维修，而后再进场，至少需要花费两个月，太浪费时间。陈怀瑾亲自与 20 所反复研究，决定派技术人员来基地现场改装。20 所车间派来的李师傅带着舵轴备件等材料到现场，仅用了几天时间就完成了所有舵面的改装工作。

如此快速地完成任务，与陈怀瑾很好地领悟落实张怀忠院长提出的“三结合”是分不开的。当时强调，搞好各式各样的“三结合”，如领导、技术人员、工人三结合，设计、施工、使用三结合，政治工作三结合等，反对“三脱离”。张院长在院党委第二次全会上讲道，“三结合”搞得好坏是生产快慢的关键，红旗三号控制仪八个组台改了五个，用“三结合”搞得好，从下图到完成初样只用了三个月，三舱焊接搞了“三结合”，只用两天就完成了。

改装后，第二发弹的飞行试验取得了成功，陈怀瑾在试验总结中讲道：试验证实了分析和措施是正确的，这次试验的经验教训是深刻的，一共有三点：一是必须严格遵循科学的研制程序；二是必须通过飞行试验取得完整的遥测及其他数据并用于校核地面分析和地面试验的结果；三是仿真试验在防空导弹这样的复杂系统研制中不可替代。

陈怀瑾于 10 多年后参与的我国仿真技术研究，有很多设想、理念也都是来源于那时的飞行试验成功。

经过一次次艰难的考验和刻苦攻关，红旗三号突破了多项关键技术。1968 年 5 月，为加快研制工作，二院专门下发文件《更高地举起毛泽东思想伟大红旗，鼓足干劲，力争上游，为完成红旗三号今年向党的九大献礼的光荣任务而奋斗》，同时成立了红三办事组，由刘从军、陈怀瑾等 4 人组成，负责组织协调全型号工作。

陈怀瑾带领团队认真贯彻落实文件精神，在相关单位成立了专门小组，制定计划，明确重点难点工作，加以着力推进。随后，陈怀瑾提出研制图强一号高速靶弹，主持拟订审定总体方案，用它完成了红旗三号拦截高空高速目标的试验。1969 年，红旗三号定型后装备了部队。陈怀瑾组织参与完成的这些成果于 1978 年获全国科学大会奖。

后来，国家对导弹发展战略做了调整，将红旗三号后期研制工作交给上海机电二局。杨存富回忆说："那天我背着个军用挎包，里面装的全是红旗三号的总体设计材料，一个人坐着火车来到上海，向他们做了移交。后来，由于种种原因，我又背回了北京。"

那一时期，由于"文化大革命"的影响，陈怀瑾已经靠边站了，还时不时受到批斗。但是这并没有动摇陈怀瑾对型号研制事业的热爱，一有空闲便进行学习，给自己充电，同时深入思考后续型号工作的开展。

7. 困难重重，参与研制某工程

1957 年 10 月，毛泽东主席参加苏联十月革命 40 周年庆典，在观看苏联研制原子弹、氢弹等尖端武器的纪录片时，对坐在身旁的彭德怀说："我看矛和盾总是同时产生的，有矛必有盾呀！" 20 世纪 60 年代，中国处在美苏两国"双重核威慑"之中，打破美苏的核威慑成了当时中国领导人所关心的重大问题。经过调查研究，1964 年 1 月 24 日，聂荣臻在听取钱学森汇报的基础之上，就开展有关技术问题向毛泽东提交了报告。1964 年 2 月 6 日，毛泽东邀请钱学森到中南海菊香书屋谈话，再次谈到了"有矛必有盾"。于是，某项目研制随即开始。此时，陈怀瑾作为技术专家，红旗二号、红旗三号的总设计师，进入了研制团队。

任务开展后，二院迅速组建了项目学习班。那时正处于"文革"期间，全国上下一片混乱，在那样的政治环境下，科研队伍以技术为先，每天一心一意，潜心钻研，根本无暇顾及其他，大家把"国家利益永远是第一位的"这句话时刻记在心里。

当时的办公条件十分有限，所有人员都集中在图书馆三楼办公。陈怀瑾与大家一起，日夜奋战，办公室里灯火通明。大家为论证方案进行反复讨论和计算，每个人都伏在办公桌前在专心致志地书写方案报告，进行技术攻关，多项研制成果为后续工作的开展打下了坚实的基础。与陈怀瑾一起工作多年的杨存富后来回忆说：“那是一段难忘的经历，现在还会经常回想起来，有时候还要去图书馆看一看，回味当时艰苦团结又充满干劲的日子。”

陈怀瑾完全沉浸在工作中，为此还出了“洋相”。一次紧急出差，陈怀瑾回家拿行李。一路上，他满脑子想的都是试验数据，还默默在心里做着方案调整。当返回办公室，准备和同志们一起出发去机场时，他发现机票和随身带的钱都被偷了。这可把陈怀瑾急得满头大汗，钱丢了无所谓，机票丢了出不了差，耽误了试验进度可怎么得了。后来每每回想起这件事，同志们都说，当时陈总全身心地投入工作中，吃饭睡觉都在思考方案，完全没有时间考虑其他的事情。

建设靶场的任务十分紧急，建设方案通过后，需要对靶场的设立开展正式勘察。确定靶场是个技术活，必须细心严谨，还要考虑周全，而且这是一项极其重要的任务，要慎之又慎，对外同志们都自称为打井工程师。

上级十分重视这项工作，部队专门给他们提供了一架飞机，通过飞机窗户，可以多角度观察地形地貌情况。

那时是“文革”后期，陈怀瑾正处于半“解放”状态，被批准与勘察队一起执行任务。每天坐着飞机到处勘察地形，晕机的情况不时出现。其中晕得最厉害的就是陈怀瑾，经常呕吐不止。即使是这样，陈怀瑾也没有退缩，总是努力克服身体不适，调整身心，积极工作。

一次，勘察小队到达西安，飞机降落到机场，当大家休整完毕准备登机时，空勤人员走过来让他们出示机票。这一下把大家弄蒙了，于是有人说：

机票没有，但我们的飞机就停在那里。这时，空勤同志一听马上意识到这是在执行特殊任务，立刻就放行了。

很快，建设靶场的地点锁定了。勘察由空中转到地面，从乘飞机换坐汽车，大家开始不停地翻越盘山公路。路的一侧是直上直下的陡峭悬崖，这样的路只有十分有经验的老司机才敢开，即使这样，司机都是边开车边发抖，因为路边都是汽车掉入悬崖的残骸，大家都不敢往窗外看。

勘察队除了寻找合适的地理位置，还要调查水文、地理及风土人情，大家团结合作，克服一个又一个困难，经受住了考验，终于完成了任务。

后来由于形势的不断变化，这项工程陆续全部下马。但是自项目开展以来，所积累的工作经验为我国后来的技术基础、生产水平，为二院不断开拓新领域，都打下了坚实的基础。当时设计研制的多项产品一直沿用至今，更重要的是培养锻炼了一大批技术人才，逐步成长为航天领域不可或缺的中坚力量。

第四章 把关定向的型号专家

20世纪70年代，陈怀瑾担任二院生产组副组长、技术副院长，后调任八机部、七机部总工程师，航天工业部科技委副主任、地舰空系列总设计师、顾问等，在我国型号研制发展中发挥了重要的专家咨询、把关作用。

1. 转变角色快速适应

“文革”后期，随着形势的变化和二院发展的需要，在上级部门和领导的关怀下，二院相关工作有序得到恢复。1972年，陈怀瑾被任命为七机部二院生产组副组长、技术副院长。

从负责型号研制的总设计师到主管科研生产的院领导，对于陈怀瑾而言，这是一项巨大的挑战。面对当时复杂的局势变化，陈怀瑾严谨认真地推进生产工作的恢复。

随着党的十一届三中全会的召开，二院进入了新的历史发展时期。1979年12月，为切实把工作重点转移到科研生产上来，加强党对科学技术的领导，充分调动广大科技人员的积极性，活跃科学技术活动，促进二院科技事业的发展，二院党委决定成立二院科学技术委员会，并下发文件，明确陈怀瑾与蔡金涛、吴朔平、黄纬禄、宋健等5名同志共同组成二院科学技术委员会筹备组。在组长蔡金涛的带领下，经过近两个月的紧张工作，1980年2月，二院科学技术委员会召开了第一届第一次全体委员会议暨二院科技委成立大会，选举蔡金涛为主任委员，陈怀瑾等12人被选为副主任委员。

1980年4月，中共中央任命，陈怀瑾为第八机械工业部总工程师、党组成员。年届50岁的陈怀瑾，再一次迎来了工作岗位的调整，由具体领导、参与导弹武器系统研制，转到了开展整体规划、把关研制进程等的型号管理战线。

虽然是新的岗位，但工作领域以及机构人员等，对于陈怀瑾而言并不陌生。

第八机械工业部是1979年由第八机械工业总局更名而来，主管战术导弹的工业生产和科研。第八机械工业总局成立于 1975 年 7 月，是战术导弹工业总局，隶属于第七机械工业部。当时，三、四、五、六机部所属或归口的战术导弹工业专业厂、所划归八机总局建制，实行总局和地方双重管理，以地方为主。1976 年 7 月，国防工办决定将地空和海防导弹专业厂、所，移交给八机总局管理或归口。其中包括 061 基地、上海机电二局所属战术导弹生产线等。

关于上海机电二局，在担任红旗三号总设计师时，陈怀瑾便多次与之打交道。据《中国航天事业的 60 年》一书记载，1961 年 7 月，上海市委决定成立上海市第二机电工业局（简称上海机电二局），主管地空导弹试制工作。上海机电二局成立之初，国防部五院从一分院、二分院抽调一批技术人员赴上海进行对口支援。陈怀瑾那时在二部负责红旗二号等型号研制，后来成立总师办公室，部分专家便转到上海机电二局。开展相关型号研制时，陈怀瑾还多次前往进行指导。

在八机部新的岗位上，陈怀瑾快速适应新挑战，在八机部部长焦若愚（后任北京市市长）的领导下，努力开展各项工作。

1981 年 9 月，八机部和七机部合并，保留七机部的名称，撤销八机部。八机部也由此成为共和国八个机械工业部中第一个完成历史使命而退出历史舞台的机械部，但其为共和国所作出的贡献，共和国和人民不会忘记。

八机部撤销后，陈怀瑾面临着何去何从的问题。当时，中组部副部长曾志找陈怀瑾谈话，考虑他是上海人，想调他到上海国防工办任职。陈怀瑾当时即说：“谢谢组织的照顾，我全家都在北京，不想去上海。”而实际情况是，已经在航天战线战斗了 20 多年的陈怀瑾，早已将对航天的爱深深刻印在了骨子里，航天的一切他都舍不得、离不开。后来，部队的一位领导想将他调到部队去。张爱萍得知情况后，说陈怀瑾不能走。就这样，调到八机部一年多的陈怀瑾又回到了七机部，任总工程师。

随着七机部科技委的成立，陈怀瑾被任命为科技委副主任。1982 年起，七机部先后更名重组为航天工业部、航空航天工业部、航天工业总公司，陈怀瑾均任科技委副主任，后来还担任了仿真技术总设计师、地（舰）空导弹系统总设计师。1999 年 7 月，航天工业总公司拆分为中国航天科技集团公司、中国航天机电集团公司（后更名为中国航天科工集团公司）后，陈怀瑾被聘为两集团科技委顾问。

虽然角色不断在变化，但是陈怀瑾始终保持着对航天事业的热爱，坚持战斗在型号科研生产一线，为航天多个型号的系列发展不遗余力地贡献着自己的力量。

2. 助力二院重返地空

1978 年 3 月，全国科学大会在北京隆重举行，大会提出了“向科学技术现代化进军”的战略决策，表彰了先进集体和个人，陈怀瑾参与主持研制的红旗二号、红旗三号防空导弹荣获全国科学大会奖。这次会议是中国当代科技史上一个重要的里程碑，促进了中国科学事业的快速发展。

此时，二院党委的工作已基本恢复。这一年，陈怀瑾、宋健等任二院党委常委、副院长。然而，随着某工程的下马，曾经作为工程主要承担单位的二院，失去了支撑性任务，在国家的重要战略地位随之减弱。恰好抓住机构调整的机会，四院四部到二院后与 26 所合并成立了新四部，二院转而开始搞潜地导弹，维持了战略型号院的地位。但是，院内大多数单位仍然没有改变任务匮乏的状况。

作为技术副院长，陈怀瑾和很多二院人一样，一直在思考二院的未来向何处去。他以自己多年的型号研制经历，迫切希望能有新的任务让二院人继续忙碌起来，为祖国的国防事业追回因“文革”失去的宝贵时间。特别是看着因某工程下马而“赋闲”的一大批技术骨干，他忧心忡忡。工程虽然下马了，但多年的研制工作也积累了很多技术成果，而且科研队伍得到了锻炼。这些都是二院宝贵的财富，唯有新的型号任务牵引，才能不辜负这么多年历经的“磨难”，不负祖国的培养。

“叮铃铃……”1978 年的一天，陈怀瑾办公室的电话突然急促地响了起来。电话是陈定昌打来的。

早在担任红旗二号总设计师的时候，陈怀瑾就对陈定昌印象深刻。当时为解决对 U–2 侦察机作战的抗干扰问题，二部成立了抗干扰组。而刚从清华大学毕业才一年的陈定昌，由于在设计“中频信号模拟器”电路等工作中表现很好，被吸纳进组。年轻的陈定昌不负众望，设计的“反向切割电路”等为解决抗干扰问题发挥了重要作用。

电话中，陈定昌向自己的老领导报告说，准备去向军委汇报有关防空导弹的事，希望他能一同前往。正愁没新任务的陈怀瑾了解了情况后，认为这是很好的机会便欣然同意。

原来，作为总体部，又是二院龙头单位的二部已经行动起来了。二部主任吴展找到陈定昌，询问他对未来发展方向的想法。陈定昌和盘托出了自己一直的思考，认为现在组织力量转回地空武器研制线是一个好的发展方向。具体建议有二，一是重返地空线，开展地空导弹研制，但暂时还没有具体项目；二是搞反坦克导弹研制。

恰好此时出现了一个契机：当时国际上一些发达国家针对苏联萨姆 –2 导弹的高空打击，设计生产了一种低空导弹，专门打击低空飞机，定位为第二代地空导弹。而当时我国地空导弹的最低射高为 3000 米，无法对新型飞机形成打击。1978 年 9 月，在打 U–2 侦察机中与二院结下深厚战斗友谊并熟悉二院情况的空军文绶副参谋长，给吴展写了一封信，试探性地问：二院能否进行该低空导弹的仿制？

回归地空线的机会出现了，但是由于国家已经将二院定位于战略武器研究，而地空导弹属于战术型号，这就有一个如何争取上级支持的问题。于是，陈定昌他们辗转找到了国防科委科技局，很快科技局的有关报告就送到了张爱萍副总参谋长的桌上。他看了报告觉得很好，马上指示：听听汇报。

由于当时只是想向上面反映二部的想法，因此汇报的事并没有跟部院打招呼。陈怀瑾在接到电话前并不清楚这到底是怎么回事。

在去汇报的路上，陈怀瑾与陈定昌及同去的二部科技处处长杨汉华（后任航天工业部 708 所所长），商议了如何汇报并简单进行了分工。他们为地空仿制型号临时起名红旗七号，陈怀瑾提出，自己对地空导弹比较熟悉，由他来主汇报；反集群坦克导弹（立项后命名为“红箭十号”），由陈定昌主汇报。汇报效果很好，张爱萍完全赞同他们的想法，当即拍板说：很好，给你们 1200 万，700 万用于地空导弹，这个东西有蓝本，可以上型号，搞功能性仿制；反集群坦克导弹给你们 500 万，先探索，国家也需要。

于是，二院开始落实张爱萍的指示，由二部召集各个厂所一起开会协调，确定了两个型号的负责人，其中红旗七号由陈怀瑾负责抓总。

接下来，审批程序按部就班进行。1979 年 10 月，八机部正式向张爱萍副总长、军委科装委呈报了报告，建议红旗七号研制任务由七机部二院承担。11 月上旬，七机部呈报了《关于我部承担红旗七号地空导弹研制任务的报告》。随即，二院副院长王兆琪、陈怀瑾主持召开了有关单位参加的会议，传达七机部党组同意二院承担红旗七号任务的指示和院党委积极准备接受此任务的决定。

1980 年 3 月 1 日，刘华清副总长主持会议听取了二院的汇报，并传达张爱萍主任的指示：红旗七号不再变了，基本按‘某样机’的路子走，这个任务确定七机部搞。

3 月 20 日，二院成立“某样机”接装和操作班子，陈怀瑾主持接装工作。4 月 14 日，二院党委决定成立红旗七号领导小组，随后下发了《关于承担红旗七号低空防空导弹研制任务的通知》。

不久，陈怀瑾调出二院，钟山从研究所调到二院机关接替陈怀瑾的工作，后被任命为红旗七号总设计师。

但是，陈怀瑾始终关注着红旗七号的研制进展，特别是担任部总工程师及科技委副主任后，在一些重要节点通过调研、现场检查指导等形式，为型号的研制发挥应有的作用。

1984 年，面对型号研制面临的困难和问题，为了促进红旗七号的研制工作，航天工业部党组委托部科技委对研制情况进行检查。陈怀瑾和部科技委梁守槃、梁思礼等专家一起，仅 3 月份就三次到二院听取汇报、现场检查、组织研讨，就研制工作的路子、技术攻关、研制进度及存在问题的解决途径等进行具体指导。随后专家们进行了广泛、深入的讨论，形成了推动后续工作的措施建议。后来，航天工业部副部长程连昌代表部党组、部科技委对红旗七号的研制工作提出了 10 条要求。这其中就包含了陈怀瑾等专家的思考与心血。1985 年 12 月，航天工业部委托二院召开红旗七号工作会，明确了下一年的奋斗目标，航天工业部总工程师陈怀瑾参加会议，并对后续工作提出要求。

后来经过多年努力，该型号成功定型，并获国家科技进步奖特等奖。

3. 为海红七研制把关

从 1987 年开始，二院承担的海红旗七号研制工作进一步展开。此时，陈怀瑾作为航天工业部科技委专家，在部的层面始终关注着各院重点型号的研制进程，并身体力行地给予把关、指导。

对于新型号研制，一开始的顶层设计尤为重要。

1987 年 4 月，航天工业部科技委组织审查了海红旗七号方案及攻关项目。陈怀瑾作为组长，和陆元九（后当选为院士，2021 年获七一勋章）、李蕴滋（后任二院科技委主任）等 9 人组成的部评审组对方案进行了三天的详细评审。陈怀瑾在总结发言时表示，同意海红旗七号的战术技术指标及总体方案，同时指出要重视关键技术攻关，方案中要考虑出口型，上型号后要创造条件进行大量验证试验。

1990 年 5 月，航空航天工业部专家组主持召开了部级技术攻关审定会，陈怀瑾组长主持会议。会议在听取了全面的攻关情况介绍后，重点对无线电近炸引信、双波段雷达、中心计算机、红外跟踪器等关键攻关项目进行了评审和认真讨论，并同意通过技术攻关评审。自此，海红旗七号开始转入武器系统全面研制阶段。

海红旗七号与红旗七号虽只有一字之差，却完全是更新换代的产品，需要采用一大批高新技术，攻克一系列技术难点。型号总师钟山带领型号团队运用全新的科技资源开发新一代武器系统，在参考国外产品和借鉴国际先进技术的基础上，结合二院的实际情况和国内的水平，走出了一条独立自主自行设计之路。

然而，后来的型号试验却并不顺利。1995 年的首次海上试验，多发失利。1996 年 3 月，航天工业总公司科研生产部下发成立海红旗七号总公司审查专家组的通知。专家组直接受总公司领导，对总公司负责。陈怀瑾任专家组组长，成员包括李波、吴北生、文定、梁棠文、王激杨、徐祖渊等（第二年专家组有所调整，陈定昌任副组长）。专家组的任务是从技术角度深入了解该型号方案、目前状态及研制中所遇到的问题，结合各自专业与特长出主意、想办法，帮助研究分析型号研制中的重点、关键、短线问题，经过审查研究、讨论后，对能否召开型号出厂审查会做出结论性意见，并参加总公司组织的型号出厂审查会。

随后，专家组迅速行动起来。3 月，陈怀瑾带领专家组进驻二院工作。在二院审查期间，专家组主要对海红旗七号的制导误差、软件工作、无线电引信及产品质量等方面进行了审查，形成了 5 条建议。这些建议很快上报了国防科工委、海军和航天工业总公司，得到了上级领导充分肯定。

7 月，航天工业总公司栾恩杰副总经理、陈怀瑾总师及机关领导听取了海红旗七号的相关情况汇报。二院陈定昌院长、王可立书记、杨存富副总师等参加了汇报。陈怀瑾肯定了连日来的分析工作，认为所做的工作是认真的、客观的，并对做好后续工作提出了意见。

这期间，相关的试验验证和飞行试验陆续进行。海红旗七号研制团队变压力为动力，结合航天质量月活动，从思想、组织、技术、质量上进行了认真的整顿，采取了相应的措施。在试验过程中，一切以质量为中心，严格按照试验程序、试验大纲进行，并尊重总公司专家组意见，最终取得了试验的成功，为后来的试验和定型工作打下了良好的基础。

海红旗七号刚定型不久，便迎来了新中国成立 50 周年庆典。在天安门广场举行的盛大阅兵式上，当红旗七号、海红旗七号一同惊艳亮相时，陈怀瑾格外激动：近两次阅兵 3 个二院型号参加，而且自己都参与其中！他为自己能为祖国的航天事业作出贡献而感到无比自豪，为祖国取得的伟大成就而感到万分骄傲！

4. 力推新型导弹上马

20 世纪 80 年代初，担任二部主任的陈定昌越来越清楚地认识到，防空导弹三个空域、四个系列的划分是正确的，是符合中国国情的。根据他的调查研究，得知当时的美国已经发展出一个第三代的崭新型号，即“爱国者”导弹。陈定昌强烈地意识到，我们国家的三个空域尚缺少主战型号，缺少一个像“爱国者”那样的型号。陈定昌决心来推动这件事情。他坚持不懈、反复游说，一级一级地去找，最终得到了上级机关的肯定和顶层领导的支持。

1985 年，航天工业部部长李绪鄂决定，由部科技委牵头，到二院听取并审查关于中高空新型号的方案。部科技委的九位老总来了，打头的是航天工业部科技委主任任新民，部总工程师陈怀瑾，还有庄逢甘、陆元九等知名科学家均在其中。一场激烈的思想交锋开始了，为我国第一个自行研制的中高空主战型号、新一代防空导弹武器系统展开一场智慧和勇气的碰撞。

老总们仔细聆听了陈定昌的汇报，纷纷交头接耳，很有兴致。当讲到规划中的中高空型号，介绍五大关键技术谈到相控阵雷达时，老总们觉得有道理，纷纷点头道：“咱们要迎头赶上啊！这样的话，相控阵雷达必须要有，原来某工程的‘相控阵’丢了太可惜了，现在得要重新搞了。”

陈怀瑾说：“‘相控阵'必须要搞，有了‘相控阵'就能够监视多批目标，他来几批你就能看到几批，然后精跟，最后选好目标打，‘相控阵'一定要搞！”

五大关键技术，就这样在和老总们的不断思想碰撞中，最终一个一个地做通工作，达成共识。汇报结束后，九位老总到二院二部等单位实地进行了参观考察，形成了一份意见书，上报到部党组，最后航天部同意把该型号任务交给二院干。

然而，事情到此只是万里长征走完了第一步，接下来一个重要环节是进行总体方案论证，由陈怀瑾组织开会。

陈怀瑾接受陈定昌的建议，邀请上海航天局和贵州航天局参加方案讨论会，开门办会，以开放的姿态把他们两家都吸收进来。但这两家对二院及二部的能力仍然心存疑虑：这么两个月你能搞出什么好方案？陈怀瑾也替二院捏了把汗，说如果你论证不好，被人家抓出毛病就麻烦了。陈定昌却胸有成竹地说："请陈总放心，依我看还是有相当大把握的。"果然，会议分组讨论热烈，但大都是对别组所承担项目能否完成表示怀疑，对本组专业部分则都认为没有太大问题，方案可行。结果，三个组的讨论全部顺利通过。

1986 年 4 月，航天工业部领导听取了二院可行性论证进展情况的汇报，明确了型号研制进度和关键技术等。同时，会议提出由程连昌副部长、陈怀瑾总师负责组织讨论，审查后上报可行性论证报告。随后的几个月里，陈怀瑾组织相关专家对二院中高空防空导弹基本型可行性进行了讨论。研讨结果基本同意二院提出的论证报告。会后，二院配合空军、海军向总参谋部、国防科工委上报了基本型方案设想和可行性论证报告。

8月，国防科工委谢光副主任主持召开了中高空防空导弹任务落实会议，针对研制任务的落实工作提出了明确要求，确定了型号名称及型号适用范围。陈怀瑾参加了此次会议，并在年底的该型号三年技术攻关项目审查期间，对三年攻关具体任务及奋斗目标的确立等提出了自己的意见建议，为型号开展研制奠定了基础。

1987 年 9 月，航天工业部科技委组织对该型号总体方案设想及技术攻关的安排进行了审查。陈怀瑾任审查组组长，李波任副组长，部科技委和有关方面的专家参加评审。审查组听取了二部和 23 所的技术报告，并进行了重点提问。经过答辩，审查组同意按此方案设想进行攻关和深入论证，经过三年左右时间，最后根据实践的结果确定研制方案和工作安排。此结论后来提交航天部科技委常委会进行审查并获通过。

经过 20 多个承担任务单位三年多的协同攻关，1990 年，二院全面完成了该型号攻关任务，突破了五大关键技术，取得了九项科研成果，随后开展了相关试验和工程研制准备工作。

1993 年 5 月，航天工业总公司科技委高级技术顾问、科技委常委以上领导及有关专家组成的评审组对该型号武器系统方案进行了评审。评审会由科技委副主任、防空导弹系列总师陈怀瑾主持，栾恩杰副总经理出席会议。评审组认为：按目前的认识与分析，技术方案与要求之间基本上是协调的，原则上同意型号转入工程研制阶段。同时对尚待突破的关键技术要抓紧攻关，务求近期内取得突破。

次年 5 月，陈怀瑾再次召集会议，对该型号武器系统方案进行了第二次评审，重点了解了一些关键技术攻关的情况，同时指出了仍存在的问题，并提出建议。

陈怀瑾调任科技委后的十几年间，推动上述型号研制仅是一小部分。作为后来的地舰空系列总设计师，他指导完成了第一代防空导弹其他型号，以及第二代以后防空导弹三个空域、四个系列的研制工作，着重参与总体方案的拟订审定、系列化以及关键技术攻关工作。他推动解决的雷达制导等关键技术成功应用于多个型号，有力促进了我国导弹研制能力的提升。

第五章 助推仿真的技术权威

陈怀瑾是我国航天及军用系统仿真技术现代化在专业发展和工程实现上的带头人，指导完成了航天系统北京仿真中心和几个重点仿真试验系统的研制和应用。他先后任航天部仿真技术总设计师、国防科工委仿真专业组组长、中国系统仿真学会副理事长，为我国系统仿真技术的发展作出了重要贡献。

1. 推动北京仿真中心建设

仿真技术是以相似原理、信息技术、系统技术及其应用领域有关的专业技术为基础，以计算机和各种物理效应设备为工具，利用系统模型对实际的或设想的系统进行试验研究的一种综合性技术。它综合集成了计算机、网络技术、图形图像技术、多媒体、软件工程、信息处理、自动控制等多个高新技术领域的知识。

我国仿真技术的研究与应用起步于20世纪60年代末。随着我国导弹武器、运载火箭在“六五”期间的发展和国家对航天导弹武器日益增长的迫切需求，建立高水平、多功能的大型仿真中心成了刻不容缓的问题。特别是改革开放和全国科学大会的召开，我国仿真技术的发展和应用迎来了历史性机遇。

陈怀瑾在20世纪60年代进行红旗二号、红旗三号研制过程中，已经有意识地注重仿真技术的应用。在20世纪80年代初，他经过全面调研，了解国际前沿的仿真技术，提出要把建模仿真工作作为研制程序中，与武器系统本身研制相并行的一条主线应用于研制的全过程，倡议在全数字仿真等新技术基础上集中建设二院地区以服务防空导弹、战略导弹及运载工具研制为主的仿真中心，卫星仿真试验室、上海微波仿真试验室以及飞航式导弹仿真试验室。这些倡议获得航天部和国防科工委采纳。

1983年，陈怀瑾被任命为航天部仿真技术总设计师。他以系统思维，对方案进行了通盘规划，领导拟订并主持审定了仿真中心一体化设计方案及各仿真试验室的技术方案。

当时建设仿真中心曾出现过两种方案，一种是建立一个技术档次不太高的中型仿真中心，另一种是建成一个具有国际一流水平的仿真试验与技术研究中心。陈怀瑾更倾向于后一种，与当时航天部领导和专家的认识不谋而合。在后来仿真中心建成总结经验时，专家们一致认为坚持高起点，一开始就瞄准世界最先进的水平，是工程能够取得最后成功的重要原因之一。

1984年，该工程得到国家计委、国防科工委批准后，深感责任重大和时间紧迫的陈怀瑾马不停蹄地开展工作。拉出一支队伍来是第一位的。陈怀瑾组织召开会议，要求加强工程的组织领导，设立两条指挥线。二院迅速落实国防科工委和航天部的要求，按照型号管理办法管理仿真工程，建立了行政指挥系统和设计师系统。航天工业部任命二院副院长徐乃明为二院地区北京仿真中心工程总指挥，王泽厚、高国斌为副总指挥；二院副院长方辉煜为总设计师，黄济仁、严南根、李伯虎为副总设计师，并成立了工程筹建处，作为两总的办事机构及整个工程的指挥调度枢纽。

时任二部主任的陈定昌，也力主尽快上马北京仿真中心的建设，并多次专门召开专题会研究仿真中心建设，把关仿真中心总体方案、系统方案的策划和制定。

随后，在航天工业部仿真工作会议上，国防科工委、航天工业部有关领导，以及兄弟院、哈工大等高校应邀参加会议。大家一起审议了仿真中心工程总体技术方案及主要试验室的技术方案。陈怀瑾在会上对方案的后续完善提出了要求，强调要认真抓好中心建设方案提出的“坚持高起点，重视一体化设计，力争一次成功”等重要原则，确保工程早日建成。

在工程建设过程中，陈怀瑾始终敏锐关注着国际仿真技术发展的新动向。他认为，瞄准世界先进水平，并不是一成不变的，不然很可能工程建成之日就是接近淘汰之时。

他首先提出射频试验室采用先进的阵列式目标模拟器和微波毫米波合

建思路，属于国际上独创，节省经费数千万元；提出红外寻的试验室应具备干扰模拟能力，并获实现。

在仿真中心一个重点试验室建设中，飞行转台是关键设备。当时，我国已有多种此类转台研制生产，但性能与欧美国家相比还有很大差距。当得知西德一家公司有兴趣开辟新市场，出售三轴飞行转台给中国，陈怀瑾敏锐地抓住了这一机遇，嘱咐北京仿真中心总工程师王东木积极与该公司联系接洽。第二年，陈怀瑾带队二院、五院有关专家，以及他特意要求的哈工大教授及上海新跃仪表厂人员组成的考察团赴西德洽谈购买事宜。在当年下半年，双方签订了购买两台该转台的合同。1984 年 10 月，陈怀瑾再次率团赴西德，参加转台的设计评审，为其研制生产把关。二院引进的该转台在型号研制过程中发挥了十分重要的作用。而陈怀瑾特意要求参加的哈工大和上海新跃厂，在数年后均成为航天系统中飞行转台研制生产的重要力量。

这期间，他除了密切关注国际上仿真技术的新发展、新变化，还多次借助参加会议等机会实地考察，深入了解国外的仿真技术应用情况。1990 年 9 月，由陈怀瑾、方辉煜、曹建国、张振民四人组成的航空航天部仿真技术考察团，赴美参加了美国航空航天学会飞行仿真技术讨论会，会后顺访了美国几个厂商，参观考察了飞机飞行仿真器、飞行仿真转台、微电子技术等。回国后，陈怀瑾撰写了《国际飞行仿真技术的新发展》一文，认为会议启发我们除了对研制过程中使用的工程仿真系统继续给予应有的重视外，今后应对各类武器的训练仿真器技术给予更多的重视。它比工程仿真器应用的范围更广，需要的数量要大得多，是高技术武器必备的配套项目，也是仿真技术可以发挥更大效益的领域。

北京仿真中心历时 8 年建成，陈怀瑾等人为之倾注了大量心血。据工程筹建处主任蒋鄹平介绍，从北京仿真中心任务的提出，到仿真中心总体方案、各个重点试验室的方案确定，到各关键技术的攻关、突破及各重要关键设备的研制、引进，以及重要的仿真实验，陈怀瑾在不同程度上都参加了。工程建设期间，同时担任航天工业部总工程师、地（舰）空系列总设计师的陈怀瑾虽然型号方面的工作很重，但他时常奔波于部里和二院，着力推动着仿真中心的建设。

1991 年，陈怀瑾（右四）、李伯虎（右三）、蒋鄹平（左三）与同事在北京仿真中心

“陈怀瑾是一位重要的专家，也是重要的技术领导，他是我的老师！”近 40 年后的今天，蒋鄹平依然充满敬意地说。他说虽然现在已经查不到，也不记得陈怀瑾在每个会上讲了什么，出了什么主意，但他对这项工作的推进确确实实是发挥了重要的作用，仿真中心建设也是他在仿真技术方面最重要的成就。

历史还简短地记录下了陈怀瑾参与仿真中心建设的部分情景：

1985 年 8 月 13 日，陈怀瑾等两总代表部机关审查战略、战术仿真 1988 年目标。

1987 年 11 月 26 日，关于加强工程总体、仿真为型号服务等重大问题研究，陈怀瑾、方辉煜、陈定昌、蒋鄹平等人参加。

1989 年 10 月，北京国际仿真会议在新落成的北京仿真中心大楼举行。国务委员宋健，国防科工委副主任聂力，航空航天部副部长孙家栋、总工程师陈怀瑾，以及来自美国、芬兰等国家和国内有关学者、专家百余人出席。

1989年，陈怀瑾（右后一）参与接待美国、欧洲仿真学会主席来访，李伯虎（左一）在作介绍

1992 年 3 月，北京仿真中心工作会议召开，陈怀瑾到会并讲话。

在各方的共同推动下，北京仿真中心于 1993 年通过了国家验收委员会验收。陈怀瑾全程参与了验收工作。验收委员会由航空航天工业部副部长王礼恒任主任，副主任包括任新民、庄逢甘、文传源。验收结论指出：北京仿真中心工程总体技术性能达到并部分超过了设计任务书的要求，关键技术上有重大突破，工程在整体上达到国际先进水平。其成果具有新颖性，为仿真技术应用于国防建设和国民经济建设开辟了广阔的前景。

1993 年 7 月，北京仿真中心举行国家验收剪彩仪式，时任中共中央总书记江泽民、国务院总理李鹏题词祝贺，国务委员宋健为验收仪式剪彩。北京仿真中心是我国仿真技术领域中的一颗灿烂的明珠，是当时世界上规模最大、技术最先进的仿真群体之一。

它的建成、投入运行使我国导弹武器研制手段发生了更新换代的变化。这是我国继北京正负电子对撞机之后，在科学技术领域又一重大成就，标志着我国仿真技术已跻身世界先进行列。

仿真中心得到了党和国家领导人的充分肯定。时任中共中央总书记江泽民、国务院总理李鹏等党和国家领导人曾先后视察北京仿真中心。军委及各军兵种、地方政府、企业界和院校的领导、专家都曾来视察和指导工作。北京仿真中心还成为重要的对外交流窗口，仅1992年至1994年间，就先后接待了20多个国家和地区的数千人前来参观、访问、交流。

宋健（前排左一）、孙家栋（前排左二）、黄纬禄（前排右三）、陈怀瑾（前排右一）等参加北京仿真中心剪彩

后来，北京仿真中心工程荣获国家科技进步奖一等奖，陈怀瑾名列第三，由此也可以看出他所发挥的重要作用。

此外，在陈怀瑾的倡导推动下，北京仿真中心及相关仿真试验室边建边用，服务于十多种型号的研制，提高了研制质量，缩短了周期，有力地促进了型号飞行试验的一次成功。

2. 促进仿真专业技术发展

早在1983年，陈怀瑾就撰写了《导弹系统研究中的系统仿真技术》，发表在当年第一期《系统工程与电子技术》杂志上。该文后来被国内外很多仿真技术研究者引用。在此后的工作中，他一直很关注仿真技术的发展与应用。

随着仿真技术在科技进步和社会发展中的作用愈来愈显重要，特别是军事科学，随着高、精尖武器系统的研制和发展，对军用仿真技术的应用和研究提出了更高的要求。1987 年，国防科工委科技委成立仿真专业组。陈怀瑾任首届组长，王行仁任副组长。正在建设中的北京仿真中心是专业组的挂靠单位，蒋鄭平担任专业组的秘书长。

陈怀瑾（中）、蒋鄭平（左二）等参加调研活动

专业组成立之初，各项工作便有条不紊地推进起来。为了摸清情况，陈怀瑾带着专业组对西安、洛阳和上海等地部分单位进行了广泛调研，初步了解了这些单位军用仿真工作的历史、现状和设想，结合北京地区的情况，提出了“我国军用仿真技术的现状及对其发展的意见”。他倡导在装备研制各阶段应用仿真技术，建议在国防科技工业自力更生重点建设八大仿真系统。这些均在“八五”期间建成投入使用。

为了总结经验，加强交流，促进我国军用仿真技术的顺利发展，陈怀瑾领导专业组编辑出版了总字数 45 万字的军用仿真技术专辑。该专辑既介绍了国外军用仿真技术的现状和发展情况，还从不同侧面总结了我国当时军用仿真技术发展的情况和研究的成果，在当时是一本很有实用价值的资料。

专业组日常主要通过组织筹办各类技术研讨、交流活动，促进新技术的发展和新成果的应用。据专业组 1988 年的工作总结讲到，这一年专业组组织的较大型的会议就有 12 次，包括 7 月召开的仿真共用软件交流会、与军用计算机技术专业组联合召开的仿真计算机技术发展规划研讨会，10 月在洛阳召开的“八五”规划编制研究会，以及后来在上海召开的仿真经验交流会等。

陈怀瑾（左二）、陈定昌（右二）、蒋鄭平（右一）与专业组部分专家在南京

陈怀瑾作为组长，虽然是兼职的，但每次大会前总要召集专业组成员共同研究和安排会议的准备工作，做好检查，会后又和大家一起商议落实会上的有关决定。洛阳会议提出的“八五”军用仿真技术七大类发展项目，会后陈怀瑾带着专业组一一进行了技术分解，并在年底形成了报告上报国防科工委。

除了调研和组织会议，专业组的主要职责是推动军用仿真技术的发展。专业组抓住重点，确立仿真工程建设先行单位，并通过召开现场会总结推广其建设经验，同时决定以先进转台研制为重点召开军用仿真非标设备研制经验交流会。这些先行单位也备受鼓舞，竭尽全力，很快我国第一次出现了微波寻的制导系统数字式半实物仿真系统。在该系统联调期间，陈怀瑾多次前往现场检查指导，听取汇报，指出工作中应该注意的事项。

可以说专业组的工作，在一定程度上加速了军用仿真工作和军用仿真工程建设的发展。

在第二年 7 月国防科工委组织的专业组工作座谈会上，陈怀瑾组长代表军用仿真技术专业组作了《明确方向，突出重点，推动仿真技术发展》的发言。这是国防科工委指定的六个重点经验介绍之一，也是对专业组成立以来工作的肯定和赞扬。

后来，按照调研形成的“我国军用仿真技术的现状及对其发展的意见”，专业组沿着推进和发展我国军用仿真技术之路迈开了更大的步伐，一年年持续加大工作力度，发挥了专业组应有的作用。

1991 年 7 月，陈怀瑾卸下组长一职，由李伯虎接任，他转任名誉顾问。

虽然不再做专业组的具体工作了，但是陈怀瑾对军用仿真技术的关注和研究并没有停止。1999 年 11 月，在即将进入 21 世纪之际，陈怀瑾经过广泛调研、深思熟虑后撰写了《21 世纪航天与军用领域系统仿真技术发展展望》，发表在《系统仿真学报》上，在业界引起热烈反响。

3. 受聘中国系统仿真学会

为了适应国内外系统仿真学科和仿真系统技术发展的需要，1988 年 11 月 14 日，中国系统仿真学会获批建立，即如今的中国仿真学会（2016 年更名）。该学会是由全国范围内从事系统仿真学科的专家、学者、科技工作者及单位自愿组成的学术性、群众性、非盈利性的法人社会团体，是中国科学技术协会直接领导的全国性学会（国家一级学会），接受中国科学技术协会及民政部的业务监督和管理，是发展中国系统仿真科技事业的重要社会力量。

1989 年 2 月，中国系统仿真学会在北京召开成立大会暨第一届理事会。会上，文传源被选为理事长，陈怀瑾和王正中、王行仁、李伯虎、韩宽庆、熊光楞被选为副理事长。会议讨论了学会的组织机构，决定筹建五个专业委员会和三个工作委员会及秘书处。其中，航空与空间仿真专业委员会，筹建联系人陈怀瑾、韩宽庆和蒋鄭平，负责人为陈怀瑾。

会后，陈怀瑾开始着手筹建航空与空间仿真专委会，与筹备组人员一起拟定了专委会的名称、内容、组织、挂靠和成员等事项，之后经学会常务理事会讨论进行了明确。

陈怀瑾（前排右一）参观美国波音公司车间

学会成立之后一项重要工作是组织开好北京国际系统仿真与科学计算学术会议。

实际上，早在 1987 年 7 月，陈怀瑾就曾经和文传源、王正中、李伯虎等人一起组团前往加拿大蒙特利尔参加国际计算机学会（SCSI）夏季仿真会，并在会上介绍和宣传北京国际系统仿真与科学计算学术会议，以争取更多国外学者参加会议，并吸取组织大型国际学术会议的经验。

这是在中国首次举办的重要国际仿真会议，意义重大，参与范围广、涉及面大，因此组织工作显得格外重要。会议由中国系统仿真学会组织、中国自动化学会系统仿真专业委员会发起，并由国际仿真计算机和仿真学会、日本仿真技术学会、欧洲五个仿真学会等联合发起。参会人员包括来自 11 个国家和地区的代表 200 多人。

作为副理事长，陈怀瑾投入巨大精力，与刚成立不久的理事会同仁们做好会议的各项组织协调等工作。为配合这次国际会议，作为会议重要内容之一的系统仿真技术展览会，同时在北京仿真中心举行。会议是在北京香山饭店召开，陈怀瑾两头忙，抓好会议、展会议程各环节，确保忙而不乱，有序进行。1989 年 10 月 23 日至 25 日，会议如期顺利举行，中外代表宣读了180篇论文。与会代表对这次国际会议的安排、论文水平反映良好。这次会议对促进各国仿真专家和工业界的学术与技术交流、对进一步推动我国仿真技术的发展与应用产生了深远的影响。

陈怀瑾（中）与李伯虎（右二）、蒋鄭平（左二）等在国外考察

1992年7月，在国际计算机仿真学会建会40周年之际，中国系统仿真学会派学会副理事长陈怀瑾及秘书长张明廉参加了在美国举行的1992年夏季计算机仿真年会。回国后，陈怀瑾即撰写《作战体系的仿真技术》《军用建模仿真——1992年夏季计算机仿真会议评述》等论文，对此行的所见所闻作了详细总结，分析了会议报告中反映的发展动向等。

陈怀瑾（右）、蒋鄭平（左）在美国考察时与航天员

学会全国会员代表大会每四年召开一次，理事会同步进行改选。在2001年中国系统仿真学会第四次全国会员代表大会暨2001年学术年会上，已担任三届副理事长的陈怀瑾致开幕词，在随后的改选中正式卸任副理事长职务，被聘为荣誉理事兼顾问。

陈怀瑾（右三）与学会成员在一起

系统仿真学会成立后，在已有《系统仿真》半年刊的基础上，创刊了《系统仿真学报》，并成立编委会，李伯虎任主编，陈怀瑾等任副主编。

《系统仿真学报》

此后的十余年间，他一直担任副主编（后改称副主任），后来在 2005 年至 2007 年，又受聘为学报编委会顾问，见证了该学报成长为中国仿真技术领域具有权威性、代表性的学术刊物，成为中文核心期刊、中国科学引文数据库核心刊。

第六章 一心奉献的多面能手

陈怀瑾还有很多身份：导弹与航天丛书《防空导弹》系列编委会主任、国际宇航联副主席、国际宇航科学院院士、无人飞行器学会副理事长、哈工大兼职教授……不管是哪个职务，陈怀瑾都认真履职，积极承担职责，为航天事业的发展贡献自己的力量。

1. 编纂航天巨著“红宝书”

随着年龄的不断增长，陈怀瑾渐渐地由台前退到了幕后，不再承担具体型号研制工作。但是投身我国航天事业几十年，一心扑在国防现代化建设战线上的陈怀瑾，始终心心念念的是航天事业的发展，是航天新人的成长。他将自己毕生积累的宝贵经验转化成文字，成为航天后辈学习进步的宝贵财富。

导弹与航天技术是一项复杂的系统工程，20 世纪 80 年代初，随着我国航天事业的不断发展，在取得举世瞩目成就的同时，当年航天初创时期的老一辈航天专家也逐渐进入暮年，他们所掌握的理论和工程实践经验急需传承下去。面对这样的紧迫形势，航天工业部决定在完成好繁重的型号研制任务的同时，编纂一套书，科学总结我国导弹与航天事业创建以来各种型号产品研制的成果，系统总结航天科技工作者在实践中形成的理论、方法和工程经验。这就是被航天人爱称为“红宝书”的《导弹与航天丛书》（以下简称《丛书》）。

航天工业部成立了编辑工作委员会，鲍克明副部长任编委会主任，后来刘纪原副部长接任，鲍克明与宋健担任名誉主任。副主任则是任新民、孙家栋，陈怀瑾和屠守锷、黄纬禄、梁守槃等 11 人担任委员。

整部丛书共 5 个系列，包含 156 卷本。其中，《防空导弹》系列共 40 册，陈怀瑾担任该系列编委会主任。同时，他还担任其中第二册《防空导弹武器系统总体设计和试验》的主编。

陈怀瑾并不是学导弹出身，大学里学的电信专业在毕业时从事雷达工作算是专业对口，后来转到航天战线，则全靠自学。他很清楚专业性的教科书对一个航天新人的重要性。因此，虽然《丛书》的编纂工作非常耗费

陈怀瑾主编的《防空导弹》系列部分图书

精力和时间，但他责无旁贷，凭着自己几十年从事航天事业所学习掌握的知识和积累的经验，以满腔热情，投入到这项使命光荣、意义重大的工作中。

40册书，每册几十万字，累计达千万字，堪称皇皇巨著。作为编委会主任，陈怀瑾从每册书的编委队伍组建、编辑工作计划制定，到书籍结构框架拟定等，均参与其中，进行整体把关和推进。

为了从总体上设计好整套丛书的结构，采取了自上而下和自下而上相结合的方式。首先由《丛书》编委会提出整体结构的初步设想，经院所两级深入细化，形成具体方案。其次各所提出的具体方案再上报院、部经过两级审查，从总体上形成对具体方案的优化。这种方式汲取了集体的智慧，使得《丛书》整体结构具有良好的系统性和科学性。

整套《丛书》如此，《防空导弹》系列也是这样。在一次次上上下下的过程中，陈怀瑾带领该系列编委会不断研讨、完善，最终形成了包含总体设计、分系统设计、各种设备的设计与制造，以及研制各阶段相应的试验和各种应用研究的40册防空导弹系列。

每当一册样书出来，陈怀瑾都会参加评审会，对全书进行仔细审阅。他是一个非常认真，又十分严谨的人，因此对于样书往往是字斟句酌地进行审核，觉得不太合适的地方就标注出来，找写作者进行讨论、核实，确保不存在疑义和不准确的内容。当然，不是所有的内容他都十分熟悉。只是在担任型号总设计师时，善于学习、勤于思考的他对各分系统也都有些研究。因此，他从系统总体的角度对各分册书稿提出的修改建议，往往体现了型号研制的实践，具有很强的指导性。

审稿之外，他还承担了第二分册的编写工作。这个分册实际上也是整个《防空导弹》系列的“总体”，除了第一分册是体系总体，其他多为分系统和重要组件及技术分册。那时候，还承担部科技委很多日常工作的陈怀瑾，常常伏案写作到深夜，一边回忆自己几十年来从事型号研制的点点滴滴，一边谋篇布局，将它们化作一段段文字。写作是辛苦的，但陈怀瑾不敢有丝毫放松，困了就摘下眼镜揉揉，喝杯茶继续笔耕不辍。对这套丛书，陈怀瑾和很多航天老专家一样，可谓是呕心沥血。

《防空导弹武器系统总体设计和试验》分册于 1995 年正式出版，整套丛书则在 2009 年新版首发。《丛书》历经二十多年时间，2000 多位航天科技工作者投入到编纂工作中，是众多航天专家对他们几十年实践经验的总结，是倾注老一辈航天人心血的匠心之作，是中国航天人集体智慧的结晶。

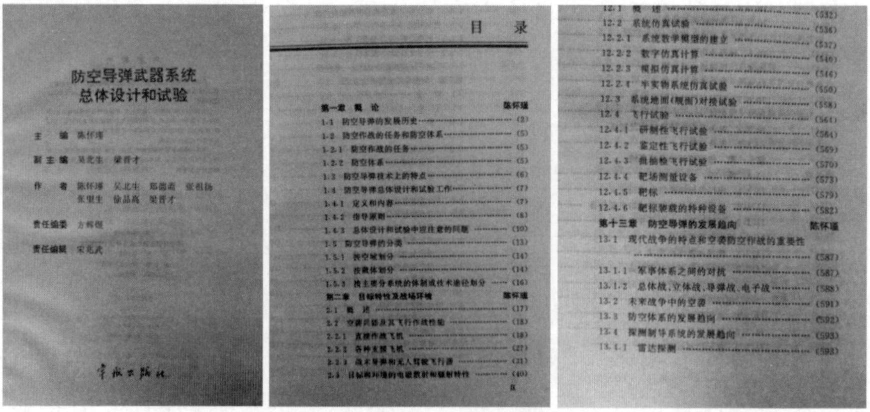
防空导弹武器系统
总体设计和试验

主　编　陈怀瑾

副主编　吴北生　梁晋才

作　者　陈怀瑾　吴北生　梁晋才

宇航出版社

目　录

第一章　概　论　陈怀瑾
1.1　防空导弹的发展历史……(2)
1.2　防空作战的任务和防空体系……(5)
1.2.1　防空作战的任务……(5)
1.2.2　防空体系……(5)
1.3　防空导弹技术上的特点……(6)
1.4　防空导弹总体设计和试验工作……(7)
1.4.1　定义和内容……(7)
1.4.2　指导原则……(8)
1.4.3　总体设计和试验中应注意的问题……(10)
1.5　防空导弹的分类……(13)
1.5.1　按空域划分……(14)
1.5.2　按载体划分……(14)
1.5.3　按主要分系统的体制或技术途径划分……(16)
第二章　目标特性及战场环境　陈怀瑾
2.1　概　述……(17)
2.2　空袭兵器及其飞行作战性能……(18)
2.2.1　直接作战飞机……(18)
2.2.2　各种支援飞机……(27)
2.2.3　战术导弹和无人驾驶飞行器……(31)
2.3　目标和环境的电磁散射和辐射特性……(40)
IX

12.1　概　述……(532)
12.2　系统仿真试验……(536)
12.2.1　系统数学模型的建立……(537)
12.2.2　数字仿真计算……(540)
12.2.3　模拟仿真计算……(546)
12.2.4　半实物系统仿真试验……(550)
12.3　系统地面(舰面)对接试验……(558)
12.4　飞行试验……(561)
12.4.1　研制性飞行试验……(564)
12.4.2　鉴定性飞行试验……(569)
12.4.3　批抽检飞行试验……(570)
12.4.4　靶场测量设备……(573)
12.4.5　靶标……(579)
12.4.6　靶标靶载的特种设备……(582)
第十三章　防空导弹的发展趋向　陈怀瑾
13.1　现代战争的特点和空袭防空作战的重要性……(587)
13.1.1　军事体系之间的对抗……(587)
13.1.2　总体战、立体战、导弹战、电子战……(588)
13.2　未来战争中的空袭……(591)
13.3　防空体系的发展趋向……(592)
13.4　探测制导系统的发展趋向……(593)
13.4.1　雷达探测……(593)

《防空导弹武器系统总体设计和试验》分册

原中国航天工业总公司总经理、《丛书》编委会主任刘纪原表示，“航天精神”“两弹一星精神”“载人航天精神”是精神成果，而《丛书》就是几十年来航天技术成果的全面总结。

这套丛书在业内有很高的评价，因封皮是红色，也被很多航天人爱称为“红宝书”，为我国航天事业取得更加辉煌的成绩发挥了重要作用。

2. 任职国际宇航联合会

国际宇航联合会（IAF）是世界航天界最负盛名的国际组织，成立于1950 年，总部和秘书处均设在法国巴黎。其宗旨是通过推动空间技术的交流与合作，促进宇航事业及和平利用外层空间活动的发展。

1980 年，中国宇航学会经中国政府部门批准，成为 IAF 的会员。双方长期开展友好合作。中国航天作为世界航天的重要组成部分，技术快速发展，为世界航天发展作出积极贡献，在世界航天界具有很强的代表性。中国航天人在国际组织任职，将积极推动中国与世界各国开展国际空间交流与合作，使航天活动成果在更广范围、更深层次、更高水平上服务和增进人类福祉。

1998 年，在第 49 届国际宇航大会上，经中国宇航学会推荐，陈怀瑾当选国际宇航联副主席，从他当年加入航天时的室主任梁思礼手中接过了接力棒。梁思礼于 1994 年当选副主席，并任职到此次换届。在这之前，杨嘉墀、陆元九、陈芳允曾先后当选国际宇航联副主席。

据了解，世界航天蓬勃发展，越来越多的国家认识到 IAF 是航天领域展示国家形象、发挥话语权的重要国际舞台。副主席竞选逐年激烈，来自各个国家的候选人多为航天机构、大企业及大学的负责人或主要领导，学术和工程背景较强，参与国际组织活动的经历较为丰富。

陈怀瑾在担任副主席期间，除参加国际宇航联的各项年会、学术会议及相关活动外，还开展了很多国际性的交流活动，在推动中国航天与世界的交流与合作方面发挥了重要作用。后来，陈怀瑾一直任职到 2002 年。在当年的第 53 届国际宇航联大会上，袁家军（时任中国空间技术研究院院长）当选为新的副主席。

在参加各类活动的时候，作为副主席，陈怀瑾不仅仅是一位组织者、主持人，他还借助每次活动机会，广泛了解世界各国宇航事业的发展新动向、新成果，并结合我国航天实际情况，撰写报告、文章，进行对比分析研究，同时提出有针对性的意见建议。

2000 年 4 月，陈怀瑾参加国际宇航联合会在法国斯特拉斯堡召开的“将航天引入教育”的专家讨论会。他在会上作主题报告指出，将航天引入教育实际上是针对航天队伍新旧交替问题，认为当下第一代航天创业者陆续退休，目前航天队伍已很难吸引最优秀的学生，加强航天教育已是关系到航天可持续发展的迫切需要。他还介绍了自己深入考察了解的世界多个国家对航天教育已采取的一些措施，建议“教育从娃娃抓起”，重视从幼儿园到中学的航天教育，加强航天普及教育，巩固并发展科研院所与大学的协作和航天职工的在职教育。

如今的航天科普工作，早已全面深入地开展起来。

进入新时代，习近平总书记多次指出“科技创新、科学普及是实现创新发展的两翼，要把科学普及放在与科技创新同等重要的位置”，把科普工作提到了前所未有的战略高度。2019 年，中国科协牵头成立中国公众科学素质促进联盟，共同促进公益性科普事业和经营性科普产业融合健康发展。国防科工局发布《“十四五”国防科技科普发展规划（草案）》，全面落实习近平总书记关于科普工作的重要论述，是指导我国国防科技科普工作的行动指南。中国航天科工集团下发了《集团公司“十四五”科普发展规划纲要》和《集团公司促进科普发展的指导意见》，成立了科普专家组，为未来航天（军事）科普发展打开了良好的局面。为充分发挥二院在科普方面的重要作用，扩大二院影响力和发言权，二院制定了航天（军事）科普工作方案，全面分解落实科普工作。

3. 当选国际宇航院院士

1960 年，国际宇航科学院（IAA）在瑞典首都斯德哥尔摩成立，由国际宇航联合会创建。

国际宇航科学院院士，是非政府性的国际学术组织国际宇航科学院实行的学术称号。其在世界范围内评选出的院士均是各国宇航领域中成绩斐然、贡献突出的科学家，是国际宇航界的最高学术头衔和至高无上的荣誉。

由成员国（或组织）推荐在航天领域内取得突出成就的专家，经国际宇航科学院年会选举通过后，成为国际宇航科学院院士，其宗旨是利用航天技术促进人类和平与社会发展。院士分为三个等级，荣誉院士为最高一级，其次是院士，再次是通讯院士，分为基础科学、工程科学、生命科学和社会科学四个分部。

陈怀瑾于 2001 年当选国际宇航科学院院士。

早前于 1985 年 10 月，第 36 届国际宇航大会首次吸收中国科学家任新民、杨嘉墀、梁守槃、陆元九、庄逢甘、蔡金涛、孙家栋、杨南生、陈芳允、曹鹤荪、王大珩、吕保维等 12 人为国际宇航科学院院士。1986 年，屠守锷、黄纬禄当选国际宇航科学院院士。1987 年则是梁思礼、王树声、屠

国际宇航科学院院士证书

善澄、陈信、谢光选、王希季、陈德仁。此后，每年基本都有中国科学家被评为院士。截至 2020 年，国际宇航科学院中国院士共 140 余人。

作为国际宇航科学院院士，陈怀瑾积极参加各项活动，深入中小学等，开展青少年科普教育活动。

2001 年 10 月 31 日，中国宇航学会首届航天科普研讨会在浙江省平湖市举行，陈怀瑾和中国科学院院士庄逢甘、梁思礼，及中国工程院院士崔国良、张履谦等出席了研讨会，并为平湖市广大青少年进行航天科普宣传。

1999 年，联合国第 54 届大会将每年的 10 月 4 日至 10 日定为“世界空间周”，中国每年均在全国范围内举办此类大型的系列航天科普宣传活动。10 月 4 日，2003 年“世界空间周”系列活动在北京西单文化广场拉开帷幕。陈怀瑾和梁思礼以及 5 位航天专家在现场解答了学生、记者和公众的问题，向大众描绘了中国航天技术取得的杰出成就及未来发展的美丽蓝图，引得“黄金周”如织的游人们兴致盎然地观看航天知识系列展板，并把在场的航天专家团团围住不断询问有关航天的问题。随着这样的活动持续开展，航天技术更进一步地走近了普通百姓。

4. 身兼多职尽心作贡献

陈怀瑾同时还有很多兼职。只要有需要，他都会积极参与，尽己所能履职尽责，不遗余力作出贡献。

1981 年 6 月，国务院学位委员会第二次会议通过了国务院学位委员会学科评议组成员名单。这个名单除参加学科评议组工作的学位委员 29 人外，10 个学科评议组共 407 人，陈怀瑾名列工学评议组。

陈怀瑾（右二）参加航展

该学科评议组是国务院学位委员会领导下的学术性工作组织，成员包括国务院学位委员会委员、学术水平较高的博士生导师和一定数量的中年学者、专家，由国务院学位委员会聘任，任期 3 年，可连续聘任。陈怀瑾担任成员期间，主要是参加相关会议，评议、审核有权授予工学硕士、博士学位的单位及其学科、专业和博士生导师，提出授予学位的工学学科、专业目录等修订建议等。

1984 年 11 月，由刘从军（时任二院院长）倡议，刘从军、杨存富等牵头执笔，二院各有关单位技术专家联名建议设立“战术导弹系统工程专业委员会”。1985 年 11 月，委员会正式成立，刘从军任主任委员，陈怀瑾等 4 人任副主任委员。

陈怀瑾参与了委员会组织的多项重要学术会议。后来随着形势的发展，委员会活动范围扩大到整个无人飞行器领域，并于 1990 年 6 月更名为中国宇航学会无人飞行器学会。聂力、孙家栋、梁守槃、黄纬禄任名誉理事长，刘从军任第一届理事长，陈怀瑾等 7 人任副理事长。在讨论学会定位和未

陈怀瑾（右五）参加哈工大激光实验室学术会议时合影

来发展时，陈怀瑾等提出，学会要为领域内广大科技和管理工作者提供一个学术交流和科技活动的场所，为提高和发展我国无人飞行器技术提供一个研讨和咨询的渠道，成为无人飞行器技术国际交流和合作的窗口。

此后一直到2007年换届，陈怀瑾连续担任了三届副理事长，为学会的发展发挥了重要作用。

20世纪80年代初，哈尔滨工业大学隶属航天部，使得哈工大的主要任务具体到为航天事业输送人才，并且承担一些与航天有关的科研工作。于是哈工大航天学院应运而生。当时一项重要工作就是联系国内航天领域享有盛誉的专家学者，邀请他们做兼职教授。陈怀瑾和宋健、陆元九等受聘成为哈工大兼职教授，指导了航天学院后续的发展以及学生培养等。

1979年，《系统工程与电子技术》创刊时，陈怀瑾与宋健、黄纬禄、蔡金涛同为第一届编委会名誉委员。该刊物始终面向高科技开发与应用，以传播科技成果、促进学术交流为宗旨，为推进理论创新，促进学术繁荣，推动科技进步作出了积极贡献。现为“中国期刊方阵双百期刊”、国家期刊奖“百种重点期刊” “中国精品科技科技期刊”，内容被国际多个著名数据库收录。

第七章 家和业兴的有情之人

爱情、亲情、友情，陈怀瑾这位“多情人”在繁忙而充实的一生中，保持着与家人、同事、朋友的良好关系，弹出一支动人心弦的协奏曲。

1. 相濡以沫，琴瑟和鸣度一生

陈怀瑾与妻子李顺梅是交通大学的校友。陈怀瑾 1950 年从交通大学电机系毕业，李顺梅则是 1956 年毕业于交通大学自动控制系。

1952 年，李顺梅考入交大的时候，陈怀瑾已经毕业两年，正好从上海的华东航空处调到了位于杭州的雷达第 142 营雷达修理所。这一对看起来似乎距离在拉远的青年，没想到在几年后就因为同在航天工作而结缘，并最终走到了一起。

1956 年，李顺梅大学毕业，经过组织考察推荐，准备去苏联读研究生，因此从上海来到北京，进入留苏预备部学习俄文。一起参加学习的还有黄培康、汪成为、贺麓成（毛泽覃之子）等人。此时正在筹建国防部五院，就在留苏预备部挑了一些人，李顺梅、黄培康、汪成为、贺麓成等人都被挑中了。由当时的专家朱正为他们定了去苏联的研究课题，主要是导弹方面的。然而，经过一段时间的学习，到 1957 年，中苏关系紧张，他们被通知不能去了。去不了了就参加工作，当时他们留苏预备部在现在的中央音乐学院附近，国防部五院派了一辆大卡车，把他们连人带行李拉到了永定路，就算正式上班了。

第二天，李顺梅去找她的大学同班同学沈辛荪（后任一院院长）。沈辛荪是一毕业就工作了，比她早到国防部五院。在沈辛荪宿舍，正在那里准备午休的陈怀瑾第一次见到了李顺梅。沈辛荪介绍说：“这也是咱们交大毕业的。”第一次见面，陈怀瑾没说什么话，但已经惦记着李顺梅了。28 岁的他已经在心底认定李顺梅就是他要找的妻子。然后到了星期天，陈怀瑾就开始约会李顺梅了。

李顺梅在大学时，陈怀瑾的表姐夫蒋大宗曾教过她相关课程。陈怀瑾认识李顺梅后还专门向蒋大宗打听李顺梅的情况。蒋大宗很高兴地鼓励他们在一起。

1957年11月，国防部五院一分院、二分院成立，陈怀瑾到了梁思礼任主任的一分院十一室，李顺梅到了朱正任主任的一分院十三室。这时一分院在长辛店。

认识几个月后，单位要派陈怀瑾和黄培康、汪成为等人去大连俄专学俄语，准备去苏联。领导就开玩笑地催李顺梅："陈怀瑾要去大连学习了，一去就好几个月，然后去苏联，你们还不赶快结婚？"

就这样，1958年3月14日，他们登记结婚了。那时他们住在云冈的大院里，周边还都是一片荒地。他们就到附近的小卖部把所有的糖果、点心全买了（当然也没有多少），在大院的礼堂举行了婚礼。很多同事都去了，当时的国防部五院政委也参加了他们的婚礼。

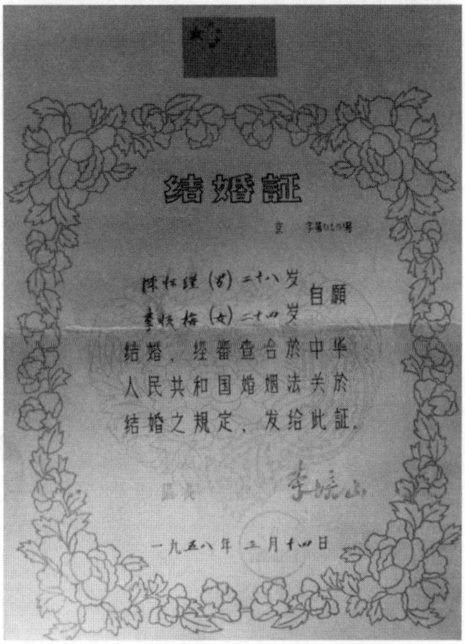

结婚証

陈怀瑾（男）二十八岁
李顺梅（女）二十四岁
自願结婚，经審查合於中华人民共和国婚姻法关於结婚之規定，发给此証。

一九五八年三月十四日

陈怀瑾和李顺梅结婚照及结婚证

条件有限，结婚后，李顺梅同宿舍的女同事搬了出去，陈怀瑾拎个箱子住进来，宿舍就变成了婚房，成了他们的小家。

在长辛店时，大家都在教导大队学习。学完后一分院搬到了东高地。李顺梅后来到了一分院一部自动控制研究室工作，室主任就是陈怀瑾。后

1959 年，身着戎装的陈怀瑾、李顺梅夫妇

来机构调整，李顺梅所在研究室和永定路的研究室合并成立了 12 所。陈怀瑾则调到了第二设计部做屠守锷的助手，搞地空导弹研究，办公地点还在南苑。这样一来，李顺梅就每个周末两头跑。再后来，第二设计部和二分院的二部合并，陈怀瑾才到了永定路，一家人得以团圆。

对于家庭，陈怀瑾由于工作繁忙，基本顾不上。“他很忙，家里的事我就都承担起来了。”多年以后，李顺梅回忆起与陈怀瑾一起走过的近 60 年风风雨雨，对陈怀瑾更多的是理解、崇敬。

可以说，李顺梅为这个家付出了很多，也放弃了很多机会。她的很多同学后来均成了院士、知名专家。但李顺梅看着丈夫负责的型号一次次成功、一步步从二院调到八机部、七机部及后来的航天工业部等，看着他们的三个孩子学有所成，感到很知足。

20 世纪 80 年代，当时 066 基地要搞导弹研发，科研处长龚汉兵代表基地向航天工业部求援，还点名要李顺梅去。部长李绪鄂便派出了一个五人专家组，任命李顺梅为组长。专家组在 066 一干就是三年，终于解决了控制系统的难关，帮助研制出了新型的短程弹道导弹，为基地带来了很大的经济效益。

陈怀瑾调到航天工业部后，李顺梅一家就搬到了位于阜成路的航天大院里居住。但是李顺梅还是在永定路的 12 所上班。直到有一天，李顺梅的

晚年的陈怀瑾和李顺梅

母亲患病瘫痪，必须得有人照顾了。这时，已经是高级工程师的李顺梅只好选择离开 12 所，找一个离家近的单位上班，以便照顾老人。

附近的一家轻工业学院知道后，很欢迎李顺梅去，系主任专程上门邀请她去学院做教授。当时航天工业部领导知道后，出于对人才的挽留，不希望李顺梅离开航天系统。于是，李顺梅便到了航天大院里的宇航出版社，调到那里担任副编审，直至退休。

陈怀瑾去世后，李顺梅微信签名里写下 4 个字：怀瑾，怀瑾。李顺梅说：我很怀念他，他走了，我觉得空落落的。孩子们非常孝顺，对我们特别好，没有遗憾了。

2. 言传身教，亲情难舍永牵挂

出生于知识分子家庭，父母都受过高等教育，在这样的家庭环境中长大的陈怀瑾对父母的爱深沉厚重，对子女的要求也传承了这样的家风。

1948 年，陈怀瑾（左一）兄妹四人与母亲

父亲陈岭梅在陈怀瑾年仅 12 岁时因病去世后，年幼的陈怀瑾作为长子，似乎一夜间就长大了。他帮着母亲带好弟弟妹妹，陪着妈妈走过那段痛苦的日子。

直到后来在外求学，他与家里的联系少了，因工作关系，有时候还不得已和家里保持着距离。

1950 年土地改革，陈怀瑾的出身被定为资本家。因此，他十分注意在金钱方面同家里划清界限。那时在部队，他每月津贴有 2 块多钱，生活上还过得去，有时还能节俭下极少量的钱，可以到小馆子里吃碗阳春面，甚至肉丝面。有一次因为眼镜坏了要重新配一副，母亲就给了他 5 块钱。到了“三反”“五反”的时候，陈怀瑾就此事向组织做了检讨，检讨自己在经济上与家庭没有划清界限。

那时弟弟妹妹们陆续离开了上海。妹妹陈怀琳新中国成立前就读中西女中时就已经参加了党的地下组织，新中国成立后便加入中国共产党。后来按组织要求，她调到圣约翰大学开展党务工作，随后又调到了复旦大学。国家为了发展核技术，1955 年北大成立原子物理系，召集全国学物理的学生前去参加培训，因此她也离开了上海。

弟弟陈怀琛在抗美援朝开始不久，就报名参加了军干校，被分配到张家口军委工程学校学习，毕业后留校任教，后来担任西安电子科技大学副校长。陈怀琛记忆最深的一件事是，1959 年 10 月，他得了急性黄疸型肝炎，当时病得很重，而且住院治疗，需要营养。哥哥怀瑾知道后，给他寄了几斤白糖。在那个时代，这些物资都是配给的，很稀缺，陈怀琛知道那是配给哥哥初生的女儿陈叶和大嫂产后补养的。

1956 年，兄妹四人在北京，右二为陈怀瑾

小弟弟王光曾因为学习成绩优异，1955 年被公派到苏联留学，1960 年在乌拉尔钢铁学院以全年级最优成绩毕业，回国后分配到国防部五院三分院。

1968 年，陈怀瑾一家游览长城

那时候，母亲王锦焕思想十分进步，积极参加弄堂街道的工作，成为一名基层干部，协助做好群众工作。但遗憾的是，子女因为工作、学习一个个都离开了家，离开了上海，无法照顾母亲。就连陈怀瑾虽然还在上海，但因为种种原因也难得回家。

从 1954 年开始，母亲经常感到身体不适，后经确诊为鼻咽癌。但她想着孩子们都很忙，有很多革命工作要做，所以没有告诉他们，是一位表舅母经常来家里，陪伴、照料她。到 1955 年，母亲的病情越来越重，医生加入放射治疗，但也没多大效果。1956 年 4 月 12 日，为四个孩子辛劳一生的母亲去世了。陈怀瑾晚年时回忆起母亲来依然泪流满面。他经常说，没有太多陪伴母亲是他最大的遗憾。当年在上海时，从宿舍到家只有短短的几百米，如果当时处理得好一些，应该可以找出更多的时间陪伴在母亲身边，这短短的几百米竟然成了离母亲最远的距离。

父母虽然都早早去世了，但他们对陈怀瑾的爱和教育深深影响着他。在有了自己的子女后，陈怀瑾同样十分注重对孩子的教育。

他一向严于律己，对自己的家人和孩子也是，从不徇私。在担任二院副院长和航天工业部总工程师，以及科技委副主任的几十年间，陈怀瑾从来没有一次为自己家庭和孩子的事情走后门、托关系。

1975 年，大女儿陈叶高中毕业时，面临着“上山下乡”。当时，很多家庭都想方设法让自己的孩子去参军，认为这是更好的出路。陈怀瑾曾在部队工作过多年，战友遍布全国，但他从来没有找过任何人。后来，陈怀瑾和妻子骑着自行车把女儿送去昌平县（今昌平区）永丰公社当知青。

刚恢复高考的时候，农村公社里很多人并不理解年轻人为什么要上大学，就不让考。后来按照中央“投亲靠友”政策，陈叶转到了清华大学旁边的东升公社，离家也近了些。公社领导对参加高考很支持，李顺梅便利用陈叶每月仅有的两天回家休息时间，为她辅导功课。结果，陈叶如愿考上了清华大学，是那个知青点唯一考上大学的青年。

陈叶后来硕士毕业到美国密执安大学电机系拿到博士学位，师从全息技术创始人埃米特·利斯，先后成为美国惠普、安捷伦科技、安华高科技公司的科学家。

二女儿陈宜和儿子陈致出生于 20 世纪 60 年代初，在家庭的熏陶下，求学之路顺顺当当，高中毕业先后考入北京大学。陈宜 1984 年毕业于北京大学物理系，毕业前考取了李政道教授 CASPEA 留学奖学金，随后也在美国密执安大学拿到了应用物理学博士，师从诺贝尔物理学奖获得者热拉尔·穆鲁，博士毕业后先后在贝尔实验室、AT&T 工作，后任朗讯科技有限公司及英思科传感仪器亚太区总裁。

陈怀瑾对三个孩子影响最直接的是兴趣情操，间接的是世界观。

如前面提到陈怀瑾父母都受过高等教育，是在一种胸怀世界，充满文化氛围的环境中长大的。除了对科学知识的渴求之外，他对古典音乐，特别是小提琴的热爱伴随一身，使他在逆境中也能保持心灵的平静。他希望这样的文化情怀能代代相传。

在“文革”时期，找不到老师，陈怀瑾就亲自教两个女儿拉小提琴，没有乐谱，就到旧书店找。弟弟王光曾发现，北京西单的旧外文书店会有一些不知来源的书籍唱片，比如英国文学作品，古典音乐唱片乐谱。陈怀瑾对此抱着矛盾的心理，旧书店提供了对世界文化认知的窗口，但在那个特殊年代又是不被允许的。陈怀瑾从来不反对子女读这些书，还经常放老唱片给孩子们听。就是在这样的环境下，三个子女从小培养了对世界文化的欣赏和古典音乐的热爱。

儿子陈致小的时候酷爱文史。最初，陈怀瑾还是希望他能像两个姐姐一样，对数学、物理等基础科学感兴趣，经常带一些《航空知识》等杂志回来希望引发他的兴趣。后来发现儿子沉迷于文史，不得不放弃努力。1975 年，他本打算带儿子去见远房亲戚、文史大家王伯祥老先生（后因王老病故未能见到），可见他对孩子的教育是非常开明、宽容的。

陈致记得 1979 年刚上高中的时候，父亲有一次非常认真地和他谈了一次。“你想学历史或文学也无不可，但是我想给你一点建议：不管学什么，有两个学科一定要学好，一个是外文，另一个是计算机，这两个都是很重要的工具。”陈致现在回想起来，还是非常感激父亲的忠告，也佩服父亲的洞见。在 1979 年的时候，关注到计算机的人并不太多。

“父亲在我们很小的时候，就把我们当作成人、朋友一样对待，不是板起面孔，而是推心置腹。”陈致回忆说。他记得自己在上中学的时候有些叛逆，有一次跟父亲抱怨说现在的社会缺乏自由。

“我就引经据典、不无雄辩地说：福楼拜说：‘我们现在所拥有的自由，就是向左边吐痰，还是向右边吐痰的自由’。”

父亲笑着说：“那你想向哪边吐？朝上面吐？”这一问让陈致一时语窒，无从回应，不禁哑然失笑。

全家福

一家子都是学理工科的，孩子喜欢文史其实也与家庭的教育分不开。那时候经常停电，陈怀瑾就给孩子们讲故事，《三国演义》《水浒传》《西游记》等古典名著都会讲,《红楼梦》讲的少。也许就是在那些暗夜的讲述中，培养起了陈致对文史的兴趣。

陈怀瑾的妹妹是北大的老师，邻居是北大历史系的党总支书记郑必骏，郑书记和去姑姑家玩的陈致熟了后动员他考历史系。后来陈致就真考了历史系，可是他更喜欢文学，就老去中文系旁听，计划大学毕业时考中文系的研究生。当时全国最有名的招第一个中文系博士生的导师程千帆在南京大学，陈致就准备考过去。

报名人很多，家人和同学都劝他再好好考虑一下。但是陈致很坚持，最终以第二名被录取。他后来在美国威斯康星大学东亚系取得了博士学位，现任北京师范大学－香港浸会大学联合国际学院常务副校长，香港浸会大学饶宗颐国学院院长、讲座教授。

周末的时候，一家人常常打桥牌。当年陈怀瑾在交大地下党的时候，经常以打桥牌为掩护开展革命工作，因此对打桥牌很有兴致。孩子们经常看父母打桥牌，也就很快学会了。在孩子们十几岁的时候，一家人就常常围在一起打桥牌了。

虽然陈怀瑾并没有太多的精力照顾孩子们，但姐弟三人很敬重父亲，也很爱自己的父亲。特别是陈怀瑾退休以后，孩子们经常安排父母出去玩，散散心。

陈怀瑾对子女的影响还延续到了孙辈，他最后一次也是最令孩子们感动的事发生在2017年他去世的那一年。得知外孙女乔乔打算暑假从美国回北京，陈怀瑾夫妇非常高兴。特别是陈怀瑾想把北京最有文化的一面展示给乔乔，准备带她去国家大剧院听国家交响乐音乐会。那时已经是网上购票，80多岁的他操作起来比较困难，便决定亲自到歌剧院买票。本来打算乘滴滴打车，结果手机上的软件又出问题，两位老人就乘公交，来回三个多小时，终于买到了心仪的音乐会票。

然而不久，陈怀瑾因脑出血住进了重症监护室。音乐会订在8月2日，陈叶、陈宜和乔乔为了不辜负老人的一片心意，强忍着泪水听完了这场音乐会。8月6日，陈怀瑾离开了人世，这场音乐会成为他留给晚辈最后的礼物。

3. 亦师亦友，同事朋友义当先

陈怀瑾（左）与梁思礼（右）

工作中，陈怀瑾严谨认真、不苟言笑，身上散发着学者气和教授风度，在和同事的交往中更多地谈论的是工作。多年面对各类复杂型号研制所形成的习惯，陈怀瑾爱琢磨事，喜欢钻研新技术和新鲜事物。因此，他总是保持着和这个不断变化的时代同频共振，身边的同事们也乐于向他请教或与他探讨技术问题。

陈怀瑾（前排右一）与梁思礼（前排右三）、庄逢甘（二排右四）等老同事

陈怀瑾与梁思礼一起共事几十年，既是领导、同事，也是好朋友、好邻居。在二分院时，他们都住在永定路三街坊社区的一栋楼里，后来到了航天大院还是住在同一栋楼里。没事的时候，两家人包括孩子们也都常来常往。

按现在话说，陈怀瑾是“20”后，从部队调来航天时已近而立之年，而建院初期陆续加入二分院的青年大学生基本都是“30”后。已经有一定工作经验的陈怀瑾，在工作中像一位大哥、好友一样关心、见证着青年的成长。只要有人请教，他必定尽己所能予以讲解。

陈怀瑾（中）与于本水（左一）、宣平（右二）在一起

20 世纪 80 年代，陈怀瑾（右）与李伯虎（左）在探讨工作

陈怀瑾比陈定昌大8岁。在陈定昌刚到二部工作的时候，时任二部副主任的陈怀瑾就注意到了这个上海老乡。后来在红旗二号打 U-2 侦察机过程中陈定昌的突出表现，更是让身为红旗二号总师的陈怀瑾刮目相看。

在后来几次型号研究论证中的接触，陈定昌所表现出的战略思维和超前眼光，让陈怀瑾感到欣喜。他乐于看到这样的年轻人成长为航天事业的接班人。

陈怀瑾和陈定昌一家也是多年的好友。两家的孩子们也多有来往。陈定昌的儿子陈国瑛是陈怀瑾唯一承认的学生。

于本水至今还记得当年与陈怀瑾研制红旗二号时的情景。在一次讨论对红旗一号的改进方案会上，会场气氛相当激烈。但是陈怀瑾是个很温和的人，讲话慢条斯理，但句句到位。

于本水回忆说，那时候我们都是在他的领导下工作，在防空导弹方面，陈怀瑾是行家，无论是学识还是作风方面，他都称得上真正的技术干部。在技术方面，大家都比较信服他。

在进行北京仿真中心建设时，陈怀瑾和刚学成归国的李伯虎有了更多交集。后来又同在国防科工委军用仿真专业组和中国仿真技术学会任职，全国各地去组织会议、调研考察，结下了深厚的友谊。

20 世纪 80 年代，目标特性研究迎来了快速发展的机遇。仿真等相关技术都需要目标特性研究提供技术支撑。陈怀瑾曾经撰文指出，目标及背景特性的研究和测量工作是仿真系统工程中的一项基础工作，要走在其他各项工作的前面，需要从理论及测量试验工作两个方面加强这项应用基础研究，尤其要花很大力量配备必要的测试手段。

1983 年 8 月，航天工业部下发了《1984 年至 1990 年目标与环境特性研究专业发展规划》，明确了目标与环境特性研究发展的近期目标。

时任 207 所科技委主任的黄培康琢磨，如何找到一个抓得住的东西，把文件精神落到实处。他与同事探讨形成了一个方案雏形，然后去找了也对目标特性研究了解较深的陈怀瑾、部预研局局长李波 (207 所原副所长)、二院副院长方辉煜等，请他们给予指点。陈怀瑾他们与黄培康进行了详细的沟通、探讨，让黄培康等人萌生了学习仿真技术，走“工程项目”的路子的创意。这就是后来的“目标与环境特性试验工程”。

晚年的陈怀瑾始终保持着乐观的心态和对航天的关注。一直担任着航天科技集团、航天科工集团科技委高级顾问的他，还经常参加科技委年会或学术会议。

2009 年，陈怀瑾在 721 医院查出罹患淋巴癌。当时医生问李顺梅能不能和陈怀瑾本人说。李顺梅说，你和他讲，没事儿。此时已 79 岁多的陈怀瑾坦然地说："我都快80了，已经够本了。"患病后，陈怀瑾保持乐观心态，积极配合治疗，而且自己查找资料，研究治疗方案，让肿瘤医院的医护人员都敬佩不已。经过七八个月的治疗，难以治愈的淋巴瘤最后痊愈了。这也成为肿瘤医院的一个典型案例。

陈怀瑾80岁生日聚餐

2009年，陈怀瑾（前排中）80岁生日时与二院青年合影

在住院治疗期间，正好赶上他80岁生日。时任二部主任的陈国瑛为了能够让老师早日康复，也为了感谢陈总当年在二部任职期间为二部的发展作出的贡献，特地在医院附近的饭店为陈怀瑾举办了简朴而热烈的80岁寿宴。病中的陈怀瑾非常高兴，放疗化疗的痛苦，以及长期住院的不适也缓减了不少。

病愈的陈怀瑾更加珍惜和家人在一起的时光。老两口每年都会到孩子们那里去看一看，冬天就到海南去疗养，保持身心健康，让孩子们少操心。

作为一名"老兵"，陈怀瑾时常惦念着新中国成立初期并肩作战的雷达兵老战友，不忘自己曾是一名解放军战士。他与战友们保持着密切联系，积极参加相关活动，共同追忆老一代雷达兵火红的战斗青春。

令陈怀瑾念念不忘的，还有曾经一起战斗了几十年的航天老同事、老朋友。这些朋友很多都成为了航天领域有影响的院士、专家。

陈怀瑾（前排右一）参加空军雷达兵成立 60 周年聚会

2016 年的一天，杨存富接到陈怀瑾的电话。陈怀瑾提出想和老朋友们聚一聚。杨存富就一一通知了陈怀瑾提到的刘从军、于本水、黄培康等人。席间，大家相谈甚欢，陈怀瑾也格外高兴，和大家一起回忆着曾经艰苦奋斗又苦中作乐、不断取得成绩的岁月。

然而，此次聚会后不到一年，2017 年 8 月 6 日，陈怀瑾因脑溢血病逝于北京，享年 88 岁。

在八宝山遗体告别的那天，天空下着大雨，但依然有很多陈怀瑾的生前友好、同事和青年前来为他送行。已经 97 岁高龄的陆元九院士原本执意要来送陈怀瑾一程，后来雨越下越大，考虑到身体原因，才不得不放弃了前往。

陈怀瑾，一位为我国航天事业发展作出杰出贡献的老专家离开了我们。他的一生是奋斗的一生、无悔的一生。

有着 68 年党龄的陈怀瑾，用一生兑现了入党时的誓言。陈怀瑾的一生是不断取得成就、始终忠诚为党的事业奉献的一生。（撰稿：陈仕正、雷莉）

陈怀瑾大事年表

- **1929 年**

  12 月 16 日，出生于上海。

- **1934 年 5 岁**

  1 月，就读于上海位育小学。

- **1937 年 7 岁**

  1 月，就读上海中学附属实验小学。

- **1938 年 9 岁**

  1 月，就读上海振粹小学。

  9 月，就读上海协进小学。

- **1940 年 11 岁**

  9 月，就读于上海南洋模范中学。

- **1946 年 17 岁**

  9 月，考入交通大学电机系。

- **1949 年 20 岁**

  1 月 15 日，参加新中国成立前党的地下外围组织——交大中国新民主主义青年联合会。

  3 月 14 日，加入中国共产党，成为一名地下党员。

  7 月 9 日，到交大新民主主义青年团总支工作，任组织委员。

- **1950 年 21 岁**

  8 月 1 日，入伍参加中国人民解放军，加入华东航空处。

  10 月 27 日，调到上海防空司令部雷达第 141 营修配所工作。

- **1951 年 22 岁**

  上半年，任雷达第 141 营修配所副所长。

- **1952 年 23 岁**

  7 月，任雷达第 142 营雷达修理所副所长。

- **1955年 26岁**

  授中国人民解放军大尉军衔，正营级。

- **1956年 27岁**

  任防空军雷达团技术处主任。

- **1957年 28岁**

  3月，调入国防部五院，任一分院控制系统研究室助理研究员。

- **1959年 30岁**

  任“543”教导大队炮兵连技术副连长。

  4月，任国防部五院一分院一部弹上设备及控制室主任。

  11月，任国防部五院一分院二部副主任，“543”仿制工作负责人。

- **1960年 31岁**

  晋升为少校军衔。

  5月，任“543”弹体主任设计师。

- **1962年 33岁**

  8月23日，任国防部五院二分院二部党委委员、常委。

  9月14日，任国防部五院二分院二部副主任，后任红旗一号副总设计师。

- **1964年 35岁**

  4月22日，任红旗二号防空导弹副总设计师。

  11月，任红旗二号防空导弹总设计师。

- **1965年 36岁**

  4月19日，任红旗三号防空导弹总设计师。

- **1972年 43岁**

  5月，任七机部二院生产组副组长、技术副院长。

- **1973年 44岁**

  2月，任七机部二院党的核心小组成员。

- **1978年 49岁**

  3月，其担任总设计师的红旗二号、红旗三号防空导弹双获全国科学大会奖（集体奖），后者还获得了八机局成果奖、上海市重大科技成果奖（集体奖）。

  二院党委常委、副院长。

- **1980年 51岁**

  2月，任二院科技委副主任委员。

  4月，任第八机械工业部总工程师。

- **1981年 52岁**

  6月，任国务院学位委员会航空宇航学科评议组第一届委员，后连续担任第二、第三届委员。

- **1982年 53岁**

  任第七机械工业部总工程师，地（舰）空系列总设计师。

- **1983年 54岁**

  兼任航天工业部仿真技术总设计师。

  4月，任哈尔滨工业大学兼职教授。

- **1985年 56岁**

  11月，任中国宇航学会战术导弹系统工程专业委员会副主任委员。

- **1987年 58岁**

  5月，任国防科工委科技委兼职委员、军用仿真专业组第一任组长，后任名誉顾问。

  5月，任《导弹与航天丛书》中《防空导弹》系列编委会主任。

- **1988年 59岁**

  7月，任航空航天工业部科技委副主任，地（舰）空系列总设计师。

- **1989年 60岁**

  2月，任中国系统仿真学会副理事长。

- **1990年 61岁**

  6月22日，任中国宇航学会无人飞行器学会副理事长，后连续担任第二、第三届副理事长。

- **1991 年 62 岁**
  被航空航天工业部批准为有突出贡献的专家，同年享受国务院政府特殊津贴。

- **1992 年 63 岁**
  9 月，被航空航天工业部授予“航天奖”。

- **1993 年 64 岁**
  任航天工业总公司科技委副主任、地（舰）空导弹系列总设计师。

- **1994 年 65 岁**
  主导创建的北京仿真中心工程，获航天科技进步奖、国家科技进步奖一等奖。

- **1997 年 68 岁**
  主导“航天仿真工程建设及应用”，荣获光华科技基金奖。

- **1998 年 69 岁**
  10 月，当选国际宇航联合会副主席。

- **2001 年 72 岁**
  9 月，当选国际宇航科学院院士。

- **2017 年 88 岁**
  8 月 6 日，病逝于北京海军总医院。

参考文献

［1］航天工业部第二研究院院史编委会 . 航天工业部第二研究院院史 (1957—1987).1987.
［2］厉声教 . 资深外交官厉声教追忆老上海的抗战岁月［OL］. 国史网 .
［3］上海交通大学党史校史研究室 . 民主堡垒：战斗在交通大学的中共地下党（1925—1949）.2007.
［4］周武，侯萍梅，李路，李善春 . 钟山院士传记［M］. 北京：中国宇航出版社，2015.
［5］王雨培，陶社兰 . 于本水院士传记［M］. 北京：中国宇航出版社，2015.
［6］孙捷，张吉利，侯鲜利，程国海 . 陈定昌院士传记［M］. 北京：中国宇航出版社，2016.
［7］梁小虹 . 中国航天精神教程［M］. 北京：中共中央党校出版社，2019.
［8］马杰 . 筑梦空天——航天精神在二院［M］. 北京：中国宇航出版社，2020.
［9］张现民 . 试论中国航天事业初创时期的人才短缺问题及其突破 [J]，中国当代史研究，2016（5）.
［10］李淑姮，举国之力 白手起家［N］. 中国航天报，2019.
［11］周韩 . 红旗漫天：中国红旗防空导弹的发展［J］. 中国海军，2004（6）.
［12］郭倩 . 弯弓搭箭射天狼——红旗二号诞生［N］. 中国航天报，2016.

学志

柴志的故事

柴志（1922.12.17—2003.9.10），曾用名柴新年，化名钱进。河北省完县（今河北省顺平县）人，1938年参加革命，1938年4月加入中国共产党。历任30步校大队副政委，晋察冀军政干部学校大队副政委，北京军区干部轮训大队副政委、政委，第九步兵预备学校副政委。1958年9月调任国防部五院二分院第一设计部副政委、副主任。1960年8月任国防部五院二分院科技部副部长、部长，历任第七机械工业部第二研究院计划部部长、第一副院长兼党委副书记、院长兼党委副书记。1983年1月，任航天工业部二院院长。参与领导“1059”控制系统和地面设备仿制工作、东风二号控制系统自行设计工作、“543”仿制工作、红旗二号研制、巨浪一号、东风二十一号的研制，并任型号总指挥。组织领导红旗七号的研制，担任行政总指挥。组织制定二院的发展目标和基本建设的整体规划等，为我国国防工业作出突出贡献。

◎目　录

第一章 国破家贫 投身革命写春秋

1922年12月17日，柴志出生于冀中大地西北部完县（今顺平县）一区郭家庄的一个普通农民家庭。与中国大多数家庭一样，这是一个典型的严父慈母式家庭。对于父亲，柴志则在尊敬中充满叛逆。“地瘦栽松柏，家贫子读书。”作为一个贫苦农民家的“穷孩子”，柴志从小养成了坚忍不拔的性格，倔犟的他想通过学习出人头地、改变自己的命运，正是这样的性格，促使他走上了革命道路。

1. 不想当“好农民”的“反抗者”

随着年龄的增长,柴父及兄长的严厉“要求”,使柴志抵制父亲专制的“反抗”意识渐渐滋长，对父亲一心想把自己培养成为一个“好农民”的行为愤愤不平。

“在高小辍学回家务农过程中，由于自己体力不行，但父亲和我哥他们对我的要求却很严厉。他们是想把我锻炼成种庄稼的好手，将来过好光景（生活），所以经常的（地）催我、训斥我，对我的态度很不好。当时我很不满意。心里想：你们对我这样厉害，反正我不愿做一辈子庄稼活儿。一旦有机会我就‘出去’。”

久远的童年生活已被时间剥蚀得残缺不全了。然而，有一段抹不去的记忆，给柴志打上了深深的烙印，他性格倔强，读书非常刻苦。

“家里一直想把光景（生活）过好，多我一个人就多增加一分财富（收入），另一方面，家里的经济实力也确实不足，所以就不能痛快地供我上学。我动员了许多人向我父亲进行说服动员，我也十分坚持我的（上学）意见，结果勉强地上了一年高小。”

少年的柴志迫于家庭生活压力，在本村上完初小后，在保定市只读了一年高小，柴志的父亲就不再供他念书了。老一辈人还守着读书改变不了命运，觉得是浪费时间与精力的旧观念。当亲身体会到“穷住大街无人问”的世态炎凉情景和看到“小儿郎”们能够愉快上学后，愈发让柴志心里不甘。

“‘七七’事变发生后又回家参加务农了。小时候我父母带我到我大姑、二姑家去过几次。他们那时都是富农，生活比较宽裕，对我们的态度也不热情。到保定上高小时，在看到我姑姑家的子弟都能‘愉快’上学的情景，特别让我羡慕。因此，我从小有了通过好好读书达到‘向上爬’（上进）

的目的。”

抗日战争爆发后，柴志的家乡战乱纷纷，学校停课，柴志也无书可读。面对日军大举进攻华北，国民党多数军队不战而逃，国民党大批政府人员也纷纷南撤逃亡，原有的地方政权全部瓦解……这些乱象加深了柴志对当时社会的不满意。

“我们那里（家乡）土匪、国民党的流散部队不断地骚扰群众，群众东跑西颠儿（到处躲藏）的。心里想‘怎么有这样一把子（一些）人，也没人管，不知怎么一回事儿’。”

柴志对当时局势的不满，说明他已经观察到旧社会的一些不合理的现象，但“不知怎么一回事儿”又说明柴志没有真正了解当时社会产生这些问题的根本原因。

“听说八路军来了以后和别的军队不一样，老百姓们都不跑，并且在当地组织了义勇军。小伙子们纷纷参加，我们这里的青年人也商量去参加，可是家长们不让去……过了些日子，我们村建立了地方政府组织，但看到某些干部到村后工作方法的‘专断’，又产生了些‘怀疑’，是否和过去的政府一样呢？”

在日本侵略军的汹汹来势和晋察冀边区农民无依无靠的危难之际，聂荣臻奉命率部挺进华北，建立敌后抗日根据地。通过采用“口头文化”“墙头文化”等形式广泛宣传党中央提出的抗日救国十大纲领和抗日民族统一战线政策，号召晋察冀广大农民奋起抗战，保家卫国。在敌后抗日救亡的鲜艳红旗指引下，晋察冀边区形成了

抗日战争时期的柴志（左一）

“瓢食壶浆，受到民众的热烈拥护和爱戴”“母亲叫儿打东洋，妻子送郎上战场”的动人情景。“子弟兵”一词正来源于此。

“1938 年，河北完县一区郭家庄村成立了农民协会，当时‘农救会’的任务很重，需要有人组织领导农救会有力开展敌后武装工作。”“由于自己上过高小、可以识文断字已经算是有些文化了，于是，被选为完县一区农救会委员。”

柴志被所看到的一切擦亮了眼睛，他想，有这样一支在共产党领导下的一切为了人民、纪律严明的人民军队，中国一定有希望。正是通过上述两个抗战环境的对比，激起了柴志参加抗战、保卫家乡的激情，也改变了柴志当初对共产党及领导下人民队伍的“怀疑”，从此坚定地走上了革命道路。

2. 乱世抉择，共赴国难

完县具有悠久的革命历史，老一辈革命家胡耀邦、聂荣臻、国际主义战士白求恩等均在此战斗、工作过。八年全面抗战期间，在完县驻有边区银行、卫生部、军区兵工厂等后方机关。同时完县作为晋察冀根据地的重要组成部分，也是敌伪统治的腹心地带，更是侵华日军的重要扫荡地。

抗日战争全面爆发后，日军为了摧毁这块根据地，不断调集重兵通过灭绝人寰的“三光”政策等对根据地进行分割、封锁、蚕食、扫荡，斗争环境极其险恶。

此时，作为完县一区农救会委员的柴志，与根据地人民一起，在频繁的扫荡与反扫荡斗争中，通过积极组织领导本区群众开展抗日宣传、动员群众参军参战、组织抗日自卫队、配合作战等形式，有力地支援八路军反扫荡的战斗。柴志还组织广大群众、儿童站岗放哨、盘查汉奸、传送情报等乡间警戒防奸任务，积极发动会员抬担架、救护、锄奸等各种斗争。

1938年4月，完县区委于世杰同志到柴志所在村开展地下革命工作，发现柴志做事干练，对革命也十分坚定，就介绍柴志加入了中国共产党。

“经过于世杰同志的解答工作，我对党有了一些基本的认识。”“过些日子，于世杰领着我到区委，在鲜艳的党旗下举起了右手。”“入党以后，不知怎的，心里有些说不出的那么高兴。从地里干活回来，与村里的其他党员就到一块儿在村外或是找个没人的地方就谈起来，研究发展对象，谈谈‘消息’”“虽然，我入党和参加革命的动机是有些模糊的，但是轰轰烈烈抗日高潮的影响和青年人的进取心，助推了我从此走上了革命道路。”

这是柴志在自传中回忆自己当初入党动机和入党后心情的写照。

入党后，柴志工作更加积极主动，在打击日伪扫荡和巩固根据地发展壮大的斗争中发挥应有作用。1939年6月，柴志被任命为完县三区“青救会”（抗日爱国青年的统一战线组织）主任，并加入“青抗先”（青年抗日先锋队）。

柴志在自传中对自己第一次组织青年工作的情况这样描述：

“由于刚到新的工作岗位上，仅凭着青年人的一股子热情、干劲儿，对一些政策原则等‘名词’都不知道是说什么，在区里做青年工作时，出现了青年工作脱离了群众等‘过头’的行为。整个青年工作，都存在着向‘左’的偏向。”

柴志加入“青抗先”之后，动员组织了“青抗先”和模范队员共同组成民兵营，配合八路军进行战斗，破坏敌人的铁路和通信设施等工作，有力地保障了战斗的胜利，给予敌人以沉重的打击。

后来，柴志去河北省保定地委学习培训，经过学习，对当时党的抗战政策有了一些基本了解，思想理论水平得到了提升，也认识到根据地的“青抗先”运动要与生产结合、与敌后抗战相结合。

1940 年 5 月，柴志在北方分局经过半年的受训学习后，担任完县县委、青委兼“青救会”主任。这个时期也成为柴志思想进步最快的一个阶段。

“在受训学习过程中，通过学习社会科学概论，打下了理论基础，对社会发展规律有了‘印象’；学了党的基本政策，对党的基本知识有了初步的了解，政策水平得到了提高；还有其他一些课程，都是高级首长讲的。柴志认为：经过到工作岗位上和实际工作相结合，使我的工作能力和积极性得到了大大提高了，在工作成绩上也比较突出，在群众中的威信也提高了，对粉碎当时完县日本帝国主义实行的‘自首’行动发挥了重要作用。”

经过上述的学习和工作锻炼，柴志的思想更加成熟了。1943 年 3 月，柴志调到晋察冀根据地雁北专区抗联任青年部长。

“因为刚调换了工作岗位和地区，工作情绪很高。那个地区环境相当残酷，妇女干部和身体弱的干部不能下去工作。那时我年轻，身体又壮，哪里环境残酷，我就到哪里去，也没有感觉过困难。因为专区比县里高一级，领导方法和县级不一样，研究问题、原则、政策性的指示多，因此在处事原则性上提高了一步，对在敌区如何发动群众对敌斗争有了些经验。”

此时，日军华北方面军司令官冈村宁次调集重兵，对晋察冀根据地进行扫荡，并把三专区作为扫荡重点。三专区是晋察冀边区的腹心地区和门户，在晋察冀边区具有重要战略地位。作为三专区青年部长，柴志积极组织广大青年，参加抗敌斗争，成为三专区人民抗日斗争的一支重要力量，也在频繁的反扫荡战争中，经受住了血

抗日战争时期的柴志（中）

与火的考验。

1945 年 4 月，柴志到晋察冀边区党委党校去参加学习整风活动。这一阶段对柴志思想政治觉悟的提高很大。

“因为我有过做青年工作的经历和整风工作的基础，三专区的青年工作开展起来得心应手，有声有色，同时，因为在‘土改’时参加了两个典型村的经验，我对‘土改’政策和农村的阶级斗争体验的更深刻了。”

整风活动结束后，柴志被分配到三专区任青联主任，继续从事根据地青年工作。

3. 参加中国人民解放军

1945 年，经过八年的全面抗战，中国人民取得了自鸦片战争以来第一次反对外敌入侵战争的胜利。然而，正当全国人民在享受胜利喜悦的时候，以蒋介石为代表的国民党政府公然挑起内战。

抗日战争期间所经历的惨痛记忆，深深印记在柴志心中。百姓居无定所、战乱不歇，使柴志意识到没有强大的人民军队，就不会有人民的安宁生活，更不会有和平的环境。

1946 年，党号召全国人民积极参军，支援前线。时任完县三专区青联主任的柴志积极报名参军，保卫来之不易的胜利果实。

“1946 年 12 月，上级党委号召地方干部参军，我积极响应，第一个向地委提出要求参军，批准了。主要动机是为了响应党的号召，是积极因素，能够更有利于实现我人生的抱负。同时我感觉我年轻力壮，性格也适合部队工作。”这是柴志对当时自已入伍动机的心理感受。

1947 年 1 月，柴志参加晋察冀军政干部学校学习。半年后，留在学校工作，任二大队十二队政治指导员。在后来三年的工作岗位上，柴志工作中积极主动，认真负责。

“学习期间，无论是学习或工作都是积极的，因为到部队来环境不一样，一切都是新鲜的。由于有过部队严格的军事生活，我在组织纪律性上提高了一大步，在工作上的锻炼也是很大的。”

解放战争时期的柴志（右二）

作为政治指导员，柴志负责对“解放战士”的教育工作，在随时可能发生反叛暴动的情况下，积极宣传党的政策，耐心细致地开展思想政治工作。在对正太战役中“解放”的国民党军队人员教育中，对柴志来说，由于没有和这些人打过交道，开始的确遇到了不少困难。但在上级党委的领导下摸索了一些经验，圆满地完成了对“解放战士”的教育改造工作，并很快把他们充实到人民解放军中去。

1949 年 1 月 31 日，北平（今北京）和平解放，柴志又接受了对傅作义和平起义部队将级军官的教育改造任务。接受这个任务以后，柴志一方面压力很大，同时也感到任务光荣。此间，柴志认真总结正太战役的工作经验，对这支特殊的“学员”思想进行改造，让他们走上革命道路。

“改造一支起义部队、改造旧军队思想禁锢下的士兵，可没有那么简单。”柴志写道：“党交给我的任务很艰巨，不能松劲。实际情况是那样复杂也不敢放松，工作还是有成绩的，没出什么大的偏差，对自己的锻炼也不小。”

在对国民党起义部队进行改造期间，柴志根据党中央贯彻落实起义部队“大胆开放民主，大胆发动群众”的指示精神，通过“诉苦运动”和“实

着“50”式军装的柴志

行必要的可能的组织改造为思想改造开辟道路”，真正让起义士兵从思想深处触动了“总开关”，让他们认识到什么才是造成这些苦难的根源。

毛主席说：“诉苦运动的正确进行，大大提高了全军指战员为解放被剥削的劳苦大众英勇奋战的觉悟……这样的军队，将是无敌于天下的。”在后来的实践中，起义士兵迸发出了完全不同的战斗力，也是成为打开起义部队通往“胜利之门”重要一环。

“把对手的一支军队奇迹般地改造成自己的一员，这一过程证明了人民军队思想政治工作‘生命线’的作用”。

1950年秋，改造训练国民党起义部队任务结束后，华北军区调柴志去军区做青年工作。1951年4月，柴志任30步校（原华北军区军政干部学校）政治部宣传科长，11月任三大队副政委兼主任。1952年8月，任第六政治干部学校俱乐部主任。

1953年5月，柴志到华北六政治干校轮训大队（原第六政治干部学校）任副大队长，三个月后任副政委。1956年2月，任北京干部轮训大队政委，1957年9月，任北京军区第九预校副政委。此间，柴志参加了“三反”及整党教育，经过“三反”整党教育，在政治觉悟上大大地提高了一步，理论政策水平均有所提高，工作也更加有朝气。

“经过‘三反’整党教育，使我在政治觉悟上大大地提高了一步，认识到资产阶级思想在党内严重地存在，对党的危害性，我个人也毫不例外；认识到小资产阶级思想在党内是不合法的，对我的思想一个很大的‘打击’

（触动）。”这是柴志经过参加“三反”整党教育后的心里写照。

一路走来，柴志觉得自己足够幸运——从一名普通农村娃，成长为一名光荣的人民解放军战士。

第二章

东风劲起 倚天长剑傲苍穹

投身航天栉风雨，风华正茂迎挑战。从 1958 年起，正当壮年的柴志跨进国防部五院二分院的大门起，开启了在空天防御事业的砥砺奋进中书写传奇的一生。柴志参与了“1059”控制系统和地面设备仿制工作。作为“东风型号”委员会成员，他组织了东风二号控制系统自行设计工作，领导了我国路基机动固体战略导弹武器系统的自行研制工作。

1. 踏入航天大门

对柴志来说，每每想起年轻时“保家卫国”的梦想，或许还会多少流露出点遗憾。但是，这一辈子庆幸又能够从事伟大的航天事业，觉得非常幸运。

1958 年起，随着国防部五院二分院的任务定位，迫切需要各方面的大量人才，其中一部分就是从全军各部队选调文化水平较高、德才优秀的军官来担任各级党政领导和技术保障工作。也就是从这时起，柴志走进航天大门，不久，参与了“1059”控制系统和地面设备仿制工作，并于 1959 年 10 月，任国防部五院二分院第一设计部副主任。

在航天 30 多年的奋斗历程中，柴志把自己的青春、心血和智慧都无怨无悔地献给了航天事业。为梦想赋形，在平凡中托起非凡的精神信仰。柴志和大多数人一样，来到二分院，都透着那么一股子干劲、那么一种革命的热情、那么一种拼命的精神：为中国的导弹事业奉献青春和智慧。

在中国人民革命军事博物馆展区中，最吸引人的莫过于展厅中东风一号的雄姿。它作为我国导弹事业的第一个里程碑，意义非凡，因为它是中国导弹事业跨越发展的历史见证者！是对毛主席“自力更生”思想的深刻诠释。今天，“东风快递，使命必达”，成为维护华夏安全的重要战略中坚力量。

中国人民革命军事博物馆的东风一号

择一事，终一生，这是对无数航天人献身中国航天事业的真实写照。

柴志也不例外。

国防部五院二分院成立时环境恶劣，条件简陋。只有原解放军后勤财务学校的几栋旧房子，西边荒草遍地，荆棘丛生，东边是农田，粪坑污水，臭味熏天。但二分院的专家和职工，全心全意投身到研制导弹的崇高事业中，提出“拼了命也要把导弹送上天”的口号。二分院的成立，是党中央和中国政府决心打破外来封锁、独立自主发展尖端武器装备的响亮宣言书。

万事开头难。柴志作为全军优秀人员被选调二分院，但对于导弹这个当时“神秘客”来讲，柴志还是感到十分陌生的。“说不出，看不清，听不懂”这与当时绝大部分从事导弹研究的人一样，具有同样的感觉。因此，这对于只有高小文化水平且一直从事人民军队政治工作的柴志来说，困难真是太多了。但柴志在新的工作环境和新的工作对象面前，从“零”做起，重新学习火箭发动机技术等相关技术知识。正是靠着一股勤奋进取的实干精神，柴志成为当时学习新技术的佼佼者，努力变外行为内行，为从一个普通型号研制组织管理者逐步成长为后来的型号指挥者奠定了坚实的基础。

2. 打造智慧的“风筝丝线”

钱学森曾经说过：“没有控制系统就不叫导弹。控制系统是导弹的核心、是导弹的‘大脑’。”如果把导弹比喻风筝，不管飞出多远，“丝线”必须牢牢掌握在我们手上。控制系统作为导弹武器的神经中枢，而“丝线”就犹如导弹的控制系统，导弹之所以叫“导弹”，在于导弹能按照“预定”的轨道飞行，从而达到预定目标，完成毁伤碰撞，就要有“高智商”的“大脑”，而整个飞行过程中，控制系统相当于人控制风筝的“双手”。

一位当年与柴志共事的老同志深有感触地回忆道：“我们当时从部队

调入国防部五院二分院，感到很光荣、很伟大，但更感到压力大、担子重。”因此，对于这些曾经拿着枪杆子叱咤战场的英雄们，面对密密麻麻的数字符号，他们付出了比常人多得多的心血。

为“争气弹”造出“智慧大脑”。“就是饿着肚子，拼了性命，也要把导弹搞出来！”这是第一代“二院人”的共同心声。日复一日与导弹控制人相伴的，是无穷无尽的数字代码和方案图纸。这些“代码”和“方案”设计的背后，不是充满浪漫精神的想象力，而是无数导弹控制人为之孜孜不倦付出的辛勤汗水。

中国的导弹事业启航于“1059”的“反设计”之路。仿制的目的是为了独创，但必须在仿制中把技术吃透，才能独创。正因如此，在“1059”仿制过程中，为了弄清和提高控制系统能力提升研制的要求，老一辈航天人发挥聪明才智，像“爬楼梯”一样，对引进的苏联P-2导弹进行麻雀解剖，耐心细致地对每一项“反设计”反复斟酌，对每一个技术细节反复讨论“咀嚼”，对仿制后的控制系统进行反复确认消化，为后来“争气弹”的成功和转入自行设计奠定了坚实的基础。实践证明，“先仿制，后自行设计”的道路，是当时攀登尖端技术的一条捷径。

柴志时常告诫自己，我们仿制的每一个零部件不仅仅是“金属件”，而是组成大国重器的“螺丝钉”。“搞武器装备的，没有好坏，只有成败。”1960年2月，二分院成立了“1059”控制系统鉴定验收委员会，柴志被任命为国防部五院二分院“1059”地面设备验收小组组长。此时，柴志在二分院党委狠抓“1059”控制系统仿制收尾大决战精神的指导下，在导弹运往基地前，他和同志们对交付的产品，逐一进行检查验收，把每一个环节仔细又仔细地检查，对每一个电路单元进行反复调试，不放过任何一个细节，哪怕一个小小的电容、电阻、焊点、螺丝钉等，确保发射万无一失。柴志与大家一起，以自己的聪明才智和认真负责的态度，较好地完成了“1059”控制系统的仿制工作。

3. 丢掉“洋拐棍”，造出“争气弹”

世界上，没有任何一个国家的导弹是饿着肚子研制出来的，唯独中国。新中国成立初期，我国工业基础薄弱，决定引进苏联 P-2 近程地地导弹。航天是一个特别复杂的系统工程，成功与失败往往只有毫厘之间。因此，中国航天的每一步成功，都走得格外踏实、艰辛。从仿制入手，掌握导弹控制技术。二分院建立后，导弹控制系统的研制应当走什么样的发展道路，是一切由自己从头摸索，还是完全依靠外国的援助，是亟待解决的重大问题。此时，按照毛主席“先学楷书，后写草书”的教导和聂荣臻元帅“要学会走路，然后再学习跑步”的指示，坚持从仿制入手，像“爬楼梯”一样，在已经争取到苏联援助的有力条件下，既不必一切由自己从头摸索，也不能完全依赖国外援助，而必须从仿制入手，掌握导弹控制技术，为自行设计打下基础。

循着航天事业发展的足迹，我们可以清晰地看到，在特定的历史时期、特定的历史事件、特定的历史环境中，爱国主义精神在航天队伍中表现得特别鲜明、强烈。在中国航天发展史中，东风一号被称为“争气弹”，意在争中国航天起家创业之气、争中华民族之气，志在甩掉“洋拐棍”，闯出一条独立自主的导弹研制之路。

正当“1059”仿制生产刚刚铺开的时候，1959 年 7 月 16 日，苏联突然照会我国，单方面决定撤回在中国工作的全部专家和顾问，中断了一切援助。并断言：离开了苏联援助，中国的导弹永远上不了天！甚至发出：“中国人总是幻想骑着自行车上月球”的嘲笑。

严密的技术封锁，非但没有使大家退缩，反而激发起高昂的工作干劲。柴志作为一名型号研制的组织管理者，他认为苏联撤走专家，反倒激起了我们的一股干劲，要一鼓作气自己把导弹造出来。

那段时期，为了确保“1059”仿制成功，柴志不但经常深入基层一线，同厂领导统一思想、协调关系，并十分注意与上级和横向关系的组织协调工作。

1960 年 11 月 5 日，“1059”导弹飞行试验取得圆满成功。此后，总参谋部和国防科委一些颇有远见的同志就提出，我们的地地导弹要不断发展，应当有一个响当当的名字。1964 年 3 月，总参谋部、国防科委颁发《各种导弹、火箭命名和代号编排方法》的通知，规定地地导弹命名取毛主席“东风压倒西风”之意为“东风”，其代号为“DF”。于是，“1059”导弹改称为东风一号。60 余年过去了，昔日戈壁滩上的欢呼声已随风而逝，但 11 月 5 日，这个凝结着先辈们智慧和血汗的日子，却成为一座丰碑，永载史册！

4.“小学生变成中学生”

东风一号取得成功，为我国后续型号研发奠定了基础。我国自行研制的第一枚地地近程导弹设置原理，均与东风一号似同。“东风二号是由小学生变成中学生的标志。”这是钱学森当年对东风二号成功后生动形象的比拟。

我国的导弹事业发展历史是在继承和不断创新中向前迈进的。东风二号的控制系统就是在原“横偏校正系统采用的无线电方案”，为了“割尾巴”，经过创新，采用自己研制的全惯性方案。

创业初期，二分院党委在抓好导弹控制系统仿制工作的同时，着重解决了型号控制系统仿制与控制系统自行设计关系的问题。由于当时既没有独立设计的经验，也缺乏研制的条件和基础，步子只能迈得小一点。由于“小改”和“大改”双方意见秋色平分，僵持不下，最后聂荣臻元帅拍板决定东风二号的射程为1200公里，这也为控制系统的自行设计工作指明了方向。

1962年3月21日9时，东风二号首发试射在飞行69秒后失控坠毁。初战失利的痛苦与失望笼罩在每一个人的心头。为了这一时刻，盛夏，从工艺师的图纸上匆匆走过，留下一串串湿漉漉的脚印；寒冬，技术大楼外雪花劲舞，多少人鬓边增添了白花花的一层……此时，面对首试的失利，对于每一个参加研制的同志来讲，心情都是十分沉重的，没有参加研制的同志对这次失利也感到非常惋惜。

柴志指出，从失败中得到的教训往往比成功的经验更宝贵，从自己的实践中学习，以成功的经验，特别是失败的教训为鉴，是使我们变得更加成熟的最有效途径。东风二号首飞失败带来的打击固然沉重，但从中获得的宝贵经验教训却使这些毫无自主设计经验的技术队伍得到了锻炼，迅速地成长起来。

钱学森强调：“科学试验总会有失败。但最为重要的是，不要被失败所吓倒。”这句话使柴志领悟到，作为一名优秀的航天科技工作者，不仅要有丰富的专业知识，更为重要的是，要具备良好的心理素质。

作为二分院“东风型号”委员会委员的柴志与科技人员一起，按照钱学森听取了故障分析小组汇报时提出的控制系统要杀出一条“血路”的思想，积极投入到严查问题之中。各专业组相互不推诿，用心寻找问题根源，绝不疏忽每一个细小的环节；“两总”系统带领设计人员从总体方案设计入手，使用“剥竹笋”的办法，一层一层地对各个分系统的技术状态以及可靠性进行分析试验，并根据故障的现象反复进行模拟验证试验，最终将故障成功定位。

“发现问题是水平，解决问题是能力”。失败并不可怕，可怕的是失败后无法站立起来。失败的原因虽然找到了，但改进设计的处置办法又成为难题。尤其是导弹飞行产生的弹性振动对控制系统的影响，要在许多方面进行试验验证。控制系统犹如人的大脑，分布着控制本身一切活动的全部神经，每一处微小的调整变化、每一个环节都必须要求精益求精。由于东风二号是从仿制转向自行设计的首款产品，此时的航天技术人员还没有掌握自行设计的规律，对总体和分系统之间的内在联系，对设计、试制、试验之间的关系，还没有深刻的理解，以致发生了总体设计方案性的错误。

柴志与大家一起从失败中找出教训，认真组织修改设计，经过改进后的东风二号控制系统和总体经过采用新的设计方案后，并经多次理论设计分析和试验验证，有效解决了由于弹体弹性振动而造成稳定性控制的问题。同时也对改进后的东风二号完成了控制系统仿真与综合试验、控制系统与遥测系统匹配等多项大型地面试验。同时，作为科技部长的柴志，为解决东风二号在试验前所用无线电、电工仪器等统一计量问题，1964 年组织协调了由著名计量专家、二分院计量站（现二院 203 所）乔石琼参加的东风二号统一计量工作会，会议对东风二号计量标准与传递，对计量测试仪器的要求以及对如何保证其计量标准的统一问题做出了明确规定。

改进后的东风二号于 1964 年 6 月 29 日飞行试验获得成功，标志着我国导弹技术从仿制跨入独立研制的新阶段。中国科技工作者不仅掌握了导弹研制的关键技术，并且系统地摸索总结出了导弹研制的科学规律，这不仅是一种高瞻远瞩的战略抉择，更是一种民族自信。

“红日初升弱水寒，东风扫雾冲云天。琼楼玉宇结灯彩，广寒宫中鼓乐喧。万众欢呼山河动，群鸦鼓噪空悲咽。不畏艰险攀绝顶，乘龙遨游宇宙间。”这是张爱萍将军为庆贺东风二号导弹发射成功写的赋诗。

准备发射的东风二号

“东风”，澎湃中国风，一种穿越时代的强劲力量，一个民族的精神共鸣。东风二号的成功，对于中国导弹事业的发展具有非常重要的里程碑意义，同时也为“两弹结合”奠定了坚实的基础。

1964年10月16日，中国第一颗原子弹在罗布泊成功爆炸后，美国国防部长麦克纳马拉断言：“五年内中国不会拥有运载核武器的工具。”一些西方媒体也嘲笑中国“有弹无枪”。根据当时中国的国力和科技实力发展水平，西方人“理所当然”地认为当时中国绝不可能在短时间内研制出运载工具来。然而，1966年10月27日上午9时整，中国西部大漠深处的一声巨响，中国用打磨的“新枪”携带核弹头拔地而起，9分14秒后，罗布泊落区传来了“在预定高度实现核爆炸、核弹头精确命中目标”的报告。

“两弹结合”飞行试验圆满成功。当天下午，《人民日报》发出了套红号外，向全世界公告：中国成功地试验了导弹核武器！而运送它的是中国人早已潜心打磨的“新枪”——东风二号甲，它是在东风二号的基础上增程的“新作”，而那声“东方巨响”产生的不仅仅是火红的云团，把国防现代化建设向前推进了一大步，更是擎起的“拳头”，它是中国人用能力和志气攥成的拳头，也是对嘲笑中国“有弹无枪”蔑言的有力回击，注定将写入中国导弹发展的史册。

5. “一弹两用”

中国人能自己造导弹了！东风二号成功后，柴志与所有航天人一样，不禁心潮澎湃，脸上露出笑容，但他们并没有陶醉在胜利的喜悦中，而是瞄准了下一个目标！

我国导弹的发展，经历了先液体后固体的过程。不过这一转变的实现，更加曲折和艰辛。东风二十一号是中国导弹人“上岸爬高”的首款固体陆基导弹。

每一班时代的列车，都需要科技的力量作为前行的动力。我国固体导弹的发展是对“两弹一星”精神的生动体现。对于中国的战略防御力量来说，东风二十一号具有特别的意义。这是由于固体导弹体积小，发射准备时间短，便于机动且发射阵地车辆少，生存能力强等优点，最适于导弹武器系统这一规律决定的。

1975 年，在巨浪一号导弹研制取得初步进展之际，有关部门便开展组织研究陆上机动发射导弹的课题。1978 年 8 月 1 日，时任中央军委副主席邓小平听取国防科委、七机部领导汇报时指出：“我更有兴趣陆上机动，用现代化的武器打游击战争。要抓好巨浪一号直接上岸，力量转到固体。”这个“用现代化的武器打游击战争”的思想，为加速东风二十一号的研制进程指明了方向。

1979 年 2 月，国防科委召开了东风二十一号总体方案论证会，确定了战技指标和研制原则，要求在巨浪一号潜地导弹技术方案基础不变的前提下，配以相应地面设备组成机动地地核导弹系统，即“一弹两用”设计思想。1979 年 7 月，二院召开东风二十一号方案论证会，对总体及分系统方案进行了讨论，并对发射、供电、检测等方案及研制进度进行协调，拟制了东风二十一号地面设备系统方案。

为加强领导，统一指挥，形成合力，1980 年 2 月，柴志被任命为东风二十一号总指挥。根据会议精神，在总指挥的组织协调下，1980 年 3 月，研制团队完成了固体地地核导弹武器系统的总体技术方案。同年 6 月，中央专委批准研制东风二十一号固体中近程机动核导弹的方案。1982 年 8 月 13 日，国务院、中央军委正式下达任务书，并强调东风二十一号是我国第一个固体陆上机动核导弹，一定要抓紧落实，迅速把我国固体导弹核武器研制工作促上去，为国防现代化作出贡献。至此，东风二十一号研制任务正式拉开帷幕。

“上岸爬高”首先要解决的是如何制造出达到高速“机动”运送工具，而关键设备是打造能够在路上高速机动的“车”——“三用车”。“三用车”主要由牵引车、半挂拖车、发射装置和电液控制系统组成的公路运输发射车，除了具备运输、起竖和发射导弹的功能外，还具有保温、调温、发射筒调直与万向回转、水平装填和贮存导弹等多种功能，技术难度较大。

1988 年 6 月，在北京召开“三用车”设计定型会。“三用车”的研制成果得到了很高的评价。时任航天部主管的程连昌副部长说这是个“杰作”后，使大家很受鼓舞。1989 年，东风二十一号三用车获得国家科学技术进步奖一

机动中的东风二十一号

等奖。1999 年国庆 50 周年阅兵式上，“三用车”威武亮相，接受了党和人民的检阅。

1983 年 2 月 11 日，国家战略核武器二级定型委员会下达了经国务院、中央军委批准的东风二十一号定型工作计划。根据定型工作计划和国防科工委审查通过的导弹武器系统进行试验大纲要求，二院组织进行了武器系统的各项定型试验工作。

1985 年 5 月，固体地地核导弹武器系统成功地进行了发射试验。随后，又对瞄准设备、适配器等配套设备做了改进。1985 年 5 月，用改进后的地面设备进行发射试验，获得圆满成功。中国第一代固体地地战略导弹武器系统的研制成功，为后来发展更先进的固体地地战略导弹奠定了良好基础。

型号研制成果只有经受住实践的苛刻考验才能转化为部队战斗力。为检验该型号全系统的稳定性，1984 年 4 至 5 月，固体地地导弹和地面设备进行了全武器系统合练，全面检验了车辆、设备的设计性能。在完成导弹武器系统合练和夜间发射操作试验后，相继进行了高温、高湿“热考验”和淋雨试验、公路运输试验、仪器设备工作寿命试验、待机试验后，柴志总指挥组织团队又挥师北上，于 1986 年年底到 1987 年年初，到内蒙古海拉尔进行低温“冷冻”测试试验。低温环境下的发射试验和大风环境试验，全面考核了武器系统的技术性能和作战使用性能。

1990 年 1 月，国务院、中央军委批准东风二十一号导弹武器系统定型，成为我军战备值班的重要武器，使我军有了陆基机动发射的战略导弹武器。

第三章

红旗猎猎 神剑翘首射天狼

时间，涤荡着一代代“红旗人”的精神信仰，岁月也悄然把一个个美丽的青春容颜偷换成皑皑华发。自从 1959 年 10 月 7 日击落那一时刻起，为了维护国家领空的安全，柴志参与组织领导了“543”地空型号的仿制工作和红旗二号的自行研制工作，为二院争取红旗七号的研制任务和成功作出重要贡献。

1.“竹竿”理论

20 世纪 60 年代，党中央提出：“发愤图强，突破尖端，两弹（导弹、原子弹）为主，导弹第一”的国防技术发展战略，同时为了维护祖国防空安全的需要，二分院按照“爬楼梯”思想，踏上了书写“红旗漫卷”的探索之路。

1959 年 10 月 7 日，敌 RB–57D 高空侦察机入侵我华北地区领空，被我空军导弹部队击落。这是世界上首次用地空导弹击落敌机的成功战例，其后敌动用了更先进的 U–2 高空侦察机，多次被我导弹部队击落。在一次记者招待会上，许多外国记者追问时任外交部部长的陈毅：中国究竟是用什么神秘武器打下的 U–2 高空侦察机？陈毅元帅幽默地回答:“我们是用‘竹竿’捅下来的。”

抗美援朝战争结束后，在美国的支持下，国民党飞机对大陆的袭扰越来越猖狂，中国的防空建设迫在眉睫。中央向国防部五院二分院下达了仿制“543”导弹的国防生产任务。从此，仿制“543”的任务在缺技术、缺人才、少资金、无材料、没有专业生产场地等“拦路虎”的情况下拉开了帷幕。

U-2 高空侦察机

1958 年 1 月 10 日，国防部五院在当年的工作纲要中提出，学习并掌握“543”，做好接收、仿制“543”的一切准备工作。同年 6 月 25 日，五院党委确定仿制“543”的反设计任务由二分院承担。从此二分院开始了“543”仿制的准备工作：一是调整组织，1958 年 11 月成立了第二设计部，负责地空导弹控制系统、弹上设备和制导站的研制任务；二是培训骨干，1959 年年初选派有关领导和技术人员到长辛店“543”教导大队二营学习，熟悉并掌握“543”的使用和操作性能；三是翻译、学习资料，1959 年秋，“543”原文设计资料陆续到院，时任二分院第一设计部副主任的柴志立即组织力量，接收资料，整理配套，翻译复制，组织学习，为下厂参加“543”仿制生产进行了必要的技术准备。

1962 年 5 月，为加速仿制速度，结束“两权分离”（一分院以机械类为主，二分院以电子技术为主）的分散状态，结合当时的实际进行了体制调整，即一分院二部部分人员和专业与二分院的二支队合并成立新的二分院二部——第二导弹总体设计部（简称二部）。调整理顺了关系，新的总体部显示出了它的优势，为后来转入自行设计奠定了坚实的组织基础。

为推动“543”的仿制工作，作为二分院科研工作的归口管理部门的科技部部长的柴志，不但组织大家认真落实“学习‘543’、吃透‘543’、仿出‘543’”的指示精神，自己也为了保证导弹科研事业的胜利前进付出了辛勤劳动。

在“543”仿制工作全面展开的高潮中，1962 年 9 月初，国防部五院调整和加强了总设计师组织，在国防部五院设立了总师办公室，并任命钱文极为“543”总设计师，吴展为副总设计师。与此同时，对技术力量重新做了调整，将投入“543”仿制和反设计人员增至 1360 人，加速了“543”的仿制生产。

为保证电子产品的准确性，二分院测试处在乔石琼的带领下，积极倡导“计量为型号服务”的工作方针，向设计师系统提出了型号在研制阶段，应对“计量测试提出具体技术要求”的建议，从而推动了在“543”仿制中

“计量统一”工作的开展。1963年，测试处开展了“543”型号统一计量工作，相继解决了其他单位尚无法解决的“543”某个系数的测量问题，为后来“543”仿制的成功奠定了坚实的基础。

红旗一号发射姿态

1964年5月15日，国务院特种武器定型委员会颁发《红旗一号定型暂行办法》，规定了定型的标准、内容、程序及定型的组织机构和职责。1964年10月6日又圆满完成对U–2侦察机模拟目标的设计试验。这些工作的圆满完成为红旗一号的定型做好了准备。

1964年9月16日上午10时，伴随指挥长的一声令下，装在发射架上的三枚红旗一号防空导弹三弹齐发，15秒内击落了25000米高空的靶机。试验成功。

1964年11月24日至12月4日，地空型号定型委员会召开红旗一号定型会，罗瑞卿总参谋长等参加了会议。该委员会随即向国务院特种武器定型委员会提出红旗一号导弹定向问题的报告。同年12月10日，国务院特种武器定型委员会批复：“……同意‘红旗一号’战斗弹初步定型，希望在批生产中，继续解决遗留问题，提高质量，逐步达到战术技术性和战斗使用的要求。”

此时，随着美蒋飞机入侵中国大陆侦察活动的日趋频繁，防空部队迫切需要部署更多的地空导弹武器系统。在这种形势下，地空型号定型委员会一方面于1965年6月23日批准了制导站和地面设备初步定型报告，同意投入小批量生产，以解决部队装备的燃眉之急。

1965 年 7 月—1966 年 6 月，柴志作为七机部二院计划部部长，在二院党委的领导下，组织攻关小组，通过试验和大量分析计算，在工厂领导、科技人员、工人的大力支持下，终于解决了雷达天线系统误差的问题。

后经过试验验证，雷达天线系统误差在大部分工作频率上满足了技术要求，并优于当时的苏联产品。按此方法，不合格的雷达天线进行了技术性修复，使产品顺利出厂，为国家作出了重要贡献。该技术成果于 1984 年 12 月荣获国家发明奖一等奖。

2. 打造红旗二号

在中国人民革命军事博物馆内有一架硕大的飞机残骸，它就是 20 世纪 60 年代被新生的共和国防空部队击落的“猎物”——U–2 侦察机的残骸。而猎杀 U–2 侦察机的“猎枪”，就是我国自行研制的首型地空导弹——红旗二号。

今天，红旗二号虽已失去往日的雄风，早已完成历史使命退出舞台，但它那挺立傲骨，仿佛在向世人讲述老一辈空天防御人打造“猎枪”的背后故事；它透着久远年代的风尘雨露感，让我们再次感受那火红岁月之中的激情燃烧、纯洁情感之中的烂漫温馨、艰难困苦之中的坚忍不拔、事业追求之中的忘我奉献。

1965 年 5 月，周恩来总理主持的第十二次专委会议提出，必须采取积极措施，加速地空型号的研制，以加强我国的防空力量。后七机部召开红旗二号导弹研制工作会议，决定由二院负责导弹总体技术的设计研制任务，从此，红旗二号研制工作全面展开。

作为落实二院型号任务的责任部门和领导机关，柴志组织展开了技术上的争论，最后得到了思想统一，根据当时科技队伍和生产能力的实际情况，秉持“一步一个脚印”的基础，制定了“543”基础上小改、中改和大改三步走的规划设想。同时，为保证红旗二号地面设备各系统对接参数的量值统一，测试处与总体部、生产厂共同研究并确定了主要对接的计量清单等，从而比较好地保证了对接质量及试验的顺利进行，受到了设计和试验单位的好评。

红旗二号发射姿态

“文革”期间，科研生产等面临严重冲击。为了扭转被动局面，1967年3月17日，国防科工委呈请聂荣臻元帅签发“中央军委特别公函”，要求“七机部所属两派群众组织的科技人员和工人，务必保证完成红旗二号导弹的研制和为核武器加工部件的任务”，并实行“军管”。此“公函”对稳定当时二院混乱的环境局势和恢复科研生产秩序起到了积极的作用。

曾任科技部助理员杨松荣说：“在红旗二号研制过程中，作为时任部长的柴志在受到批判的情况下，仍以党和国家利益为重，为了祖国的导弹能够早日上天，顶着巨大的政治压力，仍坚持战斗在科研生产的第一线。同时，积极与空军相关部门进行组织对接，协调相关具体事宜，同时作为型号研制的责任组织领导部门，协调总体单位为把各单项技术的改进综合成完整的、协调的总体方案，制定出合理的研制程序并使飞行试验顺利进行，上下奔波，为推动红旗二号的成功，发挥了重要作用。”

3.“近快战法”开启电子战先河

1963 年 11 月 1 日，一架 U-2 侦察机由台湾桃园机场起飞，侦察我西北核试验基地返航时，航线正对准我地空导弹一线的拦截阵地。此时，我防空部队认真吸取以往的教训，采纳了“近战歼敌”的方案，成功使用“近快战法”击落 U-2 侦察机，并俘获了飞行员。

后来 U-2 侦察机多次被击落，迫使美国逐步使出“绝招”——电子战：美军很快在 U-2 侦察机上安装了“预警装置 -12 系统”。一旦导弹制导雷达打开天线，它便会提示飞行员绕开导弹阵地。

针对敌情的变化，二分院按照中央“要通过技术手段击落敌机”的指示，研究新的作战方案。由于在一定空域内，它在明处，我们在暗处，它的动向都在我们掌握之中，要击落它，必须要有迅雷不及掩耳之势，打它措手不及。为此，必须像魔术师变戏法那样，适时让制导雷达信号突如其来地出现在 U-2 侦察机面前，压缩它做出反应的时间，使其逃不出导弹杀伤区。这样，就需要打破常规，使开制导雷达天线的距离压缩到 35 公里，从开天线到发射导弹的时间缩短到了 5~8 秒钟，这样，即使 U-2 侦察机通过地空导弹制导雷达天线，接收到制导雷达信号获得告警，想紧急逃出导弹杀伤区也为时已晚。

4.“263 号”利器

1964 年 11 月 26 日凌晨，携带升级的最新干扰设备“13 系统”的 U-2 侦察机侵入大陆。我军制导雷达开机后开始报警，他立即打开“13 系统”释放干扰并机动逃脱。我军雷达显示的目标信号出现变形，导弹未能击中目标。U-2 侦察机在“13 系统”保护下急忙返航。

魔高一尺，道高一丈。“对抗赛”进入第二回合，为了扭转局面，针对U-2侦察机加装“13系统”欺骗干扰装置，一场“抗告警，避干扰”的“电子对抗赛”不断在对抗与反对抗中进行较量。

柴志带领科研人员努力攻关。红旗二号是敌我双方的电子对抗战出现的“拉锯战”的过程中逐渐锤炼成功的。每当我方击落一架U-2侦察机，敌人就更新一次抗干扰手段。我方又在分析敌情的基础上，争分夺秒地进行新的抗干扰手段研究、生产和试验。为了推进红旗二号研发，提高制导雷达抗干扰精度，二分院一方面和空军等进行对策磋商，另一方面积极组织技术力量，对缴获的敌探测和干扰系统进行认真细致的分析，了解敌方的电子战能力和发展趋势。

经过对缴获的U-2侦察机发现，“13系统”系统的启动需要依靠“12系统”。于是紧急研制了一种照射天线，在它发射电波的影响下，“12系统”无法辨别导弹制导雷达天线发射的电波，也就无法发出预警。经过反复推演论证后，理想中的红旗二号电子系统增加了射高和作战斜距，增强了制导站的抗干扰能力，确保了测量精度，改善了操作性能。

1965年1月10日，U-2侦察机夜探包头，被地空导弹一营击落于内蒙古。这一战是首次使用装有照射天线的兵器作战并在夜间击落U-2侦察机。在U-2侦察机残骸坠落地点，完整地缴获U-2侦察机干扰设备“13系统”和红外照相设备，经过专家研究发现“13系统”是个波段的角度欺骗回答式干扰机，既可以单独使用，也可以与“12系统”配合使用。于是，二院相关专家组织技术力量很快成功破解了“13系统”，并研制出能够对付U-2侦察机施放的转播干扰设备“263号”，反干扰电路，为红旗二号在国土防空作战中发挥了重要作用。

1967年9月，U-2飞机再次飞临我国华东地区上空。目标指示雷达准确地指示目标和测报敌机航路参数，当 U–2 侦察机到达开天线距离，立即打开制导雷达天线开关，同时发现角度欺骗型电子干扰后，操纵手熟练操作反掉干扰，连续发射三发导弹，击落了 U–2 侦察机，为国产装备在国土防空作战中发挥更大作用打下了坚实的基础。

我方迅速赶往飞机残骸坠落地点，从机翼下的吊舱里，找到了被烧毁的电子干扰机，型号为“13C”。这次战斗的胜利，既创造了成功对抗美国电子干扰，击落 U–2 侦察机的世界首例，也是国产地空导弹首次成功击落 U–2 侦察机，充分验证了“263 号”不愧为“重器”。

随着中国有了能够猎杀 U–2 侦察机“猎枪”，美国又研制了飞行速度高达 3 倍声速，飞行高度达 27~30 公里的 SR–71 高空侦察机。红旗二号已无法应对，迫切需要研制新的型号。在此情况下，二院根据空军提出的对空作战的需要，打造能够对付 SR–71 等高空、高速目标的新的地空导弹武器系统红旗三号被提上重要日程。此后，二院根据空军提出的重点要解决“两个三”的问题（即能对付 30 公里高空和 3 倍声速飞行目标）研制的决战在二院全面展开。后来，虽然由于二院体制和任务的调整变化，1969 年 8 月任务被转隶其他单位继续研制。但二院广大干部、科技人员、工人仍怀着对国防科研事业的热烈追求，抽调 140 余名技术人员进行驰援，为红旗三

行进中红旗二号及制导站

号的研制成功作出了重要贡献。

虽然1978年某工程下马，重返地空型号战线，但在一些重要技术及研究方向进行了有益探索，取得了一批重要的研究成果。其中有些技术达到了当时国内的最高水平，有的填补了国内空白，科技队伍得到了很大的锻炼，对武器研制系统的技术特点和难点有了较深刻的认识，对二院空天防御事业和我国导弹事业的创新发展奠定了有益的技术和理论基础。

5. “钓鱼工程”钓“大鱼”

在红旗七号型号预算会上，钟山（后当选中国工程院院士，后任二院副院长）提出的经费预算和定型时间使当时国防科工委的一位领导笑了：“你这是‘钓鱼工程’吧？”意思是用较少的预算夺标，然后再一点一点要经费。这条“大鱼”就是被称为“天字第一号”的红旗七号防空武器系统。

被时代浪潮推着走。20世纪80年代初，世界先进军事技术日新月异，西方主要军事大国，装备第二代防空导弹已超过15年，而此时我们国家在这方面却是一片空白。面临我国保卫边境、国防急需的情况下，第二代防空导弹的研制就成为维护我国领空安全的重大时代课题。

此时，二院争取到了研制巨浪一号的任务后转而开始研制潜地导弹，维护了战略型号院的地位。但院内大多数单位仍然没有改变任务匮乏的状况。此时恰好出现一个机会：国际上一些发达国家针对苏联某型导弹的高空打击，通过解决飞机结构、防热、材料等问题，实现了低空突防，最低飞行高度仅为50米。欧洲某国家设计生产了一种低空导弹，专门打击低空飞机，并定为第二代地空导弹。而此时我国还停留在第一代地空导弹时代，无法对新型飞机形成打击。面对此种形势，二院究竟该向何处去？二院在历史上就是以地空导弹武器研制为主的单位，这方面有着得天独厚的优势，因此，组织力量返回地空武器研制战线是一个很好的发展机遇。

1979 年 6 月，国务院、中央军委正式批示同意，将研制低空防空导弹命名为“红旗七号”。柴志和同事们抓住机遇，上下游说直至找到张爱萍同志，积极上言“请上级机关考虑让二院返回地空战线”的技术优势、人才优势和信心，促成某样机的仿制，使红旗七号得以上马，助推二院重新返回地空导弹研制战线。

1980 年 4 月 21 日，国务院、中央军委正式发出《关于下达红旗七号地空防空导弹研制任务的通知》（即 91 号文件），决定由七机部承担研制任务。同时还要求在任务下达后一年内正式上报红旗七号的总体方案。二院从此真正从某工程下马，高调返回地空导弹研制战线。

1981 年后，国防系统发生了两件大事，为推动确立二院研制地空武器型号的抓总地位起到了“助推器”的作用：一是 1981 年 9 月 7 日，国务院、中央军委决定将七机部、八机部合并，组建新的七机部。二是 1982 年 12 月，国务院、中央军委下发通知，决定七机部负责地空（舰空）导弹武器系统的技术抓总工作。这样，为二院重返地空战线奠定了坚实的基础。

此时，已经被“文革”耽误十年的二院广大科研人员都踌躇满志，想尽快为国防建设贡献自己的聪明才智。1980 年 5 月 31 日，二院召开了红旗七号任务动员大会，并任命二院时任 25 所所长钟山为总设计师。至此，二院重返地空导弹研制战线的号角正式吹响。

为了加强红旗七号的组织管理和指挥调度，1982 年 2 月，二院党委决定柴志为红旗七号总指挥。

在红旗七号研制工作中，为打好二院重返地空战线的第一个硬仗，作为总指挥的柴志，组织领导“红七人”全身心地投入到型号研制中，从方案设计到产品研制、生产、试验，整个团队克服重重困难，完成了红旗七号武器系统、控制系统、导弹总体及结构设计、通信、数传、遥测系统以及综合测试设备研制设计中的大量技术协调、攻关和试验工作。

1983 年 10 月，二院提出“加强指挥调度”，任命柴志为行政指挥调度总负责人，以进一步提高红旗七号指挥调度的组织协调效率。

1983 年 10 月 26 日，为加快红旗七号的研制速度，作为行政指挥调度总负责人、二院院长的柴志组织制订下发了《强化红旗七号设计师系统的措施》《红旗七号科研生产指挥系统的工作职责》《红旗七号试样研制阶段质量管理措施要点》等文件，为红旗七号任务的顺利完成提供了有力的制度保障。

同时，为了提高红旗七号的研制效率，保证研制质量，突出两条指挥线的抓总、协调的特点，本着各负其责，分工不分家的原则，相互支持、密切配合的精神，作为总指挥的柴志领导组织制定了以下“五项措施”。

一是建立和健全科研生产指挥系统。根据二院党委提出的红旗七号的研制工作的指导思想，建立以技术指挥线为主，行政指挥线配合的组织指挥系统。两条指挥线在各自的工作中严格遵循确定的研制程序，按纵向的管理层次，由院到厂、所及科、室、车间，逐级设置各级指挥员（由分工或指定的主管领导兼任）组成指挥调度线，即指挥系统，并按统一指挥、分级管理的原则实施全面、系统、不间断的指挥协调，促进科研生产顺序进行得高效与统一。

二是全面推广应用“网络法”为主要内容的系统工程管理。20 世纪 60 年代初期，二院在某型号研制过程中曾经进行过“网络法”的试点，后因种种原因，未能继续应用推广。1980 年开始，在红旗七号管理系统中，全面推广应用“网络法”，以此为依据，协调进度，指挥调度各方力量，抓好短线和薄弱环节，目的在于加强科学管理，提高工作效率，加速红旗七号的研制进程。

三是建立准确的信息资源和反馈机制。在红旗七号管理系统中明确规定：属院直机关各部门负责处理的问题必须当日办理，并向有关厂所或部门通报处理情况；京内单位对调度会议决议，应在规定的时间向院主管部门通报执行情况；凡属重要科研活动和重大科研事故随时上报，并强调各级指挥员及专职管理人员，要经常深入实际调查研究，以便及时发现问题，及早予以协调。

四是运用经济手段加强与改善管理。把经济观点灌输在红旗七号研制管理过程中，其中一个很重要的内容就是实行经济合同责任制。目的是强调以型号的全局利益为主，兼顾单位集体和个人的利益，使技术人员、管理人员和工人的积极性得到充分发挥。

五是加强外场试验的组织管理。在红旗七号飞行试验及其他大型综合试验，由于各次试验涉及面广，组织协调的工作量大，为了便于协作配合，提高工作效率，使各单位、各部门有章可循，1984 年 2 月，行政指挥系统和技术指挥系统联合召开会议，提出了要进一步强化指挥系统，提高工作效率等措施，为保障红旗七号的成功提供了坚强有力的组织保障。

1979 年，在党的十一届三中全会精神的指导下，二院的任务方向得到了调整，开始了以潜地和地空两大类型号为主的多类导弹研究院。这让曾自主研制出我国红旗二号导弹武器系统并屡创战功的二院沿着改革开放的正确航线开启了新的征程。在经历了“文革”的十年动荡后，二院人热情高涨，主动请缨，为最终实现第二代防空武器任务的争取和加快型号研制作出了突出贡献。四下戈壁，八年鏖战。该型号成功通过定型试验，完成了我国地空导弹武器从第一代向第二代的转变，为推进我国国防武器现代化建设迈出了重要的一步。

1988 年，随着一声发射令，导弹从发射车头顶飞出，稍一下沉，便贴着地面呼啸着逼近目标。一声巨响，一团火光在空旷的戈壁闪亮。这火光，标志着新型武器创造了国内高水平的拦截记录，标志着新一代地空导弹武器系统设计定型试验大功告成，标志着我国地空武器系统有了一个质的飞跃，中国向世界宣布：我们不仅可以对付来自中高空的威胁，而且可以有效地对付来自低空、超低空的空袭。

关于红旗七号的定型试验，当时二院《新宇报》有以下精彩的描述。

下午，原是有些晴朗的天气，忽然乌云密布，随之又刮起大风，19 点，风速已达到每秒 13 米，天气也变得越来越昏暗。试验队队长、总设计师钟山等同志，望着翻滚的云层，表情严峻。不少同志在担心，发射中，红旗七号这种天气能打吗?

20:55 分左右，“砰、砰、砰”三发红色信号弹升上天空，要打了！人们的眼里闪烁着兴奋的目光。

……阵地上观看的人们，听到了靶机越飞越近的报告声，望着战车上随着目标移动的发射架，不见发射，心情格外焦急，觉得时间过得是这样慢，一秒钟都显得那么长。突然，人们看到，筒弹的前盖抛开，然后，随着一声巨响，炽热的火焰喷出，导弹如一道闪电，直射长空……靶机似乎还在爬高，导弹奋起直追，经过两次漂亮的爬高，直奔目标。突然，靶机以每秒 240 米的速度来了一个急速水平转弯，由原来向西飞，转向南飞。有些同志骂道“真狡猾”，也有的同志大声喊到“加油”，为导弹助威。瞬间，随着“轰”的一声巨响，靶机的尾部冒起滚滚的浓烟，如同一只断了线的风筝，摇摇晃晃地直往下栽，火焰映红了整个机身。站在阵地上的人们看得清清楚楚。“轰”又一声巨响，靶机坠落在离发射阵地南约 1 千米的地方，碎片横飞，蘑菇云状烟雾腾空而起，场面极其壮观。“打中了！”人们欢呼起来，阵地立时变成了一片欢乐的海洋，把手祝贺的，相互拥抱的，有的人流下了激动的热泪。

出鞘的红旗七号

在二院防空导弹研制历史中，红旗七号是唯一在计划经费内以“合同制”按时完成研制任务的型号，并取得了中国防空导弹史上“四个首创”的重大突破：一、5发5中，5枚导弹击落4种5架靶机；二、首次双发齐射同时命中2架靶机；三、飞行高度仅几十米的超低空靶机首次被直接命中摧毁；四、首次通过战术性能使用考核。1992年，红旗七号荣获国家科学技术进步奖特等奖。柴志作为一任总指挥，在型号研制中起到了至关重要的作用。

学志

第四章 巨浪蛟龙 深海雷霆定乾坤

1979 年 2 月，柴志被任命为巨浪一号行政总指挥调度在二院总负责人。从此，柴志便与所有“巨浪人”并肩战斗，共同为打造护佑国家战略安全的“大国重器”，踏上了一条充满荆棘的探索之路。今天，回顾以柴志为代表的一代“巨浪人”那段积淀凝结宝贵精神财富的历史，仿佛又回到了那个到处充满激情的火红年代。

1. 命运多舛，“三抓”成就巨浪一号

毛泽东指出：“没有现代化的工业，哪有现代化的国防？”因此，通过尖端技术研究带动科学技术事业发展，为国防科技事业发展奠定了重要的基础。尽管当时我国有了能够发射核武器的中近程导弹，但是，缺少了能够抵抗二次核打击制敌的长拳，核威胁依然像一把“达摩克利斯之剑”始终悬在中国人民的头顶，挥之不去。同时，美苏两个超级大国在“冷战”时期进行的核装备竞赛对其他国家造成了巨大的核威慑。因此，面对超级大国的核威胁，年轻的人民共和国亟须拥有能够维护国家安全、能够抵抗二次核打击的“杀手锏”。

“深海蛟龙跃上岸，笑看平地起惊雷。”自从1958年6月中国第一座核反应堆开始运转以后，为了保卫我国漫长的海岸线，我国决心建造自己的核潜艇。此时，为解决“弹”的问题，潜地导弹的研制任务被提上了重要议事日程。虽然潜地导弹遨游深海战场地位作用不言而喻，但是，想研制这种高度一体化防御能力的武器系统，技术门槛相当高，想拿到“世界潜地导弹俱乐部”的“入场券”更非易事。

青岛海博馆的巨浪一号馆标

“文革”十年，国民经济遭到严重破坏，为维护国土的安全又不可能“遍地开花”保证更多型号的研制，必须突出重点。当时“三抓”任务都是由某研究院承担的，由于研制任务太重，进展速度不快。此时，二院鉴于当时坚实的技术基础和国家提出

某工程下马的意见，得到张爱萍同志的赞同，一支很有经验的组织管理及技术队伍正在寻找用武之地。1979 年，张爱萍同志等国防科委领导与宋任穷等七机部领导决策：由二院抓总“巨浪”型号，重新组织技术力量（将四院四部、十七所等划到二院）充实研制队伍，调整院机关，院领导亲自担任总指挥，某厂承担生产总装任务，甚至从办公、生活用房也给予全力保障，使这次调整工作非常顺利，加快了型号研制工作的进度。

理顺管理体制，加快巨浪一号进程。“三抓”是党中央及七机部等老一辈领导重要的战略决策，对推动我国国防现代化步伐和防御能力提升起到了积极推动作用。1979 年，国防科委和七机部根据中央的方针，对航天工业进行了任务调整，决定集中主要力量加快东风五号、巨浪一号和“331”工程三项重点工程的研制（以下简称 “三抓”），调动全国各方面力量，优先保证这三个型号的研制、试验任务。

柴志（左一）迎接试验队凯旋

为加强巨浪一号的组织领导，1979 年 2 月，柴志任巨浪一号行政总指挥。

巨浪一号列入“三抓”任务，极大鼓舞了二院广大研制人员的斗志。经过多年的艰苦攻关，1980 年，潜地战略导弹进入总装测试阶段。1982 年 10 月 7 日 15 时 14 分 01 秒，导弹点火发射。但是，一级发动机点火后，导弹失去控制，迅即偏离方向，超出安全范围，导弹自毁。

面对失败，面对来自各方面的压力，柴志鼓励大家：航天作为高科技领域，在它取得巨大成功的同时，也伴随着较高的风险。问题不在于有没有失败，重要的是如何从痛苦的失败中吸取教训，使自己变得聪明起来，从而最大限度地避免失败或减少失败。面对导弹的自毁，柴志与大家一起，围绕着设计、生产、产品质量控制和管理工作等方面进行了全面反思。失败的沮丧过后，迸发出的是不灭的希望火花；沉重的压力下面，是坚挺不屈的脊梁。接下来的几天，作为总指挥的柴志和他的团队顶住压力，技术总师黄纬禄带领团队迅速判断失误原因，最后找到了答案——某个分离插头提前脱落导致失败。他们采取措施解决了问题，有效避免了类似故障的再次发生。

苍天不负苦心人，艰苦的付出，终于换来了成功的收获。时隔5天后，1982年10月12日15时01分，随着中国某海域下的一声巨响，一个“庞然大物”跃出碧海，拖着长长的“烟龙”向着蓝天深处飞去……

“弹头命中预定海域！”

……

在上述成功的基础上，又经过6年的艰苦攻关，1988年9月15日，潜艇水下定型试验发射取得圆满成功。

“钢铁蓝鲸掀巨浪，深海雷霆定乾坤。”中共中央、国务院、中央军委发出贺电，指出“这是党的独立自主、自力更生方针的又一次胜利，它标志着我国运载火箭技术又有了新的发展。”这次试射成功，标志着我国在尖端国防科技领域取得了重大成就，使我国成为世界上第五个拥有水下发射战略导弹的国家，不仅直接粉碎了国外敌对势力威慑中国的阴谋，也间接地为我国争取多年的安全发展机会提供了有力保障。甚至说，如今我们安全的稳定环境和幸福的生活，与其都是关系匪浅。

巨浪腾空起，龙腾刺九霄。

1984年10月1日，巨浪一号亮相国庆35周年阅兵式。穿透过历史的云烟，屹立600多年的天安门城楼曾见证列强们耀武扬威、踏上金水桥穿

腾空而起的巨浪一号

接受检阅的巨浪一号

门而过的屈辱场景。同样十里长街，自新中国成立以后迎来了盛世景象，“东风”劲吹，“红旗”猎猎，大国长剑昂首屹立，挺起了亿万国人的精神脊梁。

2.“后墙不倒”为定型而战

多年的拼搏，培塑了柴志知难而上的性格。在巨浪一号研制的过程中，他精心组织、大胆管理，制定保障方案，组织实施。技术上遇到大的问题，他总是异常冷静地对“技术指挥线”给予积极鼓励并提供坚强有力的保障。

在国防科技领域，有一个词叫“后墙不倒”，意味着没有任何理由和条件，一定要在规定时间“攻克山头”。站在时代的角逐场上，回顾巨浪一号的研发史，回想当年的老一辈科研工作者，一群白手起家的“巨浪人”，他们是在怎样艰难困苦的条件下，突破重重“卡脖子”技术难关，书写了共和国国防科研史上的奇迹，为我国国防铸造了这样一柄锋利的利剑，使我国真正具备了“三位一体”的核打击力量。

为“小”而战是巨浪一号的第一要求。由于装备在核潜艇上，巨浪一号的体积必须要“小”。但是麻雀虽小，五脏俱全，恰恰就是因为这个“小”，使得所有技术都面临空前的挑战。固体导弹弹体小巧玲珑，便于装艇、装车，从作战使用的角度来说，它反应快、发射程序比较简单，发射准备时间短。“小”对于我国年轻的固体导弹研制队伍来说，是一个严峻的考验，但“难以想象”中无不浸润着“巨浪人”“给予人者多，取予人者寡”的奉献精神，无不闪耀着“勇于攀登”的科学精神。

1970 年，黄纬禄调任巨浪一号总负责人。在千头万绪的工作中，黄纬禄首先聚焦的是如何在国力薄弱的情况下，尽可能加快研制进程。和其他导弹相比，潜地导弹的试验程序十分复杂，特别是需要大量的水下试验，才能得出关键的数据。但是，水下试验技术难度很大，当时的中国既没有经验，也没有相应的技术手段，该怎么办呢?

这是一场写满难题的必答考卷。“巨浪”团队提出“台筒艇”方案实际上是省略了一些试验环节。经过 6 年的艰难攻关，特别是经过“9185”海上飞行试验的“砺剑”和“9188”试验质量会提出“背水一战”后，1989 年，巨浪一号成功定型。

巨浪一号行政指挥系统和设计师系统为保证后续产品质量，对质量控制和研制进度提出了“四不一保证”的要求，即图纸有问题不下厂，产品不带问题出厂，不带问题总装，不带问题参加飞行试验，保证达到设计技术指标。设计和生产质量的提高，为保证顺利进行飞行试验创造了条件。

这是一场全程冲刺的赛跑。于无声处听惊雷，导弹腾空的背后是“驯火者”的隐形人生。“巨浪人”是今日倒海“蛟龙”的“驯火者”，不畏“巨浪”，奋起“潜行”。巨浪一号从 1967 年正式开始研制，到 1991 年 1 月，国务院、中央军委下文正式批准巨浪一号定型。这一型号的固体潜地战略导弹获得了国家科学技术进步特等奖。

“形胜渤海湾，浩瀚无边，群龙追逐雪花翻。一代玲珑神功手，险峰敢攀。

奇鲸龙宫潜，红火凌烟，虎啸腾飞破云山。哪怕狂风激恶浪，雷震海天。”

这是张爱萍为庆贺巨浪一号潜地导弹成功后书写的赞许诗。

3. 打造“有职、有权、有责”的组织系统

任何一个型号研制的特点是错综复杂、可变因素多，因此必须强化指挥调度的高效统一，而强化的目的在于形成高度高效的组织协调管理机制。为加强巨浪一号的抓总力度，加强巨浪一号的组织领导，1980 年 2 月，柴志被任命为巨浪一号总指挥。

承担研制任务的有来自分布全国 20 多个省市的 109 个单位，跨几个工业部和军、兵种，而大部分在院外、部外、京外，绝大部分不隶属二院建制管理。在这种情况下，作为一个新的大型型号研制的抓总单位，要适应新的形势，在管理模式上必须改革。

作为总指挥，柴志决定从当时实际出发，在研制单位比较分散的情况下，型号管理工作摒弃了研究院的管理模式，在国防科委和部领导的支持下，进一步健全完善两条指挥线，并经过实践、摸索和总结，逐步形成了“统一指挥、型号抓总、专业协作”的组织管理体制和相对稳定的配套协作体系。这一管理体制的核心是加强两条指挥线，即以抓总单位为主导的计划、调度指挥线和以总设计师为中心的技术指挥线。

“全面规划，分清缓急本末”。为使研制工作有条不紊地均衡发展，明确各单位、部门的任务分工，1979 年 8 月，柴志主持召开了巨浪一号研制会议，做出《关于巨浪一号研制工作中若干问题的决定》：总体设计部协助总设计师黄纬禄技术抓总，实行跨部门、跨地区的技术指挥；航天部内跨院之间的组织、协调工作由航天部程连昌副部长直接主持；二院柴志副院长和其他各

研制单位的行政领导负责本单位的行政指挥；在型号研制中采取在研制关键阶段进行集中质量管理，实行设计配套、计划配套、科研经费统一管理等措施。所有这些，有力地保证了巨浪一号研制工作的顺利推进。

此时，为加快型号研制的推进速度，1979 年 8 月，柴志主持召开了巨浪一号综合调度会。会议决定强化指挥调度线，建立每周一次调度会制度。同时，为解决巨浪一号生产中的有关问题，1979 年 11 月 10 日在南京召开了由柴志副院长主持的巨浪一号 01 批综合调度会。会议就生产中的有关问题进行了研究协调解决。

为了加强对巨浪一号的行政指挥，加快研制步伐，1980 年 2 月 2 日，七机部发出《关于加强巨浪一号研制生产指挥调度工作的通知》，决定建立巨浪一号科研生产指挥调度系统，程连昌、林爽二位副部长为总负责人，负责部内外、京内外的指挥调度工作；任命柴志为总指挥，办事机构在二院。此后，各单位都明确了指挥调度负责人。

1980 年后，伴随巨浪一号研制逐渐进入飞行试验阶段，作为型号总指挥的柴志，千方百计地从队伍组织、创造研制条件、组织协作配套、搞好思想政治工作和后勤保障等各个方面，为保证型号研制工作按既定的程序有序进行创造有利条件；积极组织协调飞行试验的技术准备和发射工作，处理试验产品生产及导弹总装中的质量问题和靶场试验中出现的各种问题，努力为实现总设计师确定的技术途径、技术方案得到有效实施提供有力支持，力争型号研制飞行试验圆满成功。

同时，作为抓总的二院，在航天工业部的统一计划下，分别编制了产品的实施计划以及与此相适应的年度计划进度序顺表。这些计划在日常工作中统称为“划线、竞标、提口号”。如 1980 年提出的总目标是“装三打一”，规定了 3、4、6、8 月四条线，分别作为综合匹配试验设备、合练弹、“遥一”“遥二”的齐套时间。这些目标、口号和期限线成为各研制生产单位动员群众、协调动作的准则，已做到人人皆知，深入人心。同时在计划实施过程中，通过灵活多样的方式协调处理问题。除了每周召开一次综合调度会和分阶段召开计划协调会外，针对研制单位分散的实际，经常进行现场指挥调度；根据研制进程的推移和每个阶段工作重心的不同，现场指挥调度等。同时，为了确保试验任务的完成，除原有的试验相关规定之外，试验队还制定了《试验队暂行规定》《试验队技安工作规定》《试验队保卫、保密工作规定》等，为确保巨浪一号各项工作的有序推进和成功提供了坚强有力的组织保障。

1982 年 5 月 21 日，二院召开巨浪一号试验任务动员大会。时为巨浪一号总指挥、二院院长柴志在动员会上强调：“号召全体参试人员为了祖国的荣誉，为了国防现代化，团结一心，确保试验全胜。”

通过统一计划，把众多研制单位的工作有机地联合起来，使大家目标明确、步调一致、拧成一股绳。同时各级指挥组织的责任确定，形成了“上边有人抓、下面有人管、事事有人办，有职、有权、有责”的行动指挥系统。

后来，巨浪一号的管理经验引起了航天工业部和国防科委的重视。1981 年 8 月 12 日，航天工业部下发了《巨浪一号实行型号抓总、专业协作管理体制的初步体会》，国防科工委于 1981 年 9 月 25 日以题为《巨浪一号实行统一指挥、型号抓总、专业协作管理体制的初步体会》予以转发。

4. 彰显系统协调理念的“四共同”原则

“四共同”原则，源自巨浪一号在研制过程中的首次总师扩大会议。

1979 年 8 月 6 日，总师办公室经过充分调查研究和认真准备，在二院召开了首次总师扩大会议。会议议题主要围绕在一级固体发动机摆动喷管摩擦力矩技术攻关受阻的情况下，如何完成总体初步设计，结束初样研制阶段，扭转几年来“年年订计划，年年无变化”徘徊不前的状况，打开型号研制新局面等展开讨论。会上，大家本着解决“问题”的一致目的敞开心扉、各抒己见。黄纬禄总师也提出“让大家都把余量拿出来，再分散难点”“在分散难点中，要承担一定的风险”“风险要共同承担”“不能出了问题时互相指责、埋怨”等诚恳建议。会议结束时大家都很满意，特别是被黄纬禄“作为总设计师，我首先要承担责任”的肺腑之言所感动。这次会议为使下一步的研制工作得以继续进行奠定了坚实有力的基础。

会后，总师办公室根据扩大会议的内容总结出了“有问题共同商量，有困难共同克服，有余量共同掌握，有风险共同承担”的“四共同”原则。如今，这短短的 28 个字，成为航天型号系统协调工作的金科玉律，也成为二院的一笔宝贵精神财富。

作为总指挥的柴志要求巨浪团队，把“四共同”原则深入地运用到巨浪型号的整个研制生产过程中。在明确分工的同时，要根据研制单位分散的特点，把技术协调和计划调度紧密地结合起来，即在召开型号计划协调会之前召开总设计师扩大会，以解决技术协调问题为主，以便为计划调度扫清障碍，使计划调度部门围绕总设计师系统的技术决定有利地进行工作，提高了团结协作效率，有力促进两条指挥线作用的发挥。

巨浪一号成为举全国之力、协同攻关良好践行“四共同”原则的典范。几年后，当那枚震惊世界的潜地导弹发射成功后，回顾成功的漫漫之路，参与研制的专家们都认为“四共同”是成功的最重要原因之一。后来接任核潜艇总设计师的黄旭华在谈到与“巨浪”型号总设计师黄纬禄的密切合作时，一语中的地说：“尽管我们两方面是一对矛盾，但是每当遇到困难，双方都从自己这方面想办法来克服，我们之间一直合作得很好。”“四共同”

功不可没。

蛟龙出水，雷震海天！

1989 年 1 月，航空航天部航天系统工程司决定组织编写巨浪一号、东风二十一号研制工作总结，并成立编辑委员会，柴志等老同志为顾问，继续为航天事业的建设发展发挥余热。

回顾我国固体导弹发展道路的几个关键节点，无论是高起点起步，承前启后的型号的研制，以及研制布局和研制体制的多次调整，都显示了党中央领导发展国防力量的战略决策和坚强的自信心。

学志

第五章

初心无悔 运筹帷幄践使命

柴志在长期从事航天型号研制的管理和领导工作中，积累了丰富的实践经验。他深谙管理内涵，注重从顶层、全局来观察、思考问题；他善于组织、团结发挥科学技术人员的智慧和力量；他勇于担责，无私奉献，即便在“文革”期间，柴志也始终坚定心中的信仰，忍辱负重地埋头工作。

1. 落实“整顿”要求

党的十一届三中全会，工作重点转移到社会主义现代化建设上来的战略决策，这对航天战线的发展产生了深远的影响。此时，柴志作为二院院长，认真落实党中央提出的“调整、改革、整顿、提高”的方针，领导全院坚持以科研生产为中心，以“出成果、出人才，为社会主义服务”为根本任务，恢复了型号总设计师制度，任命了重点型号的各级设计师；恢复和建立了科学技术委员会；在建立型号技术指挥线的同时，建立健全了以计划调度为中心的行政指挥线；恢复和建立了各种必要的规章制度，强调按研制程序办事；建立严格的质量管理和保障体系……经过一系列恢复性的整顿工作，彻底改变了二院在“文革”中造成的混乱局面，使科研生产和各项工作逐步走上了正规化、科学化的轨道，为实现“蛟龙出水”“巨浪上岸”华丽转身东风二十一号以及后续多个型号的创新发展奠定了坚实的基础。

作为二院的行政“一把手”，他擅长统揽全局，科学配置各种资源，注重各方面积极性的调动。成为院长之后，柴志深入贯彻落实党中央提出整顿的要求，在前期试点的基础上，认真总结好经验，于 1982 年 8 月 13 日，组织召开了二院的整顿工作会议，并组织成立验收小组，从此拉开了二院全面整顿工作的序幕。

从 1984 年起，二院对院属单位分批进行整顿验收，至 1985 年经过验收小组达标验收，全面整顿工作胜利完成。通过全面整顿，使二院的两级领导班子、领导干部的“四化”程度有了较大提高；内部的经济责任制得到了进一步完善；各项规章制度、管理规定和劳动纪律等得到了进一步完善和加强等，为加强二院的发展活力和适应改革形势的发展需要，打下了初步基础。

二院如何发展？到底能为国防建设作出什么贡献？二院的路怎么走？靠什么发展？这个目标一定要明确。

此时，作为二院的“领头雁”，柴志心里十分清楚，能否制定出一个既科学的、符合客观实际的发展规划，又必须高屋建瓴、胸怀全局，把前沿技术、管理经验和目标成果，通过科学的设计路径，条理清晰的规划目标落实到二院的科研生产发展中。达到既要有前瞻性，又要具体性，并能够成为大家共同的目标。

1983 年 5 月 20 日，二院党委召开扩大会议。柴志在认真总结十一届三中全会以来工作的基础上，代表党委作了《认真贯彻落实党的十二大精神，为全面开创二院工作的新局面而奋斗》的报告，并根据国家“六五”规划以及航天工业部发展规划的要求，制定了二院“六五”发展规划，分别提出了长远和近期发展方向：坚持从实际出发，立足改革，着眼创新，远近结合，以近为主，既要有先进性，又要有可能性，经过努力能够实现。为此，大会确定了 1985 年的奋斗目标为：型号研制工作有一个较大的发展，二院的产值和利润有大幅度的增长，整顿改革见成效，党风院风明显好转，职工政治业务素质显著提高。为加速二院整体改革发展指明了方向。

1983 年，柴志在二院党委扩大会上作报告

作为智慧与科技凝结而成的顶级工业产品——“兵器”，一直是国防科技发展视野的焦点。柴志

作为时任二院的“一把手”，上任伊始，将“抓总”的任务与二院的实际相结合，认真分析二院当时型号研制的现状等情况，积极到国防科工委、上级主管部门汇报，听取意见，有力地推动了在战略上以巨浪一号、东风二十一号为核心的型号科研生产创新发展。同时为解决有些单位“无粮可吃”的“窘境”，积极与上级和部队协调沟通，争取并研制成功二院首个“合同制”的型号——红旗七号，并凭借过硬的基本功和深厚的文化底蕴，以“四个首创”获得成功。

2. 民品反哺军品

“和平与发展是当今世界的两大主题。”进入20世纪80年代以来，曾经辉煌的军工企业风光不再，军品任务锐减，有的甚至到了断炊的地步。当时我国正处于“短缺经济”时期，军工企业开始以自身的技术优势，充分利用军品剩余生产能力，大力发展民用急需产品，实现“双赢”。早在改革开放初期，在“以民养军”的思想指导下，二院就勇敢走进市场经济的大潮，开始了发展民品的积极实践。他们怀创业之心、担事业之责，他们的经验教训默默滋养了一批又一批事业后来者，而今天民用产业所取得的辉煌业绩也足可告慰这些“先行者”。

思路决定出路，做好民品反哺军工产业。20世纪80年代初，二院与大多数军工企业一样，面临“军品任务少，民品未形成规模”两难抉择：是继续靠军品订单“度日”，还是另辟蹊径，再谋出路？破除单一军品观念，树立军民结合，为国民经济建设服务的观念。抓好思想转变是前提，狠抓组织落实是基础。“打破传统观念，转变思路才有出路。”二院党委一班人积极响应国家提倡军工厂生产民品、走军转民的方针，做出了“以军为主，民品反哺军品”转型发展的决定，二院民用产业发展开启了新征程。

然而，由于航天工业是在特定的历史环境下建立和发展起来的特殊行业，面对突如其来的方向“转变”，内部出现了不同声音。有人认为，二院自创建以来，一直以生产型号产品为主，并在国内外享有盛名，转型到从未涉足的民用领域谈何容易？

此时，面对空前压力，二院党委一班人为了转变职工的思想观念，认真组织宣传党中央的方针政策，反复宣讲“抓住机遇，集中力量发展加快经济建设，应当充分运用科技人才集中优势开发民品，反哺军品，为促进国民经济现代化作贡献”的重要性，树立自力更生、艰苦创业的观念，迅速实现思想观念转变奠定了坚实的基础，也为后来的转型发展、大刀阔斧地继续前行，营造了良好的发展环境。

为深入推进“军转民”驶向快车道，1983 年 2 月，时任二院院长的柴志宣布了院党委的决定，指出要贯彻“军民结合，平战结合，军品优先，以民养军”的十六字方针，按照“服务国家战略、服务国防建设、服务国计民生”走出一条高速稳定发展之路。将涉及部分业务领域也由军用制造转向民用领域，经历一个从自发到自觉，从“找米下锅”到有组织有计划，从各自为战到“联合作战”的过程，开始踏上军民结合、面向国民经济建设的新路。

1983 年，柴志在二院“两先”表彰大会上讲话

开拓市场是出路，面向

国民经济是方向。充分发挥技术优势是关键，建立适应市场经济发展的机制，积极推进内部改革。国防科研工作面向国民经济建设，有着较强的优势和雄厚的技术基础，有着广阔的道路和发展前景。为此，为进一步推动民品的发展，制定了相关民品管理规定：用经济手段管理民品生产、实行经济责任制和落实奖励制度等。例如，从 1983 年起实行上缴收益包干指标三年不变的办法，超额收益部分，其 80%归本单位使用，鼓励各单位多创收益；搞军品和搞民品都应同等待遇，评定职称、考核干部和评功授奖一视同仁等等。这样就进一步调动了广大科技干部和职工的积极性。也为二院圆满完成了“六五”计划提出的各项目标和经济指标提供了有力的支撑。

3. 筑牢航天“生命线”

思想政治工作作为贯穿到各项工作之中的“生命线”，更是关乎“国之大者”的战略性工作，必须为思想政治工作塑“魂”。

次次闯关夺隘，根在信仰。二院的发展历史，就是一部坚持党的领导、加强党的建设的历史。作为航天强国建设和国防武器装备建设的主力军，红色是中国空天防御事业最鲜亮的底色，思想政治工作是航天事业的生命线。

“思想政治工作是一切经济工作的生命线，这是我党我军和我院建院历史上所一再证明的客观真理。只有大力加强思想政治工作，才能保证以科研生产为中心的各项任务的顺利进行。从建院之初，我们就十分重视和加强思想政治工作的建设。多年来，依靠强有力的思想政治工作，保证科研生产工作的正常进行；依靠强有力的思想政治工作，加速了出成果、出人才；依靠强有力的思想政治工作，克服了苏联背信弃义，废合同，撤专家，对我院事业的严重破坏：依靠强有力的思想政治工作，我们经受了三年自然灾害的严重考验。”

这是1979年5月3日，柴志在二院政工会议上发表讲话时，对思想政治工作重要性进行的深刻阐述。

贯彻执行党和国家、军队关于航天事业的方针政策，保证航天事业的正确发展方向，是航天思想政治工作的根本任务。柴志重新走上领导工作岗位后，正值改革开放初期，面对“文化大革命”给二院造成的“内伤”和对广大干部职工思想上的混乱，二院党委认为在当时复杂纷繁的环境中，要真正“拨乱反正”，只有从教育入手，统一全院干部、群众的思想认识，才能同心同德巩固和发展二院安定团结的政治局面，顺利实现工作重心的转移。

20世纪80年代初期，在改革开放的条件下，二院的思想政治工作面临着消除“左”的路线造成的严重后果，同时也面临排除右的思潮干扰的重任。于是，根据当时科研生产的发展环境和人们思想状态，从长远建设着想，进一步强化了党对航天事业的全面领导，牢固树立“为科研工作服务，为科技工作者服务”的思想，把做好科技知识分子和科研生产中的思想政治工作放在突出的位置，为二院的全面发展提供了坚实的思想保障。

坚持和加强党组织的领导作用，是航天思想政治工作的根本保证。政治上是否坚强有力，首先取决于党的各级组织是否坚强有力。二院始终重视加强各级党组织的建设，坚持和加强党组织的领导作用。1981年6月，二院党委为把政治上的拨乱反正深入进行下去，二院党委把学习《关于建国以来党的若干历史问题的决议》作为一项重大任务来完成，举办了党员干部学习班。通过认真学习，加深了对《决议》的重大意义和基本知识思想的理解，统一了树立团结一致向前看、振奋精神搞好科研生产和各项工作的思想，增强了广大干部职工肃清“左”的思想影响的自觉性，提高了对加强和改善党的领导重要性的认识。

1981 年 7 月，二院在经过“把做好政治思想上的‘拨乱反正’工作作为全盘工作的中心环节”，通过深入开展“实践是检验真理的唯一标准”的问题讨论，进一步冲破了“两个凡是”的思想禁锢，进一步提高了对党中央的“调整、改革、整顿、提高”方针的认识，推动了二院任务方向和组织体制的具体落实和调整工作的开展。柴志指出：

“树立一切工作紧密围绕以科研生产为中心来进行的指导思想，逐步明确思想政治工作为了适应工作重点的转移，必须从多年来习惯于搞政治运动，转变到以科研生产为中心，把出成果、出人才当作我们最大的政治；从过去思想政治工作脱离科研生产的‘两张皮’，转变到围绕科研生产做好思想政治工作；把政治工作落实到科研生产和各项业务工作中去，从过去那种以党代政、以政代企，包揽一切的工作方法，转变到充分发挥政治工作的领导作用和保障作用，保证科研生产渠道的畅通。”

柴志根据中央有关政策对 1974 年和 1976 年“双突”期间提为干部和发展入党的对象，进行了妥善处理和安排。同时，根据中央“两案”审理工作的指示精神，二院党委按照中央确定的“严肃慎重”的方针进行了甄别处理，巩固了二院安定团结的政治局面。

坚持以科研生产为中心，保证各阶段研制任务完成，是航天思想政治工作的指导方针。围绕中心，服务大局，为空天防御事业发展提供强有力的人才支撑，是今天二院创新发展取得辉煌成就的重要力量之源。20 世纪 80 年代初期，通过一系列的拨乱反正教育，二院在思想领域实现了一个历史性的重大转变。二院的思想政治工作紧紧围绕保证和服务于“三抓”任务的完成，大力宣传完成这一任务对国家的国防建设、经济建设和发展我国航天技术的重大战略意义。在飞行试验中组织了党委领导、思想政治工作和行政后勤系统参加的服务保障系统。政工干部深入一线，做好型号研制的服务、保障工作，保证了“三抓”任务的顺利完成。在柴志担任院长期间，随着二院多个型号研制任务先后进入外场试验，思想政治工作如何保证外场试验任务的顺利完成，已成为突出的课题。为此，为筑牢科研生产的“生命线”，在当时巨浪一号、东风二十一号、红旗七号的历次大型试验中，充分发扬二院思想政治工作“深入型号”的优良传统，广大思想政治工作者，深入科研生产一线，渗透型号全过程，紧紧围绕型号的整个生命周期做好思想政治工作保障，逐步探索和总结形成了一套外场试验中思想政治工作的优秀做法和经验。

第一，建立试验队临时党委及临时党支部，让“领导核心”作用和党支部的战斗堡垒作用，从政治思想上保证试验任务的顺利进行。

第二，通过反复进行思想动员，不断激励参试人员的事业心和责任感，使参试人员始终保持高昂的政治热情和旺盛的斗志。

第三，自始至终进行“质量第一，安全第一”的思想教育，把高昂的政治热情同“严格、严密、严肃”的科学态度结合起来，确保试验的质量和安全，并在试验过程中结合暴露出来的问题，及时发动群众开展质量复查和事故预想活动。

第四，反复进行团结协作的思想教育，努力搞好院内外各方面的团结协作，做到“有问题共同商量，有困难共同克服，有余量共同掌握，有风险共同承担”。

第五，政工干部要深入试验现场，前后方密切配合，按照外场试验中不同阶段的特点和要求，及时掌握和分析参试人员的思想和情绪，有针对性地做好思想政治工作。

航天思想政治工作，在保证出色地完成各项型号研制任务和各种发射服务中，发挥了其他工作无法替代的重要保障工作。毛主席讲：“一个人活着要有心脏，党支部就是连队的心脏。把连队党支部建好，让连队的心脏坚强地跳动起来，才能使党的血液流贯我们这支部队的全身。”航天基层党支部，充分坚持“支部建在连上”的根本要求，在动员、组织和教育科技人员和工人克服困难、顾全大局，大力弘扬赓续航天精神，胜利完成各项任务的同时，培养教育和锻炼出一支又一支思想好、技术精湛、作风过硬的航天队伍，充分显示了航天思想政治工作“生命线”的强大威力。

4. 打造“又红又专”的科技队伍

2021 年 9 月 27 日，习近平总书记出席中央人才工作会议发表重要讲话强调：“做好人才工作必须坚持正确政治方向，不断加强和改进知识分子工作，鼓励人才深怀爱国之心、砥砺报国之志，主动担负起时代赋予的使命责任。”培养又红又专的科技队伍，是航天思想政治工作的目标，更是实现航天强国梦想的第一资源。

航天思想政治工作始终把培养又红又专的科技队伍作为工作的目标。思想政治工作是做人的工作，是做人的思想工作。贯彻党的路线方针政策、保证完成型号研制任务和完成更多更好的航天产品，必须有一支又红又专的科技队伍。

对知识分子实行政治引领、政治吸纳。在中国航天的每一次重要抉择的关口，广大科技知识分子秉持中国知识分子的责任与忠诚，以是否有利于国家、是否有利于民族为出发点。正是出于这样的朴素想法与基本认知，被聂荣臻誉为“是一支坚强的攻关队伍”。科研单位的根本任务，是出成果、出人才，要想研制出又多又好的科技成果，就必须培养造就又红又专的科技人才。贯彻落实党的知识分子政策，是加快人才成长的重要保证。1979 年 5 月 3 日，柴志在二院政工会议上讲话时指出：贯彻落实党的知识分子政策，必须要“从过去林彪、‘四人帮’把知识分子看成‘臭老九’，当作打击对象，转变到把知识分子作为工人阶级的一部分，党的依靠力量，充分发挥他们在科研生产工作中的主力军作用。”为此，他以帮助部分知识分子入党作为落实知识分子政策的“第一抓手”，大胆启用知识分子进入领导岗位，对调动科技人员的积极性起到了良好作用。

千秋伟业，人才为先。注重人才培养是战略眼光的一种体现，是着眼于未来发展，保持队伍后继有人之举。习近平总书记在中央人才工作会议发表重要讲话时指出，“要坚持党管人才，坚持面向世界科技前沿、面向经济主战场、面向国家重大需求、面向人民生命健康，深入实施新时代人才强国战略……”长期的实践和思考也让二院党委深刻认识到人才培养，必须做好顶层设计和战略谋划。改革开放初期，伴随“出国热”的不断升温，二院出现了人才的流失，出现了“搞导弹的不如卖茶叶蛋”的窘境。为充分发挥科技人员在科研工作中的骨干作用，形成引才、用才、稳才格局，二院恢复了各种技术职称评定工作，在专业技术职务评聘中，打破论资排辈，引入竞争机制，破格评聘高级工程师和研究员，为航天人才队伍保留了优秀技术骨干。在选拔干部时，柴志院长强调：要坚决贯彻党中央关于实行干部队伍“四化”（革命化、年轻化、知识化、专业化）方针，注意坚持“三执行”和“三破除”的原则（即执行党的群众路线，破除神秘化和手工业方法；执行任人唯贤的方针，破除任人唯亲的宗派观念；执行德才兼备的政策，破除论资排辈的陈腐观念），大胆提拔优秀中青年知识分子担任领导职务。后来这些人中很多都成为建设空天防御事业的栋梁。

航天人砺剑，剑也砥砺人才。老一辈科研人关爱人才、敢压重担；年轻一代勇于担当、不负重任。正是在这样的传承中，二院高素质人才方阵不断壮大。

热爱科研，才会坚定选择；春华秋实，方显自身价值。在型号研制这条路上，一旦开始就没有回头路，唯有以一种精卫填海的意志、水滴石穿的信念披荆斩棘、排除万难。柴志担任院长期间，正值二院转型期间，他深感培养接班人十分重要，在型号研制试验工作中，他努力培养青年技术人员，接到重要任务，总是安排年轻人先干，让更多的年轻人经历型号任务的历练和多岗位锻炼；对于一些技术难点，经常组织年轻人一起探讨，邀请专家精心指导，毫无保留地进行传授；在思想作风方面，对年轻人更是严格要求。在他严格的“传、帮、带”下，不少年轻人走上了型号负责人和重要管理岗位，诸多型号研制队伍逐渐磨砺成一支支敢打硬仗、能出精品的“战斗队”，使人才队伍建设的“星星之火”成为建设空天防御事业的“燎原之火”。

5. 励精图治抓质量

中国导弹控制专家、火箭系统控制专家，中国导弹控制系统研制创始人之一梁思礼根据长期从事导弹控制系统工作的实践，深切体会到质量和可靠性对型号成功的重要性，并强调：“质量和可靠性是设计出来的，不是统计出来的；是生产出来的，不是检验出来的；是管理出来的，不是实验出来的”。柴志自东风一号起，经历了多个型号的磨砺，对精益求精的质量要求体会更深、更远。所以，自 1981 年 3 月被任命为二院院长之后，他更加高度重视质量管控在型号中的应用价值。故从 1981 年 10 月开始，在认真吸收借鉴过去好的质量管理经验基础上，在全院推行全面质量管理建设，逐步形成了以全面质量管理为中心的技术管理保证体系。

建立型号质量管理体系。型号产品质量的好坏，是一项综合性的指标，是研制工作实行全过程质量控制的结果体。作为巨浪一号、东风二十一号型号总指挥，柴志针对型号研制单位多而分散造成的质量管控难度较大以及隶属关系复杂等特点，把明确“军工产品质量第一”和“严肃认真，周到细致，稳妥可靠，万无一失”作为型号研制试验质量管理的基本指导思想，认真组织领导落实上级提出的“大力推行全面质量管理”的指示精神，建立了以落实质量责任制为重点，从设计到生产、从试制到试验，均有人负责质量管理的质量管控措施。一是统一思想，建立巨浪一号质量管理体系；二是开展全过程质量管控；三是逐步实现质量管理制度化；四是注重质量信息的整理总结；五是建立了统一计量管理机制；六是建立群策群力的质量控制机制；七是试行质量目标管理试点等。

通过以上质量管理体系的建立，随着巨浪一号研制和试验工作的不断深入，巨浪一号的质量管理逐步地实现了三个转变：即基础工作由点向面转变；阶段控制向全过程控制的转变；单项质量要求向质量目标体系的转变，从而为巨浪一号的成功奠定了坚实有力的基础保障。

培育良好的质量意识。任何型号的成功，都是要靠人的工作劳动去取得的。因此，首先要提高全体人员的质量观念。全面质量管控贯穿于型号产品设计、生产、试验的全周期。加强型号产品质量建设，不只是简单靠监管和控制就能提高质量水平的，还需要培养人们的质量意识和整个型号过程的质量环境建设。因此，每一个责任主体，都必须把良好的质量意识落实在型号研制的整个链条和每一个节点中。在担任巨浪一号和东风二十一号总指挥期间，柴志通过采取“预先明确要求，分头贯彻落实，集中验收控制”等步骤，落实全过程的质量控制。在控制方法上，侧重于预防性的管理，包括开展质量复查，事故预想，全弹质量审定和质量信息的验收反馈等，特别是重点抓了齐套、总装、出厂、靶场试验几个关键环节的集中质量控制，有力地保证了科研生产任务的完成。

型号参试人员的高度责任感，是保证产品质量，做好质量工作的基础和保证。只有高标准的工作质量，才能保证产品和试验的高质量。在巨浪一号某阶段的外场试验中，针对出现的由于责任心不强而造成的质量问题，除不断通过宣传教育，动员参试人员提高思想认识外，在工作中严格落实岗位责任制，是行之有效的基本管理办法。为了培养全院职工树立起“质量第一”的意识，在全面进行质量检查、整顿的基础上，开展了系统的质量管理“可靠性教育”。经过试点后，质量管理能力得到了全面提高。

建立质量目标考核体系。对航天工程科学管理的认识，是一个不断深化、不断发展的过程。为加强全面质量管理体系建设，从1983年起，在柴志院长的领导下，二院在制定年度质量计划的基础上，又制定了总体质量目标，并按产品质量目标、工程控制质量管理目标和工作质量管理目标进行分解，确定各项质量目标值，在经过层层分解，落实到各厂所、车间科室、班组和个人。质量目标和质量计划的建立，促使型号产品质量水平和各单位、各部门质量管理水平的提高，有效地推动了全面质量管理的深入发展。

强化型号的可靠性管控。型号的质量和可靠性，是设计出来的、生产出来的、管理出来的。只有不断提高航天工程的全面质量管理水平，才能使型号的质量和可靠性得到有效保证。在巨浪一号、东风二十一号、红旗七号等型号的研制过程中，柴志先后提出了可靠性要求并组织制定了相应的工作制度和规定，通过进行可靠性指标论证、产品的可靠性增长试验及鉴定试验、电子元器件的可靠性管理、可靠性评定等多方面的工作，使产品达到了一定的可靠性水平，保证了型号研制工作的顺利进行，并为后来的成功奠定了坚实的基础。

建立清除“多余物”制度。良好的质量意识，是导弹发射成功的根本保证。从无数中外航天发射失利的案例中发现，绝大多数的原因是因为导弹内部存留一些“小小”的“多余物”造成的。为汲取以往的经验教训，在巨浪一号总装测试阶段，其中一项重要的任务就是消除导弹在装配过程中的“多余物”。对于这个要求，看似简单，但绝非易事。

为此，在巨浪一号总装测试过程中，作为总指挥的柴志从制定规章制度上入手，进行了严格、细致、周到的立体“清余”制度落实。首先是控制型号配套件，从仪器仪表、电缆到小螺钉，按照工艺数量配套，一个不能多，一个不能少；其次是严格控制装配班组使用的工具，集中存放，班后检查；建立“双岗、三岗”制。即一般工序操作实行双岗制，关键工序实行“三岗制”，即一岗做主要操作手，二岗监督（和一岗有同等责任），三岗是专职检验。三岗不到齐，不准单独进行操作。同时严格控制“多余”人员到装配现场……经过全体装配人员严格细致地对装配全过程的控制，达到无“多余物”的苛刻要求，为巨浪一号的最后“冲天”奠定了坚强有力的基础。

实施标准化管理。20 世纪 80 年代，随着二院多个型号研制任务的全面展开，实施标准化管理工作的重要性愈发凸显。经过多年的努力，至 1986 年年底，现行院标准有 160 项。在型号中明确选用国标和国际标准 131 项，部标 223 项，企业标准 395 项，共 749 项。院属各单位还先后制定了各种标准和规定 704 项。例如，在红旗七号研制过程中，新设计试制了 83 个标准、116 个品种、586 个规格的标准件 200 多万个。整理出 8 项基本配套标准化规定。这些工作基本上满足了型号研制的需求，也为标准化工作的深入发展奠定了基础。

“五统一”计量管理。“科技要发展，计量须先行。”在上述基础上，1980—1982年期间，在柴志院长的领导下，全院开展了计量器具的检查整顿工作，并恢复了周期鉴定制度，同时根据在实践中认真总结出了“统一制度、统一标准、统一方法、统一传递系统、统一检查”的“五统一”管理办法和工作程序的落实，为后来的各型号的计量统一和传递以及试验的成功提供了有力保障，使二院的计量工作水平上了一个新台阶。

准确的计量工作是保证科研生产正常进行的前提，也是评论产品质量的客观标准。在巨浪一号某批次的飞行试验中，通过计量统一工作的介入，进一步提高了对统一计量，特别是专用设备计量鉴定重要性的认识。1981年，巨浪一号首飞试验失败后，作为总指挥的柴志与副总师陈德仁要求计量站（现二院203所）帮助基地计量室在二次发射试验前对参试仪器进行技术标准鉴定。计量站迅速成立以乔石琼为组长的计量小组进入多个试验基地进行测试鉴定和检查试验前的统一计量工作。工作过程中，除了检查参试的通用仪器有无计量鉴定合格证书外，还专门强调了要评审参试的专用测试设备的质量，并将计量工作作为型号试验前准备工作的七项内容（程序）之一。这些为以巨浪一号为代表的众型号提供了有力的基础质量安全保障。

1984年，国防科工委决定二院计量站为国防科工委第二计量测试研究中心，负责科工委系统无线电计量标准的建立、量值传递、计量测试技术研究、统一计量和仲裁等工作。使二院的无线电计量标准水平处于国内领先地位。

今天，203所经过从二院最初的无线电标准仪器室，到计量站，直到今天发展成为国防科技工业第二计量测试研究中心、国家航天信息技术产业计量测试中心，具有计量校准、频率控制、自动测试、物联感知四大专业，建成了计量与校准技术科技重点实验室、国家计量基准实验室等国防科技事业中“看不见”的基石，为中国航天事业的高质量发展做出了积极努力。

第六章

人格如金 家风永传留美名

回顾柴志的一生，与柴志工作过的同事对他都有一个共同的评价：正直忠诚！即使深陷囹圄，也不曾放弃心中的信仰。柴志对子女严管厚爱，其如春风化雨般的思想“滴灌”，无声无息地浸润着孩子们的健康成长。他去世多年后，子女们回忆起父亲曾经的点滴教诲，仍十分感激：“爸爸留给我们烙印最深刻的记忆，还是他自己的言传身教。”

1. 胸怀宽广，与人为善

“径路窄处，需留一步与人行；滋味浓时，需减三分让人尝。”柴志一生严于律己、清正廉洁、大公无私，从不搞特殊化，从不利用自己的权力为自己或亲朋好友谋取半点私利，也不允许亲属和身边的工作人员利用特殊身份谋取利益。

柴志是一个注重学习的人。在多年的人生历程中，柴志深深地知晓文化知识对革命事业的重要性。参加革命时，柴志虽然只有高小的文化水平，但他在革命的大熔炉中如饥似渴地学习军事、文化、政治知识，特别是经过被送到多所军事院校学习深造后，逐步成长为一名部队的优秀政治工作者。即使担任领导干部后，他不只是自己仍然勤于学习，还鼓励身边的人努力学习进步。与柴志相识于 20 世纪 60 年代的杨松荣介绍：“柴志不但工作认真仔细，勤学好问，给同事们留下了深刻印象，而且十分注重发挥年轻人的主观能动性，要求我们作为航天人，一定要关心国家大事，关心政治。在参加每周六下午的政治学习时，都对我们进行当时的形势教育。学习期间，也给我们讲他过去战争年代的一些故事，对我们思想的改造产生了一定的影响。”

注重内部团结也是柴志的工作特点。柴志在是非问题上，一贯坚持原则，敢说真话，从不隐瞒自己的观点。对上，他尊重领导，凡是党委集体做决定的，他都坚决执行，有力地维护了领导班子的团结。“柴志十分注重单位内部的团结协作，特别是领导班子比较和谐团结，注重发挥班子成员的力量，对班子每一名成员，无论是年长的，还是年轻的同志，都十分尊重。在一些重大问题上，善于听取基层的意见建议，再通过民主集中制的原则解决问题。”时任国防部五院二分院科技部助理员王密江说。

树立“下去一把抓”作风。目标的有效达成，往往不仅依靠制度、措施和方法，关键有赖于全体执行者的工作作风。柴志在担任二分院科技部部长和计划部部长期间，严格规定所属部门工作人员每周要保证3至4天下基层调研的时间，并要求工作人员树立“下去一把抓，回来再分家”的“负责到底”作风。其间，作为落实二分院型号研制任务责任部门的组织者和领导者，在推进各型号任务落实过程中，充分发挥党委助手和参谋的作用。曾任二分院科技部助理员王密江回忆：“柴志工作认真负责，作风深入，工作中主张倡导深入基层了解情况，对下面反映和了解的第一手材料不能过夜。能够现场解决的问题立即解决，不能现场解决的问题，要主动向本部门领导或所属部门领导报告，做到心中有数，并反馈到基层所属单位或责任人。”

密切联系群众，关心群众疾苦，做群众的知心人。“一次听父亲的秘书讲，一群某厂的工人集体到我父亲的办公室反映厂房暖气不热的问题，秘书没有拦住，我父亲依然是笑着跟大家打招呼，直到耐心地听完工人们的诉求。这一点我们全家的印象都很深。”柴建中介绍道：“有时，因为工作关系，经常有些父亲的老同事、老战友到二院开会或检查工作，我父亲经常自掏腰包请他们到自家里吃饭。每次都拿出自己珍藏的烟酒招待，由于那个时代供应困难，家里又没有‘闲人’（母亲上班，哥哥姐姐上学寄宿），父亲就抓我做‘厨子’，经常是拌白菜心、拍黄瓜，切几根香肠、熟肉什么的。一般都是中午，‘老哥们’一起喝上几杯，抽几支烟，就匆匆上班去了。”在柴建中看来，这种“嗜好”是柴志与人坦诚相见、交流无碍的体现。

同时，柴志对待群众的意见建议，从不排斥。对下，他没有架子，干部、群众和他在一起，都不感到拘束。他经常找干部、群众谈心，了解下情，掌握第一手材料。因此，他掌握的材料比较多。据柴志家人讲：下班后，经常有干部职工到家里来反映情况，几乎天天都有访客。“来人经常是在吃晚饭的时候来。来访者反映什么的都有，有干部反映级别低的，也有普通老百姓来反映房子、待遇的问题等等。这时，我父亲总是认真地倾听，从不对来访者恶语相向。”有时，因为一来人“我父亲就要招待来访者抽烟，弄得家里乌烟瘴气，母亲很‘无奈’。因为，我们都在被动地受到二手烟的‘侵害’”。柴建中说。

2. 宠辱不惊，笑对人生

当一个人的理想与祖国的利益紧紧相连时，他的人生将趋于崇高，在奉献的同时，他也收获着常人无法体验的快乐和幸福。

“宠辱不惊，闲看庭前花开花落；去留无意，漫随天外卷云舒。”1966年“文化大革命”开始了。身为二院党委核心组成员的柴志当然躲不过劫难，被打倒了。整天戴高帽、挂黑牌挨批斗。随后，“帽子”越来越大，柴志不仅完全失去了人身自由，身心等受到严重摧残，家中被“贴封条”，家庭、子女也受到株连……但面对诬陷和逆境，柴志无论受到什么不公正待遇和肉体、精神上的严重打击，他对党对信念都坚贞不动摇，即便在那样极端困难的环境中，仍然忍辱负重埋头工作。“文革”结束后，“靠边站”的柴志又迎来了人生的第二个春天。

舍小家为大家，严守秘密无私奉献。伟大的航天事业背后，也同样藏着无数航天人对家人的亏欠。在伴随逐梦的道路上，他们的家人同样做出了很多牺牲，用关爱温暖着在一线奋战的亲人、爱人，也用深情理解着他们为保守国家秘密而展现出的沉默寡言。柴志的个人生活艰苦朴素。他作为一个 1938 年参加革命的老同志，他是国家高级干部，每月的工资收入不算少，而且，后来子女们都有了相当稳定的工作和收入，不需要他负担多少，可以过得舒服些，吃穿讲究些。但据其家人介绍柴志不但穿得一般，穿着也极为朴素，在他身上永远保持了我党我军艰苦朴素的“延安作风”。可以毫不夸张地说，柴志“进京赶考”是合格的。

3. 鹣鲽情深，琴瑟和鸣

1923 年，谷秀波生于河北省清苑县（今保定市清苑区）一个富裕家庭，由于受到家中多人先后参加革命的影响，走上了革命道路。在担任妇救会骨干期间，积极宣传抗日救国思想，动员广大妇女送子参军、组织妇女生产，支援配合部队和民兵战斗。谷秀波初中毕业，在当时属于知识分子了，她积极开展扫盲工作，提高妇女文化素质等。经历战火的洗礼考验，于 1940 年加入中国共产党。

抗日战争时期的柴志与谷秀波

鹣鲽情深，琴瑟和鸣。1943 年，柴志与谷秀波结为伉俪。没有花前月下，没有缠绵细语，两颗炽热的心却一步一步地靠近，感情也一步一步地加深。然而，他们的恋爱依然带有战争年代的特色，按照战争年代特有的方式进行着，并将他们紧紧地连在一起，结成革命的伉俪。那一年，柴志 21 岁，谷秀波 20 岁。

1959 年，谷秀波随柴志入京，先后历任北京宣武医院党委书记、天坛医院党

20 世纪 60 年代的柴志夫妇

委书记、北京儿童医院党委书记、北京市卫生局副局长、北京市计生委副主任等职。1972 年尼克松访华期间，陪同其夫人参观了北京儿童医院。

由于工作关系，柴志与谷秀波聚少离多。在互相理解中也磨砺了更加支持对方的思想。“不打招呼”外出执行任务、“说走就走”的出差、多日的“杳无音信”、经常与家人“失联”……谷秀波早已习以为常。

在与柴志相濡以沫的几十年里，谷秀波，一个善解人意的好伴侣，一生把丈夫的选择视为自己的选择。当柴志为航天科技事业付出全部后，自己也从未想过自己的得失，不但默默地承担甚至承受很多，在事业上比翼双飞。

4. 严管厚爱，不搞特殊

柴志的次子柴建中回忆：和父亲一起生活了 50 多年，日常的点点滴滴，并没有什么出奇的地方，既没有惊天动地的大事，也没有动人心魄的瞬间，就是在这一天天、一月月、一年年中，父亲的一言一行、一举一动，都给我们留下深深的印象，打下不可磨灭的烙印，影响了我们的一生。

柴志一生有着许许多多动人的故事，但他从来没有过大段的说教，他的言行犹如润物细无声，默默地影响着子女的言行规范。他不仅严格要求自己，不搞特殊化，同时也教育家人要严格要求。“一次，我夫人犯急腹症，痛得在床上打滚，我赶紧打电话找我父亲想要个车送夫人去医院，我父亲硬是没答应。后来我们是打车去的医院。”柴建中介绍道。

柴志的文化虽然不高，但他的言传身教就是子女人生道路上最好的榜样，无不影响着其儿女的一生。“我曾和父亲多次谈起他参加革命的经历，虽然有时是只言片语，但能够深切地感受到，父亲用他的担当为党和人民奉献了自己的一生，铸就的品格和精神影响了我们。”柴建中谈道：“儿时由于工作关系，父亲与母亲始终处于两地分居状态，我随母亲与姥姥一起在河北省保定市生活，哥哥、姐姐随父亲在石家庄寄宿学校，因为工作很忙，一家人能见到他的时间很少。后来随着父亲调到国防部五院二分院，母亲调到北京宣武医院后，我们一家才结束‘分散’的生活。”

“忘记家门”，成为“笑话”。“我们很难寻觅儿时对父亲的记忆，因为他太忙了，我们也不曾有太多的交流。”柴建中回忆道。“父亲的工作很忙，有一次下班回家开家门一转身又往回走了，我哥哥连喊几次，才使他回过神来，家里人笑得不行。”还有一次，“记得我上小学的时候，

柴志夫妇与女儿合影

20 世纪 70 年代，柴志全家福

一天放学回到家中，父亲问我几年级了？我回答说上五年级了。父亲若有所思地‘啊’了一声。”

自从全家人齐聚到一起后，柴志整天忙于工作，很少与家人享受天伦之乐。

生活上，柴志不但对自己严格要求，对家人子女也同样严格。正是由于严格的家教和环境的熏陶，柴志的三个子女，与父母一样，积极乐观，正直向上。当然，这无疑与夫妻二人的开明教育是分不开的。革命前辈不但自己身体力行，其儿女也继承衣钵，继续为航天事业而奋斗。

矗立在二院大楼外名为“航天梦”的铜像雕塑，其蕴意在时间的印记下愈发深远。在人们的眼里，雕像是伟岸的，其伟岸在于航天科技工作者视“国家利益高于一切”的拳拳爱国情怀；雕像是厚重的，其厚重在于老一辈航天人用激情和热血铸就的伟大航天精神；雕像是隽永的，其隽永见证了无数航天人为科技强军、航天报国所作出的历史贡献。跨入新时代的今天，我们回顾和总结二院型号两总的“导弹人生”，就是为了让利剑更加锋利、让红色基因永恒赓续、让伟大的航天故事依旧在这里传唱……而把一个又一个故事串连在一起，那就是四个大字：大国重器！（撰稿：李国）

柴志大事年表

- **1922 年**

  12 月 17 日，出生于河北省完县（今顺平县）一区郭家庄村。

- **1930 年　8 岁**

  1 月，在河北省完县一区郭家庄村读书。

- **1936 年　14 岁**

  3 月，在河北保定南关高小读书（一年），因抗日战争爆发，被迫辍学，回到郭家庄村继续务农。

- **1938 年　16 岁**

  4 月，加入中国共产党。

  7 月，参加受训后任河北完县一区农救会委员。

- **1939 年　17 岁**

  3 月，任河北省完县一区“青救会”委员。

  6 月，任河北省完县三区“青救会”主任。

- **1940 年　18 岁**

  9 月，在北方分局受训。

  11 月，任河北省完县县委、青委兼县“青救会”主任。

- **1943 年　21 岁**

  1 月，与谷秀波结婚。

  3 月，任晋察冀雁北分区抗联青年部长。

- **1944 年　22 岁**

  1 月，任三专区抗联秘书长。

- **1945 年　23 岁**

  4 月，参加冀晋区党委学习整风活动。

- **1946 年 24 岁**
  3 月，任晋察冀三分区青联主任。
  12 月，参加中国人民解放军。

- **1947 年 25 岁**
  1 月，参加晋察冀军政干部学校学习。
  7 月，任晋察冀军政干部学校二大队十二队政治指导员。

- **1948 年 26 岁**
  7 月，任晋察冀军政干部学校二大队一队政治指导员。

- **1949 年 27 岁**
  3 月，任华北军政大学（即军政干部学校）三总队一队政治指导员。

- **1950 年 28 岁**
  8 月，调入华北军区做青年工作。

- **1951 年 29 岁**
  4 月，任 30 步兵学校（即华北军政大学）政治部宣传科长。
  11 月，任华北军政干部学校三大队副政委兼主任。

- **1952 年 30 岁**
  9 月，任第六政治干部学校（即华北军政干部学校）俱乐部主任。

- **1953 年 31 岁**
  1 月，国防部命令授予副团职。
  5 月，任华北第六政治干部学校轮训大队副大队长。

- **1954 年 32 岁**
  9 月，任华北军区干部轮训大队副政委。

- **1955 年 33 岁**
  6 月，国防部命令授予正团职。获得“三级解放奖章”。
  9 月，被授予中校军衔。

▪ **1956年 34岁**
2月，任北京干部轮训大队政委。

▪ **1957年 35岁**
9月，任北京军区第九预校副政委。

▪ **1958年 36岁**
9月，任国防部五院二大队一中队副政委。
12月，任国防部五院二分院党委监委。

▪ **1959年 37岁**
10月，任国防部五院二分院第一设计部副主任。

▪ **1960年 38岁**
2月，任国防部五院二分院“1059”地面设备验收小组组长。
8月，任国防部五院二分院科技部副部长，晋升上校军衔。

▪ **1961年 39岁**
1月，任国防部五院东风型号委员会委员。
4月，任国防部五院二分院第二届党委会委员。
9月，任“8109”工程 “503”工区验收委员会副主任。

▪ **1962年 40岁**
9月，任国防部五院二分院科技部部长。

▪ **1963年 41岁**
7月，授予准师职。

▪ **1965年 43岁**
5月，由军队系统集体转业。
10月，任七机部二院计划部部长。

▪ **1970年 48岁**
12月，任七机部二院核心组成员。

- **1973 年 51 岁**

  9 月，柴志等二院核心组成员受到批判，并被监管审查。

- **1978 年 56 岁**

  2 月，任为二院党委副书记、副院长。

- **1979 年 57 岁**

  2 月，任巨浪一号行政总指挥调度在二院总负责人和 09- Ⅱ 工程行政副总指挥。

  8 月，主持召开巨浪一号综合调度会。决定强化指挥调度线，建立每周一次调度会制度。

- **1980 年 58 岁**

  2 月，任巨浪一号总指挥。

- **1981 年 59 岁**

  3 月，任七机部二院院长，党委副书记、党委常委。

- **1982 年 60 岁**

  2 月，任红旗七号总指挥。

  11 月，赴美国、香港等地洽谈相关工作事项。

- **1983 年 61 岁**

  1 月，任航天工业部二院院长。

  11 月，任红旗七号行政指挥调度总负责人。

- **1984 年 62 岁**

  6 月，带领二院技术考察团赴香港洽谈仿真计算机。

  8 月，兼任北京长峰工业公司董事长。

- **1986 年 64 岁**

  1 月离职休养。

- **2003 年 81 岁**

  9 月 10 日，因病去世。

参考文献

［1］航天工业部第二研究院院史编委会．航天工业部第二研究院院史(1957—1987).1987.

［2］航天工业部第二研究院院史编委会．航天工业部第二研究院大事记（1957—1986）．1987.

［3］航天事业三十年编审委员会．航天事业三十年［M］．北京：宇航出版社，1986.

［4］航天工业部第二研究院．纪念航天事业 30 年征文［C］.1986.

［5］飞跃苍穹——中国航天 50 年［M］．杭州：浙江科学技术出版社，2006.

［6］何立萍．雷震海天：导弹总体与控制技术专家黄纬禄［M］．北京：中国宇航出版社，2009.

［7］王建蒙．星系我心：航天工程技术专家孙家栋［M］．北京：中国宇航出版社，2010.

［8］孙捷，张吉利，侯鲜利，程国海．陈定昌院士传记［M］．北京：中国宇航出版社，2016.

［9］梁小虹．中国航天精神教程［M］．北京：中共中央党校出版社，2019.

［10］柴志在二院政工会议上的讲话.1979.

［11］邓力群．当代中国丛书：当代中国的航天事业［M］．北京：中国社会科学出版社，1986.

［12］习近平总书记在中央人才工作会议上的讲话［N］．人民日报，2021.

敏锐

耿锐的故事

耿锐（1920.8.13—1987.12.12），河北省束鹿县（今辛集市）人。1938 年 2 月参加革命，1939 年 10 月加入中国共产党，历任 205 师供给部部长、华北京津卫戍区防空军供给部部长、华北军区防空军后勤部副部长、军委防空军后勤部副部长。1957 年 4 月调任国防部五院业务部（物资保障部）部长，后任国防部五院院务部部长、国防部五院二分院副院长、七机部二院副院长。在二院任职期间，亲自参加三线基地的规划、选址和工程实施的全过程。“文化大革命”后，参加领导二院的拨乱反正，团结广大科研人员、干部和工人重建正常的科研生产和工作秩序。组织领导红旗七号研制工作，为我国研制第二代防空武器作出了积极贡献。

◎ 目　录

第一章 少年磨砺多苦难

1920 年 8 月，耿锐出生于河北省束鹿县一个贫农家庭。在家里非常贫困的情况下，他坚持读完初小，但由于生活所迫，十三岁就离家外出当学徒谋生。为了能让家人吃上饭，改善家里的生活条件，他小小年纪便扛起了家庭重担。

1. 贫穷家庭苦作舟

1920 年 8 月 13 日，耿锐出生在河北省束鹿县（今辛集市）小章村。当时的束鹿县，是河北省有名的文化大县、教育大县，历史悠久，文化底蕴深厚。在西汉汉高祖时，便设立了最早的郡县。1986 年，束鹿县改名为辛集市，并沿用至今。现在的辛集市位于河北省中东部，在石家庄市东 65 公里处，距北京市 240 公里，距天津市 220 公里。北与深泽县、安平县接壤，东与深州市为邻，南与冀州区、宁晋县相接，西与晋州市毗连。

20 世纪二三十年代，中国已经沦为半殖民地半封建社会，加上军阀连年混战，天灾人祸不断，整个华北大地都处在风雨飘摇的境地。耿锐的一家，也是华北千千万万的贫穷老百姓家庭之一。耿锐小的时候，是和祖父、伯父和叔父们住在一起，是一个三代同堂的大家族。家里只有 20 多亩地，9 间房子，却有 15 口人，全靠田地里的收成来养活全家人。久病的祖母常年卧床不起，花出去的药费使得整个大家族背上几十块大洋的债务。这在当时是一笔巨款。家庭的日常收入入不敷出，欠下的巨额债务也无力偿还，只能“靠拆东墙补西墙”勉强支撑。耿锐的伯父在天津的一家货栈当伙计，总算是能挣到点钱，对家里稍微有所贴补。耿锐的祖母去世以后，伯父就辞退了柜上的活计，回家务农。为了给祖母办葬礼和偿还债务，祖父卖掉了几亩地。地少了，能收到的粮食少了，全家人的生活就变得更加艰难。同时，因为伯父辞柜回家这件事，家里人产生了矛盾，于是祖父做主，分了家。除了给祖父留下三亩地养老之外，伯父父亲叔叔三家各分了三亩地、三间房。

耿锐的父亲名叫耿德功，他这一房里人口最多，耿锐有一个姐姐、一个妹妹、两个弟弟，加上耿锐和耿锐的父母，一共有七口人。耿锐是家中的长子。人口多，分到的三亩地根本没有办法养活全家人。孩子们年纪小，又不能帮着种地或者出去打工。一家人只能坐吃山空。到了分家后的第二年，家里仅有的三亩地就被卖掉了。在乡下，没有了土地就没有了收入，耿锐家破产了。父亲没有地种，只好去到别人家里打短工。耿锐的母亲和姐姐在家里纺棉织布，也能卖一些钱，勉强维持全家的生活。耿锐的父亲常常对着孩子们说，穷也要穷的有志气。父亲这种在骨子里的坚韧塑造了耿锐坚强的性格。不过，父亲的性格并不能改善家庭的经济条件。到分家后的第三年，三间房子也卖了出去，一家人只好四处借房子住。

耿锐 8 岁开始，在村里的小学读书，一直读到 12 岁初小毕业。耿锐的祖父念过私塾，是家里当家做主的人。耿锐在家里非常贫困的情况下，还能坚持念完了初小，也是因为得到了祖父的支持和资助。当时学校的老师是两个守旧的老先生，虽然并没有教会耿锐很多的文化知识，也没有让耿锐接触到先进的思想，但是，耿锐在成年以后一直非常热爱学习，不断地寻找学习机会，都是从小养成了热爱学习、刻苦钻研的习惯。他就像一块海绵，不管是灰暗的学徒时代，还是艰苦的战争年代，还是忙碌的建设时期，一直在寻找各种各样的机会学习，充实自己，完善自己。耿锐小学毕业那年的秋季，祖父病故，没有了他的经济支持，耿锐就再也不能去上学了。

2. 小小学徒苦支撑

束鹿县在清朝道光时期就是全国的一个重要的皮毛聚散地，有“直隶一集”之称，工商业比较发达，商铺货栈很多。1933 年春天，在家待了一个冬天之后，还没满 13 周岁的耿锐就因为家庭的困境，不得不去一个叫同茂货栈的商铺当学徒。同茂货栈是耿锐父亲的一个表亲家开的，父亲难得地低下了头去求人，只为给耿锐找到一份活计。当时的耿锐年纪小，因为营养不良个子很矮，站到店里一看，完全还是个小孩子。店主觉得这么小的孩子干不了什么活儿，还是看在和耿锐父亲是亲戚关系的面子上才勉强留下了他。旧社会的学徒收入少、地位低。耿锐每天在货栈里早起晚睡，扫地打铺，端饭倒茶，有客人时在门口一站就是半天。因为年纪小个头矮，一次提着一个大铁壶倒开水的时候，胸前不小心被水烫伤，由于没有能够得到及时的治疗，留下了一大块伴随终生的伤疤。如果活儿稍微没干好，店主就是非打即骂。耿锐在货栈里受了委屈，觉得干不下去了。但还是咬牙坚持了三个月，在请假回家的时候，才想和家里商量要辞工。但是又知道自己能去当学徒，是父亲舍了颜面求了人才办成的，所以怕惹父亲生气，不敢直接和父亲说，只能悄悄地和母亲商量。耿锐没有和母亲详细地说自己在货栈受到的苦楚，只说觉得当学徒不好，不想再回去了。被贫苦生活折磨的母亲对他说："你好歹还有顿饱饭吃，熬几年长大就好了，还指着你以后能挣钱养家哩。"耿锐听到这话，觉得没有办法，只能又回到货栈忍耐着干了下去。年底过年回家的时候，货栈给了他十块钱。耿锐拿回家交给父母。虽然这钱并不算多，却让父母很高兴，邻居们听说了，也都夸耿锐有出息，这么小就能给家里挣钱了。耿锐觉得自己终于能扛起了家庭的重担，就咬牙坚持着，继续在货栈干了下去，一连干了四年。耿锐在货栈里装卸车船、过秤记账的经历，为后来参加革命军队，做好后勤工作奠定了良好的基础。

后来随着华北沦陷，民生凋敝，百业萧条，耿锐工作的货栈也倒闭了。失去了学徒工作，耿锐只能回到老家。这时的父母家，因为获得了耿锐的一位舅姥爷的资助赎买了十亩旱地，家里的日子已经好过了些。但是，耿锐在家里并没有待多久，就毅然决定去参加革命，反抗日本侵略者，保卫国家。

敏锐

第二章 投身革命新天地

1938 年 2 月，耿锐自愿参加中国共产党领导的抗日队伍，走上了革命的道路。1939 年 10 月，耿锐加入中国共产党。抗日战争期间，他长期坚持战斗在冀中地区，团结同志，不畏艰险，冲破敌人的严密封锁，圆满完成部队后勤保障任务，荣获“五一”反扫荡奖章。解放战争时期，耿锐苦心钻研，认真总结战时后勤保障工作经验，顺利完成所在部队的后勤保障任务，为解放战争的胜利作出积极的贡献，荣获二级独立自由勋章和二级解放勋章。全国解放以后，他进入防空部队工作，尽心尽力地致力于防空部队的建设。

1. 参加抗日保家国

1937年7月7日，日本侵略者向北平郊区卢沟桥发起进攻，我国守军奋起抵抗，史称“七七”事变。7月8日，中共中央号召全中国同胞团结起来，筑成民族统一战线的坚固长城，抵抗日本的侵略。全国各地都在组织游击队，开展抗日救亡运动。1937年10月，平型关战役胜利结束后，聂荣臻率115师一部按中央命令在河北、山西、察哈尔三省边界地区开展游击战争，开辟创建敌后抗日根据地。他们以五台为基地，分兵向察南、冀西等地发展。所到之处，在中共地方党组织的协助下，发动群众，组织抗日武装，建立抗日政权，打击日伪军，收复失地，很快打开了局面。10月21日，中共晋察冀省委在阜平成立。11月，晋察冀军区成立，在山西省五台县耿镇组建供给部。1938年1月，晋察冀边区行政委员会在阜平成立。至此，位于平汉、正太、同蒲、平绥四条铁路之间的晋察冀抗日根据地基本形成。

河北大地上轰轰烈烈地开展的游击活动给了耿锐新的天地。1938年2月，耿锐和他的一个名叫耿玉亭的堂哥在束鹿县相邻的平安县城参加了人民自卫军。参军以后，因为耿锐能写会算，就被安排在经理处担任文书工作。在人民自卫军的工作和在货栈当学徒的时候给耿锐的感觉很不一样，自由平等的气息给了耿锐新的认知，耿锐在这种环境下学习热情高涨，拼命地吸收能接触到的所有新鲜的东西。团里组织大家观看《放下鞭子》的话剧，学唱歌曲《流亡一部曲》，开展对《八一宣言》《抗日民族统一战线》的学习，告诉刚刚参加革命的同志，什么是压迫和剥削，什么是民族，什么是侵略。耿锐在这样的工作和学习环境中进步非常大，政治觉悟有了很大的提高，思想境界不断开拓，对中国共产党和共产主义有了初步的认识，知道了中国共产党是坚决主张团结一致抵抗日本侵略者的先进组织。同去的耿玉亭在司令部警备营任副排长后，很快就加入了中国共产党，他告诉耿锐："共产党是无产阶级的先锋队，为穷人谋福利，让穷人不受压迫。"耿锐非常羡慕他，也认识到加入中国共产党是非常光荣的，也非常迫切地想要成为一名共产党员。

7 月，耿锐所在的冀中人民自卫军被改编，成立了冀中军区。耿锐被调到供给部一处任科员。当时，组织扩大干部队伍，耿锐身处其中，感到自己文化水平低、工作能力差。他不甘落后，主动向上级领导提出，要到供训队学习。供训队是晋察冀军区为了适应部队扩大对供给工作的急需，专门为供给干部开展的培训班。领导很支持耿锐这种积极学习的态度，9 月，耿锐参加了冀中军区开办的供训队，学期 3 个月，主要课程是经理通讯、会计与簿记、粮秣被服、兵器等具体业务。有老师讲课，要完成作业，还有正式的考试。这次培训学到的知识对耿锐的一生影响非常大，奠定了耿锐参加后勤工作的基础。30 多年之后，耿锐在写自传的时候，还清楚地记得当时的课程名称，可见耿锐对那次学习的认可和重视程度。耿锐最喜欢的课是会计与簿记，每次考试和作业都是 90 分以上。

培训结束后，耿锐因为脚上生了疮，没有回到原来的部队。等到他的病情刚刚痊愈，就被安排到新组建的新兵营担任供给员。这时的供给任务很简单，一切的供给物品都由供给部直接负责，耿锐只需要负责清点和发放。新兵营的新兵都是投降过来的伪军，全营只有教导员、指导员和耿锐是老同志。刚开始的时候，耿锐在思想上认为这些伪军就是敌人，所以和这些新兵待在一起，感觉很别扭。营教导员和指导员及时发现了问题，先后私下里找耿锐聊天，和他详细地说明和解释了共产党对敌工作的政策，做通了耿锐的思想工作。耿锐理顺了思路，便积极地投身到改造新兵的工作中去了。

河北各敌后抗日根据地的建立，严重威胁着日军的后方。从1938年9月起，日军调集40万兵力对各根据地进行大规模的多路围攻扫荡，企图消灭各抗日根据地。在各根据地党委的领导下，抗日军民紧密配合，展开游击战。

1939年春，冀中军区临时组织了一个工作团到二分区一带执行扩兵任务。新兵营教导员高辑五任工作团副主任，宋岩任工作团主任。耿锐这时的新兵营工作刚刚结束，因为工作态度积极负责，所以被高教导员调到工作团担任供给员工作。耿锐当时虽然更想去一个比较固定的单位工作，但还是服从了组织分配。

这一时期，冀中地区的对敌斗争形势越来越严峻。耿锐的部队到达安平县城后，各县城相继被敌军占领，情况越来越紧张，二分区已转移到外线作战，和耿锐的部队失去了联系。地方群众的情绪也因此有了波动，扩军工作也更难进行了。在接下来的游击生活中，宋岩主任经常给同志们讲革命故事，鼓舞战士们的斗争情绪。耿锐所在的部队逐渐转移到滹沱河北深泽、定县结合部一带活动，并计划向外转移。因为耿锐患上了痢疾不能参加长途行军，被宋主任允许暂时回家休养，约定病好后再与分区联系。这样，耿锐短暂地脱离了部队，经逐村的同志转送回家。回到家中后，耿锐得到本村中医医生的治疗。但是因为当时敌人时常出动扫荡，在养病期间，耿锐要不时地跑到田地里东躲西藏，耿锐的父母也一起跟着担惊受怕。耿锐看到敌人残暴的行为，更加深了对日寇的仇恨。7月，耿锐的病好些之后，正巧碰到游击二总队二大队在滹沱河南活动，就随着他们回到总队。耿锐回到部队后，向总队领导要求希望随部队回军区供给部，因为觉得在熟悉的单位能够实现尽快入党的愿望。当时总队的首长和供给处长向耿锐解释，二军分区在武强一带活动，因遭遇水灾，暂时联系不上，另外，革命工作者到哪里工作都是一样的。就这样，耿锐留在了总队供给处工作。

1939年8月，游击队二纵队供给处正式成立，耿锐担任会计员工作。当时供给工作手续较乱，所需的给养都是由专署直接提供。但耿锐由于在工作上非常踏实，并且肯静下心去认真钻研，很快地发现了其中可能会发生的问题，就向上级领导建议应该尽快建立新账和预计算。他的建议也很快获得了领导的采纳。当时的供给处长同时也是支部委员，对耿锐的帮助很大，经常同他讲解共产主义理论，进一步提高了耿锐对共产党的认识。10月，耿锐经杜瑞亭等人介绍，加入了中国共产党，候补期三个月。成为中共党员后，耿锐感到非常光荣，工作上更加积极，思想上要更加求进步。因为耿锐有很强的组织观念，1940年1月如期转正后，他就担任了党小组的小组长。

1940年2月18日，中央军委颁发了《八路军、新四军供给工作条例》。在此前后，《八路军军政杂志》连续发表了叶季壮同志的《八路军供给工作和供给制度》《论战时供给工作》《八路军的后方勤务工作》等重要文章，进一步明确了八路军供给工作的指导思想、任务、工作原则、编制体制、内部分工、干部培训以及各项规定和制度，使供给制度有所遵循。同月，耿锐所在的供给处开始扩编，下设各股，耿锐担任会计股长。工作上，建立了从纵队到独立营和县大队的一套会计手续。

在不断地对敌战斗中，在党的直接培养教育下，耿锐提高了政治认识和阶级觉悟，在实际斗争中进一步坚定了革命立场。耿锐积极参加党的工作，经常到组织科学习、翻阅党的建设、支部工作等方面的文件，理论知识既丰富又扎实，所以不久就被选为支部组织委员。

1940年8月20日至12月5日，八路军发动了闻名中外的“百团大战”，极大地振奋了全国人民抗战胜利的信心。百团大战后，日军认为华北敌后抗日根据地才是“最大的祸患”，从1941年3月到1942年年底，集结重兵对华北进行了五次“治安强化”运动，从军事、政治、经济等多方面疯狂进攻根据地。在河北，日军对占领区进行“清乡”，对游击区进行“蚕食”，对根据地用“三光”政策进行扫荡，以摧毁各根据地抗日军民的生存条件。

边区经济日益困难，八路军的供给状况不佳，广大指战员体质普遍下降。1941年8月，耿锐患上了脚气，甚至严重到脚部出现了化脓的症状。当时缺医少药，组织上想让耿锐回到后方休养，但耿锐坚决不离开部队。脚上疼痛难忍的时候，耿锐就躺在炕上，抬脚对着窗户让风吹，减少一点疼痛。9月，冀中军区游击总队与冀中军区七分区合并，耿锐被调到供给部会计股任副股长，这时供给部门执行的是由军区供给部统一规定来的一套较正规的标准制度、手续，耿锐用了半年的时间努力进行业务学习，使自己的会计业务工作能力提高了一大步。

1942年2月，耿锐被调到22团任供给处主任。当时部队在晋县（今晋州市）、深泽、无极一带执行反“蚕食”的斗争任务。耿锐很愿意去一线战斗部队锻炼锻炼。在紧张的战斗生活里，耿锐作为供给处主任不但要参加作战任务，还要保证部队作战器材、弹药、给养的及时供给。

5月初到6月底，日军华北方面军对冀中平原进行了残酷大扫荡，企图消灭冀中区中国共产党政府军队领导机关和主力部队，完全控制冀中地区。冀中军区和中共冀中区委指挥主力部队3万余人，采取以主力一部同地方部队、民兵相结合，在内线坚持斗争，主力大部转移至外线寻机歼灭日伪军的作战方针，展开反扫荡作战，史称“五一”反扫荡战役。在两个月的反扫荡作战中，晋察冀军民共作战800多次，消灭日伪军5500多人。这场战役取得胜利的同时，也付出了巨大的牺牲。共有2000余官兵和4500多名群众伤亡。华北抗日根据地的抗日运动进入最艰难的阶段。

在日军一开始的残酷大扫荡中，耿锐最开始的时候在思想上准备不足，以为敌人会像以往的扫荡一样，会很快地“雨过天晴”。但是这次的敌人非常疯狂，情况越来越紧张，部队开始被迫分散活动。在“五一”反扫荡战役中，耿锐参加了南赵户和李贵子村落战及有名的宋庄战斗，在每次作战后均能向战斗部队及时地提供弹药补充。但有一次耿锐在与安国大队联系时，因为敌人的疯狂扫荡，没有能够及时完成补给任务。事后，耿锐对此耿耿于怀了很久，觉得非常难过。后来，耿锐对待补给工作更加勤恳，更加主动。

抗日战争中，晋察冀军区部队利用田间长满高秆作物的有利时节，开展游击队活动，发起青纱帐战役。所以，当年秋收过后，游击队大兵团就准备在青纱帐倒之前转移到路西进行休整，只留下少数部队在路东坚持抵抗。1942 年 8 月，耿锐被调回冀中军区七分区任供给处主任。这时，也是青纱帐马上要倒下的时候。部队领导要求“今后供给主要是依靠当地群众和政权分散制作，同时要建立小型军火单位和采购组织”。当时，耿锐认识到路东的环境是非常残酷的，可是想到了红军长征时期比现在的情况更困难，耿锐觉得自己应该能够在这样艰苦的实际环境中考验自己，所以积极服从组织分配，接受了留下来坚持隐蔽斗争的任务。耿锐离开了大部队，到定县的一区赵庄一带建立后勤基地。白天隐蔽起来，只在夜间进行活动。

当时日军的“治安强化”运动还在进行，对乡镇和游击队的残酷扫荡还没有结束。在这个时候进行敌后工作，耿锐在思想上已经做好了牺牲自己的准备。因为后方机关和工厂没有自保能力，而上级又不能派出更大兵力来保护供给工作。要保障工厂人员、设备和物资安全，需要巧妙地使用“躲”和“藏”。不过，在几个月的敌后隐蔽斗争后，耿锐和他的小分队不但没有受到损失，反而学到了不少对敌斗争的方法和经验。耿锐收容了不少的干部和工人，扩大了后勤供应的组织，搜集过去坚壁的物资，建立了分散的造弹组、造二槽子弹组、修械组、被服组、合作社等若干小型军火后勤生产单位，扩大了辗转区。并与部队保持密切联系，保证了部队的各项供给。

1942年10月至12月上旬，日军进行第5次“治安强化”运动，集结了大批日伪军疯狂扫荡，向我基本区疯狂扫荡，并实行“沟壕堡垒”政策，企图把八路军和抗日工作人员封锁在那里。冀中抗日军民开始了更加艰苦的反“治安强化”斗争。敌人对定县整个地区进行了长达一周的包围、封锁和清剿。耿锐和粮秣股长刘敏、指导员刘漫西、会计张培基被困在了封锁圈里。为了避免损失，耿锐四人只好分开活动。当时敌人封锁很严，他和刘漫西只能依靠堡垒户进行隐蔽。到第二天上午，耿锐住的堡垒户东院的洞口被敌人发觉，耿锐发现洞口被掀开的时候开始有些恐慌，不过他立刻就清醒过来。他快速地爬到西院洞口时，发现没有动静，就从地道里冲出来，一口气跑到了村子的边缘。眼看着敌人的巡逻队疯狗般地跑过去，耿锐和同志们就趁机越过村围沟到了野地，并幸运地逃过了几次敌人骑兵的合击圈围。在包围圈里，耿锐得到了老百姓的掩护。因为耿锐他们手里有枪，也怕牵连到老百姓，不敢进屋子里待着，只能在寒冬腊月里拿枪隐蔽在草地里。后来他们趁着敌人换岗的时候顺利突出了封锁线。脱险之后，耿锐并没有放松，而是第一时间开始检查其他干部的生命安全和物资是否受到了损失。

1943年7月，冀中军区供给部撤销。冀中军区撤销机关人员与晋察冀军区对口单位合并。9月25日，日寇以20万兵力对晋察冀根据地进行大规模的扫荡，历时3个月。这次扫荡，敌人投入的兵力最多，时间也最长。这次反扫荡，由于紧密地依靠了当地政府和人民群众，物资疏散坚壁做得较好，经济损失不大。每次有情况，供给部的同志便会立即分头行动，拆的拆，装的装，搬的搬，运的运，很快就完成坚壁任务。为了做到万无一失，当时还十分注意保密工作，一些重要设备和物资不但由工厂自行坚壁（群众不参加），而且还尽可能缩小知密范围。尽管敌人每次扫荡都挖空心思到处搜查，可常常是两手空空，毫无收获。同月，马维华同志由路西过来担任供给处处长，耿锐担任供给处副处长。到了年底，耿锐所在的地方因为敌人撤掉了一些岗楼，环境相对宽松了一些，处里各股增加了干部，部队开展了整风文件的学习，提高了同志们的思想认识、理论水平和阶级觉悟。因为当时处于分散活动阶段，整风运动的主要形式是自学文件、联系检查自己。

1944 年 2 月，冀中军区第七军分区司令员于权伸率领分区机关一部和区连队共计 400 余人，转移到滹沱河以北的安平县杨各庄宿营。耿锐住在深泽一区、南营村。这天正在准备去分区机关开会的会议材料，突然听说住在另一个村子的供给处处长马维华同志突然被敌人包围被逮捕。耿锐想去杨各庄找于权伸司令员设法营救被逮捕的同志。但让他没有想到的是，日军与此同时集合了安平、深泽、安国三地兵力，从东、西、北三个方向对我宿营部队实施围剿。冀中军区第七军分区全体官兵在向东南方向撤退时，才发现横跨滹沱河的一座木桥已在几天前被鬼子破坏。首长紧急部署，将部队分成两队，掩护部队与敌军交战，突围部队强行渡水流湍急的滹沱河。在付出了惨痛代价之后，部队最终突围成功。牺牲和渡河死亡失踪人数共计 129 人，史称杨各庄战斗。耿锐在追赶部队的途中，发现敌人封锁了过河大桥，只好带着警卫员涉水过河。滹沱河水深流急，还带着冰凌，情况非常紧急。耿锐不会游泳，在河中呛了两口水之后，迷迷糊糊地被冲到了对岸，和警卫员也失散了。他听着不断传来的枪声，继续向前跑。天寒地冻，耿锐很快就被冻僵在路上。幸亏被侦察班长发现，动员老乡把他抬到村里，进行了急救。这次战斗后，耿锐因为受伤很重，不能继续随队战斗，只能转移到后方休养。耿锐在休养的过程中，为了避免因自己被捕而给革命工作带来财务损失，有计划地转移了机关和生产单位。

耿锐坚持了“五一”反扫荡及后来的隐蔽斗争，证明了他经得起残酷环境的考验，并能执行当时对敌斗争的各种政策，在恢复分区的供给工作上有一定的成绩，完成了上级交给的任务，因此获得了“五一”一等纪念章。

2. 供给保障助解放

随着德国法西斯的败亡，中国的抗日战争也开始转入大反攻。1945 年 8 月 9 日，毛泽东主席发表了《对日寇的最后一战》。8 月 10 日，朱德总司令下达大反攻命令。晋察冀军区各部队向驻河北的日军展开了猛烈进攻。到 8 月 15 日，日本宣布无条件投降时，河北境内除少数几个大城市和据点被日军占领外，大部分地区获得了解放。耿锐所在的冀中军区第七军分区到达保定城下，准备接受城内伪军的投降。可是，伪军接到了蒋介石的命令，拒绝向我军投降。1945 年 9 月，第七军分区奉命编成三个团，调到张垣和傅作义的部队作战。耿锐虽然患着眼疾，仍然坚持随部队出征。到张家口之后，部队整编为晋察冀军区三纵队 11 旅，耿锐仍然担任供给处处长。整编后，国民党军队大举进攻解放区，国内遂转入解放战争。

耿锐所在部队在整编后不久即开赴前线，追歼傅作义部队。每天行军战斗，进展神速。供给机关不仅要保证部队的物资供应，同时要保证战时必需的器材，如实行爆破时，供给机关负有收集爆破材料的责任；要渡河时，供给机关负有收集渡河材料的责任。解放战争中，因为路过的大部分地方都是原国民党占领的地区，群众对解放军不了解，后勤供应工作开展起来非常困难。推进到绥远城郊后，耿锐和同志们结合当地政府实行“就地取给”，基本上保证了部队供应任务。类似这样大踏步地进军对耿锐来说是第一次，由于行军顺利，并且学会了新的供应方法，锻炼了能力，耿锐感到很兴奋。

1946 年 2 月，因为东线情况变化，部队转移到沙城南桑园一带驻防，后来又转移到下花园。4 月，部队进行了复员整编教育。5 月，耿锐被调到三纵队开展机关生产，担任利生公司副经理。耿锐当时患上了很严重的沙眼病，就一边治疗一边坚持工作。

1946 年 6 月，国民党发动全面内战。就在这时，耿锐回到冀中，执行建立分店、采购土布的任务，因为铁路封锁军运不便，所以没取得显著的成绩。有一次，耿锐需要运送土布到铁路附近，在想方设法托运的过程中，遭遇了国民党军队对村庄的包围，押运干部及物资都遭受了意外的损失，给当时的耿锐很大的打击。经过党的长期培养教育和残酷环境的考验，耿锐更进一步坚定了无产阶级立场和革命到底的决心，在思想上要求进步，在工作上积极热情。

1946 年 10 月，耿锐由冀中返回张家口，经过路西办事处。听说张家口被国民党反动派占领，公司也转移到了涞源。耿锐因为情况紧急，心急如焚地赶到涞源，与经理刘成、江维洲见面之后，了解到利生公司没有遭受什么损失，才放下心来。

1946 年的耿锐

1947 年春天，按照上级的命令，机关生产一律清理上交。9 月，晋察冀成立总店，原利生公司改为第四供给分店。这时有一部分干部调到学校学习，耿锐当时也想去学校学习或者回部队工作，但没有得到上级的批准。耿锐继续担任第四分店副经理，负责支前任务与部队副食供应。12 月，总店开会，决定分店转归政府贸易部门。耿锐在和组织汇报了思想之后，经请示批准保留了军籍。1948 年 1 月，分店划归冀中德茂公司，改为副食部，耿锐担任副部长。德茂公司党委开展整党工作，耿锐作为支部的秘书，进行了为期一个月的整党学习。在整党运动中，耿锐进一步提高了阶级觉悟。3 月，为了便于支前工作，德茂公司改为冀中行署财政厅供应部。贾蔚秀副厅长兼任部长，耿锐仍然担任副部长，并随冀中军区后勤司令部支前，经常行军作战。耿锐逐渐适应了紧张的战斗生活，工作上也越来越得心应手，不仅能在日常保障作战物资的及时供应，同时也掌握了对敌占区“就地取给”的方式和方法。7 月，贾蔚秀副厅长南调，耿锐升任供给部部长。

1948 年年底，耿锐所在的部门接到上级指示，东北野战军将迅速入关，在华北军区主力协同下提前发起平津战役。冀中行署财政厅将负责承担第四野战军的后勤供给任务。耿锐立即回到后方，研究计划了供应站的设置和运输线的调查方案和物资的准备工作。耿锐此时的心情非常好，情绪高涨，随前线指挥所住在廊坊，经过昼夜的工作和全体人员的努力，终于完美完成了平津战役的供给任务。解放平津后，后勤司令部搬回保定。耿锐留在新镇办事处负责供应驻十分区八分区的部队，并开始做好大军南下的供应准备任务。完成南下大军供应任务之后，耿

1948 年，耿锐（前排中）与战友

锐回到了保定供应部。

在实际工作中，耿锐进一步提高了政策水平，克服了对地方上工作的错误认识。经过平津战役，耿锐学会了大兵团作战供应的初步知识，提高了个人组织能力。耿锐在解放战争时期，苦心钻研，及时认真总结战时后勤保障工作经验，顺利完成所在部队的后勤保障任务，为中国人民解放战争的胜利作出了积极的贡献。耿锐荣获了二级独立自由勋章和二级解放勋章。

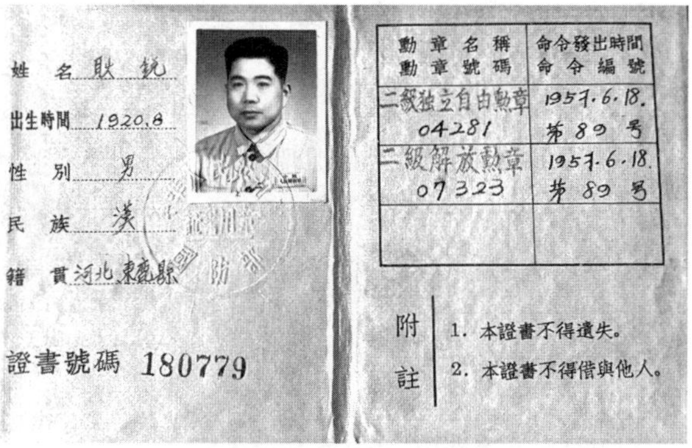
姓名 耿锐
出生時間 1920.8
性別 男
民族 漢
籍貫 河北束鹿縣
證書號碼 180779

勳章名稱 勳章號碼	命令發出時間 命令編號
二級獨立自由勳章 04281	1957.6.18. 第89号
二級解放勳章 07323	1957.6.18. 第89号

附註：1. 本證書不得遺失。2. 本證書不得借與他人。

1957 年 6 月，耿锐获二级独立自由勋章、二级解放勋章

耿锐获得的勋章

3. 后勤建设辅稳定

1949 年 5 月，耿锐调到华北军区 205 师供给部任部长。新中国刚刚成立的时候，百废待兴。耿锐工作很忙，经常一个星期才回家一次。1949 年冬，耿锐去接收天津防区内的一个大橡胶厂，到天津已经是晚上了，警备区派人接待并安排其住下。刚落脚，他就让工作人员领着去现场检查，当时城内还有特务搞破坏活动，作为领导同志在外面出现并不安全，有遭遇敌人刺杀的危险。住在城市里，有的时候还会听见爆炸的声音。耿锐不怕危险，

坚持亲自去现场监督和资本家谈判橡胶厂的接收事宜。

1950 年 11 月，205 师改编后，耿锐被调到华北京津卫戍区防空供给部任部长，当时因抗美援朝形势进展，为了保卫首都领空安全，京津卫戍区防空工作任务很重。同时，部队的各方面基础建设也都在红红火火地开展。为了统一对防空部队的领导和加强国土防空建设，根据中央军委决定，1950 年 12 月 16 日在北京成立了中国人民解放军防空军司令部。1951 年 2 月，华北军区防空军后勤部成立，耿锐任副部长。1953 年 10 月，耿锐任军委防空军后勤部副部长。

在担任后勤部副部长期间，耿锐组织开展了华北军区防空军的营房、阵地工程建设。当时招募了一些私营承包商来完成工程。原本负责后勤工作的耿锐遇到了新的问题，他以前

1949 年，耿锐（中）与战友

1950 年，耿锐（前排右二）与战友

1957 年 4 月 3 日，防空军后勤部部处长合影（前排左三为耿锐）

没有接触过工程设计和施工合同这些工作，又因为工期短，急于求成，缺乏建筑经验和知识，没有做好前期的深入调查研究，有的工程没有进行前期设计和计算，就开始施工。另外，有些奸商在一些营建项目上偷工减料、贿赂收买干部、合谋盗窃国家资产，未按具体需要设计，致使房子不适合、规格不符合，所以吃了一些亏。但是，耿锐学习进步得很快，他很快就适应了新的工作方式，更加认真和细致地对待工作，吸取了大量的建筑工作经验，以后再也没有出现过这些问题。

耿锐长期在部队工作，积累了丰富的物资供应和后勤建设方面的经验，这些经验在后来的国防部五院建设中又有了用武之地，为航天事业的物资保障及基础建设提供了可供借鉴的经验。20 世纪 80 年代初期，耿锐还参与了晋察冀人民抗日战争史中有关后勤工作的史料编修工作，记录历史、启迪后人。

敏锐

第三章 航天事业谱新篇

1957 年 5 月，耿锐调到国防部五院工作，在物资保障和行政后勤工作的领导岗位上，为航天事业的建设日夜操劳。在任国防部五院驻莫斯科工作组组长、代理参赞期间，他始终以国家利益为重，为“四项工程”的设备供应等工作殚精竭虑。1962 年 10 月，耿锐任国防部五院二分院副院长，开启了长达 20 年为二院发展不断奋斗、不断奉献的工作生涯。

1. 开拓航天新征程

20世纪50年代初期，新中国仍处在帝国主义的封锁、包围和威胁之下，以毛泽东同志为核心的党的第一代中央领导集体高瞻远瞩，做出发展导弹技术的战略决策。1956年5月26日上午，中央军委召开第七十一次会议，对聂荣臻副总理提出的《关于建立我国导弹研究工作的初步意见》进行专题研究，做出了发展导弹的决定。周恩来总理在会上作了以下指示："导弹的研究方针是先突破一点，不能等一切条件都具备了，才开始研究和生产。研究导弹所需要的专家和行政干部，同意从工业部门、高等院校、科研机构和军队中抽调，要说服更多的人，为研制导弹努力。军队更要起模范作用，要人要钱，首先拿出来。"同时责成航空工业委员会负责组建国防部导弹管理局（即国防部第五局），建立导弹研究院（即国防部第五研究院）。1956年6月，国防部第五局正式成立。第五局成立后最重要的工作就是开始筹建国防部第五研究院（简称国防部五院），包括寻找院址。总后勤部、空军、北京军区的领导对发展导弹事业都很支持。经过协商，同意将中央军委124疗养院、北京军区106疗养院、北京军区空军466医院拨出来供导弹研究院用。1956年10月8日，我国第一个导弹（火箭）专门研究机构——国防部五院在北京西郊空军466医院的食堂正式成立。这一天成为我国导弹和航天事业的诞生日。聂荣臻副总理出席大会并讲话，热忱地勉励大家发扬自力更生、奋发图强的精神，进行学习和研究，毕生致力于新中国的导弹事业。钱学森任国防部五院院长。钱学森在讲话中说："我们是白手起家，创业艰难，但一定要完成党中央、毛主席交给我们的任务。我们不要向困难低头，只要大家认真对待，就没有攀登不上的高峰，就没有克服不了的困难。"

国防部五院成立大会召开后，钱学森院长在周恩来总理、聂荣臻副总理的直接领导下，开始组建研究机构，进行人员培训，开展基本建设，购置急需的仪器、设备和实物样品。11 月 30 日，钱学森主持召开国防部五院第一次院务会议，提出了国防部五院研制地地导弹、地空导弹、无人驾驶飞机三大任务和成立机构的规划。按照聂荣臻关于要加强航空工业委员会的直接领导、减少层次、充实五院的意见，1957 年 2 月 23 日，中央军委决定，撤销航空工业委员会导弹管理局即“国防部第五局”，将其机构和人员合并到国防部五院，国防部五院保留军队编制。1957 年 2 月，中央军委决定撤销防空军，防空军同空军合并。为加强国防部五院的队伍建设，中央决定调动原防空军部分领导干部、少数科技人员到国防部五院工作。就这样，耿锐于 1957 年 5 月调到国防部五院工作，从此开始了后半生为航天事业不断奉献的工作生涯。

中国发展导弹技术的立足点放在依靠自己力量的基础上，在坚持自力更生的同时，也尽可能地争取必要的与可能的援助。1957 年，苏联政府表示了向中国提供新技术援助的态度。为了尽快发展我国的导弹事业，以聂荣臻副总理为团长的中国政府代表团到苏联谈判。1957 年 10 月 15 日，中国政府代表团在莫斯科与苏联政府代表团签订了苏联在火箭和航空等新技术方面援助中国的《中华人民共和国政府和苏维埃社会主义共和国联盟政府关于生产新式武器和军事技术装备以及在中国建立综合性原子能工业的协定》（简称《国防新技术协定》）。1957 年 12 月 11 日，我国政府得到了苏联政府的通知：装有 P–2 地地导弹及地面设备的列车，将于 1957 年 12 月 18 日至 19 日期间到达满洲里火车站。接此通知后，12 月 12 日，国防部五院派物资部（1959 年改为院务部）部长耿锐和教导大队队长孙式性、技术连连长黄毅等 50 人，到满洲里接收首批来华的苏军官兵和苏援火箭装备。20 日，装有 P–2 型导弹及其器材的 23770 次国际列车到达满洲里火车站，102 名苏军官兵也同列车到达。双方办完换车手续，随即采取严密的保密措施，运往北京。至 24 日到达北京长辛店，列车停靠在教导大队院内专用铁路支线上。在以孙式性、耿锐为首的接装组陪同下，以苏军上校布里奥·伯列任斯基为领队来华任教的苏军官兵和第一批武器装备到达长辛店炮兵教导大队驻地。教导大队举行了隆重的欢迎仪式。按照中苏双方商定的交接方案，双方人员按职务对口共同打开保密铅封，按来货清单逐件查对交接。该项工作作为中国航天史上的一个重要事件，被记录在航天史册上。导弹及导弹研究密级程度非常高，该项政治任务压力很大，只能成功不能失败。耿锐一行人深知这是国家交付的重要任务，关系到共和国导弹的科学研究起点，必须万无一失、安全顺利地完成任务。耿锐以军人的执行力、全面细致的行动方案、团结协作的指挥行动，与同事们共同完成了接收、运抵工作等。现在想来，在当时间谍活动猖獗、国际形势复杂的情况下，能够实现严密运送、顺利接收，实则不易。

当 P–2 导弹和地面设备运抵长辛店炮兵教导大队驻地时，国防部部长彭德怀亲手解开了系在 P–2 导弹上的红绸带，他满含深情地对在场官兵说："这是苏联'老大哥'过继给我们的'儿子'，祖国把他托付给你们了，你们可要把他当作'亲生儿子'看待呀！"随即，国防部五院开展了广泛的技术学习活动，在苏联技术专家的帮助下，组织 P–2 导弹的仿制工作。

在国防部五院成立不久、导弹事业开创之初，各类物资材料保障、办公与科研条件保障等尤为重要，这些是开展航天事业的重要基础。"兵马未动，粮草先行"。航天技术的"粮草"就是各种设备、工装、仪器、材料和元器件等物资。航天技术所需要的各种器材，不是一般器材，品种多、型号规格高、要求质量高、要求精度高。我国航天事业初创阶段，任务急、物料缺，而当时我国工业基础又很薄弱，要满足航天技术科研生产任务需要，困难确实很多。耿锐作为国防部五院开创时期的物资部部长，工作非常繁忙，为了解决当时科研任务急需，他和物资工作的人员需要到处奔波，不辞辛苦，不怕困难，千方百计地寻找、解决各种科研生产中所急用的物资，以满足科研生产的需要。党和国家及有关部门的领导也都很关心航天技术的物资工作，有些难题当国防部五院解决不了的，只有上报到中央，中央领导同志甚至会亲自出面帮助解决。还有一些航天技术专家为了完成研究设计，也亲自寻找需要的器材。航天技术所需要的各种器材，得到了地方各省市的全力支援，为我国航天事业的发展作出了重要贡献。

1957 年，根据苏联建议和开展导弹研究工作的需要，国防部五院需要进一步扩大组织机构，组建专业研究院。后遵照中央军委的指示，国防部五院于 1957 年 11 月 16 日成立一、二分院。耿锐参与了研究院的选址、建院等工作。1958 年 1 月，苏联派代表团到北京就导弹研制基地的选址工作与国防部五院进行会谈。1958 年 1 月 25 日至 2 月 15 日，由中苏代表组成的选址工作组对导弹研制基地进行考察。

在考虑几种意见后，调查组最后确定了选址方案。确定利用北京南苑飞机修理试制厂作基础进行扩建，改建为导弹总体及发动机研制基地（“8102”工程，也即一分院工程）；利用马列主义学院二分院地址作为大型试验基地，建设发动机试验基地（“8103”工程）和空气动力研究基地（“8108”工程）；利用总后勤部财务学校的地址，建设控制系统研制基地（“8109”工程，也即二分院工程）。

在这期间，耿锐等选址人员为选址工作也付出了艰辛的劳动和大量的心血。选址工作十分艰巨而复杂，以一分院、二分院选址为例子。一分院选址时考虑到离火车站近，利用老厂进行改扩建，比新建一个试制工厂要快得多，对加快导弹研制生产进程十分有利。二分院选址时，有四个地点可供选择，包括财经学院、颐和园、永定路和鲁谷，四地各有优势、短处，需要仔细考量、权衡利弊。选址人员经过广泛而认真地听取各方面的意见并分析利弊，最后选定永定路地区作为二分院院址的原因有：一是，按照北京市的规划，永定路地区有地铁，利于战时疏散；二是，二分院已接收了位于永定路地区的总后勤部财经学校和通信兵部第一通信团的营房和宿舍，可以快速开展工作；三是，靠近解放军各总部和解放军总医院，工作联系方便。

1958 年 3 月 10 日，国防部部长彭德怀批准国防部五院“8102”工程、“8103”工程、“8108”工程、“8109”工程四个基本建设项目的设计任务书。

选址确定后，耿锐等同志还需要组织基础建设，操心施工建造、买材料等很多工作。其中，很多项工作需要与北京市政府、军方等进行大量的沟通和协调，为国防部五院初期的发展建设奠定基础。1958 年 12 月 25 日，国防部五院召开基建工作会，决定成立国防部五院基建委员会，刘秉彦任主任，刘佩荣、耿锐任副主任。随着导弹仿制工作的全面铺开，迫切需要加快国防部五院“四项工程”建设。“四项工程”建设规模大、工艺设计复杂、施工质量要求高，为确保完成任务，国防部五院基建委员会加强了对一分院、二分院的基建领导，充实了基建管理队伍，增加了施工力量。

在周恩来总理的关怀下，在中共中央其他领导的大力支持下，全国各地和中央各部门都为国防部五院的工程“开绿灯”，一批急需的工程项目如院办公楼、水力试验室、发动机装配厂房、焊接装配厂房、辅助生产厂房于 1959 年相继破土动工。整个施工现场呈现出一派争分夺秒、你追我赶、紧张繁忙的景象。

在 1959 年 4 月召开的国防部五院院务部党支部大会对耿锐的评价鉴

定材料中提到：耿锐调到国防部五院工作以来，领导院务部各部门在建院初期，克服不少困难，从无到有、从小到大，保证了科学研究工作顺利进行；两年来，工作积极负责，群众威信高，组织观念强，在各项工作中以身作则，平易近人，关心同事，团结协作；工作细致、深入，雷厉风行，有魄力，发现问题后及时召开现场会议，具体解决；组织计划性强，工作能够抓住重点。

2. 驻苏参赞事务多

中苏在“四项工程”的初步设计、设备订货、原材料供应等方面，有很多需要沟通、谈判的事项。1959 年 4 月，耿锐任国防部五院驻莫斯科工作组（新技术组）组长、代理参赞，需到苏联工作。虽然耿锐只是初小文化程度，但是组织上能够派耿锐担任新技术组的组长，足够说明组织上认为耿锐政治性强、觉悟高、有大局观念。当时，新技术组一行 5 人，从北京坐火车去莫斯科，在路上走了一个多星期才到达。

耿锐在苏联参加驻外工作，一干就是三年有余。耿锐参与谈判的“四项工程”有关项目，涉及专家、图纸资料、元器件、设备等事项，涉及订货、供货、加工、交付、验收等环节，涉及一分院、二分院，工作事项繁多。并且同苏联谈判，需要注意掌握研究各种情况，积极主动及时地向国内领导汇报。因项目密级很高，有些事情必须当面汇报。耿锐半年才能回北京一次，回到北京也是忙着向领导当面汇报工作，对工作进行沟通、协调、解决。而处理涉密工作本身就存在着很大的风险，在中苏间的信息往来中需要承担更多的责任和担当。

1959 年下半年，中苏关系紧张，在这种情况下，苏联对执行《国防新

耿锐在莫斯科

技术协定》出现了拖延、推诿现象，对中国技术人员接触苏联技术资料严加限制，给中方科技人员的研究工作带来极大不便。国防部五院在苏联的谈判更加艰难。然而，耿锐总是以大局为重、以国家利益为重，在谈判中有理有据，为推动“四项工程”设备分交和原材料供应殚精竭虑。在大家的共同努力下，1960 年 6 月 15 日，我国驻苏大使馆王厉参赞和国防部五院驻莫斯科工作组耿锐代表中方与苏方签订了“8102”“8103”“8108”“8109”四个项目的设备供应初步议定书及其他项目的议定书。

1960 年 7 月 16 日，苏联政府照会中国政府，单方面决定召回全部在中国工作的苏联专家。7 月 25 日，苏联政府通知中方：在华工作的全部苏联专家将于 7 月 28 日至 9 月 1 日离开中国。同时，苏联停止提供建设急需的设备、关键部件和重要物资。苏联留在国防部五院工作的最后 3 名专家也于 1960 年 8 月 12 日被撤走了。由于苏联供应的台件设备遭到断供，直接影响了工程的建设。耿锐在苏联的谈判任务更加艰巨。耿锐关注形势发展，注重及时了解和贯彻国家的指导方针，领会上级指

耿锐（前排右一）在驻苏使馆与同事合影

示精神，严格按照指示精神办事，始终不忘使命，始终以国家利益为重，坚持履行好职责、执行好任务。在苏联时，耿锐还注重组织同事撰写业务性的调研材料，凡是对国内有参考价值的都寄回国内，供国内参考。1961年1月7日，驻苏联使馆党委给国防部并对外贸易部发文，同意耿锐对外仍称为商务参赞。

1962年8月，驻苏联大使馆对耿锐的鉴定材料中提到：耿锐驻外工作3年零4个月，政治坚定，经常主动及时向领导请示、报告；工作积极主动，工作有计划、检查，也有总结，能够完成领导交给的工作任务；重视思想工作；作风上能够团结同志，与群众打成一片；生活朴素；能够积极参加政治学习，外文学习也很努力。

3. 投身二院作贡献

谈判任务完成后，耿锐于1962年从苏联回国。组织上开始考虑如何对耿锐进行工作安排的问题。上级领导考虑到国防部五院二分院主要承担防

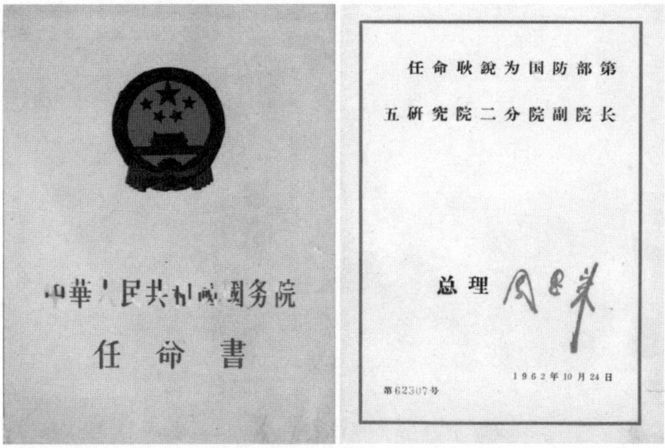

1962年10月24日，周恩来总理任命耿锐为国防部五院二分院副院长的任命书

空导弹的研制工作，耿锐有在防空部队工作的丰富经历，于是，1962 年 10 月 24 日，国务院任命耿锐为国防部五院二分院副院长。当时二分院一方面在进行“8109”工程的建设，一方面在开展“543”、东风二号等导弹的仿制和研制工作。

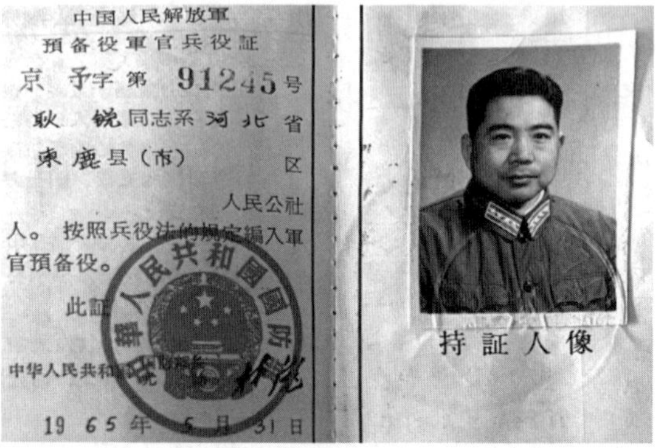

1965 年 5 月，耿锐的预备役军官兵役证

耿锐来到二分院工作后，仍继续承担同苏方的谈判工作。苏联为二院“8109”工程提供的设备在开箱检查验收时，有出现与图纸不符、有缺项、产品存在质量问题等情况。耿锐注重事实证据的收集，谈判前准备工作做得很充分，事实列得具体、翔实，问题分析得透彻、准确，在谈判时耿锐做到据理力争、实事求是，维护二分院、国防部五院、国家的利益。七机部二院成立后，1965 年 7 月 23 日，国务院任命耿锐为七机部二院副院长。

第四章 三线建设为国家

国家启动大三线建设后，耿锐受二院党委的委派，组织领导二院的三线建设工作。耿锐克服了条件艰苦、事务繁多等困难，在 061 基地工作了近 4 年，后又参与了 068 基地的建设。三线建设期间大量忙碌的工作、艰苦的生活环境，加上遭遇的两次翻车事故，使得耿锐的身体受到了很大损伤。耿锐忘我的工作精神、以身作则的模范作用、温和友善的待人风格，受到了同志们广泛的好评和尊敬。

1. 好人好马上三线

20 世纪 60 年代，国际风云突变，政治气氛异常紧张。从 1962 年开始，国家安全形势出现了新变化。鉴于国际和国境周边的紧张形势，我国开始加强战备工作，开始做好反侵略战争的准备。1964 年 5 月举行的中共中央工作会议，根据毛泽东主席关于把工作“抢在战争前面”的战略思想，提出了“一、二、三线的战略布局和建设大三线”的方针。一线是沿海和边疆的省市区；二线是介于一、三线地区的省市区；三线包括京广线以西、甘肃省的乌鞘岭以东和山西省雁门关以南、贵州南岭以北的广大地区，具体包括四川省、云南省、贵州省、青海省和陕西省的全部，山西省、甘肃省、宁夏回族自治区的大部分和豫西、鄂西、湘西、冀西、桂西北、粤北等地区。毛泽东主席曾多次指出：要准备帝国主义可能发动的侵略战争；从准备大打、早打出发；要建立自己的战略后方。1964 年 8 月，中央书记处专门召开讨论三线建设问题的会议。毛泽东在会上进一步强调要准备帝国主义可能发动侵略战争，提出现在工厂可以一分为二，抢时间迁到内地去，首先集中力量建设三线，在人力、物力、财力上给予保证；新建项目都要摆在三线；一线能搬的项目要搬迁，短期不能见效的续建项目一律缩小建设规模；在不妨碍生产的条件下，有计划、有步骤地调整一线。这一决定标志着经济建设的战略重点，由以大力发展农业、提高人民生活为中心，转向了以加速三线建设、增强国防实力为中心的战略轨道。在中共中央提出“一、二、三线的战略布局和建设大三线”的方针后，1964 年 9 月 7 日，国防工办召开会议，传达毛泽东关于三线建设的紧急指示，着重研究建设三线的各项准备工作，确定国防工业按照规模小、专业化和协作的原则调整一线，集中力量建设三线。

1964年9月9日，国防部五院召开会议，根据中央的决策，讨论了国防部五院调整一线、建设三线的问题，提出了统一领导、统一规划、统一管理、统一调整的要求，确定了“以型号为纲，地区配套”“小而分”“专业化”等原则，从组织体制上把研究设计与试制生产紧密结合起来。这样，国防部五院在贯彻中央工作会议精神中，一并解决了各分院由专业研究院转变为型号研究院问题、增加试制生产能力问题和建设三线基地问题。会议提出了以二分院为基础，在贵州遵义地区组建地空导弹武器的科研生产基地的设想。二分院副院长耿锐和二分院科技部部长柴志、工程部副部长张慕枚参加了此次会议。同日，耿锐还参加了国防工办召集的会议。会上布置了国防工业系统三线建设各踏勘组的工作。其中去贵州遵义踏勘的第六组组长由耿锐担任。参加第六组工作的有国防部五院和二机部、三机部、四机部、五机部及上海机电二局。

1965年，国防部五院现役军人集体转业前耿锐留影

1964年9月10日，耿锐召集会议，布置踏勘组的准备工作，确定各单位人员、出发时间等。9月17日，二分院副院长耿锐、科技部部长柴志、工程部副部长张慕枚、上海机电二局同志等离开北京前往贵阳，筹备第六组踏勘事宜。9月20日，到达贵阳市。9月22日，耿锐等代表国防工业第六踏勘组找到贵州省的党政军领导沟通工作，汇报踏勘组的任务、性质及小组的组成等，并提出了请贵州省有关部门协助解决的问题。踏勘工作得到了贵州省委、省军区的大力支持和热情帮助，还提供了黔北地区地形图

耿锐在踏勘选址

等水文地质资料。9 月 25 日，国防工业第六踏勘组由贵阳抵达遵义，立即调研了解遵义地区的情况。当晚召开小组会议，对踏勘地点进行了分工。次日，第六踏勘组按分工在黔北地区开始踏勘工作，对地空导弹三线基地进行踏勘选址。他们首先根据踏勘的要求圈定了路线，并指派人员参加。踏勘小组在崇山峻岭之中，跋山涉水，钻洞进沟，开展踏勘、选址工作。

在踏勘、选址过程中，耿锐还特别重视与各有关单位及时沟通、汇报相关情况。10 月 15 日，第六踏勘组向遵义行署、军分区副政委介绍了初步设想。10 月 19 日，第六踏勘组将方案向贵州省副省长、省军区副司令员汇报。11 月 14 日，踏勘小组在遵义市向国务院国防工办主任赵尔陆作了汇报。赵尔陆明确二分院三线基地建设就在黔北，在遵义地区的遵义市、遵义县（今遵义市播州区）、桐梓、绥阳等县内进行布局。据此初步确定了布局方案。当时赵尔陆讲道：（1）要有布局示意图；（2）将来设计机构分散到现场进行设计，在三线不能集中；（3）不占良田，少占耕地，宁可增加投资也不占良田，不迁居民；（4）每个县职工家属不超过 1 万人；（5）战略第一，技术第二，技术必须服从战略；（6）专业化、小而分。会后，第六踏勘组重新整理了资料，绘制了黔北总的布局示意图和每个点的布局示意图。11 月 25 日，第六踏勘组参加了在长沙召开的国防工业三线选点布局会议。国防部五院副院长谷广善参加了会议，听取了汇报，会议原则上同意了第六踏勘组提出的布局方案，要求写成报告上报国防工办。11 月 29 日，第六踏勘组向国防工办主任赵尔陆汇报修改后的方案。12 月 8 日，耿锐等返回北京又向二分院党委常委作了关于黔北地区踏勘工作的汇报，汇报了踏勘地区基本情况，包括地理位置、地形概貌、交通运输、动力资源等，汇报了方案布局的初步设想，提出了三线建设中需要考虑的几个问题，上报了需要二分院迅速确定并解决的几方面的问题。二分院组织召开了一系列会议研究布置各项工作，组织建立三线建设基地领导班子和领导机构，做好三线建设的各种准备。

规划布局、现场选点、定点工作是整个建设工作的第一步。从 1964 年 9 月 17 日至 12 月上旬，80 多天的时间里，踏勘人员在遵义、毕节、铜仁 3 个专区的 21 个县市进行初步的普遍的先远后近的踏勘。三线建设采取“靠山、分散、隐蔽”的方针，该方针既与战略布局要求相适应，又能防止占用大量耕地、浪费资源。然则，踏勘工作是件非常细致复杂而又艰苦的工作。遵义地处大娄山山脉，整座城山地面积接近 7 成。三线建设的纪念文章中描述了选址人员的不易：“他们蹚过河沟，穿过荆棘，选址人员顶风冒雨，出没在深山老林之中，跋山涉水，他们走遍了遵义以北沿川黔公路两侧的地区，带着罗盘针和 1948 年的 1 ∶ 50000 的军用地图，手里拿着拇指粗的方竹，既为打蛇，又为防狗。身上带着五节电池的手电筒和军用水壶，壶里晴天装水，阴雨天装酒。每天步行少则 10 ~ 20 公里，多则 30 公里。绘制简图得上山，下来时却经常看不清路，不敢伸脚；钻洞时山洞吸光，打着电筒看不清对面，过后才感到惊险。”

然而，踏勘人员就是在这样的环境下，初选了 100 多个点，初步进行了布局，做了几个方案比较分析，对初步选定的 60 个点又进行了重点踏勘。在进一步深入调查中，尤其对贵州的气候、温度和土地仔细了解。当地有

耿锐在遵义踏勘

个顺口溜“天无三日晴，地无三尺平”，踏勘人员亲自体验到的确如此。阴雨多、湿度大，地址复杂，溶洞多，良田好土太宝贵。三线建设本着“不占高产田、少占耕地、不迁居民、因地制宜”的原则。为了不占良田好土，踏勘选点工作反复多、时间长，有些点常常要往返多次，有的甚至十几次。交通主要是步行路，道路泥泞，爬山越岭，顶风冒雨，钻山沟进山洞，十分艰难。整个踏勘行程总计有十几万公里。背着干粮，拄根竹竿，走路出汗，内衣总是湿的，外衣虽说穿着雨衣，大部分也湿透了。晚上到了住地，一面吃饭烤衣服，一面还要找老乡了解情况，回到指挥部的话，还继续围着一张两米高、四米宽的大地图研究讨论。选址人员就在这样的环境下坚持工作，在荒山野岭上勾画三线建设蓝图。在当时的交通条件和地理环境下，不到 3 个月，踏勘 21 个县市，真可谓节奏快、压力大，那种“抢在战争前面”的紧迫感，那种只争朝夕的精神、雷厉风行的速度，在这一连串的高密度的工作中得到了充分体现。选址人员曾说：“为了子孙万代的幸福，再苦再累，也一定把点选好。”

为了选好点，收集各种资料非常重要。踏勘组采用了多种办法收集资料，有的是通过政府有关机关收集资料，有的是地方机关配合调查收集资料；有的是通过群众调查了解到相关信息；还有的是通过省军区、军分区、武装部队系统调查了解情况，如社会治安、交通道路等。

为便于国防工业各部门的三线建设在有关省委直接领导下进行统筹安排，国防工办于 1965 年 1 月 15 日决定在各有关省成立国防工业建设办事处，其中确定七机部二院在贵州建立黔北办事处代号为 061 办事处，耿锐为主任。2 月 19 日上午，二院召开内地建设指挥部全体人员大会，宣布为 061 办事处正式成立。当天下午，耿锐组织召开各单位定点的领导干部会，指出选点要因地制宜，要符合国防工办规定的八条精神，每一个区要多看几个点，做两个方案，还应注意保密工作。二院党委常委会决定，参加三线建设人员立即分批前往黔北，进行勘察、定点、工艺设计等工作。二院党委于 3 月 3 日决定，耿锐任 061 工程指挥部指挥，沈钧任党委书记。

1965 年 2 月 25 日，春节刚过，由耿锐带着共 41 人的“先锋部队”，在北京登上火车，先到广西柳州，再转车到贵州贵阳，再转乘汽车到贵州遵义。3 月 2 日，二院这第一批参加三线建设的人员在耿锐副院长的带领下抵达贵州遵义，并成立各单位临时党支部。3 月 5 日，在遵义宾馆，由耿锐主持召开了 061 办事处第一次临时党委会。3 月 6 日，在遵义宾馆，061 办事处召开各单位负责同志和指挥部处以上领导干部会议，布置定点工作及指定定点人员名单。3 月 8 日至 4 月 18 日，在耿锐为主任的 061 办事处的统一领导下，由 31 个对口厂、所和支援基地建设的兄弟单位组成定点小组，在原踏勘组的基础上，在遵义、毕节两个专区的 10 个市、县境内，进行了定点踏勘工作。经过 41 天的调查研究，初步选定了 42 个点（其中有 11 个预备点）。这 42 个点分布在遵义、毕节两个专区的遵义市、遵义县、桐梓县、绥阳县、湄潭县、正安县、金沙县等 7 个市县境内。前后共 31 个单位 181 人参加了定点踏勘工作。定点布局中积极贯彻了“三不四要”原则，即不占或尽量少占良好地；不拆或少拆民房，不迁或少迁居民；不搞高标准的非生产性建设；要搞农业用水、用电，要给农民留肥料，要给农民留饮

三线建设时期工作场景

用水。061工程中，每项工程的布局定点、总平面布置、扩初设计都是经过精打细算反复研究而成的。为了不占或少占良田好土，有的项目先后修改达七八次之多。注意到合理利用地形，使得需要占用的农田面积大大压缩。这使得当地的农民深受感动地说："共产党、人民政府就是好，处处照顾我们的利益"。

3月18日至4月16日，二院院长张怀忠、政委董启强带领院内各单位主要领导到遵义地区对内地建设布点开展现场勘察。4月4日，七机部部长王秉璋、副部长谷广善、曹光琳也去遵义踏勘。4月10日，王秉璋部长在061办事处对参加选点工作的全体干部讲话，要求地空导弹三线基地建设既要考虑到研究、设计，又要考虑到适合搞生产，要注意生产、设计两方面的关系。4月12日，七机部部长王秉璋、副部长谷广善与二院院长张怀忠、副院长耿锐在贵州省委招待所，就七机部黔北基地建设总体布局和选点工作向贵州省委负责人李大章、李立、陈璞如等作了汇报，建议由七机部、贵州省和遵义地区联合组成基建指挥部，统一指挥黔北基地的基本建设。至此，七机部地空导弹三线基地建设项目布点方案基本确定。开始进行任务书的编拟和工艺设计工作。4月16日，二院党委常委研究了拟定任务书和工艺设计的安排问题。5月11日，七机部党委常委讨论了二院三线建设中厂、所组织体制问题，决定三线建设要厂所合一。1965年7月16

日，七机部向中央专委上报《关于后方建设方案的报告》，其中关于地空导弹研制和生产基地建设布局和方案为：在黔北地区进行建设，分布在遵义、绥阳和桐梓3个县，共22个建设项目和1个基建仓库，1个基建技术后方。8月9日，中央专委第十三次会议原则上同意七机部地空导弹三线基地建在黔北的建设方案。方案被批准了，即将开展施工建设。“好人、好马、上三线”，全国各地的精兵良将告别亲人，背起行装，离开繁华的城市，驻扎进深山荒谷，开始了他们航天报国的创业之梦……

二院党委在061工程全面施工前，为配合施工的组织领导，从院内各单位抽调得力的领导干部和人员参加各筹建点的施工准备工作。大部分同志都早于其他单位的人员进点。当年提倡“先工作后生活，先厂房后民用”，耿锐和三线建设的同志们发扬艰苦奋斗的精神，住的是当地群众腾出的阁楼、茅屋，在野外起灶生火做饭，点的是油灯，粮、煤都靠人抬、肩挑运进工地，面临的天气是“贵州落雨当过冬”的湿冷天气，还需与厉害的蚊虫做“斗争”。经过几个月的艰苦努力，终于把筹备工作抢在全面施工前

三线建设选址时，耿锐（前排右一）与领导、同事

做好。

1965 年 9 月 15 日，贵州省批准二院黔北基地工程成立党委和指挥部。党委由 18 人组成，二院沈钧、耿锐在列，沈钧任党委书记、耿锐任工程指挥长。耿锐作为 061 基地三线建设的指挥长、带头人，直接参加三线基地的选点踏勘、布局定点、组织筹建、工程建设、后勤和物资供应等方面的组织领导工作，凡事想在前面、做在前面，从建设任务到各个厂、所的人事，他都事无巨细、殚精竭虑。耿锐在三线建设期间，从未在夜里 12 点之前回房间睡觉。

在国家的号召下，选拔出的参加 061 基地建设的人员怀着热情与抱负，源源不断地从全国 7 个部、12 个省市、30 多家单位赶来，多达 13000 多人。工作基本是边定点，边组建，边勘测，边设计，边备料，边施工准备，边施工，交叉作业、梯次开展。随着进点人员的增多，吃、住、行和施工前的物资准备、后勤保障等方面出现了很多实际问题，条件非常困难。并且 061 工程定点在黔北地区，这里崇山峻岭、重峦迭嶂，地质条件复杂，溶洞较多，水源也比较缺乏，交通运输不便，再加上当时还缺乏山区大规模建设的经验，工作开展起来困难重重。面对诸多困难，耿锐对二院筹建人员反复强调，在对待参加 061 工程建设人员的态度上，“要主动与他们搞好关系。关系搞不好，责任在于我们，因为他们是为我们而来建设的。在建设中各自有分工，但更重要的在于搞好相互配合，否则将会产生内耗，影响施工进度。”对此，他率先垂范做出榜样，通过多种途径加强团结协作。一是凡是设计、施工、包建等单位来人，他都亲自热情接待，主动介绍情况。对提出的问题，本着困难留给自己、方便让给别人的精神，共同商定解决的办法，使参加三线建设的各方人员在困难的条件下，毫无怨言，心情愉悦地进行工作。二是主动通报情况，凡七机部、二院关于计划、投资、工艺上的重大变更，都及时通报给各方，使他们在施工进程中心里有底，避免产生不应有的误解。三是在确保做好保守国家秘密的前提下，向支援单位的领导介绍二院的性质，并在其来北京时，组织他们到二院参观，以增强他们的国防意识，提高对三线建设的责任心。四是尽最大努力不断调节关系。当难免出现隔阂时，耿锐以严于律己的精神，主动向支援单位的领导交换意见。待统一看法后，再通过上层分别各自做好自己部属的说服教育工作。耿锐在三线建设中与许多单位的领导建立了亲密的友谊。这种友谊给工作带来了方便。回北京后，耿锐还与他们保持了友好往来。“多少事，从来急，天地转，光阴迫，一万年太久，只争朝夕。”耿锐在黔北基地建设初期，工作起来不分白天黑夜，不分星期天还是节假日。据当时与耿锐一起工作的同事吕克信回忆“在那段日子里，从未看到在夜里12点以前上床睡觉。他的工作作风严谨细致、认真负责、深入实际，平易近人。他关心群众生活，和大家同吃同住，群众关系密切。”耿锐的这些精神和品德，值得我们怀念与学习。

耿锐（前排右二）在贵州061基地建设时留影

在黔北基地建设中，耿锐还特别重视争取地方各级政府的支持，为此，他要求筹建处要主动争取所在地方政府的领导，主动汇报基地性质与规律，提出需要地方予以支持和解决的主副食、生活用品、物资调拨、场外运输、购地、移民及民工等大问题，这些得到了地方政府的重视和帮助，解决了初建中万事开头难的许多实际问题。耿锐还提出尽量不要侵犯地方的利益。

因为几万人到贵州导致当地的各种物价飞涨，耿锐提出了多吸收当地的年轻劳动力参加基地建设并提供工资的办法。这一举措，很快地缓解了基地与地方民众的关系。

耿锐在基地建设的过程中提出应实现“道路要通、电话要通、水要通，道路要平”（简称“三通一平”）。航天建设者们自己拉起电线杆，竖起电话杆，及时解决了电话通讯的问题。与23个基层指挥部及时建立了联系，为当时的指挥工作奠定了稳定的基础。贵州省党、政、军领导和机关十分关心061工程建设，在后勤支援和材料供应方面采取有力措施，解决了不少问题。当地人民群众像战争年代支援前线打仗一样，派出成千上万的民工，他们是“三通一平”的主力军。工地出现热火朝天的景象，民工提出各种豪言壮语，如“座座高山耸入云，我们修路为人民，不怕工作苦和累，愿把青春献人民”“晴天大干，阴天猛干，雨天苦干，雪天硬干”等。小学生也积极支援帮助运送物资。群众说：“不是我们帮你们建工厂，而是你们帮我们建家乡。”工农业互相支援，大大加快了工程建设的速度。各路大军以四海为家，在土建设计、物资进场、施工准备、生活保障以及思想政治工作等方面做了大量工作。在没有住房的条件下，他们就搭起帐篷，没有厨房，就在野外生火做饭，发扬自力更生、艰苦奋斗的作风，有的工地从领导到每一个职工，自己动手，运材料、平场地、挖土方，采取边干边学的方法，修建了一批干打垒（一种简易的筑墙方法，在两块固定的木板中间填入黏土）简易房子。

尽管如此，在全面施工的总体安排方面尚有一些亟待解决的问题。中央领导和各方面领导都很重视七机部黔北基地建设。1965年11月21日，中央领导人邓小平、李富春、薄一波、李井泉等以及贵州省、七机部的领导同志，在贵阳市听取了061工程指挥部党委书记沈钧、主任耿锐的汇报，并就基地建设规模和布局方案、建成时间、运输和电力、二类三类物资供应和上海市包建等 5 个问题作了重要指示。中央领导同志对基地建设的布局基本是肯定的，并指出“物资供应、生活保障都要跟上去”“要全面规划，各个点要靠近城镇，方便生活。”对需要落实的问题一一作了明确指示，指明了包建、施工队伍、交通运输、材料、物资供应、电力问题等分别负责的部门和机构。还明确指出“061 工程由两部（七机部、建工部）、两地（上海市、贵州省）派人组成领导班子，统一领导基地建设。”为迅速落实邓小平等同志的指示，国家计委主任余秋里于 12 月 19 日听取了 061 工程指挥部耿锐等人的汇报。余秋里指出：“要执行大分散、小集中的原则，注意经济合理性。”“要有强有力的指挥、政治、后勤领导机构。黔北条件艰苦，工业基础差，没有强有力的领导不行。指挥不灵，部署安排就是空话。”061 工程形成“两部两地”（七机部和建工部、上海市和贵州省）统一协调管理的格局，加强对 061 工程建设的统一领导。领导的关怀，令航天三线基地的建设者们更感责任重大。

061 工程建设时交通不便，路上都是盘山公路。有一次，耿锐因工作需要坐车走盘山公路，但是路上实在不好走，意外翻车了。万幸车是往山里边翻的，倘若是翻向悬崖那边，后果就不堪设想了。这次车祸之前，耿锐的身体一直很好，没有什么大的毛病。但这次车祸造成了耿锐腕骨和肋骨骨折，车祸后，回到北京在医院还检查出了心脏病。可是三线基地指挥部的工作离不开他，身体休养得差不多后他便即刻返回工作岗位。还有一次，耿锐深夜赶回指挥部，途中下起了大雨，碰到了山体滑坡，险些就砸到了耿锐乘坐的车。因为道路被阻，只好另外寻找道路，司机开车绕了很大的一个圈。原本预定晚上 10 点到，结果凌晨 3 点钟才回到指挥部。失联了 5 个小时。当时的交通事故频发，失联就可能是出事，在这 5 个小时里，可急坏了当时的值班同志。

1965 年，在国防工业的体制调整和三线建设中，由于实行厂所合一，出现了一些新的矛盾和困难。1966 年 2 月 11 日，聂荣臻副总理就厂所合并问题请示周恩来总理，认为厂所合并不符合当前实际情况。周总理于 2 月 18 日批示同意暂停厂所合并。

1966 年 2 月 22 日，国家建委将 061 工程列为国家重点基本建设工程。

对于黔北基地的建设情况，耿锐将自己看到的实际情况、第一手资料积极地向上级反映，并加以自己的分析和见解为上级决策提供建议。耿锐分析了洞库设计、施工、使用方面存在的重大问题。一方面，洞内环境不能满足生产要求；另一方面，土建设计特别是防水防潮尚无切实有效解决的措施，再者施工力量不足，进度慢。这些问题和矛盾都是非常值得关注和解决的问题。从此处也可见耿锐力争按时、按质量完成 061 工程的高度责任感。1967 年 3 月 25 日，沈钧、耿锐向七机部、国防工办、国防科委、国家建委、二院上报关于黔北基地性质的建议。提到下面三点重要的实际情况和理由。一是，061 基地现在的布局和工艺生产配置均不宜于科研试制中的频繁的技术协调和试制与设计的紧密结合。二是，061 基地在人员、设备、工艺流程方面原先都是按照批生产设计的，若改为试制厂，规模过大，将造成人力、物力、财力大大浪费。目前试制与小批生产仍混在一条生产线上，两方面会顾此失彼。三是，目前的几个主机厂均已经按原设计进行施工，按批生产规模建设，如果按科研试制厂的性质，需要作较大调整。这样一来，很难实现 1968 年将基地建成的任务。所以建议，仍按批生产建设。4 月 4 日，二院就黔北基地改变厂所合并体制问题报告七机部，建议原厂所合一的项目，均调整为批生产厂，各研究所另建科研基地，仍在黔北选点。基地的工艺设计、布局选点、包建等由二院负责。勘察、设计、建设由 061 工程指挥部负责。4 月 26 日，七机部党委向李富春、聂荣臻并周恩来总理呈报了关于黔北基地的性质、任务与规划调整的请示报告，建议把 061 工程分成科研基地和生产基地，科研基地仍在黔北选址建设。5 月 11 日，七机部通知二院和 061 工程指挥部，根据聂荣臻副总理关于把科研试制和批生产分成两条线的指示，对黔北批生产线尽快进行调整，科研试制线另行规划。8 月 20 日，国防工办军管会主任粟裕传达聂荣臻副总理指示："黔北基地不仅建批生产基地，也要建科研基地。"

1968 年 2 月 7 日，国防工办批准了七机部提出的关于黔北批生产基地建设问题的报告。2 月 27 日，国务院发出关于黔北基地建设问题的批复，决定基地建设由贵州省负责领导，七机部负责基地建设的抓总工作，由上海市负责包建批生产基地，科研基地另建（代号 065 基地）。从此，061 基地成为批生产基地，而二院则需在黔北三线另建一个科研基地。当时，以川黔铁路为界，路东为 061 基地生产线，路西为 065 基地科研线。1968 年 3 月，065 办事处成立。3 月 15 日开始了选定工作。二院、上海机电二局科研单位参加了选定点工作的同志陆续到达遵义。耿锐同几名同志于 3 月 20 日到达遵义。选定点工作到 4 月 18 日告一段落。选点同志返回一线。

1969 年，由于任务调整，二院停止地空导弹的研制，065 基地已不适合二院任务的需要。1970 年 1 月 7 日，国务院、中央军委决定将 065 基地合并到 061 基地，由 061 基地领导。同年 8 月，二院将 065 基地移交给 061 基地，从而结束了为期六年的黔北三线建设。

黔北三线基地建设期间，"文化大革命"干扰了黔北三线建设的秩序和进度。由于当时有明确的政策，061 基地的建设基本没有受到太大的冲击。耿锐由于是国务院直接任命的干部，受到了政治保护。其间，耿锐立场坚定，旗帜鲜明地同林彪、"四人帮"反革命集团进行斗争，竭力维持 061 基地

1980 年 9 月 4 日，耿锐（前排右六）与同事在 061 基地大院办公楼前合影留念

的建设。

黔北三线基地的建成是党中央、国务院、中央军委的亲切关怀和全国各有关兄弟单位大力支援的结果，其中也凝聚了二院广大干部、知识分子和工人辛勤劳动的心血。在那个条件异常艰苦的年代，航天人发挥“一不怕苦、二不怕死”的革命精神，他们“甘为航天献青春，献了青春献终身，献了终身献子孙”，为建设三线和发展国防科研、生产作出了重要贡献，用忠诚、奋斗、担当、奉献谱写了大山之中艰苦创业的赞歌。从总体上看，航天三线基地建设改善了航天工业的战略布局，一大批具有现代化设施的研究所、实验室、工厂和住宅楼房矗立在深山荒野，极大地改变了当地的交通、通信等基础设施，推动了当地地区经济、社会、文化发展，改变了我国国防工业过分集中在沿海地区的布局，增强了我国对战争打击的承受力和反侵略战争能力。

2. 再入三线做指挥

1969 年 8 月，中央决定二院承担研制任务发生变化，之后开始了二院湘西三线建设（代号 068 工程）。1969 年 11 月 9 日，经七机部批准，二院正式成立 068 工程指挥部，负责三线基地建设的组织领导工作。1970 年 2 月 15 日，周恩来总理指示，二院到湘西选点。9 月 3 日，二院军管会向七机部报告勘察定点情况，提出基地建设以湖南省隆回县为中心，跨新邵、邵阳、洞口三个县，并在邵阳市修建中转仓库。但是 068 工程布局有些分散，离铁路太远，运输困难，需要对 068 工程进行个别调整。

1970 年 11 月 16 日，湖南省军区党委批复同意 068 工程指挥部党委由 18 人组成，耿锐任副书记。11 月 17 日，为加强 068 工程的领导，湖南省军区任命 068 工程指挥部主要领导，耿锐任 068 工程指挥部副主任。参加二院三线建设的同志又转战湖南，开始了新的基地的三线建设。参加湘西三线建设基地的同志继续发扬艰苦创业的精神。而耿锐在湖南邵阳工作期间发生了第二次车祸。因为 068 基地距离铁路较远，而且只能停靠邵阳火车站一个站，不论人员、物资都要从此出入。当时，耿锐坐着广州军区的汽车，到邵阳以后参加重新选点规划的工作。由于路况不好，汽车在行驶途中发生事故，翻到了旁边的水稻田地里了。当地的农民见况，帮着把车弄了上来，而车上的耿锐被灌得又是泥又是水。但不幸中的万幸是翻到的地方是水稻田，还有干农活的农民帮忙，否则后果不堪设想。而这次车祸与在 061 基地发生车祸的时间间隔不长，这给耿锐的身体造成了很大损伤。

为充实、加强、健全 068 工程指挥部的领导班子，1973 年 8 月 13 日，七机部党的核心小组任命二院党的核心小组副组长、068 工程指挥部副主任耿锐为 068 工程指挥部主任，沈钧为政治委员。耿锐又一次挑起了三线建设中一线的指挥重担。

068 工程建设于 1970 年下半年开始施工。由于“文化大革命”等原因，基地建设一开始就遇到重重困难。068 工程三线建设仓促上马。建设初期，既没有进行水文、地质的勘探考实，也没有成熟的工艺技术方案，边设计、边施工，既无燃料、动力和元料的供应保证，也没有考虑协作和交通的不便，一味追求“靠山、分散、隐蔽”，致使布局极为分散。1973 年 1 月 15 日，068 工程指挥部向二院、七机部提出建设情况的工作汇报。汇报说，经过两年多的艰苦努力，取得了一定的成绩，16 个项目中有 8 个项目正在施工，5 个准备项目也做了大量的工作。但是 068 工程还存在一些急待解决的问题。存在的问题是：068 工程指挥部领导关系没有真正解决、各级领导班子配备不健全，建设项目的地点、布局、规模、体制、工艺设计等问题不明确，各方面的认识存在分歧，施工管理体制混乱，职工家属问题、户口问题、医疗卫生问题等关系到职工切身利益的问题长期未得到妥善解决。这些问题致使整个工程处于停停打打、徘徊不前的状态。耿锐在这期间既要指挥协调 068 基地建设，又需要承受“文化大革命”导致的重重干扰和思想压力，还要想尽办法解决重重困难，对于年已 50 多岁的他来说的确难度很大。后来，七机部决定将耿锐从三线基地调回北京工作，让耿锐休养身体。1975 年，068 工程指挥部主任由其他同事担任。

1978 年 10 月，七机部党组决定 068 基地建设由七机部直接领导，至此，二院历时九年的湘西三线建设宣告结束。

第五章 二院建设立功绩

耿锐预见到新型号、新技术、新任务对二院生存与发展的重要意义，为争取红旗七号任务呕心沥血，后担任红旗七号总指挥，为我国第二代地空导弹研制作出重要贡献。改革开放初期，他负责二院的民品工作。离休后，甚至在病重期间，他仍然十分关心党的事业，关心二院的科研生产工作，积极为二院的发展建言献策、贡献力量。

1. 拨乱反正重开工

1978 年 12 月召开的党的十一届三中全会，从根本上冲破了长期“左”倾错误的严重束缚，端正了党的指导思想，重新确立了马克思主义的思想路线、政治路线和组织路线，做出了把工作重点转移到社会主义现代化建设上来的战略决策。二院坚决贯彻执行了党的十一届三中全会的精神。

二院从无到有、从小到大，在取得不平凡的成绩的历程中，培养了一支又红又专能打硬仗的科研队伍，也造就了一批政治上成熟、业务上精通的有领导指挥才能的干部队伍。但是由于十年内乱，使得广大干部和群众遭到了残酷的迫害，使一些同志蒙受了不白之冤。这就使落实党的政策工作，在粉碎“四人帮”以后，成为要拨乱反正的一项重要工作。二院党委在进行拨乱反正的同时，把平反冤假错案，处理历史遗留问题列入了重要议事日程。1978 年 2 月 15 日，经北京市委批准，正式建立二院党委，耿锐任党委常委，同时被任命为二院副院长。耿锐因党性强、作风好、办事公道、能坚持党的原则，所以耿锐参加、领导了二院的拨乱反正工作，团结广大科研人员、干部和工人重建正常的科研生产和工作秩序。

“文化大革命”给二院造成了一大批冤假错案，加上“文化大革命”前遗留下来的历史积案，需要进行复查、平反，落实政策的工作量很大。当时平反工作未完成的时候，一般人不愿意接触尚未平反的人员，这被称为“划清界限”。据曾任二院党委副书记的王恒谦回忆：耿锐并不在意这些避讳，他坚持实事求是、调查研究、破除阻力、推动落实，他亲自前往老干部的家中探望。耿锐曾说过：“这些同志是与我们一起创建国防部五院的人，我都了解，虽然被打倒了，但他们很多是受到了错误批判，是被冤枉的，是不会有问题的。”由此可以看出，耿锐是一个敢讲、敢说，非常讲原则的人。在落实政策的工作中，他要求做到事实清楚，证据确凿，定性准确，处理恰当。

二院党委领导认真执行党的路线、方针、政策，对二院的冤假错案进行复查、平反。耿锐坚决拥护并积极贯彻党的十一届三中全会以来的路线方针政策，自觉地在政治上、思想上和党中央保持一致。二院的平反冤假错案工作取得了成绩，给平反后的同志落实了政策，团结了科研人员、干部和工人，调动了广大干部和职工的积极性，一些受过打击、迫害的领导干部恢复了领导职务或提拔到新的领导岗位，技术干部和工人同志平反后抛掉了压在身上多年的沉重政治包袱，振奋精神，努力工作。这些工作稳定了二院的局势，初步整顿和恢复了正常的科研生产和工作秩序，这也为后续二院争取新的研制任务提供了保障。

2. 积极争取新任务

20 世纪 60 年代后，特别是在越南战争和中东战争中，中高空防空导弹能力已经很强，美国、欧洲各国认识到利用低空进攻更有效，于是相继发展低空超低空空袭装备。1979 年 3 月，总参谋部召开低空防空导弹选型会议，并将讨论意见向国务院、中央军委作了报告，提出借鉴国外有关技术研制一种机动性能好、反应时间快、机动过载大、抗干扰能力强的低空防空导弹，同时要求列为国家重点发展项目。6 月，国务院、中央军委正式批示同意型号立项，并要求有关部门密切合作，分工负责，狠抓落实，确保所提要求如期落实，并将新的低空防空导弹命名为红旗七号。

当时几家军工单位跃跃欲试。二院一部分人认为应该抓住此次研制低空导弹的机会，而另一部分人则认为应该继续开展当时已开展的工程任务。

两方争论非常激烈。当时，二院承担的重大工程面临下马的困境，已经被“文化大革命”耽误10年的广大科研人员都踌躇满志，希望为祖国国防事业再立新功，继续贡献自己的聪明才智。耿锐从我国与先进国家在导弹研制方面的差距、从国家的紧迫需求、从二院的现实形势等角度慎重考虑后认为，应该争取此次低空防空导弹的研制任务。耿锐积极、耐心地与二院党委班子同志研究分析，统一了思想，调动了人员的积极性，为二院后续争取到新任务奠定了重要基础。1979年4月，二院经过初步论证后，向七机部作了汇报。耿锐深知红旗七号这一先进武器对于空军的重要性、对护卫祖国和平安全的重要作用，同时深知争取到新任务对二院生存与发展的重要影响。他积极与空军领导多次沟通、洽谈，向国防科工委汇报，为争取任务做了大量工作。

二院的院属单位也特别支持二院去争取红旗七号，大家都有一个强烈的愿望：重返地空导弹战线。1980年3月1日，二院以二部、23所、25所、706所联名编写的“关于要求承担‘红旗七号’研制任务的请示”呈报给国防科委和总参，阐述了二院完全有条件和能力承担红旗七号的研制任务，希望将红旗七号的研制任务批给二院。

早在研制红旗一号、红旗二号时期，空军上下就与二院开展了广泛合作。由于低空超低空导弹技术要求很高，作为武器系统最主要的用户，空军支持二院的方案。3月5日，国防科委主任张爱萍在二院的请示上批示：“七机部二院承担研制‘红旗七号’任务，不要变了。”3月7日，刘华清副总参谋长传达了张爱萍主任的批示，明确由二院承担红旗七号研制任务。刘华清副总参谋长强调：“要艰苦创业，七机部要在这个型号上做一个模范。”

4月21日，国务院、中央军委发出关于下达低空超低空防空导弹研制任务的通知，决定由七机部二院承担红旗七号的研制工作。从此，二院结束了徘徊期，重返地空导弹研制战线，开始了二院发展史上在防空导弹领域的第二次创业。红旗七号的研制工作，从一开始，就得到党中央、国务院、中央军委等领导的关怀和支持，上级领导对红旗七号的研制有很多的指示批示，这些指示批示为红旗七号的研制指明了方向。

3. 型号战线任指挥

为进一步加强红旗七号的领导，1980 年 4 月 14 日，二院党委决定成立红旗七号领导小组。耿锐副院长任组长，钟山副院长任副组长，3 名同志为成员。红旗七号领导小组对红旗七号管理方法等进行了研究讨论。红旗七号是一项系统工程，工作之初，因为需要做的事情非常多，且缺乏经验，组织协调工作做得还不够顺畅，某些环节有忙乱现象，后勤工作没有完全跟上。以耿锐为首的领导小组头脑非常清醒，认为这些困难仅是开端，未来的工作任务更重、困难更多，必须上下一致，齐心协力，继续努力，攻克难关。1980 年 5 月 7 日，二院党委听取了以耿锐为领导的红旗七号临时领导小组的汇报，明确了研制红旗七号的指导思想，指定专人分管这项工作，加强指挥领导力量。为了加强对红旗七号研制工作的技术领导，七机部党组于 1980 年 5 月任命钟山为总设计师。为了加强红旗七号的组织管理和指挥调度，适应研制工作的需要，1980 年 5 月，二院党委决定由耿锐担任红旗七号总指挥，副院长钟山任副总指挥兼任红旗七号总设计师，并决定成立红旗七号办公室。红旗七号办公室具体负责计划安排、技术协调及经费管理。

耿锐从任红旗七号领导小组组长到担任红旗七号总指挥，他一直深感责任重大，必须要攻克各种难关，一定要做好，因为他十分清楚，红旗七号是要填补我国低空导弹武器的空白，它的自动化程度要求高、技术复杂，是国防现代化急需，要求研制周期短，是一项非常艰巨而重要的任务，需要尽快完成。国务院、中央军委把这一重要而艰巨的任务交给我们，是对我们的信任，我们责任重大。红旗七号研制任务开始后，二院广大技术人员、工人、干部积极性很高，在完成各项任务中，不怕天气热、工作条件艰苦，克服各种困难，深入调查研究，有的职工多次周末加班，有的连续工作到深夜，工作上不叫苦、不叫累，兢兢业业。全院上下，都在为早日把兵器交给部队夜以继日、辛勤耕耘、艰苦攻关，力争提前再提前。

从 1980 年至 1982 年 2 月，耿锐虽然在红旗七号团队的时期不长。但是作为第一任红旗七号总指挥，他带领红旗七号团队走过了方案论证阶段，在这一非常重要的阶段，他在指挥、调度、保障工作中都发挥了重要作用。

1980 年 6 月 30 日至 7 月 4 日，二院召开红旗七号工作会议，会议由耿锐、钟山两位副院长主持。会议进一步统一研制红旗七号的指导思想，安排落实下半年的研制计划和技术措施，讨论了合同管理方法、财务管理方法、设计师职责、总体部职能等 4 项制度。此次会议取得了一定的成绩，是红旗七号研制工作的良好开端，指出了今后要加强指挥调度，及时解决问题，保证各项计划顺利实施。

1980 年，二院从空军接收了 1 套样机，而除了随机的操作使用说明书外，没有其他资料。样机的分解是研制红旗七号的重要一步。1980 年 7 月 9 日，七机部部长郑天翔对二院分解样机作出指示：必须小心谨慎，周到细致，安全第一，万无一失。他还特别提醒二院领导，要及时告知北京市政府，让相关部门知悉。7 月 30 日至 8 月 1 日，连续 3 天，中央军委、国防科委、空军、七机部等多位领导视察参观产品的分解工作。9 月 15 日，国务院副总理张爱萍到二院视察红旗七号的研制情况，并参观样机。党中央、国务院、中央军委和各部委领导的重视和嘱咐，让红旗七号整个团队时刻不忘重任在肩。

让上级领导关注的样机的分解工作，是一项重要的工作，也是一项比较危险的工作，尤其是首发导弹的分解工作。为能够安全实施样机分解、解剖工作，耿锐、钟山等经常深入现场听取汇报，解决问题，做好各项组织协调、安全保障工作，强调从始至终要把安全放在首位。耿锐协调到场地，在一片荒地上进行实物分解，因为有一定危险性，对周边进行了戒严。他还组织、领导团队采取一系列符合科学规律的安全措施，并邀请部、院领导、北京市公安局检查，确保安全第一、万无一失。由于事前制定了安全细则，操作中有专职安全员监督，组织严密、指挥井井有条，操作人员精心操作、胆大心细、一丝不苟。在耿锐总指挥的护航下，方案论证工作顺利开展。通过解剖、测绘、试验等大量工作，进一步搞清了武器系统的性能指标及技术特点，为总体方案设计奠定了基础。

因为红旗七号系统复杂，协作面广，协作单位除七机部有关工厂、研究所外，还有机械、航空、电子、兵器、冶金、化工等工业部门所属的200多个工厂和研究机构。为了落实协作单位，耿锐、钟山和红旗七号团队在全国各地奔波，而时年60多岁的耿锐仍坚持带队跑各协作厂（所），他这种忘我的精神、为国防事业献身的精神至今仍让钟山总师记忆犹新。耿锐因为在国防部五院、三线建设等工作过，与很多城市、研究所、工厂有过接触，所以在协调协作单位方面发挥了重要作用。耿锐及指挥调度系统的同志做好沟通、调度、协调等工作，为钟山总师进行技术方面的洽谈奠定了良好的基础，为红旗七号落实协作单位作出了贡献。红旗七号协作配套的各个厂家、研究机构，都认识到了协调工作的复杂性、重要性，发挥了大力协同的精神，密切配合，团结战斗，因而红旗七号没有出现大的反复，周期是短的，质量是好的。

耿锐心思细腻，心系试验队员，总是想尽办法为队员分忧解难。试验队员冬天到基地进行试验，当时的生活工作条件比较艰苦，物资保障补助都没有。试验基地天气寒冷，但是队员们穿的衣服仅仅是北京过冬的衣服，完全不能抵御住基地的寒冷，队员们虽然冻得瑟瑟发抖，但仍坚持高强度、高压力工作。耿锐看在眼里，疼在心里。他找到空军，说试验队环境很恶劣，条件很艰苦，问空军这有没有淘汰的冬衣可以支援。最后，在耿锐的努力下，从空军得到了一批淘汰下来的皮飞行服，因为是棉的，很暖和，发给了试验队员穿，解决了队员生活中的大问题。因为耿锐做好物资等保障工作，为推动研制试验工作提供了重要的保障。

随着红旗七号任务由方案论证逐步进入技术设计阶段，所需物资器材的数量随之增加，而红旗七号所需物资又有其特点：新试制产品多、元器件统一系列化工作复杂、技术性强，同时红旗七号又是经济合同制的试点型号，物资供应工作需要适应这些特点。耿锐认为物资供应工作必须认真组织、严肃对待，不能拖型号研制的后腿，必须发挥各级物资部门及科研人员两方面的积极性，有组织有领导地积极开展工作。为此，耿锐组织开展了专门的研究，组织制定并签发了针对红旗七号的物资供应管理暂行办法，进一步规范了物资的供应管理工作，对提升物资服务保障水平起到了促进作用。

耿锐在红旗七号前期工作的决策、管理等方面做了重要工作。不管是二院内部层面的会议，还是向上级的汇报会，耿锐都尽自己所能，贡献力量。1981 年 1 月 20 日，耿锐、钟山副院长等领导出席二院召开的总师扩大会议。1981 年 4 月 16 日、22 日，二院向七机部领导汇报红旗七号方案，耿锐、徐乃明、钟山副院长等参加汇报。1981 年 5 月 8 日，耿锐参加二院召开的红旗七号工作会议。1982 年 2 月，考虑到耿锐年龄、身体等方面的因素，二院党委决定耿锐不再担任总指挥，任命柴志为红旗七号总指挥。

在各方面的共同努力下，历经 8 年的艰苦攻关，终于圆满完成了红旗七号的研制任务。红旗七号的研制成功，填补了我国低空、超低空防空导弹的空白，在地空导弹武器系统自动化程度、快速反应、制导精度、机动能力等方面取得了重大突破，对加强我国空防和实现武器装备现代化有重大意义。在耿锐辞世的六年以后，1993 年 3 月，红旗七号获国家科技进步奖特等奖。钟山总师在颁奖庆祝会上提道："还有耿锐副院长，对红旗七号全力支持，亲自跑各协作厂所，组织协调指挥，我们十分感谢他、怀念他……"

4. 民品战线奠基础

1978 年 12 月，党的十一届三中全会做出了历史性的决定，把党和国家工作中心转移到经济建设上来。1979 年，党中央对国防工业提出了"军民结合，平战结合，军品优先，以民养军"的方针，以后又明确规定国防科研机构应当建立军民结合的新体制，在保证完成国防科研任务的同时，面向经济建设，大力开展民用产品的开发研究，加速军用技术成果向民用转移。二院坚决贯彻落实党中央、国务院、中央军委的各项战略决策部署，既圆满完成国家武器装备科研生产任务，又大力推动军民结合与民用产业发展。为贯彻军民结合的方针，在改革过去的单一产品结构，发挥自己的技术特长和生产潜力，发展民用产品生产，为国民经济建设服务方面做出积极的努力。二院的民品生产和经营已同型号研制任务一样，成为各项工作的中心，这是党的十一届三中全会后，二院发生的重大转变之一。1979年11月，二院党委确定由耿锐副院长负责全院的民品工作。在确保军品任务完成的同时，耿锐在积极探索二院民品发展的道路方面做了很多前瞻性的工作。

当时，有的干部和职工对中央“十六字”方针认识不足，民品工作在一些单位处于“说起来重要，做起来次要，忙起来不要”的状况，民品工作在各单位发展不平衡。有些同志认为，军品任务还顾不上来，哪有精力搞民品。分工搞民品的技术员担心民品是软指标，怕影响今后的晋升提级。针对这种思想，耿锐强调贯彻军工企业的“十六字”方针不是权宜之计，而是军工企业的长远方针，应该按照中央的方针和国家的规定，各单位根据自己的技术特长和研究试验、生产条件，在确保完成军品任务的前提下，积极组织民品的试制和生产，提高我国科学技术水平，扩大生产能力，满足市场需要。还特别注意在具体工作中把民品研制生产列入单位的年度和季度计划，为从事民品的同志落实奖励政策。通过一系列工作，提高了职工的认识，调动了广大职工为“四化”多作贡献的积极性，二院从上到下形成了一支专管民品的领导、管理力量和做产品研制的技术队伍。

1979年，耿锐在国防工办小组会上曾介绍了二院一家下属厂开展增产节约、积极安排民品生产的情况。他从五个方面介绍了该厂的做法和经验：该厂解决了生产民品的思想障碍；锻炼了职工队伍，提高了工人的技术水平；提高了工时利用率；加强了经济核算，讲求物尽其用、节约材料；支撑了兄弟单位。

二院民品发展的初期，广东的改革开放刚刚起步不久，国内外对此非常关注，同时也引发了诸多疑惑和不解，在这关键时刻，邓小平再一次到广东视察指导工作。从深圳到珠海，一路走来，看到经济特区一片热火朝天的兴旺景象，邓小平肯定了深圳和珠海的探索，极大鼓舞了广东干部群众的信心。随后，党中央、国务院做出进一步开放14个沿海港口城市的决定，使全国的对外开放进一步展开。

应国家大力发展民品的要求，耿锐认为这既是挑战也是机遇。想要发展好民品，就必须要紧跟国家的发展形势。于是，在发展民品领域，他建议在深圳建立一家公司。公司起名为“深圳市圳峰工业联合公司”（简称圳峰公司），该公司是二院在深圳经济特区的一个内联企业，是二院的一个对外窗口。从谋划建设到公司成立，耿锐经办了很多工作。在建立过程中，筹集民品建设项目的资金成为首要任务。当时，如果有好的项目，中央认可后可以拨款。为了筹备建设这个公司，耿锐向国家申请了贷款，有了资金的支持，圳峰公司很快成立。该公司后续建设得不错。后由于经营性资产调整，被七机部收回。这次公司的成立，也为二院后来建立长峰科技工业集团公司提供了宝贵的经验。

到1982年耿锐离休的时候，二院形成了一批影响力比较大的民品，如伽马相机样机全部完成并安装在医院使用，二院相关单位研制的声表面滤波器、中药蜜丸、线切割机微型机数控系统、现代光学实验系统等达到了国内先进水平，有的填补了国家空白，有的指标还达到了世界先进水平。

现如今，二院依托航天高科技，大力发展民用产业，二院在医疗器械、工业自动化、安保科技与应急装备、雷达产业、智慧产业、信创产业、网信产业、光电产业等方面研制生产了系列重点产品，很多民用产品填补了国内空白，推动了该领域的发展，为国民经济建设、为国计民生服务。

5. 建言献策作咨询

1982 年 9 月，耿锐经中组部批准离休。当时中央颁布了《关于建立老干部退休制度的决定》，国务院颁布了关于老干部工作的一系列文件，明确规定，“基本政治待遇不变”“生活待遇略为从优”，是党和国家坚定不移的政策原则。国家一再重申“不变原则”和“略为从优”的精神，充分体现了党和国家对离休老同志政治上的关心和爱护、生活上的关怀和照顾。离休后，耿锐等老干部们开始了一个“参加革命”的新阶段，也遇到了新的问题，对他们来说也是个需要适应的过程。因为多年来都是在工作上担负着繁重的工作任务，退出领导岗位以后，突然清闲的日子，让老同志感到有些无所适从，总想能再做点其他力所能及的工作。但同时，作为已经离休的老干部，对于有了新的领导班子，又怕增加新领导班子的麻烦，增加新领导班子的负担。

耿锐说：“不能说离休了就休息！多一事不如少一事，这不行！虽然离休了，思想上不能离休。因为我们从参加革命、入党，从十几岁就受党的教育和培养，到现在大部分都六十多岁了，党培养教育几十年，现在还给生活上略为从优的待遇，政治待遇上基本不变，没有任何国家能这样做的，我们决不能辜负党和人民对我们的期望。我们入党宣誓都是为共产主义奋斗到底，也就是不怕牺牲个人的一切，甚至个人生命，我们都是幸存者。现在，在新的历史条件下，大批老同志退居第三线，这是党和国家建设社会主义现代化的需要，需要年富力强的革命化、知识化、专业化、年轻化的干部到领导岗位上来，我们应当继续发扬党的优良传统，我们老同志一举一动，应当做出榜样。中央要求传、帮、带，怎样传、帮、带，首先就是要以身作则。我们年岁老了，思想不能老，还得革命到底，不过我们工作的方法不同了，新的情况、新的问题要研究新的方式方法。我们应做一些力所能及的工作，量力而行，能多做就多做，能少做就少做。二院党委是重视的。二院退下来的十三个同志组成一个支部，院领导程荣之同志、柴志同志有时参加我们的支部大会，我们听到什么意见，就给他们反映。杨仁忠同志、王恒谦同志给我们传达上级的精神，这很好。希望各部、所、厂、站党委也重视这项工作。将来也组织咨询小组，现在几个人，将来几十个人。”

遵照党中央、国务院关于机构改革的决策方针，二院新老干部交班工作稳定顺利开展。到 1983 年，二院离休干部有 90 余名，他们都是在战争年代有过功劳和贡献的老同志，新中国成立后又为航天事业的创建和发展作出了很大贡献，他们从青年奋斗到老年，为了党和人民的事业，忠心耿耿，忘我工作几十年，具有高度的政治觉悟和丰富的实践经验，在群众中享有较高的威望，是党和人民极其宝贵的财富。二院根据中央的一系列指示精神，对于离休老同志，各级党委不仅在政治、生活待遇方面做出妥善安排，而且通过各种形式，充分发挥老同志的作用。

1983 年 9 月 24 日，为继续发挥离休老干部的作用，二院党委决定成立由 42 名离休老干部组成的二院咨询委员会。该委员会主要对工作中的重要问题进行调查研究、综合分析、提出意见，或受聘参与重大问题的决策，发挥传、帮、带和参谋作用。耿锐担任委员会的主任委员。9 月 28 日，二院召开咨询委员会成立大会，国防科工委政委刘有光、航天部部长张钧、二院党委书记程荣之等领导参加了大会并讲话。耿锐代表委员会发言，他表示完全拥护中央决定的干部离休制度和选拔“四化”干部的政策，用行动积极响应中央的号召，让位给德才兼备、年富力强的优秀中青年干部，以适应“四化”的需要。二院咨询委员会的成立，是院党委对离休老同志的关心和信任，要在院党委的领导下，力所能及地把咨询工作做好，团结一致、同心协力。耿锐提出，离休老干部可以辅助现任的领导班子，传授经验，充分发挥老同志的作用。

耿锐指出加强对离休干部的管理是个新问题，但离休干部队伍逐年扩大，应重视研究离休干部管理的问题，加强管理老干部机构的力量。老干部管理机构和一般部门的服务对象不一样，许多老同志都分散在家里，有的有病、体弱，对这些老同志应当家访，征求意见，尤其应当照顾住在外边的老同志，应当加强和充实老干部管理部门。关于中央、国务院对离休老干部的一些文件规定，耿锐提出，希望部、院结合部、院的历史和现实情况具体落实。航天部的干部大部分都是从部队调来的团职、师职，有的是军职干部。例如团职的干部到车间任指导员、研究室任政委。由国防部五院改为七机部后集体转业，是航天部的历史。当下的现实情况，例如部机关是国家机关，院、厂、所是企事业单位，这就不能搞一刀切，应该根据中央、国务院的政策文件，结合部、院的历史和现实情况，制定具体实

1983 年 10 月 13 日，二院咨询委员会第一次全会合影（前排左八为耿锐）

施的办法。

耿锐和咨询顾问委员会的老同志们还推动实施了一件大事，那就是推动《二院院史》和《二院大事记》的编纂工作。1983 年 9 月，二院咨询委员会成立时，专设了思想政治、科研管理、行政管理、院史编写 4 个调研咨询活动小组。趁老同志健在，迅速组织力量编写出二院 27 年来科研事业发展的历史，认真总结正反两方面的历史经验是一件意义重大而紧迫的工作，它对二院广大职工进行革命传统和院史的教育，对继续沿着革命先辈开创的正确道路，加速航天事业的发展起着重要的作用。1983 年 12 月 26 日，二院下发通知，成立《二院院史》编辑委员会，柴志任主任、耿锐等 7 人任副主任。编辑委员会主要任务是收集党中央、国务院领导同志对二院国防科研事业的重要指示、批示、讲话及接见视察等资料；整理建院 27 年来的大事记；整理二院各届主要领导人的变迁及活动情况；各届党委及领导对科研生产等工作、建设所做出的重要决策；在收集、整理资料、实物的基础上，编写出二院发展史。

编写《二院院史》是一项非常有价值的工作，也是一项很艰巨的工作，由于历史原因，二院留存的资料不完整，很多信息依赖于老同志的回忆，编纂过程中遇到了很多困难。耿锐当时已患重病，但依然组织老同志继续开展编写工作。离休老同志、老专家不遗余力地承担该项任务，提供了“活”资料，发挥了余热，为编写院史贡献了力量。当时编写完成的史料文献为在迎接建院 30 周年而编制的《二院院史（1957—1987）》和《二院大事记（1957—1987）》提供了重要基础。两部重要史料最终编写完成时，很遗憾的是耿锐已去世，但是耿锐为这两部史料编写作出的贡献值得被铭记。这两部重要史料现在仍然是二院领导、职工案头工作参考的重要文献，发挥着铭记历史、启迪后人的作用。

敏锐

第六章 优良作风代代传

耿锐的一生是参加革命不折不挠的一生，是勤奋好学、不辞辛苦的一生，是兢兢业业、严于律己的一生。他成长于红色家庭，救国为民舍生忘死，他献身于航天事业，鞠躬尽瘁忠于事业，他以身作则、舍小家为大家，他的品德和家风代代相传，他的业绩和品德值得后人景仰和学习。

1. 红色家庭影响深

耿锐自小生活在一个华北大地上典型的贫困家庭里。耿锐的父亲名叫耿德功，是一位老实的贫苦农民。耿锐对他的父亲有很深的感情，他在个人材料里是这样介绍自己的父亲的："父亲虽然贫穷，但是好讲道理，很耿直，常常对他讲，穷也要有志气。家里没钱买粮食也不投亲靠友地借。"耿锐的母亲是一位任劳任怨的母亲。在家里没有田地没有收入的时候，父亲在外面给人打短工，每年春冬两季在本村的一家花店里当打包工人，夏秋两季给别人浇园锄地，虽然是一年忙到头，但收入还是很少。母亲和耿锐的大姐每天也要在家里搓麻沤纱、纺棉织布，贴补家用。在耿锐没出去打工之前，全家的生活就是用这样的辛苦钱来勉强维持。耿锐的母亲虽然被贫困的生活压得直不起腰，但还是在脾气急躁的父亲和倔强的儿子中间起到了调节剂的作用。耿锐在货栈里因为受压迫而不想干下去的时候，也只敢和母亲述说自己的苦恼。母亲劝慰他，说能吃饱饭，让他坚持一下。可见当时的家里，应该是吃不饱饭了。但是在这种缺衣少食、风雨飘摇的时代里，耿锐的父母还是咬着牙关，养大了耿锐兄弟姐妹五个，是非常伟大的父母。

在抗日战争期间，父母坚决地支持耿锐和弟弟们参加革命工作。耿锐在参军以后，有一两次因为生病或者受伤，没办法跟随大部队四处进行游击战争。部队上就会委托地方的乡亲们，一个村一个村地用接力的办法送耿锐回家乡休养。每次到了家里，耿锐的父母总会给他最好的照顾，寻医买药，想办法给他治疗。耿锐在部队的事是瞒不住村里的人的，也瞒不住常来村里扫荡的敌人。耿锐回到家里，让家里人承担了很大的风险。但是家里人都毫无怨言。有过一两次，当敌人来村里扫荡的时候，正赶上耿锐

耿锐（右一）与家人

在家里养病。多亏村里的老乡们及时地传递来消息，耿锐的父母就赶紧把他安置在田野里隐蔽的地方，等到敌人走了，再把他接回来。

到 1948 年的时候，耿锐家在解放区广泛开展的土地改革之后，按照家里的 11 口人，分到了 9 间房子和 26 亩土地，上升为新中农。家里除了 3 个孩子之外的 8 个大人里，父亲、耿锐夫妻、三弟夫妻等五人都是共产党员。二弟是残疾军人。父亲和三弟还担任了村里的干部。全家几乎都参加了抗日战争和解放战争。另外，耿锐的姐夫是深泽县何庄人，“五一”反扫荡后参军，因伤残回家，也是一位共产党员。

2. 并肩战斗贤内助

耿锐的夫人名叫齐淑珍。1923 年 6 月出生，比耿锐小三岁。高小一年毕业，就是高级小学，相当于现在的五年级。而耿锐是初小四年级毕业，相当于现在的四年级。也就是说，齐淑珍的学历比耿锐还高一点。作为旧社会的一个女孩子来说，高小就已经是很高的学历了。齐淑珍很早就参加了革命，并且非常积极地要求进步。1938 年 10 月，齐淑珍刚满 15 岁，就加入了中国共产党。也就是说虽然她比耿锐小三岁，但党龄比耿锐还多两年。1945 年 3 月，齐淑珍与耿锐结为伉俪。结婚的这个时期，耿锐在冀中军区第七军分区担任供给处处长的职务。两人在战争期间结下了深厚的感情，并在婚后一起并肩战斗。

1946 年，耿锐与齐淑珍的孩子耿彦军出生了。可是孩子出生时，国家仍处于战争时期。当时正值国民党反动派在完成了战争准备后，不顾全国民众的反对，突然撕毁了与中国共产党的停战协定和政协决议，开始向解放区大举疯狂进攻的时候。国民党反动派以围攻鄂豫边宣化店为中心的中原解放区为起点，相继在晋南、苏皖边、鲁西南、胶济路及其两侧、冀东、绥东、察南、热河、辽南等地，向解放军展开大规模的进攻，全面内战就此爆发。蒋介石当时气焰嚣张，声称只需三个月到六个月，他就可以取得胜利，全面消灭共产党的部队。因为当时国民党集结了 22 万人的兵力，并且事发突然。当时解放区的形势一度十分危急，人民军队处于战略防御阶段。耿锐所在的冀中军区大部队一边组织人员进行抵抗，一边向后方撤退，用空间换时间，以便组织部队休整后进行反击。耿锐夫妇带着出生不久的孩子乘坐着驴车随着部队撤退。当时的解放军没有飞机，也就没有制空权。在大部队撤退的路上，经常会遭到敌人飞机的对地轰炸。连天炮火就发生在赶路的时候，一枚炸弹落在了距离耿锐夫妻不远的路上，万幸没有伤到人。可是，炸弹爆炸发出的巨大响声和溅起的碎石吓坏了拉车的毛驴。毛驴失去了控制，撂了蹶子，一下子就掀翻了拉的车。坐在车上的齐淑珍事出突然，没有防备，身上也没有防护措施，被从车上掀飞了出去。原本紧紧抱在怀里的孩子，也失手飞了出去。刚出生不久的儿子就这样掉在路边的山沟里。幸亏当时山沟里的土比较松软，耿锐夫妻抱起孩子赶紧检查了一下，发现孩子没有大碍才松了口气。可是他们也同时深刻地意识到，在这种兵荒马乱、炮火连天的情况下，没办法再带着这么小的孩子跟着部队一起走了。不仅孩子有危险，也会拖累部队的行进速度。无奈之下，耿锐忍痛将孩子寄养在狼牙山的一户老乡家里（堡垒户）。直到部队开始反攻时，耿锐和齐淑珍觉得身边安全了，才回到老乡家，将寄养了八个多月的孩子领回到身边。耿锐就让自己的儿子认收养的老乡为干娘。新中国成立后，在耿彦军懂事之后，耿锐经常以此段经历教育孩子，让他心怀感恩，不要忘记过去那段艰苦的岁月。

因为革命战争时期的艰苦经历，齐淑珍的身体不算太好。1955 年，她离开了部队，转业到石油工业部工作。夫妻两个都忙于革命工作，聚少离多。

耿锐和夫人十分重视孩子的教育。耿锐担任驻苏使馆参赞的三年间，为了照顾要升初中、升高中的耿彦军，齐淑珍放弃了作为外交官夫人一同出国的机会，默默地陪在了孩子身边，担起了家庭的重担。耿锐因工作需要经常出差，家里面的事情都顾不上。组织上为了照顾耿锐的家庭，特别批准，将齐淑珍调至二院院办机要科任科长，这个家才算稳定下来。耿锐在三线建设的 5 年间，还是齐淑珍陪在马上要高考的孩子身边。可是在耿彦军马上要高考的时候，“文化大革命”爆发了。“文化大革命”结束之后，三线建设的工作也基本上停止了。耿锐和夫人终于能够相守在北京。但是耿锐操心工作上的事，每天还是早出晚归。

耿锐与夫人及孩子

耿锐夫妻

耿锐和夫人齐淑珍都有着很高的思想觉悟。在“文化大革命”结束后，二院情况稳定、经济形势好转，进行了多年未有的调级涨工资工作。按当时政策，调资要按比例，数量有限。耿锐的夫人作为参加革命多年的老同志，符合调级涨工资政策要求，但因耿锐在院里担任领导工作，老两口经过商量，主动让出名额，把机会让给其他同志。此举获得了同志们的一致好评。

耿锐离休后不久，就在医院检查时发现患上了食道癌，之后，齐淑珍更加精心照料他的生活起居，千方百计寻医问药，拖着病体，还要承受巨大的精神压力。在耿锐病重病危期间，齐淑珍不顾年老体弱，一直守护在耿锐身边，直到他生命的最后一刻。

3. 航天事业有后人

耿锐的儿子耿彦军对父亲的事情知道得不算太多。因为耿锐当时为了严格保守工作上的秘密，回到家很少说工作上的事。另外就是因为在耿彦军的少年时期，耿锐要么是在苏联要么是在三线基地，为航天事业日夜操劳，回家很少，舍小家为大家，父子俩相处的时间很少。耿彦军回忆了两件事，一个是 1949 年，年仅 3 岁的耿彦军被父亲带着去天津接收一个大橡胶厂。到天津已经是晚上了，警备区接待并安排住下。刚落脚他就让工作人员领着去现场，当时警卫区的同志正在讲一个特务的事，说着就听见爆炸的声音。因为之后是要和资本家谈接收事宜，耿锐还是坚持要去现场看。从这件事中可见，耿

耿锐（右一）与家人

锐对工作从来不怕艰辛，总是尽心尽力、兢兢业业。

耿锐（右二）与家人

另一个是在耿彦军上小学的时候，耿锐当时是防空军的后勤部的部长。整个华北军区防空军的后勤部在现在的景山公园。耿锐住在景山东街8号的一个小院里，与中央领导人住地仅一墙之隔。为保证不打扰老首长，耿锐对子女、家属、司机、警卫员等严格要求，不允许打闹和大声喧哗。1950年的八月十五中秋节，整个景山都戒严了，因为毛泽东主席来景山赏月，从景山回来以后第二天耿锐给耿彦军讲了一件事。当时部队的领导都去迎接毛主席，接见时毛主席问：是城里好还是农村好？因为耿锐当时任部长就回答说还是城里好。他说完主席就不太高兴了。意思就是说要牢记“两个务必”。这件事始终让耿锐记在心头，一直保持艰苦朴素的生活作风。也让耿彦军记忆犹新。

耿锐（右二）与家人

后来，耿彦军正要参加高考的时候，因为“文化大革命”的爆发，全国高考被取消了。耿彦军毅然决定入伍参军，参军后坚决服从部队指挥，不久被调到福建的对台前线。从部队转业之后，耿彦军选择同样成为一名航天人，来到了父亲为之奋斗的地方，接过了父亲为之自豪的航天事业的接力棒，在岗位上，继承父亲的作风，严格要求自己、不搞特殊化，为航天事业贡献了力量。耿锐的家风世代传递，耿锐的孙子也进入了航天二院，成为一名优秀的设计师，奋斗在航天事业一线。一家三代为航天，可以说既因为有航天事业的极大魅力，也因为有耿锐兢兢业业、严于律己、宽厚待人等良好品德潜移默化的影响。

耿锐住院期间与孙子合影

4. 鞠躬尽瘁身后事

1986 年 8 月，耿锐因食道不适住进北京医院，经北京医院及其他医院有关专家会诊，诊断结果为食道癌。后住北京医院期间，经过 CT 和 B 型超声检查发现，病灶已经广泛转移，病情发展较快。由于食道受阻，无法进食，靠液体输送器将流汁输入胃中，耿锐由于操劳多年，体质较差，人逐渐消瘦，很快就不能生活自理。但是耿锐在病重期间，宁可自己忍受痛苦，也不让家属增添单位和医院的麻烦。耿锐的严于律己的良好品德也影响了他的后代。

1987 年 12 月 12 日 18 时 40 分，耿锐于北京医院与世长辞，终年 67 岁。谷景生、张钧、刘纪原等领导，生前的老战友、老领导等数百人参加了耿锐的遗体告别仪式。耿锐同志逝世的消息在《人民日报》上刊登发布。耿锐同志的骨灰覆盖着党旗，最终存放在八宝山革命公墓骨灰堂的一个陈列室里。

耿锐的一生，坚持原则，刚直不阿，襟怀坦白，平易近人，廉洁奉公，严于律己。他把毕生的心血都献给了中国人民的革命事业和航天事业，他对党的事业忠心耿耿，对航天事业兢兢业业，他的事迹值得被铭记，他的精神值得我们景仰和学习！（撰稿：周平平、任中姣、崔雪妍）

耿锐大事年表

- **1920 年**

  8 月 13 日，出生于河北省束鹿县（今辛集市）。

- **1928 年 8 岁**

  在村小上学。

- **1933 年 13 岁**

  春，同茂货栈学徒。

- **1938 年 18 岁**

  2 月，冀中人民自卫军经理处担任文书。
  7 月，冀中军区供给部一处任科员。
  9 月—12 月，冀中军区供训队学员。
  12 月，冀中军区新兵营、工作团供给员。

- **1939 年 19 岁**

  8 月，冀中军区游击总队二纵队供给处会计员。
  10 月，加入中国共产党。

- **1940 年 20 岁**

  1 月，冀中游击总队二纵队任党小组长。
  3 月，冀中游击总队二纵队支部组织委员。

- **1941 年 21 岁**

  2 月，任冀中军区游击总队供给处会计股股长。
  9 月，任冀中军区七分区供给部会计股副股长。

- **1942 年 22 岁**

  2 月，任冀中军区七分区 22 团任供给处主任。
  8 月，任冀中军区七分区任供给处主任。

- **1943 年 23 岁**

  9 月，任冀中军区七分区任供给处副处长。

- **1944年 24岁**
  获“五一”一等纪念章。

- **1945年 25岁**
  10月，任晋察冀三纵队11旅供给处处长。

- **1946年 26岁**
  5月，任晋察冀三纵队利生公司副经理。

- **1947年 27岁**
  9月，任晋察冀边区四分店副经理。

- **1948年 28岁**
  1月，任冀中德茂公司副食部副部长。
  3月，任冀中行署财政厅供应部副部长。
  7月，任冀中行署财政厅供应部部长。

- **1949年 29岁**
  5月，任205师供给部部长。
  11月，任华北京津卫戍区防空军供给部部长。

- **1951年 31岁**
  4月，任华北军区防空军后勤部副部长。

- **1952年 32岁**
  9月，任华北军区后勤部检察处处长。

- **1953年 33岁**
  10月，任军委防空军后勤部副部长。

- **1957年 37岁**
  5月，任国防部五院物资部部长。

- **1958年 38岁**
  11月，耿锐任国防部五院临时党委委员。

- **1959年 39岁**

  任国防部五院院务部部长。

  4月，国防部五院驻莫斯科工作组（新技术组）组长、代理参赞。

- **1960年 40岁**

  6月，代表我方与苏方签订了1961年“8102”“8103”“8108”“8109”四个项目的设备供应初步议定书及其他项目的议定书。

- **1962年 42岁**

  10月24日，任国防部五院二分院副院长。

- **1964年 44岁**

  9月21日—12月8日 到贵州进行061基地选址踏勘。

- **1965年 45岁**

  1月15日，七机部二院在贵州建立黔北办事处（即061办事处），耿锐任主任。

  2月19日，正式成立061办事处，耿锐为主任。

  7月23日，任七机部二院副院长。

  11月18日，中共贵州省委批准061工程成立党委和指挥部，耿锐任党委副书记、指挥部指挥长。

  11月21日，邓小平、李富春、李井泉等中央领导在贵州听取了061工程指挥部耿锐等的汇报。

- **1966年 46岁**

  1月2日，中共中央同意黔北基地建设组成党委会，耿锐为党委会委员；在党委统一领导下，建立施工指挥部和政治部，耿锐任副指挥。

- **1970年 50岁**

  11月16日，湖南省军区党委批复同意068工程指挥部党委由18人组成，耿锐任副书记。

  11月17日，湖南省军区任命了068工程指挥部主要领导，耿锐任068工程指挥部副主任。

  12月21日，七机部党的核心小组批复，同意二院成立党的核心小组，由11人组成，耿锐任副组长。

- **1973年 53岁**

  8月13日，七机部党的核心小组任命耿锐为068工程指挥部主任。

- **1978 年 58 岁**
  2 月 15 日，任二院党委委员、副院长。

- **1979 年 59 岁**
  11 月，二院党委确定由耿锐副院长负责全院的民品工作。

- **1980 年 60 岁**
  5 月，任红旗七号总指挥。

- **1982 年 62 岁**
  9 月，经中组部批准离休。

- **1983 年 63 岁**
  9 月 28 日，任二院老干部咨询委员会主任。

- **1987 年 67 岁**
  12 月 12 日，在北京逝世。

参考文献

［1］中国航天科技集团公司，中国航天科工集团公司．飞越苍穹——中国航天 50 年［M］．杭州：浙江科学技术出版社，2006.
［2］中国航天工业总公司．航天人物录．1998.
［3］北京军区后勤部党史资料征集办公室．晋察冀军区抗战时期后勤工作史料选编［M］．北京：军事学院出版社，1985.
［4］高同声．东风起舞——中国战略导弹部队初创纪实［M］．北京：国防工业出版社，2016.
［5］航天工业部第二研究院院史编委会．航天工业部第二研究院院史（1957—1987）．1987.
［6］航天工业部第二研究院院史编委会．航天工业部第二研究院大事记（1957—1987）．1987.
［7］谭邦治．蔡金涛院士传记［M］．北京：中国宇航出版社，2015.
［8］周武，侯萍梅，李路，李善春．钟山院士传记［M］．北京：中国宇航出版社，2015.
［9］王雨培，陶社兰．于本水院士传记［M］．北京：中国宇航出版社，2015.
［10］航天二院档案馆馆藏档案：张慕枚，二院基本建设的历史情况．1985.
［11］航天二院档案馆馆藏档案：航天工业部 061 基地．航天工业部 061 基地大事记．1985.
［12］航天二院档案馆馆藏档案：061 工程指挥部．061 工程指挥部一九八五年工作总结．1966.
［13］陈立．代号 061：几度风雨，几度春秋［N］．中国航天报，2015.
［14］航空航天部第二研究院．缅怀献身二院的人们：回忆耿锐同志在黔北基地建设中的二三事．1992.
［15］朱世德，王贤学．凯山之歌——航天 061 基地从创建到转型的壮丽史诗［OL］．中国三线建设研究会．
［16］航天档案馆馆藏档案：关于黔北基地性质的建议．1967.
［17］航天档案馆馆藏档案：洞库、设计、施工、使用方面存在的问题．1967.
［18］航天二院档案馆馆藏档案：耿锐同志在二院咨询委员会成立大会上的讲话．1983.
［19］航天档案馆馆藏档案：耿锐在国防办小组会上发言．1979.
［20］航天二院档案馆馆藏档案：耿锐同志病情的报告．1987.

谈风

谈凤奎的故事

谈凤奎(1944.2.6—2008.2.27)，江苏省江都县（今扬州市江都区）人，1966 年毕业于上海科学技术大学工程力学系。曾任航空航天工业部二院副院长、党委书记、红旗七号总指挥，航天科工集团总工艺师、总质量师、科技委常委、工艺专家组组长、可靠性专家组组长。长期从事航天工艺工作、质量工作，在推动航天工艺进步、质量提升方面作出突出贡献。1992 年，享受国务院特殊津贴；1997 年，获中国质量管理卓越领导者奖；1999 年，获国防科工委个人银奖。2002 年，首次在航天实现基于PDM的无纸加工，在多个型号成功应用，获国防科工委科技进步一等奖，第一完成人。2004 年，“防空导弹关键零部件柔性设计制造一体化系统研究”实现在多个型号上的全面应用，获国家科技奖进步奖二等奖，第一完成人。

◎ 目 录

第一章 少年担当 激情岁月

谈凤奎幼时家庭条件不好，兄弟姐妹较多，父亲常年在外地工作，他作为家中长子，从小就帮母亲做事，吃苦耐劳，有责任感。在家中发生煤气中毒事件时果断处置，挽救了全家性命，体现出难能可贵的果敢和担当。他品学兼优，高中毕业被保送到浙江大学，后因教育系统专业调整随整个系转入上海科学技术大学。大学期间他努力学习，积极进取，在众多同学当中率先加入中国共产党，为后来从事航天事业打下了良好基础。

1. 少年担当

有这么一代人，他们生于炮火连天的抗日战争年代，经历了风雨如晦的解放战争时期，亲眼看到新中国的诞生，与祖国一同成长并投身于如火如荼的建设热潮中，亲历我们的国家从“站起来”到“富起来”再到“强起来”的全过程，他们中的每一个人，都是历史的见证者、参与者，更是建设者。其中有一些人，还参与到关系国家发展命脉的重要国防科技行业中，为提升我国国防力量作出了许多贡献，谈凤奎就是其中的一员。

“满眼是烽烟炮火，满眼是流离颠簸。我们的国家正在风雨中奋斗，我们却幸得一堂理弦歌……”这首西南联大附中的校歌，真实地反映了 20 世纪 40 年代的社会状况。在祖国东部、北部和中部地区相继遭遇日军侵袭的情况下，北京大学、清华大学、南开大学相继迁往位于西南大后方的昆明，一个相对安全的所在。1944 年，谈凤奎就出生在这里。1945 年，中国人民取得了抗日战争的伟大胜利，但战乱并没有就此止息，许多人依然居无定所、颠沛流离。战乱中，谈凤奎一家从昆明辗转重庆、上海等地，最终在上海定居下来，在这个亚洲曾经最繁华的城市里，迎来了新中国的成立。

定居上海的前几年，可能是谈凤奎童年生活中最为幸福的一段时光，虽然家庭不富裕，但全家人在一起，十分安定、温馨。1955 年，谈凤奎成为继光中学的一名初中生。这一年，谈凤奎的父亲响应国家号召支援西南建设，从繁华的上海调往偏远的贵州，加入了乌江航运的建设大军，一去就是七年。

那时举国上下都处在建设新中国的浪潮中，支援国家建设是非常光荣的事。但“为大家”就意味着“舍小家”，父亲作为一家之主留下妻儿远走他乡，对一家人生活的影响也是实实在在的。谈凤奎兄弟姐妹七人，母亲起初没有工作，靠父亲一个人微薄的工资养活一家九口人，要买粮食、给孩子们交学费、付房租、付水电费，经济上本来就不富裕，父亲调往贵州以后，因为偏远地区的工资水平远不及上海，父亲的收入又降低了一截，这让一家人本就拮据的生活雪上加霜。

谈凤奎的妹妹提起那段时光，说记忆中印象最深的是酱油拌饭，“小时候家里穷，经常没有菜吃，酱油拌饭是常事。” 一家人省吃俭用，还是捉襟见肘。父亲为了节省路费，到贵州之后好多年没有回过家，直到1963年退休才回到上海。为了生计，谈凤奎的母亲不得不外出工作，说是工作，其实就是在码头拉煤车，又脏又累，非常辛苦。

都说“穷人的孩子早当家”。谈凤奎在家里排行老三，但他上面是两个姐姐，他是男孩中的老大、弟弟妹妹们口中的“大哥”。一声“大哥”，传递了满满的信赖，也承载了沉甸甸的责任。父亲离家前往贵州以后，12岁的谈凤奎逐渐成为家中的顶梁柱。

那时谈凤奎的小妹妹只有4岁，还有一个更小的弟弟，只有2岁。妹妹从记事起，大哥每天在家里都是忙忙碌碌的。母亲和二姐出去工作，大姐去参军，作为大哥的谈凤奎义无反顾地扛起了做家务、照顾弟弟妹妹的责任。他每天放学回来先要做一家人的晚饭，饭后帮母亲做一些力所能及的家务，这些都忙完之后，他再打开书本，复习功课。第二天天刚亮，他就早早起床，先帮着母亲把年幼的弟妹安顿好，再急急忙忙地去上学。

也许是天生，也许是生活的历练使然，谈凤奎小小年纪就有超出同龄人的责任感、机敏和果断。那时受限于经济条件，谈家没有住正儿八经的住宅，一家人住在一个炼钢厂的仓库里，仓库在炼钢厂后面，条件十分简陋。有一天晚上，谈凤奎母亲上夜班不在家，没想到危险就在这个晚上悄悄降临。炼钢厂发生了一氧化碳泄漏事故，漏出的一氧化碳透过窗户缝渗到谈凤奎家里。夜色深沉，所有人都沉浸在睡梦中。或许是朦朦胧胧中感觉到了身体的不适，谈凤奎醒了过来，他赶紧去查看弟妹们的情况，敏捷地意识到可能是一氧化碳中毒！谈凤奎飞快地打开门窗，然后一口气跑去找电话叫救护车。救护车及时赶到，把一家人送到了医院，经过及时抢救，一家人最终都没有大碍，谈凤奎终于松了口气。漆黑如墨的夜晚里，万分紧张的形势中，那个小小少年显示出了难得的机警、勇敢和果断。

时隔多年，谈凤奎的妹妹提起这件事依然感慨不已，她说哥哥当时才14岁，处事那样的从容果断，表现出来那种超强的责任感，让人印象太深刻了，所以这件事弟弟妹妹们一直铭记在心。在以后漫长的岁月里，在弟弟妹妹眼中，大哥永远能给人一种特别值得信赖的感觉。

2. 敏而好学

谈凤奎初中、高中就读于上海继光中学，那是一所具有100多年历史的沪上名校，原名为麦伦中学。北大校长、著名教育家蔡元培先生1933年曾为学校题词“忠、信、勤、勇”四字校训，激励该校学子形成对祖国忠诚热爱、讲求诚信、勤劳节俭、勇者不惧、无私无畏的中华民族传统美德。后来麦伦中学更名继光中学，“继光”具有双重寓意，一是纪念抗美援朝英雄黄继光，二是“继承”和“光大”学校的优秀文化和革命传统。百年后的今天，学校已成为著名的红色教育基地。

“读书以明理，明理以致用。”谈凤奎上学时学业优秀，工作后兢兢业业为国家作贡献，是继光中学当之无愧的优秀学子。

提起谈凤奎，初中同学陈开章打开了话匣子：“谈凤奎学习好，性格也很好，积极上进，同学们提起他评价都很高。”他记得与谈凤奎一起上下学的场景，“那时我们上学放学经常一起走，有时路上边走边讨论数学问题，争执不下时索性停下来蹲到路边，拿小树枝、小石头在地上演算起来。”

60多年过去了，陈开章还记得很多他们小时候的美好回忆。“我们有时到人民广场看晚会，看庆祝国庆的演出，我们手拉着手，在人群中钻来钻去，很开心……”那时是20世纪50年代，新中国刚成立，人民迎来了久违的和平与安定，虽然物质条件不富足，但整个国家处在新中国成立后的欢乐当中。“学校里各种活动非常丰富，有读书的，有运动的，同学们积极参加，每天都过得充实而满足，回忆起来感觉很幸福很快乐。”

“我还经常到谈凤奎家里玩，”陈开章说，“他妈妈人很好。有一次我们在他家旁边工厂里的篮球场打篮球，打得满身大汗，浑身湿透了回去，他的妈妈打来一大盆水，叫我们说‘孩子们！洗澡！’，感觉特别亲切。”

陈开章还说起他和谈凤奎一起经历的一件趣事。那时是中苏友好时期，有一次苏联来访问，他和谈凤奎在外滩看到苏联的军舰，两名苏联海军士兵在海边散步。两个小伙伴一商量，就走上前给那两个苏联士兵献上了红领巾，苏联士兵非常高兴，两个孩子也特别兴奋。可以看出小时候的谈凤奎是非常活泼大胆、敢想敢做的。

高中同学何鋆也对谈凤奎印象深刻：“在我的记忆中，他是一位热心、能干又能吃苦的人。他写得一手好字，班上出黑板报的任务基本上都落在他身上。他还是校射击队队员，练习很用功，射击成绩也好，教练非常喜欢他。”

谈凤奎的优秀，与良好的家庭教育分不开。中国人普遍内敛含蓄，不善表达，谈凤奎父母那个年代的人更是如此。在谈家兄弟姐妹的印象里，父母从没有表示过他们对于教育有多重视，或者训诫他们兄弟姐妹要努力学习。但在生活那么艰难的情况下，父母从来没有想过让孩子们中断学业，孩子们自然能体会到父母的苦心。因此，谈家的兄弟姐妹个顶个的懂事、勤奋好学，上学的时候成绩都名列前茅。那时兄弟姐妹几个因为家庭经济情况不好，在学校里申请了助学金。能申请到助学金，意味着他们都是品学兼优的好学生，“在那个年代，能够申请到助学金主要的条件之一就是你必须是优等生，我们家兄弟姐妹上学都是申请到了助学金的。”谈凤奎的妹妹说。

凭借优异的学习成绩和良好的品行，高中毕业时，谈凤奎获得了保送上大学的机会，成为浙江大学的一名大学生。他的一个弟弟考上了北京大学。谈家兄妹几人参加工作以后也都表现得非常优秀，大部分走上了重要的工作岗位，可以说都没有辜负父母的期望。

3. 激情岁月

新中国成立初期，我国航天事业的奠基人钱学森钱老冲破美国的封锁回到祖国，承担起创建新中国航天事业的重任，为我国导弹航天事业作出了开天辟地的贡献。那时航天领域百废待兴，钱老回国的第二年也就是1956年，我国建立起第一个火箭、导弹研究院——国防部第五研究院，钱学森任院长。周恩来总理亲自指示：工业部门、高校和军队都要给国防部五院以人才支持。然而，从全国招来的143位高学历人才却没有一位是学过火箭导弹理论的，因为新中国的院校还没有开设这个专业。钱学森是整个第五研究院唯一的火箭导弹专家，他只得从零开始，给这143位大学生传授导弹的基本知识——《导弹概论》。

为了培养专业的航空航天人才，1957年，在钱老等人的倡导下，经国务院决定，由高教部与中国科学院在清华大学建立工程力学研究班。国内的其他许多大学也开始重视相关专业的设立，20 世纪 50 年代末 60 年代初，很多大学相继设立工程力学专业。其中浙江大学于 1958 年在全国高校中首批创办了力学专业。

1961 年，谈凤奎被保送到浙江大学工程力学系力学专业，这个专业可以说是直接为祖国的航天事业培养人才的。招收的学生绝大部分是保送生，能被保送到这里，除了学习成绩优异，还需要品德良好、政治可靠。后来，由于教育系统专业调整，谈凤奎随所在的专业整体转入上海科学技术大学。上海科学技术大学由中国科学院上海分院于 1958 年筹建，1959 年正式建校，是一所以理工为主的多科性大学（后来并入上海大学）。

大学时的谈凤奎延续了一贯的品学兼优。他性格温和宽厚，又负责任有担当，是那种让人一看就信赖的人，大家都很喜欢他。因为家庭条件不富裕，谈凤奎经常勤工俭学，同学还记得他放假的时候不回家，在学校印教材，那是勤工俭学的内容之一。像很多优秀的热血青年一样，谈凤奎胸怀报国之梦，一次听说空军招收飞行员，谈凤奎毫不犹豫地报名了，可惜因为患有鼻炎，体检没有通过，导致他与参军报国的梦想失之交臂。

由于各方面表现优秀，谈凤奎大学期间就顺利加入了中国共产党，大学毕业时班里只有两位同学入党，他是其中一位。

1966 年，谈凤奎大学毕业，恰逢“文化大革命”，他和同届的同学们没有马上就业。同年 11 月，谈凤奎与三位同学组成上海科学技术大学 6101 长征队，沿着毛主席当年的路线，重走长征路。四个年轻人，满怀对毛主席的崇敬、对革命精神的向往，凭借年轻人的闯劲与蓬勃的朝气，从上海途经杭州、黄山、景德镇，到达南昌，又从南昌到长沙、韶山冲、井冈山，一走就是将近 3 个月。

这是一场勇往直前的冒险之旅，一段豪情激荡的青春历程，谈凤奎格外珍视这段特殊的经历，特意精心制作了一本长征纪念册，这本小小的册子里留下了许多珍贵的文字和影像。在纪念册的扉页，青年谈凤奎怀着对长征精神的无限崇敬，摘抄了毛主席关于长征的一段话："长征是历史记录上的第一次，长征是宣言书，长征是宣传队，长征是播种机……它散布了许多种子在十一个省内，发芽、长叶、开花、结果，将来是会有收获的。"内页中，谈凤奎记录了路途中的点点滴滴，为每段路程手绘了行程地图，细心地附上路上拍的照片。

行军途中，谈凤奎一行人发扬不怕困难、艰苦奋斗的长征精神，一路高歌猛进，下雨天也不停下脚步，并且冒着危险在夜间攀越陡峭的山谷。在长征纪念册里他写道，"一路都是急行军，发扬了连续作战精神""冒雨行军，下定决心，不怕牺牲，排除万难去争取胜利"。年轻的心中满是豪情壮志，希望借此漫漫征途接受革命精神的洗礼，锻炼身心。

沿途他们参观革命纪念地，宣传毛泽东思想，帮助途经之地的农民收割稻子，一边学习，一边实践，一边宣传。在毛主席曾经畅游的橘子洲头，谈凤奎记录道：

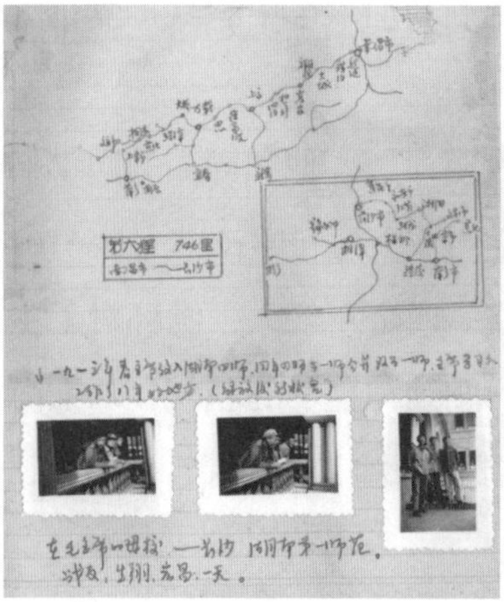
长征纪念册内页

重走长征路途中留影

“我们四个无比热爱毛主席的上海青年，不远千里，跋山涉水，从千里之外的上海来到长沙橘子洲头，回想毛主席当年在这里畅游，‘书生意气，挥斥方遒’的样子。”

谈凤奎（右一）与同学在湖南第一师范

他们在革命圣地井冈山学习革命历史，参观烈士陵园、毛主席故居，接受思想上的洗礼。谈凤奎还在旅程中多次有感而发写下若干诗词，其中一首七绝《上山》这样写道：

地冻天寒冰雪封，冒雪行军情更浓。
山高路险天地冻，红旗飞向半山中。

字里行间表现出爱国青年一心向党、无惧无畏、迎难而上的赤诚之心。

第二章 投身航天 艰苦奋斗

谈凤奎大学毕业后，被分到北京七机部二院26所，成为一名技术员。后来二院组建弹体试制生产线，也就是283厂的前身，谈凤奎是生产线的技术骨干之一。当时技术条件薄弱，硬件条件也很差，大家从一穷二白干起，凭着“横下一条心，拧成一股劲，敢打硬拼，为二院争气，为祖国争光，千方百计，不拖二院型号研制任务后腿”的大无畏精神，全身心投入型号研制生产工作中，靠着高度的政治责任感和拼搏精神，圆满完成了型号设计攻关阶段的艰巨任务。

1. 北上京城

受“文化大革命”的影响，谈凤奎和同学们的毕业分配延迟了一年多。1968年，谈凤奎被分配到北京，成为第七机械工业部（简称七机部）二院26所的一名技术员。七机部的前身，就是前面提到的1956年成立的国防部第五研究院，主要负责航天工业。

当时七机部到上海科学技术大学招聘专业人才，对于谈凤奎所在的工程力学系的同学们来说，七机部的专业是比较对口的，大家的热情却并不高，很多同学不愿意到北京去。一方面因为“文化大革命”影响了稳定的社会秩序，离开家乡到陌生的地方去意味着更多的不确定性；另一方面当时同学们当中流传着一些小道消息，有的说到了北京之后说不定会被分到东北地区偏远的农场，这些真假难辨的消息让大家心中忐忑不安，不敢轻易决定到北京去。

谈凤奎是毕业分配工作小组的成员，大家聚在他的家里讨论毕业分配的事情，不少同学流露出对前途未卜的不安，谈凤奎心中不无担忧，但他还是安慰同学们，劝他们不要太担心。最后他们班只有三个同学到了北京，其中就有谈凤奎。

关于谈凤奎去北京的原因，大学同学杜德同回忆说，“他是毕业分配工作小组的成员，为人特别公道老实，（我推断）可能别人都不愿意去，他就把自己的名字报上去了。”这样的推断不无道理，了解他的人都知道，他是一个勇于担当、处处为别人着想的人，更重要的是，他是一名优秀的共产党员，一个党性很强、组织观念很强的人，任何时候都是把党和组织的需要放在第一位，从来不把个人意愿放在前面。谈凤奎在后来的工作中，无数次地用实际行动证明了这一点。

就这样，谈凤奎成为他们那一届同学里面为数不多的从事航天事业的人，从此扎根航天，把一生的心血都抛洒其中。

2. 艰苦奋斗

1968 年 9 月，来到北京没多久，谈凤奎像无数知识青年一样，响应伟大领袖毛主席的号召，上山下乡，到南京军区空军夏家湖农场接受知识分子再教育，一年半以后才回到七机部二院，开始了长达十余年的工艺工作。

那时我国百废待兴，各行各业都极其缺乏人才，尤其是高精尖科技领域，对应的专业人才屈指可数。大学生往往一毕业就被安排到核心技术岗位，面对未知领域，没有人领路，只能摸索着前行。包括谈凤奎在内的八九个从各大院校分来的大学生刚到二院时面对的就是这种状况。

1980 年，国务院、中央军委发出通知，决定由七机部二院承担某型号的研制任务，并要求在一年内正式上报总体方案。研制任务确定以后，二院迅速组织队伍，对型号任务进行分析和布置。从长远发展的大局考虑，二院做出了组建弹体试制生产线的重大决策。1981 年，二院决定将原 26 所（时为二院四部）的三个模样车间（401 机加车间、402 钣金焊接车间、403 总装车间）整建制剥离，暂时组成由院直接管理的弹体试制生产线，这就是 283 厂的前身。

万事开头难。型号研制是艰巨的任务，技术状态复杂，零部件加工要求高，而刚刚建立的弹体试制生产线一穷二白。首先，管理经验不足，没有机关管理制度，多数管理人员是从基层抽调上来的，一切从零开始摸索。其次，生产条件严重不足。生产场地、办公条件简陋，只有几间破旧的平房，设备均为普通机床而且十分陈旧，全线没有一辆运输用机动车，周转资金也非常缺乏，可以说是场地、设备、物资要什么没什么。最缺的是技术力量。生产线要制造的不是普通的物件，是技术要求非常高的导弹。导弹产品结构紧凑，装配密度大，精度要求高，协调关系复杂，制造难度大，工艺关键多。而当时的弹体试制生产线研制生产经验极其欠缺，工艺技术基础薄弱，没有可借鉴的工艺文件。操作工人中，有经验的老师傅也很少。

面对复杂的导弹结构，一系列工艺和操作难题摆在生产线领导、工艺技术人员和操作者面前，一切都要从零开始。在弹体结构件加工方面，镁合金舵面、钛合金舵轴、铝合金薄壁舱体、发射筒导轨、发射筒等关键件加工是突出的难点，等待着工艺技术人员去攻克。

当时生产线上的工作人员都有一股拼劲儿，凭着艰苦奋斗、苦干实干的精神，克服了很多困难，然而技术力量的缺口，却不是死扛硬拼就能轻易弥补的。在一线的工艺技术人员中只有几位是本科毕业的技术骨干，谈凤奎是其中之一。由于之前经历了近十年的动乱徘徊期，型号任务少，大多数工艺技术人员技术得不到锻炼，他们当中没有一个人参与过导弹研制生产的全过程，不清楚型号工艺总方案如何制定，没有工艺方法设计，缺乏导弹生产工艺装备配备的实践经验，只能从零开始进行技术攻关。谈凤奎和几位技术同事顶着巨大的压力攻克了许多难关，后来成为弹体试制生产线工艺技术的带头人，为二院导弹制造技术的发轫作出了不可磨灭的贡献。

在严峻的形势和考验面前，生产线领导对全体干部职工进行了形势任务教育和动员，号召全体干部职工以“横下一条心，拧成一股劲，敢打硬拼，为二院争气，为祖国争光，千方百计，不拖二院型号研制任务后腿”的大无畏精神，全身心投入型号研制生产工作当中。

弹体试制生产线组建后设置了三个车间。一车间为机加车间，负责承担型号的零部件加工；二车间为钣金焊接车间，负责承担型号的钣金、焊接、发射筒的装配任务；三车间为总装车间，承担型号弹上电缆、导弹总装测试任务。谈凤奎所在的三车间，在工序上处于其他车间的后面，因此按时完成工作任务的压力大部分落在他们头上。有时候前面其他车间没能按时交付任务，面对无比紧张的任务节点要求，三车间就要把前面耽误的时间抢回来。他们面临的现实情况是，车间各种工装都没有，几乎没有办法完成总装任务。谈凤奎当时任工艺组组长，他积极主动想办法解决困难，一方面跟工人师傅们研讨、试验，另一方面到全国各地去取经，无论严寒酷暑。有一年夏天，他和同事冒着超过40摄氏度的高温到湖南长沙学习制造经验。谈凤奎经常白天带着工艺人员和工人师傅讨论制造方案，赶绘图纸，编写工艺，研究开发工具工装，试验新工装的加工情况，晚上熬夜完成加工任务。有时候忙起来就夜以继日连轴转，有一次忙于总装任务，他和车间的几位同事三天三夜没有回家，困极了就趴在办公桌上睡一小会儿。

在难以想象的艰苦条件下，全体干部职工努力克服各种困难，凭着顽强拼搏的精神，终于圆满完成了型号设计攻关阶段的艰巨任务。1982年9月，型号01批9发导弹试验圆满成功，当时院里震动很大，很多人没想到他们能在那么艰苦的条件下完成任务。

有如璞玉，初露光芒。这个时期，时任生产线政治部主任伍子昭，注意到谈凤奎身上与众不同的特质，发觉他是个扛得起责任、值得信赖的好同志。他认为谈凤奎身上有几个闪光点：

第一，具有坚定的政治信仰，对党忠诚，贯彻执行党的路线方针特别坚决，同党中央保持高度一致。

第二，工作认真踏实、勤勤恳恳，不为名不为利，具有老黄牛精神，默默奉献，不事张扬，不求回报。

第三，工作能力强，能独当一面。面对问题不等不靠，积极主动想办法解决。

第四，对自己要求严格，言行一致，表里如一。是让人信得过、靠得住的好同志。

伍子昭印象最深的是解决当时最棘手的工装问题，谈凤奎二话不说把这个担子扛起来，积极与工人讨论方案，不辞劳苦外出学习取经，想出一种办法就去尝试加工，不行再改、再试，反反复复多次直到成功，付出了很多辛苦和汗水。

伍子昭觉得这个年轻人是个不可多得的人才，很有培养前途，关键还懂技术。他认为，懂技术对于当时的车间管理人员来说是个很大的加分项。原因是生产线刚刚建立，正是垦荒阶段，困难重重，职工也经常会因为观点主张不同产生分歧，这个时候有个懂技术的领导非常有必要。于是，伍子昭就向上级推荐谈凤奎，让他担任车间的指导员，相当于车间党支部书记。事实证明，谈凤奎没有辜负他的期望，和总装车间的全体工程技术人员及工人师傅们很好地完成了每一次的总装任务，保证了打靶试验的成功。由于工作出色，谈凤奎1982年获得了科技进步合理化建议三等奖，1983年受到单位嘉奖。

谈凤奎曾经在署名文章《不断创造辉煌力量的源泉》中写道：

第一代二院人是那个时代的骄子，他们来自五湖四海，有的是历经千辛万苦，冲破道道封锁阻隔，刚刚回归祖国怀抱的海外赤子；有的是从全国著名学府遴选而来的优秀毕业生；有的还只是十七八岁，初、高中刚刚毕业的"娃娃"。在党和人民的召唤下，他们没有考虑自己的得失，无条件地服从了党和国家的选择，投身于这项光荣而神圣的事业。两三年后，北京西郊出现了一座初具规模的"不夜城"。每逢夜幕降临，这里的办公区就会灯火通明，有时甚至通宵达旦，这是二院的建设者们在与时间赛跑，在与敌对势力争夺科技领域的制高点。

谈凤奎自己，何尝不是在党和人民的召唤下，没有考虑自己的得失，无条件地投身于这项光荣而神圣的事业中，排除万难，奋力前行。

第三章

狠抓作风 心系群众

谈凤奎善于发现优秀人才，任二院政治部干部处组长期间，向院党委推荐了一批特别优秀的年轻人。他重视对人才的培养与选拔，帮助很多青年人才快速成长，使他们成为科研生产、经营管理的骨干力量。作为领导干部，谈凤奎有个显著的特点，就是深入基层、贴近群众，亲自到基层、到一线去了解情况，脚踏实地解决实际问题，是一位让党放心、令群众信赖的优秀领导干部。

1. 慧眼识珠

1978 年，中共十一届三中全会吹响了中国改革开放的号角，此后不久到 20 世纪 80 年代末，国有企业改革风起云涌。1982 年 5 月 4 日，第五届全国人民代表大会常务委员会第二十三次会议通过了《关于国务院部委机构改革实施方案的决议》，将第七机械工业部改名为航天工业部，航天工业开启了一段新的发展历程。

1982 年，上级选派干部到中央党校干部培训学院学习，伍子昭又想到了谈凤奎。他说，谈凤奎德才兼备，未来一定能有所成就，为单位作很多贡献。带着组织的信任和期待，谈凤奎开始了党校干部培训学院的学习。

1983 年 5 月，二院党委召开扩大会议，研究制定了开创二院新局面的规划和措施。同年，谈凤奎结束了中央党校干部培训班一年的学习，被任命为二院政治部干部处的组长，负责干部选拔工作。

当时二院党委在选拔干部时，坚持贯彻党中央关于实现干部队伍“四化”

谈凤奎（前排右三）在中央党校干部培训班

的方针，即革命化、年轻化、知识化、专业化。注意坚持“三执行、三破除”原则，即执行党的群众路线，破除神秘化和手工业化；执行任人唯贤的方针，破除任人唯亲的宗派观念；执行德才兼备的政策，破除论资排辈的陈腐观念，大胆提拔优秀中青年知识分子担任领导职务，使他们在实践中经受锻炼和考验。当时院党委的要求，就是“不拘一格降人才”，破除论资排辈的痼习，把那些尚在基层，有知识、有能力，但资历比较浅的年轻人提拔上来。这个重任落在了院政治部干部处头上，要他们深入基层一线，破除框框，不戴有色眼镜，实事求是地选拔人才。

那时谈凤奎带领组员深入基层考察，经过对大量一线人员细致地了解、审慎地筛选，先后向院党委推荐了一批特别优秀的年轻人。以这些人当时的资历、级别，如果按照常规流程可能需要很多年才能提拔上来，通过这次破格推荐，他们得以快速走上干部岗位，发挥更为重要的作用。

实践证明，这些新干部大都具有较高的文化知识、过硬的专业技能，具备较好的政治素质和一定的组织能力。同时，作为青年一代，他们思想较敏锐，工作有朝气，在繁重的任务面前多数能胜任本职工作。他们当中有不少后来都发展成为院机关或各个单位的核心骨干力量。比如李伯虎就是从那时崭露头角，后来陆续获得中国航天事业50周年重大贡献奖、航天部个人一等奖以及航天部“有突出贡献中青年专家”称号，2001年当选为中国工程院院士。经过几年的努力，全院干部队伍的素质发生了明显变化，基本改变了年龄偏大、文化偏低的状况。

时任二院党委书记程荣之，对政治部干部处选拔人才的眼光、工作的成果非常满意。他夸赞谈凤奎说，能发现千里马的人就是千里马，能发现人才的人就是人才。这句话是对谈凤奎工作能力的肯定，也为他后来不断走上更为重要的领导岗位，埋下了伏笔。

这一时期，谈凤奎还做了一件重要的事。他接到二院政治部干部处任命时，考虑到要离开工作多年的生产一线，心中有些不舍，他找到领导伍子昭征询意见。伍子昭虽然舍不得他，但还是建议他听从组织安排，并且给他派了一个“任务”。当时工艺技术人员的待遇没有提上来，特别是在住房方面。很多技术人员处于上有老、下有小的中年时期，压力很大。伍子昭建议谈凤奎针对工艺技术人员的待遇问题去做广泛深入的调研，在院里工作期间，把他们的情况向院领导汇报，为他们争取一些利益。谈凤奎把这件事记在心里，认真写了几个调查报告递交上去，二院当时的院领导看了以后很重视。慢慢地工艺技术人员的工资水平、福利待遇开始得到了提升。可以说，谈凤奎在改善工艺技术人员工作、生活条件，调动知识分子工作积极性方面起到了一定的推动作用。

后来，谈凤奎历任283厂党委书记，航天工业部二院院办公室主任、副院长、党委书记，重点型号总指挥，航天科工集团总工艺师、总质量师、科技委常委……每一次的跨越，都基于他在岗位上表现出了超强的工作能力，作出了突出的贡献。

2. 狠抓作风

谈凤奎很重视对青年人的培养。认识谈凤奎的人都说，他是个好人，待人总是那么平易近人、和颜悦色。甚至很多人不叫他“谈副院长”“谈书记”，而是亲切地称呼他“老谈”，在老院办，“老谈”是他的名号。但是，如果工作上遇到他想下决心解决的事，他也绝不手软。

有段时间，谈凤奎重点抓工作作风问题，做到了严抓严管、真抓真管。“已不正，焉能正人”，对于工作作风，谈凤奎以身作则，同时从身边、从院机关的工作人员抓起。那时谈凤奎担任航天二院院办公室主任，看到院机关领导身边一些年轻的工作人员作为领导的左膀右臂，没有起到应有的表率作用，反倒有一些不够严肃紧张的工作作风。比如不了解、不思考领导的工作内容，跟不上领导的思路和步伐，只是做一些端茶倒水、买票派车等事务性的工作，或者只是当传阅手，帮忙递交个文件，请领导签个字、盖个章……这样一方面不利于年轻同志自身的成长，另一方面，他们在工作中直接对接院属各单位，行事作风、能力态度如果不过关，也容易对院属各单位产生不好的影响。

因此谈凤奎就从抓机关年轻同志的工作作风入手，整治整个院机关的工作作风，要求主要院领导的秘书定期开情况汇报会，在会上要介绍主管院领导分管型号的情况进展、关键技术难点等，这样逼着年轻同志们主动学习、主动思考，深入一线了解情况。对于一些不够紧张严肃的作风，谈凤奎批评起来毫不留情。谈总的鞭策对年轻同志的成长起到了积极的促进作用。

“谈总有个很典型的做法，就是不让秘书跟他坐小轿车。”谈凤奎曾经的秘书崔志伟说。谈凤奎担任试验队的队长兼政委时，带领工作人员到试验队。当时条件不好，只配了一辆小轿车，谈凤奎只让老专家、老同志坐小轿车，让秘书坐后面的大车。秘书在试验基地其实没有岗位，但谈凤奎不让他们闲着，让他们去帮工作人员挖地坑、浇盐水、测地阻，亲身体验试验基地的工作。谈总身边的工作人员说，跟谈总一起工作压力很大，但人无压力轻飘飘，人生很可能就虚度过去了，难以取得大的成就。当时大家未必能理解，但从后来的结果来看，的确受益匪浅，成长特别快。古语说，以至公无私之心，行正大光明之事。一个人做事出发点是好的，迟早大家都会明白他的苦心。

毛主席的保健医生兼生活秘书王鹤滨曾经写过一本书《在伟人身边的日子》。在谈总这样的领导身边，“我不说是在伟人身边，至少是在高人身边，他的言传身教，分析问题、解决问题的能力让我受益匪浅。谈总在培养人才方面绝对称得上是一个好的导师。我在他身边工作那么久，真是人生幸事。”崔志伟说。

人才问题是谈凤奎担任领导期间特别关注的一个问题，他曾多次在讲话、工作报告或其他文章中阐述有关人才的观点和主张。他认为传统的人才提拔机制对于一些能力突出的年轻同志的成长是不利的，在二院 1998 年工作会议上的讲话中，谈凤奎提道：“当年轻同志感到工作不饱满和自己工作的成就感没有体现时，如何能进行合理流动做到‘人尽其才’，甚至青年同志的科研成果老同志还要留一个名，论资排辈情况会阻碍年轻同志脱颖而出。”他采取了一些创新举措，帮助年轻同志更快地成长，发挥更重要的作用。

20 世纪 90 年代，二院建立起了具有二院特色的人才激励机制，重点加强对青年人才的培养与选拔，使一大批优秀的青年人脱颖而出，成为科研生产、经营管理的骨干。

那时 283 厂率先搞人才改革，时任厂长游雄找到任二院副院长的谈凤奎，说 283 厂要改革、要发展，需要提拔上来一批有能力、有想法的干部，但这样一来，可能一批老同事、老干部就得转岗或者提前退休，改革势必会遇到很大的阻力，希望取得院里的支持。谈凤奎认真听取了游厂长的汇报，认为这个想法与自己的观点不谋而合，有利于发展的事情应该支持。而支持，就意味着要帮助 283 厂扛住改革的压力。不管是提出想法的游厂长，还是坚定支持游厂长的谈副院长，他们敢于把年轻的优秀人才放在领导人的位置上去，敢于建立和完善有利于人才脱颖而出的环境，都体现出了难得的魄力和担当。后来证明这个改革很有意义，当时提上来的年轻干部有不少在后来成为二院优秀的骨干力量。

谈凤奎做会议发言

在年轻干部的培养方面，谈凤奎还有一点非常难得，就是他很关心年轻干部的成长，在他们遇到难题时，及时给予点拨和指导。有一次，一个所的领导因为所里的利益问题情绪激动，谈凤奎指导他要有大格局，以院里大局为重，对于今后的发展将大有裨益。当一位同志面临纷争的局面左右为难时，谈凤奎告诉他应专注自身业务，远离无谓的纷争。他还叮嘱一位同志，人与人的意见难免不同，在不影响工作任务的情况下，可以求大同，存小异。这些叮嘱和指导，对于谈凤奎可能是不起眼的一件小事，却帮助很多人在人生的十字路口做出了正确的选择。可以说，谈凤奎在用人方面，不仅知人善任，还切实地为年轻干部着想，通过自己的智慧、自己的人格魅力，保护了一些干部，引导了一些干部更好地成长。

3. 深入基层

群众是经济社会发展的创造者，是推动历史进步的主力军，群众问题无小事，群众利益无小事。作为领导干部，谈凤奎有个显著的特点，就是始终心系群众，几十年如一日，坚持深入基层，广泛接触群众，倾听群众心声，及时回应群众诉求，解决群众困难。“我听你说”和“我自己到现场了解”，效果自然是不一样的。群众最讲实际、重实效，日常所思所想都与生产生活密切相关，领导干部经常下基层，才能深入了解实际情况，掌握一手资料，检验工作实效。但因为业务工作繁忙，领导干部往往大会小会不断，汇报请示连连，开会听汇报、坐办公室看文件成为一部分领导干部工作的常态。要做到深入基层，不是件容易的事，但谈凤奎做到了，他经常挤出时间亲自到基层、到一线去了解情况。

谈凤奎每月、每周的时间都提前安排得满满的。据他身边的工作人员回忆，“每个周五谈总都会把下周的工作安排好，但这里面一定会留出下去（到基层）转的时间”。了解谈凤奎的人都知道，如果办公室里找不到他，就打电话给各单位的厂房，他一定在其中某一个厂房里面。与职工群众交流的时候，他特别亲切，不管是作为副院长还是党委书记，都没有一点架子，非常平易近人。很多人说起谈凤奎，都会提到他这一点。有同事回忆说，“普通职工见到院长、书记往往会紧张，不知道怎么开口，他不给你这个机会，他离老远就先叫你，跟你打招呼。”而且他有一个特点，就是只要见过一次面，他就能记住你，下次看到你就能叫出你的名字。这点让很多人印象深刻，所以大家都愿意亲近他，信任他，和他交流，这也使得他能够很好地了解基层真实的情况。

经常亲自到基层，意味着要比别人花更多的时间和精力，自然也更为辛苦。谈凤奎担任二院党委书记期间，有段时间经常去西安 210 所。210 所远离北京，发展过程中遇到的困难也比较多。为了深入了解情况，帮助 210 所摆脱困境，谈凤奎曾经一个月去了三次。有一次，谈凤奎去参加 210 所新老班子换届大会。当时职工群众有一些不满情绪，大会前一天晚上，听说院党委谈书记来了，职工纷纷到书记住的宾馆反映情况。谈凤奎来者不拒，一个一个接待，从上午谈到后半夜，连续十几个小时，不知疲倦。直到半夜两点钟还有人来敲门，他依然开门迎接。面对职工群众的问题，不回避，不推脱，耐心倾听，用心疏导，这样的书记让群众既暖心又安心。第二天，换届大会得以顺利举行。后来210所发展得越来越好。

企业发展过程中，遇到的矛盾数不胜数，类似上面的事情，还有很多。谈凤奎始终坚持群众路线，与大家一起坐下来聊，把各方诉求了解清楚，找到事情的主要矛盾、关键点，然后讨论解决办法。遇到有些政策推行不下去的时候，他也不会简单地用行政命令去解决问题，有的政策下级单位不理解、执行困难，或者推行不顺利，谈凤奎就找到当事人，面对面坐下来谈，开诚布公，大家把问题、困难摆到桌面上，一个一个分析解决。

1988—1999年是我国从计划经济向市场经济过渡的重要历史时期，航天系统的体制也经历了航天部、航空航天部、航天总公司到航天机电集团（后改为航天科工集团）和航天科技集团的变化。由于国防科研拨款制度的改革，使院、厂（所）成为市场竞争的主体。面对计划与市场的双重调节与压力，为了提升二院的整体实力和核心竞争力，二院从自身生存与发展的实际出发，进行领导体制、组织结构、管理模式与运行机制等一系列改革，坚定不移地走集团化发展道路，筹划组建长峰科技工业集团。当时，国家提倡重点发展高新技术产业，并鼓励和支持高新技术进入上市公司，依靠资本市场强力资金支持，尽快实现产业化。在政策指引下，依据集团发展的总目标，长峰集团公司按照国家对上市公司的要求，于1999年对数控机床、医疗器械与制药器械以及计算机等产业进行了整合，对上述产业所在的公司、实体进行了股份制改革，对员工进行了分流，以满足上市公司的要求，做好公司上市的准备工作。

在这个过程中，二院有一个所的改制工作遇到了阻碍，原因是所里有些职工担心事业改企业，铁饭碗没有了。但改革的潮流不可阻挡。院领导班子决定召开职工大会讨论解决这个问题，会上很多职工情绪激动，情急之下难免说出一些过激的话语。面对这种局面，谈凤奎不急也不气，始终耐心地听职工反映诉求。他一贯的对人的理解与尊重，特有的亲和力以及特别善于站在职工的角度、设身处地替职工着想的思维方式，很好地平复了职工激动的情绪，为后来顺利地解决问题奠定了基础。

还有一次，有个下级单位的几位工人因为不满工作环境闹到院里，在院门口吵着要找院领导。谈凤奎知道以后，马上让工作人员把工人们领到会议室，坐下来认真听他们反映问题。了解到工人确实因为工作环境不达标，身体健康受到影响，谈凤奎非常重视，当即把那家单位的主管领导叫来，大家一起坐下来商量解决办法，直到工人满意地离开。

知民情、解民忧、暖民心，解决群众最关心的问题，密切联系群众，凝聚群众的力量，才能推动企业发展进步。谈凤奎曾经在二院 1998 年工作会议中指出：

坐在办公室里是不行的，要把对上级负责和对群众负责统一起来，深入实际调查研究，工作中坚持从群众中来到群众中去，反对发号施令、形式主义、自以为是。二院的工作要靠上级、靠科工委、靠总公司，二院的工作也要靠群众，我们党在长期革命实践中形成的理论联系实际、密切联系群众、批评与自我批评的优良作风，过去在二院两级党委中有较好的传统，在新的形势下更要坚持下去，这样我们的工作才能有力量的源泉。

他是这么说的，也的的确确是这么做的。

第四章

改变机制 提升工艺

谈凤奎认为工艺对于制造业特别重要，作为中国这样一个制造业大国，要解决“能设计出来，制造不出来”的问题，必须首先解决工艺问题。他呼吁强化工艺意识，充分发挥工艺工作在航天产品全生命周期中的作用，使“重设计轻工艺、重研究轻制造”的认识从根本上得到改变。他在担任二院副院长、航天科工集团总工艺师期间做了大量振兴工艺的工作。

1. 改变观念

在谈凤奎几十年的工作历程中，工艺是个有特殊意义的存在。他的工作从工艺起步，在基层从事工艺工作十几年，走上管理岗位后也不断地与工艺工作打交道，担任二院副院长时主管工艺工作，后来又担任二院总工艺师、航天科工集团总工艺师，四十多年的工作历程中几乎都没有离开工艺工作。他对工艺工作有着深厚的感情，他说："工艺实在太重要了！"

对于制造业来说，工艺的重要性不言而喻。工艺是把设计变成产品的关键步骤，是进行生产制造的主要依据，它不仅决定了一个产品能不能制造出来，还决定了产品能不能低成本、高效率、高品质地制造出来。可以说，优良的工艺技术是实现产品高性能、高可靠、高质量、低成本的重要手段。我们可以通过不断地改进工艺技术来促进生产制造各方面指标的提升，进而实现制造水平的跃升。因此，工艺的改进永无止境，工艺的科学性、合理性是工艺从业者永不停歇的追求。

在谈凤奎的眼里，工艺是一门艺术，每一件产品应当都是一件艺术品，是高度发挥人的主观能动性创造出来的智慧的结晶。所以，工艺工作对人的要求极高，要想做好工艺工作，必须有追求极致的精神，只有追求极致，才能将一个产品用最佳的方法、最低的成本、最快的速度、最好的质量制造出来。谈凤奎曾在一次接受采访时做了一个形象的比喻：

"一个产品的形成就像一个家庭里的孩子，设计是父亲，工艺是母亲，产品就是孩子。产生一个优质合格的产品，就像培育一个健康优秀的孩子，要从源头开始，这就需要设计和工艺共同来创造。对于产品这个孩子来说，工艺像母亲一样，将工艺成果凝结、物化在产品上，作出巨大贡献，才能创造产生更加完美的产品。"

在与工艺打交道的四十多年中，谈凤奎对工艺工作进行了深入的研究。他观察国外的生产制造工艺，认识到我国的工艺水平还有相当长的路要走。

一是工艺水平落后，受此影响我们的超大型、极小型、复合材料等产品很多都还受制于国外。更让他担忧的是，我们对工艺工作不够重视，重设计、轻工艺，重研究、轻生产，对工艺工作各方面的支持都不够，工艺体系建设不完善，工艺工作处于从属、被动、滞后的地位。反映到航天工业领域，造成的问题是“设计得出来，制造不出来；制造得出来，质量、性能难以完全满足要求”。随着新一代型号的发展，以陈旧的工艺技术条件、落后的工艺方式为特点的落后工艺状况已远远不能满足发展需求，成为延误研制生产进度和产生型号质量问题的重要因素，因而极大地制约了航天工业的发展。而发达国家普遍把制造工艺都放在重要的位置。西方学者认为现代生产和研究的重心，应转移到工艺上。工艺技术将成为高新技术的主体，没有先进的工艺技术，就不可能有先进的制造技术，没有先进的制造技术，就不可能实现设计的目标，设计的目标不能实现，就不可能有高质量、高性能的产品，没有高质量、高性能的产品，就不可能赢得市场竞争的优势，当然也不可能获取高利润。

二是工艺人才队伍不稳定。由于对工艺工作的重要性认识不足，对工艺技术的投入不足，优秀人才都愿意做设计不愿意做工艺，导致设计人员和工艺人员比例严重失调。

面对如此状况，谈凤奎心急如焚。他迫切地希望相关行业改变对工艺的看法，明确树立工艺与设计同等重要、先进制造技术与先进设计技术同步发展的观念。

谈凤奎经过深入调研和思考，总结了工艺工作和制造技术之间存在的几个不适应。

一是工艺管理体系、机制、模式不适应。工艺管理体系不够健全，没有建立在单位主要领导领导下的、以工艺部门为主体的若干职能部门组成的完整、统一、有效的工艺管理体系。工艺管理系统的管理职能、管理权限不明确，指挥、协调、控制力度弱，工作推动难度大。工艺工作还没有从源头进入型号研制主程序，工艺工作仅仅被认为是基础工作，没有被当成科研技术工作的重要组成部分。工艺师系统没有完全纳入型号技术指挥线，没有以立法的手段来保证设计 / 工艺并行工作的开展。导致工艺长期滞后、被动于设计，工艺没有早期介入、系统考虑关键技术研究，致使批生产中工艺问题时有发生。

二是工艺队伍体系建设严重不适应。在制造业为主的企业，工艺工作量是设计工作量的 4~5 倍，目前，航天工艺队伍与设计队伍的比例严重不协调。航天工艺队伍在学历、职称上也远不如设计队伍层次高，由于多方面的原因，年轻同志愿意搞设计而不愿意搞工艺。加之有经验的老工艺专家、工艺技术带头人的退休，工艺技术队伍处于青黄不接、后继乏人的局面。工艺队伍人力资源的缺乏，数量和质量的差距，造成有的优势专业从高峰迅速跌入低谷。

三是制造技术的发展不适应。制造技术和设计技术一样都是航天科学技术的重要组成部分。制造技术的整体发展和长远规划还没有纳入型号发展规划、技术发展规划和人才规划之中。制造技术发展的软硬件环境和手段建设也不适应当前新一代武器装备研制生产的需要。由于机制的原因，许多关键工艺技术流失在外，形不成工艺整体制造优势，工艺攻坚能力薄弱，先进制造技术的整体发展和对外竞争缺乏后劲。

谈凤奎认为，要改变上述的不适应，首要的是根本扭转观念上的不适应，提高工艺意识，深刻认识到工艺工作是提高企业核心竞争力的关键要素，是技术创新的主渠道，是振兴航天制造企业的突破口。解决了工艺工作的观念认识问题，就可以从根本上解决工艺意识的问题。

他把推进工艺观念改变的工作贯穿到日常工作当中，不管上研究所还是下车间，到哪里都随身带个笔记本，把看到、听到的关于制造工艺的现状、问题都记下来，随时随地宣传工艺技术的重要性。他写了大量的文章，宣传工艺制造技术和管理技术；到相关单位讲课，推动新工艺技术的应用，着力培养工艺队伍。

2. 振兴工艺

工艺工作怎么强调都不过分。要振兴航天工业，必须要振兴工艺。任二院副院长和党委书记期间，谈凤奎大力推进二院的工艺发展工作。关于工艺工作，他的很多想法和做法非常具有前瞻性。1996 年谈凤奎主持二院第六次工艺工作会，他结合二院的实际情况，指出工艺技术进步侧重体现在五个方面：

一是不断提高二院整体工艺水平。

二是采用计算机技术，改变工艺工作的工作方式。

三是科学调整二院整体工艺布局，发展各单位特色工艺，形成二院整体优势。

四是在工艺装备上要利用专项、对俄合作、型号研制等多渠道更新加工装备，广泛采用数控技术，建立一批适应小批生产特点的生产线。

五是建设一支掌握现代化工艺技术，比较稳定的工艺队伍和工艺管理队伍。

他深知工艺工作的漫长而艰辛，强调说：“开创二院工艺工作的新局面，摆在我们面前的形势是希望与困难并存，机遇和挑战同在。要充分认识到加强工艺工作的艰巨性，要百折不挠地努力工作，坚定信心，去实现我院的‘六个一’目标。”

“六个一”目标指的是二院“九五”工艺工作的目标，即“建设一个防空导弹关键零部件柔性设计制造一体化集成环境，攻克一批型号关键制造技术，治理一批工艺质量常见病、多发病，形成一批特色工艺中心网点，建设一批先进工艺生产线，培养一批工艺技术带头人”。

其中，“建设一个防空导弹关键零部件柔性设计制造一体化集成环境”，基于二院申请到的中国人民解放军总装备部大型工艺应用研究课题——“防空导弹关键零部件柔性设计制造一体化系统研究”。这项研究课题是在信息化即将蓬勃发展的背景下，为了适应我国未来防空型号发展需求，解决型号研制中的关键技术问题而提出的，研究成果将用于实现人/组织、经营管理、技术三要素和信息流、物流、价值流的集成优化，大大提升生产加工效率，推广应用后将能产生显著的经济效益和社会效益。因此，课题的成功立项将对提升航天科工二院的整体科研生产实力具有非凡的意义。

争取这项课题，是谈凤奎颇具远见卓识的一项举措。他不仅不遗余力地争取课题立项，还亲力亲为组织课题的论证工作。他白天在院里上班，晚上下班就到283厂的课题组，与科研人员、工艺人员开会讨论课题设计和论证报告的编写。课题组的同事一接到谈总电话说“把盒饭给我订上”，就知道他又准备长时间加班了。那段时间，谈凤奎加班到深夜十一二点是常事。他刚经历了一次大手术，身体不好，看他那么不顾身体拼命工作，他的夫人很担心，多次劝说无果后，不得不找到课题组同事，恳请他们让谈总十点前回家，但谈总一投入工作中，是任谁说什么也不会听的。

课题系统研究以实现产品开发制造过程重组、管理过程信息集成及攻克关键工艺技术为重点，开展了项目管理模式研究、支撑环境研究、应用系统开发三个方面的十余项关键技术的研究与攻关。其中管理模式研究包括并行工程团队技术应用及项目管理研究、单件小批量生产过程优化管理与质量控制研究及关键零部件设计制造过程重组；支撑环境研究包括计算机辅助协同工作环境的设计与开发、信息集成技术开发、工具软件研究开发与实用化、工艺技术研究攻关等，涉及多个学科领域，需要多种前沿技术和理论的支持。为解决这个难题，谈凤奎四处奔波，邀请上级单位专家和高校教授来课题组做交流指导。

课题于 1996 年 6 月到 1998 年 9 月之间进行项目调研，开展初步设计和详细设计。在谈凤奎带领下，课题组人员经常废寝忘食，夜以继日地忙碌。“谈总是一个工作极为认真的人，我自认为自己工作已经非常认真了，但跟谈总一比又看到了差距。每次我们觉得报告已经很不错了，到了谈总那里还是要改。”课题组的同事回忆说。在谈凤奎的严格要求下，论证报告改了又改，最后完成了 6 册共约 70 万字的论证报告。1998 年 9 月 30 日课题通过了详细设计评审，之后进入工程实施阶段。

研究工作总结报告是谈凤奎亲自编写并在课题验收大会上亲自报告的。报告对主要完成工作进行了总结，指出在总装备部的关心指导下，在先进制造技术项目办公室的组织管理支持下，二院作为航天系统开展防空导弹设计、制造以及管理一体化系统研究的首家单位，在全体研究人员共同努力下，解决了系统管理机制、系统总体以及分系统总体中的一系列关键技术问题，结合某型号典型件实现了从 CAD 到底层数控设备的全数字化设计、无纸化加工，并生产出用于型号的正式合格产品，成功应用于型号研制，达到并部分超过了技术指标和研究目标，可推广应用于其他型号。

该课题在航天领域首次建立了基于并行工程，支持导弹结构件设计、制造、管理的一体化系统，研究成果应用于型号，可使批次研制周期缩短30%，制造加工周期缩短50%，且废品率大大减小，研究成果实现在多个型号的全面应用，获得国家科技进步奖二等奖。集团多次表扬二院工艺预先研究课题所取得成就，很少有人知道，这里面凝聚了多少谈总的心血。

谈凤奎对工艺的感情非常深，在振兴工艺方面做了很多工作。完善工艺总方案，细化工艺规范，制订合理的工艺流程，并逐步健全了批生产管理体系，这方面主要是将批生产两条指挥线同型号研制线脱钩，从院到各单位建立独立的行政指挥线和技术指挥线，并健全了工艺师队伍，形成了批生产独立的指挥系统。为了一些好的工艺方法方案显性化，解决有经验的老工艺师专业知识技能不外传的怪现象，谈凤奎提出了调试工艺、将工艺方法显性化的目标。他担任型号总指挥时，要求工艺人员跟着去基地参与型号试验，直接地面对装备、面对试验现场、面对设计人员，这对工艺人员是非常好的锻炼机会。这个做法是之前从来没有过的。

“十五”期间，航天工业面临多型号并举、生产数量大、批生产和研制型号交叉进行的繁重任务。这对航天制造技术提出了更高的要求，不仅要造得出来符合功能需求的产品，而且要求产品的一致性、稳定性，要追求效率和效益的双提高，而落后的工艺技术水平远远满足不了现实的需求，成为延误科研生产进度和产生型号质量问题的一个重要因素，极大地制约着航天工业的发展。

2001年，航天科工集团做出加强工艺管理的决定，并采取了若干后来证明对提升集团工艺工作有明显成效的措施。其中两项重要措施是设立集团公司总工艺师、成立集团公司工艺专家组。2002年，谈凤奎由二院党委书记调任航天科工集团总工艺师。同年3月，谈凤奎作为集团公司工艺专家组组长，带领工艺专家组、机关主管人员组成的工艺调研组，对集团各单位工艺工作状况进行调研。这次调研的重要目的是了解集团公司当时工艺工作的状况和差距，找准迫切需要解决的问题，提出措施建议，为集团公司工艺工作决策提供参考，为拟召开的集团公司工艺工作会做好前期准备。集团公司领导对此次调研十分重视，时任集团公司副总经理承文提出“摸清家底、找出差距、提出措施、解决问题”的方针，并亲自参加了 7 个单位的调研活动。

谈凤奎带领工艺调研组成员，前后走访了集团 32 个单位，进行详细的工艺工作调研，除了听取工艺工作汇报、召开工艺技术人员代表座谈会，调研组还深入生产车间和有产品装调、生产的研究室，现场了解情况，查看有特色及优势的工艺项目、新工艺新技术项目等。谈凤奎到各个单位调研，从来不像上级领导到访，他无论到哪里、见到谁，态度亲切随和，永远像是老朋友见面，这一点令同行的调研组同事印象非常深刻。

此次调研活动详细了解了各单位工艺工作状况，在工艺方面的主要工作和成绩及经验体会，还调研了工艺工作存在的主要问题及对策措施，收集了各单位对集团公司工艺工作和拟召开的工艺工作会的建议和要求。最重要的是，调研活动切中肯綮地整理出了集团工艺工作存在的主要问题，包括工艺工作未能在科研生产各个阶段有效地发挥作用，工艺管理体系及工作机制不够健全，工艺师队伍人员素质需要提升，信息化工作存在很大差距等。基于以上情况的分析，结合集团公司工艺工作面临的形势和振兴集团公司工艺的重要性、紧迫性，工艺调研组提出了一段时期内工艺工作的总体思路和目标建议，以及关于加强工艺工作措施的具体建议，指出应正确认识工艺工作的地位，加强对工艺工作的领导；加强信息化工作；完善组织机构、健全工艺师系统；建立评价、激励和约束机制，稳定工艺队伍，提高人员素质等。

大范围的调研活动一共进行了三次，调研后调研组撰写了近 4 万字的调研报告，每次都针对工艺工作的改进提出了具体的工作建议，这些基于大量调研的建议为集团公司后续工艺工作的发展提供了非常有价值的参考。调研组先后七次向集团党组汇报工艺工作，以大量翔实的数据取得了领导对工艺工作的支持。在这些调研的基础上，集团公司于 2003 年、2005 年、2007 年，先后三次召开工艺工作会议，成立了工艺处，负责集团公司工艺工作的归口管理，做出“加强新时期工艺工作的决定”和“加强型号批生产工艺工作的若干要求”，制定了《工艺工作规定》《工艺师系统领导干部规定》《型号研制、生产工艺工作程序》《准工艺定型工作暂行规定》《批生产工艺总方案编制要求》《航天科工集团公司禁限用工艺目录》《CAPP 实施规范》《工艺工作发展纲要》《工艺专题规划》等一系列文件。集团公司所属各单位在规章制度建设、工艺文件编制规范化方面，做了大量工作，形成了数百项规章及规范。通过管理机构及管理规章的建设，航天科工集团公司已初步形成了现代化的工艺管理体系框架，解决了工艺工作地位和作用的认识问题，解决了工艺在批生产中的技术主导作用问题，解决了工艺创新体系建设问题，对型号研制生产起到重要促进作用。一系列措施使得集团公司工艺工作取得了长足的进步和较快的发展。

谈凤奎参与组织制定的《2003—2010 年工艺工作发展纲要》《“十一五”工艺工作专题规划》，对集团公司的工艺工作进行全面顶层策划，极大地推动了集团公司的工艺工作，促进了科研和批生产任务的圆满完成。他参与组织编写的《中国航天科工集团公司加强新时期工艺工作决定》《中国航天科工集团公司型号研制生产工艺工作程序》《中国航天科工集团公司工艺工作规定》《中国航天科工集团公司工艺师系统领导干部管理规定》等文件，经集团公司领导审定，已成为法规性文件。集团公司卓有成效的工艺工作对国防科技工业产生了一定的影响，在 2007 年召开的工艺创新工作会议上，集团公司被评为“国防科技工业工艺创新先进集体”。

谈凤奎成为集团的总工艺师之后，仍然十分关心二院工艺工作的发展。他在二院工艺技术处助理员的大房间里保留了一个固定的办公桌，时常在那里加班。谈凤奎身体不好，大家每每劝他不要总来加班，谈凤奎就说：“我就是你们的同事，也是工艺处的一个助理员。”后来，那里的同事每当看到谈凤奎的办公桌，就会回想起无数次谈凤奎深夜加班的情景，总是感慨不已，久久不能平静。随着航天科工集团特别是二院研制的型号陆续进入批生产阶段，为了做好型号批生产工作，谈凤奎组织专家开展工艺定型在批生产中的实践作用研究，当二院负责这项工作的同事咨询研究报告如何撰写时，谈总还亲自指导并帮助拟定了提纲。

谈凤奎全身心地投入深爱的航天工艺工作，把振兴航天工艺作为自己义不容辞的责任。“我是总工艺师，肩负的责任就更重，更要为军工制造业的振兴多付出努力。”谈凤奎就是这样时常提醒着自己，忠诚地恪守着那份责任。令他感到欣慰的是，在全行业的共同努力下，航天工业领域的工艺工作越来越受到重视。2003 年，原国防科工委为适应型号研制生产和军民结合高技术产业发展的需要，在全行业开展了广泛的工艺调研，了解和评估工艺技术和工艺管理的状况，分析发展中存在的问题，在此基础上制定并颁发了《关于加快企业信息化、工艺现代化、工人高技能化，促进军工制造业发展纲要》；在国防基础科研“十一五”计划中，重点安排“工艺与装备专项”的研究；2006 年又做出《国防科工委关于加强国防科技工业工艺创新工作的决定》，2007 年召开了国防科技工业工艺创新工作会议，这些政策和措施对推进工艺创新，促进技术进步起到了重要推动作用。这些有力的举措促使大家逐渐加深了对工艺工作重要性的认识，认识到工艺技术和制造技术也是“科学技术第一生产力”的重要组成部分。没有对工艺的正确认识，设计得再好的产品也不能变成真正的实物，只能纸上谈兵。必须要建立一种“设计工艺同等重要，设计工艺同步发展”的体制和机制，以工艺管理创新为重点，全面带动各项工艺工作，推进制造技术的创新。

谈凤奎为此非常兴奋，他从中看到了国家对新时期工艺工作特别是工艺创新工作的高度重视，觉得干劲儿更足了。

3. 人才培养

工艺要上新台阶，需要建立一个好的工艺队伍，这并非易事。工艺技术涉及的专业面很宽，包括通用工艺、特种新工艺、现代集成制造技术三大系列二十多个专业领域，对工艺人员的专业的广度、多专业融合能力要求很高；实际工作内容也很广泛，包括工艺管理、工艺队伍建设、工艺技术发展、工艺装备设计和工艺布局安排等，工艺人员要与科研人员、技术工人等多领域人群交往，协调关系，融合不同层面的文化，要求工艺人员必须要具有较高的综合素质。

谈凤奎认为，航天工业工艺队伍与设计队伍的比例严重不协调，工艺队伍人力资源缺乏，数量和质量都存在较大差距。他认为，要吸引更多的人才加入工艺队伍中来，提升工艺人员的主动性、积极性和创造性，必须从建立机制入手。他提出建立三个机制，即教育培训机制、奖惩激励机制、示范引导机制。要求各级领导采取措施加强本单位的工艺队伍建设，制定补充、稳定、吸引、加强工艺人员的配套政策。

二院起初没有独立的工艺管理机构，二院技术处除了负责管理工艺技术，还管理技术安全、技术成果等其他多项工作。从 2000 年开始，谈凤奎作为二院党委书记，正式将技术处更名为工艺技术处，剔除其他职能作为工艺管理部门独立出来，并且同时要求二院下属单位也必须设立独立的工艺管理机构。谈凤奎还提出主管工艺要提升管理层次，各单位总工艺师必须由单位副职担任，享受单位副职待遇。

为了创造有利于年轻工艺人员成长的环境，他给大家吃安心丸，让大家放手去干，出了问题有他担着，而取得了成绩和荣誉，他都给一线工艺人员。在这样的良好氛围中，他带出了一大批优秀的工艺技术人才，其中不乏总工程师、部级专家、国防科工委级专家以及研究员。

谈凤奎提出“以工艺总方案指导生产准备，以工艺流程指导生产操作，以工艺技术提升制造能力，以工艺装备保证产品质量”和“批生产要以工艺为主导”等思路，使他获航天科工集团公司第一（2003）、二（2005）、三（2007）次工艺工作会先进工艺工作者。

第五章

质量管理
狠抓落实

谈凤奎曾说，航天事业的生命在于质量，型号研制的成败也在于质量。他在推动质量管理进步方面做了很多工作。通过对各级各类人员进行不同层次、不同内容的质量教育、培训和宣贯，二院各级领导干部和职工在质量意识上有了明显的提高，在对质量工作的重要性和质量管理要从“人治”转变为“法治”的认识上有了很大的转变。他推动建设质量体系，用体系建设和运行的有效性保证型号产品质量全过程受控，每个岗位受控。

1. 提升意识

关于产品质量有句名言：不是100分就是0分。对于有些行业来说，这个标准可能有些夸张，面包用料差一点，依然可以吃，衣服做工差一点，也不影响穿着。但对于航天产品来讲，质量真的容不得半分差池。谈凤奎特别重视产品质量管理，他曾说，航天事业的生命在于质量，型号研制的成败也在于质量，质量的基础在于管理，尤其在于全面质量管理。

谈凤奎平时脾气特别好，不管遇到多么生气的事，也总是心平气和跟人讲道理，但有一次他在会上发了火。那是在二院的质量工作会上，他严肃地说："咱们开院级的质量工作会，咱们的公文质量过关吗，你们都看看，看看这些错别字，公文质量都达不到，谈何产品质量？！"那时电脑还没有普及，公文是用打字机打的，如果检查得不够认真仔细，就会出现错别字。谈凤奎认为，错别字事情虽小，却反映了工作态度。他就从公文质量抓起，通过公文比赛、公文展览等形式提升公文质量，进而提升全院各单位办公室的工作作风。细节可以体现态度，而态度可以决定工作结果，谈凤奎从公文质量推及产品质量，使大家受到很大的触动。

多年来，二院在质量管理方面做了很多工作，1982年起，全院开始制定年度质量计划。1983年制定了总体质量目标，并按产品质量目标、工程控制质量管理目标和工作质量管理目标进行分解，确定各项质量目标值。据此，再经过层层分解，落实到各厂（所）、车间科室、班组、个人。到1985年，全院已基本上形成了质量考核的指标体系，逐步做到了定量地评价各单位的质量状况，以实施考核和奖惩。质量计划为院和厂（所）两级计划，内容包括年度质量工作总目标、各项具体目标、质量可靠性工作以及创优工作等，并通过年度两级工作会议进行全面总结，交流经验，评选表彰质量工作先进单位。质量目标和质量计划的建立，促使型号产品质量水平和各单位、各部门质量管理水平的提高，推动了全面质量管理的深入发展。

20 世纪 90 年代，随着多型号研制和小批量生产局面的逐步形成，二院进一步明确了新形势下质量工作的目标，紧紧围绕着这一目标开展全面质量管理，通过贯彻《军工产品质量管理条例》，建立质量保证体系和认证，建立健全规章制度，严格型号全过程质量管理，开展质量监督与审核，加强标准化的计量工作，实施军贸产品验收等一系列措施，有力地保证了型号产品的质量。这个过程中，谈凤奎作为副院长主抓质量工作，带领质量管理团队坚定地推进了一系列质量管理措施的落实。

其中一项重要举措是推行全员培训，增强质量意识。

1990 年之前，人们的质量意识普遍不强，对质量工作的认识不够深入，职工参与质量活动的自觉性和积极性都不理想，甚至对于提高产品质量和管理水平的许多质量活动，如体系建设、质量复查、体系认证、监督考核十分厌烦，认为是一种负担。很多人普遍认为，质量工作是质量部门的事，掌握质量相关的各种知识，是质量工作人员的事。这种状况对于新形势下的质量工作非常不利。

全面质量管理理论认为，人、机、料、法、环是五个影响产品质量的主要因素。人，指制造产品的人员；机，指制造产品所用的设备；料，指制造产品所使用的原材料；法，指制造产品所使用的方法；环，指制造产品的环境。其中人的因素是处于第一位的。我们的产品基于质量和可靠性，而产品是人制造出来的，如果人没有质量意识，就很难保证产品的质量。因此，要推行全面质量管理，做到全员、全过程、全方位地开展质量管理工作，必须对各级领导、工程技术人员、管理人员进行培训。尤其对于新走上领导岗位的年轻干部更要加强“质量第一”的教育，增强质量工作的紧迫感、危机感和责任心，下大力气抓管理、抓质量。只有关键岗位上关键人员的质量意识提高了，质量管理的职责落实了，全面质量管理在组织上、在责任制上才有保证。

因此，二院通过培训、专题研讨等方式，比较集中地安排了全面质量管理基础知识的学习。当时担任二院质量标准化处处长的李雁君回忆说，谈总抓质量培训的决心特别强，要求二院全员都要来参加学习，针对各级各类人员展开了不同层次、不同内容的质量培训，并且都有相应的考试或考核方式。

首先是推行设计师系统的可靠性培训。

从 1995 年起，坚持每年举办 2~3 期可靠性设计培训班，培训对象为型号设计师系统、工程技术管理人员。培训内容为：武器装备的“三性”（可靠性、电磁兼容性、维修性）和“三 F”（故障树分析 FTA，故障模式、影响及危害度分析 FMECA，故障报告、分析及纠正措施系统 FRACAS），时间为 8~10 天。通过培训，不仅让设计人员掌握了“三性”和“三 F”的基本设计方法，而且使他们认识到只有结合自身型号特点，在设计工作中充分运用可靠性设计方法，才能提高产品可靠性。培训之后要求全体参训人员参加结业考试，考试通过拿到了证书才允许上岗。

其次是推行检验员及相关人员培训。

从产品诞生的那一天开始，所有产品都离不开最后这道检验关。人们通过严格的检验程序来控制产品质量，并根据预定的质量标准对产品质量进行判断。可以说，质量检验工作应质量要求而生，是质量管理工作中不可缺少的一环，对控制产品质量具有重要意义。为提高全院检验员的检验技术和水平，保证检验工作的质量以最终保证产品质量，在谈凤奎的推动下，二院在1995—2000 年间先后举办了四期检验员培训班，近 300 名机加、电装、特殊工种及成品检验员参加了培训，所有专职、兼职检验员都做到了持证上岗。

更为难得的是，在谈凤奎的坚持下，二院还推出了“领导干部质量培训班”，对高层领导进行了质量培训。谈凤奎对质量工作进行过深入学习研究，他非常认可朱兰博士的8020原则，该原则认为，产品质量问题有80%属于领导责任，只有20%是工人的原因造成的。其中，领导的责任包括对质量的重视不够，没有真抓实干，或资源配置不够，或对工人的培训不到位等。8020原则不仅是质量问题的普遍规律，而且对提升领导对质量的重视意识、不断改进产品质量有指导意义。

参加“领导干部质量培训班”的领导干部均为院、厂（所）两级领导干部和型号两总，他们平时工作非常繁忙，抽出3~4天参加集中脱产培训几乎是不可能的事。但谈凤奎认为，全面质量管理工作进入巩固发展阶段，国家和航天科技工业对各级领导的要求越来越高，质量管理工作也面临许多新问题。质量管理工作要上新台阶，必须提高院里各级领导干部的质量意识，得到他们的支持。因此谈凤奎排除万难，从20世纪90年代中期开始，坚持每年举办一期“领导干部质量培训班”，培训内容包括ISO 9000质量管理和质量保证系列标准、产品保证、航天科技工业标准化规定、航天产品可靠性工程、航天产品强化质量管理措施和规定、产品质量法等。

培训完要进行考核才能保证培训的效果，设计师、检验员培训完要参加考试，领导干部怎么考核呢？“谈总是很有智慧的，”李雁君说，“他要求每位领导干部学习结束后结合本职工作写一篇论文，之后组织出版《论文集》。”这样的培训班举办了四期，共有200多位领导干部参加培训，出版了四期《论文集》。通过学习，院、厂(所)级领导干部掌握了有关质量、可靠性的法规和标准，提高了质量意识，对实施本单位质量可靠性领导、促进质量工作的“法规”化起到了重要作用。

此外还举办了质量管理人员培训、标准化人员培训、计算机人员培训、软件可靠性培训、元器件应用可靠性培训、质量信息管理培训、统计技术培训等。截至1999年，二院已有80%的科研人员和管理人员参加培训并经考试合格取得了证书。

在树立当代质量观、转变质量观念方面，谈凤奎还重点抓了以下学习宣贯：

一是学习《军工产品质量管理条例》，贯彻“系统管理、预防为主，一次成功、实行法治”的方针，以质量法规和质量标准指导质量工作，力图改变行政命令代替法规标准的做法。

二是在强调“质量第一”的同时，突出宣传质量工作是一个单位全体人员的责任，质量意识是全员都应具备的意识，质量工作不单单是质量部门的事，而且是所有与质量形成过程有关的人员的工作。

三是明确质量内涵，树立“大质量”观念，把简单质量把关转变为研究武器装备全寿命周期的质量管理。

一系列的措施提高了人们对质量工作长期性、艰巨性、复杂性的认识，把质量整顿、质量清理、质量复查等阶段性工作与研究过程控制和制定预防措施结合起来。

通过对各级各类人员进行不同层次、不同内容的质量教育、培训和宣贯，二院各级领导干部和职工在质量意识上有了明显的提高。在对质量工作的重要性和质量管理要从“人治”转变为“法治”的认识上有了很大的转变。

2. 建设体系

产品质量的形成不是孤立的，而是系统的，凡涉及产品质量形成过程的要素都对最终产品质量产生影响，因而在产品质量形成的全过程建立行之有效的标准，使人人都按标准去做，是非常必要的，简而言之就是“书你所说的，做你所书的，记录你所做的”。说到必须做到，做到必须验证。通过对组织结构、过程、程序和资源形成的系统整体进行考核和建设来保证产品质量。

全面质量管理的深化和发展、质量工作的法制化和规范化最终要落实到质量体系建设中去。自从 1992 年院属 12 个军品承制单位通过质保体系验收后，二院始终没有放松质量体系建设，GJB/Z 9000 质量认证工作的开展又进一步推动了各单位的体系建设。质量体系建设的实践使各单位认识到狠抓质量体系建设的有效运行是提高产品质量、降低生产成本、提高单位效益、提高综合管理水平的根本性工作，也是继续推行全面质量管理的基础性工作。

1995 年，二院在各单位贯彻《军工产品质量管理条例》和各项质量管理制度的基础上，发布了《二院质量管理手册》（1995 年版）和 73 项程序文件，全面系统地规范全院质量控制要求，《二院质量管理手册》（1995 年版）和程序文件成为全院各厂（所）质量体系建设的依据文件之一，对推动和统一各厂（所）质量体系建设起到了积极作用。1996—1998 年，全院 12 个承担型号产品研制、生产任务的厂（所）均系统编制和实施了质量手册和程序文件，为加强生产过程控制、系统保证型号产品质量发挥了重要作用。

自 1996 年起，按照原国防科工委的要求和 GJB/Z 9000–96 系列标准的规定，把《军工产品质量管理条例》的要求纳入系列标准并开展质量体系认证工作。1996 年，283 厂首家通过新时代认证中心现场审核，获得国军标质量体系认证证书，截至 1998 年 12 月，全院 12 个承担军品研制、生产的厂（所）均通过了审核，获得认证证书。

1997 年起，在谈凤奎的主持下，二院机关开展质量管理体系的建立和试运行，并于 1998 年年底，一次通过航天总公司的验收。

参照 ISO 9000、GJB/Z 9000 体系，院属各单位都编写了程序文件。程序文件分 3 个层次：质量手册、程序文件、作业文件。质量手册有质量方针和质量目标，程序文件有 20 多个，落实在具体操作上。作业文件就是试验大纲、工艺文件。各单位建立了完善的质量体系并正常运行。把质量计划纳入科研生产计划，分解成为可操作的质量目标、计划、试验，使得各项质量工作落到实处。

质量体系建设过程中，结合型号科研生产重点对质量责任制的落实、设计质量文件资料的控制、技术状态控制、外购外协件控制、元器件采购控制等以往比较薄弱的环节进行加强。元器件是质量管理的一个重要源头。之前，元器件没有统一管理，供应商分散，质量标准不统一，导致质量参差不齐，也给管理造成很大困难，容易出现各种漏洞。谈凤奎认为，必须选择质量好、可靠性高的元器件。他要求将元器件纳入统一管理，统一采购、统一选用、统一复验筛选，从源头把出问题的概率降到最低，并且还要求进行统一失效分析。失效分析成本很高，但是为了产品质量，他要求必须做。就这样，逐步做到武器装备的研制从方案阶段到售后服务全过程受控。这之后院属各单位的产品和工作出了质量问题，都能从体系运行中找原因，从质量改进和完善体系的建设中制定措施。一方面用体系建设和运行的有效性保证型号产品质量全过程受控，每个岗位受控；另一方面也可用产品质量验证体系运行的有效性和质量改进措施的正确性、可行性。

3. 狠抓基础

质量管理工作，说大很大，说小也很小。它的重要性不言而喻，但要系统地去做，却因为不是一线工作、过于琐碎而难以被重视。那时大家的眼睛都盯着研发、生产、试验基地等一线，质量管理往往被抛诸脑后。谈凤奎敏锐地看到，随着市场经济的不断完善，市场对航天科技工业的质量管理工作也提出新的挑战，“皇帝女儿不愁嫁”将被“有序竞争”所替代。质量和效益与市场的结合是必然趋势，武器装备全寿命管理的力度越来越大，确实需要我们从全面质量管理推行的实践中总结经验和教训，进一步树立创新观念，使航天质量管理工作有新的突破。

要把产品质量抓起来，必须从基础性工作做起。1995—2000 年，谈凤奎在质量管理方面做了大量基础工作。比如推动完成了二院三大规范的编写，包括设计规范、工艺规范、试验规范，从各个专业协调组织有经验的工作人员来编写，形成设计规范 400 多项，工艺规范和试验规范 30 余项。

针对航天总公司出台的规范航天科研生产管理的“72 条”、强化质量管理标准的“28 条”以及归零标准“双五条”都做了一系列培训。除了培训，他还把“72 条”“28 条”等纳入二院管理规定，促进质量管理工作从人治走向法治。他要求全员所有工作第一次就把事情做对，树立零缺陷意识。

在质量培训工作方面，为了使培训更贴合二院的实际，提升培训效率，起到真正的指导效果，谈凤奎支持质量标准化处根据各类人员工作情况，有针对性地编写自己的培训教材，如《软件可靠性》《质量信息培训》等。针对当时基本电子产品有可靠性考察，非电产品可靠性空白的状况，质量标准化处还编写了《非电产品设计准则》《非电产品可靠性》等教材。

在检验计量方面，设备的准确性很重要。谈凤奎要求加强设备管理，对专用测试设备建立台账，归类管理，看鉴定证书。

在谈风奎的主抓下，二院在质量管理方面做了相当多细致的工作。严格设计、工艺、产品质量评审制度，在薄弱环节、关键环节、关键工艺设质量控制点，纳入型号质量保证大纲，要求每一型号在各个环节进行质量控制；对用于电子设备的半导体器件坚持 DPA 分析，检查这一批次器件有没有内在缺陷，以确保不含质量隐患；对焊缝做无损监测，对火工品做探伤，确保万无一失；开展软件工程化管理和第三方测评；落实集团归零制度，技术归零、管理归零；编制某型号质量启示录、外协产品故障启示录；抓三化工作：通用化，系列化，组合化……

这些工作都不是马上能见到效果的，但谈风奎坚定不移、认认真真地推行了下去。做质量工作很容易得罪人，但谈风奎非常讲原则，说一不二，做事果断。经过努力，质量工作打下了基础，形成了规范，对质量提升的效果在若干年后越来越明显。所谓前人栽树后人乘凉，谈风奎和那一代质量工作者作出了不可磨灭的贡献。

1997 年，谈风奎获得由中国质量管理协会颁发的中国质量管理卓越领导者奖，对于他来说，乃实至名归。

第六章

殚精竭虑 型号发展

谈凤奎一生都在为型号发展而奋斗，不管抓质量工作还是工艺工作，最终的目的都是型号发展。谈凤奎担任型号总指挥期间，呕心沥血，一心扑在型号工作上，带病坚持去试验基地，事无巨细，劳心劳力。在型号面临退回风险时力挽狂澜，避免了巨大损失。他关注型号研制生产过程中的困难，提出发展信息化以促进型号发展。

1. 身体力行

型号工作是二院发展的命脉，也是上下同欲、拼搏奋斗的重心所在。谈凤奎深知这一点，不管抓工艺工作也好，质量工作也好，最终落脚点都是型号。有一次谈到型号发展，谈凤奎说，二院发展形势严峻，从任务的艰巨性和紧迫性看，二院某些型号面临“失败不起、没有退路、必须成功”的严峻形势，面对型号工作“必须本着对军兵种负责、对国防建设负责、对我们自己生存发展负责的态度，精心部署，切实抓好，一定要思想重视，工作到位，管理到位”。

1990 年，红旗七号设计定型，填补了我军第二代地空防空导弹空白。1993 年，航天总公司任命谈凤奎为红旗七号型号总指挥，时任型号总设计师是钟山（1999 年当选为中国工程院院士）。钟院士说，谈凤奎是一个特别全面的人，工作非常细致。的确，谈凤奎懂工艺，懂质量，又懂管理，型号工作是一个非常复杂的系统工程，总指挥相当于一个大管家，宏观上要把握整体计划调度，细节上要保证人力、物力、财力。一个“全面、细致”的总指挥对于型号工作来说非常难得。

这一时期，红旗七号的主要任务是小批量生产。批生产初期面临很多问题，如备料时间长、技术工人更替、环境约束条件太大、生产环节与工序关系不顺等，从观念和管理层面，又存在重科研轻生产，管理跟不上等问题，严重阻碍了型号批生产的脚步。当时领导班子开会研讨，谈凤奎提出一系列的批生产建议，从总体上要求提高认识、加强管理，针对各单位提出具体要求：设置批生产所级指挥、处理技术问题领导小组，理顺关系；提前订购关键零部件；改善生产条件，建组合调试生产线；提高工装系数，稳定生产工艺，特别在质量控制方面提出严格要求。

在批生产装备进行到关键阶段，谈凤奎部署装备批抽检和试验计划，要求全体人员克服困难、团结一心，严把产品质量关，列出生产短线，排出每月、每日的生产计划，加强计划调度，完成装备生产，确保装备按时进入试验基地。

如果说型号研制解决的是原理问题、能不能造出来的问题，批生产要解决的则是产品质量和一致性、可靠性问题，以及如何降低成本、提高生产效率的问题。这个时候，全过程管理非常重要。谈凤奎对批生产各个阶段的综合管理非常到位，对计划控制节点都有明确要求。他强调加强整个批生产过程控制，提出了“五抓”“五重视”和“六项要求”。“五抓”指的是狠抓物资齐套，狠抓质量，狠抓计划调度，狠抓技术状态管理，狠抓工艺纪律；“五重视”指的是严把元器件质量关，严把平行工艺的打通关，重视检验的把关，重视发挥军代表的作用，重视年轻人的培训和教育；“六项要求”指的是贯彻工作会议精神（每批次生产开始，型号两总都要召开一个工作会议），狠抓三级合同签订，狠抓生产准备工作，充分发挥军代表的作用，严格计划的严肃性，明确质量目标。同时对每个批次的生产，都提出具体要求：

一是在搞好质量认证的基础上，认真抓批生产质量保证措施和工艺管理要求及措施。

二是树立以工艺管理为主导的思想，即以工艺总方案指导生产准备，以工艺流程指导生产组织，以工艺文件指导生产操作，以工装保证产品要求。

三是开展有效的厂（所）级质量保证体系活动。

四是严格控制技术状态，对重新设计、修改设计、改进设计的产品，要严格履行手续。

五是对外协外购件，严格把住验收关口，原材料要有复验合格证，原件要有筛选合格证。

六是组织调试，装备总装总调采用责任承包办法，严格执行双归零要求。

七是贯彻行之有效的首件评审。

八是要特别重视生产过程、质量过程的控制。

九是做好售后服务和技术支持。

在型号团队的共同努力下，1995 年，二院完成了红旗七号全武器系统工艺定型工作，增强了二院的型号小批量生产能力。

1995 年 7 月，型号即将迎来批抽检，谈凤奎自从 1993 年开始担任这个型号的总指挥，筹备这个批次的批生产工作，已经两年，现在是要看着“孩子”上考场，他的重视程度可想而知。他召集二院有关领导及机关负责人召开会议，部署了批抽检和制导站试验参试装备计划，批抽检对型号来说是一次大考，从设计研发到生产制造，所有工作人员的眼睛都盯着试验结果。他号召全体人员，克服困难，团结一心，严把质量关，加强计划调度，完成参试装备生产，确保抽检试验按时进场。

几个月后，临近深冬，谈凤奎作为试验队队长兼政委带队到试验基地执行型号批抽检任务。茫茫戈壁的冬天，天寒地冻，一片肃杀之气，寒风肆虐，凛冽如刀，带来彻骨的严寒。但在工作人员心中，没有什么比试验任务更重要，再恶劣的环境也阻挡不了他们的脚步。科研人员每天上阵地执行任务，谈凤奎不管现场是否需要他，也坚持每天去。在外场的严寒及风沙中站立，在现场的调度电话旁值守，代替调度接传电话及现场指挥，以至于当时试验场中流传着一句“让谈副院长给你接电话”的“名言”。在毫无遮挡的户外，人顷刻间就被冻透，谈凤奎两颊被冻出了“高原红”，也不去车里休息。很少有人知道，他那段时间身体已经出了问题，连续多日持续不断地低烧，医生查不出原因，就当普通感冒、当支气管炎治（他有哮喘病史），给他吃消炎药，但体温一直降不下来。

即使发着烧，谈凤奎也一直坚持在试验基地工作，连续60多天，中间没有休息一天。夜里也很少能睡好觉，每天工作到深夜，分析问题、安排任务和检查工作。终于，试验队成功完成了试验目标，顺利通过导弹批抽检，谈凤奎一颗悬着的心终于放下了。

谈凤奎（中）在试验基地

1996年年初，在赴某试验队担任政委前的体检中，谈凤奎确诊罹患肾癌。

癌症意味着什么，大家心知肚明。肿瘤已如鸡蛋大小，稍有耽搁，势必回天乏术！医生和家人怕他承受不了打击，善意隐瞒了病情。但一次医生无意间落下病历，让谈凤奎知道了真相。面对突如其来的恶疾，谈凤奎失眠了。

那个时候，谈凤奎刚刚50岁出头，身当重任，二院副院长、重点型号总指挥、总工艺师一肩挑，工艺工作、质量工作等都在他的带领下如火如荼地进行着。这一病，仿佛如日中天的运动员，正在等待发令枪响，没想到等来的却是退出赛场的判决。

“人生天地间，忽如远行客”，谈凤奎第一次意识到人生的短暂：留给自己的时间不多了，然而还有那么多重要的工作没有做。谈凤奎思考良久，暗暗对自己说，一定要好起来，绝对不能倒下。

他积极配合治疗，做手术摘除了一个肾。那段时间，型号研制生产任务十分紧张，这让术后在家安养的谈凤奎如坐针毡。手术后半年，他不顾家人的劝阻和化疗带来的痛苦，又返回了工作岗位。

1998 年谈凤奎任二院党委书记以后，不再担任红旗七号的总指挥，但他一直关心着红旗七号的批生产工作。1998 年 3 月，在一次批生产计划部署会议上，谈凤奎同其他领导共同强调，新一批红旗七号装备，生产任务多、要求高、时间紧，要吸取过去的经验教训，质量问题要严格归零，要采取措施狠抓短线，狠抓关键，狠抓生产过程中的质量控制，确保产品质量。

在一次批生产质量分析会议上，谈凤奎针对组织批生产所遇到的问题、面临的严峻形势，强调了应采取的措施，要求各单位引起重视，在质量问题上高度重视，严格归零。各单位要结合实际情况，分别召开质量分析会议，采取针对性措施。8 月，为红旗七号配套的战车转产鉴定会在湘潭电机厂召开，谈凤奎同主要院领导及总师亲临现场参加会议。9 月，二院召开红旗七号零五批装备生产总装动员会，上级机关领导、谈凤奎、总师及院机关领导参加会议，谈凤奎在会上强调，零五批生产要大协同，要确保其质量同零四批相当。在总装调现场调度会上，谈凤奎分析总装以来的质量形势，提出了大力协同、总装为本、及时调度、及时处理以及“四查”的要求，即查工艺文件、查检验记录、查后续配套、查分机合格证。1999 年，红旗七号参加庆祝中华人民共和国成立 50 周年阅兵，谈凤奎负责组织阅兵训练任务，在团队全体成员的共同努力下，任务圆满完成，受到国务院、中央军委和国防科工委的表彰。

1999 年 10 月，二院组织红旗七号零五批装备批抽检试验队，当时谈凤奎病情并不稳定，身体情况不适合参加外场试验工作，但他依然挂帅试验队队长。这次试验，出现了一个重大意外。进场后，对随机抽检的三发导弹进行测试时，测试结果出现异常，基地领导和相关技术人员认定这一批次的导弹不合格，决定停止抽检试验。这个消息对试验队全体工作人员犹如当头一棒，一时都难以接受，这意味着进场的导弹要运回北京返厂，零五批全部装备面临返工，这将造成不可估量的损失！

当时任283厂导弹分队队长的张久全回忆说，事情发生后谈凤奎作为试验队队长立即召集全体会议，进行事件分析，听取试验队员的意见。队员们进行了反复对比试验和技术分析，确认导弹是合格的，产生异常是由于测试设备差异。得出这个结论后，谈凤奎一方面带领试验队同基地领导沟通协商，另一方面从北京调来设计、生产方面的专家，从设备的原理到生产过程对基地领导和相关技术人员进行交底，验证所采取的措施有效，保证导弹质量可靠。基地领导态度坚决，谈凤奎锲而不舍，一次沟通不行，两次，两次不行，三次……在经历了多次讨论、分析及现场试验验证后，试验队终于得到基地领导的认可，得以重新启动试验。在随后的试验中，一个小时内两发导弹均击中目标，圆满完成抽检试验，零五批导弹如期交付，避免了一次巨大损失，全体队员欢欣鼓舞。

作为试验队这个临时大家庭的家长，在试验的两个多月时间里，谈凤奎没有离开试验队一步。深冬的戈壁滩试验场上，环境恶劣异常，谈凤奎像历次参加试验一样坚持在第一线值守。外场现场哪怕再重要的岗位，也有忙中有闲的时候，忙的时候也基本是在战车内或电子维护车内，而谈凤奎没有一天闲过，每天都是穿着棉大衣站在风沙中、严寒里和紫外线的暴晒下，他的以身作则是对全体队员的最好激励。

无论在试验队的工作还是生活上，谈凤奎都操碎了心。当时试验队的综合调度回忆起那时候和谈总一起工作的日子，感慨良多，谈总的事无巨细、身体力行给他留下了深刻印象。试验场的住宿条件不好，谈总每天起得很早四处查看，协调宾馆停水或者停电等问题，以保证队员们起来能够迅速投入工作状态。暖气不热了，该给试验队上洗澡水了，甚至该给同志们加餐了……所有的细枝末节，谈总都会亲自挂念提醒。型号工作压力很大，但谈凤奎面对再大的压力也不表现出来，面对大家的时候，永远是淡定从容的姿态，让大家安心，为大家加油鼓劲儿。

试验结束后，试验队考虑到谈凤奎年纪大了，并且身体状态不好，想安排他先坐飞机返回，但他坚持和大家同甘共苦，一起坐专列，晃荡好几天才回到北京。吃苦的时候跑在最前面，论功行赏的时候他把自己放在最后。在试验队的总结会上，谈凤奎表扬了许多人，也给许多人颁发了嘉奖，唯独自己什么奖励也没有。试验队队员一致为他送上了一个称号——“晒得最黑的人”，这就是队员们对谈凤奎勤政作风与奉献精神的认可。

谈凤奎在一线对试验队工作劳心费神，对大后方也一样关怀备至。为了让试验队队员安心工作，不为家里的事情操心，每次去试验基地，谈凤奎都会给院里的基建部（当时负责物业管理工作）一份试验队队员的名单，安排他们找出试验队队员的家庭地址电话，主动打电话询问队员家里有没有困难，主动上门为试验队队员家庭提供服务。试验队队员亲属如果有生病的，他会协调医院开通绿色通道，帮助病人快速检查诊治。他尽其所能调动各种资源，解决试验队队员大后方的问题，让他们没有后顾之忧。对于在型号工作中有突出贡献的同志，他回来后会把该同志所做的成绩报给他所在的单位，使他们在职称评定、职务晋升方面得到应有的回报。

2. 长算远略

在型号工作方面，谈凤奎既是实干家，又有长远的眼光。他敏锐地意识到，21 世纪的竞争，主要是以信息技术为核心的高新技术产业的竞争，信息化程度将成为衡量国家和地区发展水平的重要标志，成为世界经济结构调整和带动制造业优化升级的推动力量。信息化也必将是加快实现我国工业化和现代化的必然选择。

我国国防和军队现代化实行“三步走”的战略，要求国防科技工业建立基于信息技术的研制生产系统以及军工快速响应技术体系，构筑以数字化为主导的军工制造业。谈凤奎指出信息化技术是提高武器装备研制能力、实现科技强军的重要手段。航天工业作为军工制造业的重要组成部分，担负着武器装备研制生产和参与国民经济建设的双重历史使命。而我们的型号研制生产过程中存在着各种问题：

一是型号研制周期长。

型号一个批次研制周期大约为 2 年，一个型号定型需要 10~12 年，新一代型号研制要求 5~6 年定型。研制周期与军方要求相距甚远，难以满足军方对武器装备的要求。

二是设计更改频繁，难以快速反应。

完成一种型号研制一般需经历 4~5 个批次。由于研制阶段状态的变化，每一批次会有不同程度设计更改，一旦有设计更改，工装和工艺也要更改。工装重新投产，工艺重新编制，工艺准备工作量增大，生产准备周期延长，致使研制生产难以快速反应。

三是产品质量控制难。

航天型号产品一般系统复杂，关键零部件加工要素多，空间尺寸基准多，零部组件装配密度大，功能集成度高，产品设计加工质量控制环节多，质量要求严格。

四是研制生产组织难。

由于许多企业存在多型号并举、研制生产并重的情况，技术文件种类多，批次管理难度大，科研生产计划管理始终处于被动调整的状态。

五是制造成本高。

对于复杂关键件和难加工材料零部件的加工，现在的加工方法无法有效控制产品质量，有些产品只能采取以数量保质量的办法。现行主要加工方法是加工设备和专用工装组成的“刚性”生产模式。型号一个批次的生产要设计投产上百套工装，一旦涉及某一结构特性尺寸的改变，就可能导致一批原来工装的报废，设计制造的费用十分昂贵。

谈凤奎认为，要解决上述问题，必须将科学管理与技术进步结合起来，进行系统策划，建立以数字化为基础的柔性设计制造系统，摆脱产品设计与生产分离、研制与管理分离的情况。发展航天信息化工程，是实现航天科技工业跨越式发展的必由之路。他提出，应紧密结合型号需求，完成关键技术攻关、核心支撑软件开发、典型能力平台建设和集成应用验证，建立和完善与之配套的信息安全、标准规范、工程数据库等基础支撑环境，初步形成中国航天完整的数字化建设工程体系。坚持以信息化带动工业化，以工业化促进信息化，走出一条科技含量高、经济效益好、资源消耗低、环境污染少、人力资源优势得到充分发挥的“新型工业化路子”，提升中国航天的国际竞争能力。

第七章 人格魅力 润物无声

谈凤奎是一位特别具有人格魅力的人，“桃李不言，下自成蹊”，他的人格无形中影响了很多人。他曾对记者说：“一个领导者就是一个普通人，不能摆官架子。作为领导者如何用好手中的权？这里要用好五种力，即文化力、亲和力、约束力、人格魅力、权力。我是这样看的，作为领导，前四种力要多用，权力要少用，最好不用，要用人格魅力，用情感凝聚人心，赢得人心。”他用实际行动践行了自己为人处世的哲学。

1. 业广惟勤

谈凤奎的一生都奉献给了航天事业。老同事们都知道，谈凤奎工作特别“拼”。

谈凤奎的“拼”劲儿，从小就表现出来了。老同学陈开章说，他性格特别倔，只要他想学的东西，没有学不好的，想做的事，一定会全力完成。那时他就看好谈凤奎，觉得他将来一定会成就一番大事业。20 世纪 90 年代开始普及电脑办公，谈凤奎那时电脑是零基础，但工作要用到，怎么办？他把自己关在房间里，从打字开始学起，“饭也不吃，觉也不睡”，一门心思把它学会，谈凤奎的夫人回忆说。

工作之余，谈凤奎喜欢看书，他通过看书来涉猎各种知识。跟他一起出过差的人都知道，他出差一定会随身带着书，还常常在车站、机场买书来看。他还经常和同事交换书籍来看。一起坐火车出差的时候，就在途中看书，互相交流感想。

谈凤奎担任二院副院长的时候，负责的业务特别多，涉及技术干部管理、质量、工艺、标准化、计量、技术安全、技术改造、基本建设、情报档案等，还主管计算机应用、计算机辅助设计、辅助制造、辅助管理和集成系统研制，担任型号总指挥，领导型号研制、生产、试验工作，这么多不同专业的内容交织在一起，他能顾得过来吗？事实证明，他每一项细分的工作都兼顾得很好。后来担任总工艺师、总质量师、党委书记，角色跨度很大，他都能很好地胜任。功崇惟志，业广惟勤。除了基础好、悟性高外，最主要的原因就是他负责任，肯下功夫，勤奋好学，为了更好地完成工作，谈凤奎付出了比常人更多的时间和恒久不懈的努力。

担任二院党委书记时，他曾经在一份学习报告里写道：“二院是一个复杂的系统工程研究、设计、生产、试验基地，同时也是一个小社会，工作方方面面，千头万绪。在由计划经济向社会主义市场经济转变的过程中，各方面矛盾错综复杂，面对众多的矛盾，特别是事关二院改革与发展方面的重大问题，如改革、规划、科研生产、管理工作、干部队伍建设等，不同层面都有不同的认识。如何找出主要矛盾及矛盾的主要方面，并采取相应的政策措施加以解决，以推动二院的发展，不断满足广大职工的物质文化需求，既要继承过去历届党委决定的工作方针，又要面对发展了的新情况；既要保持各类人员的稳定，又要推进改革；既要保证当前科研生产任务完成，又要立足长远发展，制定好规划。作为党委书记，我深感压力很大，难度很大……”

就是在这样的重压之下，他通过不懈的努力，克服了许许多多的困难，把各项工作都做得很好。

除了努力，谈凤奎还极为认真细致。从事航天事业，要求我们必须坚持“严慎细实”的工作作风，高标准、严要求，以严谨的作风、审慎的态度面对每一项工作，关注细节、务求实效，确保工作圆满完成。谈凤奎把“严慎细实”贯穿于工作中的方方面面，不放过任何一个疏漏。在航天领域，各类标准特别多，标准对于保证产品质量的稳定、提升管理效率具有重要意义。标准需要经由领导签发，在签发之前，都是经过多次讨论修改的，因此，通常情况下领导签发时不会再条分缕析。谈凤奎对待签发环节却超出寻常的审慎，常常要拿着文件一条一条地仔细阅读、认真研究，再跟工作人员一起讨论。担任二院总工艺师期间，有一次签发一个工艺方面的标准，他带着大家开会讨论，从中午开到后半夜。他的认真和“较真”也深深影响了周围的人，谈凤奎交办的工作，大家都不敢马虎，一定认认真真做到最好。

谈凤奎是一个把工作看得比命还重的人，用他自己的话说，“最大的幸福就是工作”。为了工作，他几乎放弃了所有节假日，每天忙到深夜。有同事记得，担任二院副院长时，谈凤奎的办公室在31号楼三楼，那个房间的灯常常不到夜里12点不会熄灭。儿女称他为“工作狂”，每每劝他不要那么辛苦，他却说：“献身航天事业，就不能像普通人那样轻松。在攻克一个个技术难关的过程中，有时冥思苦想，一连几天睡不好觉，有时半夜灵机一动，使问题迎刃而解，这种乐趣和享受是难以形容的，是常人所体会不到的。”

谈凤奎说的不假，航天事业的确不是普通的工作，关系我们国家的国防安全，关系人民的幸福安康。这也是谈凤奎一直努力奋斗的不竭动力。因为心怀家国，因为始终把航天梦、中国梦放在第一位，因为他的整个心思都被工作填满，他早已将个人的健康置之度外。

世界以痛吻我，我却报之以歌。1996年癌症手术后，谈凤奎回到工作岗位。他对待工作一如既往地精神百倍，对待职工一如既往地和煦如春风，“不知道的人根本看不出他是一个癌症病人，”同事回忆说，“他非常乐观。他曾经送我一本书《笑话三千》，跟我说不管什么情况下都要保持乐观的心态，我到现在还保存着这本书。”

病魔没有因为谈凤奎的乐观而远离。2004年，由于过度劳累等原因，癌细胞转移到他的左肺，谈凤奎第二次做了手术。手术切除了他的左胸膜和左下肺叶的一部分，却没有带走他对工作的热情。去不了单位，他就把办公室“搬到”病房里。他经常通过电话与科研人员谈方案、修正进展措施等。为了让他安心治疗，他的夫人不得已没收了他的手机，但耐不住他的左磨右泡，又还给了他。医生看谈凤奎为了工作心急火燎、愁眉紧锁的样子，担心影响治疗，就在病床上给他安了一个简易的桌子，方便他办公。

这样一来，谈凤奎又恢复了昔日的神采。

这次手术让谈凤奎获得了短短一年的健康，2005 年癌细胞再次转移，经手术摘除两段肋骨，刚刚能坐起来，谈凤奎又打开工作桌，拿出笔记本电脑，投入工作中。癌症会引发剧烈的疼痛，但只要工作起来，谈凤奎就马上精神焕发。他曾经对记者说："工作是我最大的嗜好，工作能战胜病痛，我最不喜欢别人打断我的工作。"

谈凤奎始终以乐观的精神和坚强的意志与病魔做斗争，为了继续工作，谈凤奎与医生协商，在医院保留他的床位，工作忙时就回单位工作，集中治疗时再回医院住院。主治医生拿他也没办法，就破例批准，让他成为这个医院唯一一个"走读"病人。

2005 年手术后，经过细胞化验发现仍是肾癌细胞。谈凤奎的家人经多方查询，得知香港有从美国进口的可治疗肾癌的靶向特效药，但每人每次限购一瓶，女儿和家人于是多次前往香港为谈凤奎买药。这个药确实很有效。这对于"工作狂"的谈凤奎来说是天大的好事，从此他更是把全部精力放在工作上。令人遗憾的是，2008 年 2 月 27 日谈凤奎因病抢救无效不幸离世。

谈凤奎把自己的一生都奉献给了航天事业。卡莱尔说，停止奋斗，生命也就停止了，谈凤奎用自己的实际行动，诠释了生命不息、奋斗不止的真谛。

2. 仁者爱人

《孟子·离娄》有云，"君子所以异于人者，以其存心也。君子以仁存心，以礼存心。仁者爱人，有礼者敬人。"意思是君子和一般人的分别，就在于能够保存心中的善端，不让它失去。而保持善端的关键，就是将"仁"

和“礼”永存心中。其中，“仁”是对他人的爱，“礼”是对他人的尊重。

回忆起谈凤奎，认识他的人都说他平易近人、关心群众。他从不以领导自居，没有一点架子。在二院，上到院长，下到清洁工，他都一视同仁，以礼相待。职工有了困难，只要找到他，他都会积极帮助解决。2008年，谈凤奎接受《国防科技工业》记者采访时曾经说：“一个领导者就是一个普通人，不能摆官架子。作为领导者如何用好手中的权？这里要用好五种力，即文化力、亲和力、约束力、人格魅力、权力。我是这样看的，作为领导，前四种力要多用，权力要少用，最好不用，要用人格魅力，用情感凝聚人心，赢得人心。”他用自己的实际行动，践行了自己为人处世的哲学。

对下属，他是一位值得信赖、能处处给人以支持的好领导。下属向他汇报工作时从来不会紧张，日常交流时也不用担心说错话，在他面前不需要字斟句酌，他就像是一位宽厚可亲的兄长，让人感到安心和信赖。二院质量标准化处的同事回忆说，在谈总的带领下工作，会觉得特别幸运。当你工作上遇到了问题去找他咨询，他总是能给你特别具体、特别实际的指导，一下就帮你解开了疙瘩，绝不会跟你说一番形而上的理论，让你听得云里雾里，回去想半天还是不明白怎么做。最难能可贵的是，当下属工作推进遇到困难时，他会通过把压力转移到自己那里，给下属以强有力的支持和帮助。比如当时办领导干部质量培训班遇到了很大阻力，因为领导干部都很忙，很多人请假。质量标准化处没有办法，找到谈凤奎，谈总果断地说，让他们要请假的都来找我签字。如果有人这期班请假了，下期班再把他安排上。如此这般，请假的人自然少了，就这样帮助质量工作人员顺利地把培训工作推进下去。

对群众，谈凤奎关心爱护，群众有了困难都愿意跟他说，他也确实能把群众的诉求放在心上，一心帮助群众解决困难。北京的冬天很冷，供暖是群众非常关心的问题。有一年冬天，二院的暖气出了问题，眼看着大家就要挨冻，谈凤奎听说以后谁也没通知，自己一个人直奔锅炉房查看情况。那时候取暖还是烧煤，谈凤奎到那以后，发现出问题的原因是运煤的传送带上一个箅子掉了，导致传送带卡在那里动不了。当时谈凤奎二话没说，就跳到水沟里跟工人一起捞箅子。箅子很重，抬起来很吃力，谈总一不小心把腰给伤了，第二天上班的时候，走路都困难，那时他身边的工作人员才知道他前一天去锅炉房了。

“谈总很少参加饭局，能推就推。但是他有时会主动让我安排饭局。”崔志伟说。谈总主动让安排的，会是什么饭局呢？其中一次是3月份供暖结束，他让工作人员安排，请锅炉房的工人们吃一顿饭，虽然是在自己食堂，吃的是普通的菜，喝的也不是什么好酒，就是老百姓常喝的二锅头，但他跟工人一起吃，一起喝，让大家觉得特别温暖。还有一次是请型号相关的技术人员，辛苦的工作告一段落，谈凤奎把大家聚在一起，扎啤管够，大家一起痛痛快快地喝一场……虽然这些事，与谈凤奎每天处理的其他工作相比，不是什么大事儿，但足以表明他时刻想着基层的群众，看得到、记得住大家的辛苦和付出，也让基层群众感觉特别暖心。

谈凤奎对名利看得非常淡薄，不管是荣誉还是利益，他首先想到的都是群众。职称评定的时候，他只要提申请，是完全有资格评上的，但他总是把机会让给其他人。据同事回忆，当年评研究员，谈凤奎连着好几年把机会让给了那些没有行政职务的专业技术人员或者快要退休的老同事。住房福利他也不争，那时还有分房制度，通常随着岗位级别的提升，住房标准也会跟着提升，但谈凤奎从厂级领导到院级领导再到集团领导，职位变了很多次，按照标准他有条件去争取更大的房子，但他从不在意这些事。可是只要他听说职工谁的住房、职称评聘遇到问题，平日与世无争的谈凤奎就会破例亲自跑到相关部门为他们争取资格。对此，谈凤奎说："我工作在领导位置，说明已经做得优秀了，不能什么荣誉都是自己占着，要考虑大家的利益。"

谈凤奎为足球联赛开球

一滴水可以折射出太阳的光辉，一件小事可以映照出一个人的品行和灵魂。谈凤奎就是这样，心系职工、心系群众。职工有了困难找到他，不管是工作上的，还是生活上的，他都会尽力想办法帮忙。当年崔志伟去二院基建部担任领导岗位，谈凤奎语重心长地嘱咐他：到基建部以后，你的工作牵涉到每一位职工和家属的切身利益。你要谨记，老百姓的事，一定放在心上，老百姓遇到急事要马上办！老百姓家里断电了，煤气漏了，别考虑那么多先把问题解决了，再说钱谁出……你要叫得上每一位工人的名字，知道他们的诉求与困难。他们加夜班干活儿时你可以给他们照一照明，加完班你请他们吃碗面、吃盘饺子，这样就能融入集体当中……回忆起这个场景，崔志伟感慨万千。2020 年崔志伟被评为二院的劳动模范，院里让他写一个自己的座右铭，他写了一句话：民之所愿，常在我心。意思就是始终把老百姓的事儿放在心上。他说，这句话就是谈总教给他的。

3. 君子怀德

谈凤奎是个好领导，也是个好儿子、好丈夫、好父亲。到北京参加工作以后，他每个月会给在上海的父母、弟妹寄去生活费。岳父母在东北，那时东北物资比较匮乏，北京相对好一些，谈凤奎就在北京买一些吃食、日用品，一年几次托人带到东北。结婚以后，他主动承担家务，后来有了孩子，他也很会照顾孩子，一台燕牌缝纫机，几块布料，自己在家就能给孩子做衣服。他热爱生活，觉得在繁忙的工作之余，做家务事不是负担，而是一种生活乐趣。他还喜欢骑着自行车逛北京，休息的时候，他有时会骑车绕着北京城转悠，自由自在地走大街、串胡同。有个周末，谈凤奎早早地起床，骑着自行车出去逛，逛得高兴便回家晚了。到家一推门，夫人和孩子坐在沙发上，开玩笑地鼓起掌来：做饭的回来啦！对于家里人来说，他是最被需要的那个人，就像是一棵参天大树。

谁也没有想到，这棵大树会轰然倒塌。因为走得太突然，谈凤奎没有留下一句话，所有人无不为之悲痛惋惜。他还有那么多的事情没有做，那么多的心愿没有完成。谈凤奎文笔很好，他的工作汇报、文件从不假手于人。他去世的时候，人们整理他用过的笔记本，足足整理了几百本，都是他自己写的东西。他对航天工艺有深入的研究，一直想写一本有关工艺的书，已经构思多年，书名都拟定好了，就叫《工艺的魅力》。他深爱着工作了几十年的航天二院，想写一本二院的发展历程来表达自己对它的深厚感情。但是他工作太忙了，大部分时间在车间、会议室、各个单位、基地忙碌，日常很多工作都是加班加点完成，没有时间坐下来写大部头的东西。如果这两个心愿能够完成，那对我们来说将是一笔多么宝贵的财富！

爱人者，人恒爱之。谈凤奎去世的时候，家人不想惊动太多人，没有发讣告，但仍然有很多人自发赶来参加遗体告别仪式。那时刚过完春节，北京一片寒冷肃杀之气，但阻挡不了源源不断来送谈凤奎最后一程的人。那是他们的谈副院长、谈书记，更是他们心中永远的“老谈”。十多年后的今天，他曾经帮助过的职工群众还会自发去为他扫墓。

谈凤奎的初中同学、家在上海的陈开章，听到老友去世的消息，悲伤难以自抑，写下一首题为《那时，我会怎么样呢？》的诗悼念他：

老同学，发小，
他躺在墓地。
我要去看他，
虽然路遥遥。
那时，我会怎么样呢？

我的脚步是急促还是悄悄。
轻一点吧，
就像他还在睡觉。
那时，我会怎么样呢？

我定会呼喊他的名字，从轻轻地，到不停地狂吼长啸。
倘若在山谷，回声会越来越响。
因为山群也在呼叫。
那时，我会怎么样呢？

我要祈求月亮，
请通知虫儿都别动，树枝都别摇。
我要听到他的呼吸。
我要听到他的心跳。
那时，我会怎么样呢？

我只能点起三炷清香。

烟升起了，飘啊飘，

我的话就带到了天堂。

香点了一遍又一遍，

我的话没完没了。

那时，我会怎么样呢？

善不以名而为，功不以利而动。谈凤奎把自己全部的生命奉献给了航天事业。他发扬老一辈航天人的精神：刻苦钻研、不畏艰难、以苦为乐、坚韧不拔，无条件地服从党和国家的安排，无保留地奉献青春与智慧，呕心沥血，鞠躬尽瘁，与一代又一代航天工作者一起自主创新、奋勇拼搏，为我国航天事业的发展，尤其是航天制造技术的进步作出了巨大贡献。他以诚待人，以情感人，以心换心，用他的真诚和无私感动着周围的人。谈凤奎已经离开我们十几年，但人们提起他，仍然感到亲切自然，仿佛他人就在眼前。（撰稿：刘文、张内菲）

谈凤奎大事年表

- **1944 年**

  2 月 6 日，出生于云南省昆明市。

- **1955 年 11 岁**

  上海董家渡路第二小学毕业。

- **1958 年 14 岁**

  上海市继光中学初中毕业。

- **1961 年 17 岁**

  7 月，上海市继光中学高中毕业。

  9 月，浙江大学工程力学系就读。

- **1962 年 18 岁**

  9 月，全系转入上海科技大学工程力学系。

- **1966 年 22 岁**

  2 月，加入中国共产党。

  7 月，任上海科技大学物理系助理。

- **1968 年 24 岁**

  3 月，七机部二院 26 所任技术员。

  9 月，南京军区空军夏家湖农场锻炼。

- **1970 年 26 岁**

  6 月，回到七机部二院任技术员。

- **1981 年 37 岁**

  283 厂工艺组组长，工程师，副指导员。

- **1982 年 38 岁**

  8 月，中央党校干部培训班学习。

- **1983 年 39 岁**
  8 月，任航天工业部二院政治部干部处组长。

- **1984 年 40 岁**
  任航天工业部二院 283 厂党委副书记。

- **1985 年 41 岁**
  任航天工业部二院 283 厂党委书记。

- **1986 年 42 岁**
  任航天工业部二院院办公室主任。

- **1990 年 46 岁**
  任航空航天工业部二院副院长。

- **1992 年 48 岁**
  享受国务院特殊津贴。

- **1993 年 49 岁**
  担任红旗七号总指挥。

- **1996 年 52 岁**
  获得研究员职称。

- **1997 年 53 岁**
  获得中国质量管理卓越领导者奖。

- **1998 年 54 岁**
  担任二院党委书记。

- **1999 年 55 岁**
  担任二院“9910 工程”总指挥，获国防科工委银奖。

- **2001 年 57 岁**
  获中央企业优秀党务工作者。

- **2002 年 58 岁**

  任中国航天科工集团总工艺师、总质量师、科技委常委，总装备部工艺专家组组长、可靠性专家组组长。

- **2003 年 59 岁**

  主持编写航天科工集团《质量文化手册》。

- **2004 年 60 岁**

  “防空导弹关键零部件柔性设计制造一体化系统研究”实现在多个型号上的全面应用，获国家科技进步奖二等奖，第一完成人。

- **2008 年 64 岁**

  2 月 27 日，因病在北京逝世。

参考文献

〔1〕郗秀青 . 用忠诚塑造工艺魅力：记航天科工集团总工艺师、总质量师谈凤奎 [J]. 国防科技工业，2008（4）.

〔2〕谈凤奎 . 从机制转换入手 抓好质量管理 [J]. 质量可靠性，1996（1）.

〔3〕谈凤奎 . 不断创造辉煌力量的源泉 [J]. 航天，1999（5）.

〔4〕谈凤奎 . 风雨二十年 硕果满征程 [J]. 质量与可靠性，2000（1）.

〔5〕谈凤奎 . 关于航天工艺工作的思考 [J]. 航天制造技术，2002（6）.

〔6〕谈凤奎 . 市场机制与航天质量管理浅析 [J]. 质量与可靠性，1998（4）.

〔7〕李国敏，彭艳萍 . 铸就军工制造业的脊梁 [N]. 科技日报，2008-03-27（004）.

〔8〕涂元季，莹莹 . 钱学森故事［M］. 北京：解放军出版社，2011.

导弹人生 下

DAODAN RENSHENG

● 马 杰 宋晓明 主编

1956 1960 1982 1987 2005 2013

1964 1966 1990 1999 2019 2022

中国宇航出版社

·北京·

编 委 会

主　　编　马　杰　宋晓明

副 主 编　孙庚臣

顾　　问　刘从军　王可立　张连成　陈敬熊　张履谦
钟　山　于本水　李伯虎　黄培康　李　陟
江　涌　陈金坤　路志忠　杨凤和　李善春
杨松荣　魏焕旨　王密江　严　华　杨存富
蒋鄭平　刘春兰　杨秀兰　谢　东　滕大予
黄玉海　刘鲁勤　乔　军　马翰秋　郝丕英
王银瑞　余方林

委　　员　徐燕侃　王爱文　乐　安　江德宇　韩志平
张志衡　黄宜虎　路海东　尚珊萍　吴　锋

执行主编　杨笔豪

执行副主编　罗朝晖

编写组成员　王国龙　陈仕正　李　乔　李露琪　王俊冬
雷　莉　苗译文　郭瑜童　黄　硕　姜　琳
郭良栋　徐　菁　萧　倩　赵东兴　刘　璇
魏广宇　刘尚钞　杨　雯　季　国　方格子
刘　栩　王秀玲　周平平　任中姣　崔雪妍
张菲菲　刘　文　张丙菲

序 言

2022年是我国进入全面建设社会主义现代化国家、向第二个百年奋斗目标进军新征程的重要一年，也是中国航天科工集团第二研究院成立65周年，作为共和国神盾利剑的锻造者，二院不断书写着壮丽的空天防御事业新篇章。

二院创建于1957年11月16日，建院初期为国防部第五研究院二分院，是我国火箭（导弹）控制系统专业技术研究院，现为我国空天防御技术总体研究院，是我国重要的导弹装备研制生产基地。建院以来，一代代二院人秉承“国家利益高于一切”的核心价值观，勇扛“科技强军，航天报国”顶梁之责，以“有矛必有盾”的胆魄和自信，白手起家，艰苦奋斗，走出了一条自力更生、自主创新发展我国导弹事业的成功之路，积淀了生生不息、代代相传的航天精神。

习近平总书记指出，“科学成就离不开精神支撑。科学家精神是科技工作者在长期科学实践中积累的宝贵精神财富。”二院党委主持编写的《导弹人生》是一次可贵的尝试，也是传承航天精神、弘扬科学家精神的一次生动实践。在航天工程研制实践中，二院逐步探索形成了以总指挥系统和总设计师系统为代表的“两总”系统，为完成各项型号任务提供了强有力的组织保证。本书选取了二院代表性研制型号的基本型中，已退休、且过脱密期的型号总指挥、总师正职，已编入《中国航天院士传记丛书》的两总不再列入本书，全书共收录了12位型号两总的故事。他们分别是红旗一号总设计师钱文极，红旗一号总设计师徐馨伯，红旗二号总设计师陈怀瑾，巨浪一号、东风二十一号总指挥柴志，红旗七号总指挥耿锐，红旗七号总指挥谈凤奎，红旗七号总指挥徐乃明，海红旗七号总设计师陈国新，第三代防空武器系统技术总负责人、总设计师吴北生，第三代防空武器系统总指挥沈忠芳，第三代防空武器系统总设计师张福安，第三代防空武器系统总指挥王国祥。

全书分为上下两册，共 80 余万字，以客观、严谨、求实的态度讲述型号两总的一生，既有对他们成长经历的精彩描写，也有对两总系统团队在型号研制历程的专业解读。撰稿人在创作中更是倾注了深深的敬意，使故事更具感染力和原创价值。

首先，本书具有史料价值。这是我国第一本系统总结导弹研制的两总故事的读物，当一个对国家有着重大贡献的特殊群体还不为社会广泛熟知的时候，填补空白就显示出巨大的价值。本书大量的资料来自于型号档案，来自于两总本人或相关人员的口述。故事中收录的 12 位两总中有 8 位已经离开了我们，读他们的故事，令人抚册追忆，思绪绵绵。随着时间的流逝，这本故事集的史料价值将越来越显得弥足珍贵。

其次，本书具有实践价值。型号两总是我国航天事业的重要参与者和组织者，是我国航天事业人才队伍的杰出代表，他们的科研生涯和工程经历，也是我国空天防御事业的历史缩影。在艰苦卓绝的奋斗和拼搏中，为保证型号任务的圆满成功，两总系统探索和总结出许多型号研制中的宝贵经验，如“四共同原则”“型号管理十六字令”等，时至今日，对我国武器装备型号研制仍具有重要的借鉴价值和启示意义。

第三，本书具有文化价值。品读这本故事集，读者不仅了解两总系统对我国航天事业作出的积极贡献，而且可以学习他们胸怀祖国、服务人民的爱国精神，勇攀高峰、敢为人先的创新精神，他们是航天精神、科学家精神的实践者、传承者，他们的事迹值得后人敬仰和学习，将激励新一代航天人砥砺“以身许国万事轻”的勇毅担当，激扬“敢为天下先”的创造豪情，为实现中华民族伟大复兴作出新的更大贡献。

站在新的历史起点上回望，珍贵的记忆里闪耀着时代的光芒。讲述型号两总的故事，让榜样的力量在新时代熠熠生辉，这是对型号两总们的敬意，也是对两总系统团队的致敬，更是对中国共产党领导下的空天防御事业奋斗征程的礼赞！

本书编委会

二〇二二年四月

总目录

徐乃明的故事

徐乃明（1929.7.22—2016.9.20），云南省弥渡县人。1951 年毕业于清华大学机械系。自我国航天事业创建伊始，徐乃明一直在航天科研生产单位工作，历任二院副院长兼总工艺师、总工程师、多个国家重点型号和重点工程总指挥、技术顾问、航天工业部科技委员会委员与材料工艺专业组副组长等职务，是飞行器研制管理、飞行器制造工艺、产品质量管理、生产技术管理专家，研究员。主持完成包括新一代地空导弹武器系统、新型地地导弹武器系统等多项航天型号的研制任务，主持建成具有国际先进水平的北京仿真中心，解决了仿真计算机应用研制中的诸多难题。先后获得多项国家科技进步特等奖、一等奖，航天事业 50 年杰出贡献奖、航空航天部有突出贡献专家等荣誉，享受政府特殊津贴。

◎ 目　录

第四章

深耕细作　仿真工程奠基业 / 571

第五章

铁血铸剑　威震国防护长空 / 587

第六章

无悔人生　航天精神耀千秋 / 611

徐乃明大事年表 / 625

参考文献 / 631

第一章 勤勉好学 埋首苦读守初心

出生于日本东京的徐乃明，自小生活富足，在父母的庇佑下成长，尽管家境优渥，却踏实勤奋，毫无少爷习性。童年时期因躲避战乱、辗转迁徙的生活，以及特殊的历史际遇和人文环境，影响了徐乃明的一生，也成为他人生取向的奠基石。

1. 少年敏学，追求进步

1929年7月22日，徐乃明出生于日本东京。徐乃明的父母都是留日学生，父亲徐绳祖从日本留学回国后，到北平工作。抗日战争爆发前曾在《北平晨报》、北京大学等处任职，抗日战争爆发后，回到昆明任职于云南大学。

儿时的徐乃明聪明伶俐、乖巧懂事，尽管家庭优渥富裕，但小乃明毫无少爷习气，且受父亲影响，自小勤勉好学，对文化知识充满兴趣，更展露出极强的学习能力。

童年时期，徐乃明相继在北平师范大学第二附属小学、昆明昆华小学、晋宁实验小学、昆明南菁小学、弥渡建国小学等5所学校读书，尽管辗转多地，但徐乃明的学习成绩一直出类拔萃，是朋友邻舍称赞的“别人家的孩子”。

徐乃明是父母的第一个孩子，被寄予厚望，父亲的谆谆教诲也使他自小养成了坚毅刻苦、勤奋上进的性格。

在从出生到步入大学的十几年求学生涯中，徐乃明绝大部分时间都和父母生活在一起。他在自传中写道：“我的家庭把我培养成为一名资产阶级知识分子，使我在走向革命化的道路上较他人倍加艰难。”

优渥丰裕的物质条件、书香浓厚的文化环境，以及父母特殊的社会地位，这些都对学生时代的徐乃明产生着重要而深厚的影响，尽管这些影响使他经历了一段漫长的认知过程，也成为他不能更早地接触革命的主要障碍。然而，却并没有阻止徐乃明最终成长为一名先进的革命分子、一名优秀的共产党员。

在徐乃明的中学时期，特别是高中时期，昆明正是当时国民党统治区域的学生运动中心，而他所就读的中学——西南联大附中活跃着不少进步同学，这些进步同学的一言一行都给年少的徐乃明带来了很多不同的感受。

青年时期的徐乃明

当时的昆明被两种特点鲜明的社会氛围充斥着，一种是在电影、书刊、百货中所宣扬的美国生活方式的氛围，一种是在资产阶级思想下衍生的金钞投机活动的氛围。面对这样复杂动荡的政治环境，年少时期的徐乃明也曾受到资产阶级个人主义思想的冲击，对社会现状感到困惑，此时他选择了埋首书斋，把更多的时间精力投入到学习中，两耳不闻窗外事，一心只读圣贤书。

2. 保送清华，立志科学救国

1947 年，从西南联大附中毕业的徐乃明以优异的成绩被保送进入清华大学。他怀揣科学救国的理想，从昆明来到北平，进入清华大学机械系读书。清华大学档案馆至今还保存着他初入清华园时的“国立清华大学学生证”，

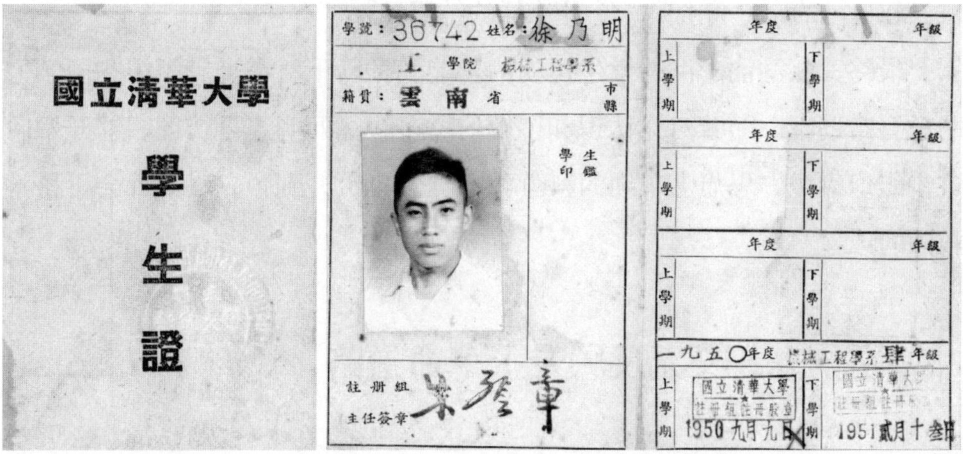

徐乃明的“国立清华大学学生证”

上面清晰地记载着徐乃明的在校信息：工学院机械工程学系，学号 36742。

当时，清华大学从昆明迁回北平不久，学校的教学和研究工作开始逐步恢复。初入清华园的徐乃明沉浸在知识的海洋中，每日刻苦用功，潜心研读，学习成绩始终名列前茅。此时的徐乃明正以优异的学习成绩，向着自己科学救国的理想迈进。

随着解放战争形势迅猛发展，爱国进步力量在校园凝聚。那个时期入学的学子们先后经历了"第二条战线"革命斗争、清华园解放、北平和平解放、新中国成立、抗美援朝等一系列重大历史事件，这些经历的锤炼和洗礼，为他们树立崇高理想、听从党和国家召唤、满怀热情建设新中国打下了坚实的基础。

但校园外的局势正发生着巨大的变化，校园内也必然受到这种变化的强烈冲击，如何面对这种变化，包括徐乃明在内的每一个清华学子，都必须作出自己的选择。

出于自身家庭和生活经历的影响，面对可能发生的变局，徐乃明曾经感到彷徨甚至有些恐惧。毕竟对共产党缺乏更多的了解，不知道一旦改变，自己和自己的家庭将会是一个什么样的结局。

最终，在汹涌澎湃的学生运动的影响和推动下，在进步组织和同学们的教育帮助下，随着对党认识和了解的增多，徐乃明不再彷徨，并开始向进步组织靠拢，思想上单纯的科学救国理想也上升到了先改革社会再科学救国的理念。

3. 坚定信念，义无反顾走上革命道路

思想发生了变化的徐乃明在校期间不仅学习努力，成绩优异，还开始

积极参加进步学生团体和党领导的外围革命组织。

在清华园众多学生团体中，徐乃明很早就加入“春泥”团契。团契本来是基督教会在青年中进行传教活动的一种形式，地下党则借用这种形式开展学生工作，团结进步学生，开展读书、演讲及各种文艺活动。

徐乃明积极参加春泥团契的活动，包括读书——读进步的文艺书、历史书、哲学书和政治书；唱歌——唱学运歌、民间歌；跳舞——跳集体舞、民间舞；游览——游圆明园、颐和园、八达岭长城……以及参加各种演讲会、座谈会等。此外，徐乃明认真学习了《新民主主义论》《人民公敌蒋介石》等一批革命启蒙书籍，通过这些学习进一步提升了思想认识、提高了政治觉悟。

大二时，徐乃明已经成长为团契里的骨干，他积极参与各种活动，对同学热情关心和帮助。当时，与他在同一个小组的电机系同学董贻正中学时年年考第一，但到清华后，几场十分钟的课堂小测验就把他考得晕头转向。

在团契小组会上，董贻正坦诚地吐露了自己的苦恼。徐乃明亲切地对他说：“阿董，你能晾思想、暴露问题，这是好的，但不能只是解开包袱布，把各种东西拿出来晒一晒，又收起来了。你要下决心把该丢弃的东西丢弃掉，这样才能轻装前行。”这段话让董贻正茅塞顿开，他说：“以后我会一直把乃明当成我的大哥、我的良师益友！”

如果说1947年是历史转折的一年，那么1948年则是国共决战关键的一年。在这一年里，国家形势发生了翻天覆地的变化，在辽沈、淮海、平津三大战役中，国民党的重兵集团被解放军一个个歼灭，国民党方面完全丧失了进攻的能力，转而求和。共产党则更加坚定了决心，要打过长江，夺取全国的胜利。

1948年秋天，解放战争局势渐明，北平解放在即。徐乃明已在清华大学度过了一年多的光阴，不仅学到了科学技术知识，学业大有长进，而且思想上也发生了根本的变化。同年 9 月，徐乃明加入了地下党领导的外围组织“新民主主义青年联盟”，开展迎接解放的各项准备工作。

此时的徐乃明对于北平的解放早已不再是恐惧，而是热切的期盼。

然而，远在昆明的父母却因为担忧新旧交替中的社会安全和教育质量，准备安排徐乃明离开北平，南下转去香港大学就读。

面对复杂的社会局势和斗争形势，徐乃明的心中却早已默默坚定了革命救国的信念，不但毅然拒绝了父母的安排，而且积极投身到各种进步活动中去。1948 年年底，在清华大学开展的集体保卫清华园的革命斗争中，徐乃明光荣地加入了中国共产党，从此坚定地走上了革命道路。

这也成为了徐乃明人生道路上的第一个“三岔口”。

在党组织的领导下，徐乃明积极参与到地下党组织的轰轰烈烈的“反饥饿，反内战”学生运动中，上街游行，散发、张贴传单，参加罢课、罢市活动，不惧国民党的白色恐怖。多年后航空航天部首任部长林宗棠曾对时任航空航天部二院副院长徐乃明的秘书崔志伟说：“我当年在清华是足球运动员，身体好，是进步青年。在徐副院长的鼓动下，上街罢课，被国民党特务盯上，他们准备晚上到学校抓人。徐副院长作为地下党组织成员，组织我们多人撤离到解放区，后来我被党组织送到苏联学习，从此走上革命道路。”

1949 年 1 月，北平迎来和平解放，徐乃明在党组织的领导下，组织学生护校，迎接解放军入城。

也是在这一年，在美丽的清华园里，徐乃明邂逅了与自己相伴一生的爱人邹光华。

1950 年 3 月，徐乃明被选为清华大学校学生会主席，作为清华解放后的第三任主席，年方二十时，徐乃明已经成为清华园中的佼佼者。

一位1950年入学的清华校友曾回忆说："当时学生会主席名字我记忆犹新。我到校时是凌瑞骥，他是清华大学在中华人民共和国成立后的第四任，前三届依次是：首任吕应中，二任林寿屏，三任徐乃明。"

清华园的时光，不仅给徐乃明打下了坚实的科学技术基础，也使他在学生运动工作中得到锻炼成长。1951年大学毕业前夕，徐乃明被北京市委调离清华，直接安排参与主持北京市学生联合会的工作。1951年到1954年，徐乃明先后担任北京市学生联合会副主席、主席，并当选中华全国学生联合会执委会委员。作为首都学生界代表，他频繁参加各类社会活动，出席参加了许多重大典礼和活动，履职北京市各界人民代表会议、学生代表大会，并参与接待访华的外国青年学生代表等。

在1952年召开的北京市人大代表会议上，徐乃明当选为第四届各界人民代表会议协商委员会委员，同时当选的还有梁思成、张奚若、费孝通、叶企孙等知名教授。

在这些重要岗位上，徐乃明代表广大新中国学生认真履职尽责。1950年3月，北京市学生第二届代表大会在当时的中法大学礼堂开幕，北京市副市长吴晗作报告。徐乃明作为主席团成员，与全体参会人员一起讨论解决北京市学生的业务学习、政治学习、课余生活、身体健康等问题。

1953年4月，徐乃明与北京市文联主席老舍先生等人分别发表讲话，代表各人民团体拥护周恩来总理关于朝鲜问题的声明，积极声援抗美援朝。在这个时期，他的二弟徐乃辉（后来成为一名将军）也加入"抗美援朝、保家卫国"的行列，参加了中国人民志愿军。

1953年8月5日，国际学生联合会委托中华全国学生联合会筹建的亚洲学生疗养院在北京西山动工，徐乃明作为北京市学联主席出席开工典礼，代表北京学生祝贺亚洲学生疗养院的建成。1953年，他还代表中国参加了在波兰华沙举办的国际学生联盟大会，向世界展现新中国青年学生的昂扬风貌。

1953 年，徐乃明（右二）参加国际学生联盟大会

1954 年 8 月，世界民主青年联盟理事会北京会议举办，来自 68 个国家的 200 多名青年代表来华参会，周恩来总理亲自设宴招待各国青年代表并致词欢迎。徐乃明和同事们一起，为会议做了细致周密的筹备工作，确保新中国这次国际会议的顺利举办。

4. 学成报国，毅然开启航天生涯

1954 年学生联合会换届之际，按照组织上的安排，徐乃明可以选择上调到团中央国际联络部、某航校担任领导职务或进入国营 211 厂搞技术。此时徐乃明心中已经有了自己的想法，作为清华毕业、工科出身的他，始终不忘自己当年科学救国的抱负和为国奉献的理想，当时又恰逢党中央为加强已经开始实施第一个“五年计划”的国民经济建设而发出技术干部“归队”的号召，他毅然提出“归队”申请，请求到北京国营 211 厂工作，从基层开始干起。

尽管由于家庭出身的原因经历了不少周折，但这一切并没有动摇徐乃明科学救国的坚毅决心，最终在时任市委书记刘仁同志的支持下，组织上同意了他的请求。徐乃明被调入了当时赫赫有名、第一个“五年计划”中首批国家重点工程、苏联援建的北京国营 211 厂，终于如愿加入祖国年轻的国防工业队伍中，并由此开启了毕生为之奋斗的航天生涯。

这次转行可谓是徐乃明人生道路上的另一个“三岔口”，而对于作出的这个选择，徐乃明一直深感自豪。

第二章

锋芒渐露 坚守螺丝钉精神

1955年—1980年，徐乃明先后在211厂和230厂工作，历任车间主任、工艺科长、总工艺师等职。作为一名共产党员，徐乃明从基层做起，坚定信念、扎实钻研，攻克多个型号技术难关，为我国战略武器的研制贡献了智慧与力量。

1. 行远自迩，重返航天信念坚

211 厂位于北京南苑地区，前身是 1910 年清政府创办的第一家飞机修造厂，20 世纪 50 年代在老厂基础上由苏联援建，是国家专门从事航空航天研制生产并被国家列为 156 个重点项目之一的军工企业，是中国航空工业的发源地、中国航天的发祥地之一。

进入 211 厂后，徐乃明从基层一步步干起，先后担任工艺员、工艺科长、生产调度科生产长等职，那张“机场试飞通行证”就是他当时的工作通行证，也是他航天报国精彩人生开启的见证。

当时，211 厂主要承担米格 15 型等飞机修理任务，1957 年还曾设计生产了北京牌大轿车，1958 年参加我国第一枚导弹研制（同年划归钱学森担任院长的国防部第五研究院）。徐乃明在清华园所学的机械专业的知识在这些工作中都大有用武之地。

然而好景不长，家庭出身给徐乃明的职业发展蒙上了一层阴影。

1958 年，211 厂划归国防部五院，由此对工厂的全体员工进行了极其严格的政治审查，将所有员工划分为三类：完全符合条件的留厂，不符合条件的离厂，条件介乎两者之间的技术骨干则暂时留厂继续进行审核考察。

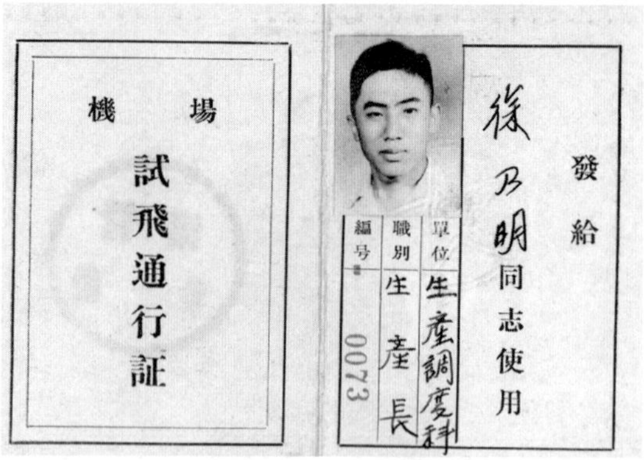

机场试飞通行证

由于家庭出身原因，徐乃明被划为第三类人员，调离厂部关键岗位，任一个辅助车间的主任。

一年多后，徐乃明被调回

20 世纪 50 年代，徐乃明夫妇（右二和左一）与苏联专家

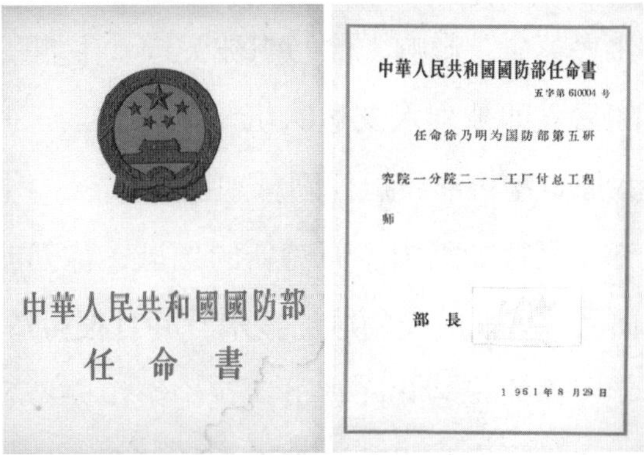

中華人民共和國國防部
任 命 書

中華人民共和國國防部任命書
五字第 610004 号
任命徐乃明为国防部第五研究院一分院二一一工厂付总工程师
部 長
1961 年 8 月 29 日

1961 年 8 月，徐乃明被任命为国防部第五研究院一分院 211 厂副总工程师

厂部关键岗位，这一变故却使得他有幸直接参与了我国第一枚自行设计制造的弹道式导弹的研发、试制生产工作。他参加了向苏联专家跟班学习的四人小组，受益匪浅。

期间，徐乃明组织开展了一系列重点工作。围绕缩短研制周期、提高产品质量等目标，在总结型号仿制工作经验的基础上，徐乃明首创提出了设计、工艺、生产人员密切配合的“平行作业三结合”的工作方法，让工艺人员提前介入设计，提前开展工艺与生产准备，使设计与工艺最大限度平行作业，并在试行后形成了一套全新的工作程序和相应的工作制度，进一步加快了产品研制进度。

在我国自行设计的导弹新型号研制中取得明显成效后，1963 年，这套工作方法还被编入国防部五院型号研制程序，并在全院推广，对确保之后导弹研制工作的顺利进行起到重要作用。

在 211 厂工作期间，年轻能干且思路敏捷的徐乃明从基层做起，由于工作出色，得到了领导及有关人员的高度认可，相继担任生产长、车间主任、总工艺师、副总工程师、厂长兼总工程师，参加过 1059 仿制，东风三号、东风四号、东风五号等几个型号的研制生产。作为我国从事尖端工作较早的一名型号研制指挥者，徐乃明带领广大科学技术人员攻克了多个技术难关。211 厂也成为当时我国唯一具备小批量生产条件、工艺技术装备齐全、满足战略武器液体导弹性能要求的生产基地。

2. 初心如磐，坚守螺丝钉精神

1966 年 5 月，一场政治大风暴倏然而至，席卷全国。1968 年，受“文化大革命”影响，徐乃明被关进“牛棚”，直至 1971 年才被“解放”，但随后立即被列入支边队伍，调离北京，调离航天系统（七机部）去往山西太原重型机器厂担任副总工程师。

隔行如隔山。面对新的领域，徐乃明从未放弃，他边干边学，自学钻研了许多非航天领域的技术，并且很快适应了相应的技术领导工作。

作为一名共产党员，无论组织安排到哪里开展工作，周围环境发生如何变化，徐乃明始终秉承着兢兢业业的“螺丝钉”精神，党把自己拧到哪里就在哪里全心全意地发挥作用是徐乃明一直坚守的信念。

曾经，徐乃明也打算扎根民用机械行业做些有益的事情，然而 1975 年，邓小平同志复出后的百废待兴之时，在了解到当时 211 厂不能令人满意的科研生产状况后，时任国防科委主任的张爱萍同志亲自点将并督办，在不到三个月时间内便将徐乃明重新调回了 211 厂，由此他得以幸运地重返航天技术队伍。

第二次归队后，徐乃明以更加饱满的热情投入到祖国的航天事业中。他组织领导了重建生产计划、质量管理工作，并着手改善生产秩序，以期尽快将因“文革”而损失的时间抢回来。

在211厂，徐乃明牵头开展了东风二号、东风三号的研制工作。

在东风二号研制工作中，徐乃明主持了八大关键工艺攻关，解决了当时国内战略导弹弹头制造技术的关键难题。他创新提出，在型号研制转入试制之前就对相应的新工艺技术进行研究试验的想法，并牵头组织全面试行。

在东风三号研制期间，徐乃明带领研制试验团队，组织开展了玻璃钢弹头的生产质量攻关。他借助有限资料借鉴国外的经验，提出采用新型关键工艺的建议，不仅为东风三号研制排除了工艺障碍，并且为更大直径的液体导弹箱体的研制开拓了新路，东风四号、东风五号同类部件的加工都一直沿用了这种方法。

根据生产中的实际问题，徐乃明进一步细化了研制过程中的具体分工，明确了工作责任制，并首次建立了型号研制的长期调度会制度。他提出，在研制工作中要遵循“互相尊重、真诚相见、团结一致”十二字方针，进一步密切融合了设计与研制之间的关系。

徐乃明的这些做法得到了国防科委的一致好评，也为以后型号研制工作打下了良好基础。

在211厂工作的前前后后二十多年间，徐乃明参加了我国第一代液体燃料弹道式地地导弹的弹头、发动机、弹体的试制生产，尖兵一号卫星运载工具的研制生产，参与并领导了我国多种液体战略导弹的研制生产，主持研究开发了航天领域的多项制造技术，从此奠定了他在中国航天领域中质量工艺首席专家的地位。

“徐厂长科学技术知识渊博，工艺技能水平高超，待人谦虚平和，在他的带领下，我们能够很轻松地从错综复杂的问题中理清头绪，持续不断地提高新产品的工艺技术水平，为我国战略武器的研制作出贡献。”曾在徐乃明身边工作过的同事这样评价他。

3. 为国奉献，开启人生新精彩

1979 年，徐乃明被调往七机部 230 厂担任厂长兼总工程师。该厂在整个系统中地位十分重要，虽与 211 厂同属七机部，但是其生产的产品完全不同，涉及的技术范畴对于徐乃明来说又是一个全新的领域。

肩负着行政与生产技术领导重任的徐乃明，虽年过半百，但又一次边干边学。

更具挑战性的是，刚刚到任的徐乃明马上要领导团队执行一项十分重要且时间紧迫的生产任务。

困难面前，徐乃明没有丝毫犹豫，他亲自担任该项任务的“厂所攻关领导小组组长”职务，承担了东风五号平台攻关任务，并第一时间组织开展了以设计和工艺技术攻关及加强工艺技术管理和质量管理为主要内容的“创优”活动。

作为组长，徐乃明带领攻关小组与厂所科研和工艺人员共同攻坚克难，用高性能防热材料与带状斜缠的新工艺，成功解决了东风五号导弹弹头的防热问题，为试验研制全过程打下了坚实基础。攻关小组还研制出了我国首台高稳定优质平台，为东风五号按时完成全程飞行试验作出了突出贡献。

道路的坎坷从未让徐乃明退却，面对人生的起起伏伏，他从未抱怨，对未来仍然充满着希望和信心。徐乃明曾说：“在一个人一生的经历中，能够遇上这么一个时代，经过这么一些‘三岔口’，也是难遇难求的。”

第三章 勇于担当 工艺事业献终身

工艺是航天产品的技术基础和质量保证，对航天发射的成败具有决定性作用。在二院工艺工作建设与发展中，徐乃明组织完成了 20 多项技术攻关，攻克了多项关键工艺，有力保证了当时重点型号的研制工作，被誉为二院“工艺事业的奠基人”。

1. 质量至上，二院首任总工艺师

1981 年，徐乃明任七机部第二研究院副院长，主管质量工艺标准化等技术管理基础工作，是二院质量工艺领域、精密制造的先驱。

在二院，徐乃明是航天工艺领域当之无愧的专家。“振兴航天工艺的任务是全航天系统的一件大事”是徐乃明时常挂在嘴边的一句话。

美国未来学家阿尔文·托夫勒曾把人类科学技术的每次巨大飞跃作为一次浪潮，认为每次新的浪潮都冲击着前一次浪潮的文明，并建立起与其相应的经济类型，从而决定社会面貌。

1980 年，阿尔文·托夫勒正式提出“第三次浪潮”概念，第三次浪潮的主要技术是电子工业、宇航工业、海洋工程和遗传工程，与此相适应的社会结构的主要特征将是多样性和多元化的领导制度，生产经营中的矩阵组织，人与自然和睦相处等。这种观点忽视生产关系，把技术作为决定社会发展直接的唯一的因素。

正是在这样的背景下，第三次浪潮新兴之时，徐乃明凭借着他对新技术发展的敏锐感知，提出计算机应当在航天领域中得到应用，而不仅仅作为办公使用。带着这样的设想，徐乃明组织召开了两次会议讨论新兴技术如何在航天工艺领域应用。

在徐乃明看来，航天工业始终需要最尖端的技术。他曾说：“19 世纪 20 年代是以蒸汽机发明为代表的第一次工业革命的开始，第二次工业革命是以二次世界大战为代表、航空工业的发展来推动的，而航天工业则带动了第三次工业革命。”

1982 年 8 月 16 日，徐乃明被任命为二院首任总工艺师，后再担任院总工程师。当时二院的工艺专业人员极少，懂得管理的工艺专家更少，徐乃明身上的担子之重可想而知。

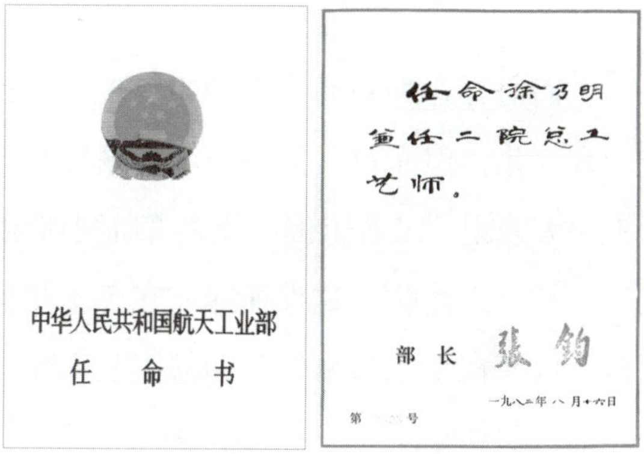
中华人民共和国航天工业部

任　命　书

任命徐乃明兼任二院总工艺师。

部长　張鈞

一九八二年八月十六日

第　号

徐乃明被任命二院总工艺师

工艺工作是产品研制、生产的重要基础，是把设计构思运用到产品研制生产必经的桥梁，工艺工作贯穿于产品的研究、设计、试制、试验、鉴定、定型、生产、维修、服务的全过程。

二十多年来，二院通过型号仿制、自行研制和批生产，使得工艺技术水平在逐步提高，为工艺工作打下了坚实基础，在突破某些关键工艺方面取得了很多成就，为研制生产第一代导弹武器、发展空间技术作出了重要贡献。但是，二院当年的工艺水平和工艺管理不仅远落后于国际先进水平，甚至同国内许多单位的工艺部门相比，也存在一定差距。

面对如此现状，作为首任总工艺师，徐乃明深知，加强工艺管理，提高工艺技术水平，对于确保产品质量，提高经济效益，缩短研制生产周期，加速导弹武器装备研制和空间技术、民用产业发展，都具有十分重要的意义。

上任后，徐乃明首先做的是眼睛向内，查找自己的问题：

技术队伍结构不合理，工艺人员与设计人员比例相差悬殊，地位低，话语权弱；

工艺系统松散，渠道不同，形不成拳头；

工艺研究力量薄弱，工艺技术交流组织不力，新工艺技术推广缓慢，工艺储备很少，工艺手段陈旧；

工艺制度不严、纪律松弛、管理不善，致使产品研制生产周期长、耗费大、质量不稳定。

……

面对存在的问题，徐乃明发现，尽管近几年二院工艺工作已有初步进展和变化，但面对武器型号产品精度和质量一致性、稳定性的要求，仍存在很大差距，工艺工作已成为二院科研生产中的瓶颈问题。

“从人才队伍建设抓起，在各个相关厂所建立起工艺师队伍与管理机构，以充实工艺力量。”加强工艺人才队伍建设，提升工艺技术质量水平是徐乃明加强二院工艺工作的第一步。

1982 年 5 月 13 日至 17 日，徐乃明牵头组织召开了二院首次工艺工作会议，会议议程包括：贯彻执行“第七机械工业部关于整顿和加强工艺工作的决定”，传达、学习“第七机械工业部关于整顿和加强工艺工作的决定”，交流工艺工作的情况和经验，讨论整顿和加强二院工艺工作的措施、计划纲要和有关制度，征求有关扩大工艺研究试验网点和未来计划的意见。

在加强工艺技术队伍方面，二院现有工艺技术人员和有经验的老工人相对稳定，但这对加强二院工艺工作来说远远不够。

徐乃明提出，要动员已改行的工艺技术人员归队，抽调一部分设计人员转做工艺工作，并从现有工人中选拔一些德才兼备的技术骨干，进一步充实工艺队伍。在经过技师训练班培训考试合格后，授予技师职称，同时招收大批优秀院校毕业生。

在整顿和加强工艺管理方面，徐乃明提出了抓“常见病、多发病”的治理思路，要建立健全各项工艺管理制度，坚持设计人员、工艺人员和工人的三结合；要建立健全包括基本产品工艺文件管理制度在内的各项工艺管理制度，并现场讨论了车间样机生产工艺工作暂行条例等制度；要加强工艺准备工作，组织好重大工艺方案论证和工艺攻关工作，努力提高工艺文件质量水平。

在徐乃明的领导下，二院逐步建立健全了工艺师体系，工艺技术队伍获得了空前发展，工艺布局不断调整升级，制定并贯彻工艺管理规章制度，加强了对型号工艺攻关工作的指导，二院工艺管理水平不断提升，工艺工作逐步规范。

在他的带领下，结合当时红旗七号的研制机遇，徐乃明组织开展了以红旗七号研制中的工艺技术攻关和工艺管理建设，大力贯彻执行航天工业部关于工艺工作的决定，全院工艺组织和工艺管理得到了全面整顿和加强。

在二院工艺研究试验中，徐乃明深入现场组织指导重大工艺预研攻关，取得了一批具有国内外先进工艺制作水平的成果，满足了型号研制的严苛要求。徐乃明本人也多次被评为工艺先进工作者。

2. 奋楫笃行，扛起振兴工艺大旗

20 世纪 80 年代中后期，徐乃明组织完成了 20 多项工艺技术攻关，攻克了多项关键工艺技术，有力地保证了二院当时的重点型号研制工作。

20 世纪 80 年代末，为改善生产研发条件，确保二院能够具备武器装备的小批量生产能力，徐乃明亲自担任了二院小批量生产配系领导小组组长，主持制定生产能力专项发展规划，完善生产配系等，有效提升了二院的小批量生产能力。

之后，徐乃明又着手实施了工艺振兴工程，逐步健全和完善了工艺管理体系，从根本上改变了工艺工作的被动滞后局面，缩短了型号研制生产流程，提高了产品研制生产的快速反应能力，为二院型号批量生产工作提供了有力保障。

一直以来，徐乃明对工艺工作始终十分重视。

在1991年9月召开的第五次工艺工作会上，徐乃明提出以工艺定型作为突破口，创新开展新时期工艺工作。

此后，在红旗七号研制工作中，徐乃明创新开展工艺定型，成功开辟了二院首个导弹型号的工艺定型工作。

1996年4月第六次工艺工作会上，徐乃明首次提出了振兴航天工艺的思想，提出从“重设计、重研究”向同时“重制造、重工艺”转变。

随后，徐乃明又创新性地提出批生产中以工艺为主导作用的思想，即“以工艺总方案指导工艺准备工作，以工艺流程指导生产管理，以工艺规程指导生产操作，以工艺装备保证生产质量”。

这一思想得以在航天系统中全面实施，在指导导弹武器系统装备批生产工作方面发挥了重要作用。

进入21世纪，随着国防现代化的需要，国家调整了军工企业的指导思想，加大了对国防建设的投入。中国航天科工集团承担的型号任务日益繁重，已从过去的“多研制、少生产”上升到“多研制、快生产”，不仅要为国家不断研制出战术技术指标先进的武器装备，还要通过批生产为国家、军队提供实用好用的武器装备。

然而，长期以来，航天系统在“多研制、少生产”思想的影响下，“重设计、轻工艺”已成为普遍现象，工艺技术人员流失严重，工艺技术力量薄弱，技术水平不够，使得工艺工作成为航天科研生产中的薄弱环节。新形势下工艺工作如何进行才能适应当前研制和批生产要求，成为各级领导非常关注的问题。

20世纪90年代后期，我国航天卫星发射任务接连失败，航天人面临着巨大的政治压力。这些事故原因中，工艺落后是重要原因之一，振兴航天工艺、全面进行工艺问题治理与工艺水平提升再次被提上议事日程。

2001年，中国航天科工集团公司成立了集团工艺专家组，集团公司总工艺师谈凤奎任组长，徐乃明任专家组顾问。彼时，徐乃明已经离休多年。

一次，集团召开专家组会议，议题就是当前工艺工作适应批生产的办法和途径。面对工艺工作存在的问题，与会同志们提出不少困难。

在这种情况下，徐乃明率先提出，要想保证批生产工作的顺利进行，必须充分发挥工艺在型号批生产中的技术主导作用。此言一出，会场立刻静了下来。

在徐乃明看来，尽管工艺工作面临的困难很多，但同时也为航天发展创造了有史以来最难得的机会，工艺工作在批生产中起主导作用是十分必要和可行的。

在徐乃明的引导下，专家组成员提高了自身对工艺工作内涵的理解和认知。徐乃明以精湛的专业技术基础、丰富的工作经验、实事求是严肃认真的工作作风，践行着集团公司工艺专家组顾问“做好咨询，当好参谋”的职责。

因为丰富的经验和独道的见地，徐乃明被视为专家组里的“定海神针”。

“在集团公司的工艺调研、工艺规范制定过程的讨论、审查、评审等一系列工作中，徐副院长深得上级领导的信任和同行的爱戴，是中国航天科工集团工艺专家组的‘定海神针’。”同为专家组成员之一的283厂总工艺师陈英香如此评价徐乃明。

在任职期间，徐乃明提出航天工艺在批生产中具有主导作用的理念，并不遗余力地亲自承担大量细致的业务领导工作，治理了很多航天工艺的“常见病、多发病”，从而保证了导弹装备批生产的进行和诸多重大型号尤其是“杀手锏”武器的顺利研制。

在陈英香眼中，徐乃明是一位精通多学科专业知识、具有丰富工作经验，对工艺工作内涵理解极深的老前辈、老专家。

此外，徐乃明尽心竭力出谋划策，推动建设航天系统的工艺研发机构——航天工艺中心，为扭转航天卫星发射连续失败的局面作出了重要贡献。

工艺工作是一个复杂的系统工程，为了做好工艺系统自身建设，中国航天科工集团领导指示“以工艺专家组为主，机关管理人员参加”的形式在集团内部开展工艺调研活动。时任中国航天科工集团公司副总经理承文提出，这次工艺调研要“摸清家底、找出差距、提出措施、解决问题”，为集团公司工艺工作决策提供依据。

集团公司总工艺师、工艺专家组组长谈凤奎担任调研组组长，徐乃明领衔的调研组于2002年3月至6月期间，对集团所属的五个院，以及所属的厂、所共32家单位进行了实地调研和考察。

在一次座谈会上，某单位领导提出，现在工艺规程可操作性比较差，建议工艺规程对工艺参数进行100%的量化。

徐乃明肯定地说：“工艺参数100%量化是不现实的，因为工艺参数的量化不是拍着脑袋想出来的，是在生产线上反复实践得来的，有的甚至还需要工艺试验验证才能确定下来。”

在徐乃明看来，当前二院工艺人才队伍年轻，经验不足，工艺技术加工设备老化陈旧，有时性能不稳定，生产环境也有待于改善，可能在很长时间内都不可能实现工艺参数的100%量化。他说：“大家对工艺工作的期望是好的，有利于鼓励他们敢于挑重担，希望大家本着对工艺人员爱护的角度出发，鞭策他们、相信他们，帮助他们查找不足，取得进步。”

在另一场工艺人员座谈会上，有人发言说有个别领导不重视工艺工作，工艺人员待遇偏低，话音一落就有不少人附和。

徐乃明语重心长地说：“要领导重视我们，得看我们做了什么，工艺技术是在产品设计的基础上进行的，是对产品的二次设计，是需要用智慧、用心、用力来做的工作。一个称职的工艺人员不但要不断地向书本学习新知识，与时俱进，提高自己，更重要的是要面向生产线，这里才是我们真正的阵地。”

徐乃明还强调，“要对生产线上的加工设备性能了如指掌，对工人师傅的加工特点一清二楚，要特别重视把师傅们的加工经验学过来融到自己的工艺规程中，这是任何书本都学不到的东西”。他要求工艺技术人员要在生产加工一线学会总结，用持续的总结来不断地提高自己，用一如既往的辛勤工作来为单位作贡献。

在2002年集团公司专家组年会上，徐乃明曾讲道：“这次工艺调研本身有两大作用：一是对集团公司领导机关来说，摸清了家底，为以后决策提供了依据；二是集团牵头组织工艺调研，院、基地以及各单位都要认真准备、认真汇报，认真研究解决问题的措施，提出建议，这对工艺工作的推动作用是很大的。”

同时，针对工艺技术研究力度不够的问题，徐乃明认为，工艺工作的实质是工艺技术，在关注管理的同时更关注技术。

针对如何抓好工艺工作，徐乃明还提出了两点建议：一是要加快解决武器型号装备批生产中存在的工艺技术问题，二是要着力开发通用工艺技术，在这些方面工艺专家组可以发挥很大作用。

按照中国航天科工集团第三次工艺工作会上关于加强工艺基础研究的部署，科工集团公司决定开展三大工艺体系建设研究。这里提到的工艺三大体系建设就是工艺管理规章体系建设、工艺技术体系建设和工艺文件编写体系建设。

在这三大体系研究的过程中，徐乃明是咨询把关第一要人。

对徐乃明来说，“把事情做好”是最重要的。三院科技委主任、总工艺师张铁军用两个词描述徐乃明的为人—“正直、睿智”，张铁军在集团公司主管部门工作期间，已 70 岁高龄的徐乃明仍与他一样，共同奔波在一线，为航天贡献力量。

直至晚年，徐乃明还坚持编著专业书刊，为航天工业事业发展发挥着余热。

21 世纪初，国防科学技术工艺委员会原副主任栾恩杰亲自部署，国防科学技术工艺委员会、中国航天科技集团公司、中国航天科工集团公司曾联合编制工艺知识教材——《航天工艺基础知识培训教材》，教材共 28 章，分上、下两册，上册为工艺管理篇，下册为工艺技术篇。

这套教材由 50 多位长期从事航天产品制造工作、具有丰富实践经验的专家和科技人员集体编制，徐乃明是编辑部顾问，对教材进行审核并提出指导意见。该教材为航天工艺队伍尽快完成新老交替、加快年轻工艺人员成长提供了巨大的帮助，也是型号两总、产品设计人员以及各级管理人员了解工艺工作的参考读物。

此外，值得一提的是，自 1983 年起，徐乃明就一直担任《航天工艺》（后更名为《航天制造技术》）刊物编委会主任，直至去世。

长久以来，徐乃明一直为机械制造行业中普遍存在的重设计、轻工艺的状况而焦急万分，并一直致力于为工艺技术与管理在科研生产中的重要性正名。为了振兴航天工艺技术，徐乃明倾注了毕生心血，矢志不渝。

晚年时，徐乃明身体虽已十分虚弱，但依然坚持邀请一些专家定期沟通交流，总结航天工艺发展史，希望完成一部《航天工艺发展传奇》图书的写作。

徐乃明离休以后，先后被聘为航天工业总公司工艺顾问与工艺专家组组长、科技委员会委员及材料工艺专业组副组长、国防科工委专家委员会委员、中国航天科技集团公司与中国航天科工集团公司工艺专家组顾问、中国航天机电（科工）集团公司CIMS 工程顾问与专家组成员、中国航天科工集团公司第四研究院科技委高级顾问、中国国际工程咨询公司专家委员会委员、国防科工委专家咨询委员会科技管理专家组成员与军工项目审核中心项目审核专家等，继续为航天工艺的发展贡献着余热。

多次被评为中国航天科工工艺先进工作者的徐乃明，为航天工艺事业作出的努力和贡献，也得到了国家和航天系统的认可与褒奖。

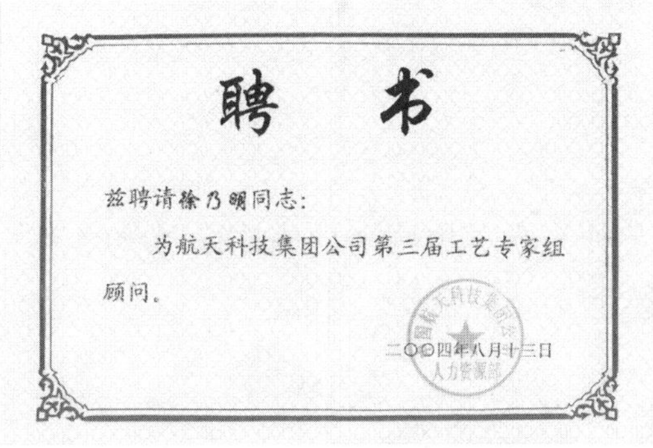

2004 年，徐乃明担任航天科技第三届工艺专家组顾问

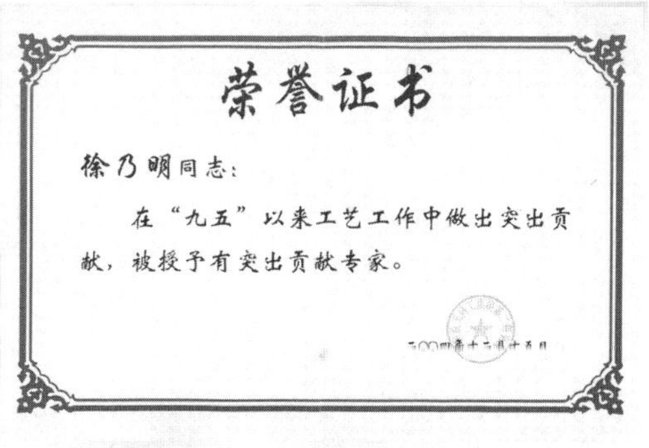

2004 年 12 月，徐乃明被授予工艺领域有突出贡献专家

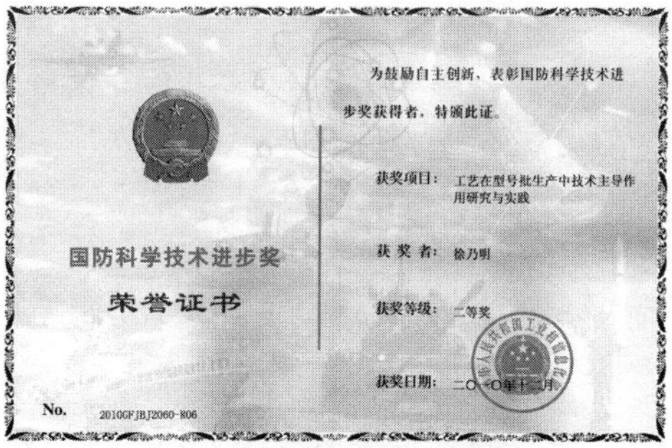

2010 年 12 月，徐乃明获国防科学技术进步奖二等奖

徐乃

第四章

深耕细作 仿真工程奠基业

北京仿真中心的建成是我国仿真技术发展进程中的一个里程碑，时任二院副院长的徐乃明作为飞行器工艺专家，被任命为总指挥，主持建成了当时具有国际先进水平的北京仿真中心，解决了仿真技术在武器型号应用研制中的诸多难题。

1. 砥砺奋进，打造仿真明珠

仿真技术是在20世纪中期以控制论、相似原理和计算机技术为基础，借助系统模型对真实或假想的系统，进行实验研究的一门新兴的综合性系统技术。系统仿真具有安全、经济、可控，无破坏性、可多次重复等优点，因而在军事和高科技领域，以及国民经济建设中都得到广泛应用。世界各先进国家都十分重视对仿真技术的研究，并将其列为国家关键技术研究项目。仿真技术的兴起和发展，日益表现出巨大的军事、技术及经济效益，成为任何复杂系统不可缺少的研制、运行、评价和训练手段。

我国仿真技术的研究应用起步于20世纪60年代末期，发展却一直比较缓慢。“六五”期间我国防空和战略武器系统、运载火箭研究迅猛发展，对仿真提出了迫切需求，航天领域建立高水平、全功能的大型仿真中心迫在眉睫。

1978年党的十一届三中全会做出了实行改革开放的战略决策。在同年召开的全国科学大会上，邓小平同志提出“科学技术是第一生产力”的思想，自此，科学的春天到来了，这为我国仿真技术的发展和应用提供了历史性的机遇。

仿真是系统总体设计的重要手段，在武器系统研制过程中，有了仿真手段就可以在室内实现武器系统打靶试验，部分代替实弹飞行打靶，节约40% ~ 60%的实际打靶次数，缩短30% ~ 40%的研制周期，从而节约大量的时间和经费，改变了过去单纯依靠实弹飞行试验来确定其设计正确性及最终性能的单一做法。

不搞仿真就不可能搞出新一代的导弹武器。为了适应我国导弹武器研制和航天技术发展的需要，在武器系统总体部需求论证的基础上，原国防科工委和航天工业部在经过长时间酝酿和研究之后，于1982年下决心花大力气建设先进的仿真系统，并将其作为重大技术改造来建设。同时决定，利用一院12所、二院二部、计算站（204所）的力量，建设一个比较完善的，能够满足战略导弹、战术导弹和运载火箭需要的仿真系统。

1989年10月22日，徐乃明（前排右四）参加北京仿真中心落成典礼

1989年10月22日，徐乃明（前排右三）在北京仿真中心落成典礼上发言

时任航天工业部二院总体部主任的陈定昌力主尽快上马北京仿真中心建设。1984年，经国家计委、国防科工委批准在二院东工业区一个废弃的球场上，北京仿真中心的奠基石被深埋于此。航天工业部领导按照大系统办法管理仿真工程建设，建立了行政指挥线和技术指挥线，徐乃明作为飞行器工艺专家，被任命为总指挥，方辉煜为总设计师，主持建成了具有国际先进水平的北京仿真中心，解决了仿真计算机应用研制中的许多难题。

仿真工程所面临的第一个难题，即总体方案的设计。虽然世界各国都在研究仿真技术，但对此十分保密，尤其是总体设计和支撑总体方案的高新技术，没有任何资料可以借鉴。怎么办？只有靠一个字——“创”。但要在80年代中期，设计出中国可行、同时具有90年代国际先进水平的仿真中心，难度相当大。

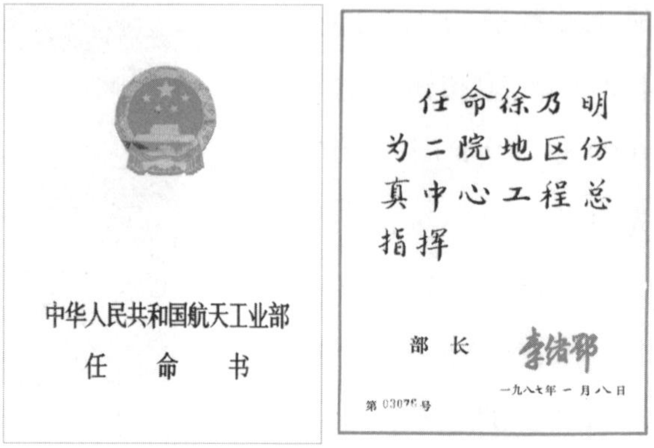
中华人民共和国航天工业部

任　命　书

任命徐乃明为二院地区仿真中心工程总指挥

部长　李绪鄂

第03076号　一九八七年一月八日

1987年1月，徐乃明被任命为二院地区仿真中心工程总指挥

面对重重困难，徐乃明没有丝毫畏惧和退缩，他带着坚定的信念和创新发展的思想，为仿真中心的建设和发展作出了积极贡献。

徐乃明、方辉煜带领着几十位高级专家，依照高起点、大跨度的原则，践行着自力更生、艰苦奋斗的工程建设精神，经过几年苦战，终于啃下了这块硬骨头。

例如三轴飞行转台，从国外引进时因实验室尚未建成，只好先安放在一间临时房间。但到搬迁时，外方却索要300万到600万元的高额拆装费，等于又花了一台三轴转台的钱。

徐乃明在召集各有关方面的领导和专家进行详细的分析论证后，做出了一个重大的风险决策：由北京仿真中心工程技术人员和二院基建部的专家自行搬迁安装、调试。对于只掌握一般性能的中国技术人员来讲，难度极大，稍一疏忽就可能功亏一篑，给国家造成巨大损失。

然而，在徐乃明的带领下，以李永鑫高级工程师为组长的攻关小组竟使望而生畏的转台搬家一举成功。

创业是艰苦的，但事业的成就却时时鼓舞着人心。尤其是中国的仿真技术得到国外同行的赞誉时，徐乃明感到了莫大的欣慰。因为研制、建设北京仿真中心的科学家们硬是从没有路的地方走出了一条自己的路。

北京仿真中心在长期的研制、建设过程中，建立了以计算机控制系统、仿真技术、微波毫米波、红外、无线电等专业为主的重点实验室和雄厚的高科技队伍。他们用行动告诉世界，中国人大胆开拓，勇于创新，不是跟踪和模仿，而是赶上并超过。

三轴转台高难度的安装、微波毫米波兼容“一室两用”实验室的创建，就是靠着众多科学工作者和技术人员废寝忘食、通力合作才度过了难关。

一位年轻的美国同行感动了，施工时，竟让中方工程师站在自己的肩膀上操作。因为他“尊重工作水平高、事业心强的人”。得其人方能成其事。其实，不妨把中国工程师站在美国同行肩上也看作是一次“仿真”，这次仿真的结果，将使中国的仿真技术，真正站在了国际同行的肩膀之上。

当时的毫米波技术被美国垄断，并对中国实施严密封锁，徐乃明带领着以二部陈训达为代表的技术研究人员，苦思冥想出一条奇特的思路。在长达一年半的系统调试过程中，科研人员历尽艰难，长期加班加点，甚至通宵达旦，创造了毫米波微波兼容的“一室两用”的世界先例——射频仿真实验室。

“一室两用”的实现，为国家节约了近3000万元。

北京仿真中心是我国仿真技术发展进程中的一个重要里程碑，在整个建设过程中，始终备受二院、航天工业部以及中央领导的关爱和支持，其间，江泽民、李鹏等国家领导人都曾亲临北京仿真中心视察指导，给仿真中心建设工作以激励鞭策，加速了中国仿真技术的发展。

北京仿真中心的建设和应用使我国导弹武器研制手段发生了更新换代的变化，进一步推动了我国新一代武器装备型号建设，在保证研制质量、节约研制经费、缩短型号研制周期方面发挥了重要作用，并有力带动了国内相关高端仿真设备的研制和生产。

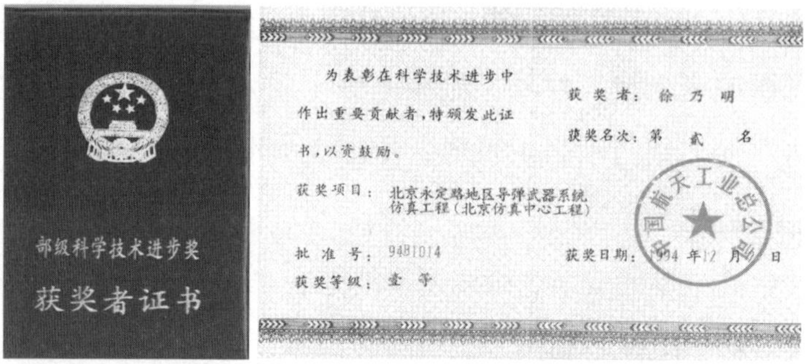
部级科学技术进步奖
获奖者证书
为表彰在科学技术进步中作出重要贡献者，特颁发此证书，以资鼓励。
获奖项目：北京永定路地区导弹武器系统仿真工程（北京仿真中心工程）
批准号：9481014
获奖等级：壹等
获奖者：徐乃明
获奖名次：第贰名
获奖日期：1994年12月 日
中国航天工业总公司

1994 年 12 月，徐乃明因北京仿真中心工程建设工作获部级科学技术进步奖一等奖

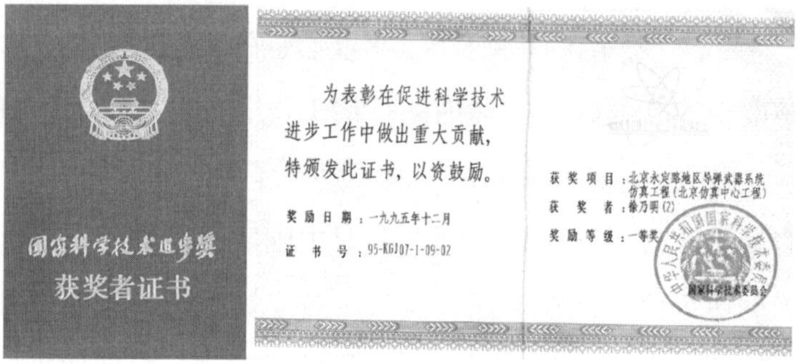
国家科学技术进步奖
获奖者证书
为表彰在促进科学技术进步工作中做出重大贡献，特颁发此证书，以资鼓励。
奖励日期：一九九五年十二月
证书号：95-KGJ07-1-09-02
获奖项目：北京永定路地区导弹武器系统仿真工程（北京仿真中心工程）
获奖者：徐乃明(2)
奖励等级：一等奖
国家科学技术委员会

1995 年 12 月，徐乃明因北京仿真中心工程建设工作获国家科学技术进步奖一等奖

作为我国仿真领域的“领头羊”，北京仿真中心的建成在全国产生了巨大影响，不仅提升了我国国防科技地位，同时成为航天系统的对外窗口。作为总指挥，徐乃明还因此获得了国家科技进步一等奖。

2. 踔厉奋发，首创质量管理体系

其实，在调入二院以前，徐乃明就已经在型号研制中开展质量管理相关工作。在 230 厂担任厂长期间，徐乃明承担了东风五号平台攻关任务，开展了以设计和工艺技术攻关及加强工艺技术管理和质量管理为主要内容的“创优”活动，目的是为东风五号全程飞行试验提供合格的产品。

调入二院后，徐乃明也更加重视质量管理工作。1983 年 7 月，徐乃明牵头组织召开二院第二次质量管理（QC）小组代表会议，并连续三年举办质量管理小组代表会议。

1983 年，二院第二次质量管理小组代表会上，徐乃明（前排左七）与参会代表合影

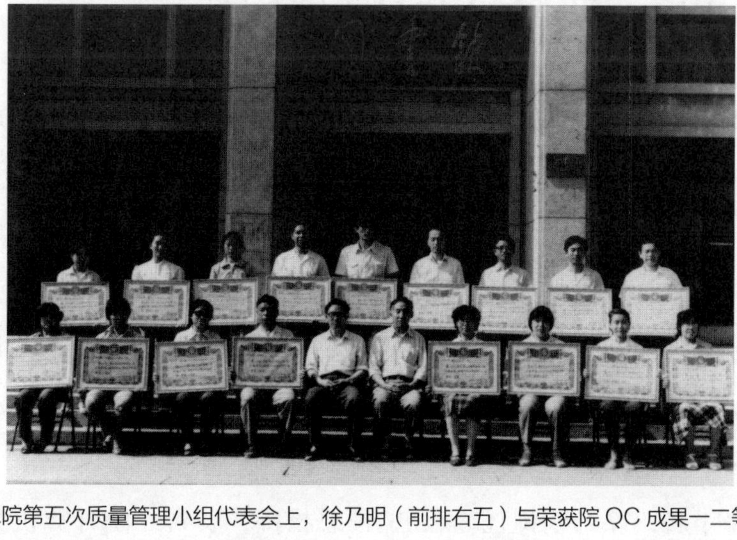

1986 年，二院第五次质量管理小组代表会上，徐乃明（前排右五）与荣获院 QC 成果一二等奖小组合影

在担任红旗七号等系列型号总指挥时，徐乃明也将质量管理工作视为重中之重，为确保红旗七号厂际产品质量保证体系的顺利运行专门召开大会，牵头制定质量保证体系工作章程和质量管理办法等制度，更好地把控红旗七号导弹武器系统研制质量。

1984 年，徐乃明被评为“航天部质量管理先进工作者”。1988 年，“巨浪一号质量管理”项目获部委级科技进步奖二等奖。

徐乃明狠抓技术基础工作，组织开展了红旗七号研制中的质量控制和可靠性管理工作，按照航天工业部的决定在全院开展了全面质量管理，研究探索以研制为主的研究院的全面质量管理工作。

在管理方式上，徐乃明首创使用故障树模式分析问题，在航天领域开拓了质量管理的先河；在队伍建设上，徐乃明培养了一批质量管理方面的人才，通过言传身教对年轻质量管理人员的成长产生了深刻的影响，他本人的人格魅力也给后辈留下了深远的影响。

3. 开明领导，初建航天信息管理系统

1984 年，为适应航天事业的发展需要，尽快实现管理工作的现代化，航天工业部决定将自动化管理信息系统作为部内重点工程项目，并列入规划安排，在 1984 年内初步实现部、院两级计算机联网，终端接至厂、所，从 1985 年起实现各种统计数据的自动传送和处理。

二院自动化管理信息系统首先是为管理、决策和经营服务的使用系统，同时也是科研生产、技术活动的支持手段。这一工程是关系到部、院长远发展的一项重点工程，意义重大，影响深远。

1984 年底，徐乃明担任 8422 工程总指挥，负责二院计算机技术的推

1986 年，徐乃明在二院计算机开发应用领导小组会议现场

广应用工作。他主持改造了全院现有技术工作和管理工作，开展了 8422 工程建设和以 CV 系统为主的 CAD 建设，在建设航天信息管理系统上取得了很大成绩。

此外，徐乃明首次在二院倡导并组织了 CAD 技术的应用，奠定了二院 CAD、CAM 技术应用的基础，为新一代武器装备研制生产创造了良好的技术条件。

作为总指挥，徐乃明不仅统筹全局，还在关键环节上亲力亲为，亲自审查工程的总体规划、总体方案，亲力明确实施步骤，并且制定了精准方针和合理目标。

对于实施方向，徐乃明坚持以应用见效为出发点，在不同程度上开发出百余个项目，其中十多项荣获了部级奖励，被大家誉为“开明领导”。

4. 披荆斩棘，建设三峡大坝

三峡水电站是世界上规模最大的水电站，也是当时中国有史以来建设最大型的工程项目。1992 年，三峡水电站获中国全国人民代表大会批准建设，于 1994 年正式动工兴建。

1993 年，时任国务院总理李鹏到二院视察工作。在参观了二院的科技成果展后，李鹏指示，要将航天高科技用于国民经济建设，特别是航天系统的科技工程管理系统和系统模拟技术两个方面。他明确指出，要求航天工业部与中国长江三峡工程总公司合作，共同参与三峡水利枢纽工程。

1993 年 10 月，时任三峡总公司袁国林副总经理率团参观二院科技成果展，对航天系统工程建设思想赞不绝口。在介绍三峡工程项目后，袁国林明确表示希望航天人参与该工程，将航天系统工程理论思想和项目管理方法运用到三峡大坝建设之中。

对此，二院领导十分重视，根据国家的要求和三峡总公司的需求，二院专门组织了包含工程管理系统、三峡工程通讯系统、三峡工程截流模拟系统在内的一个技术团队参与三峡工程有关项目工作。

同时，根据中央要求，航天工业总公司成立了一个专门项目组，二院副院长徐乃明任总指挥，科技委主任李伯虎任总工程师，民品部系统工程部主任李柱贞任项目经理，二部、204 所、207 所、706 所和北京仿真中心等单位的相关专家组成技术团队，共同完成这一光荣任务。

1993 年年底，三峡总公司在宜昌葛洲坝组织召开了工程管理研讨会。会前，为了能够更生动地展示航天工程管理具体内容，徐乃明还专门牵头制作了一部视频宣传片，详细介绍航天工程项目管理的内容和方法，以及近年来航天事业取得的成就。会上，徐乃明借助宣传片代表航天工业总公司和二院做了专题发言。

徐乃明的发言得到与会代表的一致认可和好评，考虑到航天系统人员对水电工程了解甚少，三峡总公司领导建议，航天系统可以和水利电力部信息中心及某通讯公司组成的投标组共同竞标，争取承担相关项目。

会议召开第四天，加拿大莫能科公司（MONENCO：Montreal Energy Co.）介绍了该公司的工程管理系统 MPMS（MONENCO Project Management System) 和他们取得的成就。

1994 年春节期间，时任中国航天工业总公司副总经理夏国洪率领总公司和二院院长陈定昌、副院长徐乃明等相关领导会见了三峡总公司相关领导，共同商议引进MPMS，开发我们自己的三峡工程管理软件管理技术TGPMS（Three Gorges Project Management）。

至此，航天系统确定作为该加拿大公司的中国合作伙伴，并正式参与到三峡工程管理系统的开发工作中去。

1994年3月，中国国家计委批准了三峡总公司将加拿大政府出口信贷3000万美元的额度，用于三峡工程建设。

为了增进中国国内各单位对MPMS的认可，加深相互之间的了解，在中加双方相关领导和工程管理人员先后进行了三轮谈判后，加方邀请中方有关人员赴加拿大考察。

1995年6月，由国务院各相关部委人员、三峡总公司总工程师黄源芳、二院副院长徐乃明及207所李柱贞等技术专家共同组成的考察代表团前往加拿大考察。

徐乃明（右）考察莫能科公司

考察团先后参观了位于加拿大最东端的海伯利亚工程及莫能科公司总部。

海伯尼亚工程位于加拿大纽芬兰以东315公里（196英里）的北大西洋，是一个45万吨重的超大型海上设施，于1997年11月首次生产石油。该结构有一个105.5米的混凝土沉箱，由高强度混凝土制成，用钢棒和预应力钢筋加固。

莫能科公司的工程管理软件，很好地应对了海伯尼亚工程这样大型复杂工程的工程管理，给考察团留下了深刻的印象。

由徐乃明（右六）等人组成的中方考察团在海伯利亚工程考察

在多伦多，考察团参观了莫能科公司总部、软件开发中心以及他们管理过的其他工程，如加拿大9号高速公路工程和水电工程，包括徐乃明在内的中方考察人员都十分惊叹于其管理的高效。

在对莫能科公司承建项目的考察中，为掌握准确信息，徐乃明提前做了很多调查研究工作，多次在现场有针对性地提出各种问题，帮助考察人员充分了解管理的各种技术细节问题。

在徐乃明的细致推敲下，考察团成员与莫能科公司合作的担心和顾虑也逐渐随之消失，并且一致认为该公司可以承担三峡工程项目管理的重担。

徐乃明（左三）等人在莫能科公司多伦多总部

回国后，三峡总公司、中国电子进出口公司和加拿大莫能科公司相关领导、夏国洪、徐乃明及民品部相关领导在京共同签订了三峡总公司引进 MPMS 软件，开发 TGPMS 软件技术协议书。

中加双方草签三峡工程合作协议，右三为徐乃明

1995 年 7 月，三峡总公司和莫能科公司签订了正式合同，这也预示着航天参与三峡大坝建设工作的正式开启。

同年 11 月，三峡总公司制定了三峡工程管理系统（TGPMS）项目实施计划（草案），正式开展三峡工程管理系统的开发工作。

此后三年多，二院开始了三峡工程综合管理系统的开发工作，这也成为航天在三峡工程中的首个技术输出。

1998 年 4 月，加拿大莫能科公司提交了 TGPMS 验收测试计划，并于 1999 年 3 月举行了 TGPMS 的验收。徐乃明作为特邀专家、中国航天工业总公司技术顾问受邀参加了验收会。

TGPMS 是一个为设计、承包商、监理、业主共同完成项目目标而搭建的一个集成的协同工作平台。该平台实现了以合同、财务为中心的数据加工、处理、传递及信息共享，以控制工程成本、确保工程质量、按期完成工程目标。

TGPMS 包含 13 个功能子系统，其中，二院主要承担管理软件的编码系统的建设工作。

三峡工程历时 17 年，声势浩大，需要克服的技术难题不胜枚举，为应对复杂的管理挑战，实现工程建设一流的现代化科学管理，1993 年 9 月 27 日，自中国长江三峡工程开发总公司成立之始，就把采用现代信息技术实现工程管理的目标提到了日程上。

TGPMS 的开发和建设源于三峡工程的兴建，三峡总公司于 1994 年开始进行TGPMS的研究和开发，经过历时十余年深入系统的研究、开发和建设，通过持续创新，形成了拥有完全自主知识产权的核心技术。

TGPMS验收会期间，徐乃明（左二）与莫能科公司总裁

无论就系统综合性能，解决问题的规模和复杂程度的能力，还是在功能领域覆盖、流程适应性、协同工作、支持管理水平持续改进等方面，TGPMS系统都优于国际国内同类系统的总体水平。截至目前，该系统已获得四项软件知识产权，并获得湖北省科技进步一等奖，这些荣誉的背后充满着以徐乃明为代表的老一代航天人的努力和心血。

1999年验收后，TGPMS系统在国内工程管理界备受关注。国内各领域的许多工程都纷纷来三峡总公司取经，学习国外的先进工程管理经验，以更好地运用到国内改革开放后的各种大型工程的管理工作中。

时任二院民品部系统工程部主任李柱贞曾表示，在跟随徐乃明参与三峡大坝建设的全过程中，徐乃明身上所具备的老一代航天科学家精神，给他留下了深刻的印象。

徐乃明曾教导他，作为一个航天人，首先要热爱祖国，为祖国的现代化建设贡献力量，其次要热爱航天事业，要有为祖国的航天事业奋斗终生的信心和决心。

在三峡大坝建设中，与外方人员接触较多，有些外方人员还曾以高薪试图引诱我国科技人员离开中国、离开航天系统，到他们的国家、公司去工作。徐乃明经常提醒大家，不要忘记自己航天人的身份，要时刻谨记忠于祖国，献身航天事业。

在项目工作中，徐乃明鼓励大家要解放思想、实事求是，借这个机会多学习外国先进的技术经验。但对于莫能科公司的工程管理技术，徐乃明坚持要调查研究，进行实地考察，以获取第一手的资料。

随着航天系统工程理论与技术在三峡工程建设中的应用，二院在国内外民用产业中的影响逐步扩大。截至 2020 年年底，中国已经有上百个国内工程项目在建设中采用了 TGPMS 系统。专业范围包括水电站、高铁、风力电站、海上平台、大型机场、现代港口和公共设施建设项目等现代化的大型工程项目。其中，北京大兴机场就采用了 TGPMS 软件进行工程项目管理。

“现在看到这些运用成果，深感当年跟随徐副院长参与引进 MPMS 开发 TGPMS 的努力没有白费，如果徐副院长还健在，也一定会激动万分。”李柱贞深沉地说。

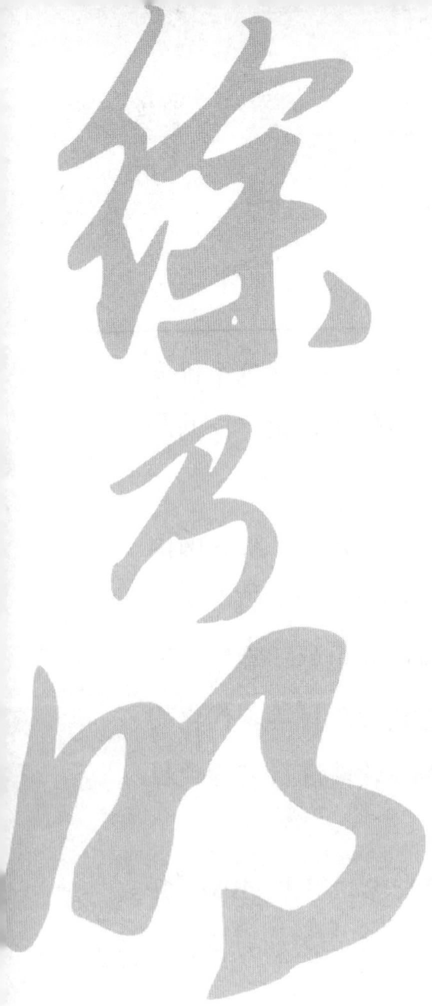

第五章 铁血铸剑 威震国防护长空

20世纪80年代起，徐乃明先后担任红旗七号、海红旗七号等低空、超低空国家重点型号总指挥，成功主持完成了包括新一代地空导弹武器系统、新型地地导弹武器系统等多项航天型号的研制任务，将第二代防空导弹型号的研制引向完善基本型、进行改进和系列化发展的道路，这些防空导弹不仅装备陆海空三军，还成功出口创汇。

1. 仿制加创新，红旗七号显身手

徐乃明一进入二院，就迅速参与到红旗七号的研制工作中来。在担任二院副院长之后不久，又担任了地空导弹红旗七号的总指挥，领导该型号工艺及材料攻关等工作。

1978年9月，空军引进了一套国外低空防空导弹武器系统，后被称为“91号武器”。

1979年3月，总参谋部召开低空防空导弹选型会议，总参谋部根据会议讨论意见向国务院、中央军委做报告《关于低空防空导弹发展问题的建议》，提出借鉴国外有关技术研制一种机动性能好、反应时间快、机动过载大、抗干扰能力强的低空防空导弹并要求列入国家重点发展项目。

同年6月，国务院、中央军委正式批示同意，并要求有关部门密切合作，分工负责，狠抓落实，确保所提要求如期落实，并将研制的低空防空导弹命名为“红旗七号”。

红旗七号的研制工作一开始就受到国务院、中央军委的高度重视，从下达研制任务到批准研制方案，前所未有的两次专题下发文件，都强调了红旗七号任务的重要性和紧迫性。

1980年4月21日，国务院、中央军委发出《关于下达“红旗七号”低空防空导弹研制任务的通知》，决定由七机部二院承担研制工作。1982年2月，柴志被任命为总指挥，徐乃明、陈铮为副总指挥，1984年5月，刘从军、徐乃明负责行政指挥调度系统。

徐乃明与红旗七号总设计师钟山密切协同，按照关于型号研制生产工艺工作的决定要求，徐乃明组织领导了红旗七号的研制生产和计划调度等系列工作，开展了红旗七号研制中的工艺技术攻关、工艺研究试验及工艺管理建设等内容，并整顿和加强了全院的工艺组织和工艺管理。

1982 年 3 月，在二院红旗七号调度会上，徐乃明进行了全面工作部署，首次提出将型号研制调度指挥系统与设计师系统分开，全面加强调度指挥系统的创新想法，并直接细化落实到制定计划、打牢基础、建立制度等三部分工作内容。

“徐总思想前卫、想法缜密、思路清晰，总是能带领着我们将纷繁复杂的研制困难抽丝剥茧，逐个攻克。”时任红旗七号主任设计师李善春如此评价徐乃明。

在徐乃明的带领下，二院组织建立了符合红旗七号研制生产特点的计划调度系统，制订了有关规章制度，推行了计划评审技术，较为完整的生产组织和科学的型号计划调度系统在二院首次建立。

徐乃明任红旗七号总指挥期间，带领研制团队解决了数十项技术关键，填补了多项武器研制生产中的国内空白，研制技术达到了国际先进水平。1991 年红旗七号导弹武器系统研制管理成果获航空航天部科技进步二等奖，徐乃明为第一获奖人。

引进样机，进行功能仿制并实现国产化，听起来容易，做起来是“处处碰壁，寸步难行”。

红旗七号是一个较为复杂的武器系统，全系统的电子元器件数量多达 55000 件以上。按照当时国内自行设计型号的要求，所使用的元器件、原材料应立足国内。

“工欲善其事，必先利其器。”在红旗七号研制之初，二院领导和总师系统就注意到仪器现状和提出的计量和测量要求，徐乃明、钟山等专家曾多次召开会议，专门研究型号研制所需仪器、设备及其订货问题，并带领二院物资部领导等向上级机关汇报。

徐乃明提出，要提前解决测量仪器问题，打破西方一些国家对我们的封锁，争取尽快进口一批型号研制工作所需的电子仪器、设备等。

然而，面对复杂的引进需求和高额的外汇需求，别说二院，就连航天工业部机关都感觉为难，能否解决，大家心里都没底。

在张爱萍副总理等中央领导的关怀和大力支持下，继 1980 年国务院、中央军委发出《关于下达红旗七号防空导弹研制任务的通知》后，1981 年，中央在 45 号文件中批准总计 1200 万美元外汇额度，用于解决红旗七号研制中的两个难题：一是在国内元器件生产尚不能满足红旗七号战术指标要求的情况下，可以从国外进口部分元器件；二是紧急购买精密的微波仪器和相应的计量仪器、试验设备。

两个文件的相继下达，给红旗七号研制所需仪器和关键元器件的引进铺平了道路。

在进口的同时，国内以进口元器件为样品，加速了试制。除四机部外，七机部所属的 825 厂、165 厂分别承担了接插件、继电器的试制。二院也委托 694 厂进行了标准件的试制。同时，国防科委还组织了红旗七号所用新材料的试制。

在订货过程中，徐乃明多次亲自深入生产厂家主持项目审查、经费协调和外汇指标落实等工作，从计划编制到验收各环节统一协调，做好经费保障，确保了整个工作流程的顺利进行。

为红旗七号系列配套试制的元器件，体积小、重量轻、效率高、可靠性好，在四机部有 416 项已定型使用。据电子工业部反映：“通过为红旗七号配套研制电子元器件，推动了中国电子元器件工业的发展，使新材料、新工艺、新技术水平达到了一个新的高度，使元器件可靠性水平在原部标的基础上，向前迈进了一大步。”

同时，在原材料、机电产品和生产工艺上也取得了很大进步，通过配套攻关，成功试制100多项新品种金属和非金属材料，以及400多项机电产品；精密铸锻成型、高精度加工、微细加工、非金属材料成形、焊接和表面处理等100多项新工艺、新技术。

考虑到发展需求，徐乃明多次强调在仪器设备和元器件的技术指标上应尽量留有余量，兼顾型号研制的后续发展。在这一过程中，引进的元器件以及对其研究试制不仅满足了红旗七号的研制急需，也促进了中国“高、精、尖”关键工艺技术水平的提高。

红旗七号导弹武器系统的研制历时8个年头，共经历了4种导弹技术状态的飞行试验和定型试验，取得了四个大型飞行试验的一次成功：独立回路遥测弹飞行试验一次成功、闭合回路遥测弹飞行试验一次成功、战斗遥测弹飞行试验一次成功、全武器系统设计定型飞行试验一次成功。

在这些成功的背后，是总指挥徐乃明、总设计师钟山带领的红旗七号研制队伍无数次的挑灯夜战，废寝忘食，苦干实干。

1986年是红旗七号研制工作争取实现在1987年设计定型的关键一年。这一年，红旗七号武器系统鉴定性摸底试验取得了圆满成功，取得了三发三中，击落三架靶机、靶标的好成绩。

试验后，徐乃明提出对红旗七号的研制情况进行总结，随即专门成立了由二院科研部、技术部以及物资部相关人员组成的编写小组。

徐乃明十分重视这次“总结”。一方面在红旗七号前，国内没有低空导弹，但鉴于当时的国际形势，空军急需这一类型装备；另一方面，当时缺乏相应的生产条件，缺乏技术人才，缺乏生产设备，更没有工艺技术。在这个背景下，对红旗七号进行经验总结也显得尤为重要。

根据研制过程中实际情况，总结取得的经验教训，徐乃明梳理出完整的大纲思路，组织编写小组每日讨论、每周汇报，仅召开5次会议、耗时一个多月就撰写形成了在武器型号装备发展历史上具有极高价值的经验总结——《红旗七号研制纪实》，并形成书面报告上报了国防科工委。

《红旗七号研制纪实》包括三大部分，分别是文件、报告和领导讲话。报告的最后一篇“红旗七号研制管理”是徐乃明亲自撰写，这篇研制管理经验总结报告在当时的背景下具有极高的创新性。

徐乃明总结出红旗七号研制中主要有四大成果：培养了一批技术队伍，为后来各种型号的研制奠定了基础；改变了二院的研制生产条件；推动了国内某些领域的工业基础的发展，尤其是工艺和元器件方面；填补了装备空白，适应了国防的需要。这些成果都是通过红旗七号科研生产管理来实现，报告对后续型号研制管理经验意义重大。

1991年2月，国防科工委主任丁衡高做出批示，高度赞扬红旗七号研制工作，并呈报中央军委副秘书长张爱萍。次日，张爱萍做出批示：“航天工业部二院在研制红旗七号防空低空导弹过程中，采用充分利用国外样机的基础上，进行功能仿制和反设计，实现国产化的路子，是成功的……

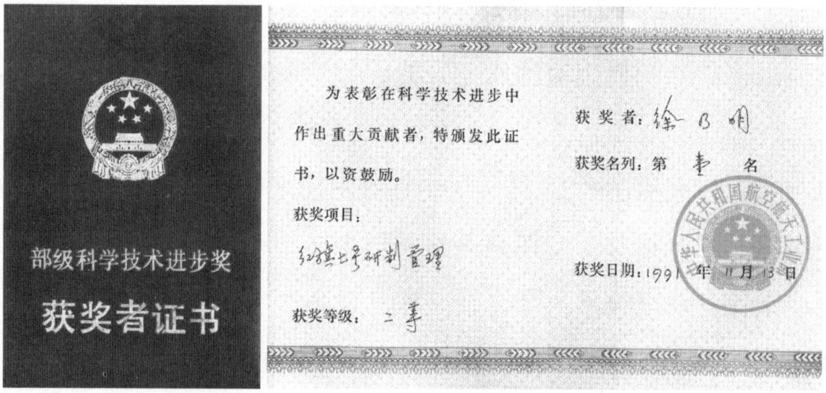

1991年11月，徐乃明因“红旗七号研制管理”获航空航天工业部科学技术进步奖二等奖

请各位领导，尤其是专业技术同志认真研究，以利改变完全仿制和完全引进全套技术的依赖外国人的思想和作风。”

在红旗七号的整个研制过程中，徐乃明作出了很多突出贡献，他协同创新、攻坚克难，克服了任务重、经费短缺、周期紧张等多项研制难题，经过几年的努力，将这一系列型号纳入了轨道，建立了秩序，确保了研制工作的顺利进行，得到了部队领导和航天部领导的高度赞扬。

1992 年 11 月，红旗七号地空导弹武器系统由国家科学技术进步奖评审委员会授予国家科学技术进步特等奖。直接受奖者包括红旗七号总设计师钟山、二院院长陈定昌以及红旗七号总指挥徐乃明等 27 名同志。

同年，徐乃明获评航空航天部有突出贡献的老专家，并享受政府特殊津贴。

红旗七号研制成功，便将进入批量生产。但红旗七号从研制到批生产的转化过程非常艰难，一方面是观念的转变，另一方面需要探索新方法、新手段。因为研制只需要生产几个或几十个，而批生产要生产成百上千，降低成本，提高效率，确保质量，要把工程师产品变为工业产品。这种转

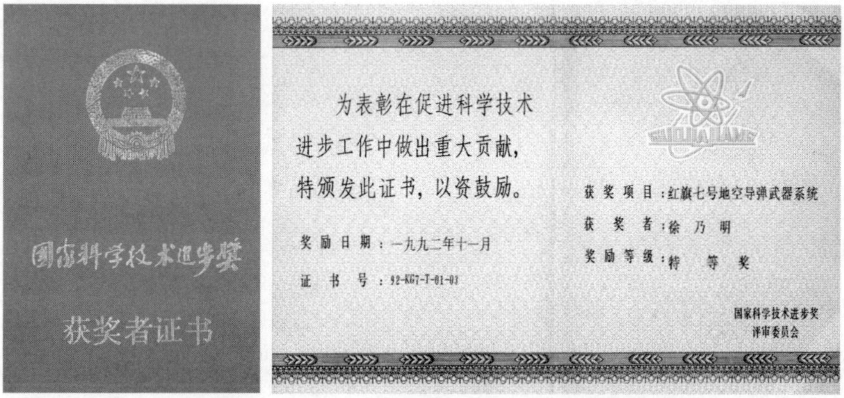

1992 年 11 月，徐乃明获国家科学技术进步奖特等奖

1993 年 3 月 1 日，徐乃明（左二）在红旗七号荣国家科学技术进步奖特等奖颁奖大会现场

变对于当年的二院是一个极大的难题与考验。徐乃明靠前指挥，积极探索，在这个过程中做了大量工作。

面对当时二院缺乏生产线，缺少数控机床，无法实现生产自动化的现状，徐乃明提出生产线引进的大胆想法。

80 年代，航空部从以色列引进了 8 号工程和 10 号工程两条飞机机载设备生产线，安置在洛阳 014 中心，并引进了许多数控加工车床，甚至数控加工中心。

当时二院的数控加工设备级别较低，数量也极少，在红旗七号批生产阶段，徐乃明带队前往 014 中心参观引进的以色列的生产线时感叹道：“航空把钱都花在了地上，航天把钱都花在了天上，制成导弹发射上天，却没有加工手段，全是靠老工人手工加工，这是不行的，什么时候咱们二院也能有数控机床加工的生产线？”

在徐乃明的坚持下，二院首次引进了数控机床加工生产线，将工人纯手工加工升级为数控机床一体化加工，不仅提高了工作效率，更严格保证了加工质量的严谨一致。

如今，徐乃明当年的愿望都已实现。

21 世纪初，第一批红旗七号已经服役二十多年，难免遇到各种使用上的问题，需要维修，这时出现了新的难题：红旗七号能不能大修延寿？修好后还能使用多少年?

经研究，第一批红旗七号确实需要大修。然而，当时国内在大修的工艺上并没有可供参考的先例，大修工艺也成为一个难题。面对困难，徐乃明组织众多科研骨干，专程开会讨论大修工艺，为红旗七号的顺利返修提供思路和方向。

会上，徐乃明开创性地提出了中国武器装备使用后返修延寿工艺的思路，红旗七号维修的研究也为后来海红旗七号等型号奠定了基础，更为后来返修延寿工艺标准的诞生奠定了基础。

2. 护佑长空，打造海上盾牌

在新中国成立30多年后，中国海军还是主要围着黄海转的“黄水海军”。当时，“飞、潜、快”（飞机、潜艇、快艇）是中国海军的主要兵力结构，海军更多的是作为陆军的辅助力量，完成沿海反登陆作战任务。这一切，在西沙海战后，悄然发生了变化。

1974年1月，中国海军南海舰队与民兵协同，对入侵西沙永乐群岛海域的越南军队进行了自卫反击作战。海战结束后，中国军队乘胜发起登陆作战，从南越军队手中夺回被占的甘泉岛、珊瑚岛和金银岛三岛，但对于更远的南沙群岛，就只能望洋兴叹了。

20世纪80年代，海洋在世界政治、经济、军事斗争中的重要性日渐突出，中国与周边沿海国家在围绕海洋权益的斗争上也越发尖锐复杂。包括海洋资源开发、专属经济区的划界、大陆架的走向、部分岛屿的归属和开发，这些争端和分歧十分严峻，海洋经济、海上交通运输对海上安全的要求也越来越高。国家高层也做出决策，开始逐步调整海军部署，充实和加强我海域保卫力量。

可是，十年陆军，百年海军。建设大海军，需要一个大工业才能支撑。中国军方希望通过引进技术和购买装备，快速改变海军落后的面貌。

当时国内试图通过引进国际先进技术和购买装备来快速改变海军落后的面貌，可一番周折后却发现即将引进的装备无法较好地适应国内对装备的需求。海防严峻的形势引起了国家及军方领导人的极大关注。

1982 年 8 月，刘华清出任海军司令员，责成海军相关部门研究引进舰艇防空及反舰导弹的装备问题，并在引进的基础上部署国内研制工作。此时，二院研制的红旗七号导弹，刚刚完成首批模型遥测弹的试验。

1983 年 3 月，海军装备论证研究中心成立，这是解放军史上第一个专门从事海军武器装备发展战略研究的咨询机构与智囊团队。同年 10 月，研究中心在北京召开红旗七号装舰可行性座谈会。

总设计师钟山、总指挥徐乃明在主持红旗七号研制的同时，组织红旗七号导弹武器系统总体设计人员参与海军武器装备引进的调研、论证工作全过程，团队前后做了大量的工作。

1987 年 2 月，刘华清主持制定的“近海防御”海军战略及《海军 2000 年前的发展设想和“七五”建设规划》，正式上报中央军委，并获得批准。按照“积极防御，近海防御”的战略思想，增强海军舰艇部队的防空自卫能力，着眼于 20 世纪 90 年代的作战环境，研制一种精良的舰载防空武器已是迫在眉睫的任务。

1987 年 4 月，红旗七号导弹武器系统以四发四中的佳绩成功完成鉴定性飞行试验。各级领导纷纷赞扬这次试验的圆满成功，肯定红旗七号研制道路是一条“多快好省”的成功之路。6 月，中央军委下文指示海红旗七号研制与“海响尾蛇”导弹引进同时进行。

海红旗七号与红旗七号虽然只有一字之差，但二者差别甚大。海红旗七号需要采用大批高新技术才能实现既定目标，难度更大。

1989 年 10 月 14 日，钟山任海红旗七号总设计师，徐乃明任海红旗七号行政总指挥。

1990 年 1 月，海红旗七号开始转入武器系统全面研制阶段。

海红旗七号研制期间，其中发射转塔的加工工艺遇到了难题，徐乃明与钟山将这一问题视为当时攻关的关键。在当时的国内生产加工条件下，转塔的生产、加工十分困难，几乎动用了国内各方最高的技术和能力。

徐乃明与钟山等人多次前往沈阳铸造研究所，组织开展大型薄壁铝合金转塔的铸造工作。随后在国家机械委等单位的配合下，徐乃明又协调了沈阳第一机床厂和沈阳重型机械厂进行转塔铸造后的加工，初步实现了转塔铸造粗加工。

但仅仅是粗加工的转塔还远远不能满足需求。因此，徐乃明又组织将转塔转移至可进一步加工的工厂，经公路从沈阳运输至陕西秦川机床厂进行精加工，该机床厂有当时国内最大的铣床。从粗加工到精加工，从沈阳到陕西，在徐乃明的统筹协调和多方的协同配合下，终于完成了该零件的加工，确保海红旗七号具备了军舰进行发射的能力。

在整个过程中，徐乃明全程把控、多方联络，开展了大量的协同攻关工作，最终攻克了这一难题，解决了该零件的加工问题，与此同时也开创了国内大型铝合金铸造、精密加工的先例，在这一领域成为先驱。

徐乃明（左）在试验基地与军方领导交谈

海红旗七号仿制过程中，软

件的仿制相对于硬件仿制而言更为困难。弹上软件难以复制破译，破译已有软件和自行研制全部控制软件始终存在差距。

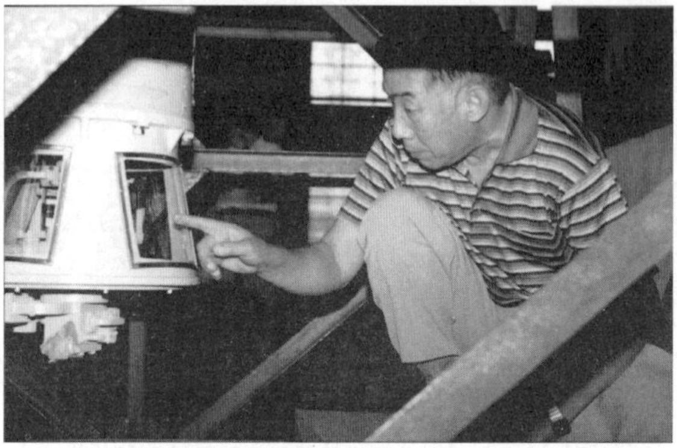
徐乃明在海红旗七号试验现场检查工作

此后，在海红旗七号总设计师钟山的带领下，团队大胆开启了软件自行研制的道路，并确定由二院自行研制海红旗七号的全部控制软件。同时研制通用型加固中心计算机，以及配套的实时操作系统。

这极大地减少了研制期间各专业软件协调的工作量，将各分系统集中在一台计算机上“串行”开发的过程变为在多台计算机上“并行”开展工作，降低了研制风险，缩短了研制周期。

通过对控制系统体系结构充分的分析论证，在二院涉及型号的软件产品研制走什么道路的问题上，大家也统一了思想：软件按专业划分，由各分系统研制本系统的控制软件，配置到专用计算机上进行处理，总体部研制武器系统级的控制软件，由中心计算机进行功能性的集中控制。采用分散处理集中控制体系结构，使得海红旗七号软件的总体配置以及由此引发的数据网络、信息流设计，与作为研制借鉴原型的“海响尾蛇”呈现出本质上的差异。

自行设计软件，在中国防空导弹武器系统研制历史上毕竟是第一次。人机界面的智能化以及自动化维护测试功能的实现，最终将落实到软件上。

由此，徐乃明和钟山在原有设计评审基础上，又率先在二院推广了软件评审，后又发展出软件评测，在软件开发方面逐渐形成了一套完整系统的机制。

1990 年 6 月，二院召开了海红旗七号标准化工作会议。徐乃明做动员讲话指出，标准化工作是否做得好，对能否多快好省地研制出质量好的武器装备起着重大作用。因此，徐乃明提出了设计师系统和研制管理部门都要自觉地建立和提高标准化意识的要求，这一想法对加速型号研制工作起到了重要的促进作用，也推动了二院标准工作的建设。

1992 年 1 月 10 日，为了加强型号研制工作的统一组织、指挥和调度，建立健全行政和技术两条指挥线的岗位责任制，确保型号研制任务的顺利完成，上级对海红旗七号的行政总指挥系统做了调整和补充，免去徐乃明同志的海红旗七号行政总指挥职务。虽然徐乃明不再担任总指挥，但直到 1995 年，依然参与着海红旗七号的部分工作。

3. 小试牛刀，军贸出奇兵

在红旗七号即将完成定型之际，国内国际形势出现了变化。当时，国内军方正处在技术储备、战略调整的“忍耐”阶段，订货不多。航天工业部门也处在从计划经济向市场经济转变的过程中，科研经费面临压缩短缺的境地，航天人才流失严重。二院把目光转向富裕的海湾国家，派出队伍出国进行调研，寻求军贸出口机会。

根据国际市场的需求和已掌握的先进技术，1987 年，二院提出了在红旗七号的基础上开发军贸型号的设想。在进出口公司的协助下，徐乃明等二院技术人员走访了十几个国家，结果有三个国家表示了购买兴趣。

1988 年 8 月 20 日至 25 日，钟山主持召开红旗七号改进出口型方案审定会。根据国外用户需求，在红旗七号的基础上提出了 18 项技术和配套设备的改进设想。

为慎重起见，二院党委召开扩大会议，刘从军院长和王可立书记召开二院各单位一把手会议。会上，针对为何要推出出口型号展开了激烈的讨论。大家都清楚，困难无非两个方面：钱和队伍。

当时红旗七号和海红旗七号齐头并进，任务量巨大，有些厂所领导骨干不了解上级苦衷，提出质疑。理由是：红旗七号正处在定型关键时期，海红旗七号又开始论证，再加上一种型号，纵有三头六臂，也不敢想象啊。

时任二院党委书记王可立说道：军贸型号上马很难，如果不上马，二院的生存环境更难。虽然出口型号现在看起来赚不了多少钱，但对于稳定队伍意义重大。20 世纪 80 年代末，在市场经济大潮的冲击下，研制队伍中的年轻人不断流失。如何稳住研制队伍，成了各级领导们不得不考虑的问题。

最终大家统一意见，达成共识，决心去开辟另一片天空，开始着手军贸出口型号的研制。

既然是“特别订制”的军贸型号，那么新型号与红旗七号相比，在性能指标、系统组成上都不相同，钟山和徐乃明集思广益，给它起了一个很独特的名字——“飞獴”。

关于“飞獴”，还有一个小故事。

看过李安导演的电影《少年派的奇幻漂流》，会对獴有所认识。电影主角“派”在岛上看到了无数只可爱的细尾獴。很少有人知道，这种看起来“又呆又萌”的小动物，竟是蛇的天敌。通常情况下，只要蛇在其眼前有动静，它就会一口咬住蛇的心脏，然后用锋利的爪子抓烂蛇的身体，最后将其吃掉。在蛇獴大战中，如果蛇反击，獴总会聪明地避开；最终，它会咬住蛇的脖子，将其置于死地。据说，一只半米长的獴可以制服一条体长几乎是它两倍的眼镜蛇。

獴是蛇的天敌，大家希望新型号青出于蓝而胜于蓝，超过红旗七号仿制的“响尾蛇”导弹，即中国的“獴”比法国的“蛇”还厉害。加一个“飞”字，不但读起来“响亮”，而且“飞獴”的汉语拼音和英文（flying mongoose）的首字母都是“FM”，很有意思。

各国都对这个名字印象深刻，西方国家更是深表关注。美国的《防务新闻》报道中国的“飞獴”导弹武器系统时，曾意味深长地说：这种“獴”看起来很小，但要是被它咬一口会很疼。

相对于红旗七号，飞獴–80空域加大，属于新型号研制。

1989年8月，在飞獴–80对外合同谈判的最后阶段，徐乃明代表二院，在进行双边会谈的同时，对已翻译成英文的合同文本进行了全面、认真的复查，确保了飞獴–80合同的正确性与准确性，为飞獴–80对外合同的签订及顺利执行打下了良好的基础。

1990年9月，二院第一次召开了飞獴–80启动工作会，正式启动飞獴–80的相关工作。1991年，是执行飞獴–80合同任务的关键年，年初，二院召开飞獴–80任务动员大会，会议由徐乃明主持，钟山做动员报告。1992年1月10日，航空航天工业部决定徐乃明任飞獴–80行政总指挥，钟山任飞獴–80总设计师。

飞獴–80型号研制与出口合同签订二者几乎并线进行。1989年1月，二院召开了飞獴–80研制生产会。副院长徐乃明在会上讲话要求，研制队员要严肃面对飞獴–80出口问题，要笃行实干，严慎细实地做好相关规划工作。

徐乃明指出，此次研制工作的目标是建立一条完善的生产线，以满足飞獴–80出口需要，也有助于生产实力的增长，与此同时，徐乃明明确提出要建立批生产的观念，要考虑一致性、生产数量、效益和物资消耗等问题。

在徐乃明看来，要改变这些的基础是工艺，工艺分析和工艺设计尤为重要。此同时，经济核算也是型号研制中的重要一环，有投资就要有收益，这些在当时看来，都是具有超前意识的。

按理说，飞獴-80应该算是新型号研制，但当时多型号齐头并进，整个航空航天工业部经费紧张，二院的财务状态也是捉襟见肘，只能从各个型号里挤出少部分研制经费给军贸型号，能分给导弹系统的费用更是少之又少，大约只有一发飞行试验弹的五分之一。

万不得已，徐乃明和钟山两位老总号召大家想办法，并提出要“花小钱办大事”。

大家愁得几天几夜寝食难安，眼看就要开军贸型号工作会了，在会上如何向各单位交代？如将这点钱分下去，就像撒胡椒面儿，根本不够用；可不给钱，指挥调度如何开展工作？

凭着多年工作的经验，二院地空处的工作人员思来想去，觉得并行研制飞獴-80的关键，是能够调动一线的型号人员。而院里的这点经费只能支付加班费和购买关键的元器件、原材料。也就是说，各厂所必须无条件支持院里，一分钱也不能伸手向院里要。

就这样，最后经费问题才得以解决。

在各单位领导的大力支持下，广大科技人员和生产测试人员精打细算地开展研制工作，按计划完成了八发飞行试验弹的出厂验收。院计财部和市场部的同志们高兴地说，“到时候一定给你们发创汇奖”。

到了年底，钟山和徐乃明两位老总还从自己不多的年终奖中各拿出100元，作为对相关人员的奖励。大家非常感动，连连推脱，怎么也不肯接受。

1995年3月中旬，针对飞獴-80在批生产中存在的问题，徐乃明作为总工艺师，与时任总指挥谈凤奎、科研部主管等单位领导开展专题研究，讨论批生产问题的解决办法，采取针对性措施。

当时存在的主要问题是：备料时间过长、技术工人更替频繁、环境约束条件较多、生产环节与工序协作关系不顺等。与此同时，很多科研人员还存在重科研轻生产、重民品轻军工的思想，管理跟不上去，计划拖期近半年，电子组合齐套拖期未形成生产线等问题接踵而来。

针对上述问题，徐乃明带领着专家分析组开拓思路、深入研究，制定出以下批生产建议：

加强管理、提高认识，各单位设批生产所级指挥、设处理技术问题领导小组；

理顺关系，所供件要提供资金，提前订购关键元器件；改善生产条件，建组合调试生产线，提高工装系数，稳定生产工艺。

从飞獴–80 立项、攻关、研制到与国外谈判、签订合同、试验交付，钟山与徐乃明两位老总带领型号团队历时四年攻破了一系列技术关键，改进了导弹的超低空作战能力，增大了25%的作用距离，提高了系统抗干扰性，按合同要求出色地完成了军贸任务，取得了两次靶试成功，为我国赢得了声誉。

二院向买方交付了价值近亿美元的设备，后来，二院军贸型号源源不断地为国家赚取了大量外汇。

1993 年 12 月 6 日，飞獴–80 导弹武器系统获部级科技进步奖一等奖。

飞獴–80 导弹武器系统还荣获了 1994 年国家科技进步奖二等奖。

4. 面对失利，勇担研制重任

东风二十一号是在巨浪一号基础上进行必要的修改，并配上新研制的地面设备而成的导弹系统。而东风二十一号甲则是东风二十一号的增程导弹。

1988 年，东风二十一号甲正式立项，1996 年定型。

1989 年 9 月 9 日，国防科工委决定王文超任东风二十一号甲第一总设计师，徐乃明任东风二十一号甲第一总指挥。

1993 年 4 月 23 日，航空航天工业部同意成立东风二十一号甲顾问小组，黄纬禄、徐乃明、王文超担任顾问。

然而，东风二十一号甲研制过程中出现了两次失败，仅有的两次发射均以失败告终，这两次失利给徐乃明、黄纬禄等专家带来了巨大的压力和打击，东风二十一号甲型号研制遇到了空前困难，同时也成为我国导弹研制史上的一道坎。

1992 年 4 月 29 日，东风二十一号甲准备进行第一次发射，试验现场井然有序，完成点火后，众人注视并期待着这一次的成功。突然，意外发生了，遥 1 弹升空点火没多久就爆炸了，现场一片混乱，唯一幸运的是没有出现重大伤亡。

面对失败，二院技术专家、试验队员们没有相互埋怨、推卸责任，总指挥徐乃明第一时间开始查找存在的问题，与大家一起齐心协力分析故障原因并排除故障。

在查找导弹内部结构及线路细节时，徐乃明发现，弹上钛合金管路不知何时发生了泄露，并引起自毁，才导致事故的发生。

一向温和的徐乃明忽然严厉了起来，“事故到底从何而来？一定要严究细查！”大家都跟着紧张了起来，面对问题不敢放松一丝一毫。

经过追查，线索指向工艺加工环节，原来是在对钛合金管路焊接手工进行工艺加工时，出现了差错。

是材料不行，还是工艺不行？为弄清缘由，徐乃明带队又专程前往中国有色金属研究院，向有关专家咨询了钛合金的特性问题，并得出钛合金虽然具有轻便、结实的特点，但同时也具有轻脆的特性的客观现实。

这是技术跟不上！

为寻找专业的解决办法，徐乃明又带领一专家小组专程前往俄罗斯取经，当时主要参观SS-20型号及其生产线，尤其是钛合金管路焊接生产线，了解到俄罗斯在钛合金管路的加工工艺。

徐乃明发现，俄罗斯在钛合金加工上仅应用了一台小型设备，就实现了钛合金管路的自动化焊接，即钛合金管保持不动，焊头围绕接口旋转一圈自动环型焊。

这与我国当时的人工焊接，即焊头不动，钛合金旋转——工艺加工方式正好相反。一次参观完美地解决了这一问题，同时也解决了中国航天钛合金管路自动化焊接技术。

1992年11月11日，在解决了钛合金管路泄露的问题后，研制团队准备进行东风二十一号甲的第二次发射。然而，出乎现场所有人意料的是，这一次导弹甚至来不及升空，就在试验现场爆炸了。

遥2弹再一次发射失败。

现场所有人的内心都是崩溃的，接连两次的发射失败给大家带来了巨大的打击。对于总指挥徐乃明来说，更是犹如当头一棒，压力之大可想而知。

1992年10月25日，陈定昌（左）、黄纬禄（右）、徐乃明（中）在基地现场查找故障原因

然而，面对失败，徐乃明所做的首先是冷静，

解决问题、稳定队伍是当下的重中之重，作为总指挥的他是团队的主心骨，更要坚定地带领团队尽快找出失败原因，发现存在的问题。

徐乃明（右一）在现场检查导弹残骸

在一次又一次对导弹残骸的检查中，徐乃明发现，这一次的失败原因是一个抛盖的压力传感器失灵，点火失败，导弹在发射场地面爆炸，地面设备全毁。

为尽快解决问题，黄纬禄、徐乃明等专家不分昼夜、殚精竭虑地工作。

面对失败，徐乃明始终冲在前面，扛起责任。

单一器件失效造成失利的单一可靠性问题引起了徐乃明的高度重视，深挖故障发生原因后，徐乃明首次提出了“关键部位需要双点双线”的观点，这一观点进而推广至航天全线（卫星、火箭等），“冗余设计”的概念也由此引入中国航天。

失败虽然遗憾，但因失败而汲取总结的经验、创新的观点，又为失败的黑暗中投入了一丝光芒，这些收获大抵是比成功更难得的吧。

失败过后，还要继续试验，只有成功才是唯一出路。

面对两次发射失败的现状，为开展第三次试验，徐乃明绞尽脑汁，通过各种渠道，积极协调第三枚导弹的齐套事宜。

也是在这一过程中，为表示万分的感谢，徐乃明要向提供贮存试验用的主发动机的内蒙古指挥部副总师邵爱民（主管发动机）深深地鞠了一躬。

基于前两次失败和改进，第三次发射任务终于圆满成功。但此后徐乃明便请辞了总指挥一职，由王尚虎继续接任。

徐乃明曾和他的秘书崔志伟吐露心事：“我们干武器型号研制工作，就要吃得苦中苦，尽管遇到的困难多，但收获也大，你们青年同志日后搞装备研制、科技研发更要敢于挑重担，勇于担重责。”

在宣布发射成功的指挥大厅里，黄纬禄、徐乃明、栾恩杰、王文超、王尚虎等专家们抱在了一起放声大哭，这既是对于第三次发射成功的喜悦，更是前两次失败带来的压力和情绪的释放。

这两次型号试验的失败在航天史上留下了不可磨灭的印记，也时刻提醒着我们，在武器型号研制的道路上，获得成功的艰辛与困苦。失败不可怕，在失败中成长，才能让我国武器型号装备研制之路越走越长、越走越宽。

东风二十一号甲的成功，也标志着我国中程战略导弹迈上了新的台阶。

东风二十一号甲的连续两次失败，对徐乃明打击很大，但自始至终，徐乃明从未责怪、埋怨过任何人。他的秘书崔志伟曾说，“发现问题时，徐副院长与大家共同商量，积极寻找解决办法，责任面前他却独自主动承担。徐副院长始终在前瞻性地为武器型号的未来发展考虑，甘作型号研制铺路

1991 年 6 月 15 日，徐乃明（前排右四）与 17 所东风二十一号甲试验队员合影

石，为后人铺平了研制道路。”

从那以后，在徐乃明的办公桌前，一直放着一块小小的导弹残骸，这是东风二十一号甲第二次试验失败后他从试验现场捡回来的。

“我要永远记得这两次失败，时刻警醒自己，在未来的工作生涯中不怕失败，更不能再失败！”徐乃明曾跟他的秘书崔志伟说道。后来东风二十一号甲系列家族，走出了“航母杀手”等系列武器系统。

1999 年 12 月，徐乃明因东风二十一号甲获科技进步奖一等奖

5. 精通外语，武器装备专业“外交家”

走上航天战线以来，徐乃明出差、出国的频率大幅增加。

20 世纪 70 年代后期，年近半百的徐乃明曾在工作之余跟随广播讲座自学法语。记得那段时间，徐乃明的家中总能听到他朗读、背诵法语单词的声音。

经过不断的学习，徐乃明硬是在零基础上，将法语自学到能够进行一般阅读、笔译直至简单对话的水平。年近半百，居然能在很短的时间里自学一门外语，这需要多么坚强的毅力。

那段时间是徐乃明几十年职业生涯之中相对清闲的时期，他便抓住机会为自己充电，以便在国家需要之时全力以赴投入战斗。徐乃明自学的法语在此后技术谈判中派上了用场。

自1982年起，到1995年离休这十几年间，徐乃明作为二院技术引进的主管领导，走遍了英、美、德、法、日、加等西方发达国家，以及掌握武器制造先进技术的俄罗斯和乌克兰等国，他以流利的英语进行技术交流，洽谈技术引进。

由于英语基础很好，徐乃明用英语交流的谈判中完全没有障碍，但鉴于外事要求，作为中方领导须通过翻译进行交流。记得一位在外事谈判中为他做过翻译的同志曾颇为感叹地回忆，当年在谈判中遇到专业术语，一时翻译不出时，徐乃明都会不动声色地巧妙为其提词，且尽量不露痕迹，既照顾了翻译的面子，又确保了准确译出正确内容。

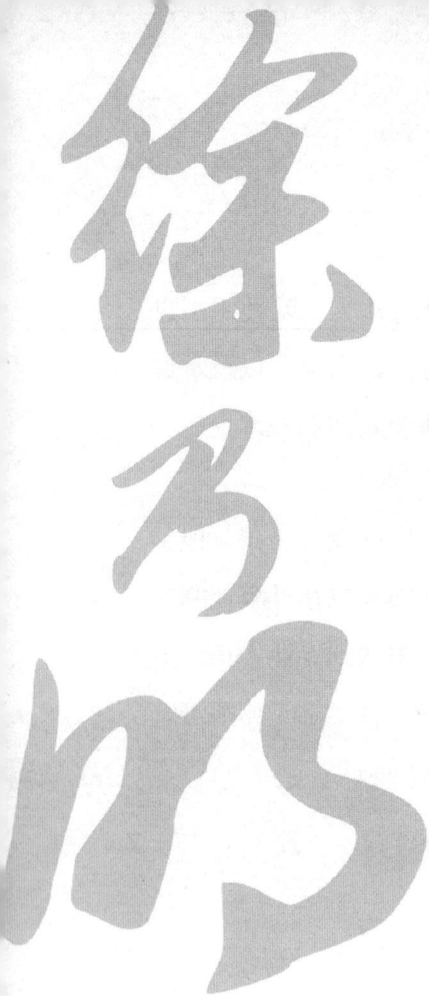

第六章 无悔人生 航天精神耀千秋

非淡泊无以明志，非宁静无以致远。徐乃明的一生都在为航天事业默默耕耘中度过，尽管曾经历大起大落，见证中国航天的崛起与壮大，但徐乃明始终不卑不亢、淡然豁达，工作中拼搏敬业，生活中温暖和煦，不仅是子女后代的榜样，更是航天事业的奠基人。

1. 严于律己，能力超群

徐乃明十分自律，即使出差在外，日常生活也很规律。每天早晨会打一套太极拳强健身体，中午吃饭时一定要吃一碗面条。而这每天必吃的面条背后也有一个小故事。

1989 年，同为型号“两总”的黄纬禄、徐乃明前往位于内蒙古指挥部的某一发动机生产厂出差。那时候内蒙古生产厂的环境十分艰苦，基础设施不完善，和如今酒店遍地不同，当时可选择的余地不多，他们每次都住在内指招待所，一个房间十几平方米，20 多元的房费，没有独立卫生间。尽管当时有机会换到条件稍好的呼市大酒店，但黄纬禄和徐乃明依然选择继续住在招待所，和试验队员们住在一起、吃在一起。

除居住环境艰苦外，饮食上也较为困难。由于当地物资紧缺，招待所中午只能提供馒头、米饭和一盆汤面，长期如此。

一位主管质量工作的陕西人老常也喜欢吃面，一次，汤面一端上来老常就兴致勃勃地盛了满满一碗。见此徐乃明笑道：“老常，你吃了一碗无汤的面，我们这些人就得吃一碗无面的汤。”在场数人听闻大笑，一片欢乐。

这小小的一碗面条，不仅反映出当年试验条件的艰苦，更体现出老一辈航天人吃苦耐劳、无私奉献的乐观拼搏精神。

徐乃明幼时喜欢读书，工作后也依然保持着学习的好习惯。除工作中经常审阅大量文件外，还会额外利用业余时间研读中央文件，博览群书，学习汲取多方面的知识。而且他记忆力非常好，与徐乃明共事过的许多人对此印象都十分深刻。

在 211 厂工作期间，徐乃明经常做笔记，也善于做笔记。参与会议时，往往能手记一场会议百分之九十以上的内容。但“文革”期间他之前的笔记被查收并作为“呈堂证供”，自此之后，他便很少再做笔记。1982 年调入二院任职后，徐乃明几乎不做笔记，只靠大脑记忆，而且可以准确地归纳出整个会议的要点，他惊人的记忆力和缜密的逻辑思维能力令身边人叹服。

徐乃明不仅统筹能力非常强，时间管理能力也很强。在二院工作期间，他将工作安排得井井有条，对每月每周甚至每日的工作都进行了合理的安排，每项工作的时间安排也十分精细。

徐乃明自我要求高，对新事物接受能力强，不守旧，对新工艺、新思路和新技术等都有较强的敏感性，且对这类新兴事物接受能力很强。

在计算机新兴时期，徐乃明就给予了高度的关注。这一特点也体现在工作和生活的方方面面。

面对疾病，徐乃明也有自己独到的见解。因自幼体弱，徐乃明从小就与疾病作斗争，年老后更是身患多种疾病。

面对疾病所带来的痛苦，徐乃明曾豁达地表示，“要与疾病共存”。

离休后，因一次不小心的摔跤导致髋关节受损，徐乃明进行了髋关节置换手术。髋关节置换是指将人工假体，包括股骨部分和髋臼部分，利用骨水泥和螺丝钉固定在正常的骨质上，以取代病变的关节，重建患者髋关节的正常功能。手术后，医生叮嘱徐乃明，髋关节置换的那条腿的承重不能超过 20 斤，否则会有危险。为了尽快恢复腿部行走能力，徐乃明咬牙忍受剧痛，积极复健，不断尝试并精准控制住 20 斤的承重，最终成功康复。连医生都忍不住称赞道：“在这么多高龄病人中，徐乃明是唯一能够完全康复的，这需要超出常人的毅力与坚韧。”

2. 优秀导演，当好参谋

徐乃明在二院任副院长和担任型号总指挥期间，工作十分出色，与其共事过的同事都对他出色的工作能力印象深刻、赞不绝口。

徐乃明知人善任，是难得的伯乐。原206所总工艺师郝丕英，与徐乃明的交集也主要在工艺工作上。1998年郝丕英退休后，被206所返聘。当时四院的东风二十一丙项目刚上马，李跃同志任四院的院长，他重视工艺工作，拟成立型号工艺专家组，邀请徐乃明担任工艺专家组组长，虽然徐乃明婉言拒绝，但他推荐了郝丕英承担此项工作。此后十年，郝丕英一直在该工艺专家组履职，并发挥了重要作用。

作为院领导，徐乃明充分尊重、信任下属的想法。在红旗七号研制期间，他认真听取了郝丕英的工艺工作汇报，红旗七号厢式载车的设计任务由206所承担，总体上较为顺利，但是在生产环节中存在定点问题。

1996年4月，在第六次工艺工作会以前，二院红旗七号厢式载车总装生产的定点问题一直没有解决，因此院里认为206所在工艺方面比较弱，不具备总装的条件。郝丕英作为206所总工艺师，为此专程找徐乃明进行汇报，阐述证明206所可以承担红旗七号厢式载车总装生产的工艺技术方案。郝丕英认为，若想实现厢式载车的行走、转向和调高三个功能，以及三者并行的目标，解决问题的关键在于厢式载车三脚架的装架。

徐乃明听了郝丕英的汇报后，认为该车成功的关键就是三脚架和车的装配工艺，并对郝丕英说："你敢不敢保证？如果这个关键出了问题，我拿你是问！"郝丕英做出了坚决的保证。因此在第六次工艺工作会后，院里同意206所承担红旗七号的定总任务，这也体现了徐乃明对下属的充分信任。

此外，每年二院都要检查各单位计划的完成情况，与会人员通常包括二院“两总”、有关部门部长及相关人员。会议上，各单位做报告，也会提出问题，但徐乃明从未独断专行地给出解决办法，而是组织相关部门提前沟通，充分尊重大家意见，请专业人干专业事。

徐乃明身上众多特点中，最为突出之处在于其极强的逻辑条理性，在分析解决问题时通常直击要害，能够迅速找到重点。

20 世纪 80 年代初，国内航天型号管理工作尚未成熟，这意味着日常型号管理工作中会面临着许多新问题，并且没有太多可供参考的先例。为此，徐乃明经常深入一线，融入基层，兼顾理论与实践。他善于发现问题，找出问题关键，并且能解决问题，在这个过程中，国内航天型号管理工作也逐渐形成体系。

徐乃明在指挥调度和管理工作上的成就十分突出。为了加强组织管理，在红旗七号研制过程中，二院建立了首个指挥调度系统、设计师系统和会计师系统。

此后，在红旗七号和海红旗七号研制过程中，型号总师钟山主攻技术，总指挥徐乃明全权负责管理生产工作，二人合作无间，性格也十分互补，“钟徐”搭档在当时赫赫有名。

面对问题，徐乃明总能敏锐地察觉到背后的源由，以前瞻性的思维来解决根本问题。

根据技术发展和军贸市场需求，B6 导弹系列在国际市场上实现了多次的更新换代，形成了研制、生产、出口、改进、再出口的良性循环发展，成为国际军贸市场的名牌产品。

时任二院副院长、多型号总指挥沈忠芳带领团队开创性地将防空导弹改成 B610 地地导弹。吴北生是 B610 型号总师，沈忠芳是总指挥。1987 年前后，B610出现了连续性的发射失败，团队多次进行问题查找，即使已经排查了所有可能出现问题的地方，也没能找出原因，进度一度陷入停滞状态。但问题依然需要解决，在发现现有常规思路无法解决问题后，团队决定更换思路，既然之前的B610能发射成功，发射失败的几发导弹的状态与之前又有什么不同呢？

这时204所一位老同志回想起来，为使得线路看起来整洁，曾经把弹上机的电线扎成一捆。

针对这一状态变化，团队展开了详细调查，最终发现是电磁兼容干扰的问题。将电线恢复原状后，B610导弹发射成功，问题也终于得以解决。

问题解决皆大欢喜，但徐乃明从这一次事件中敏锐

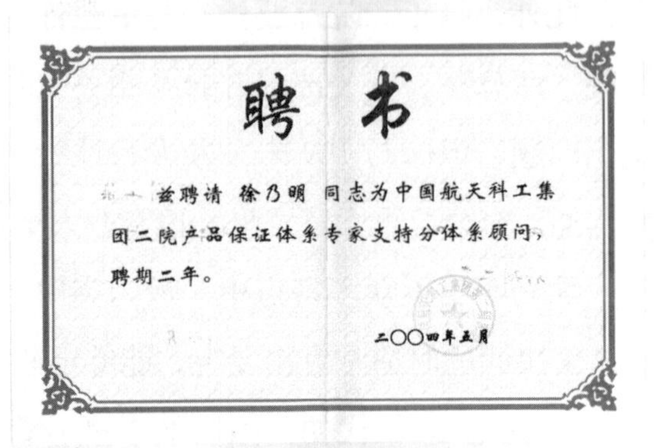
聘书

兹聘请 徐乃明 同志为中国航天科工集团二院产品保证体系专家支持分体系顾问，聘期二年。

二〇〇四年五月

2004年5月，徐乃明担任航天科工二院产品保证体系专家支持分体系顾问

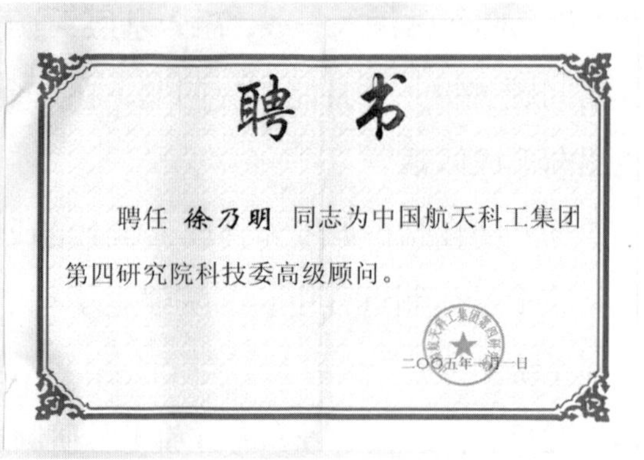
聘书

聘任 徐乃明 同志为中国航天科工集团第四研究院科技委高级顾问。

二〇〇五年一月一日

2005年1月，徐乃明担任航天科工四院科技委高级顾问

聘书

兹聘请 徐乃明 同志为中国航天科工集团公司标准化技术委员会顾问，聘期四年。

二〇〇三年十一月二十七日

2003年11月，徐乃明担任航天科工标准化技术委员会顾问

地察觉到了电磁兼容问题的重要性，这个问题之前从没有得到关注，也没有相应的解决办法。

借此机会，徐乃明指出电磁兼容技术的重要性，开创了该领域的先河。随后，徐乃明牵头成立电磁兼容研究小组，203 所借此机会建立了电磁兼容实验室，后又建立了电磁兼容重点实验室。部分高等院校也开设了电磁兼容专业。徐乃明也将电磁兼容技术推广到东风二十一号甲的研制过程中。此后型号研制中电磁兼容测试也发展为一项定例。

20 世纪 90 年代中期，徐乃明离休后依然在航天领域发光发热。2003 年至 2007 年期间，徐乃明担任航天科工标准化技术委员会顾问；2004 年，徐乃明担任航天科工二院产品保证体系专家支持分体系顾问；2005 年后，徐乃明担任航天科工四院科技委高级顾问。

3. 举案齐眉，情谊深厚

徐乃明与妻子邹光华是大学同学，相遇在清华校园，也相爱于此。徐乃明主修机械，邹光华主修物理。大学时期，两人同时任学生会干部，徐乃明是学生会副理事长，邹光华是副秘书长。也正是在学生会共事期间，二人之间碰撞出了情感的火花。

彼时，徐乃明是校园里的风云人物，学习优异、性格开朗、穿着时髦，已经 90 多岁高龄的邹光华，回忆起 70 多年前两人相识相恋的往事时，仍是满眼爱恋。徐乃明遇事深思熟虑、沉着冷静，尽管年纪尚轻，但思想先进，性格稳重，讲话很有条理，颇具鼓动性，在徐乃明的身边一直围绕着一大批年轻的先进分子；生活上，徐乃明将自己管理得井井有条，书桌明亮整洁，床铺也收拾得干净利落。这一切都给邹光华留下了深刻的印象。

1953 年 1 月，大学毕业两年后，徐乃明与邹光华结为连理。

一路走来，徐乃明与邹光华十分恩爱，60 多年携手相伴，几乎没有红过脸。两人一生相濡以沫，参加同学活动时都要相互陪同参与，是一对令人羡慕和称赞有加的恩爱夫妻。

2013 年，徐乃明和女儿、外孙女一同筹划了全家东南亚之旅，并安排了于钻石婚纪念日当天在印度尼西亚民丹岛的烛光晚餐，给邹光华留下了充满惊喜又难忘的甜蜜回忆。

徐乃明和妻子邹光华

晚年的徐乃明回归家庭，陪伴家人，热情拥抱生活。自 20 世纪 90 年代后期开始，徐乃明就带着老伴“周游列国”：西欧、东欧、非洲、东南亚、美国、日本、新西兰、澳大利亚以及祖国的大好河山都留下了他们的足迹。

一同出游的朋友们还给徐乃明起了个“八大员”的称号。已耄耋之年的邹光华至今依然能准确描述出“八大员”的具体内容：管家、会计、出纳、摄影师、导游、翻译、生活管理员和搬运工，“八大员”充分展现了徐乃明和邹光华之间真挚深厚的感情。

徐乃明热爱摄影。20 世纪 90 年代，他已经在旅游中使用小型摄像机记录人物风景，此后随着摄影技术的迭代，他手中的设备也逐步升级，从小型变成微型，再到数字摄像机，始终不变的是他热爱生活、深爱家人的心。

电子设备每次更新换代，徐乃明很快就能够熟练操作使用，至于计算机、MP3、手机等当时很新潮的电子设备，他更是信手拈来。连一般老人都不熟悉的网上银行，徐乃明都使用得得心应手，作为高龄老人，这并不多见。

徐乃明夫妇在法国巴黎卢浮宫前

因为这个爱好，徐乃明给家人留下了大量珍贵的影像，两个女儿成长的记录，妻女亲友的幸福生活，外出旅游的纪念照片，家人生活的点点滴滴和人生的重要时刻都被记录了下来。

徐乃明夫妇

和邹光华世界各地旅游期间，徐乃明拍摄了大量的影像视频，回来后，他还专门对这些照片、视频进行编辑加工，刻录成光盘，按照时间顺序精细地整理、存放。

如今，徐乃明家中完整地保存着这些珍贵的资料，记录着徐乃明和家人之间幸福快乐的生活和回忆。

4. 言传身教，舐犊情深

徐乃明在生活中是位开朗乐观、幽默风趣的人。

年轻时他全身心投入工作，没有时间陪伴女儿，在女儿幼年时期，始终是一位严父的形象。

对于两个女儿的学习，他没有过多时间关注，也没有为她们设定任何目标，但却一直以言传身教引导着她们的成长，姐妹两人都培养了良好的学习习惯，学习成绩一直名列前茅，十分优秀。

除学习外，徐乃明始终十分关注两姊妹的道德品质教育，对孩子们，他从不打骂训斥，管教方式用现在的眼光来看都是十分先进科学的。

女儿犯错时，徐乃明从未大声呵斥或者不留颜面地严厉批评，而是以聊天谈心的方式淡淡地指出问题，帮助她们分析原因。在两个女儿心中，父亲既是说一不二的一家之主，又是疼爱她们的慈祥父亲，在人生的漫长轨道中为她们指引方向，为她们挡风遮雨，令她们受益终身。

姐妹俩在回忆父亲时提道："记得小时候，最害怕的就是父亲说'坐下来，咱们谈一谈'，那就说明我们犯了错误，他会严肃而耐心地指出并分析所错之处，谈到最后还会问一句：'想通了吗？'"直到女儿心服口服为止。

平时家风民主，徐乃明很少干涉女儿们的选择，多是鼓励支持的态度，尊重孩子们自己的决定。两个女儿也因此很有主见，思想独立，做起事来雷厉风行。

一次，大女儿徐倩想从现有单位辞职，另寻他处，征求父亲的意见。

在那个年代，辞职还属于大胆的行为，但徐乃明却选择了尊重和保护，给予充分的理解和支持。他对女儿说："先去了解清楚这家公司的背景情况，如果觉得可以在那里做更多对社会有益的事，能够有所发展、有所作为，那就去吧，爸爸会一直支持你。"

徐倩接受了父亲的建议，而这次工作变动，也使徐倩的专业水平得到了全面提升，为日后事业的进一步发展打下了坚实的基础。

小女儿徐红回忆道："父亲这一生忙于工作，对我进行的管束不多，记忆深刻的有两次，一次是 1977 年恢复高考后，他要求当时正在农村插队的我必须参加高考，一定要上大学，并亲自为因‘文革’耽误了不少课业的我补习功课。”

“现在回忆起来，真是感谢父亲当年的远见，敦促我考上大学，并且和父亲一样选择了机械专业，从事自己热爱的事业，是父亲改变了我的一生。”回忆往事，徐红忍不住红了眼眶。

另一次是80年代徐红作为访问学者被公派赴美国留学，结束学业时想留下来继续读研，却遭到了父亲的严厉斥责：“国家花钱送你出去，你就必须按时回来！”在关键问题上，徐乃明一向坚持原则。

耄耋之年，徐乃明空闲时间多了，尤其在有了第三代后，他更加慈祥幽默，还自创了一种拼音“文字”，给家里每一个人都起了外号……随便一件小事经他幽上一默都能令人忍俊不禁。

徐乃明珍视家人，宠爱妻女。每次出差归来，都会给家里三位女士买首饰等小礼物。对两个外孙女更是疼爱有加，经常和她们唠家常、开玩笑，寒暑假期间还带她们外出游玩，开阔眼界，陪伴她们成长。

在家里，徐乃明非常受爱戴，女儿女婿、外孙女们都很喜欢和他聊天，交流思想，因为他的谦逊豁达，一家人其乐融融。在两个外孙女心中，徐乃明是巨人一般的存在，大外孙女还曾写过一篇讲述外公的作文——《我的偶像》，表达对外公的崇拜。

5. 铅华洗尽，笑对人生

由于工作的保密性质，身为技术型管理干部的徐乃明，撰写的所有技术论文和文章只能在内部刊物上发表。他和老一代每一位献身国防事业的科研人员一样，一辈子不计名利地无私奉献。

徐乃明与家人（左一为大女儿徐倩，左二为妻子邹光华，右一为小女儿徐红，右二为徐乃明）

徐乃明与家人

2015 年，徐乃明与家人

由于工作调动的原因，打断了徐乃明业绩的持续性，使他错失了本应获得的某些荣誉与奖项，许多人为此替他感到不公，但他只是淡淡地一笑而过。

徐乃明平时为人低调。从小成绩优秀，保送进入清华。直到去世后，女儿们在与清华档案馆的交涉中才得知父亲当年是保送进入清华，在航天领域更是成就辉煌。

而徐乃明之前的清华校友们不知道他在航天领域的辉煌成就，航天系统的工作伙伴也不知道其在大学时期是个如此叱咤风云的人物。

直到去世前一晚，徐乃明还一直关注着航天工艺，思考着如何撰写《航天工艺发展传奇》。从ICU抢救出来的第一秒，还念叨着："本来应该在这周开碰头会的……"

弥留之际，徐乃明心中惦念的仍然是他牵挂的航天事业，他口齿十分清楚地说出："7103（航天系统的编号）…"在那一刻，他整个人似乎完全回到并沉浸在他热爱且为之奋斗了一生的航天事业中，面对家人，却像是在和同事对话，问道："会议结束了？""我们下面的安排是什么？"

徐乃明对航天事业一生的挂念，令家人们红了眼眶。

在家人面前对自己的工作一向守口如瓶、思路清晰的徐乃明，怎么会把自己的女儿错认成了同事？这大概是因为他对航天事业割舍不断的挂念。

此刻，家属们红了眼眶。几个小时之后，徐乃明便永远地离开了，离开了他毕生挚爱、恋恋不舍的航天事业。

尽管不善于表达自身的情感，但徐乃明为人十分温良。在家中工作的家政保姆都十分尊敬爱戴徐乃明，在徐乃明去世后，保姆也十分不舍，表示希望能以家属身份参加追悼会。

徐乃明一生淡泊名利，为人非常低调，同在航天领域工作的大女儿，用四句话高度概括了父亲的一生——正直做人、宽容待人、淡泊名利、笑对人生。

在回顾自己的人生经历时，徐乃明曾这样说道："几十年间，我和大家共享过我国第一枚弹道式导弹试射成功的喜悦和振奋，也一道经历过新型弹道式导弹失败的悲痛和反思；投身航天事业几十年，我没有做出什么丰功伟绩、特殊成就，但自认为在我国航天事业达到今日之成就的努力中，有我微小的一份。"

徐乃明的一生经历过大起大落，大学期间见证了新中国的成立，工作后一路见证了中国航天的起步与快速发展。面对挫折，他迎难而上，面对成就，他一笑而过。

徐乃明曾说，“对大多数人来说，生活中最大的杀手，既不是耀眼的成功，也不是痛心的失败，而是悄无声息的平淡。”“干惊天动地事，做隐姓埋名人”是徐乃明一生的真实写照。（撰稿：李乔、王国龙、张菲菲）

徐乃明大事年表

- **1929 年**

  7 月 22 日 出生于日本东京（祖籍：云南省弥渡县）。

- **1935 年 6 岁**

  7 月，就读于北平师范大学第二附属小学。

- **1937 年 8 岁**

  抗战开始后逃难回云南。

  9 月，就读于昆明昆华小学。

- **1938 年 9 岁**

  9 月，就读于晋宁实验小学。

- **1939 年 10 岁**

  9 月，就读于昆明南菁小学。

- **1940 年 11 岁**

  11 月，就读于云南弥渡建国小学。

- **1941 年 12 岁**

  9 月，就读于浙江昆华中学。

- **1942 年 13 岁**

  9 月，就读于昆明联大中学。

- **1947 年 18 岁**

  2 月，参加抗议浙江大学于子三惨案。

  9 月，就读于清华大学机械系汽车专业。

  秋季，在清华大学参加了党领导的第二次学生运动。

- **1948 年 19 岁**

  4 月，参加反饥饿反内战学生运动。

  7 月，参加支援东北救亡学生运动。

  9 月，参加中共地下党领导的外围组织“新民主主义青年联盟”。

  12 月，加入中国共产党。

- **1949 年 20 岁**

  3 月，清华大学建立青年团时由党组织派遣加入共产主义青年团，任团委委员。

- **1950 年 21 岁**

  9 月，任北京市委学生联合会副主席。

- **1951 年 22 岁**

  6 月，北京市委学生联合会参加工作。

  10 月，加入中央土改工作团第六团任副秘书长。

- **1952 年 23 岁**

  3 月，到北京市委思想改造市委工作组任大组长。

- **1953 年 24 岁**

  1 月，任北京市学生委联合会主席。

  1 月，与邹光华结婚。

  5 月，任北京市人民政府人民监察委员会文化教育委员会委员。

  6 月，参加北京市理论教员训练班。

  7 月，以中国学生代表团团员身份参加国际学生代表大会。

- **1954 年 25 岁**

  10 月，在沈阳国营 112 厂实习，学习飞机设计。

- **1955 年 26 岁**

  6 月，任北京国营 211 厂生产科生产长。

- **1958 年 29 岁**

  7 月，任北京国营 211 厂 43 车间主任。

- **1959 年 30 岁**

  3 月，在中共北京市委党校学习。

- **1960 年 31 岁**

  7 月，在北京国营 211 厂工艺科担任总工艺师。

- **1961年 32岁**
  11月，任国营211厂副总工程师。

- **1962年 33岁**
  任国防部五院科技委员会委员。

- **1964年 35岁**
  7月23日，任北京国营211厂总工程师。

- **1965年 36岁**
  2月，任北京国营211厂厂长。

- **1971年 42岁**
  5月，任太原重型机器厂副总工程师。

- **1975年 46岁**
  7月，任七机部一院国营211厂领导小组副组长。

- **1979年 50岁**
  4月，在七机部一院230厂任厂长。
  12月，任一院科技委员会委员。

- **1980年 51岁**
  8月，任中国宇航学会材料工艺专业委员会委员，被第七机械工业部授予飞行器制造工艺专业高级工程师。
  10月，任北京航空学会理事。

- **1981年 52岁**
  3月，任七机部二院副院长。
  8月，任七机部二院科技委员会副主任。
  9月，任七机部科技委员会委员。

- **1982年 53岁**
  8月，任航天工业部二院总工艺师。
  11月，任航天工业部二院副院长。

- 1983 年 54 岁

3 月，任航天部科技委员会委员，材料工艺专业组副组长。

4 月，任中国航空学会第三届理事会理事。

5 月，任大百科全书航空航天卷编委会委员，飞行器制造与材料编委会主编。

- 1984 年 55 岁

8 月，任《航天工艺》杂志编委会主任。

10 月，任中国航空学会工艺专业委员会副主任。

- 1985 年 56 岁

3 月，任中国宇航学会第二届理事会理事。

4 月，任中国航天企业管理协会常务理事。

7 月，任中国航天质量管理协会常务理事。

- 1986 年 57 岁

3 月，任中国宇航学会飞行器制造专业委员会副主任。

4 月，任中国宇航学会战术导弹专业委员会委员。

- 1987 年 58 岁

5 月，任航天科研管理研究会理事长，航天部北京仿真中心工程建设项目总指挥，获评由航天工业部授予的飞行器打造工艺专业研究员。

- 1988 年 59 岁

任航空航天工业部二院学位评定委员会主任。

8 月，任哈尔滨工业大学兼职教授。

- 1989 年 60 岁

任东风二十一号甲研制行政指挥线总指挥，FM80 研制行政指挥线总指挥。

- 1990 年 61 岁

任航空航天工业部二院总师。

5 月，任中国无人飞行器学会常务理事。

- 1991 年 62 岁

任航空航天部科技委员会委员，红旗七号研制行政指挥线总指挥。

9 月，被航空航天部授予“有突出贡献专家”称号。

10 月，被国务院授予科学研究有突出贡献的政府特殊津贴。

11 月，红旗七号导弹武器系统荣获国家科技进步特等奖，“红旗七号研制管理”荣获航空航天部科技进步二等奖。

- **1993 年 63 岁**

任东风二十一号甲研制顾问。

- **2016 年 87 岁**

9 月 20 日，因病去世。

参考文献

［1］航天工业部第二研究院院史编委会．航天工业部第二研究院院史（1957—1987）．1987.

［2］中国航天二院院史编委会．中国航天二院院史（1987—2007）.2007.

［3］中国航天科工二院院史编委会．中国航天科工二院院史（2007—2017）.2017.

［4］孙捷，张吉利，侯鲜利，程国海．陈定昌院士传记［M］．北京：中国宇航出版社，2016.

［5］周武，侯萍梅，李路，李善春．钟山院士传记［M］．北京：中国宇航出版社，2015.

［6］《北京仿真中心建设和研制工作总结》编委会．北京仿真中心建设和研制工作总结［M］．北京：国防工业出版社，1996.

［7］北京仿真中心．北京仿真中心成立二十周年纪念文集［J］系统仿真学报，2011.

［8］水木清华杂志编委会．水木清华杂志［J］．清华校友总会，2020 年．

［9］王浒，史宗恺．无悔年华 解放战争时期清华校友足迹（上卷）［M］．北京：清华人学出版社，2011.

陈国新

陈国新的故事

陈国新 (1944.7.30—)，上海市人，1966 年毕业于中国人民解放军军事电信工程学院地空导弹无线电遥控专业，曾任二院二部副主任、海红旗七号武器系统总设计师、新型野战防空导弹武器系统总设计师等职务。带领型号团队先后解决完成了海红旗七号雷达精度、红外跟踪器、引信和引战配合等问题，培养了一支高效、精干的研制队伍，开创了我国防空导弹研制史上舰载超低空领域的先河；圆满完成新型野战防空导弹研制任务，运用系统工程的方法解决产品研制中的关键技术，树立了以设计为中心，以试验、验证为重点的思想，为型号研制的顺利进行作出了重要贡献。先后获国家科学技术进步奖一等奖 2 项，二院有突出贡献专家、中国航天工业总公司有突出贡献专家、中国航天基金奖“特别贡献奖”等荣誉，享受国务院政府特殊津贴。

◎ 目　录

第一章

敏而好学 血脉赓续红色基因

1944 年 7 月 30 日，陈国新出生于上海市浦东塘桥镇一户普通家庭，父亲是一名中共老地下党员。“清白家风不染尘，冰霜气骨玉精神”，家风是一个家庭的精神内核，继承和弘扬红色家风，向来是中国共产党人的坚定选择，父亲对党忠诚，为党奉献的精神深深影响了陈国新，为他后续的人生道路打下了坚实的基础。

1. 生于上海，寄予厚望

上海，长江三角洲地区的璀璨明珠，物华天宝，人杰地灵。战国时，上海是春申君的封邑，故别称申。晋朝时，因渔民创造捕鱼工具“扈”，江流入海处称“渎”，因此松江下游一带称为“扈渎”，后又改“沪”，故上海简称“沪”。

1944年的上海，刚经历了日本侵华战争。曾经繁华似锦、钟灵毓秀的上海，早已是满目疮痍，人民极度渴望结束战乱，恢复往日的祥和安宁。

7月30日，随着一声婴儿的啼哭，陈国新出生于上海市浦东塘桥镇一户普通家庭。陈国新有兄弟姐妹七人，陈国新排行第二，是家里出生的第一个男孩。父亲对其寄予厚望，取名“陈国新”，希望以此能给百废待兴的上海带来新的希望，长大成人后能为国家、为人民作出新的贡献。

陈国新的家乡老宅在上海市塘桥路596号，是一座典型的上海郊区庭院式老房，房子本身并不考究，但是院子宽敞、明亮，陈国新的兄弟姐妹经常在院子里打闹玩耍，房屋后汩汩流淌的小河，常年湿润的青石板路都是孩子们熟悉的童年乐园。

陈国新手绘的上海塘桥路596号家乡老房后院

对于陈国新而言，他的童年乐园是老房子二层的一个并不大的小阁楼，小阁楼距离院子、小河和街道较远，非常安静，他经常躲在阁楼里读书习字，而母亲每次找不到他时，只要去阁楼，准能看到他安安静静地坐在阁楼或埋头看书，或临摹图画。大人们都纷纷议论，这个孩子这么小，就这么安静、专注，能“坐得住”，将来一定有出息。

正像大人们期盼的那样，陈国新自幼聪慧乖巧，静思好学，凡事都喜欢问个为什么，学习和日常生活很少让大人操心，从识文习字开始，学习成绩就一直名列前茅，长大后，即使遇到急事，也能沉着冷静面对，从平静的外表能够看到他内心的镇静和刚毅。

2. 清白家风，冰霜气骨

1937 年 10 月，陈国新的父亲陈景贤，在党旗下郑重宣誓，成为一名光荣的中国共产党党员。陈景贤 1914 年 6 月 13 日出生，中学毕业后在上海一书店当学徒，学徒期间，逐渐与进步人士接触。1936 年进入上海市邮政局工作，成为一名邮递员，由中共地下党员介绍参加了“国难教育社”进步团体，开始参加革命工作。

1937 年，日本帝国主义发动“七七”事变，企图在华北制造第二个满洲国。8 月 9 日，日本海军中尉大山勇夫等两人驾车闯入上海虹桥机场挑衅，被驻军保安队击毙。在全民抗日浪潮推动下，国民政府第二天发表了《自卫抗战声明书》，宣告“中国决不放弃领土之任何部分，遇有侵略，惟有实行天赋之自卫权以应之”。8 月 13 日，中国空军奉令向日本驻沪海军陆战队虹口基地发起围攻，淞沪会战由此展开。

此时上海抗日的烽火风起云涌，作为在日本人统治下的上海人民更是对日本侵略者怀着满腔仇恨，目睹这一切的陈景贤激起了心中强烈的愤恨。

当时，邮递员不仅是一份体面的工作，更有许多的通行便利。这时期的上海租界林立，通行于市区、郊区也往往需要繁复的各类检查，利用邮递员身份可以在各个租界、市区、郊区频繁往来且不受行动限制。于是，在上海的大街小巷中，经常能看见陈景贤头戴大盖帽，身穿绿色制服，身背邮包，利用身份之便为地下党组织传送信件。为了更方便地传递信息，能听懂外国人时不时透露的关键信息，陈景贤还自学了英语，为上海邮政党组织地下斗争，打通了信息传递通道。

陈国新的母亲山金妹也是上海人，12 岁就在日本人开设的纱厂务工，受尽了日本人的压迫，与陈景贤成家后，对于丈夫从事地下党的工作她心知肚明。当时，地下党员经常在家开会议事，而每当这个时候，山金妹则端起一个小盆，默默在屋外洗菜、择菜，其实是在门外望风。

近代的先进知识分子历来都有一种“先天下之忧而忧，后天下之乐而乐”的家国情怀，对于共产党人而言，这种家国情怀，体现出来的，是对信仰和理想的坚定执着，对祖国和人民的无限热爱，以及把个人、家庭的命运与党和国家的命运紧紧联系在一起的自觉。陈景贤以身作则，他的家国情怀，他对于党的忠诚，对于信仰的执着，对于国家的忧患意识，都在对陈国新家庭教育中体现出来。

陈景贤的工作地点在上海邮政大楼，邮政大楼于 1924 年 11 月竣工，兴建大楼的负责人是当时上海邮政局英籍邮务长希乐思，负责大楼的设计师是英国籍建筑师思九生。这是一栋具有独特风格的雄伟建筑，代表公平正义的科林斯立柱式，代表华贵的意大利巴洛克风格的钟塔，代表人民的两组雕塑群像，都在展示信使工作人员公平正义的职责。

陈景贤常抱着年幼的陈国新，在邮政大楼下散步，“国新，以后要好好学习，对国家有用处，记住了吗？”年幼的陈国新似懂非懂地点点头。

1949年春天，百万雄师即将渡江南下，这个消息极大鼓舞了在白色恐怖下长期坚持斗争的共产党员，陈景贤坚信天快亮了。此时，他接到上海地下党的一个重要指示："上海的国民党残军可能逃跑，为了防止敌人搞破坏，要集中力量保护上海邮政大楼，迎接新中国的成立。"1949年5月25日凌晨，陈国新很早就被一阵枪炮声吵醒，转身望去，父亲陈景贤早已收拾整齐，准备出门，陈国新睡眼惺忪地问道："这么早您去哪儿？""上海就要解放了，我去邮政大楼，有重要任务。"说完，陈景贤转身走进了初春的浓浓晨雾中，父亲坚定前行的背影，也深深印刻在了年幼陈国新的脑海中。

陈景贤来到邮政大楼，当时楼内已经被国民党一个通讯营约200来人占领，他迅速看了一下进入大楼的工作人员，其中就有中共地下党总支委员陈家珍、支局邮电负责人徐民生以及陈应善、唐仲谊、薛金福、鲍俊晏、范汉黎等地下党员14人左右，大家与全副武装的国民党士兵同在一楼，外

1924年11月，刚竣工的上海邮政大楼

面时不时传来震耳的枪炮声，斗争气氛相当紧张。为了避免国民党士兵的破坏，他们藏起了档案文件柜；国民党士兵在天井里向周围的民居扔手榴弹时，他们劝导士兵不要伤害无辜群众。终于，经过两天两夜的艰苦斗争，占领上海邮政大楼的国民党通讯营在陈景贤等地下党员的耐心劝导下，在解放军的强大压力下，终于缴械投降。

少年时期的陈国新（二排右一）与父母、兄弟姐妹合影

第二天清晨，陈国新远远就看到了邮政大楼屋顶高高飘扬的红旗迎风招展，昭示着上海的新生。母亲高兴地指着红旗对孩子们说：“快看，胜利了！”陈景贤作为一名优秀的地下党员，和同志们配合出色地完成了迎接解放军解放上海的光荣任务，也身体力行教育了儿子。如今，上海邮政大楼已成为见证中国近代邮政历史的全国仅存的大型文物建筑，被列为重点文物保护单位，而陈国新每每路过上海邮政大楼，脑海中都会浮现父亲伟岸的身影。

有一种润染叫家庭的熏陶，有一种延续叫血脉的传承。陈国新眼中所看到的父亲，永远那么乐观坚定，那一句“好好学习，对国家有用处”成为陈国新今后在型号研制路上不断前行的动力，为他后来从事导弹尖端事业奠定了坚实的思想基础。

3. 品学兼优，多才多艺

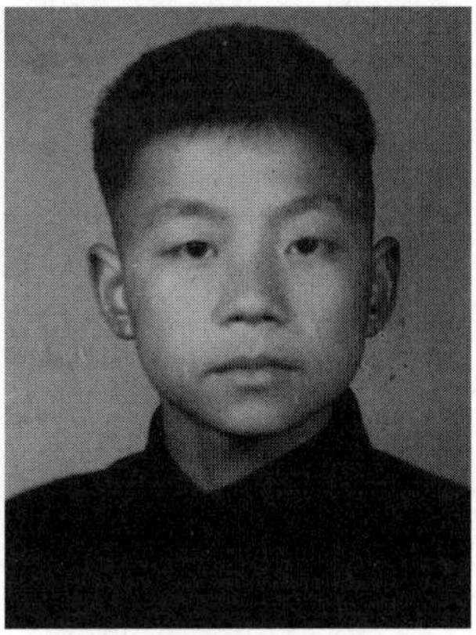
小学时期的陈国新

位于上海浦东的塘桥镇小学（1987 年改名为塘桥第一小学）是陈国新的母校。这是一所历经风雨洗礼的百年老校，学校建于 1907 年，抗战期间毁于战火。1945 年 10 月复校。1949 年 9 月，刚满 5 岁的陈国新成为一名小学生。

每天清晨，陈国新都要背着书包，踏着长满青苔、湿滑的青石板路去上学。老师看着这个瘦小的孩子，上课总是认认真真，爱在课堂上提问，越发喜欢。在老师的精心培养下，在父母的殷切期望中，陈国新不负众望，品学兼优，成绩名列前茅，成为塘桥路人人称颂的“别人家的孩子”。

不仅学习成绩优秀，陈国新还对音乐产生了浓厚的兴趣。每天放学后，陈国新都会去大舅舅家玩耍，大舅舅多才多艺，尤其喜欢乐器，他每次去玩耍总能听到大舅舅拉二胡、吹笛子的美妙声音。渐渐地，乐于探索新鲜事物的陈国新便央求着舅舅教他学习拉二胡、吹笛子。一来二去，在每天坚持练习下，聪慧的陈国新很快就能拉上几首小曲，吹上几首小调了。

小学二年级春节前夕，学校组织文艺演出，欢快的节日气氛中，孩子们在台上载歌载舞，热闹非凡。当报幕员说道：“下一个节目，二胡独奏，表演者陈国新”，孩子们伸长脖子翘首以盼，可是半天都没有人上台，原来性格内敛、腼腆的陈国新一直在候场口坐着，害羞得不好意思上台。情急之下，老师一把抱起他，连拉带拽地送上了舞台。上台后，陈国新很快恢复了平静，他冷静沉着地开始了如常的演奏，节目大受老师和同学好评。

这也反映了陈国新随机应变、遇事不慌的性格。

4. 如饥似渴，努力学习

1955 年 9 月，陈国新进入上海市洋泾中学学习，洋泾中学是上海声名远播的重点中学，创办于 1930 年，是当时浦东地区唯一的一所市立中学。当时的任课教师多由上海浦东地区知名的学者兼任，或聘请浦东工务局工程师担任，师资力量较强，校长张载伯曾东渡日本访问。洋泾中学在浦东地区名望较高，很多上海“西迁”的市民，不畏路途遥远，仍慕名将子女送往“江东”就读。

洋泾中学“严谨、求实、开拓、进取”八字校训，在年少的陈国新身上烙下了深深的痕迹。尤其是“严谨”二字在他身上体现得淋漓尽致，从事科研生产工作，最需要的就是严谨务实的精神。

陈国新保留至今的《简明哲学词典》（1940 年 3 月版）

中学时期的陈国新，最大的爱好就是读书。陈国新清晰地记得父亲房中有个大大高高书柜，摆满了各类藏书，这是家里对他最有吸引力的地方。父亲书柜里的书种类繁多，甚至还有很多英文书。每天只要一放学，完成了老师布置的作业后，陈国新就搬个小板凳，一本一本地够父亲书柜上的书，随着身高的不断增高，他看书的范围从父亲书柜的第三层、第二层、第一层……逐层递增，看到的书籍也越来越多，越来越丰富，畅游在书籍的海洋，是陈国新每天放学最开心的事。

最爱交流的“老师”也是其父亲陈景贤。作为一名共产党员，父亲尤其重视对陈国新的革命思想教育。父亲下班回家，茶余饭后，经常给陈国新讲一讲当天发生的时政新闻，所以，陈国新从小就对重大历史事件，例如中华人民共和国成立、土地改革、抗美援朝有着正确的认识。

再长大一些，父亲推荐给了陈国新几本自己喜爱的书籍，包括《简明哲学词典》《中国问题评论集》《艾思奇的哲学原理》《鲁迅传》《高尔基传》等，这些书至今还被陈国新保留着。良好的阅读习惯，在陈国新未来的发展道路上一直发挥着积极作用。

陈国新

第二章

少壮怀志 毅然从军投身国防

面对内忧外患的形势，怀着保家卫国的崇高理想，高二时品学兼优的陈国新，被保送到中国人民解放军军事电信工程学院，成为国防战线上光荣的一员。

1. 志存高远，报效祖国

古往今来，人们总会说机遇只留给做好准备的人，总说愚者错失机遇，智者善抓机遇，成功者创造机遇。然而是否能抓住机遇、利用机遇，关键在于个人的勤奋努力，在于当命运向你伸出双手之际，你是否已经做好了准备。

1960 年，陈国新是上海市洋泾中学的一名高二学生。在学习上，他总是不断地给自己加码，每天除了白天上课以外，晚上基本都是在做习题，以巩固白天的学习成果。他经常勤奋学习到深夜，塘桥路陈国新家的小窗户，总是深夜还亮着灯，辛勤的耕耘不会白费，陈国新品学兼优，是老师的“得意门生”。

而这一年，国际形势可谓是风起云涌，苏联撕毁合同，撤走了全部在华技术人员，再加上与印度边界的战争，影响了中国政府与一些国家的双边关系，内忧外患使我国经济发展陷入困难。蒋介石认为“反攻大陆”的时机已到。面对复杂的国际形势，早在 1955 年，我国为尽快增强国防实力，打破西方的核垄断，中共中央做出发展原子能、研制原子弹的决策。1961 年，中央决定以“两弹”（即原子弹和导弹）为中心，加速国防科研和国防工业的发展，国防事业的发展需要人才，于是一部分军事院校在全国范围内招收大量的有志青年。国家先后在北京、河北、上海、江苏等地，招收一大批品学兼优、身体健康，且有爱国梦想的中学生，将他们保送到祖国的各大军事院校，以增强我国的国防力量。

从小对国际形势十分敏感的陈国新，深刻了解到我国内忧外患的形势，更加刻苦地学习。他多么希望自己能迅速成长，多么希望自己能立即报效祖国！但他没想到的是，他的愿望，这么快就实现了。

上海市洋泾中学读书时与同学合影留念（前排左二为陈国新）

一天，洋泾中学高二的课堂上，老师突然宣布了一个消息，中国人民解放军军事电信工程学院（现为西安电子科技大学）要在洋泾中学招收两名优秀学生。中国人民解放军军事电信工程学院是我军培养电子通信工程技术人才的摇篮，是电子信息领域科学研究和人才培养的核心基地，为我国电子工业的创建和发展建立了不朽的功勋。听到这个消息的陈国新，内心激动不已，他立刻报名，参加选拔。

年仅16岁的陈国新，以优异的成绩和出色的表现，被顺利保送到中国人民解放军军事电信工程学院，进入地空导弹无线电遥控专业学习。

2. 保家卫国，志在学工

中国人民解放军军事电信工程学院，其前身是1931年诞生于江西瑞金的中央军委无线电学校，是毛泽东等老一辈革命家创建的第一所工程技术学校，历经中央军委工程学校、中国人民解放军通信工程学院等阶段，于1958年迁址西安，以“西军电”而闻名于世，是中国最早的两所国防工业重点军校之一（哈军工、西军电并称）。1966年集体转制，更名为西北电讯工程学院，1988年更名为西安电子科技大学。毛泽东主席先后两次为学校题词。

1960 年，大学入学时的陈国新

西军电是一所典型的军事院校，入学就是参军。当母亲得知，年仅 16 岁的陈国新即将启程去西安读军校，她拉着陈国新的手，十分不舍。但其父亲陈景贤非常支持儿子的选择，他认为，儿子经过军校磨练，不仅能提高生活能力，更能增长见识、锻炼品质，毕业后，能更好地服务人民、服务国家。

1960 年 8 月，带着父母的殷切期望，陈国新踏上了去西安的火车。看着站台上渐行渐远的父母，他脑海中又浮现出父亲当年清晨离开家，保卫邮电大楼坚定而伟岸的背影。他深知，自己也将要继承父亲的愿望，把自己的热血青春献给祖国，这个血气方刚的年轻人，心里不禁泛起了一阵阵的激动。

3. 初入大学，思想洗礼

作为一所老牌军事名校，学生入校后实行军事化管理，一个班有 80 人左右，每个班的班主任和指导员都是历经抗日战争和解放战争的部队一线干部。当时招进学校的学生都是 16、17 岁的青年，这个年纪正是一个年轻人“三观”形成的重要时期，而这些优秀的军人老师，思想上坚强勇敢，政治上是非分明、对党忠诚，他们将这些优秀品质，言传身教地传承给了学生们。从每天早上吹哨起床，至晚上熄灯，他们全心全意地陪伴着学生们，照顾学生们的学习生活，也成为陈国新政治思想的引路人和行为品德的榜样。

校园生活的一点一滴，至今还让陈国新记忆深刻。他深深记得，1960

1965 年，大学时期的陈国新

年 8 月，入学第一课，学的就是“学习毛泽东思想”。后来毛泽东思想的学习成为大学的主课，在毛泽东思想的浸润下，他的思想得到了洗礼，精神得到了升华，他更加热爱、信任中国共产党。这个时期，他熟读了毛主席的《实践论》《矛盾论》《论持久战》《新民主主义论》等许多著作，从中受到深刻的启发和教育，坚信即使当时国际政治形势风云变化，国内也正遭遇自然灾害，但只要全国人民自力更生、奋发图强，中国共产党领导的事业一定会成功。这时，他要用自己的全部才智为祖国效力的思想在头脑中经历了一次跃迁。他先是从父亲嘱咐的“好好学习，对国家有用处”那是少年时期根深蒂固的普遍认识，再到后来“国家建设需要人才”这时他认真考虑后做出的对自己如何奉献给新中国的一种选择，也是他发挥个人优势的一种选择。

1964 年 5 月，陈国新加入中国共产主义青年团，为他后续加入中国共产党奠定了思想基础。

4. 五年寒窗，磨砺品质

西军电以一名合格军人的标准严格要求着每一位学生，十分重视军事基础教育和体能训练。每天清晨总能看到学生们在操场跑步、出操的身影，风雨无阻。就连学生们去食堂都是排着整齐的队伍，唱着革命歌曲列队前往。

学校有固定的步枪和手枪射击训练课程，学校给每一个学生都配备了半自动步枪随身携带，让学生们练习步枪的拆装、擦拭。他们背着背包，扛着步枪全副武装地进行拉练，并定期组织射击测试。陈国新经过训练，射击已经达到国家三级运动员的水平。

通过几年的学习，陈国新不仅像一名军人一样有着严格的组织纪律观，而且在专业学习上，已经有了比较厚实的防空导弹无线电遥控专业的基础，他觉得应该充分利用自己所学的知识，为国效力。

1966 年 1 月，陈国新加入中国共产党。1966 年 2 月，陈国新因为表现优异，被学校评为“三好学员”。

1966 年 2 月 26 日，陈国新（六排右二）班级毕业合影

第三章

使命在肩 基层历练扎实基础

胸怀理想，朝气蓬勃。陈国新从中国人民解放军军事电信工程学院毕业后，被分配到二院 26 所从事尖端武器的研制工作，经过“文化大革命”和下放军垦农场的磨砺，他的思想逐渐成熟，期待着用自己所学的专业知识服务于国防建设。

1. 初出茅庐，基层锻炼

如今的北京海淀区永定路，地处北京市中心城区——海淀区，这里环境优美，交通便利，生活设施齐全，坐落在此的中国航天科工集团第二研究院，在航天人心中赫赫有名。

但 1966 年的北京市海淀区永定路，属于北京西郊，是名副其实的北京郊区，这里偏僻荒凉，人烟稀少，在大片的田野下，几栋孤零零的办公楼尤为醒目。陈国新拖着大包小包的行李，从北京火车站转了公交车，怀着忐忑的心情，风尘仆仆地来到了七机部二院。

1966 年 2 月，陈国新从中国人民解放军军事电信工程学院毕业后，由组织统一分配到二院 26 所（武器系统总体研究所）三室任技术员。

26 所的起源，得从 1957 年 10 月说起，当时毛泽东参加苏联十月革命 40 周年庆典之际，观看苏联研制原子弹、氢弹等尖端武器纪录片时，就有了对中国国防安全问题的初步思考。

1966 年，刚进入二院 26 所工作的陈国新

随着 1960 年中苏关系破裂，苏联利用其强大的军事力量，不仅在中苏边境上布置重兵，而且“全苏联的战略导弹也指向中国的重要设施”，战争一触即发。在此背景之下，毛泽东花费大量时间和精力思考防御问题，并决定在现有导弹技术基础上进行研究。

1963 年 12 月 16 日晚，毛泽东在中南海颐年堂和刘少奇、邓小平等人听取聂荣臻汇报十年科学技术规划时，第一次提出研制重点导弹武器的想法。他说：“我们的原子弹、导弹无论如何也不会比别人搞得多，同时，我们又是防御的战略方针，因此，除搞进攻性武器外，还要搞防御性武器。搞一批人专搞，让他们吃饭不做别的。我们要从防御上发展，要研究重点导弹武器。在数量上我们搞不过他，这个问题要研究一下。”毛泽东明确指示研制重点导弹武器。

1964 年 2 月 6 日，毛泽东邀请钱学森到中南海菊香书屋谈话。在谈话中，毛泽东提出“有矛必有盾。搞少数人有饭吃，专门研究这个问题。五年不行，十年；十年不行，十五年，总要搞出来。”

毛泽东这段指示使研制防御武器在一段时间里被列为国家重点任务，而且对我国后来武器装备的发展也产生了深远的历史影响。

1964 年 4 月，时任国防部五院副院长钱学森找到二分院院长张怀中（后任七机部副部长、一机部副部长）少将，拿出一张写着八个人名字的纸条，说要抽调一批人搞防御武器规划，纸条上写的防御武器规划小组，第一个就是时任二院二部四室主任的宋健，其他七个人分别是李岩、杨国华、黄培康、陈世年、邵公正、赵元盛和齐占春，这支队伍平均年龄不到 30 岁，个个都是精兵强将。随后，二院在防御武器规划小组的基础上，成立了代号为“502”的研究室，宋健担任室主任。就这样运行了一段时间，部领导发现仅仅靠这些骨干人员远远不够。

为了充实力量，1965 年 7 月，根据国防工办的批示，将原承担重点任务的 711 所划归二院，成立 26 所（武器系统总体研究所）承担整个防御武器的技术总体和防御系统的研制任务。

26 所设立了四个研究室和一个车间，黄培康（现为中国工程院院士，我国雷达目标特性领域的开拓者和学术带头人）任第三研究室主任，三室的工作任务是：防御武器地面制导的总体设计、指挥所的设计及部分设备的研制。

1966年，陈国新初入单位，迎接他的就是黄培康，陈国新被安排在朱可炎为工程组组长的制导系统总体组工作，主要负责武器系统中雷达制导站的总体设计工作。当时，新入职的大学生都要先在基层锻炼，就这样，陈国新分配到26所的模样车间劳动锻炼。

在黄培康、曲成义、朱可炎等人的帮助下，陈国新开展了一系列工作，全面了解了武器系统的组成及工作原理，以及从事总体工作的原则和方法。可以说，正是这段时间的工作，打开了陈国新从事航天尖端事业的大门，为后续的研究工作奠定了扎实的基础。

2. 文化革命，磨砺思想

1966年6月，“文化大革命”的风暴刮到了二院。当时，政治运动冲击一切，科研制度和秩序被严重破坏，科研工作时间得不到保证，工作开展起来困难重重。

陈国新是一个做事认真严谨、工作脚踏实地的人。虽然总体工作要更多的和人打交道，但鉴于当时的情况，沟通变得复杂困难，本来就谨言慎行的陈国新，心里更愿意与“科学技术、专业知识”打交道，他强烈地希望在一个相对安静的环境里，踏踏实实地搞自己喜欢的技术工作。就这样，他坚持抽出一切时间用来学习提升自己，常常找一个僻静的角落看书，认认真真地学习。

在当时最大的困难，是“文革”对科研工作造成的冲击。当时这项工作虽然是在钱学森直接领导下，“军管会”和“工宣队”不能过多干预工程组的工作，但是在“文革”中搞科研，不可能完全不受到“运动”的影响。每逢下达新的指示时，二院的“军管会”和“工宣队”就会立即通知工程组参与运动。为了不被说成是“只知道埋头拉车，不知抬头看路”，工程组只能暂停科研工作，参加运动。

1968年，为贯彻毛主席关于广大干部和知识分子要接受贫下中农再教育的指示精神，二院分批、分期地安排科研人员“下放”锻炼，正处于困惑期的陈国新，终于有了一个冷静思考的机会。

3. 下放军垦，响应号召

1968年12月，毛泽东下达了“知识青年到农村去，接受贫下中农的再教育，很有必要”的指示，“上山下乡”运动由此大规模展开。

1969年9月至1972年5月，二院一大批技术人员和干部被下放到军垦农场、“五七”干校参加劳动。1969年9月，陈国新被下放到广东湛江赤坎区调顺岛军垦农场（0638部队）进行劳动锻炼，由此开始了前途未卜的下放生活。

调顺岛的军垦农场在一个偏僻的渔村小岛上，人烟稀少。农场驻地在调顺岛的海边，住房是用竹子编织搭建的“凉棚”。由于广东天气炎热，住在这样的“凉棚”里，虽然条件艰苦，但是冬天并不觉得寒冷，在中午还可以在太阳底下用井水“冲凉”，晚上躺在“凉棚”的木板床上可以听到海浪拍岸的涛声和风刮树林的沙沙声。

1968年，下放前的陈国新

所谓军垦农场，是由部队统一管理代号“0638部队”，由部队的连排干部担任连长和指导员。连队的任务是在调顺岛和赤坎地区之间修筑一条海上堤坝，便于海岛和陆地的交通往来。陈国新所在连的任务是徒手搬石头装车，并将石头填于海中，当时和陈国新一起劳动的都是 20~30 岁之间的青年，虽然这种搬运工作考验着体力，但农场强调“男女平等”，对女同志也没有体谅和照顾，一视同仁。每逢连排开会，连长、排长经常以“臭老九”称呼这些下放同志，强调要尽快完成“知识分子改造”。

1970 年 1 月，在调顺岛连接赤坎的海上堤坝劳动了 4 个月后的一天，陈国新所在连接到命令，在湛江军垦农场的全体下放知识分子转移到湖南汉寿县洞庭湖边的柳林嘴农场。没想到的是，柳林嘴农场条件更加艰苦，这里原本就是真正的劳改农场，要去农场必须在长沙乘坐渡船，在洞庭湖乘坐小轮船，经过一夜的水路才能到达。这个农场的编配和湛江军垦农场一样，由部队统一管理，代号“0503 部队”，接受部队连排干部的管理。在柳林嘴农场，知识分子们的主要工作任务是种植水稻。

陈国新在柳林嘴农场被分配到“犁田班”，他的具体工作任务是赶着水牛犁地耙田，为后续水稻的插秧做准备。惊蛰时节，阴雨绵绵，天气依旧寒冷，只见他头戴斗笠、身披蓑衣，把裤脚卷到膝盖以上，光着双脚承受着刺骨的寒意，开始了一年一度的春耕。他一手扬鞭赶牛前行，一手紧扶木犁，迂回行走在泥泞的水田中。双脚划破出血是常有的事，但无论条件多么艰苦，他从来没消极怠工，很快就掌握了赶牛犁地耙田的要领。当地农民看到此情景直感叹：“城里人还能干这辛苦的农活，难为你们了。”陈国新经受住了艰苦劳动的考验，知道了根据农业节气对农作物生长的时效性，掌握了从播种、育秧、犁田、插秧、灌溉、除草、施肥的各项劳动技能，深知了口中白米饭的来之不易，通过繁重的体力劳动，也增强了他克服困难的勇气。

在农场劳动的 3 年时间里，下放的知青不知道何时能结束改造，更不知道自己的前途在何方。大家除了下田干活、开展政治学习外，最大的消遣就是下棋、打麻将消磨时间。陈国新不会下棋也不会打麻将，在大家“娱乐”的时候，仍然坚持着他最大的爱好：看书。

英文版《雷达系统分析》

陈国新在3年的劳动改造中，深刻认识到，工作一定要有全局、总体的思维，在自己专业知识这一方面，不仅要了解中国的，还要了解世界的，他决心进一步强化自己的专业知识。

机缘巧合，他找到了一本英文版的《雷达系统分析》，一本英文版的《雷达测量手册》，想要理解透彻，必须掌握好英文。他中学、大学都学习过俄语，有较好的外语基础，于是，他找到了几本英语教材、一本英语字典，开始了漫长的自学之路。

夜深人静，陈国新的床铺上闪烁着微微的亮光，他打着手电筒，蜷缩在蚊帐里，一字一句地查英文字典，再对照着《雷达系统分析》逐字逐句地查找、翻译晦涩难懂的专业术语。他通过自学英文，不仅提高了英文水平，还掌握了国外先进的雷达系统知识，受益匪浅。

陈国新

第四章 厚重少文 满怀激情施展才华

改革开放，百废待兴，中国进入大发展时期，也迎来了导弹武器研制工作的春天。陈国新满怀激情地投入重点任务和我国第二代防空导弹红旗七号的研制工作中。

1. 重点任务，初展才华

1972 年 5 月的北京，阳光明媚，莺飞草长，陈国新结束下放生活，回到北京，回到了阔别已久的 26 所。在他的眼里，有别于南方的温润潮湿，北方干燥的春风吹拂在脸上，空气有着青草的香味。他终于可以回到岗位上，从事他无比热爱的科研工作。1972—1977 年，陈国新在总体组，主要从事“一号任务”“三号任务”制导站的系统总体工作。

1965 年 12 月，钱学森根据我国地地弹道式导弹的研制经验，在讨论“一号任务”研制工作时指出：研制武器系统要从实际出发，循序渐进，尊重客观规律。该系统包括（除导弹外）精确指示目标轨迹的目标精密跟踪雷达、引导导弹进行拦截的制导雷达、导弹发射设备以及把这些设备联结成拦截系统并与远程预警雷达协同工作的指挥所（包括计算机、显示器、目标模拟器、通信设备、指挥台等）。

这期间，钱学森多次来二院指导工作，陈国新每次都积极参加，聆听钱学森的讲话和指示。这让陈国新初步有了“系统”的概念，认识到型号研制工作中总体工作的重要性，有了这一认知，他开始有意识地自学武器系统总体工作的理论知识。

根据国家总体安排，二院也有了较大的体制变化。1969 年，中央对重点任务的分工进行了进一步明确，由二部负责工程总体，26 所负责导弹总体。同年，中央决定将二院所有的防空导弹研制工作转交给上海机电二局，二院调整为防御总体研究院。1970 年年底，二院再次进行机构调整，在 26 所成立防御武器系统总体室。

按照“一号任务”试验进程，1974 年进行了地面对接、跟踪气球以及与弹上无线电控制仪的地面对接试验。1975 年冬季运往昆明靶场安装，26

所研究室副主任王国祥带队，陈国新负责“一号任务”101导引雷达与弹上无线电控制仪的地面对接试验。接到任务，陈国新随试验队立即赶赴昆明，开始设备的安装、调试、试验验证等一系列工作。

“一号任务”设备在转运中

然而，1976年2月，在昆明刚刚忙完一天紧张工作的陈国新接到了妻子付艳玲的电报：“儿急病，速回”。收到电报的陈国新心急如焚。原来，陈国新3岁的儿子身体比较弱，经常感冒、发烧，虽然2月的昆明已阳光明媚，天气和暖，但2月的北京却是天寒地冻，滴水成冰。他无法想象，当时他所居住的永定路距离北京市儿童医院足足有10公里的路程，那个年代，除了自行车并没有其他交通工具，母子俩要如何就医。可是，此时的陈国新远在昆明，当时从昆明坐火车到北京至少要两天一夜，怎么办？陈国新吃不下，睡不着，正当一筹莫展之际，他又接到家里的电报：“儿已就医，请放心”。原来，妻子找到当时26所科技处的领导王振省帮忙，王振省连夜找了一辆自行车，冒着刺骨寒风、踏着夜色，把他们母子平安地送到了医院。现在回想这段经历，陈国新说：“我们为了科研生产任务只能舍小家、顾大家，好在有关部门领导登门帮助解决困难，让我们科研人员能踏踏实实地工作。”

陈国新的爱人付艳玲至今还清楚地记得，这一次生病，孩子没有见到爸爸，心里万分失落。但年幼的孩子想爸爸，于是天天缠着妈妈问：“妈妈，我爸爸什么时候回来啊？”付艳玲没办法，只能告诉孩子：“等天气暖和了，脱了棉衣，爸爸就回来了！”谁知晚上刚一进有暖气的家，儿子就迅速地把棉衣一脱，扬着稚气的小脸问：“妈妈我把棉衣脱了，是不是爸爸快回来了？”看着孩子纯真的笑脸，付艳玲无言以对，心里无比酸楚。

1976 年 7 月 28 日，我国河北省唐山市发生 7.8 级强烈地震，北京距离唐山较近，也有强烈的震感。为了防止发生余震带来的二次伤害，二院暂停了科研生产工作，并安排所有职工统一居所，生活在室外临时搭建的地震棚，并向职工发放木材和毡布。

陈国新心想，虽然热爱的工作暂时停止，但是学习的步伐不能停滞，他决定利用这一短暂的“休整期”，继续学习英语，在巩固之前的学习成果之上，对英语进行进一步的学习。

那时，收音机还是比较简陋笨重的电子管，远不像现在可随身携带的收音机方便。为了收听每晚准时播出的英语广播节目，当时陈国新住在一楼，经过自己“风险评估”，他认为在安全可控的前提下，冒着风险自己一人居住在家里，每天按时、按点收听英语节目，努力提升自己。广播节目《星期日广播英语》、电视英语学习节目《follow me》是陈国新每期必听、必看的节目，长期订阅的《中国日报》英文版等英文杂志，是陈国新每期必读的刊物。通过日积月累，陈国新提升了自己的英语水平，同时也带动了专业能力的提升。

1980 年 3 月 9 日，国防科委通知，停止“一号任务”的研制和试验。“一号任务”停止了，但取得了一批重要技术积累，其中有些填补了国内空白。对于陈国新个人而言，这段研制经历，加深了他对弹道导弹攻防系统的认知，为后续型号的研发工作打下了一个良好的基础。

在二院于本水院士（中国工程院院士，我国防空武器系统导弹技术专家）

的眼里，“后辈”陈国新为人诚实，是非观念强，学习能力强，做事认真负责。

“‘厚重少文’最适合形容陈国新。”于本水院士说。“厚重少文”是形容西汉时期的开国功臣、宰相周勃的成语，后指能维护和巩固政权的重臣。于本水和陈国新曾一起共事多年，开展过“三号任务”的研究工作，当时于本水在26所一室，负责“三号任务”的方案具体化论证和方案落实工作，陈国新在26所三室参与“三号任务”雷达制导站的系统总体工作。

1980年，二院计划会议正式决定重点任务停止研制，除保留二部的两个专项课题外，其余有关重点任务的研究全部停止进行。十几年里，陈国新、于本水等二院一大批优秀的科研人员付出了艰辛的劳动，虽然最终未能研制出型号产品，但取得了一批重要的研究成果，其中有些技术填补了国内空白，科研队伍也得到了很大锻炼，这对我国导弹事业的发展具有积极意义。

虽然该任务停止研制，但陈国新对于自己从事了近八年的防御武器研制工作，心情复杂。该项目研制工作的技术要求非常高，耗资巨大，但是，多年的研制工作进行了许多有益的探索和创新，对技术的发展、人员的成长都十分有益。

这期间，陈国新从事了“一号任务”和“三号任务”制导站的系统总体工作，参与研究了诸多重要课题，如相控阵雷达对多枚导弹发射后截获和跟踪问题，根据相控阵雷达功能和布站特点及目标参数分析计算雷达对多枚导弹的截获跟踪能力；由弹上计算机控制多个遥控收发无线的方案；在高速飞行中存在的等离子销套的研究；分析计算导弹发动机喷焰时无线电波传播的影响等，可谓是成果丰硕。

陈国新大学毕业后被分配到26所的十年来，参与重点任务研制工作就如同上了一期高水平、高规格的型号工程的学习班，为参与二院重返地空领域后研制红旗七号任务，奠定了技术基础。

2. 红旗七号，重返地空

1979 年 3 月，总参谋部提出《关于低空防空导弹发展问题的建议》，同年 6 月，国务院、中央军委正式批示同意，要求有关部门密切合作，狠抓落实，并将研制的低空防空导弹命名为红旗七号。

1980 年 3 月 1 日，二院以二部、23 所、25 所和 706 所四个所的名义，联名向国防科工委和总参呈报了“关于要求承担红旗七号研制任务的请示”。3 月 5 日，国防科委主任张爱萍在二院的请示上批示“二院承担研制红旗七号的任务，不要变了”。

1980 年 4 月 21 日，国务院、中央军委下达 91 号文件，正式明确由二院承担红旗七号低空防空导弹武器系统的研制任务。这一文件又被称为“天字号文件”。

从此，二院正式重返地空型号研制战线。

由于二院任务调整，此时的陈国新从 26 所调至二部四室，参与雷达制导站工作。然而，此时的二部，刚刚经历了“文革”，防空导弹任务的调出和防御武器工程下马，很多人都被调走了，整个单位只剩下 300 多人，是二部历史上人数最少、最低潮的时期。当时的二部四室是雷达制导站总体研究室，负责目标搜索截获跟踪和导弹无线电控制的总体设计，每次遇到雷达制导站等专业性较强的技术瓶颈需要和当时的雷达专业研究所 23 所进行技术对接的时候，由于缺乏懂雷达技术的专业技术人员，交流总是有些不顺畅。时任二部四室副主任的陈定昌很快就发现了这一问题，在他的努力下，将四室的专业能力较强的陈国新、姜东波两人调至一室。于是，二部与 23 所的技术交流和工作协调立即变得顺畅，陈国新利用自己掌握的雷达专业技术和系统设计的理念与方法，有力地推进了型号的研制进程。

20 世纪 80 年代，在中国计算机还属于新鲜事物，并没有像现在一样普及。红旗七号作为当时最先进的低空超低空防空武器系统，是一型作战全自动化的武器装备，整个作战过程从目标搜索、跟踪、导弹发射到飞行制导直接击毁目标，是用计算机汇编语言编写的作战控制软件进行控制。

二部作为雷达制导站总体，需要与制导雷达研制单位进行沟通协调。解决正确表述武器系统对跟踪制导雷达工作状态要求这一问题，陈国新与二部三室作战软件主管设计师林传光同志协同工作，把汇编语言程序转化为各类信息流程图，汇集成规范文档供设计师使用。23 所发射制导雷达主管设计师乐美康获得这一流程图后如获至宝，赞不绝口地说："这下我真正明白了制导雷达各种工作状态以及变化过程的实质含义了。"这些规范文件，极大地推动了他的跟踪制导雷达的设计、调试和试验工作。

此时的陈国新，经历了"文革"、下放等一系列挫折，更加坚定了自己真正热爱的事业和奋斗方向，他如饥似渴地学习，常常抱着一本专业技术书籍，读到忘记了时间。就在这个时候，一个令他终身难忘的危险正悄悄来临。

1982 年深冬，天津杨村机场，陈国新随同钟山（红旗七号总设计师，后为中国工程院院士，我国低空超低空防空导弹武器系统专家）以及其他工作人员在此进行红旗七号的校飞试验。北方冬季的深夜，天气很冷，陈国新由于身体不适，在机场卫生所做腰部理疗。他突然想到，试验队在机场调试设备，准备次日的校飞试验，自己的工作岗位是在战车上录取、分析实时数据，准备工作必须做到位，不能有一丝一毫的偏差。于是他立即暂停了腰部理疗，迅速抓起一个大棉帽，披上一件军大衣，抓紧时间赶回宿舍，为第二天的试验做准备。当年机场的设施和管理并不像现在这样规范，想要回宿舍，停机坪是必经之路，于是，他思考着第二天试验数据的采集和分析问题，不知不觉走进了停机坪。万万没想到的是，有一架飞机正在一辆汽车的牵引下快速前行，由于是深夜，机场条件简陋又没有路灯照明，飞机上的驾驶员根本看不到有人正在行走，于是，飞机机身上的空速管径直插入了正在行走的陈国新的腰背部，贯穿腹部，空速管直接刺穿了他的身体。剧烈的疼痛让陈国新从工作的思索中立刻回到现实里，还来不及做反应，立即疼晕了过去。此时的飞行员也发现了异样，立刻招呼牵引汽车踩刹车，并立即招呼人，将晕厥过去的陈国新送去附近医院抢救。

经抢救，陈国新脱离了危险。医生都感叹到，真是吉人自有天相，虽然身体被刺穿，但是幸运的是，空速管居然没有伤害到任何致命器官。来看望陈国新的同事都说："你真是大难不死，必有后福。"回忆起当年，还有些同事感叹道："当时，抢救并脱离危险后，我们去医院探望，居然发现刚醒不久的陈国新一边打点滴，一边还捧着一本专业书籍在看，让人印象深刻。"的确，天将降大任于斯人也，必将苦其心志，劳其筋骨，饿其体肤，空乏其身。经此一劫，陈国新的思想有了更大的提升，他更加珍惜自己的生命，他想抓住一点一滴的时间，用有限的生命，去从事自己热爱并愿意为此奉献一生的航天事业。

1986 年，陈国新正在红旗七号试验现场进行数据分析

红旗七号的研制工作，历时八年，整个研制工作经历了方案论证、设计攻关、试样研制、系统试验和设计定型五个阶段。陈国新从方案论证到设计定型，始终奋战在型号研制的一线，

付出了极大的努力，也收获了丰硕成果。

1986 年，陈国新在红旗七号制导站雷达外场试验

红旗七号武器系统具有低空性能好、近界拦截性能好、作战反应时间短、制导精度高、杀伤效果好、操作简易、自动化程度高、火力转移快、对付多目标能力强、抗干扰能力强、机动性能好等特点，是我国具有先进水平的第二代地空导弹武器型号，总体性能基本达到国外同类产品的水平，甚至有些技术还优于原样机的技术。

1990 年 12 月，红旗七号地空导弹武器系统的研制工作结束。1992 年，红旗七号荣获国家科学技术进步奖特等奖。

红旗七号的研制成功，是二院广大工程技术人员夜以继日辛勤劳动的结晶。说起自己对于红旗七号研制的贡献，陈国新表示，自己的付出不值一提，成绩是团队共同奋斗的结果。但对于国家而言，红旗七号的研制成功，不仅为改善部队装备、加强我国防空力量作出了重要贡献，同时还培养和造就了一支具有真才实学的防空导弹研制队伍，改善了研制生产手段，为新一代导弹武器的研制工作，创造了条件，打下了基础。红旗七号的研制成功，标志着我国防空导弹的研制工作进入了一个新的阶段。

陈国新

第五章

蛟龙出海 磨剑十载一啸冲天

别人的路，我们搬不来，搬来了也走不通，只有从实际情况出发，敢于走别人没走的路，才能收获别样的风景。在海红旗七号十余年奋斗路上，陈国新总师带领团队开拓创新，把中国武器系统开拓研发的主动权牢牢掌握在我们自己手中，他们是当之无愧的国防事业的钢铁脊梁。

1. 方案论证，自主创新

1985 年，针对海上攻防形势的发展，水面舰艇面临着来自空中各种精确制导武器的威胁，特别是来自低空超低空掠海反舰导弹的威胁。考虑到我国周边地区与台湾海峡的形势，以及南沙斗争的需要，经过充分分析论证与调查研究，提出我国自行研制舰空导弹武器系统的要求。舰空导弹武器系统主要担负单舰防空任务，能全天候拦截反舰导弹以及低空、超低空来袭的轰炸机、攻击机和武装直升机。整个武器系统具有能力强、摧毁概率高、反应速度快、抗干扰性好、使用维护方便和装舰适应性强等特点，是我国自行研制的新一代舰空导弹武器系统。

1985 年 12 月，国防科工委、航天工业部与二院共同商定了海红旗七号的研制事宜。

1986 年 5 月，海红旗七号的研制工作技术责任单位正式确定为二院，二院开始了方案论证和关键技术攻关等研制工作。

1985 年，陈国新（左）在试验场进行制导站雷达系统调试

当时，二院承担的型号较少，面对好不容易争取来的海红旗七号，大家十分关注，就总体方案的确定和型号研制的路线陷入激烈的讨论中。其中一些同志认为，应该直接把已经成熟的红旗七号搬上船，因为红旗七号已经定型，且性能稳定，把它搬上船再合适不过。另一部分同志则认为，海上与陆地的试验环境大不相同，需

要根据海上特别的环境，完全创新研制能适应海上环境的型号。是直接把红旗七号搬上船，还是从零开始创新研制？海红旗七号的研制陷入两难。

山东烟台养马岛是一座海上孤岛，岛上丘陵起伏、秀丽如画。有人说，养马岛是海红旗七号的福地，海红旗七号第一次认证会正是在这里召开的。在会上，经过大家反复论证，最终否定了将红旗七号直接搬上舰艇的提案，而是由二院完全自主研制海红旗七号。由此，二院对海红旗七号的研制工作正式拉开序幕。

2. 方案设计，兼容并蓄

20 世纪 80 年代，我国最强大的作战舰艇还没有防空导弹，更没有体系化的电子战系统，与国外存在较大的技术代差。当时，中国和整个西方世界有一个短暂的“蜜月期”，国外武器研发和出口大国，都愿意向中国出售先进的武器装备。

当时，国际上比较先进的海上型号是全天候近程舰对空导弹系统“海响尾蛇”，可作为单舰点防御武器用来对付低空、超低空战斗机和悬停直升机以及掠海飞行导弹的攻击，也可以与其他舰艇联合进行防御。

经考察，决定引进同系统的“海响尾蛇”舰载防空导弹，以及配套的情报作战指挥系统。

1987 年，双方签订协议，中国向外方采购两套“海响尾蛇”，同时在国内开展战术指标，自主研制作战使用性能不低于“海响尾蛇”的海红旗七号舰载防空导弹。

当时，二院负责引进项目技术保障。团队的负责人杨存富副总师以及二部的姜东波、李路，23 所魏焕旨等同志，组织技术组到“海响尾蛇”装备上考察其系统组成及功能，分析其性能特点并将获取的资料和数据，交给技术人员进行数据甄别。陈国新与团队的同志们一起，将这些技术资料进行翻译、分析和研究，将有价值的素材提炼后，进行更加深入的研究，为我国自主独立研制海红旗七号提供参考。

1989 年 3 月，陈国新（右一）参加试验任务

海红旗七号导弹

1993 年，在京召开了海红旗七号导弹的技术状态协调会。二院各单位就“海响尾蛇”导弹的测试、测绘、分解、分析情况分别作了汇报。本着自力更生的原则，二院提出既要走自己发展的道路，又要使海红旗七号导弹与“海响尾蛇”导弹兼容的目标，通过陈国新等科研人员的不懈努力，很快，二院自主研发完成了海红旗七号的图纸设计。

二院利用协助我军技术保障的机会，参观实物，查阅技术资料，了解“海响尾蛇”的技术性能及技术特点，海红旗七号的研制工作取得了跨越式的发展。

3. 工程研制，临危受命

1988 年至 1996 年，陈国新任海红旗七号系统总体主任设计师，从事海红旗七号系统设计、分析、试验和验证工作。当时海红旗七号的总设计师钟山，带领陈国新等团队人员，反复讨论，深入研究，结合当时计算机、数据传输技术的发展分析研究，渗透了 20 世纪 80 年代科技的最新发展。

在此期间，作为系统总体主任设计师的陈国新带领课题组完成了武器系统的方案设计、技术状态确定和舰面装备的系统调试及各类系统试验策划、实施与分析。在系统设计中，陈国新和课题组的设计师创新性地建立了用于武器系统自动化作战和维护测试的物理模型和数学模型。

1990 年，总体组向指控系统提出开展海红旗七号作战软件研制的总体需求。但是，大家对一个高度自动化作战，由多个分系统组成的武器系统提出作战软件要求并没有掌握。陈国新想，不能因软件的研制影响海红旗七号的系统总体工作，更不能耽误本来就时间很紧迫的研制进度，他心急如焚。

于是，陈国新主动请缨，发扬善于学习的精神，组织课题组同志立刻来到中科院计算机所求教，在大家的不懈努力下，终于得到了一本油印的《软件需求分析》，这本珍贵的资料中，提供了软件设计的一般概念。但是，只有概念却没有具体的方法，怎么办？陈国新一头扎进二院图书馆，一连几天苦苦寻找，找到一本英文版的《软件工程——理论和实践》，通过反复研究软件研制的完整过程，按照自己的理解对海红旗七号指控系统提出了作战程序研制的需求。他立即组织课题组研制人员编制文件提供给指控系统，为之后的软件研制工作开了一个好头。陈国新解决了武器装备研制中软件工程化设计的途径，出色地推动了海红旗七号武器系统作战软件和维护软件的设计和试验验证工作。由于陈国新丰富的知识储备、突出的创新能力和敢想敢干的工作魄力，很快，他在型号研制队伍中脱颖而出，并逐渐成为型号的领军人物。

随后，该型号进行了多次陆地试验，随着一次次陆上试验的成功，让大家对在海上进行试验取得成功充满了信心。

“点火，发射……”

1995 年 6 月的一天，第一次海上试验正式开始，海面碧波荡漾，晴空万里。随着一声指令响起，海红旗七号团队屏气凝神，焦急地等待试验结果，但令人失望的是，此次试验失利，试验未能达到预期的目的。

这次试验是海红旗七号舰空导弹武器系统首次在舰上进行试验。试验结果至关重要。但是，这次试验多发失利，压力，接踵而来……

试验的失利给海红旗七号研制工作造成了十分被动的局面，使研制周期变得极为紧张，海红旗七号的研制工作迫在眉睫！

海红旗七号研制受挫，二院党委、院领导以及两总系统对此高度重视，当时的陈定昌院长、王可立书记、钟山总设计师、王尚虎总指挥等带领技术人员，从思想认识、技术问题、管理方面进行了认真的分析和总结。在航天工业总公司的帮助下，团队变压力为动力，从思想、组织、技术、质量上进行了认真的整顿，采取了相应的措施，要求在后续试验过程中，一切以质量为中心，严格按照试验程序、试验大纲进行。

1997 年 1 月 30 日，国防科工委任命陈国新为海红旗七号总设计师，陈国新临危受命。

1997 年春节前夕，大家都沉浸在欢乐的氛围里。下班时间，陈国新步行回家，一路上不断有熟人打招呼：“陈总，恭喜啊高升了！”“陈主任‘跳级’成陈总”，陈国新一边微笑着和同事、朋友们打着招呼，大脑一边还在飞快地运转着，思考着今天没有解决的技术问题。

原来，1996年刚刚升任为二院二部副主任的陈国新，还没满一年，1997年就直接升任海红旗七号武器系统总设计师，没有经过副总设计师岗位的“锻炼”，直接跳级成为型号总师，这样的履职经历在二院不多，也意味着陈国新面临着更加严峻的挑战。

但只有陈国新自己清醒地知道，岗位的变化意味着责任，意味着肩上的担子更重了。他必须扛起海红旗七号型号研制的重任，必须与型号两总队伍团结一致，同心协力带领团队走出目前面临的困境。

面对严峻的型号研制形势，各方面的压力扑面而来。陈国新总师和时任海红旗七号总指挥金其明，带领团队统一思想，坚定信心，确定工作目标，从技术工作和管理工作两个方面，查找海上导弹飞行试验失利的原因。

陈国新总师不仅要做好技术攻关，提高产品可靠性和质量的组织落实，更要协助金其明总指挥从政治思想和任务的紧迫性上动员型号队伍认清形势、树立信心，在行政管理上要求各职能部门为型号研制做好工作协调和保障。陈国新重点关注薄弱环节，组织关键技术攻关，在突破关键技术的同时，进一步强化装备的可靠性工作和环境适应性试验验证，开展全面的质量整治，特别是贯彻航天工业总公司颁发的72条和28条质量管理要求（指1997年航天工业总公司发布的《中国航天工业总公司强化航天科研生产管理的若干意见》和《强

海红旗七号发射场景

化型号质量管理的若干要求》），从型号总体单位到承担分系统设备的研制单位开展全面的技术和质量审查，从技术设计、材料、工艺、例行试验等方面查找问题。经认真细致的梳理，制定解决问题的技术方法以及提高质量水平的管理措施。针对几次导弹飞行试验失利所出现的故障，形成专题，组织队伍研究、确定突破关键技术的途径，包括改进原有设计和试验验证方法。

两总系统详细而清晰地对前期工作进行全面的梳理，明确了后期型号工作的目标，并制定了工作计划，形成了立即要攻克的三项关键技术。

第一项关键技术是雷达精度问题。雷达是型号的“眼睛”，是试验的重中之重。而海上试验是一个系统的技术性能的测试和验证，由于系统工程的复杂性，各部件相互关联，往往“牵一发而动全身”，任何故障或缺陷如不彻底解决，都将对后续任务产生严重影响。

在一次关键的技术讨论会上，面对各方的激烈“辩论”，一向温文尔雅的陈国新总师也拍了桌子：“大家都先别急，咱们马上实地测一下，然后再进行模拟发射，看整个伺服系统的摆动情况，先全面测试，把问题找准了，再逐步解决问题。”陈国新的这一番言论，热闹的会场立刻安静下来。的确，反复试验是验证问题、解决问题的唯一办法，大家冷静下来，逐步开始解决问题。

1997 年，海红旗七号团队（左三为陈国新）

陈国新带领团队，经过一次又一次的艰难探索，确实找到了许多的问题。面对问题，他没有气馁，用自己的坚强意志以及多年来积累的丰富专业知识，与主管跟踪制导雷达的副总师魏焕旨、袁起和雷达主任设计师谢占鳌等人夜以继日地进行测试分析，解决一个个问题，排除了故障隐患，改进了设计缺陷，提高了雷达跟踪精度和工作稳定性。

在海上舰船发射导弹的过程中，陈国新还根据作战过程的时序和关键时间点的技术状态，拟定了一个“五分钟”判据法。在之前的试验中，导弹打完以后，分析数据需要比较长的时间，极大地影响了试验的整体进程。海红旗七号首创的“五分钟”判据法，要求尽量在五分中以内，对试验情况做出一个基本的判断，并完成基本情况报告，这样一来，能有效提升效率，促进后续的试验进程，这些好的试验方法一直沿用至今。

第二项关键技术是红外技术。海红旗七号配置红外设备，并参与整个闭环制导，这在当时是属于一项先进的创新技术，但是，有创新就意味着走没有人走过的道路，也意味着道路崎岖又艰辛。在试验工作日记中，记载了多次与红外技术相关而失利的试验，随着一次又一次的攻关、分析和归零，虽然压力巨大，但是成效显著。陈国新带领团队做了大量的有益探索，也取得了显著的成绩。

红外关键技术攻关也受到了上级机关和领导的高度重视。1998 年 4 月 28 日，时任航天工业总公司副总经理栾恩杰（后为中国工程院院士，中国嫦娥工程总指挥）在京主持召开专题调度会，陈国新向栾总做了重要汇报，栾总在会上强调指出了海红旗七号所面临的严峻形势，也对红外跟踪器下一步攻关工作做出指示。

会后，按照领导指示，陈国新总师带领课题组，开始了夜以继日的攻关。二院的试验队员为了不耽误试验时间，便做好在船上长期驻扎的准备。当时二院的政工人员给型号团队每个人准备了一个红、白、蓝三色相间的“柳

2000 年，陈国新（左一）和背着“柳条包”的试验队员们出海靶试

条包”，在包里准备了被子、枕头、牙具等日常生活用品，虽然“柳条包”样式朴素了点，但是它防水、轻便、能装，上舰下舰拎起就走，十分便利，大家都很满意。船上的部队官兵和试验队员加起来总共有几百人，住宿的生活舱早已满员，于是设备间、遥控间甚至是方舱顶，都住满了二院的试验队员，生活条件艰苦。试验完成后，大家一人拎着一个“柳条包”返回北京，由于队伍浩大，醒目的“柳条包”引起了派出所的注意，有人甚至被当成“盲流”送进了派出所，直到二院领导去说明情况才出来。就是在这样的环境中，二院人克服重重困难，一心只为型号成功！

1998 年 8 月，是海红旗七号武器系统定型试验前的最后一次研制性试验，功夫不负有心人，试验取得圆满成功，这也标志着红外关键技术取得重大进展，这次试验的成功，使系统具备了转入定型试验的条件。

第三项关键技术是引信和引战配合问题。在一份 2000 年 9 月 1 日的“两总”会议纪要中，记录着这一时期的攻关历程：“经过两年的艰难攻关，全面完成引信攻关的质量问题归零工作……由此进行的设计改进得到了炮射试验、滑轨试验的验证并通过了全弹匹配试验、全弹震动试验。”后续，在归零评审会上，团队向评审组提交了 6 份报告和 7 份会议文件，评审组一致认定海红旗七号引信质量问题已按照技术归零的 5 条标准予以归零。

两年艰难攻关，在报告上只有短短的一句话，却奉献了团队多少个不眠不休、全力奋战的夜晚，牺牲了多少个与家人欢聚的周末时光。对于该型号的总设计师陈国新而言，统筹策划，不是普通的拉条挂账；一加一减，并非简单的数学关系，型号统筹策划要立足长远，科学合理地为型号的研制工作指明方向，铺平道路，要在研制的各阶段为型号“把脉”，详细了解型号的队伍、资源、进展、困难以及规划，认真研究型号项目的运行状态，在对整个型号的现状“摸个底朝天”之后，才能谨慎地做出决策。

陈国新十分重视自己的每一次会议发言，每次会议都会亲自撰写发言稿，将自己深思熟虑后型号各阶段研制任务、工作目标、具体安排以及检验标准等，在会上进行清晰的阐述。队伍里的人经常说，听陈总会上的讲话是高效的，是能真正提升自己的工作能力和工作水平的。

在两总的带领下，型号的技术指挥线与行政指挥线为完成海红旗七号的研制任务，思想统一、齐心协力，解决了多项关键技术，通过质量整治提高了产品的质量可靠性，提高了产品对海上环境的适应能力。

4. 设计定型，圆满收官

2000 年 11 月，随着几声巨响，神剑冲天而起，划破长空，呼啸而去，“精确交会，击中目标！”这令人兴奋的声音传来，人们沸腾了。

十几年栉风沐雨，十几年漫漫征途。海红旗七号历经十三年的坎坷和磨难，终于得以圆满收官。试验队员们饱含着那份对祖国的忠诚，对国防事业的责任，用自己的脊梁担负起了这份神圣的使命，共同铸就了战舰一样的团队。在 2001 年海红旗七号两总扩大会上，陈国新用一段简短的发言，为型号做出了总结：“2000 年年底，我们即将结束海红旗七号十余年的研制工作，后续，我们将站在一个更新、更高的起点上，一切从零开始，踏踏实实地工作，去开创新一代防空导弹武器装备研制的新局面！”虽然陈国新用简简单单的几句话，对海红旗七号的研制做出了简要总结，但是海红旗七号试验成功的意义远不止于此。海红旗七号舰空导弹武器系统开创了我国防空导弹研制史上超低空武器的先河，在舰空导弹一技术领域填补了国内的空白，超低空作战能力与国际上同类先进的导弹系统相当。该型号研制所积累的经验、建立的技术基础和突破的关键技术，为我国防空技术的发展奠定了基础。海红旗七号的研制成功是强国威、壮军威！

1999 年 10 月 1 日，海红旗七号参加中华人民共和国成立 50 周年阅兵仪式

2001 年，海红旗七号获国防科学技术进步奖一等奖 5 项、二等奖 9 项、三等奖 23 项；2002 年获国家科学技术进步奖一等奖、二等奖各 1 项。

5. 慧眼识才，甘为人梯

在工作上，陈国新周密统筹、指挥若定、决策果敢的作风为大家所赞叹；作为一名老航天人，他“甘作青年成才之梯”的高风亮节更让人敬服。

海红旗七号型号研制队伍是二院有名的出成果、出人才的团队。当年队伍中的年轻骨干，如今都已经走上了领导岗位，有的甚至走出二院，在集团公司的领导岗位上为航天事业的发展作出了极大贡献。大家都说，这与陈国新总师从不突出个人，总是强调发挥集体的力量息息相关。他总是习惯默默承担责任、履行职责，将所有的鲜花和掌声让给团队的年轻人。

陈国新总师的老搭档金其明说："用一句恰当的话比喻，就是'待到山花烂漫时，他在丛中笑'。陈国新是用自己的心血浇灌出满园的花朵，待到满园花开时，笑得最开心的就是他。"

海红旗七号研制团队

"我刚进二院的时候，就听到了陈国新总师的大名，陈总技术能力强、协调能力强，名气很响。他话不多，但是他说过的每一句话，都是经过深思熟虑的，特别有定力，在型号研制中，每当遇到困难，作为团队的主心骨——型号总师，最需要的就是这种定力。"型号总指挥蒋总回忆道。"陈总特别会选人用人，并能用人所长。当时有一位分系统副总师十分有个性，总是和团队同志就工作问题发生争执，大家都很费解为什么陈总同意他来到团队。陈总表示，用人要看人优点，用其长处，要看是否在事业上能发挥作用，要用辩证法，全方位地去评价一个人。"如今，蒋总也是一个重点型号的总指挥，陈国新总师传授的这条选人用人的"金科玉律"让蒋总十分受用，沿用至今。

型号总师石总说道："我刚踏入航天系统的时候，原来印象中的总师，是像钟山院士、陈定昌院士那样的"大科学家"。他们敏锐、健谈，说一不二，一举一动都彰显着"大专家、大学者"的风范，但是初遇陈总，却完全改变了我对型号总师的认识。陈总平静如水，风度翩翩，儒雅温和，完全没有距离感。那时候，很多一线的设计师，甚至在型号岗位干了一辈子，都没有和型号总师说过话，但是陈总却很不一样，总是来到一线设计师的身边，与大家一起交流工作、分析问题，这是极为难得的。

石总还回忆道："记得陈总刚从二部四室刚来到二部一室的时候，他总是抱着一大卷图纸，后来知道这是红旗七号的软件控制流程图。陈总对这堆图纸视如珍宝，图纸上密密麻麻的满是学习笔记，一看就是反复研究了很多遍。我当时觉得特别意外，陈总在四室作为雷达分系统的工作人员，为什么对总体的软件图有这么深入的研究。陈总回答说，你做型号工作，只了解分系统是远远不够的，一定要多学习多积累，要站在总体的高度思考问题，首先要认真学透理解了这个流程图，也就明白了这类装备的总体设计思路。我建议你多看看这些图纸，对你一定有帮助！后来，研究室搬家，准备清理一些陈旧的图纸，陈总当宝贝一样护着这些图纸，小心翼翼地锁在柜子里，并对大家说，别清理我这些'宝贝'，我虽然看完了，还有好多年轻同志没看呢，让大家都好好学习学习。这件事也激发了组里年轻人学习相关知识的热情，大家纷纷来陈总这里学习图纸，这些学习成果，也为后续的型号研制工作发挥了重要的作用。"

"关于人才培养，陈国新总师还有一个特例，那就是在海红旗七号队伍中首次设置软件副总师的岗位。"二院二部指控系统软件设计师范总说。1997 年，因为海红旗七号软件问题频发，还没开始打弹，计算机一开机就死机，只能通过反复重启计算机才能解决问题，陈国新总师意识到这不是长久之计，于是着手对海红旗七号软件工作进行大刀阔斧的整改。

当时，人们对软件工作的重要性认识不足，都把主要精力放在硬件设备的研制、生产上，甚至软件人员没有专门岗位配置，工作积极性不高。陈总在队伍中首次设置软件副总师的岗位，这一创新在二院乃至集团尚属首次。这极大地调动了软件工程人员的工作积极性，纷纷来到他的研制组中。范总回忆道："二院当时型号很少，海红旗七号急缺软件信息化人才，我是通过竞聘来到陈总的队伍里的，与陈总一干就是 20 多年，这 20 多年我

2002 年 8 月，陈国新在装备舰上

向陈总学习到很多，可以说，跟着陈总一起干，是我最不后悔的选择。陈总对于型号研制中的软件的要求极为严格，光是型号的《软件需求规范》就要求队伍整整写了一年，这么长的时间，在二院其他型号的研制历史上也是前所未有的。陈总说：‘做任何事情，一定要把基础打牢，就像建造房子一样，只有打牢地基，才能建成高楼大厦。’”

海红旗七号首创的软件测试规范，一直沿用至今，成为行业内的软件工作的标准规范。在陈国新的把关下，海红旗七号在软件方面，从来都是“一次把事情做对”，从未发生过任何问题。

陈国新平易近人，团队的年轻人都爱跟着陈总干活，团队的文化也轻松、自由，总是充满着欢声笑语。

由于海上型号的特殊性，出海航行是家常便饭。晕船，这一海上试验的特殊难题就向大家袭来。试验中，船在风浪中摇个不停。被动地摇晃还不够，因试验经常需要模拟高海情海况，舰船往往还进行主动升摇，也就是增大摆动幅度，简直就是嘉年华的“海盗船”了。

面对海上试验晕船的艰难，在陈国新总师和总指挥的带领下，年轻的团队始终保持着乐观向上的心态，这些乐观年轻人总说“就是坐在‘海盗船’上也要照样工作”！

试验舱位于舰船的最顶部，是全舰摇晃幅度最大的地方。试验队员在海上摇摆一天，回到宾馆躺在床上，头晕眼花，常常感觉天花板都是晃着的。队员们跟陈总打趣说：“哎呀，怕习惯了以后，睡觉不晃都会失眠的！”陈国新微笑着回答：“对！回家就买个吊床，每天睡前摇一摇，睡得香！”引得大家笑得前仰后合。

多么轻松的笑语，背后却饱含着陈总带领的团队对工作的执着，饱含着试验队员对锻造祖国海疆神剑的渴望。像这样的故事在试验队里还有许多，在这样艰苦的工作环境中，却始终萦绕着队员们欢乐的笑声，正是这种大海般乐观豁达的情怀，使陈国新的队伍在逆境中更加坚韧勇敢，胸怀责任，无所畏惧。

第六章

天降大任
铸剑中华耀我国威

如果说海红旗七号陈国新是临危受命，那么陈国新担任新型野战防空导弹总师则是顺理成章。他有着从事多个型号研制十几年积累的丰富技术、管理经验，并能充分应用在新的研制工作上。在从事新型野战防空导弹的十余年中，陈国新带领团队隐姓埋名、艰苦奋斗，引领型号一路向前，走向成功，彰显了我国在野战防空领域的强大实力。

1. 沙场点兵，热血铸剑

2019 年 10 月 1 日，HQ17AE 参加庆祝中华人民共和国成立 70 周年阅兵仪式

2019 年 10 月 1 日，金秋十月，十万铁骑绕龙城。在中华人民共和国成立 70 周年盛大阅兵式上，二院研制的 HQ17AE 首次亮剑，接受了党和人民的检阅，受到了各方关注。

“献身航天，初心如磐；为国铸剑，使命在肩。他们甘于奉献，践行着航天事业的神圣使命；他们勇于超越，填补了研制领域的多项空白；他们卓尔不凡，在航天报国新征程上砥砺前行。”这段充满激情的解说词，说尽了团队十余年的风雨历程，道出了每一位研制人员人心中难以忘怀的艰苦岁月。

此时的陈国新，坐在电视机前，平静的面部看不出任何情绪，但他的内心无比激动。当年，他任新型野战防空导弹总师时，也恰逢阅兵，由于一些特殊情况，新型野战防空导弹没能走向天安门，接受全国人民的检阅，这成了他难以言说的遗憾。此时此刻，与战友们共同奋战的十余年时光像过电影一样一幕幕在眼前闪现，让他久久难以平静。

2. 敲响警钟，迫在眉睫

在 1991 年的海湾战争中，西方军事集团对伊拉克发动了军事打击。这次战争的打击模式与以往历次战争不同，精确制导武器已成为现代战争的主力，由于伊拉克仍然采取以前的作战思想和模式，双方不成比例的伤亡数字与伊军惊人的溃败速度，不仅成就了一段高技术武器的神话，也推动了再一次新军事革命的浪潮。

这场战争使我们认识到国防建设的重点必须放到新一代武器装备的研制上。于是，更加适应现代陆军野战防空需求的新型野战防空导弹的研制工作正式拉开了序幕。

20 世纪 90 年代初期，国内多个军工单位都在激烈竞争这一任务。二院已经成功研制了红旗七号、海红旗七号等多个低空、超低空防空导弹武器系统，有丰富的研制经验，二院对研制新型野战防空导弹的光荣任务志在必得。时任二院院长陈定昌，党委书记王可立，带领于本水、陈国新等人在当时的国防科工委给上级领导进行汇报，积极争取研制任务。

经过不懈努力，国防科工委明确指示，要求二院自主研发新一代陆军野战防空导弹。接到这个指示后，二院迅速组建设计师队伍，有多个型号研制经验的陈国新再次挑起大梁，承担重任，开始了新的使命和任务。

陈定昌院长亲自担任型号总指挥，任命于本水为总设计师，陈国新、王语光、金其明为副总设计师，同时任命了一批主任设计师。新老结合。二部多种专业的技术骨干孙连举、徐兆林、黄荣度等，他们于 20 世纪 60 年代至 70 年代大学毕业参加工作，有着从事型号研制多种专业的丰富经验。还有一批年轻的主任设计师，他们都是 60 年代出生的人。这样一批新老结合的队伍顺利组建，研制工作紧锣密鼓地开展起来。

3. 引进技术，消化吸收

型号研制的首要任务是明确研制思路，陈国新等人根据我国科研、国防工业的现状和二院型号研制的实际情况，确定了“继承、借鉴、提高”的指导思想，从研究吸收国外经验开始迈出第一步，这个要求与国防科委要求一致。实践证明，这是一条可行的途径。

于本水（左三）、陈国新（左二）和金其明（右一）一起研究工作

1999 年，于本水、陈国新等型号主要领导到国外进行谈判。可没想到的是，外方立刻给了大家一个“下马威”，外方恰巧是于本水的同学，为了谈判顺利进行，于本水与陈国新一同列了一张订购需求表，我方拿着这张外方专家口中很“专业”的单子，去与外方洽谈。谁知外方一看单子，就说：“这张单子是于本水列的吧？”对方很敏锐地知悉了背后有专家指点，于是狠狠地开了一个“天价”，战车、指挥车的价格还算正常，但是那些主要零部件却出价十分高昂，甚至比两辆车加起来的总价都高了好几倍。正当大家一筹莫展之际，陈国新说：“咱们不买这些零部件，只买这两辆车，买回去以后把车拆了，零部件不就都有了吗？”大家一听，觉得确实是个好办法，采纳了陈国新的意见，这一建议为国家节省了一大笔开支。

此后二院紧锣密鼓地进行了对外技术引进成果的消化吸收，获取了大量技术数据，积累了对战车的操作使用经验，培养锻炼了一支技术队伍。通过对外技术引进，为武器系统立项研制奠定了坚实基础。

4. 研制阶段，担当作为

为了加快推进型号立项，促进型号后续研制工作的顺利开展，二院召开工作会，明确了新型野战防空导弹研制工作指导思想：以满足部队使用需求为宗旨，在“继承、借鉴、提高”的基础上走自行设计的道路，严格执行研制程序，充分发挥总体作用，采用先进的设计、成熟的技术，确保优质高效地完成研制任务。

2000 年 8 月，经中央军委批准，新型野战防空导弹正式立项研制，成立项目管理办公室。10 月，国防科工委任命陈国新为总设计师，并聘任了 28 名主任设计师和 47 名副主任设计师，正式建立起新型野战防空导弹“两总系统”，该型号进入“工程研制阶段”。此后的十余年时间，陈国新一直在这一团队孜孜不倦地开展研制工作。作为总设计师，他主动担当作为，从全局出发，运用系统工程的方法带领型号队伍攻坚克难，解决产品研制中的设计、制造、试验和使用问题。

完成新型野战防空导弹的研制，存在多个技术难点，对型号总师、型号队伍来说，能否在短时间内突破关键技术并按计划要求完成研制工作，是该型号研制是否成功的关键。快速转弯技术是首次在新型野战防空导弹中使用，陈国新总师、薛副总和王总指挥带领型号团队，利用一间闲置的厂房作为试验场，在没有任何技术资料参考的情况下，自行设计并建立了一个快速转弯试验装置，能直观、有效地模拟产品在直接力控制下的姿态变化。陈定昌、于本水多次来到现场，与试验团队设计师研究技术细节，进行数据分析。终于，团队成功突破了该关键技术，为试验的成功打下了坚实基础。

随后，新型野战防空导弹转入工程研制阶段，开始了一系列紧锣密鼓的型号试验。

2005年春节，二院张灯结彩，喜气洋洋。每年年底，二院都会为职工发放年度奖金，以犒劳辛勤耕耘一年的广大职工。但是，此时此刻的陈国新总师，却默默走向二院财务部门，由于没有按时间节点要求完成年度试验任务，他缴纳了“罚款”。

原来，这次“罚款”源于新型野战防空导弹的一次试验，在一次常规试验中，导弹发射成功，基本达到试验目的。但是，经试验团队对数据进行缜密的分析后，陈国新总师认为，这次试验数据存在一定偏差，并不是一次“完美”试验。这时候，团队中出现了两种判断，一部分同志认为，此次试验基本达到预期，因临近春节，已在靶场奋战了数月的试验队员十分疲劳，想立刻回京，过完春节再进行后续的试验。一部分同志认为，此次的试验数据偏差较大，建议立即进行优化设计，再进行一次试验。

此时，在巨大的试验进度压力下，有些同志认为此次试验已经达到基本的验证目的，不会影响两总系统完成年度任务的评定，可以回北京优化设计后，再返回试验，因此建议陈国新总师立即返京。但是，陈国新总师本着对型号高度负责的思想，认为“一鼓作气，再而衰，三而竭。试验结果与导弹系统设计仿真结果数据偏差较大，为了不影响导弹研制的整体进度，团队暂不返京，全体留在靶场趁热打铁，继续深化试验”。于是，他主动担当作为，与主管导弹系统的薛副总师统一认识，顶着强大压力，“拍板”决定试验队暂不返京，留在原地查找问题、优化设计。

功夫不负有心人，通过一个多月的优化设计，第二次试验结果完全达到了设计要求。陈国新总师带领团队，又顺利通过了一次“考试”。这是一次导弹研制队伍技术能力的“考试”，也是一次科研作风求真务实思想品质的“考试”，这次“考试”为后续型号研制打牢基础，对后续型号的发展，影响深远。

但是，由于这次并没有按照计划执行任务，就出现了开头的一幕，别人去领取“奖金”，而陈国新总师却是去缴纳“罚款”。但陈国新总师这种为了型号装备严格要求、精益求精的精神，令人敬佩。

5. 十载春秋，设计定型

无垠戈壁，茫茫砾海，一簇簇矮小的植被稀稀疏疏，寂然而立。在狭小的试验指挥方舱里，当倒数的指令响起，试验方舱安静异常，仿佛能听到每个人呼吸的声音。这时，作为总师，承受着巨大压力的陈国新，默默拿起身边一小块纸条，开始无意识地撕纸，直到把手边的草稿纸一点一点地撕成细条。

型号飞行状态

“击中目标，成功了！”大家沸腾了，试验圆满成功！大家看着陈总面前撕的一堆纸，笑道：平时看陈总总是平静如水，镇定自若地指点江山，没想到陈总也有紧张的时候！

试验成功，在场的试验人员热泪盈眶，是他们亲手绘制的一张张设计图纸，铺就了一条条满是荣光的中国武器装备骄傲之路。为了祖国强大，他们隐姓埋名，默默无闻，将全部心血奉献给了祖国。成功后，试验队员感慨万千，这首《型号礼赞》是由试验队员亲手创作的诗歌，能看到这十余年的型号研制中，团队成员付出的艰辛和收获的快乐。

同志们，我们试验队凯旋了

手捧鲜花，挥动彩旗

同志们风尘仆仆
黝黑的脸上洋溢着开心的笑容
难忘啊，十载春秋、卧薪尝胆
八项攻关，攻坚克难
回首看
所有关键试验都是一次过关
难忘啊，首发失利，故障频发
有人叹息，有人悲伤，有人迷茫
莫问重重挫折后悲泪几行
且看屡屡奋斗中豪情万丈
我们下定决心，认真整改
坚定信心，排除万难
难忘啊，我们的耳畔
不时响起亲人的呼唤
我们的脑海，不时闪现亲人的容颜
但我们却不能与他们朝夕相伴
父母年老体衰
儿女却不能在床前尽孝
宝宝呱呱坠地
丈夫却不能在身旁照料
儿女中考高考
父母却不能给予帮助辅导
我们也是血肉之躯，热血儿郎
但我们舍小家为大家

甘愿在茫茫戈壁驻防
不分昼夜，加班加点
任狂风肆虐沙砾飞扬
任烈日炎炎旱魔逞强
任风雪茫茫数九严寒
任各种艰难困苦阻挡
我们如同那千年的胡杨
屹立不倒总昂扬
寂寞往往注满悲壮
悲壮往往孕育辉煌
忆往昔，卧薪十年磨利剑
看今朝，金戈铁甲战疆场
禁不住仰天长歌一曲型号赞
继往开来，再创辉煌

2009 年冬，陈国新在试验场

这首诗歌道尽了数十年攻关路上的艰难，也歌颂了型号团队的无私奉献，热血浇铸神剑，拼搏成就梦想。在陈国新总师的带领下，团队在成功面前不松懈，在失败面前不气馁，试验队员们胸中激荡着的报国热血和献身航天事业的坚定信念，正是这种信念，支撑着该系列型号研制团队一路向前，走向成功。

6. 真抓实干，成果丰硕

在几十年的多个型号研制的过程中，陈国新总结提炼出自己的一套工作思维和方法，成体系地固化为宝贵的研制经验成果。他运用“系统工程”中霍尔三维结构模型采用的以时间维、逻辑维、知识维三个维度的概念和方法来实现总师的技术管理工作。

陈国新认为，质量的定义是产品、体系或者过程的一组固有特性满足顾客和其他相关要求的能力。他树立现代质量观念，充分理解以顾客为中心的质量管理原则，并将整个原则贯穿在型号任务的每一个阶段。他认为，不同地区因环境条件不同，对研制的型号产品提出的要求也不同，产品应该有环境适应性。

在研制期间，陈国新总师和总指挥组织型号队伍、各研制单位开展元器件、部件、装备的海南岛自然海环境试验，积累了大量数据，为提高装备的环境适应性和可靠性，发挥了极大作用。

为了验证产品的环境适应性，深入现场，和试验队员们在一起是陈国新的一贯作风。在深夜加班的一线现场，在大漠戈壁的风沙里，总是能够看到他的身影。大型的总装、

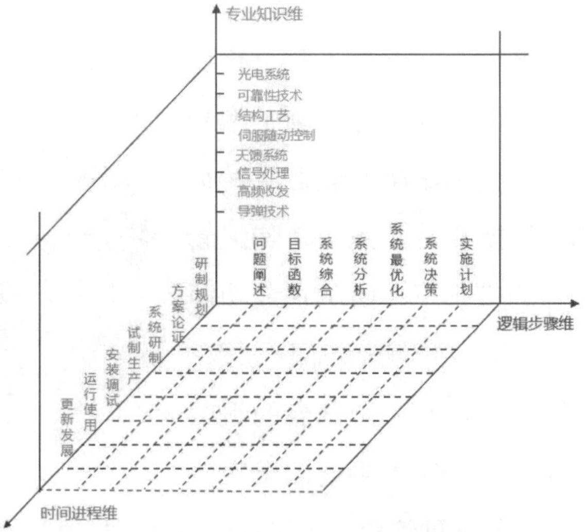

陈国新构画的系统工程管理三维结构图

测试和试验，他都在第一线。他是实实在在地带领着型号团队在“拼命”。对于陈国新而言，“深入现场”不仅可以在一线了解更多关于型号各方面的信息，更能鼓舞士气、增强斗志。

2009 年，陈国新（右一）定型试验现场

只要在基地一天，不管酷暑严寒，陈国新都要去阵地与一线的队员们在野外摸爬滚打。在一次大漠深处开展跑车试验中，装备车陷入沙坑无法动弹。随行小车开出好几里地才找到有手机信号的地方向基地求援。基地立即组织了救援小组，陈国新要求随队同行。酷暑时节，在没有道路、地面坑坑洼洼的大漠深处颠簸，十分艰苦，甚至在临行前大家仍然在劝阻他，但陈国新坚决上了车。当看到队员们和装备车都安然无恙的时候，陈国新悬着的一颗心终于落地，全然忘记了一路因颠簸使得头不停碰撞车顶的折磨。

陈国新几乎把所有的精力都放在了他的事业上。他几乎没有正点下过班，没有完整的周末，哪怕是在家，心里揣着的也是型号上的事。

陈国新作为型号总师，在整个型号研制过程中，如何组织领导整个研制队伍高效顺利地完成研制任务，是一个重要问题。他始终认为，型号研制是一项系统工程，而系统工程是有目标、有任务、有组织、有考核的集体行为，也就是人们常说的工程靠集体。正因为有这种思想和理念的驱动，陈国新在型号总师的岗位上协同型号总指挥、副总师、副总指挥等，出色地完成了型号研制任务。

陈国新（中）指导工作

可靠性工作(可靠性、维修性、测试性、环境适应性、电磁兼容性、安全性人机工程）是陈国新型号研制工作中的最关注的一点，他着力狠抓。从大纲制定、试验验证、从开会工作部署，到现场试验都有他的身影。陈国新十分关注可靠性等通用技术，这些都是研制武器装备，确保装备具有规定的作战使用维护性能不可或缺的。有设计师说：“只要参加陈总的型号会，每次都能听到他对可靠性的工作要求。”陈国新把可靠性的设计师，看成是自己型号工作的得力助手，直接与他们联系沟通，对及时掌握工作进展，是十分有效的方法。

陈国新根据过去红旗七号、海红旗七号的研制经验，部队作战训练使用中，深感武器装备的质量可靠性方面的现状，深知保证并提高武器装备的质量可靠性工作的重要性，在新型野战防空导弹的研制初期，他就在二院新型野战防空导弹的研制中首先推行产品保证工作。该工作的组织实施，使型号的质量可靠性得到提高，也使产品质量的提高有了组织和技术支持。

陈国新还在型号研制的过程中，树立了以设计为中心，以试验、验证为重点的思想。在这方面，陈国新积累了大量的经验教训。陈国新认为，一个成功的型号研制，要经历方案的论证、设计、试制和试验及验证的过程，它是以设计为中心开展的。通过各种试验来验证设计的正确性，判断是否达到规定的性能要求，确定试验目的、编制试验大纲以及试验的实施和试验数据分析、结果评定。只有通过试验才能暴露设计或者制造的缺陷，对发现和暴露问题的改进和提高产品的性能和质量，在研制过程中越在早期发现越有利。

技术状态控制是当今型号质量管理中十分重要的手段。陈国新认为，“技术状态”管理是指运用技术和行政手段，对产品技术状态进行的标识、控制、记实、审核等活动。它提供了控制设计和制造状态的组织和程序，是总师全面掌握武器系统在一研制阶段系统所具备的技术状况，评估研制进度以及面临问题和影响型号进度的风险的有效工具，可应用于产品的全生命周期。由于技术状态管理属于质量管理的范畴，容易被技术设计人员所忽视，误认为“管理”仅是机关行政方面的事。实际上技术状态的本质是“技术”，由于它的作用很重要，所以要提出专项的控制管理。总师是系统技术状态管理的最高责任者，各技术状态项目负责人都应在总师的领导下开展技术状态管理活动。

陈国新总师在多年型号研制工作中，积累了丰富的专业知识。他从不吝啬将这些宝贵的知识财富，传承给新一代的航天人。如今，只要他从事过的相关型号在研制中遇到瓶颈，陈总都会被邀请“重出江湖”。他铿锵洪亮的嗓音，仍时常萦绕在会议室，为一代又一代的航天人指明前进方向。

陈国新

第七章

晚年志行 桑榆未晚为霞满天

对工作的严谨负责、对爱人的温暖关怀、对儿女的谆谆教导、对朋友的宽和谦逊，在陈国新自己看来，这一切都是理所当然。他并没有追求所谓的“崇高”，只想做一个纯粹的科技工作者，一个忠诚事业、恪尽职守的科技工作者。

1. 移孝为忠，寸草春晖

陈国新与父亲陈景贤的感情极为深厚，父亲是一名优秀的中国共产党党员，第二次国内革命战争时期参加革命工作，后任上海市邮政局一支局局长。他之所以能从事航天事业，并取得成绩，与家庭的耳濡目染和父亲的谆谆教诲密切相关。

20 世纪 80 年代后期，正是海红旗七号研制的关键时期，父亲陈景贤来北京全国总工会开会，在陈国新位于北京市海淀区的家中小住。当时，陈国新正全力攻克一项型号研制中的关键技术，虽然单位离家仅一步之遥，但是，想抽出时间与父亲聊聊天、吃吃饭却变成一件很奢侈的事情，他每天早出晚归，忙完工作，已是深夜，父亲早已沉沉睡去。

由于初来北京，水土不服，一天深夜，陈国新的父亲突然发起了高烧，而陈国新正远在靶场出差。妻子付艳玲十分焦急，但是两个孩子太小，家里根本离不开人，难以分身的妻子只能打电话给单位政工部门领导，单位立即安排老人住院。住院的一周时间里，虽然有单位领导同事的频繁慰问、看望，有妻子的精心照料，但远在靶场的陈国新，还是十分地挂念父亲，可无奈工作繁忙，直至父亲痊愈出院，都未能与父亲见上一面，至今，谈起此事，陈国新仍然觉得有愧于父亲。

在陈国新从事新型野战防空导弹研制最繁忙的阶段，翻开那一时期他记录的密密麻麻的工作笔记本，上面赫然写着：

2008 年 2 月 20 日，上午导弹状态讨论，下午“三性”鉴定试验大纲评审。

2008 年 2 月 21 日，母亲去世。

2008 年 2 月 22 日—25 日，回上海吊唁。

2008 年 2 月 27 日，210 所工作协调会。

……

2008年5月13日，304场听工作汇报。

2008年5月14日，父亲去世。

2008年5月17日—20日，回上海吊唁。

2008年5月21日，召开两总会。

慈孝之心，人皆有之，父母年事已高，陈国新多么希望能承欢膝下，共享天伦，但是此生许国，再难许家，由于工作的繁忙，就连双亲的去世，陈国新也是简单地回乡吊唁，短暂停留后，又继续投入型号研制的忙碌中，这也成了他难以言说的终身遗憾。

2. 举案齐眉，琴瑟和鸣

“说起遗憾，就是他工作的这几十年里，一直很忙，我们从来都没一起去旅游。”陈国新的妻子付艳玲笑着说道。“但是我理解他、支持他，我知道他是为国家作贡献。”

1970年10月31日，陈国新与付艳玲结婚。至今，他们已经携手走过50多个年头，迎来了“金婚”，回首这50余年的幸福婚姻，足以用“情比金坚”来形容。

陈国新和付艳玲一起庆祝生日

1966年，陈国新初入单位，分配到七机部二院26所第三研究室制导系统总体组工作。当时，新分配来的大学生，都要在基层实习劳动，就这样，陈国新被分配到26所的模样车间劳动锻炼，也正在这里，陈国新与付艳玲相识、相知、相恋。

2010年，陈国新和夫人付艳玲旅游照

1969年9月，陈国新被下放到广东湛江赤坎区调顺岛军垦农场（0638部队）进行知识分子劳动改造；1970年1月，在调顺岛劳动了4个月后的一天，陈国新接到命令，全体下放知识分子转移到湖南汉寿县洞庭湖边的柳林嘴农场（0503部队）。虽然条件艰苦，但陈国新“失之东隅，收之桑榆”，下放期间，他与26所的模样车间劳动锻炼时认识的付艳玲组成了一个温馨甜蜜的小家庭。付艳玲也是一位优秀的航天人，作为一位土生土长的北京姑娘，性格有着北方姑娘特有的爽朗、大气。作为妻子，她心甘情愿地当起了陈国新的“贤内助”，给了他一个宁静、无忧的心灵港湾，随着儿子、女儿的出生，她不仅将家中大小事务一并承担，还一手负责孩子的抚养、教育，家里的事情从不让陈国新操心，陈国新能安心工作，取得优异的成绩，“军功章”里也有付艳玲的一半。

2010年6月24日，陈国新正式退休，同年8月15日，二院组织职工去旅游疗养，妻子付艳玲终于第一次和陈国新去旅游，她笑得很开心，就像50多年前他们初遇时那样，幸福而美好。

3. 言传身教，舐犊情深

在陈国新儿子陈绚冬、女儿陈绚丽的眼里，父亲总是有忙不完的事情，但是再忙碌，每周一次的广播节目《星期日广播英语》、电视英语学习节目《follow me》等学英语节目，父亲都会守在广播、电视前和他们一起收听、收看。家里长期订阅的《中国日报》英文版等英文杂志，陈国新也会定期与子女一起阅读。

儿子、女儿在父亲的熏陶下，都相继走上了航天之路。他们继承父亲的志愿，都是十分优秀的航天人。

儿子陈绚冬清楚地记得一件趣事，读初中的时候，一次放学回家，突然发现桌上多了一个精致可爱的小鹿笔筒。在那个物质匮乏的年代，这确实一件新鲜玩意儿，正当儿子拿起笔筒摆弄的时候，正好陈国新走进来。

儿子问："这个笔筒是哪儿来的？新买的吗？"

陈国新轻描淡写地说："哦，这个是奖品。"

儿子："什么奖品？"

陈国新："这是资料室发给我的，说是今年全二部借书最多的前三名给的奖品。"

受父亲影响，儿子也经常去资料室、图书馆借书、学习。陈国新虽然言语不多，却言传身教，总是用自己的实际行动，为儿女们做着优秀的榜样！

2020 年，在陈国新 76 岁时，孙子也踏入大学校门。陈国新 1960 年上大学，距离孙子踏入大学校门，时间刚好相差 60 年，整整一个甲子，这让他回忆起自己 60 年的职业生涯，百感交集。

4. 同甘共苦，情深义厚

陈国新和当年一起从事型号研制工作的亲密战友们
（前排左起：马翰秋、杨存富、于本水、陈国新；
后排左起：魏焕旨、金其明）

“金总其明，杨总世东：辛丑牛年的春节到了，给你们拜年，今年是2021年2月，我已退休11个年头，卸下重任，一身轻松，有机会参加一些技术讨论会，感受到当今时代科技的进步，看到了新一代设计师的成长和责任担当，虽然过去的一年，我们尊敬的陈定昌院士和老战友乐美康不幸逝世，令人心痛，但也有令人欣慰的事，60后成果累累，70后、80后已是科研生产或管理的核心力量！

我从毕业分配到26所从事重点工程，到1980年重新恢复防空装备研制，再到113舰上的海上试验，这些工作经历，都是我后续从事型号研制的一本教科书。直到退休为止，我初心未变，时光荏苒，年复一年，回忆起与你俩共同奋斗在一条战线上的日子，所经历的苦与乐都难忘和珍贵……”

这是陈国新写给当年共同奋战在型号线上“亲密战友”们的书信，能深刻感受到陈国新对航天事业的深切热爱，对亲密朋友的深情厚爱，对培养后辈的无私大爱，这情谊令人深深动容。

“陈总就是这样，人淡如菊，却散发幽香，滋润着身边的每一个人。”作为与陈国新搭档了十余年的老朋友金其明，谈起陈国新感慨万千。“我与他合作的十年是非常快乐的十年，在型号研制遇到困难时，他从来不会推卸责任，永远是扛在队伍的最前面，但是面对荣誉时，他却默默退到了大家身后。”

5. 从心之年，再次出发

孔子曰：“吾十有五而志于学，三十而立，四十而不惑，五十而知天命，六十而耳顺，七十而从心所欲，不逾矩。” 对于陈国新来说，从心之年正是他最好的年龄，此时的他，终于卸下了几十年承担型号总师的重担，重拾年轻时没有时间学习的各种兴趣爱好，尽情享受着天伦之乐。

但是，每当型号研制有需要之际，只要型号团队邀请，他都欣然接受。他说:“只要我还能发挥一点余热，我很乐意，看到年轻人的成长，我很欣慰。”

2013 年 12 月，陈国新用心血研制的新型野战防空导弹武器系统获评国防科学技术进步奖一等奖。参与从项目发起，到担任项目领头人，再到总设计师，陈国新亲历了该项目的发展全过程，发挥了不可替代的重要作用。

当笔者去采访他时，他说的最多的一句话就是：“我本人只是沧海一粟，渺小得很，一切成就归于党，归于集体，我本人只是按照组织要求，做了该做的工作，仅此而已。”

2021 年 1 月 12 日，陈国新接受笔者采访

在如今，这份纯粹显得越发珍贵、越发可

陈国新近照

敬。作为一名科技工作者，陈国新早已把自己的生命融入了使中华民族强盛的伟大事业中。

印记似画，岁月如歌，从心之年，并不算晚。陈国新捧起书本，再次出发。（撰稿：李露琪）

陈国新大事年表

- **1944 年**

  7 月 30 日，出生于上海市。

- **1949 年 5 岁**

  9 月，就读上海浦东塘桥镇小学。

- **1955 年 11 岁**

  9 月，入读上海市洋泾中学。

- **1960 年 16 岁**

  8 月，入读西安军事电信工程学院地空导弹无线电遥控专业。

- **1964 年 20 岁**

  5 月，在西安军事电信工程学院加入中国共产主义青年团。

- **1966 年 22 岁**

  1 月，加入中国共产党。

  2 月，因学习成绩优异，被西安军事电信工程学院评为“三好学员”。

  2 月，在七机部二院 26 所三室任技术员、工程师。

- **1969 年 25 岁**

  9 月，在 0638 部队（广东湛江）下放。

- **1972 年 28 岁**

  4 月，在 0503 部队（湖南汉寿）下放。

- **1980 年 36 岁**

  3 月，被二院评聘为工程师。

- **1982 年 38 岁**

  4 月，航天工业部二院二部，任高级工程师。

- **1987 年 43 岁**
  6 月，被航天工业部二院评聘为高级工程师。
  荣获海红旗七号质量管理三等奖。

- **1990 年 46 岁**
  5 月，在航空航天工业部二院二部一室，任副主任。

- **1991 年 47 岁**
  11 月，红旗七号制导站，获部级科技进步一等奖。

- **1992 年 48 岁**
  11 月，在航空航天工业部二院评聘为研究员。

- **1993 年 49 岁**
  3 月，在航天工业总公司二院二部任海红旗七号武器系统总体主任设计师。
  FM-80 弹炮结合防空武器系统科技进步一等奖。

- **1994 年 50 岁**
  1 月，在航天工业总公司二院任重点型号导弹武器系统副总设计师。
  10 月，享受国务院政府特殊津贴。

- **1995 年 51 岁**
  10 月，任中国电子学会高级委员。

- **1996 年 52 岁**
  2 月，在航天工业总公司二院二部任副主任。
  航天工业总公司二院有突出贡献专家称号。

- **1997 年 53 岁**
  1 月，任航天工业总公司二院海红旗七号武器系统总设计师。
  12 月，任水面舰艇学术委员会副主任。

- **1998 年 54 岁**
  8 月，任航天工业总公司科技委常委。
  9 月，航天工业总公司有突出贡献专家。

- **1999 年 55 岁**

  8 月，航天机电集团科技委委员。

- **2000 年 56 岁**

  2 月，任二院科技委顾问。

  10 月，任航天机电集团二院某导弹武器系统总设计师。

- **2001 年 57 岁**

  4 月，任航天机电集团 CIMS 工程副总设计师。

  1 月，航天机电集团授予型号科研生产任务特等功。

  4 月，全国国防科技工业系统劳动模范称号。

  8 月，国防科技工业武器装备型号研制一等功。

  12 月，海红旗七号舰空导弹武器系统荣获国防科学技术奖一等奖。

- **2002 年 58 岁**

  9 月，中国航天基金会颁发的航天基金奖。

- **2003 年 59 岁**

  1 月，海红旗七号舰空导弹系统荣获国防科学技术奖一等奖。

  2 月，任航天科工集团二院海红旗七号甲导弹武器系统总设计师。

  11 月，海红旗七号武器系统荣获国家科技进步奖一等奖。

- **2005 年 61 岁**

  1 月，二院先进科技工作者。

- **2007 年 63 岁**

  5 月，中国航天基金奖“特别贡献奖”。

  11 月，二院建院 50 周年“突出贡献奖”。

- **2010 年 66 岁**

  6 月 24 日，退休。

陈国新

参考文献

［1］航天工业部第二研究院院史编委会．航天工业部第二研究院院史（1957—1987），1987.

［2］中国航天二院院院史编委会．中国航天二院院史（1987—2007）.2007.

［3］中国航天科工二院院史编委会．中国航天科工二院院史（2007—2017）.2017.

［4］航天二院：回首五十年——二院建院 50 周年征文选 .2007.

［5］王雨培，陶社兰．于本水院士传记［M］．北京：中国宇航出版社，2015.

［6］孙捷，张吉利，侯鲜利，程国海．陈定昌院士传记［M］．北京：中国宇航出版社，2016.

吴兆生

吴北生的故事

吴北生（1929.8.14—），天津人，祖籍江苏省常州市。1952年8月毕业于清华大学电机系电信专业。中共党员，研究员。1957年11月进入国防部五院二分院，长期从事导弹技术和武器系统的研发工作，参加过地地导弹、地空导弹等多种类型十多个型号的预先研究、技术攻关和工程研制；曾任二院二部主任，二院科技委主任等职。曾担任七机部地空型号总设计师组副总设计师，负责我国地空导弹系统研制的技术抓总工作，先后任红旗三号、红旗七号副总设计师，第三代防空武器系统总技术负责人，B610、B611、B6系列总设计师，为国防事业发展作出了重要贡献。其研究成果获得国家科技进步奖特等奖1次，国家科技进步奖二等奖、三等奖各2次，国防科学技术一等奖1次，部级科技进步奖一等奖、三等奖各1次。全国五一劳动奖章获得者，航空航天工业部有突出贡献的老专家，享受国务院政府特殊津贴。

◎ 目　录

吴兆生

第一章

颠沛流离 逆境中奋发成长

20世纪20年代末，吴北生出生在一个知识分子家庭，在那个动荡的年代，战乱不断，随着父亲工作地点的变动，吴北生的童年和青少年时期在不停地搬迁逃难、颠沛流离中度过。聪慧好学的吴北生，得益于父亲对教育的重视，求学之路虽几经曲折，但从未中断，且学习成绩优良。

1. 勤学好问，孺子可教

20 世纪 20 年代末 30 年代初，中国处于国民党统治时期，军阀混战，民不聊生。天津这座北方的沿海城市，是当时国内经济还算比较发达的城市之一，它的纱厂和丝厂是当时国内重要的经济来源。因此在那个动荡的年代，天津不失为一个人们追求相对安稳生活的所在。

1929 年 8 月 14 日（农历七月初十），在天津小圩庄华新纱厂一间宿舍里，一名男婴“呱呱”坠地，他就是吴北生。父亲名叫吴成官，是华新纱厂的一名职员，因祖籍在南方江苏常州，故为其取名“北生”。

吴北生是家里的长子，他的出生给全家带来了欢乐和希望。母亲负责在家照看孩子，把家打理得井井有条。父亲兢兢业业地工作，尽力为全家创造安稳的生活。后来吴北生又有了弟弟和妹妹，加上奶奶，一共七口人，三世同堂的生活虽然充满了艰辛，但只要能吃饱穿暖，全家平平安安，就算得上是好生活了。

吴成官的父亲是一位商人，江苏省武进县（今武进区）人，但是英年早逝，留下吴成官兄妹二人和母亲相依为命，全家基本没有经济来源，仅靠母亲的手工刺绣品换得一点收入。一次偶然的机会，吴成官看到了一所纺织学校的招生广告，说包吃住，还包分配，吴成官不由得一阵欣喜，心想，这样不仅能为家里减轻负担，而且毕业后工作还有保证，能为家里带来经济收入，岂不是两全其美？他决定报考这所学校，便与母亲商量。一开始母亲并不同意，因为毕业后的工作地点离家太远，母亲不放心他独自一人在外。但是吴成官一旦认准的事，便会义无反顾地走下去。他不想放弃这个能给家里减轻负担的好机会，在他的坚持下，母亲最终同意了。这所学校是专门为培养纺织管理人员所开设的，吴成官学习两年毕业后，被分配到天津市华新纱厂工作。随后，母亲变卖了家产，便来到天津和吴成官一起生活。

在当时，吴成官算得上是为数不多的知识分子，思想开明，儒雅精干。历经动荡年代的磨砺，吴成官更加懂得读书的重要性。或许是因为吴北生在家中是长子，吴成官格外望子成龙，非常重视对他的培养和教育，希望他能好好读书，光耀门庭，将来能有个一官半职，衣食无忧。

吴北生是一个性格安静、对一切充满好奇心的孩子，从小便表现出强烈的求知欲。浓眉大眼的他，细心地观察着周围的一切，不停地探索着未知的世界。他常常在心里提出各式各样的问题：为什么天是蓝的、树叶是绿的？为什么鸟会叫、虫会爬？……他还喜欢追在父亲身后问东问西，希望父亲多传授他一些知识。父亲总是不急不躁、很耐心地为他答疑解惑。久而久之，父亲在他心中的形象越来越高大，吴北生便立志长大后成为像父亲一样“学问高深”的人。

1934年，吴北生刚满5岁，父亲便把他送入天津华新纱厂附属小学读书。读书期间，虽然吴北生在班里年龄最小，但不负所望，小小年纪便展露出与实际年龄不太相符的较强自律性和认知能力。课堂上，吴北生静静地坐在课桌前，专注地听着老师的讲解，学习成绩总是名列前茅。他那善于思考的小脑袋，仿佛有着无穷无尽的能量，在知识的海洋里尽情享受着探索的乐趣。老师打心底里喜欢这个品学兼优的“小不点”。父亲看在眼里喜在心头，更加坚定了培养吴北生的决心，时时处处想着为他创造更好的学习环境。

2. 举家南迁，曲折求学

1936年，吴北生转入天津尚德小学开始三年级学习。可是好景不长，仅上了一个学期，吴北生安稳的童年便被彻底打翻。

随着全球性经济大萧条（世界经济危机）爆发，中国经济受到重创。这场危机首先影响的是农产品的价格和销售，包括中国原棉、小麦、糖、丝以及大米在内的初级产品市场崩溃，以棉花、蚕茧为原料的城市工业陷入麻烦，当时的经济支柱——纱厂和丝厂大量关闭，引发了城市的经济危机，再加之日商纱厂的兼并等多重因素，吴北生父亲所在的纱厂也在所难免地受到了影响。

父亲失业，没有了经济来源，全家生活陷入困难境地。父亲四处找工作，最后在塘沽永利碱厂找到了一份工作，全家暂时安顿下来，吴北生也随即在塘沽永利碱厂附属小学读完了三年级下学期。

屋漏偏逢连夜雨。1937 年 7 月 7 日，侵华日军制造了震惊中外的“七七”事变，日本帝国主义开始了全面侵华战争。日寇入侵天津吞并了父亲所在的工厂，每到一处烧杀抢掠，无恶不作，人民生活在水深火热之中。从此，吴北生举家南迁逃难，开始了颠沛流离的生活。

逃难的路上，吴北生的一个妹妹因为生病得不到及时救治而夭折了。妹妹那小小的冰冷的身体，成了吴北生童年记忆中永远的痛，也激起了他对日本帝国主义的愤恨。1937 年夏，历尽重重磨难，吴北生全家终于回到了母亲的老家——江苏省武进县夏溪镇。

回乡后不久，父亲便为吴北生在夏溪镇小学报了名，让他继续接受教育。为了全家的生活经济来源，父亲只身到了上海打工。因为父亲在常州没有祖产，母亲和两个弟弟吴寿生、吴冬生以及妹妹吴玉溪只好寄居在外婆家，吴北生则和奶奶住在一间茅草房里。那时的奶奶已年近花甲，满头银发。为躲避日寇，奶奶牵着小小的吴北生，在秋雨连绵之夜逃难，在泥泞难行的乡村小道上艰难奔走，在乡村小茅屋的冬夜，一盏小豆油灯下，奶奶静静地坐在一旁，陪着懂事好学的吴北生读书到深夜……这些情景深深刻在了吴北生脑海中，多年后想起恍如昨日，历历在目。在奶奶的影响下，吴北生更加刻苦勤奋学习，力求上进。

1938 年，父亲将吴北生和奶奶接到上海寄宿在亲戚家中，让他在上海接受更好的教育。在那些国家动乱贫弱、日寇入侵的岁月里，随着父亲失业再就业的轮回，“家”也就只好随之分散流动，吴北生一家经常分居二三地，从没有过一家人团聚半年以上的情况。令人遗憾的是，吴北生不满十岁那年，母亲在老家外婆家因难产缺少医治不幸去世，吴北生当时因为在上海求学竟没能见上母亲最后一面。母亲在世时，一家人聚少离多，让吴北生对母亲的记忆都是模糊不清的。年少的吴北生，最朴素的理想便是——努力好好学习，长大后拥有一份稳定的工作，赚钱养家，为家人创造安稳的生活。

一个个亲人的离去，成为吴北生心中挥之不去的痛。在一个个夜深人静的夜里，年少的吴北生抬头仰望星空，他不由地想起了母亲，他多么希望母亲能陪在身边，全家幸福地生活在一起，可是不可能了，那些曾经拥有的美好都被日寇的轰炸机炸得粉碎。每每想到这里，吴北生的心里便涌出一股对日寇的憎恨。这些痛和恨也逐渐使吴北生更加认清了一个道理——“落后就要挨打”，唯有自立自强，才能有一线生机。

3. 战乱不断，奋发图强

1941 年 12 月 8 日，日本侵略军占领了上海租界，父亲再次失业。吴北生和父亲、奶奶乘坐难民船回乡避难，移居到了继母何荣秀的娘家——江苏省武进县卜弋桥镇，并在这里吴北生完成了他的小学教育。

吴北生从小学到初中毕业的那段时期，兵荒马乱，正是日寇侵占我国领土的时候。在沦陷区里，日寇铁蹄横行，烧杀抢掠，无恶不作。吴北生一家也和沦陷区的老百姓一样，时常为了躲避日寇的骚扰而逃难。他亲眼看到并多次亲身经历与乡民们一起在雨夜泥泞小路上，大家扶老携幼，仓皇逃难的境遇。这些经历铸就了吴北生遇事坚强、果敢的性格，也在年少的吴北生心中埋下了一颗奋发图强的种子。但无论世事如何艰辛，吴北生从未停下学习的脚步，他的刻苦用功仿佛融入血液一般，成为他不断攀登的阶梯。

小学毕业后，当地并没有初中，吴北生和同学们都面临着无学可上的窘境。当时教授他们小学国语课的吴老师，和蔼可亲，是一位有着强烈爱国情怀的老先生，他看到孩子们那渴求知识的眼神，心里便萌生了办学的念头，他拿出毕生积蓄，在当地一个小公园里找了一间房子，办起了初中，名为作人初级中学。诚如这所中学的名字，吴老师希望每一位学生都能学会做人，做一个对国家有用之人。

吴北生的初一、初二便在作人中学读书。课堂上，吴北生和同学们珍惜来之不易的学习机会，书声琅琅；课堂下，吴北生和同学们在公园里抓虫子，追逐嬉闹，畅快玩耍，笑声阵阵。那段时光成为吴北生青少年时期难得的幸福记忆。吴老师潜移默化的影响，让吴北生懂得了什么是担当和怎样做人，更可贵的是为他奠定了坚实的爱国主义思想基础。

忆起那段经历，吴北生对吴老师的感恩之情难以言表，也时常因在外求学与吴老师年久失联而感到遗憾。但巧合的是，数十年后，一次偶然的机会，吴北生竟与吴老师的女儿——吴佩华相遇在了哈尔滨，此后还在学术问题和课题研究方面进行过交流，让人不禁感叹世界很大亦很小。

读完初二后，吴北生分别在夏溪镇溪南中学和常州私立正衡中学完成

1945 年，中学毕业时的吴北生

了初三上学期和下学期的学习。令人难忘的是初三下学期，在日寇的统治下，日语成为必修课。吴北生和同学们虽然都不情愿学习日语，但是迫于当时日本的高压，他们只好硬着头皮学习日语。谁知“无心插柳柳成荫”，参加工作后，当时打下的日语基础，竟对他学习借鉴日文技术资料发挥了很大作用。

虽然战乱不断、世事多艰，但是稚嫩少年从未停止学习的脚步，茁壮成长。艰辛的生活与多变的局势，使吴北生的思想受到洗礼，逐渐变得坚毅、果敢。

吴壮生

第二章

圆梦清华
奋进中思想升华

勤奋好学的吴北生在求学路上逐渐展露出过人的聪明才智，考取清华大学成为他的梦想。为确保万无一失考取大学，吴北生一下报考了五所大学并被全部录取，最终圆梦清华。大学期间，吴北生参加了护校运动，见证了北平解放，参加了共产党组织的迎接北平解放宣传队，经过这段时期的洗礼，吴北生实现了思想升华，立志做一名又红又专的革命者，为振兴中华而努力奋斗。

1. 同时考取五所大学

吴北生的小学和中学，尽管几经曲折，在不停地逃难、停学、转学甚至倒插班中度过，但吴北生凭借自己的聪慧和勤奋，学习成绩总能保持良好。1945年，抗日战争胜利，全家人的生活也随着父亲的再就业而变得稳定下来。这年夏天，吴北生以优异的成绩考取了当年刚复校的重点中学——江苏省立常州中学。当时常州中学在全国享有很高的声誉，远道慕名求学者甚众，通过入学考试跨进“高门槛”的常州中学，并非易事。在这里，吴北生开始了他高中三年的学习。

高二那年，在学校图书馆，品学兼优的吴北生偶然间看到了一本介绍“国立清华大学”的小册子，他一下被吸引住了，“清华园”校门的照片深深地印在了吴北生的脑海中，从此，吴北生便立下了要考进清华大学电机系的目标。

这所中学有一批好老师，教授物理、化学、几何、代数以及语文、英语等科目，他们不仅学问高，而且治学严谨、循循善诱（这所中学的很多老师在新中国成立后都去了大学教书）。在老师潜移默化、言传身教的影响下，吴北生不仅学习兴趣浓厚，知识基础牢固，各科成绩名列前茅，而且渐渐形成了做事严谨细致的作风。他写的作业、记的笔记、答的考卷字迹工整、页面干净，几乎没有涂涂改改，深受老师的好评。凭着优异的学习成绩，吴北生考取清华大学的愿望和信心更强了。

1948年夏，吴北生只身前往上海，胸有成竹地踏上了考大学的道路。当时未实行统考，大学都是各自招生，因此允许同时报考多所学校，吴北生为了在激烈的大学入学考试中万无一失，同时报考了五所学校的电机系，分别是清华大学、燕京大学、交通大学、南京中央大学和厦门大学。为了省钱，吴北生借住在交通大学教室内，睡地铺，吃干粮，不顾蚊虫肆虐、湿热难耐，不停地在各个考点奔波赶考，考试一场连着一场，连续苦战了半个多月。“那段日子真的很辛苦。”经历过无数困苦的吴北生回忆起那段考试的日子，仍然记忆犹新。

功夫不负有心人。到了秋季各所大学陆续发榜，吴北生竟全部“榜上有名”，顺利考取五所大学。吴北生陆续接到了五所大学的录取通知书，其中厦门大学录取通知书还附上了给予奖学金的许诺，但是吴北生的理想是清华大学，因此他的选择是坚定而明确的。

在吴北生等待清华大学发榜的过程中，有一段特别有趣的经历。1948年秋，战争节节胜利，国民党已乱作一团，东北解放在即，华北的局势也日益紧张，由于铁路中断，北上的交通很困难，而且安全堪忧。在这种形势下，全家不放心吴北生北上，希望他留在南方读书。吴北生的心里很纠结，正当他一筹莫展之际，燕京大学（当时是一所私立大学），也许是为了争生源，率先发榜。吴北生和另外两位同班同学均“榜上有名”，更可喜的是，燕京同学会为了帮助新生北上报到，在上海组织了接待站，协助办理由上海到塘沽港的轮船票，经天津去北平。虽然清华大学和其他学校都还未发榜，但是吴北生对考取清华大学信心十足，他深知一旦报考的南方那几所大学发榜，家里决不同意他北上。吴北生抓住机会，跟父母说出了自己的想法，说服了父母，和同学钱听涛、朱兆明三个人一起乘船北上，到了燕京大学报到，并在那古色古香的燕京大学学生宿舍住了下来。一个多月后，北京大学、清华大学相继发榜，正如吴北生所预料的一样，终于圆了“清华梦”。

与吴北生同时北上报到的钱听涛和朱兆明，也各自怀揣着梦想。北京大学发榜后，钱听涛“榜上有名”，他便转到了北京大学历史系。新中国成立后，钱听涛参军南下，然后去国外执行任务，最后又回到了北京，临到退休他主动要求转业研究历史，最终圆了研究历史的梦想；朱兆明留在了燕京大学学医，毕业后到了解放军总医院，成为一名军医界烧伤科专家。吴北生和他们两人在新中国成立后很长一段时间里曾失去联系，二十多年没有彼此的音信，却在一个很偶然的机缘中重逢，发现原来三人皆在北京，而且住处相距不远，最终这段隔了二十多年的同学友谊得以延续。

或许是源于父亲对教育的重视和其良好的言传身教，也或许是源于吴北生作为长子所起的带头示范作用，吴北生的弟弟妹妹们个个都很好学上进，家里时刻有一种比学赶帮超的浓厚学习氛围。多年后这个普通的职员家庭，出了两个清华大学生。二弟吴寿生也和吴北生一样考取了清华大学。吴北生兄妹四人均不负父亲所望，积极投身革命和国家建设，在各自工作岗位上取得了不俗的业绩。

2. 清华园内迎解放

1948 年 9 月，吴北生正式到清华大学报到，成为电机系的一名学生，开始了他向往已久的大学生活，从此也开启了吴北生在共产党和新中国培育下的新的人生追求，为振兴中华而奋斗。

清华大学，始建于 1911 年，是中国乃至世界著名的高等学府，坐落于北京西北郊风景秀丽的清华园，是中国高层次人才培养和科学技术研究的重要基地。

清华大学二校门（为该校著名文物及标志性建筑）

美好的校园环境，处处藏着别致。清华园工字厅后门外，有一处园内胜景。西部高山流水，北面假山峭壁，山林之间掩映着两座雅致古亭，南面荷塘之畔立有一座秀雅建筑，这就是著名的“水木清华”。

吴北生在校期间每每经过此处，都禁不住驻足体味一番。这个蕴藏诗意的地方，其景致与“自强不息、厚德载物”的校训共鸣，为孜孜不倦、渴求知识的吴北生注入了力量。

那时，解放战争势如破竹，节节胜利，北平解放在即，国民党反动派殊死抵抗，曾蓄谋将清华大学南迁，在解放军逼近时，还曾一度将炮兵拉进了清华园，大炮就安放在吴北生所住的男生宿舍前，准备进行最后的抵抗。共产党地下组织发动学生们一起“保卫学校，反对南迁”，展开“反迁校”斗争。刚到校不久的吴北生参加了这次学校“保卫战”运动。他参加了签名、罢课，和同学们一起轮流住到电机馆地下室，监视着国民党的一举一动。

对于吴北生来说，那是一段刻骨铭心的经历，在共产党先进思想影响下，吴北生逐步感受到中国共产党的伟大，充分认识到只有中国共产党才能救中国。当时到底通过打仗还是和平解放北平，存在着两种不同的声音，最终通过共产党的积极努力，北平和平解放。

1948 年 12 月的一天晚上，吴北生和同学们正在清华大学的大饭厅里吃晚饭，忽然听到有枪炮声，同学们都赶忙放下手中的碗筷，跑出去一探究竟。原来是解放军到了清华园，清华解放了，吴北生的心中顿时充满了对解放军的崇拜之情，他的心里也默默埋下了一颗“参军”的种子。

3. 立志做一个又红又专的革命者

1949 年 1 月，北平和平解放。吴北生被浓烈的革命气氛所感染，他满怀激情投入到革命的广阔天地中。在共产党的直接教育下，他认识了革命事业的意义，于是他和同学们，怀着激动的心情参加了学习和社会活动。当时，由于北京城尚在围困中，他和同学们在党的领导下，展开了学习，准备配合解放军进城宣传。

共产党组织宣传队进城宣传党的好政策和先进思想，吴北生积极加入其中，参加了腰鼓队，进城宣传了数十天。这是他第一次参加公开的社会活动，虽然不免于羞涩，但最终得到了一次锻炼。之后吴北生又随同宣传队到农村进行土改政策、反对邪教和迷信思想等的宣传，并开展了很长一段时间。除了宣传工作，吴北生还积极参加思想政治学习，曾先后学习过《社会发展史》《共产主义与共产党》《历史唯物论》《辩证唯物论》和《政治常识读本》等书籍，也自学了一些马列主义基础书籍和《论共产党员的修养》等有关党的知识书籍，参加土地改革、抗美援朝、“三反五反”、打“老虎”等运动。这段时期是吴北生思想发生快速转变的关键期，他对中国共产党有了更多的了解，并亲身感受到共产党的伟大和正确，并为自己的新生与成长而感到兴奋不已。这无疑对他的一生产生了积极而深远的影响，他逐步建立了又红又专的革命思想和为振兴中华而努力奋斗的理想。

1949 年 10 月 1 日，吴北生和同学们怀着兴奋的心情，精神抖擞，浩浩荡荡地进城，在天安门广场参加了新中国开国大典。毛主席在天安门城楼上向全世界庄严宣告:“中华人民共和国，中央人民政府，今天，成立啦！”听着毛主席掷地有声的话语，吴北生在天安门广场激动万分，不禁泪如雨下！这一天来得太不容易啦，一个崭新的中国从此屹立在了世界东方！

1950 年是农历虎年，对于推翻了三座大山、当家做了主人的中国人民而言，可谓雄心壮志，满怀希望。这一年，中共中央和中央人民政府根据七届二中全会制定的各项方针政策，采取了一系列措施，领导全国各族人

青年时期的吴北生

民在战争的废墟上重建家园，恢复生产。广大青年学子欢欣鼓舞，踊跃参加革命工作，中华大地呈现出一派万象更新的气象。

1950 年 6 月，朝鲜战争爆发。7 月，美国打着“联合国军”的旗号，悍然出兵朝鲜，并将战火烧到了鸭绿江边。10 月 25 日，中国人民志愿军雄赳赳、气昂昂，跨过鸭绿江，与朝鲜军民并肩作战，抗美援朝，保家卫国。

年少时就曾目睹日本侵略者蹂躏华夏大地、残酷屠杀我同胞的野蛮行径，吴北生对美国悍然发动侵略朝鲜的战争感到义愤填膺。“我要报名参战！”吴北生毫不犹豫地向组织提出申请，要求加入到志愿军行列。当时理工科大学生稀缺，国家考虑到建设新中国的迫切需要，不提倡理工科学生报名参战，因此吴北生抗美援朝的愿望未能实现，但他并不气馁，此后，他全身心地投入到紧张的学习中。

吴北生大三、大四期间，学校教学工作逐渐步入正轨，学校一流的教学设备和一流的师资队伍，使他在知识的海洋里尽情遨游。随着学习的日益深入和新技术的发展，他越发认识到：只有发展新技术，国家才能变强大，落后于他人，就会受到严重威胁。

在清华大学求学期间，吴北生在各方面都注重锻炼和发展，值得一提的是养成了一生的好习惯——运动。

清华大学历来重视学生“德、智、体”全面发展，体育运动是清华育人的传统之一。早在 1913 年，学校就开始实行体育强迫运动，规定每天下午四点半到五点半为强迫运动时间，届时将图书室、教室、宿舍关闭，要求学生都到操场上去运动，体育教师巡视指导。

虽然课业负担比较重，但吴北生始终把学校提出的“为祖国健康工作50年”的要求铭记于心并化为行动，积极按时以饱满的精神，而绝不敷衍地出现在运动场上，让处于兴奋状态的大脑神经得到适当的松弛和调整，努力聚集体力和脑力的能量。

从那时起，运动成为吴北生一生的习惯。走向工作岗位后，他依旧坚持每天运动，走路、打太极拳、游泳、自创保健操……只要一有时间，他就适时地进行锻炼。尤其是对于走路，他颇有心得，他说：“每天坚持大步走至少一千步，也许一天两天、一个月两个月看不出有什么效果，可如果坚持久了，作用就会显现。”仅走路这项运动，他一坚持就是半个多世纪，即便退休在家，90多岁高龄的他也坚持每天至少走一千步。运动已经成为他生命中不可或缺的一部分。通过运动这件事，吴北生本身所具有的持之以恒的精神和强大的自律性被诠释得淋漓尽致。

吴北生本人成为坚持运动的最直接受益者，一直保持着良好的身体素质，用他的话说：“几乎不怎么生病。”从1952年大学毕业走出校门，到正式告别工作岗位在家，为祖国健康工作了整整57年，吴北生以健康的体魄、杰出的贡献，超额实现了清华大学“为祖国健康工作50年”的要求。

清华大学四年的学习，为吴北生的思想改造和专业学习打下了重要基础。在清华园迎接解放、打腰鼓进城宣传、抗美援朝争先恐后报名、批判崇洋媚外、参加“三反五反”运动、打“老虎”以及从社会发展史到革命人生观的思想政治教育……这些经历对吴北生的思想改造影响深远，初步建立了革命人生观。

1950年6月15日，在孙宗灏同学的介绍下，吴北生正式加入中国新民主主义青年团，并从那时起，他开始把争取早日加入中国共产党作为自己的追求目标，这是吴北生思想转变的一个重要标志。加入青年团后，吴北生在党、团的直接教育下，担任了团小组长的职务，在学校里组织开展了一些社会工作。通过实际工作，吴北生对革命的思想认识有了进一步提高。

大学毕业前夕，吴北生在日记本中摘抄了一段《人民日报》的社论，这样写道："以主人翁的态度，自觉地服从人民政府的统一分配，哪里需要，就到哪里去，哪里艰苦，就到哪里去，以全心全意为人民为祖国服务的精神，以战斗的姿态走上工作岗位，虚心学习，努力工作，坚忍地克服工作中可能遇到的困难，把自己锻炼得更加坚强，更有本领，以便肩负起我们伟大祖国大规模建设的光荣任务。"这段文字充分表达了他的内心所想。随后他在这段文字的下方，挥笔写下两行遒劲有力的大字：

——以实际行动响应党的号召！

——要记住：努力培养自己成为红色专家，但首先要记住自己是一个革命者！

两行字，两句铮铮誓言，落在纸上，更深深地烙印在吴北生的心里。

吴北生

第三章

坚定理想　投身国防露锋芒

怀揣着振兴中华的革命理想，吴北生参军入伍，在军营的广阔天地中，爱学习、爱钻研的吴北生，结合工作实际，主动开展技术革新，荣立二等功，并正式加入了中国共产党，实现了自己政治思想上的进步。

1. 参军入伍

1952 年，参军入伍时的吴北生

新中国成立后，总参军委通信兵部进入到一个崭新的发展阶段。可是，通信兵部队的壮大离不开强有力的技术支持，而当时中国薄弱的电信工业基础和落后的电信技术实力却制约着通信兵部队的装备现代化。因此电信专业的大学毕业生，在当时成为“香饽饽”，是通信兵部队急需的人才。

1952 年 8 月，吴北生大学毕业，被分配到了军委通信兵部，部长为王诤（后曾任国防部五院二分院第一任院长）。怀揣着振兴中华的革命理想，满怀着为新中国建设献身的热情，吴北生坐上了开往张家口军委通信工程学院的绿皮卡车，在那里他正式参军入伍，穿上了向往已久的绿军装。当时，国家正处于第一个五年计划发展时期，工业基础薄弱，苏联援助了中国 156 项工程，其中包括电子厂等大型工厂，有一部分是民主德国援助。为了接手苏联、德国援建我们国家的工厂做好充足准备，军委通信兵部特地在通信工程学院临时开了两个班：俄文训练班和德文训练班。

吴北生或许天生对语言具有较高的天赋，他对学习语言特别感兴趣，清华大学期间除了必修的英文，他还抽时间选修了德文，新中国成立后又自学了俄文。这次他选择了俄文班。给他们上课的是一位白俄老教师。凭借出色的语言天赋和自己的勤奋努力，再加上此前的自学基础，吴北生的俄文学得又快又好，深受老师的好评。

1953 年 5 月的一天，正在聚精会神听课的吴北生，突然接到了一纸来自西北军区的调令,“西北军区要建设现代化的军用通信站,急需技术人才。”西北军区地处偏远,条件艰苦,范围涉及甘肃、新疆、青海、宁夏等多个省份,地广人稀,当时的西北军区司令员是彭德怀。他和另外一名同学杨庆云被紧急选调。指导员找到吴北生谈话,问他是否愿意去西北军区,吴北生二话没说,坚定地回答道:“坚决服从组织安排!”就这样,吴北生和同学打起背包,说走就走,满怀信心地踏上了赶赴甘肃兰州的列车。

到达兰州车站,吴北生站在站台的一个高墩子上,放眼眺望,兰州城尽收眼底,有一种“大漠孤烟直,长河落日圆”的荒凉。那时的兰州城几乎找不到一个三层楼高的建筑,唯一一个高楼是西北军区司令部新建的四角大楼。

吴北生本来是被安排到军区通信站工作的,但因通信站基本建设完成,便被留在了司令部通信处担任训练参谋,负责指导军区各部队所属的电话兵、无线电兵等通信兵训练工作。

2. 从“门外汉”到“行家里手”

初到部队的吴北生对通信技术训练工作一窍不通,连自己的工作内容都不是很了解,几乎算得上是一个“门外汉”。第一次随通信处领导到部队检查工作时,吴北生感觉自己什么都不懂,一种前所未有的“本领恐慌”充斥着他的内心。他心想:“如果自己不懂,却要去领导此项工作,那困难是不可想象的。自己必须先学懂弄通才能去训练学员。”他在心里暗暗下定决心,誓把眼前的这座困难大山早日征服掉。想到这里,他立刻感觉浑身充满了力量,“什么都想学”、渴望上进、努力争取提高自己的“小宇宙”被瞬间引爆。

为了尽快熟悉业务工作，善于钻研和思考的吴北生采取“以工作为中心任务，围绕工作进行自学”的方针，于是一有时间他便向书本学习、向他人求教。他废寝忘食，抓紧一切时间进行业务学习，并在很短的时间内熟悉了业务工作；他踏实勤奋，还利用业余时间体验、练习收发报技术，研究提高无线电兵训练效果的方法，弄懂了俄文通报规则和手续，解决了通信兵处业务能力不足的问题；针对上级提出的在训练中要实战化加干扰的要求，他刻苦钻研，学习查阅了大量资料，利用当时可以找到的简单器材，研究出室内有线组网，模拟实战情况加干扰的训练方法，并制作了作业场干扰器，不仅满足了所在部队提高训练效果的需求，而且在其他部队的训练中被推广应用。只要在工作中遇到不懂的问题，吴北生便发扬“打破砂锅问到底”的探索进取精神。例如在一次部队校阅时，吴北生发现自己对部队的实际训练情况知之甚少，尤其对于战术更加不懂。吴北生感到很羞愧，认为一个军人如果不懂战术，那就不是一名合格的军人。于是，他利用业余时间积极开展自学。为充分利用好每一分钟，吴北生不仅在床头上、工位上摆满了各种类别的学习书籍，而且他还总要随身携带一本书，即使是排队打饭的工夫，他都要端着书看上一会儿，用近乎痴迷来形容当时的吴北生毫不为过。

“在工作中学习，也在学习中工作”的吴北生，凭借高涨的学习热情和令人难以想象的刻苦努力，逐渐在工作岗位上崭露锋芒。不到一年的时间，吴北生便从“门外汉”华丽蜕变成了人人称赞的“行家里手”。在年底处内的工作总结会议上，受到了领导的嘉奖。

虽然取得了很大进步，但是意气风发的吴北生并没有放慢自己成长的步伐。他对自己的努力方向进行了全面规划。“要培养自己成为一个红色专家，但首先要记住自己是一个革命者。”这句毕业时写下的誓言，仿佛一个警钟时刻提醒着吴北生，也使他逐渐明晰了自己的努力方向——要在军事上变成内行，在技术上拓展自己的知识面，争取对电信范围内的新知识、新发展有一个全面的认识，而在政治上则努力争取达到真正共产党员的水平。

其间，针对部队的需求和训练工作的实际需要，善于思考的吴北生，运用所掌握的专业知识，主动编写了通信技术训练教材；积极开展小发明，对通信训练设备进行了革新。革新后的训练设备可同时对多个无线电员进行训练和考核，而且使用方便，大大提高了通信兵的训练考核成效。吴北生出色的业务能力水平和积极认真的工作态度，受到军区领导的高度肯定。1956 年，年仅 27 岁的吴北生被授予二等功，作为优秀代表参加了西北军区首届社会主义建设积极分子大会。大红花戴在胸前，吴北生的眼前出现了一个个昼夜不眠不休奋战的日子，以及为突破一个个难关而欣喜不已的一幕幕场景。

吴北生不仅自己进步，而且还不忘时时刻刻帮助处内同志一起进步，他对自己所掌握的技术知识从不藏着掖着，总是毫不保留地与领导和同事分享。

那时，他和其他几个参谋经常要到军区所属部队去，足迹踏遍了几个省，对通信兵认真开展训练，使他们的技能水平有了显著提高，更加适应部队现代化作战的需求。

那时，吴北生在思想上更加成熟和稳定，特别是对于一些涉及个人利益的问题，他基本上都以革命利益为前提而加以认真考虑，从没有引起过思想和情绪上的波动。

1956 年，在兰州军区司令部通信兵处任参谋时，吴北生因工作创新荣立二等功

“判断一个人，当然不是看他的声明，而是看他的行为，不是看他自称如何如何，而是看他做些什么和实际是怎样一个人。”吴北生将恩格斯的这句名言时刻铭记于心，并在日复一日、年复一年的践行中，使自己逐渐养成了一种低调而务实的作风。

3. 加入中国共产党

除了工作上的进步，吴北生在思想上也注重加强修炼，积极向党组织靠拢，政治思想上进步很快。1955年，他在入团五周年之际，写了一篇日记，从中可以感受到他的思想进步。他在日记中这样写道：

6月15日是我入团五周年纪念日，回忆起这五年来的经历有什么感觉呢？是成就多，还是失败多？

肯定地说五年来自己是有着很大的进步，只要想一下自己初入团时的那副模样就够了。

但是在祖国现实面前我的进步是多么渺小啊！简直就毫无光彩了，而想到自己的错误、过失和缺点就不能不难过，进步太慢了！

工作以来的最大收获是，幻想的成份少了，现实的成份增长了。可是我觉得这里面还隐藏着这样的毒素：因循的习惯似乎也有些出现了，不好啊！必须警惕啊！绝不能将因循与坚决落实混为一谈啊！

高唱起玛雅科夫斯基的诗句吧，记住自己的誓言吧！

青年团员

生在你这样年纪

呼吸着十月的清新空气

要记住——每一天都是一个阶梯

是新的一步，向着既定的目标

……

做一个共产党员

就是要大胆

要想！要愿！要敢！

这篇日记，详细地记录了当时吴北生的所思所想，他认为五年来虽然自己有着很大的进步，但是在祖国发展需要面前他感到自己的进步微不足道！而且他还剖析了自己存在的问题，提醒自己必须警惕。从中可以感受到吴北生对于自己的高标准严要求，他所具有的批评与自我批评的宝贵精神。他认为一个共产党员就是要大胆，要想！要愿！要敢！虽未入党，但是在日常的工作生活中，他却时刻以一名共产党员的标准来要求自己，表达了自己积极向党组织靠拢的决心和愿望。

思想决定行动。工作中，吴北生积极主动，认真努力踏实，善于学习和钻研，在部队的每次测验中成绩都是“优秀”。吴北生的表现，很快得到大家的认可，受到军区上下一致好评。1955年，在兰州军区司令部通信兵处的年底总结会议上，吴北生因工作积极受到会议嘉奖，同年被授予少尉军衔（正排级），1956年被授予中尉军衔（副连级）。

1955年，吴北生被授予少尉军衔（正排级）

1956年8月11日，吴北生郑重地向党组织递交了入党志愿书。他在入党志愿书中这样写道：

我志愿参加中国共产党，因为从我们党的伟大的斗争历史中，从当前的社会主义建设斗争中，我认识到，作为工人阶级先锋队的中国共产党，是中国工人阶级及一切劳动人民利益的真正代表者与保护者，她不仅是新中国新生活的创造者而且是争取更美好生活——为建设共产主义社会而斗争的英明领导者。

我们党的力量不仅在于有着科学的马列主义的指导思想，足以在任何艰苦复杂的斗争中指引前进的方向，也在于我们党有着建立在民主集中制基础上的坚强的组织纪律，足以团结全党在任何困难残酷的斗争中粉碎敌人，领导群众前进。

我们党的优良作风：理论联系实际、密切联系群众、批评与自我批评，是党的主张、政策得以正确实现的有力保障，也是我们党获得广大群众拥护支持的有力保障。

对于党的认识我不只是从理论上得到的，新中国成立以来党所领导的历次伟大的群众运动给予我深刻的教育，从实际的事例里教育了我，启发了我，使我逐步深刻地认识到党的意义，我永远记住列宁所教导的话："党要吸收党员不是为了炫耀观瞻，而是为了进行森严的工作。"加入党是为了要在党的教育与领导下更好地为实现党的任务而积极工作、斗争。无论是在革命斗争中英勇不屈的革命烈士，还是当前建设斗争中各个战线上涌现出的优秀共产党员，都是我最好的榜样，我一定努力争取成为一个真正的共产主义战士。

这份入党志愿书虽然只有500多字，但是思想认识深刻，言辞恳切，没有空洞的套话和空话，全部都是自己的理解和认识，间接反映了他一贯踏踏实实做人、勤勤恳恳做事的低调而务实的作风。

1956年10月6日是一个令吴北生难忘的日子，在李怀义和刘毅介绍下，吴北生加入了中国共产党，成为一名预备党员，一年后，按期转正。加入中国共产党是吴北生多年的愿望，当愿望终成现实的一刻，吴北生为自己的成长得到组织的认可而感到高兴，他既有种说不出的兴奋，又感到一种沉甸甸的责任与压力，从那一刻开始，他将“为共产主义奋斗终生”作为坚定的理想信念，将“全心全意为人民服务”的宗旨铭记于心，并在工作和生活中时刻以一名优秀共产党员的标准严格要求自己。

回忆起在西北军区的那段日子，吴北生倍感珍惜，尽管条件艰苦、工作繁重，但西北那粗犷的风、广袤的土地，给了他博大的胸怀、细腻的情感和坚强的毅力。在那段岁月里，他爱上了写诗。一次在去青海部队执行任务的路上，他有感而发作了一首诗，题目为《青海路上》，至今他仍珍藏着。

褐色的带子笔直地伸向远方，
颀长的杨树成排地站立两旁。
树荫啊遮蔽了阳光，
高高的树梢直通得蓝天如箭一样，
射向那远山的心房。
——这是庙堂的古道？
——这是花园的僻径？
多么幽静的天地啊！
要不是这辚辚的马车成行，
还有这奔鸣的汽车
掩着青烟，奔驰在这甘青道上。
一毛不出的秃山，如同石罐一样，
包围着这一块沃土肥壤。
葱绿的麦田，一块又一块，
杨树林中掩映着土房。

看！那是什么？
一排又一排五彩锦团，
红的，粉的，绿的，紫的……
还加上点点的白色顶盖，
就如同碧绿的锦缎上，
一颗颗彩色的珍珠闪耀着光芒。
近了，看得真了！
这是些少妇和姑娘啊，
戴着头巾，穿着鲜艳的衣裳。
排坐在麦田里，除草正忙。
——他们在细语？
——她们在歌唱？
感谢领袖毛主席，
感谢恩人共产党，
领导咱们翻身把家当，
指引咱们合作建家乡。
——我要听得分明啊，
要不是这辚辚的马车成行，
还有这奔鸣的汽车
拖着青烟，奔驰在这甘青道上。
这里不是世外桃源，
也不是穷乡僻壤。
顺着这条大道，
可以走到祖国的心脏

——北京

也可以奔赴祖国的边疆

——康藏

这是祖国的土地啊！

这是我们的家乡！

这是他创作的一首新诗，语言优美，很有画面感，读后引人回味，饱含了他热爱党、热爱祖国、热爱人民、热爱生活的美好情感。对于诗歌他有着自己独到的见解，他在日记中这样写道，“我逐渐地喜欢新诗了……诗应该像音乐一样，有感情，有节奏，吟在嘴中有舒畅的感觉，而同时又要有童话的意境，引人回味。”可见，吴北生不仅仅对专业知识精通，而且在文学方面也有着颇高的天赋和水平。

年轻的吴北生就像一块干燥的海绵，在部队的广阔天地中，不断汲取着养分，虽有艰辛，但是快乐而充实，他以自己的不懈努力和踏实奋进，书写着无悔的华彩人生。

吴北生

第四章 机缘巧合 踏上航天新征程

1957 年，吴北生被调往北京新筹建的军事电子科学研究院，后来又随建制转入以研制火箭导弹为主的国防部五院二分院。从此，他与航天结下了不解之缘，他的命运也和新中国的导弹事业紧紧联系在了一起。

1. 成为第一代航天人

20 世纪 50 年代，世界上几个主要大国已经进入“原子时代”和“喷气时代”，航天技术也进入了一个新时期。而当时我国还处于帝国主义的封锁和包围之下，经济建设刚刚起步。在尖端技术方面，旧中国给我们留下的完全是一张白纸。

美国对刚刚成立的新中国虎视眈眈，在我国台湾、日本、韩国等地部署军事力量对我国形成“半月形包围圈”。尤其是 1953 年春，美国将核导弹运抵日本冲绳岛，公然对我国进行挑衅，新中国面临巨大的军事压力。

为了冲破帝国主义的封锁和限制，毛泽东、周恩来、聂荣臻等老一辈无产阶级革命家一致决定我国要尽快研制出先进的尖端武器，来回应美国的军事威胁，在战略上予以还击。

1956 年 1 月，毛泽东在最高国务会议上提出：“我国人民应该有一个远大的规划，要在几十年内，努力改变我国在经济和科学文化上的落后状况，迅速达到世界先进水平。”同年春，在周恩来总理和陈毅、李富春、聂荣臻副总理的领导和组织下，制定了《1956 年至 1967 年科学技术发展远景规划纲要（草案）》，提出了“重点发展、迎头赶上”的方针，确定了 57 项重点任务，并把喷气和火箭技术摆在突出的地位。

1956 年 2 月 17 日，刚刚归国不久的著名科学家钱学森根据周恩来总理的指示，向中央提交了《建立我国国防航空工业意见书》，提出了发展中国导弹事业的规划设想。22 日，周恩来将钱学森的意见书送交毛泽东审阅。28 日，周总理又将意见书印发中央军委秘书长、国防部副部长黄克诚和中央军委各委员。

1956 年 3 月 14 日，周总理主持召开中央军委会议，传达中央关于研制导弹的决定。经研究，会议决定组建导弹与航空科学研究方面的领导机构——航空工业委员会（简称“航委”）。4月，中央正式批准成立航委。这样，在中央层面就明确了发展导弹的规划以及领导机构。

国防部五院院长钱学森

1956年5月10日，聂荣臻向国务院、中央军委提出《建立我国导弹研究工作的初步意见》的报告。该报告建议：（一）在航委下设立导弹管理局，统一领导导弹的研究与生产工作，由钟夫翔任局长，钱学森任总工程师；（二）建立导弹研究院，钱学森兼任院长，该院的主要任务是负责导弹结构及动力方面的研究、设计与试制工作，并对控制系统提出技术条件。当时，为了保密起见和对外联络，经国防部彭德怀部长、黄克诚副部长的同意，将导弹管理局和导弹研究院分别改称为：“国防部第五局”和“国防部第五研究院”。

随后，中央就开始在全国各地的高等院校和研究机构“调兵遣将”，将学习过导弹以及相关专业的人员调入北京，集中有限的人力开展导弹研究。在八九月间，任新民、梁守槃、庄逢甘、朱正、冯世璋、梁思礼、乔石琼、蒋通、李一鸣、吴宝初、吴德雨、朱敬仁等相继调到国防部五院。

经过前期准备，在中央的直接关怀领导下，1956年10月8日下午，国防部五院借用北京车道沟附近解放军四六六医院食堂，召开成立大会。聂荣臻在大会上宣布：“国防部第五研究院正式成立！”他在随后的讲话中特别强调：“我们对导弹的研究制造，应采取‘自力更生为主，力争外援和利用资本主义国家已有的科学成果为辅’的方针。”虽然那日与会人员只有200多人，这也是当时中国导弹科研队伍的所有家底。但是，聂荣臻在大会上铿锵有力地说道：“现在人手虽少，但只要大家团结一心，艰苦奋斗，中国的火箭、导弹事业，一定会有美好的前景。”

聂荣臻的讲话引来一片热烈的掌声。他在大会上还同时宣布了中央的任命：钟夫翔任国防部五局局长；钱学森任国防部五局第一副局长、总工程师、国防部五院院长；林爽（后任第七机械工业部副部长，党组成员）为国防部五局副局长兼副总工程师；白学光（曾任中国人民解放军总后勤政治部第一副主任，1955年被授予大校军衔，后任中科院海洋研究所党委书记）为国防部五院副院长。

1956年10月15日，聂荣臻副总理就发展我国导弹事业向中央报告，提出对导弹的研究采取“自力更生为主，力争外援和利用资本主义国家已有的科学成果为辅”的方针。17日，毛泽东主席、周恩来总理批准了这个报告。这就是国防部五院的建院方针。

国防部五院成立后不久，根据钱学森的意见，11月23日，五院成立了10个研究室：导弹总体设计室、空气动力研究室、结构强度研究室、发动机研究室、推进剂研究室、控制系统研究室、控制元件研究室、无线电研究室、计算技术研究室、技术物理研究室，并确定从地地弹道式导弹、地空导弹和无人驾驶飞机三个方面入手进行研究。国防部五院的成立，为我国导弹事业的发展提供了组织机构保障。1957年3月，中央军委决定将国防部五局与国防部五院合并，名称定为“国防部五院”。

国防部五院建院之初，需要抽调大量技术人员，成立于1952年并被王诤视为“掌上明珠”的通信兵部电信技术研究所，自然成为被重点关注的一个单位。

1957年1月，中央军委决定将电信技术研究所扩建为中国人民解放军军事电子科学研究院，王诤兼任院长和政委，急需各类人员补充。

机遇总是留给有准备的人。1957年8月，远在西北军区司令部的吴北生，因其精湛的专业技术和出众的钻研能力，被调到了北京军事电子科学研究院，从此他的人生“转轨”，成为一名科研技术人员。

到年底时军事电子科学研究院职工已达六百多人。除了有十二个研究室外，还有分布在全国各地的七个电离层观测站，一个二百多人的试验工厂，全院工作蒸蒸日上，技术硕果累累，研究院随之被许多人赞誉为军内的“一颗珍珠”。

吴北生被分在了通信研究室军用小型报话机工程组，组长是胡思益，副组长是孙宝库。吴北生参加了军用报话机的研制工作，跟随一位苏联专家（上校）学习研究超短波通信机发射振荡电路设计等。吴北生良好的俄文水平此时有了用武之地，每每遇到不懂的问题，他就用俄语虚心向专家请教，苏联专家也非常喜欢这个好学上进的年轻人，总是很耐心地为他答疑解惑。在专家的帮助下，吴北生技术上进步很快，参与设计出了陶瓷振荡器。吴北生低调内敛、勤勉好学的态度给苏联专家留下了很深的印象，他也从苏联专家那里学到了不少知识。

1957年11月9日，国防部五院院长钱学森、政委谷景生和王诤向聂荣臻副总理呈送了《关于导弹研究院的体制意见的报告》。钱学森、谷景生、王诤在报告中提出：以通信兵部所属电子科学研究院为基础，与国防部五院的五个室合并，组成国防部五院二分院，地址设在永定路。二分院的主要任务是负责地地、地空和飞航式导弹控制系统的设计工作。

1957年11月16日，中央批准成立国防部五院二分院，周恩来总理任命王诤为国防部五院副院长兼二分院院长。从此，国防部五院二分院（导弹控制系统研究分院）诞生了。

就这样，通信兵部军事电子科学研究院被整建制划归国防部五院二分院。吴北生由此成为二分院首批员工，成为第一代航天人，且这一干就是半个多世纪。

2. 跨入导弹事业门槛

万事开头难。导弹研究在我国是个新开创的领域，二分院刚成立之际，不仅缺乏图书资料、仪器设备，仅有的一些机床设备也是已使用多年的“老古董”，而且当时全国见过导弹的人都屈指可数，包括吴北生在内的很多技术人员对导弹知识几乎可以说是一片空白，科研能力亟待提升。

即便如此，这批技术人员仍然以极大的热情投入到中国导弹事业初创时期的工作中，不计得失、不计名利，以无私忘我的付出，在导弹事业拓荒之路上，披荆斩棘、栉风沐雨，成为二分院名副其实的奠基者和开拓者。

“生在永定路，死在八宝山”，充分体现了二分院全体人员立志航天报国的决心。为了尽快实现我国导弹事业零的突破，二分院上下万众一心、鼓足干劲，夜以继日、无私忘我地边干边学。技术人员白天热火朝天地搞研制，晚上不知疲倦地进行学习，常常到了深夜时分，研究室里还依旧灯火通明，室领导见状后，便像“赶鸭子”似的督促大家回去休息。大家很不情愿地放下手中的工作，离开办公室，但都未走远。等领导一离开，大家又都不约而同地回到办公室里继续加班。即便这样，大家还是觉得时间不够用，恨不得把一天掰成几天用，为刚起步的航天事业多出一份力。

1959 年 6 月，吴北生被选入赴苏联进修实习人员名单，他的主要任务是进修大功率发射机技术，于是在二分院办公室组织的俄语培训班学习了近半年时间。年底，因中苏关系恶化初现端倪，根据聂荣臻副总理的指示，赴苏联进修的行程被中止。

虽然吴北生赴苏实习进修未能成行，但是在近半年的俄语培训班学习中，吴北生的表现深受院办领导好评，因此他和曲礼惠等人被留在了二分院办公室担任谈判秘书，协助进行“8109”工程的谈判准备工作。

参加“8109”工程，是吴北生迎来的又一次人生重大转折，他实现了由从事通信专业到投身导弹航天事业的转变。

“8109”工程包括苏联帮助进行初步设计的工业项目和我国自行设计的部分工业项目与全部民用项目。

1959年12月14日，苏方13名专家到达北京，中苏双方就“8109”工程的初步设计方案、设计图样等进行了答辩、讨论和商谈，辅以现场勘查，前后共进行了20多天。作为谈判秘书的吴北生，虽不直接参加技术讨论，但是近水楼台先得月，他绝不放过这次难得的学习机会。专家们进行技术讨论时，他便竖起耳朵认真听，此时他学过的俄文便派上了用场。在听技术讨论过程中，很多此前没接触过的知识，令他大开眼界，使他逐步对导弹产生了浓厚兴趣。

1960年2月2日，中苏双方共同签署了《“8109”工程初步设计审查议定书》，二分院院长周维、政治委员董启强代表中方在《议定书》上签了字。“8109”工程从1960年3月正式破土动工，到1964年年底建成，历时5年，是二分院建设史上极其光辉的一页。该工程的顺利竣工，标志着我国第一个各类导弹控制系统研究设计中心的全面建成。它为发展我国的导弹事业提供了当时第一流的科研生产条件。

“8109”工程的领导与组织者、设计与施工的参与者，都为之作出了不可磨灭的贡献，蔡金涛、吴朔平、黄纬禄等科技专家，用他们的诚实劳动、聪明才智，提供了强有力的技术支持，为这座丰碑增添了绚丽璀璨的光彩。

1960年8月，吴北生作为四人小组成员，奉命去德国采购“8109”工程所需的仪器设备，在东柏林、莱比锡、德累斯顿等地工作近半个月。这次出差是吴北生第一次出国公干，令他印象深刻。去时先乘坐苏联图-104飞机到莫斯科，然后转机到东柏林，回程则乘火车由东柏林经华沙过境波兰进入苏联，后又乘长途国际列车返京，旅途大概需要一周的时间。旅途的漫长与周折，令吴北生感受颇深，他深深感受到仅仅在交通方面，我国与国外的差距之大，更不用说科技水平了。吴北生看在眼里，急在心头。“难道外国人能办到的事，中国人办不到？”吴北生心底那股自强不息、永不服输的火焰熊熊燃烧起来，从此他抱定了科技强国的理想信念。

3. 成为导弹科研精兵

20世纪60年代初，苏联撤走援助专家，本就困难重重的中国导弹控制系统研制工作犹如雪上加霜。

1960年10月，吴北生被调往一支队十二分队工作，不久，被任命为一支队十一分队副主任，协助陈德仁主任开展工作。一支队主要从事地地导弹控制系统研制工作，支队主任是黄纬禄，副主任是梁思礼。十一分队是系统理论研究室（总体室）。当时，我国第一代地地导弹正处于由引进仿制改进向自行研制转变的阶段，总体室正开展东风二号控制系统自行设计工作，同步也开始了东风二号甲控制系统的预研工作。从此，吴北生开始了参加新中国国防尖端技术开创的光荣使命，这成为他毕生从事导弹武器系统研发工作的起点。

吴北生并不是学习导弹专业出身，对于导弹控制系统的研发工作一开始了解并不多。面对陌生的工作领域，作为十一分队副主任，他横下心，全心全力投入到导弹研制的学习与工作中，和研究室的同志们一起，为突破技术封锁进行了艰苦的攻关。吴北生结合工作实际，采用在部队自创的“在学中干、干中学”的自学方法，白天干工作，晚上针对工作中遇到的问题和难点，有的放矢地去查找学习相关资料。

他竭尽全力找来当时可以找到的所有与导弹研制相关的资料和书籍，中文的书籍资料有限，他就充分运用自己学习过英文、俄文、德文等多国语言的优势，去查阅外文书籍资料。他如饥似渴地一头扎进导弹知识的海洋里，没日没夜地拼命学习。一分一秒，他都视若珍宝，从不虚度，力争把全部时间都花在“刀刃”上。

这段时期吴北生养成的自学“习惯”，在今后的工作经历中，曾促使他自学了法文和日文，做到可以借助辞典查阅外文资料，丰富了他的工作阅历和知识面。吴北生成为二院少数可以掌握5门外国语言（英文、俄文、德文、法文、日文）的科技人员。

那时在他的办公室里经常会出现这样一幕场景：深夜，一个身影仍伏在办公桌前，时而奋笔疾书，时而抬起头陷入沉思，表面平静的他，此刻大脑却在高速地运转，思绪穿透了茫茫黑夜，去探求那一个个复杂难题的答案。翻阅资料、演算、思考，他紧缩的眉头终于慢慢舒展开来，抬头看去，东方已是晨曦微露……从导弹研制工作的“外行人”到一个成就突出的专家，吴北生已记不清经历了多少这样的夜晚。

当时，国家正在经历一场全国性的饥荒，吴北生和同事们都忍受着饥饿的折磨，“上楼梯两手扶栏杆，蹲厕所两眼冒金花”，这在当时几乎成为每个科研工作者难以忘记的经历。为了对抗饥饿，每当肚子饿得咕咕叫时，吴北生便将裤腰带勒紧一点再勒紧一点。由于物资匮乏，营养不良，70%的科技人员患上了浮肿病。即便生活再难再苦，吴北生也从未放慢学习的脚步，他靠着强大的精神支撑，面对常常袭来的饥饿感，通过学习分散自己的注意力，在知识的海洋里“饱餐”。

在那段困难的岁月里，国家想尽一切办法支援尖端事业发展，聂荣臻副总理等中央领导对科技人员关怀备至，亲自向部队募集援助，给大家发放了补贴粮等物资。党中央的关怀，让科技人员受到巨大鼓舞，大家以更加忘我的奋斗热情和革命豪情，投入到艰苦的科研攻关工作中。

赫鲁晓夫曾说：“中国现在过的是‘大锅清水汤，三个人穿一条裤子’的生活，还想造导弹？做梦吧！造几个大鸭蛋我看还行……”中国人有志气，岂能让他看笑话！当时，人们忘我工作的程度可以与“拼命”二字画等号了。吴北生和所有的科技人员一样，虽然对苏联的背信弃义感到愤慨，但是丝毫没有放慢型号研制的进度。大家都怀揣着一个共同的心愿，那就是：必须突破从仿制到独立设计这一关，用中国人自己的双手，制造出中国自己的导弹！

吴北生凭借自己的勤奋努力和极高的悟性，技术不断精进，很快成为导弹控制系统研制的一名精兵。在东风二号控制系统研制的道路上，他和同事们一起披荆斩棘、奋勇前行，突破了重重技术难关。

4. 当好技术“参谋”

凭着“办事认真一点、虚心好学一点”的态度，吴北生过得很充实，技术上不断长进。不久，他因工作出色被选调担任二院技术指挥员的技术助理。

1961年11月，吴北生被调往二分院科技部技术处工作，处长是高凤仪，副处长是李钊。吴北生担任技术处科研组组长，董佩刚担任副组长。

当时，二院已初步形成六个设计部和一个工厂的规模，为加强技术工作的领导，建立了技术指挥员制度。为了协助两位新任副院长、院技术指挥员、技术专家蔡金涛和吴朔平，全面掌握指挥全院技术工作，在院科技部技术处内设立了科研组，直接为两位技术指挥员的技术领导工作服务，可以称得上是领导的技术“参谋”。

这个科研组陆续调来了不同专业的年轻技术人员，最多时全组有十人左右。科研组的日常工作就是深入到技术指挥员关心的重点研制课题、研究单位去调查了解技术攻关工作的进展情况，以及需要解决的关键问题等，及时进行情况汇报，提出意见建议。同时在调查研究的基础上，协助技术指挥员组织开展技术论证等工作。

科研组的同志们基本上都是刚跨入导弹事业之门，所面对的工作都是陌生的、未知的。在吴北生身体力行的带领和悉心指导下，科研组的同志们满怀着投身国防尖端事业的光荣使命感，夜以继日、如饥似渴地学习导弹新技术、适应陌生的新工作，参与、见证了我国第一代导弹艰苦创业的过程。他们共同体会过飞行试验失败的悲痛和技术攻关胜利的喜悦，留下了人生成长中一段难忘的青春记忆。

1961 年，国防科委主任聂荣臻元帅在一次讲话中，嘱咐五院的同志们要认真搞科研，要干干净净、安安静静。他还提出防空导弹的工作重点要转到“543”上来，要仿出“543”、吃透“543”、改进“543”，要像爬楼梯一样逐步提高。

吴北生在后来的工作中逐渐认识到，聂荣臻元帅的这个政策非常正确。对新中国防空导弹的研制队伍来说，如果不吃透一个型号，一开始就想研制新型号未免有些好高骛远。

当时，为了推动“543”导弹的仿制工作，受国防部五院的委托，时任二院副院长的钱文极于1962年5月18日至27日主持召开了仿制“543”导弹技术学习交流会，会上交流了技术报告89篇，其中二分院13篇。这次会议取得圆满成功，既是对1958年以来仿制学习“543”导弹的一次检查和总结，又推动了“543”导弹仿制工作的开展。

国防部五院在派科技队伍下厂配合工厂仿制的同时，还全面开展了“543”导弹武器系统的反设计工作，以通过分析计算掌握整个武器系统及各分系统的性能、内在运行机理和规律、参数选择的依据等。吴北生和董佩刚带领科研组的同志们，深入到各设计部的研究室了解“543”导弹武器系统反设计课题的进展情况，并将所了解到的情况及时向技术指挥员蔡金涛等院领导汇报，以便领导及时作出决策。

在此期间，二分院安排了47项反设计课题，同时还安排了模拟试验配套设备研制项目30项。在蔡金涛的带领下，吴北生和组员们一起逐项进行检查、督促，审核有关的反设计技术报告，并详细地提出修改、补充意见。在整个反设计工作中，完成了各种科技报告和技术总结507份。这些科技报告和技术总结，为“543”地空导弹武器系统的仿制奠定了基础，更为重要的是，为后续改型研制红旗二号、独立研制红旗三号，乃至地空导弹技术取得新的更大的进步，提供了重要的借鉴，具有重要而深远的意义。

同时，在蔡金涛、吴朔平的带领和指导下，吴北生和同事们一起组织各研究所的专家研讨、查阅了国内外大量文献资料，完成了我国导弹控制系统专业技术“八年发展规划”的制定工作，这也成为我国导弹控制系统最早的一份专业技术规划，为导弹控制系统专业技术发展指明了方向。

这段经历，对于进入导弹事业大门不久的吴北生来说意义非凡，在蔡金涛、吴朔平等老领导、老专家的言传身教之下，吴北生开展科研工作的思路更加开阔，也从他们身上学到了对于技术人员来说难能可贵的科学家精神，以及“严、慎、细、实”的工作作风，这些对于吴北生今后顺利开展工作发挥了重要作用。

吴北生

第五章

冲锋在前 紧要关头勇担当

20 世纪 60 年代初期，我国导弹航天事业还处于初创时期，导弹技术正处于从仿制学习逐步转向吸收改进、自行研制的发展阶段。地地导弹第一个改进发展的型号东风二号开始研制试验；地空型号也从仿制生产开始转向改进研制。吴北生在参与地地型号东风二号后，又陆续参加了地空型号的研制工作，先后担任红旗三号副总设计师、红旗七号第一副总设计师，为二院型号的改进研制作出了重要贡献。

1. 见证东风二号首秀

1962 年 3 月 4 日，万物复苏，乍暖还寒。我国自主研制的第一枚导弹东风二号经过科技人员一年多的艰苦奋斗，终于带着大家无限的期望，从北京起运，直奔试验基地。

傲然挺立的东风二号

此次出征，吴北生也在参试人员队伍之中，这是他第一次参加试验队，将亲眼见证自己参与研制的万众瞩目的东风二号首秀，他感到既兴奋又紧张。

东风二号是他参加的第一个改进研制型号，从控制系统的方案设计到仿真试验，他作为一个“新来者”均参与其中，倾注了自己太多的精力和情感。仰望傲然挺立在靶场的东风二号，吴北生的内心不由地升腾出一种自豪感，一想到这个大“宝贝”将带着所有人的期望刺破苍穹，一举中的，他感到所有的付出都是值得的！

3 月 21 日，见证历史的时刻就要到了。随着东风二号在发射阵地竖起，吴北生和所有在场的人一样，除了充满庄严神圣的感觉外，心里忐忑不安，紧张得心仿佛都提到了嗓子眼。

上午 9 时 5 分 53 秒，随着发射指挥人员的一声令下，所有人都紧张地盯着发射台。导弹飞起来了！然而，时间太短暂，仅仅几秒钟后，弹体便出现了较大幅度的摇摆与滚动，并较明显地偏离射面，紧接着发动机出现异常，发射后 21 秒，导弹完全失控，69 秒时，导弹轰然坠毁在距发射台 680 米处，第一次飞行试验失败了。

这一瞬间，来得太突然，吴北生和所有参试队员一样，都感到万分震惊，不愿相信眼前的一切，难过得几乎窒息昏厥。

3 月 22 日，首发东风二号导弹飞行试验失败后的第二天，国防科工委副主任钟赤兵、国防部五院常务副院长王秉璋、国防部五院副院长钱学森等，乘专机赶赴导弹发射基地，立即召开全体参试人员大会，传达了聂荣臻副总理的亲切慰问和鼓励："既然是试验，就有失败的可能。吃一堑长一智，要总结经验教训，以利再战。"聂荣臻还严肃地指示各级领导，不要追究责任。聂荣臻副总理的关怀让所有科技人员都感到由衷的感激，更激发起了大家的干劲和斗志。

吴北生和所有与型号相关的科研人员，立即行动起来进行故障分析，查找失败原因……仅用了不到两个月的时间，东风二号试验队就向国防部五院报送了试验工作的初步总结，提出飞行失败的主要原因：一是在总体方案设计中没有将弹体作为弹性体来考虑，二是发动机强度不够。

飞行试验失败的原因找到以后，二分院立即组织了攻关小组，研究制定改进措施。那时，钱学森也非常关心东风二号的研制工作，经常深入到二分院第一专业设计部，与蔡金涛、黄纬禄、陈德仁等科技人员一道商讨改进的对策。

通过不断的分析和总结，大家清楚地认识到，严格按研制程序办事、充分做好地面试验的重要性，为此制定了东风二号导弹研制程序，健全和加强了设计师系统以及指挥调度系统。当时，二分院不仅承担控制系统的修改设计和生产任务，还要组织进行一系列地面试验，同时还要参加和配合其他的地面试验，任务繁重而艰巨。

1964 年 6 月，我国改进研制的中近程导弹飞行试验成功

时值我国国民经济三年困难时期，广大科技人员、工人、干部完全不顾物资匮乏，生活艰苦，以忘我的热情投入到紧张的研制工作中。聂荣臻了解到科技人员体质普遍下降，工作却十分繁忙，亲自向海军及北京、广州、济南、沈阳等各大军区求援，为国防部五院的科技人员送来了一批科技鱼、科技肉、科技豆等副食品，并规定只分配给科技人员，还专门派陈赓大将检查落实情况。

吴北生领到这些副食品后，十分激动，备受鼓舞，从心底里佩服聂荣臻等共产党人的博大胸怀，决心不辜负党和人民的关怀，竭尽全力做好本职工作，早日研制成功“争气弹”。

吴北生革命热情高涨，工作起来如“拼命三郎”。面对研制中遇到的技术难点，他边干边学，和同事们一起全力攻坚，啃下了一块块“硬骨头”。即便是在睡梦中，他也经常梦到工作的事情，真应了那句“日有所思，夜有所梦”。凭着坚强不屈的意志力和雷霆万钧的行动力，吴北生在技术上更加精进，在东风二号控制系统的改进研制中作出了自己的贡献，并学习到了许多导弹研制经验。1963 年 10 月，张怀忠院长签署“政衔晋字第 123 号”文，吴北生晋升技术大尉军衔，同年获评先进工作者，1964 年 6 月升任二分院科技部技术处副处长。

功夫不负有心人。1964 年 6 月 29 日，我国改进研制的东风二号第一发遥测弹飞行试验取得圆满成功，标志着中国第一枚国产中近程地地导弹发射成功，翻开了我国导弹发展史上自主研制的新一页。

见证并参与了东风二号从失败到成功过程的吴北生，不仅逐步熟悉了导弹控制系统的技术发展情况和研制规律，更亲历了“自力更生、艰苦奋斗”的历程。他逐渐认识到，在荆棘丛生的科学试验道路上，失败和成功如影随形，失败的经验往往更加珍贵，要善于从失败中吸取并利用好经验教训，充分尊重科学规律，把技术吃透，方能攀登科技高峰。

2. 型号“大改”冲锋在前

美国在 20 世纪 60 年代初使用 U-2 飞机作为主要高空侦察手段的同时，开始研制性能更高的 SR-71 黑鸟高空侦察机。它的飞行速度高达 3 倍声速，飞行高度可达 3 万米。我国地空导弹武器红旗二号已无法对付这种敌机，同时，随着当时越南战争的不断升级，美国重型战略轰炸机也是我国不能忽视的潜在威胁，因此迫切需要研制新的型号。红旗三号便应运而生。

美国代号为 SR-71 的黑鸟侦察机，机长 32 米，拥有 78 吨的最大起飞承载力，能以 3 倍声速以上的速度在超过 3 万米以上的高空中巡航。空军针对作战需求，对红旗三号提出了很高的要求。

美国代号为 SR-71 的“黑鸟”侦察机

二院积极争取红旗三号研制任务，时任院长张怀忠带领吴北生专门到空军首长家中，就红旗三号研制进行了专题汇报。此后，又经过多轮方案论证，红旗二号的“大改”——红旗三号的研制工作便在二院全面展开。

1965年3月，吴北生调入二院二部（总体部）科技处任副处长，并被任命为我国新研制地空导弹武器系统红旗三号的副总设计师。这是吴北生正式参加的第一个地空导弹型号研制任务。

红旗三号属于改进较大的型号，要突破的技术难关比起红旗二号大得多。不仅在作战高度、射程上要有大幅度提升，而且还要满足具有抗干扰能力、装备轻便、使用维护方便等要求。这是我国地空导弹武器系统从仿制走向较大改进的第一次努力。

第一次较大改进，能否成功，谁心里都没底，这时包括吴北生在内的型号两总提议充分发扬技术民主，征求大家的意见和建议。1965年上半年，二院召开地空导弹技术发展规划会，采取会内会外相结合、发动群众讨论的方式，就根据空军要求拟定的红旗三号战术技术指标和总体方案广泛征求了意见。事实证明，充分发扬技术民主在型号研制过程中具有无可替代的重要作用。

当时，伴随着红旗三号研制任务的开始，国防部五院迎来一场体制大变动。在国防部五院的基础上组建第七机械工业部（简称七机部），原二分院所属的第一设计部等四个单位划归一分院，二分院改称二院。1965年5月，国防部五院现役军人集体转业，吴北生被定为国家行政17级。无论是行政隶属关系的变更、身份的转变，还是其他工作的相继展开，对吴北生和其他科研人员来讲都没有产生任何影响，他们早已把自己的个人利益得失置之度外，全力投入到紧张的型号研制工作中。

红旗三号的研制工作全面展开后，先后由吴展和陈怀瑾任总设计师。作为副总设计师的吴北生，感到前所未有的压力。有压力才有动力。斗志

1965年3月，吴北生（前排左二）与科研组和技术处领导（处长高凤仪、副处长李钊）

昂扬的吴北生以高涨的革命热情，百倍付出，全力以赴，全心投入到红旗三号总体方案制定、协调分系统技术要求、组织技术攻关等工作中。

据吴北生回忆，当时二院规模扩展很大，除了北京，在上海、沈阳、西安都分布着二院的科研生产基地。二院当时有五个所从北京搬迁至上海机电二局（航天科技集团八院前身），准备开展红旗三号的相关工作。在时任二院副院长钱文极的带领下，吴北生曾到上海机电二局专门向有关人员讲授红旗三号的相关工作情况，以更好地推动红旗三号各项工作的顺利开展。

吴北生和所有设计人员集中力量展开红旗三号的系统设计工作，并提出了研制规划。在红旗三号的控制系统设计中，解决了由于作战高度增加而带来的诸多新技术问题，比如：抗干扰能力、精度提高等，同时还完成了难度较大的半实物仿真试验。

1965年，国防部五院转制七机部，二院集体转业前吴北生为大尉军衔

在那段攻关的日子里，他的心里除了工作还是工作，有时为了攻关，他常常吃住在办公室，甚至一连十几天都不回家，尽管家就在单位附近，但是强烈的责任感、使命感和紧迫感，使他没有时间考虑儿女情长，他把全部时间几乎都倾注在

曾短暂服役过部队的红旗三号导弹

了红旗三号的研制中。年幼的儿子和女儿早已习惯了没有父亲的陪伴。妻子一人苦苦支撑着整个家，给他默默无闻的支持。

苦心人天不负。虽然在红旗三号研制过程中有过多次失败，但通过型号团队无私忘我的奋斗攻关，多项关键技术被突破，1969年红旗三号研制成功，初步具备了打击“双三”（指美国的SR-71高空高速战略侦察机以3倍声速在超过3万米以上的高空中巡航）目标的能力。但是令吴北生和整个研制团队感到惋惜的是，受国内外多种因素影响，花了很大力气才改进研制成功的红旗三号，在部队服役的时间并不长，不久便“下马”了。

这段型号“大改”的研制历程，攻克了多项关键技术，培养了一批科研人员，对于提高整个型号研制团队的技术水平发挥了举足轻重的作用，对于中国防空导弹事业的发展奠定了重要基础。

3. 越南战场无惧生死

1967年年初，随着越南战争形势的不断恶化，美军向位于西贡以北地区的越共“铁三角”根据地发动了“雪松倒下”作战行动。美国出动大量战机对地形复杂的北越实施狂轰滥炸，甚至轰炸到了中越边境友谊关附近。中国给予越南大力支援，可谓“要人给人，要物给物”。针对美国战机的轰炸，中国派出高炮部队支援北越抗战。在中国的帮助下，整个战争期间，越南在北越上空成功击落美军飞机 1095 架，直升机 11 架，给予了美军沉重打击。

1967 年，吴北生在友谊关前

1967 年，根据组织安排，吴北生赴越南北方战地工作，任国防科委组织的器材工作组副组长，任务为收集被我国高炮部队击落的美国飞机残骸内的电子武器装备，如百舌鸟导弹、子母弹等。

吴北生一行刚到友谊关附近，空袭警报便响起，这是吴北生第一次上战场，虽然不用亲自拿枪开炮，但是听着头顶上飞过的轰鸣作响的轰炸机，他不禁感到自己从未离死亡如此之近，说不害怕那是假的，但是一种神圣的使命感充斥着他的全身，令他热血沸腾，早已将生死置之度外。

吴北生（右）在越南战场上

每当美国轰炸机被我国高炮部队击落，他和小组的成员便迅速出动，冒着生命危险，前往落区进行搜寻。

北越的地形复杂，山势险峻，美军之所以选择轰炸作战，正是受这样的地形条件所限。同样在这样的地形条件下搜寻被击落的飞机，也着实让人有种“望山跑死马”的感觉，考验着吴北生和小组成员们的体力、耐力和意志力。他们在搜寻目标的同时，还要面对随时飞来的轰炸机的威胁，要时刻做好警惕和隐蔽。如果隐蔽不好，轰炸机就会把他们当成活靶子，进行无情扫射。吴北生和小组全体成员每天都在生死边缘中，躲躲闪闪地开展工作，常常一天工作下来，吴北生和同事们累得全身如同散架一般，倒头就能睡着。

1967 年 12 月，吴北生在越南工作期间的住所前

吴北生和小组成员住的房子隐蔽在山脚下，是用竹子编织的席子和竹竿拼搭而成的，屋内潮湿阴冷。虽然生活条件简陋，但是他们拥有着乐观的革命精神，在住处的门口还贴上毛主席的诗词——“独有英雄驱虎豹，更无豪杰怕熊罴。”“为有牺牲多壮志，敢教日月换新天。”以此来激励自己。

经历了诸多艰辛的吴北生和小组成员，在越南战场上奋战了 7 个多月，收获满满，圆满完成了组织交给的任务。

在越南工作的那段时间，有件事令吴北生至今都难以忘怀。一天，中国派去越南作战的高炮司的战士们找到吴北生，递给他一包东西。吴北生打开一看，原来是一枚枚制作精美的毛主席徽章。这是战士们在打仗间隙，用打下来的美国飞机的铝制外皮，经过熔化、铸模等工艺，亲手制作的。他们希望在国庆节前夕，请吴北生帮忙把这些徽章带到中国驻越南大使馆，有机会再献给敬爱的毛主席，以表达他们对毛主席的爱戴和对祖国的美好祝愿。

1968 年，吴北生在越南河内广场

吴北生被这些可亲可爱的战士们的行为所感动，他感觉那些饱含美好情感的徽章，握在手中似千钧般沉重，因为那些徽章也饱含着远在他乡的战士们对祖国和人民的庄严承诺，以及对故土和亲人的深深思念。带着战士们的美好祝福，他将这些沉甸甸的徽章，亲自送到了中国驻越南大使馆工作人员的手中。

4. 在干校的蹉跎岁月

“文化大革命”开始后，中国的科技事业受到严重摧残，当时主要的科研机构处于瘫痪、半瘫痪状态，科研工作几乎无法进行。吴北生也经历了那段刻骨铭心的蹉跎岁月，于 1969 年 8 月下放劳动，他所进行的型号研制工作被按下“暂停键”。

五七干校建在一个劳改农场的遗址上，距正阳县城 30 里，各方面条件都很差，房屋很紧张，二十几个人挤住在一间四面透风的茅草房里，经过修整，才勉强可以住人。

吴北生在干校除了学习种田、挑粪等农活外，还学习养牲畜。一段养马的经历让他记忆犹新。那时干校从内蒙古买了几匹马，吴北生负责喂养其中的一匹黑马。俗话说“马不吃夜草不肥”，这句话其实也暗含着养马人的辛苦。为了把马养得肥肥壮壮，吴北生虚心向当地的农民请教。白天他把麦秸、玉米秆或从地里割来的野草，用铡刀铡成一小段一小段，堆放在一处，这就是马的草料。白天给马喂食三顿，等到半夜，还需要起床给马再加一次草料。对于白天劳动量就很饱满的吴北生来说，多么希望能睡个囫囵觉，得到充分休息，但是为了马儿快快长大长肥，不论寒暑风雨，他都靠着自己强大的意志力和责任心抵挡住困意，硬生生把自己从温暖的被窝里“拔”出，去给马添草料。

有一次他喂的大黑马生了病，一连几天不吃不喝，精神很不好，班长就派他带着马去县城的兽医站看病。医生检查后给马打了点滴，喂食了药物，并给开具了住院书，吴北生便在医院里给马做起了陪床，按时给马喂食药物。经过一周的治疗，大黑马的病终于痊愈，吴北生心里的石头总算落了地。

除了养马，吴北生还向当地农民学习了驯马，熟练掌握了一些让马前行、后退等的口令。大黑马在吴北生的精心照料下，长得又高又壮，而吴北生有大黑马的陪伴，日子也算有了些许乐趣。

干校紧张而繁重的劳动锻炼，让吴北生很少有精力去想其他的事情，但唯有一件事，让他时刻记挂在心里，那就是导弹型号研制工作。1970 年 4 月 24 日，我国第一颗人造地球卫星东方红一号首次发射成功，从此中国开始进入了空间时代！这个消息让当时身在干校的吴北生、钟山等科技人员热血沸腾，他们期盼早日回归到国防建设工作队伍中。

第六章

十年磨砺 激情岁月谱华章

1971年，从五七干校劳动锻炼回京后，吴北生担负起了防御工程总体研究室主任的工作。一段长达近十年的工作，倾注了吴北生太多的心血和情感，也成为他生命中一段难忘的激情岁月。

1. 边学边干，总体工作肩上担

20 世纪 60 年代，国家处于经济困难时期，技术落后，内忧外患。美苏对我国进行全面封锁与“双重核讹诈”，使我国重要战略目标具有一定的防御能力，成为迫切需要。1963 年 12 月 15 日，毛主席指示：“原子弹、导弹,无论如何也不会比别人搞得多,同时,我们又是防御的战略方针。因此,除搞进攻性武器外，还要搞些防御武器。”两个月后的 1964 年 2 月 6 日，这个问题再次被毛主席提出。当天，他在会见国防部五院副院长钱学森时，专门谈道：“有矛必有盾，搞少数人有饭吃，专门研究这个问题。五年不行，十年；十年不行，十五年。总要搞出来的。”

在当时中国一穷二白的状况下，为推动这项“尖端技术中的尖端”技术的发展，由国务院总理、副总理、军委副主席等组成的中央专门委员会多次专题审议，周恩来总理亲自决策、参与抓工程建设。在国防科工委组织国内精锐科技队伍的推动下，探索防御技术途径的工作迅速发展，短短几年就形成了包含多个研究方面的工程研制队伍，开创了我国发展防御系统技术的基业。今天看来，发展防御系统的决策和“两弹一星”一样是高瞻远瞩、影响深远的伟大战略决策，体现了党和国家领导人的雄才大略与深谋远虑。

1970 年年初，二院正式组建成防御工程总体研究院，二部组建成防御工程综合总体部。为了做好防御工作，按照上级的安排，二部从导弹总体部转到防御工作上来，与地空导弹有关的工作全都交给上海的科研机构（后来成为八机部的一部分）。

多年的实践证明，要想推动大系统工程的顺利实施，必须要有强有力的总体统筹研究。工程综合总体部的组建在当时是一种创举。

1971年年初，吴北生从河南正阳五七干校劳动下放回京后，由二部科技处调到二部二室任主任，负责工程综合总体研究工作，从此，吴北生开始了参加该工程总体工作近十年的难忘历程。

吴北生所在的总体研究室承担着探索技术途径、论证战略需求与武器系统的研制要求、研究技术发展规划、提出预研课题、统筹协调各级研究课题和武器系统研制的战术技术指标要求等工作，涉及的知识面非常广泛。对于承担这些任务，当时吴北生可以说是一个“门外汉”，他感到自己的知识面和工作能力都远远不够。当时吴北生的心情是既为能参加这项我国开创性的任务而兴奋，又为缺乏能力与自信难胜重任而不安。他唯一的选择便是下定决心刻苦学习拼命干。从此，他边学习边工作，在工作中学习，这让吴北生日益体验到总体工作的挑战，以及分享研究成果时的快乐。

他运用系统工程的思想，组织大总体综合工作，主持开展防区总体方案论证和探索防御新途径、新概念的研究工作；参加了工程五大组成系统重大试验课题的技术论证和协调工作。他对国外的导弹系统发展情况进行了跟踪研究，提出了有关调整我国战略防御武器研究方向和制定技术发展纲要的建议。

1971年，在国防科委和空军联合召开的防御工程工作会上，吴北生首次代表二部作了北京防区论证设想的报告。此次会议是为了讨论如何执行当时中央军委批复文件的要求而召开的。在和防区总体组的同志们一起研究起草这份报告的过程中，吴北生学习了解了过去几年二部在总体论证研究工作中取得的进展，也深深感受到总体工作的艰辛和压力。

防御工程之难在于目标的高速度和高杀伤力，必须保证能在应对多种突防措施的情况下，做到100%拦截摧毁来袭目标，否则，只要有一个目标突防，便全盘皆输。吴北生和同事们通过不断学习和研究总结出了研制发展防御系统的总体目标，对于开展防御工程具有极强的指导意义。吴北生和总体研究室的同志们参加到各大系统的研制工作中，见证了我国当时在防御、预警雷达、强激光器等多方面新技术的艰苦创业与开创性发展，深受鼓舞。

“有矛必有盾”是毛主席提出防御问题的辩证发展观，在实际工作中，却始终存在着防御工程要不要搞和如何搞的争论。在国内，当时对防御问题了解的人很少，加上“文化大革命”时期“左倾”思潮的严重干扰，在研制防御系统问题上，既有认为“盾”防不了，不如加快发展进攻性武器的意见，也有无视客观现实条件，盲目求快，大干快上的意见，甚至提出过“一年一个型号，四年建成防区”不切实际的口号。这其中当然也和当时国家对防御工程的战略意义和技术复杂性的认识有关。

为了学习借鉴国外的相关情况，也为了向有关单位和领导宣传防御工程的战略意义和技术复杂性，吴北生带领吴加望、陈定昌等人在跟踪研究国外防御系统发展情况的基础上，探索整理了一批有关国外防御系统和技术发展情况的论文资料，在吴展主持下，翻译出版了一本关于国外防御系统发展与争论的资料汇编。这本资料后来被称为“防御工程白皮书”资料集，受到相关单位和领导的重视，对于国家认识当时的工作也发挥了重要作用。

2. 自力更生，联合试验终成功

1977 年，防御工程预警系统研制的两部大型雷达：110 单脉冲雷达和 7010 相控阵雷达相继完成调试投入运行试验。作为工程大总体，吴北生和同事们提出了组织联合观测空间目标，模拟预警系统与指挥控制通信系统联合作战的功能，研究验证测轨方法、精度与导弹预警功能的建议，获得国防科委批准。同时考虑到110单脉冲跟踪雷达兼有精密跟踪目标、识别目标雷达散射截面大小的功能要求，吴北生和同事们策划了发射雷达标定卫星，供110雷达空间标定的试验方案。

这是工程首次组织的大型系统联合试验。在北京的二部作为联合试验指挥所，把位于国内不同地点的110雷达和7010雷达联系起来，进行对空中卫星目标的观测试验。在今天通信技术和计算机互联网技术高速发展的时代来看，实在算不上难事，可是在当时我国的环境与技术条件下，却是一项相当困难的任务。它要探索研究的是预警系统关键的技术课题。

为了发射雷达标定卫星，吴北生和同事们抓住了利用风暴一号运载火箭发射实践二号卫星的机会，提出在运载器的过渡段上携带一个实践二号乙同时发射的方案，使之成为我国首次一箭三星发射的成员。

实践二号乙雷达标定卫星看似简单的设计方案，实现起来却并不简单，既要解决发射重量与体积限制的要求，又必须保证卫星在空间展开时顺利成为便于雷达探测的形态。

室内成立了攻关小组。吴加望、陈跃红等几位小伙子，充分发扬“自力更生，艰苦奋斗”的精神，连续两年日夜奋战，牺牲了无数个节假日和休息日，硬是自己动手，闯过了多个难关，研制成了一个包括弹射装置、支架和安装容器，重量不足30千克的供发射卫星，并且经过多项地面试验，达到了提供发射的要求。

为了确保实践二号乙卫星观测和预警雷达测轨预报方法研究的成功，在国防科工委的支持下，吴北生和吴加望多方奔走，联络了上海、云南、新疆等多处天文台、卫星观测站同时给予观测支援，共同研究测轨方法。

1979年6月—7月间，110雷达和7010雷达进行了联合观测，为观测实践二号乙卫星进行合练准备。首次负责组织实施这样的大型系统试验，吴北生的心情十分紧张。当时坚守在二部655计算机房，昼夜奋战调试程序，收集分析数据的情景，吴北生至今回想起来仍历历在目。可令人遗憾的是，这次联合观测试验只取得了预警雷达网观测卫星目标的初步试验成果。

两年以后，1981年9月20日，我国卫星发射史上有名的一箭三星发射成功，吴北生和同事们研制的实践二号乙卫星成为这三星中的一星，再次组织的110雷达与7010雷达联合观测实践二号乙卫星，并用以标定110雷达的试验终获成功。通过对试验获得的标定数据进行分析，110雷达测定外空目标雷达截面的误差在非常理想的范围内。

受国际和国内两方面客观因素的影响，1982年，倾注了吴北生十年光阴的防御工程“下马”。虽令人遗憾，但也让人欣慰。欣慰的是，该工程开辟了我国相关领域工作的先河，在工程实施的十多年间，虽然条件艰苦、基础薄弱，但是二院广大干部职工经受住了挑战，顽强拼搏、刻苦攻关，发展了技术、积累了经验、培养了队伍，这些对于二院发展以及空天防御事业发展具有积极而深远的影响和重要意义。

十多年里，开创了一批新的技术研究领域，取得了一批重要技术成果，填补了当时国内空白。其中有些重要技术成果已在其他型号上得到了应用与发展，直到今天有的还在发挥着作用。如110雷达和7010雷达的成功研制，使我国成为继美苏之后，第三个拥有超远程搜索跟踪空间目标雷达的国家，为推动我国雷达技术发展发挥了举足轻重的作用。

十多年里，二院积累了重大工程建设经验，尤其是综合总体部的创建在当时是一种创举。大系统工程必须要有强有力的总体统筹研究。大系统组成的各级总体研究部担负着影响领导决策、部门正确指挥与技术发展前途的重责。今天随着各种情况的改变，如何适应当前体制机制状况，做好我国武器装备研制发展总体工作，是个关乎前途的大问题。

十多年里，二院培养和锻炼了一批高科技人才队伍，这是非常宝贵的成果。像在目标特性研究方面做出开创性成绩的黄培康院士、在高精度无人飞行器设计技术发展中作出突出贡献的陈定昌院士等人，都是突出的人才代表，他们都成为相关技术、相关领域的领军人才。这批科技人才队伍如星星之火可以燎原，在后续的工作中带动并培养了一批又一批科技人才队伍，为二院空天防御事业的发展注入了源源不断的活力。

然而最为宝贵的是，通过十多年的磨砺，沉淀出一种精神，并被不断传承、发扬、光大——这便是航天精神的火种。在航天精神的感召下，一代又一代二院人前赴后继，“自力更生、艰苦奋斗、大力协同、无私奉献、严谨务实、勇于攀登”，创造了一个又一个奇迹，铸就了我国空天防御事业的辉煌。

吴壮生

第七章

壮心不已 地空战线铸辉煌

20 世纪 80 年代，二院重返地空战线，迎来发展春天。经历过多个型号研制及重大工程总体工作的吴北生，一晃到了“知天命”的年纪，他的战略眼光、技术知识、领导才能等各方面能力水平也随着他的阅历增长而不断提升，成为导弹研制方面的领军人才。他责无旁贷地挑起型号研制的重担，为二院地空战线的发展趟出了路子，奠定了坚实基础。

1. 探寻发展方向

随着防御工程的“下马”，二院失去了支撑性任务，地位受到严重影响。二院就像一列原本疾驰的列车突然失去了动力和目标，停在一个废弃的小站，迷失了方向。作为二部二室主任的吴北生，也在苦苦思索二院后续的发展方向问题。

二部作为总体部，是二院的龙头单位。二部主任吴展，有着强烈责任心，认为这种状况不能再持续下去，他把吴北生、陈定昌等人找来，共同探讨后续的发展方向。

大家集思广益，在你一言我一语的探讨中，达成了二院两个发展方向的共识：一是重返地空线，开展地空导弹研制，二院本就在此方面具有得天独厚的优势，所以该在此领域重振雄风；二是搞反集群坦克导弹研制，原因是当时中国北部地区与苏联关系紧张，苏军坦克部队大兵压境，一旦发生武装冲突，我军必将采取反坦克战。随后，在多方的共同努力下，二院提出的两个发展方向得到了上级领导的支持与赞同。

在吴展的组织领导下，吴北生、陈定昌等人参加了地空型号红旗七号的论证，并多次随同二部领导向上级部门进行汇报，最终得到了各个方面的认可。

1980 年 4 月，国务院、中央军委决定由二院承担红旗七号低空防空导弹研制任务，同时下达了开展远程反集群坦克导弹总体方案论证任务，标志着二院重返地空导弹武器系统研制生产线。同年 7 月，吴北生调任二部副主任。

开展“远程反集群坦克导弹武器系统”的方案论证和可行性试验攻关的重任又落在吴北生肩上。作为总技术负责人的吴北生组织成立了攻关小组，本着“高精度、低成本、立足国内”的指导思想，开展了精确制导技术反集群坦克研究、对目标特性的观测试验、系统试验等多项工作，取得了多项成果，其中有一些填补了国内领域空白，撰写了“远程反集群坦克导弹总体方案”论证报告，为“红箭十号”的立项奠定了良好基础。

吴北生在这项任务中，还根据当时国际新技术发展趋势，向国防科委提出了开展精确制导技术预先研究课题的建议，并与多家科研单位合作开展了毫米波、红外线敏感器件和对地面目标观测导引技术研制课题，推动了二院精确制导等多项技术的发展。

有了项目支撑，如同有了动力引擎，二院这辆停驶的列车终于又开动起来。望着夜晚灯火通明的二院，吴北生的脸上露出了久违的笑容。

2. 参与地空型号规划

1981 年 9 月，七机部、八机部合并，组建为新的七机部。12 月，国务院、中央军委下发通知，决定由七机部二院负责地空（舰空）导弹武器系统的技术抓总工作，进一步确立了二院研制地空武器型号的地位。二院从此高调返回地空线，由此有了一个长期发展的平台。

由于当时七机部、八机部合并不久，存在着北京、上海、沈阳、黔北等基地，各个基地各自为阵，缺乏明确的型号发展指导思想、切实可行的统一规划和合理的任务布局，从而形成了战线过长、型号过多、任务重复、进展迟缓等局面，造成了很多人力、物力等资源上的浪费，无法形成发展合力。为了改变这种局面，必须提出明确的发展地空型号的指导思想，制定可行的型号发展规划，建立有力的技术抓总单位，做好任务的合理布局。吴北生作为主力参加了地空导弹型号研制发展规划制定工作。

吴北生总师（右一）与试验队员交谈

在规划制定过程中，吴北生踏遍了七机部分布在全国的所有基地，深入一线，开展了大量调研，获得了第一手资料，摸清了全国地空型号的发展情况，有力支撑了他所参与提出的按作战空域和任务特点划分地（舰）空导弹发展系列规划的建议，被领导机关采纳。

为了加强集中统一指挥，加强技术抓总工作，二院成立了地空武器系统总设计师组，黄纬禄任总设计师组总设计师，吴北生任总设计师组副总设计师之一，协助黄纬禄总设计师处理各型号研制中出现的重大技术问题。期间，吴北生主持起草了关于地空导弹武器系统研制程序的建议，规范了地空导弹武器系统研制工作，推动了地空型号的发展。同时他还组织参加了对上海红旗六十一、沈阳红缨五号、遵义红旗二号甲等多个型号的技术支持工作。

1982 年，地空武器系统在二院召开了首次会议。黄纬禄总设计师，吴北生和钟山、方辉煜、沈忠芳等副总设计师参加会议，就总设计师组的任务、分工、工作制度、工作方法和工作安排等方面提出了具体意见，进一步加强了总设计师组的技术领导地位。

1983 年，吴北生担任了由导弹、飞机、高炮和情报等多方面专家组成的联合研究组组长，在国防科工委领导下，主持开展了关于我国综合防空体系和防空武器研制发展方针的研究工作，其研究成果 1985 年获国家科技进步奖三等奖。

3.“静下心来，研究残骸”

为了加强红旗七号研制工作的技术领导，1983 年，国防科工委任命钟山为总设计师，吴北生担任第一副总设计师。吴北生在组织系统总体复查、系统设计关键研究以及飞行试验结果分析等工作中发挥了重要作用。

吴北生在工作中，非常重视到实地、察实情，解决问题特别注重现场分析研究，他将此思想充分运用在型号研制的各个阶段，屡试不爽。

在红旗七号研制初期，远在西安的 210 所承担了发动机研发工作，在关键技术突破阶段，吴北生多次到发动机研发现场指导工作。在一次发动机试验中，吴北生和研制人员一同见证了惊心动魄的整个过程。发动机刚刚点火 1 秒钟，突听“砰”的一声，实验室里浓烟四起，发动机发生爆炸，被炸得“粉身碎骨”，实验台也一同被炸毁，现场一片狼藉。在场的研制人员脸色吓得苍白。吴北生顿了顿安慰道：“试验就是有成功有失败，只要把失败的原因找到了、解决了，就会取得更大的成功。”他的一番话让在场的人员心里感到很温暖。大家放下思想包袱，全力投入到故障分析中。但是分析了几天仍一无所获，爆炸的原因毫无头绪，这让主管此项工作的 210 所副所长余方林感到一筹莫展。

吴北生了解情况后，再次来到 210 所嘱咐余方林道：“方林，你再静下心来，好好研究一下残骸，一般在残骸中总会发现一些线索的。”这句话启发了余方林，他又一次来到爆炸现场，认真仔细地寻找发动机的残骸，一块一块仔细研究，竟然真的不出所料，在一小块长尾喷管的残骸上，找到了引发爆炸的关键线索。“太好了！问题解决了！吴总真是神机妙算！”余方林不由得长舒一口气。他立即将这个好消息告诉了吴北生。对于吴北生这次精准的分析指导，余方林可谓佩服得五体投地。此后，210 所针对此次爆炸，改进了生产工艺，增加了空气探伤检测环节，有效提升了发动机的质量稳定性能，再也没有出现过类似问题。

4. “要实事求是，尊重科学规律”

在红旗七号的一次批抽检飞行试验中，出乎所有人的意料，导弹发生了爆炸，试验宣告失败。这次试验关乎后续的产品交付和项目争取，影响非常大。二院的天空仿佛一下乌云密布，压得人喘不过气来。

型号两总系统立即召集各研制单位召开会议，研究分析失败原因。会议室里充满着凝重的气氛，每个人脸上都写着一个“愁”字。会议桌上放着导弹爆炸后的几块发动机的残骸，虽然没有确定是谁的责任，但是按照一般的经验，发生爆炸多是火工部件的问题，发动机便在大家的怀疑之列。

当从外地匆匆赶来的主管发动机设计的余方林副总师前脚刚刚迈入会议室，大家便把带有“杀伤力”的目光齐刷刷地“刺”向了他，他顿时有种被“兴师问罪”的感觉。“你看那几块发动机的残骸，爆炸原因多数出在你们那。”余方林还没坐定，质疑声便在会议室里响起。他看了看那几块残骸，的确有发动机爆炸的痕迹。难道真的是发动机的问题？余方林一时有些百口莫辩。但是他突然想到了吴北生当年的那句提醒：“静下心来，好好研究残骸”。他立即回应道：“我对我们的发动机很有信心，仅凭这几块残骸不足以说明问题，我想到试验现场去找找其他的残骸。”“还有什么可去的？这八成就是你们发动机的问题。”很多人提出了反对。

正当余方林感到无助之时，突然一个声音说道：“既然余副总这样想去现场看看，我支持！咱们开会的目的就是要找到失败的真正原因，只有这样我们的产品才能经受住更加严峻的考验。只要不是100%的真正失败原因，那么我们就不能凭经验下结论，要实事求是，尊重科学规律。”大家的目光立刻聚焦在了这个人身上，他就是吴北生。吴北生的一番话及时打破了大家凭经验分析问题的惯性思维，让大家重新回到了冷静、理性地认识问题、分析问题和解决问题上来。

在试验现场（左起：陈定昌、沈忠芳、钟山、吴北生、陈金坤）

就这样，余方林一行人连夜赶往试验现场进行搜寻残骸。当时正值初冬季节，导弹爆炸的位置正处于一片稻田上方，好在稻田里已经没有了水，但是很泥泞。余方林和同去的几个人冒着严寒，深一脚浅一脚地在稻田中苦苦寻找散落各处的残骸。终于功夫不负有心人，他们在一块不起眼的残骸上找到了导致爆炸的关键线索。他们连夜带着好消息赶回二院，向两总进行了事故推演，失败的原因应该出在了一个小小的垫片上。吴北生听后说道：“余副总分析得有道理，我们应扩展思维，开拓思路，大家再各自找一下问题。”等事故原因真正确定后，型号两总决定，将已经交付给用户的这批产品全部召回，全部进行分解，以彻底消除此类质量隐患。

事实证明这一决定是英明的，在召回的产品中，竟然真地发现了一发导弹存在类似的质量问题，为国家及时挽回了损失。二院实事求是的做法受到用户的高度肯定，他们称赞道：“任务交给你们，我们放心！”

吴北生有写诗的爱好，每次试验，他都会以诗记录当时的所思所想。在红旗七号试飞成功后，他写了一首藏头诗《功在突关好儿女》。

红日炎炎战戈壁，
旗开得胜又一曲。

七载任务争提前，
号鼓频催动劲旅。
试验分析千百回，
飞行考核无所惧。
成败并非侥幸事，
功在突关好儿女。

5. 三年攻关，当好技术“舵手”

20 世纪 80 年代，吴北生被任命为第三代防空武器系统技术总负责人，组织领导了为期三年的关键技术攻关工作。

第三代防空武器系统研制起点高，技术难度大，二院迅速组织成立了研制队伍。吴北生与总指挥沈忠芳按照“打基础、上水平”和“研制基本型、发展系列化”的方针，带领研制队伍通过大量调查研究、分析比较、研究论证，提出了垂直发射、捷联惯导、主动末制导、相控阵雷达等一系列先进的技术指标，有的技术甚至达到了国际领先水平。在很多人看来，这样的技术指标是过高的，因此也受到许多专家和领导的质疑。

对于一个新的武器装备，既要做到指标先进，又不能过分超前，还要符合中国实际，并不容易，但是在吴北生和研制团队的共同努力下，第三代防空武器系统做到了这一点。由于采用了多项先进技术，第三代防空武器系统在很长一段时期内一直保持着先进性。

在三年攻关的道路上，吴北生和沈忠芳带领着型号研制团队，“摸着石头过河”，披荆斩棘、开拓创新，攻克了一道又一道难关，啃下了一块又一块“硬骨头”，为第三代防空武器系统的工程研制铺平了道路。1990

年，二院全面完成了攻关任务，最终实现了“突破五大关键，确定研制方案，取得九项成果，打好型号基础”的攻关总目标，为第三代地空型号的发展奠定了坚实基础。时任国防科工委副主任谢光赞扬道：“你们特别能攻关，以后有困难任务，都交给你们去完成！”

“我们研制的型号如果要保持领先，那就必须注意学习借鉴国外的先进技术。”作为技术总负责人，吴北生时刻提醒自己必须要眼光放长远，当好航行的“舵手”。他总是将视野投向世界，在三年的技术攻关中，吴北生以开放的心态和思维，非常注重学习借鉴当时国外发展的新技术，并努力将其充分运用在第三代防空武器系统的研制中。尤其是在两项新技术的应用与研究上，吴北生勇敢地成为“第一个吃螃蟹”的人。

第一项技术是软件工程技术。软件工程技术在 20 世纪 80 年代还是个新鲜事物，吴北生通过学习国内外的相关资料，了解了软件工程的好处，便率先决定在第三代防空武器系统研制中进行应用推广。他找到主管软件工程技术的时任 204 所所长廖泰安，想听听他的意见。“吴总，我认为在型号研制中应用软件工程技术，是非常可行的，也是很有必要的，我支持您的决定！”廖泰安激动地说。就这样两人一拍即合。不多久，二院便首次在型号队伍中就软件工程技术应用组织开展了学习培训，为武器系统的软件研制奠定了基础。在吴北生的大力支持和推动下，软件工程逐渐被应用在了二院多个武器系统研制中。今天二院软件工程技术的发展已有目共睹，取得了辉煌的成绩，而软件工程在型号研制中的重要作用也更是人尽皆知。可是在 40 多年前，在全国对该技术基本没有多少人了解的情况下，吴北生便敢于在型号研制中推广应用，足见其思想与眼光何其前瞻与敏锐。

第二项技术是有关武器系统的作战仿真研究。吴北生通过查阅大量外文资料认识到，地空导弹武器系统以及防空作战指挥控制系统及其一整套复杂的软件研制开发，均离不开数字化的实物半实物组成的仿真系统及其开发研究。为了顺利推动第三代防空武器系统的研制，吴北生曾两次率团出国考察，将仿真系统及其开发研究成功引入第三代防空武器装备的研制中，二部陈瑞源在此方面作出了重要贡献。今天看来，地空导弹武器系统以及防空指挥控制系统仿真技术的研究与开发对于二院型号的发展功不可没，始终发挥着不可替代的重要作用。

90年代初，在第三代防空武器装备垂直发射成功后，吴北生写了一首题为《贺装备垂直发射成功》的诗歌，记录了当时的心情。今天，这首诗歌被展示在二院院史馆，激励着一代代航天人再接再厉，铸就新的辉煌。

新年新春唱新诗，
神箭啸天展英姿。
全新设计无旧痕，
垂直发射有新思。
三年攻关百难过，
千日辛勤万众志。
今日打响第一炮，
地空型号新标志。

多年后，吴北生参与研制的红旗七号、第三代防空武器系统双双获得了国家科技进步奖特等奖。因人数限制，吴北生并没有出现在红旗七号的获奖名单中，但是红旗七号总设计师钟山在他的传记中，特别提到，“对获得特等奖的主要完成人按规定报了27名，但实际上还有一些曾任副总师和许多主任设计师同样作出了重大贡献。譬如：担任过第一副总师的吴北生、方辉煜同志，担任过总指挥、副总指挥的柴志、刘从军同志，以及全力支持红旗七号的程荣之同志，还有一些配套厂家的领导和技术专家，这些研

在试验现场（前排左二为吴北生总师）

制人员虽然未入 27 人名单，只是由于名额的限制。在此，我特别对吴北生、方辉煜等诸多有关人员表示衷心感谢和崇高敬意。”

在地空型号研制过程中，无论出现多么棘手的问题，作为技术领导的吴北生，总会如及时雨一般出现，他以渊博的知识体系、平静淡然的心态、尊重科学的精神、实事求是的态度、英明睿智的决策和注重现场的工作方法，浇灭大家内心的不安与焦躁，带来智慧之光。他讲话虽不铿锵但有力，个性虽不张扬但魅力四射，有他在，大家都会觉得安心。他那严谨务实的科学素养，绽放着科学家精神的光芒，在一次次科研攻关、一次次技术突破、一次次失败分析中，带领着大家冲破黑暗，迎来黎明的曙光。

吴北生

第八章 老骥伏枥 开辟军贸新天地

正当地空型号研制顺利开展的时候，已年逾花甲的吴北生又临危受命担负起 B610 新型号的技术抓总工作。他和总指挥沈忠芳一起组建新的研制队伍，带领大家两年突破四重关，在军贸出口领域开辟出一片新天地。直至耄耋之年，吴北生依然奋战在 B6 系列型号战线，为二院军贸型号的发展作出了重要贡献。

B611

从1986年开始，在国家改革开放的大好形势下，二院充分利用国家涉外政策，大胆实践，开拓创新，在极其困难的条件下，顶着巨大的压力和风险，成功开辟了军贸新天地，使二院军品第一次走出国门，实现零的突破，不仅使二院取得了可观的经济效益，大大增强了二院的经济实力，而且锻炼培养了一支型号队伍，提高了研制水平，走出了一条自主创新、自主研发的型号研制之路，为二院扩大军贸出口打下了坚实基础。

1.“黄金搭档”强强联手谱新篇

说起吴北生总师和沈忠芳总指挥的配合，可以称得上是一段佳话。两人自1986年一起开展第三代防空武器系统三年技术攻关开始，到一起开拓军贸市场，直至2010年3月完全退休，他们搭档了20多年，从没红过一次脸，相处融洽，彼此尊重，不是亲人胜似亲人。吴北生主抓技术，沈忠芳主抓管理。他们一个静一个动，一个爱说爱笑一个儒雅谦谦，虽然性格迥然不同，但是工作中彼此支持、互相补位，配合极为默契，可谓“天衣无缝”。他们被称为型号两总中的“黄金搭档”。

他们看起来虽很不同，但是骨子里却很相像：报效祖国的一腔热血、勇攀高峰的革命豪情、淡泊名利的大家风范、笑对人生的处世之道、无私忘我的奋斗热情、光芒四射的人格魅力、纯真无邪的童趣……这些在他们身上都展现得淋漓尽致。认识他们的人都说，他们是二院型号战线上的两个“老宝贝”，只要他们在的地方，没有解决不了的难题；只要他们在的地方，就会产生一种凝聚力。

吴北生总师夫妇（右）与沈忠芳总指挥夫妇（左）

吴北生年长沈忠芳 5 岁，但是互称“老吴”和“老沈”，一个“老”字，不仅仅包含年长之意，同时也饱含着对彼此的尊重与敬佩。一般认为总指挥并不需要在技术上多么精进，懂管理就可以了，可是沈忠芳是个懂技术的总指挥，他经常参与一些技术攻关，为团队出谋划策；吴北生作为总师，不仅知识体系丰富、技术能力出众，而且还懂管理，在型号团队文化建设中亦能发挥作用。因此，他们不管是谈技术还是论管理，很多想法都能不谋而合，且能互相启发，沟通与交流畅通无阻。

吴北生总师（右）与沈忠芳总指挥（左）

吴北生总师（中）与沈忠芳总指挥（左）

20世纪80年代，国际局势纷争不断，战术地地导弹武器系统市场需求大增，而当时，我国导弹研制的重点是发展战略导弹，近程战术地地导弹尚未列入装备系列，因而还是个空白，更没有可供军贸出口的产品。二院虽在研几个型号，但是经济压力依然巨大，人才流失严重。1986年，时任二院院长刘从军和副院长沈忠芳等人敏锐地抓住时机，基于对军贸市场和技术发展形势的正确判断，作出了发挥二院技术特长，以最快的速度改造现有地空导弹为近程地地导弹，争取军贸合同的决策。在他们的极力争取和推动下，B610成功中标，从此二院开启了军贸型号研制历程。

用户订货紧急，二院必须在最短的时间内研制出满足用户需求的产品，并能批量生产交付出口。军贸型号合同执行既严格又苛刻，时间节点没有任何商量的余地，如果延误交付不仅仅是赔偿的问题，还将对国家形象造成不良影响。这对于当时在困境中艰难前行的二院来讲，仿佛是一项不可能完成的任务。但是既然决定干了，就一定要干好，干漂亮！从院领导到技术人员，大家都铆足了一股永不服输的干劲儿。

二院将B610的合同履约确定为全院各项任务的重中之重，优中选优、强中选强，成立了一支强强联合的队伍。吴北生任总师、沈忠芳任总指挥，两人再度联手，毅然担负起重任，带领着项目团队，在军贸市场的广阔天地中开疆拓土，驰骋沙场。

2. 两年闯“四关”终圆满

B610属于战术地地导弹，具有研制任务周期短、风险大、研制程序交叉、协作面广的特点。当时二院的强项是地空导弹，在战术地地导弹方面的发展并不具备太强的优势。以吴北生和沈忠芳为核心的型号团队进行了充分

1988 年，吴北生在二部组建三十周年座谈会上讲话

论证，决定采用将红旗二号导弹改装为 B610 地地导弹的方案。要把无线电制导的地空导弹改成以新研制的捷联惯性制导的地地导弹，这还是前所未有的新事物，短时间内能研制成功吗？很多人认为此方案并不可行，普遍提出了质疑。但是，吴北生和沈忠芳坚信方向是正确的，也是当时情况下争取军贸合同唯一可行的途径，这是多方搜集资料进行了方案可行性论证的。可惜的是首次飞行试验未能取得成功，系统方案并没有得到验证。面对失败，以吴北生和沈忠芳为核心的项目团队并没有气馁，他们顶住压力，日夜进行故障分析，对方案进行了补充和完善。

1987 年 12 月，二院召开 B610 工程工作会议，部署和落实研制任务，会议讨论确定了 B610 武器系统方案和相应研制、试验项目，吴北生在会上提出了两年闯“四关”（系统方案关、制导精度关、批生产关、配套交付关），力争按合同要求完成任务的奋斗目标，同时研究确定了十项技术措施，进一步改进了系统设计，以争取首先突破系统方案关。这次会议统一了型号研制队伍的思想，指明了后续努力的方向，坚定了团队的信心。

接下来的一年里，吴北生总师和沈忠芳总指挥带领项目团队进行了艰苦卓绝的攻关，大家心往一处想，劲往一处使，怀揣着共同的目标，无私忘我地奋战。他们披荆斩棘，勇往直前，攻克了重重难关，终于在 1988 年 6 月迎来了 B610 首飞试验成功。这次试验成功的意义不言而喻，不仅充分验证了系统方案的正确性，而且大大提振了团队士气。吴北生和大家一样，内心久久不能平静，不仅充满喜悦，而且感受到一股催人奋进的力量。他将自己当时的心情写在了《试验成功感怀》这首诗中。

一箭冲霄展宏图，
“红旗”化作“东风”舞。
莫道旧瓶装新酒，
得来全凭苦功夫。
挫折可作成功母，
众志成城无险阻。
今朝重任齐踊跃，
明日从头迈新步。

阳光总在风雨后。随之而来的几次关键试验均取得了连战连捷的好成绩。吴北生和沈忠芳带领下的这支团队，仅用了不到两年的时间，使B610这颗型号线上的“新星”冉冉升起，惊艳亮相，取得了用户满意的射击精度。吴北生1989年受到航空航天工业部通令嘉奖，二院为他记二等功。

1990年，一次决定合同能否顺利执行的关键试验，如期而至。精明的用户要求在落点验证靶试精度。第一发导弹直奔目标而去，而用户却说导弹落点没有在预定精度范围内，要求必须再打一发。鉴于对产品的较强信心，我方同意了用户的要求，同时也提出要与用户一起在落点验证第二发导弹的靶试精度。随着第二发导弹腾空而起，吴北生和沈忠芳一同望着呼啸而去的导弹，心中难免有些担忧，因为如果这次再不成功，那合同的命运可想而知，但他们对产品的信心也是毫无疑问的。

正如吴北生和沈忠芳预料中的一样，第二发导弹不负众望，在双方见证下，打出了高精度的优秀成绩。B610的出色表现最终赢得了用户信任。用户频频向吴北生和沈忠芳竖起了大拇指。这次堪称惊险的试验，顺利打开了合同执行的大门，并促进了后续合同的顺利签订。此次试验的过程，令吴北生记忆深刻，他把当时的心情记录在了《贺试验成功》这首诗中。

一弹飞降落小圈，
万众开颜展愁眉。
评估试验定大局，
系统精良尤欣慰。
几度曲折疑无路，
众志成城心不灰。
“红旗”创新化“东风”，
吹向世界扬国威！

1992年12月底，一次关键试验恰逢元旦前夕。试验当天，空中绽放的“烟花”，为元旦送上了一份“贺礼”，令吴北生和队员们都感到无比欣慰，激动万分。大家欢呼雀跃，相拥在一起，任凭泪水肆意流淌，“一切付出都值了！”在和队员庆祝完胜利后，吴北生回到自己的房间，久久不能入眠，他回想这一路走来的艰辛，感慨万千，禁不住起身坐在桌边挥笔作诗一首《戈壁迎元旦》。

B610攻五关，
战罢酷暑斗严寒。
连遭挫折实堪虑，
众志成城不怕难。
一弹中的谱新篇，
戈壁联欢迎元旦。
今日初胜尽欢颜，
明春征途再开战。

B610的成功，为国家创汇上亿美元，也为二院带来了可观的经济效益。

更难得的是，在那段“造导弹的不如卖茶叶蛋的”岁月，B610 的成功在一定程度上也间接为二院留下了一部分难得的科技人才，这些人在今天有很多已成为国家相关领域的领军人才。

B610 在我国属首创，世界上也仅有少数国家掌握此种技术，它代表了近程地地战术导弹的一个新的发展方向。B610 成功打开了二院军贸市场领域的大门，为后续军贸型号的发展奠定了坚实的基础。

吴北生和沈忠芳带领的 B610 型号团队作出了开创性的贡献，为我国导弹型号的研制积累了宝贵经验，也为我国战术地地导弹的技术发展作出了重大贡献。B610 导弹武器系统荣获航天工业总公司科技进步奖一等奖，国家科技进步奖二等奖。

吴北生充分认识到，应对严峻的军贸市场形势需要有组织管理和技术途径上的创新举措。依托红旗二号地空导弹研制积累的经验和批生产条件，应用新技术预研成果从系统方案上创新改造，特别是在采用捷联惯性制导、全程控制体制上取得的突破，是 B610 得以成功的关键，也为 B6 系列的发展奠定了基础。当然，一支有能力的技术队伍；一个目标一致、配合协调，特别是在困难条件下能够同心同德、群策群力，以“绝不让型号列车在本单位误点！”的精神共担重任的群体，更是完成任务的保证。

3. 来之不易的合同

为了适应军贸出口时间紧迫、高质量、高可靠的要求，吴北生总师和沈忠芳总指挥提出了“研制工作要把可靠性放在首位，在继承以往型号成功经验的基础上，充分利用已有的成熟技术改进提高，把握好继承与创新的关系，在确保质量的前提下加速研制”的指导方针。1998 年，B611 首次进行靶场飞行试验一举成功，射击精度超过了设计指标要求。与此同时，为了争取到合同，吴北生和沈忠芳带领型号团队经历了十多轮艰苦的技术与商务谈判，最终取得了战胜强劲对手，草签合同文本的成果。但是用户要求观看演示飞行试验，坚持要待现场检查认可武器系统性能后，合同方能正式生效。

1999 年对 B611 来说是非常关键的一年，必须在时间非常紧迫的情况下，使新研制的系统达到设计定型状态，并建立能批量生产的导弹总装生产线，同时要确保演示飞行试验成功，促使合同生效。演示试验的日期如约而至，用户来到靶场观看。意外的事情发生了，在万众瞩目下第一发试验竟发生了故障，以失败告终。用户转身就走，几乎不给我们任何解释的机会，来之不易的合同面临着几乎断送掉的危机。作为总师的吴北生，心里五味杂陈，原本就患有高血压的他，在试验宣告失败的一刻，血压迅速上升，但始终相信“办法总比困难多”的他，立刻冷静下来，认真思考和分析试验失败的原因。经过紧张地与用户沟通谈判和排故分析试验，确认了这是一次偶然的可靠性故障，双方商定三个月内采取整改补救措施后再次进行打靶试验。

随后的日子，吴北生和沈忠芳带领型号团队顶着巨大的压力，以无私忘我的奋斗，没日没夜地进行攻关。那时正值夏季，又热又闷，任凭汗湿衣衫，任凭蚊虫叮咬不断，没有任何人抱怨，没有一个人退缩。大家以“咬定青山不放松”的干劲，憋着一股“不破楼兰终不还”的强大信心，经过三个月的艰苦努力，终于等来了演示飞行试验成功的一刻，也迎来了来之不易的合同生效。之后的两年，在用户国家的两次靶试均取得了优异成绩。用户对我们的技术和产品表示出极高的满意度，又追加了后续合同。

吴北生在办公桌前

按照吴北生和沈忠芳提出的型号系列化、滚动发展决策，2001年，型号团队又开始在此前型号基础上，开展进一步提高射程、精度和威力等战技性能指标的改型研制工作，并完成了多项试验，成功地检验了总体设计方案。那时的吴北生已70多岁高龄，可他总是将工作放在第一位，从不享受优待，和团队里的年轻人始终奋战在一起。无论攻关加班到多晚，他总会陪在大家身边，一起想办法，一起做试验。那时轰隆隆的实验室里，总会出现一个花白头发的长者，身边围着一群黑发年轻人，一起研讨工作，这个画面深深地印在了团队成员的心中，多年后想起，大家都感觉心里很温暖，都为吴北生总师情系国防、忘我工作的精神所鼓舞和感动。2004年，B611导弹武器系统荣获国家科技进步奖二等奖。

在沈忠芳和吴北生两总的坚强带领下，二院依托军贸出口，自主开发滚动发展，从无到有，开辟了独特的B6系列导弹武器系统，研制成功多个型号，先后签订了多个较大的出口合同，为二院发展作出了重要贡献。B6系列与时俱进，创新发展，不断适应军贸发展的新形势，形成B611、B611M以及多个对外合作项目等一系列产品，呈现出系列化良好发展态势，多项技术指标均达到国内国际领先水平，同时也锻炼培养了一支队伍，积累了开拓市场、创新发展的宝贵经验和技术基础，为型号的可持续发展创造了有利条件。

在谈到B6系列化发展时，吴北生曾强调道："B6系列的发展，团队组织功不可没！B6系列办公室及其历年工作人员也发挥了重要作用。小吴、小刘、小李、小毛等人，我都曾视为战友。还有许副总，主要协助沈忠芳总指挥工作，特别是在外贸谈判争取合同立项方面作出了重要贡献。”

4. 管好这个“团队”不简单

说起 B6 系列研制团队，不得不说是一个奇迹。这支团队由二院内外的多家成员单位组成，有一个响亮的名字——“联合体”，由二院抓总牵头，多家成员单位本着“自愿联合、自筹资金、风险共担、利益共享”的原则而成立。联合体在二院管理下，犹如形成了一个虚拟公司，在计划经济向市场经济转型之际，开辟了一条崭新的武器装备发展道路，解决了在计划经济管理体制下的等、靠、要、推诿、扯皮等所有问题，构建了一个非常好的协作配套体系，这在当时是一种创举。

联合体发展最壮大的时候有近二十家成员单位组成。如何管理好这支庞大队伍，形成强大的合力，高效运作，是吴北生和沈忠芳两位老总当时考虑的一项重要工作。

军贸合同的履行可谓“丁是丁，卯是卯”，特别是在时间节点上容不得半点商量的余地，因此高效的工作是确保合同如期履约的法宝。为了有效提升工作效率，吴北生和沈忠芳学习借鉴了国内外的先进管理理念，率先在 B6 系列型号管理中推行准项目管理，使目标、执行、控制、评估、激励形成闭环管理，此举为 B6 系列工作的高效运作提供了保障。

为了让分散多家单位的项目团队形成强大的合力，在吴北生和沈忠芳的带领下，型号团队大力加强文化建设，提炼总结出 B6 系列文化。

进度理念：B6 系列的列车不在本单位误点。

开发研制工作的四原则：①坚持把可靠性放在首位的设计原则；②坚

持采用成熟技术，不单纯追求先进性，降低技术风险的原则；③采用新技术或改进技术时，必须坚持经过地面充分试验后再采用的原则；④坚持基本型、系列化发展的原则。

开发研制工作的四个精神：①第一次就把事情做好的敬业精神；②艰苦奋斗，务求必胜的创业精神；③不畏风险，勇担重任的拼搏精神；④顾全大局，大力协同的协作精神。

管理工作“十不”原则：

任务明确不糊涂，责任落实不推诿；

管理到位不越位，加强调度不包办；

协调及时不拖拉，信息反馈不截流；

狠抓质量不放松，严格验收不讲情；

监督考核不马虎，奖惩兑现不食言。

这些文化大大增强了团队的凝聚力、向心力和执行力，营造了“诚信和谐、团结奋进、开拓创新、勇攀高峰”的浓厚工作氛围，使联合体成员以文化约束自己，并以此为准则开展工作，有力推动了型号研制工作的顺利开展。

5. 不寻常的六十大寿

六十大寿，本应是对着满桌佳肴接受祝福，然而吴北生这个大寿却过得不寻常。当时正值一项重要的演示试验期间，吴北生和其他技术人员一样，坚守在茫茫戈壁滩上，没有蛋糕和美酒，只有发射前的紧张气氛和焦急的等待。然而第一发就“很不给面子”，发射前测试就出现了故障。吴北生暗自咕哝着：“真怪了，关键时刻怎么会出现问题。”本来有高血压的他，血压立刻升了上来。但他很快镇静下来，开始和技术人员一起分析数据。经过判断，他顶着风险做出决策：采取紧急措施改打另一发。第二发打得很漂亮，并且打出了验证精度的好成绩。弹道划出的美丽弧线就是献给他生日的最好礼物。欣喜异常的吴北生，挥笔作诗一首《六十寿辰纪念》，以纪念这个特别的日子。

人生六十不觉老，
连年三番战戈壁。
寿旦奔波发射场，
风险决策苦谋计。
不吝白鬓添几缕，
只期飞弹中鹄的。
平凡生涯堪回首，
中华大地留鸿迹。

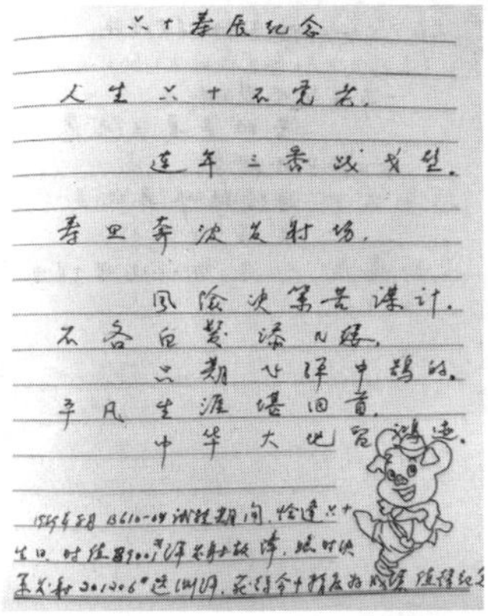
六十寿辰纪念
人生六十不觉老，
连年三番战戈壁。
寿旦奔波发射场，
风险决策苦谋计。
不吝白鬓添几缕，
只期飞弹中鹄的。
平凡生涯堪回首，
中华大地留鸿迹。

吴北生手书《六十寿辰纪念》

6. 带“伤”进场

从 B610 到 B611 的每次进场靶试，吴北生从未缺席，他把型号当作自己的“孩子”，每一次“成长”的瞬间他都想亲眼目睹，有时试验紧张的时候，一年要去两次。在同事的眼里，吴北生把自己的很多事情都抛在脑后，记挂的只有工作。有一次进试验场前，已年届七十的吴北生患了病，腰上长了带状疱疹，无论是坐是卧，都疼痛不已，如果感染还会有危险。当过医生的老伴惠颖钟还有同事们都劝他不要去试验场了，在家安心休息，但家里再舒适的床他都躺不住，试验场的事他实在放心不下。当吴北生在坐了几天的火车到达试验场后，同事们看到强忍病痛微笑着的他，大为感动，然而吴北生却云淡风轻地说：“就是些小疱疹，没什么事，大家不要担心，我很好。”就这样，吴北生忍着病痛与大家同吃同住同奋斗，令整个团队深受鼓舞，士气高涨。大家都希望通过自己的努力，尽快圆满完成试验任务，让吴北生总师早一点回京治疗和休息。

7. 古稀之年战海外

2004 年，B6 系列验收靶试成功后，吴北生总师（左）、沈忠芳总指挥（右）与客户（中）合影

2004 年冬天，海边一个小镇上，75 岁高龄的吴北生作为中方代表团副团长带领着中方专家团组开展某军贸项目的批抽检飞行试验。11 月底的海边潮湿阴冷、寒风刺骨，且时常出现雨雪冰雹等天气，留给试验队的工作时间非常有限。除了天气问题，由于外方试验场条件限制，提供中方团组的工作、住宿条件都不尽如人意，但吴北生从未有过一句怨言，他带领团组想方设法克服困难，按计划积极推进工作，最终顺利完成了试验，赢得了用户高层的肯定也为后续合同签约奠定了坚实基础。

2006 年，吴北生总师以 77 岁高龄出访某国，指导某军贸项目在外开展的履约活动。在国外一个半月的时间里，吴北生与中方团组同吃同住，每天起早贪黑乘车 100 多公里来往于驻地和工作场所。大家都很担心在这么高强度的工作节奏下吴总的身体能否吃得消，但他总是微笑着说让大家放心，转身便投入到现场忙碌的工作中。在外期间，中方团组住宿地点不是酒店而是一幢三层单元楼，做饭、洗衣、打扫卫生都需要中方人员亲力

2006 年，国外履约期间，77 岁高龄的吴北生总师（左一）与项目组成员在简陋的条件下进餐

亲为。吴总虽然已年过七旬，但干活的劲头却一点不输团组里的年轻人，无论是现场组织的包饺子活动或是扑克牌比赛，都能看到吴总矫健的身姿。

2006 年，吴北生总师在国外履约

吴北生总师（右）和沈忠芳总指挥（中）、余方林副总师（左）一起过生日

吴北生

第九章

大家风范 航天精神放光芒

吴北生淡然平和，让人一见顿生亲近之感；他淡泊名利，一生无悔无怨；他情系航天，耄耋之年依然奋战一线；他笑对人生，最终赢得一生。他说：“这一生，为航天做了一点事，便觉得还算有意义。”

1. 淡泊名利，情系航天

吴北生在退休后的二十年里，仍然活跃在技术研制一线，仍然像其他人一样实行八小时工作制，甚至还与年轻人一起加班加点。出差、开会，坐火车深入戈壁滩试验场，亲临现场分析数据是吴北生退休生活的主要内容。吴北生在同事中极具亲和力，不仅因为他精湛的专业知识，更因为他对事业的孜孜以求和对名利的淡泊。在同事们的眼里，他一点没有老总的架子，总是亲自到现场解决问题，亲自分析数据。型号队伍里无论老少，吴北生都喜欢和他们讨论问题，听取意见。谁生病了，他也记挂着，亲自嘘寒问暖。分房子、评职称，他都主动让出，“都让了好几次了。”同事如是说。

他是一位谦逊的老专家，很少用“我”，而多用“我们”这样的字眼。他已经与他的团队融为一体。面对事业上取得的一系列丰硕成果，他却认为自己50多年的工作与生活“淡泊平凡，没有可夸耀的成绩可言”。他常说:“都是大家一起努力的结果，我的贡献微不足道。”用“淡泊明志、宁静致远”来形容吴北生再贴切不过。

2. 任劳任怨　毫无怨言

吴北生是幸运的，能与我国导弹事业一起成长、成熟。然而，从技术基础薄弱的大环境中起步，探索的过程也是艰辛的。他在地空型号仿制、改进到自行研制的过程中，先后担任副总师、总师，各阶段新型号的开发研制工作，都留下了他的印记。吴北生说他“开了很多头”，正是这些“开头”，为后来的研制工作趟出了路子，积累了宝贵的经验，奠定了重要的技术基础。

他就是这样，永远把工作放在第一位，组织需要他干什么他就干什么，从无怨言。

3. 倾囊相授，薪火相传

参加国际宇航联（IAF）大会（左起：吕慧英、黄培康、黄纬禄、吴北生、钟山、王文超）

吴北生对于年轻一代技术骨干总是关爱有加，不仅在技术上倾囊相授，更是不遗余力地为他们的成长提供机会。虽然说是“长江后浪推前浪”，但吴北生明白这才是保持型号队伍长期良性发展的基础。他真心希望年轻一代尽快成长起来，能够接过他手里的接力棒，为推动型号发展继续奋力奔跑。即便完全退休在即，他心中也没有忘记工作，将自己工作几十年积攒的珍贵手稿进行了整理并赠予接替他的年轻总师，这是一种鼓励同时也是一种鞭策和期望。

对于培养和带领年轻一代，他总是以身作则，注重言传，更注重身教。每次会议他总会早到，从不迟到；他坚持“到一线、察实情”“不唯书、不唯上、只唯实”，科研生产一线，经常看到白发苍苍的他坐在年轻同志身旁，一起加班工作的身影；对于工作他既掌控全局也会把握重点，特别是每次打靶试验前，他总会雷打不动地亲自计算并验证弹道；他将“人生多彩 创新无涯”作为自己的人生格言，对新鲜事物时刻充满着好奇心；他最大的爱好就是看书，无论是在前往靶场的列车上，还是在工作之余的闲暇时光，总会看到他拿着一本令人感觉很深奥的技术书籍，徜徉其中，乐此不疲；他对科学技术的孜孜以求，“严、慎、细、实”的工作作风，深深影响着年轻一代。

4. 笑对人生，平静淡然

对于人生的起起落落，吴北生总是看得很平淡。2010 年，时年 81 岁的吴北生接到了完全退休的通知，即将告别从事了半个多世纪的航天事业，他没有失落，表现得就像一如平常的下班。直到第二天大家看到他空空的座位，才意识到他已办理了完全退休手续。吴总的“平静转身”映照了他的“华丽人生”。

2014 年，院里有一项紧急宣传任务，需要采访吴总，当被问及是否可以来院里接受采访摄录时，吴总欣然应允。摄录当日他准备了充足的资料，自己坚持徒步来到单位接受采访。事后才知道，当时吴总的夫人恰生病住院，吴总每天不仅要守护在她的病床边悉心照料，而且还要为采访做充分准备，这对于 85 岁高龄的他来讲，着实不易。“千万别给单位提起我夫人生病的事情。”吴总一再嘱咐，生怕给单位添丝毫麻烦。

完全退休在家的吴北生坚持每天读书学习看报，他关心国家大事，关心航天事业发展。对于离退休党支部组织开展的集体学习研讨，每次他都是风雨无阻，从不缺席，而且认真准备发言材料，分享自己的认识和思考。单位组织离退休活动，他也总是积极参加，且从不享受优待。

5. 伉俪情深，一生相伴

吴北生有一个幸福的家庭，老伴惠颖钟是位医生。吴北生比惠颖钟大 6 岁，他们的相识，还要从吴北生大学说起。那时清华大学与师大女附中建立了定点联系，于是两个学校经常开展联欢活动，国庆节他们还组织去天安门联欢。惠颖钟是师大女附中的一名高中生，她性格活泼，很会跳舞，人称“小秀才”。那时风华正茂、浓眉大眼的吴北生也算得上是个才貌双全的有志青年，深得女孩子们的仰慕。就在一来二去的交往中，吴北生和惠颖钟彼此熟络起来，并多了几分好感。吴北生大学毕业后参军去了西北部队，惠颖钟则考取了北京医学院继续留在北京读书。一次偶然的机会，他们彼此开始了书信往来，在信中交流思想，彼此鼓励，表达关怀，彼此祝福。一切都是那样的水到渠成，他们相爱了。

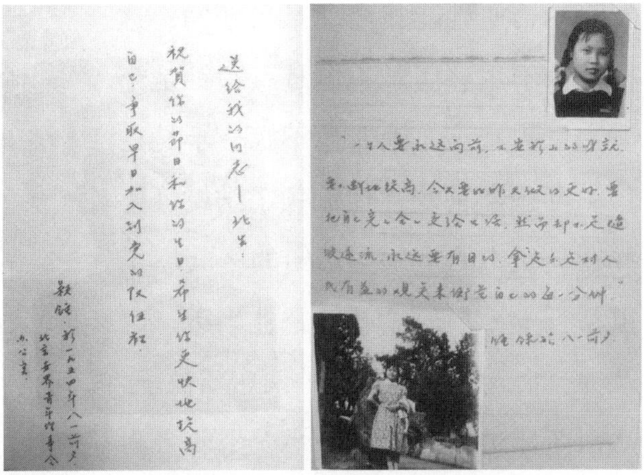
惠颖钟送给吴北生的笔记本

惠颖钟曾在1954年“八一”前夕送给吴北生一个笔记本，上面写道：“送给我的同志——北生：祝贺你的节日和你的生日，希望你更快地提高自己，争取早日加入到党的队伍里。”“一个人要永远向前，不安于小的成就，要不断地提高，今天要比昨天做得更好，要把自己完完全全交给生活，然而却不是随波逐流，永远要有目的，拿是不是对人民有益的观点来衡量自己的每一分钟。”在她的不断鼓励下，也在爱情的滋润下，吴北生在部队表现出色，工作学习和政治思想上进步都很突出，因工作革新被授予二等功。

1957年，吴北生调到北京进入二分院工作，正好这一年，惠颖钟大学毕业，于是，吴北生勇敢地向惠颖钟求婚了，她欣然同意。吴北生没有房子，因为刚刚调到北京还不具备分房的资格，但是她毫不介意。惠颖钟的

"军功章"有你的一半（吴北生总师获得全国五一劳动奖章时与夫人惠颖钟合影）

父母本希望她能找个北京当地的，这样至少不用愁房子，但是惠颖钟是个有主见的女孩，她非他不嫁。于是在1958年新年前夕，他们领了结婚证，并在吴北生的室领导借给的一间屋子里举行了简单的婚礼。婚礼当天，惠颖钟一个人带着亲手做的两床新被子，从南苑那边的娘家，一个人坐着人力车过来和吴北生举行了婚礼。一切都那么的简单，没有父母在场的祝福，没有结婚仪式，有的只是两人相爱相伴一生的誓言，参加婚礼的只有吴北生所在的研究小组的8位同志，他们从食堂里买来几个菜，一起吃完后，便到单位的食堂里参加了舞会。

至今回想起两人的相识、相知和相爱，吴北生既感到甜蜜，也感到对夫人亏欠很多。忙于工作的他根本顾不上管家，儿女的问题他更是顾不上过问。老伴不仅要照顾他的身体，还要为家里大大小小的事情操心。虽然他常心存愧疚，但身为老总的吴北生却从未对同在二院工作的儿子给过什么"照顾"，就连共事多年的同事，都不知道他儿子就在二院工作。

退休后，他也会带她一起出去旅游，逗她开心，在她生病时守候在她的床前给予无微不至的照顾，以尽量弥补那么多年对她的亏欠。

吴北生获得全国五一劳动奖章那年，对老伴真诚地说："老惠，军功章也有你的一半"，于是他和她一起拿着奖牌和证书合影留念。

他们用自己的实际行动，坚守着结婚时许下的相爱相伴一生的无悔誓言。

吴北生总师与夫人惠颖钟合影

2008 年，吴北生总师与夫人惠颖钟结婚 50 周年，全家合影留念

国家科技进步奖、有突出贡献老专家、享受国务院政府特殊津贴……这一个个耀眼的荣誉，他从不放在心上。在一篇回顾性的文章里，他这样总结了自己的大半生：“回顾淡泊平凡的一生，聊以自慰的是，在党和人民的培养下，得以从事国防尖端技术领域工作，为我国导弹事业的发展尽了一份力量。我所看重的不是获得的各项奖励，这是改革开放后尊重知识、尊重人才政策的体现。最令我难以忘怀的，还是在那些为打破国外封锁、扬我民族志气、夜以继日艰苦攻关的岁月里，一代知识分子在党的领导下，只求奉献、不讲名利、团结拼搏、迎难而上的精神风貌。愿‘自力更生、艰苦奋斗、大力协同、无私奉献、严谨务实、勇于攀登’的航天精神，在振兴中华民族的伟业中永放光芒。”这正是他内心真实的写照，也道出了吴北生的大家风范，体现了老一代航天人的真挚情怀。（撰稿：王俊冬）

吴北生大事年表

- **1929 年**
  8 月 14 日（阴历七月初十），出生于天津小圩庄华新纱厂宿舍。

- **1934 年 5 岁**
  就读于天津华新纱厂附属小学。

- **1936 年 7 岁**
  就读于天津尚德小学，三年级（上）。
  同年冬，就读于塘沽永利碱厂附属小学，三年级（下）。

- **1937 年 8 岁**
  就读于江苏省武进县夏溪镇小学。

- **1938 年 9 岁**
  在上海读小学，其间有辍学。

- **1941 年 12 岁**
  日寇入侵上海，全家回乡避难，移居继母何荣秀娘家卜弋桥镇。

- **1942 年 13 岁**
  江苏省武进县卜弋桥镇小学毕业。
  是年，在卜弋桥作人初级中学一、二年级学习。

- **1944 年 15 岁**
  夏溪镇溪南中学初三（上）学习。
  同年冬，转至常州私立正衡中学初三（下）学习。

- **1945 年 16 岁**
  常州私立正衡中学初中毕业，考取江苏省立常州中学，开始高中学习。

- **1948 年 19 岁**
  考入清华大学电机系学习。

- **1950 年 21 岁**

  6 月 15 日，加入中国新民主主义青年团。

- **1952 年 23 岁**

  9 月 4 日，在张家口军委通信工程学院参军入伍。在工程学院训练班学习俄文。

- **1953 年 24 岁**

  5 月 17 日，调赴西北军区司令部通信处（通信兵处）工作，任参谋。

- **1955 年 26 岁**

  被授予少尉军衔（正排级）。

- **1956 年 27 岁**

  晋升中尉军衔（副连级）。因工作创新立二等功一次，出席了兰州军区社会主义建设积极分子大会。

  10 月 6 日，在李怀义和刘毅介绍下，加入中国共产党。

- **1957 年 28 岁**

  8 月，调入军委通信兵部军事电子科学研究院（后转为国防部五院二分院）通信研究室，技术员。

- **1958 年 29 岁**

  12 月 30 日，与惠颖钟在北京结婚。

- **1959 年 30 岁**

  在国防部五院二分院办公室、干部处补习俄语近半年。留在二分院办公室协助做“8109”工程谈判秘书工作。

- **1960 年 31 岁**

  5 月，晋升技术上尉（正连级）。

  5—10 月，调入二分院一支队十二分队工作，其间有两个多月出差去德意志民主共和国为“8109”工程采购。

  11 月，任二分院一支队十一分队研究室技术副主任。

- **1961年 32岁**

  11月，调入二分院科技部技术处工作，任技术组组长。

- **1963年 34岁**

  10月，晋升技术大尉军衔。

  获评二分院科技部技术处先进工作者。

- **1964年 35岁**

  6月，任二分院科技部技术处副处长。

- **1965年 36岁**

  3月，任七机部二院二部（总体部）科技处副处长。被任命为我国新研制地空导弹武器系统红旗三号副总设计师。

  5月，被定为国家行政17级。

- **1967年 38岁**

  去越南北方战地工作，任国防科委组织的器材工作组副组长。

- **1969年 40岁**

  8月，下放劳动。

  11月21日，到达河南正阳县五七干校。

- **1971年 42岁**

  2月，任七机部二院二部二室主任。

- **1978年 49岁**

  4—5月，参加“数据自动处理技术考察组”赴法国考察。

- **1979年 50岁**

  获评二部先进工作者。

- **1980年 51岁**

  8月，七机部授予高级工程师职称。

  11月，任二院二部副主任。

- **1982年 53岁**

2月，调任二院副总工程师。
2月，任地空导弹武器系统副总设计师。
8月，参加高级军工技术考察团赴埃及开罗考察。

- **1983年 54岁**

3月，我国防空武器研制发展方针研究论证组组长。
5月，任二院二部主任。后兼任红旗七号地空导弹武器系统第一副总设计师。

- **1984年 55岁**

11月，任二院科技委副主任。
担任《系统工程与电子技术》编委会副主任。

- **1986年 57岁**

负责中高空防空导弹（基本型）总设计师的工作。
任中国宇航学会战术导弹系统工程专业委员会委员。
担任中国宇航学会第三届《宇航学报》编辑委员会副主编。

- **1987年 58岁**

5月，航天工业部批准研究员任职资格；担任《导弹与航天丛书》《防空导弹》系列编委会副主任。
12月，兼任B610军贸型号总设计师。

- **1989年 60岁**

任二院科技委主任。
获航空航天工业部通令嘉奖。

- **1991年 62岁**

被航空航天工业部批准为有突出贡献的老专家，同年享受政府特殊津贴。

- **1993年 64岁**

获航空航天工业部航天奖。

- **1994年 65岁**

3月，B610维修工程合同启动，吴北生任工程总设计师。

- **1996年 67岁**
  10月，任B611固体战术地地导弹武器系统总设计师。

- **1999年 70岁**
  任B611、B6系列总设计师。

- **2009年 80岁**
  9月，免去B611、B6系列总设计师职务，聘任为型号顾问。

- **2010年 81岁**
  3月，完全退休。

参考文献

［1］航天工业部第二研究院院史编委会．航天工业部第二研究院院史（1957—1987）．1987.

［2］黄道群．黄纬禄院士传记［M］．北京：中国宇航出版社，2015.

［3］周武，侯萍梅，李路，李善春．钟山院士传记［M］．北京：中国宇航出版社，2015.

［4］孙捷，张吉利，侯鲜利，程国海．陈定昌院士传记［M］．北京：中国宇航出版社，2016.

［5］谭邦治．蔡金涛院士传记［M］．北京：中国宇航出版社，2015.

［6］中国航天科工集团有限公司．砥砺前行的航天人（第一辑）［M］．北京：中国宇航出版社，2017.

沈忠芳

沈忠芳的故事

沈忠芳（1934.8.24—），上海人，1958 年毕业于北京航空学院飞机设计系，曾任中国航天科工集团第二研究院副院长、科技委副主任、第三代防空武器系统总指挥、B6 系列武器系统总指挥、红缨五号总指挥兼总设计师等职务。沈忠芳长期从事飞行器系统设计研究工作，先后完成车载红缨五号超低空防空武器系统试验样车、第三代防空武器系统、B6 系列武器系统等研发、指挥工作，先后获得国家重大科技成果奖、中国航天事业 50 年杰出贡献奖、全国劳动模范等荣誉称号。

◎ 目　录

第一章

拔锚起航
长风破浪会有时

受“乱世”所扰，加之家境艰难，在转学5次、辍学1次后，沈忠芳艰难地读完了小学课程。然而生活的苦难没有将他击倒，反而赋予他坚毅的品格。高中毕业后，成绩优异的沈忠芳离开家乡，赴北京航空学院学习飞机设计专业。他立志要做国家需要的事，做有前瞻性的事。年轻的沈忠芳将保家卫国的神圣理想深埋心间，他胸怀滚烫希望，眼中燃烧倔强，迈出坚定的步伐，为梦想去闯荡的少年郎，字典里没有“投降”。

1. 少年启心智，唤起爱国情

20世纪30年代，新的思想、新的文化、新的潮流，从世界各地传入中国。而上海，总是最先、最敏捷接受新鲜事物的地方。据记载，那时的上海已是沟通东西方文明的枢纽，也是世界各国对华贸易的根据地，若是只看那光鲜亮丽的一面，上海称得上是富裕、优雅、浪漫、摩登的大都市，更被称为“东方巴黎”“花花世界”。但大上海十里洋场的表面繁荣之下，是当时中国半殖民地半封建社会的苦与痛。郭沫若曾在《上海印象》中写道:“游闲的尸，淫嚣的肉，长的男袍，短的女袖，满目都是骷髅，满街都是灵柩，乱闯，乱走；我的眼儿泪流，我的心儿作呕。”这就是上海，一边是灯红酒绿、霓虹闪烁的“天堂”，一边是流离失所、食不果腹的“炼狱”。

1934年8月24日，甲戌年阴历七月十六，沈忠芳便出生在这里，一个上海小知识分子家庭。父亲任职于英资造船厂，母亲是纱厂女工。日子虽算不上富贵，但也是安安稳稳。直到1937年8月13日，淞沪会战爆发，日军撕碎了上海那如同空中楼阁一般的虚假繁荣，也摧毁了沈忠芳一家的平静生活。3岁前的孩童大多数鲜有完整记忆，因此于沈忠芳的回忆中，童年记忆最深刻的便是颠沛流离与提心吊胆。其实早在淞沪会战爆发之前，上海便已失去平静，大量难民从四面八方涌进来，导致上海市人口膨胀至极点。直至1937年年底，无辜的上海市民陷入战火的灰烬中，走投无路的饥民甚至不得不铤而走险，成群结队地抢劫米店和运米车，许多难民为了争夺口粮，甚至大打出手。无数人流落街头，尝遍人间冷暖，面对着饥饿、疾病威胁的同时，还要躲避日军的轰炸。沈忠芳一家在仓皇中舍家逃难，度过了颠沛流离的两年。待1939年归家，等待他们的只剩一片废墟。

家境愈发艰难了，但开明的父亲排除万难安顿好家里人后，首先想到的是送当时还不满 6 岁的沈忠芳进上海启明小学读书。但受战火所累，两年后沈忠芳的小学生活不得已中断，他的许多同学从此便辍了学。那时，雇佣童工是普遍存在的现象，辍学儿童从事繁重的体力劳动以换取微薄的工资来赡养家庭。幸而，沈忠芳的父亲是胸中有丘壑的人，随家搬迁后，沈忠芳没有放弃学业，没有机会读新式小学，父亲便送他进私塾。私塾的教学方法与沈忠芳之前接受的教育方式完全不同，先生读，学生跟着读，读到数遍甚至十数遍，就让学生自己回去读，直到能够倒背如流，才开始讲新课。等到能熟读很多篇目，先生才开始逐字逐句地讲解。沈忠芳的先生是晚清的一名秀才，在那抑扬顿挫的唱念里，他开始接受中国传统文化的教育启蒙。孩提时代的沈忠芳便是班里的佼佼者，非常聪颖，过目成诵，成绩总是名列前茅，是先生和同窗心中的好学生。但他也有着那个年纪男孩的狡黠与淘气，有一次年迈的先生在课堂上昏昏沉沉地睡着了，沈忠芳竟用毛笔给先生画了个熊猫眼。

虽然生活困顿，中间甚至因为家庭困难还辍学了两年，但沈忠芳的父亲一直坚持供他读书，在“辗转腾挪”了 5 所学校后，沈忠芳“坎坷”地从小学毕业。之后，他在上海包斯高中学安稳度过了中学时代，接受了 6 年教会学校的教育。聪慧的沈忠芳一如小学时期，各门课程都能轻松掌握，每次考试总是名列前茅。在这里他过得如鱼得水，数理化成绩突出，语文、英文成绩也不逊色。教会学校比较开明，对于国外发生的许多新闻沈忠芳和同学们都能很快知悉，甚至连当红明星玛丽莲·梦露的故事也不是什么新鲜事。沈忠芳在这里开阔了眼界，成长为一名有思想且思想较有深度的青年学生。那时，门门功课都优异的沈忠芳唯独对《圣经》之类的课程提不起兴趣，虽然学校规定学生信教便可减免学费，但沈忠芳的信仰不在这方面，他不愿因为优惠的政策而改变坚持。

在那个年代，中西合璧的上海拥有独特的气质与灵魂，而出生在上海的沈忠芳，一如这座城市，将新的思潮与优秀的传统文化、丰富的自然科学知识融会贯通，构建成兼容并蓄的知识结构，塑造了坚定的心性。从那时起，沈忠芳深刻认识到，上海的繁花似锦和中国人民并没有多大关系。它的繁华，是被西方列强强行建立的租界创造的，是被帝国主义强行践踏的尊严创造的，是被中华民族落后就要挨打的软弱创造的。幸福不属于中国人民，人民只能在水深火热中求生存。这份无奈与愤懑在青年沈忠芳的心底打下了深深的烙印，也对他人生的选择造成了很大影响。

2. 战机轰鸣，少年立志

上海解放后，很快稳定了秩序，在恢复生产生活的浪潮中逐渐焕发勃勃生机。退守中国台湾的国民党依然做着反攻大陆的美梦，掌握着空中优势的他们，开始肆无忌惮地对大陆进行轰炸和袭击。他们常常偷偷摸摸地来，丢下几枚炸弹便逃之夭夭。在经历了几次“小打小闹”之后，国民党壮起胆子，狂妄地决定将上海变成一座停水断电的孤岛、死城。

沈忠芳再一次失去了平静的生活，从 1949 年 10 月至 1950 年 2 月，国民党对上海进行了 20 余次空中攻击。其中以 2 月 6 日的“二六”轰炸最为猛烈。当时上海最大的发电厂——杨树浦发电厂被炸得面目全非，由此造成了上海市大规模供电中断，上海陷入一片黑暗。由于突然停电，工厂被迫停工，学校被迫停课，地面上交通混乱，飞机在头顶上嗡嗡盘旋，呼喊与哭泣穿透废墟，将整个上海笼罩在混乱与恐惧的阴云中。

轰炸机时常对上海进行俯冲轰炸和扫射，爆炸、大火，弹片四射，血肉横飞，家园再次被弹火摧毁，却也在这个年轻人心中种下一颗种子，沈忠芳忍不住想：“如果我们也能拥有自己的飞机，一定要打得他们落荒而逃。”直到 1950 年 3 月，中华人民共和国政府请求苏联给予空军力量支援，108 架各类战机组成的混合集团军进驻上海，帮助中国大陆加强空中防御，其中还包括 38 架亚声速战机——米格 –15 战斗机。苏联战机划着优美的弧线滑过上空，国民党的飞机再也无力对上海进行成规模的空袭，这激动人心的一幕迅速催生了沈忠芳心里刚刚种下的种子，“若是我能设计出这样的飞机该有多好”。

同年，朝鲜战争爆发，10 月 19 日，中国人民志愿军跨过鸭绿江，以血肉之躯，抗击拥有数千架战斗机的美军。彼时的美国曾狂妄自大地叫嚣，“让大炮的发言代替谈判”。消息传回国内，沈忠芳只觉一股愤然血气涌上心间，几欲拍案而起，落后就要挨打啊！ 1952 年，沈忠芳在入团志愿书上郑重签字，誓言中的一句话徘徊在他心头多年：“为新民主主义中国的建设，全人类的彻底解放，奋斗到底。”是呀！他要做的，不仅仅是为了祖国的领土不再受到侵犯，他的视野，该看向世界、看向全人类！

美国人很快就为自己的狂妄买单，1953 年签署的《朝鲜停战协定》不仅代表着朝鲜半岛迎来了和平，更意味着在党的领导下，我国第一次在境外实现了以弱胜强，也确立了新中国屹立于世界之林的重要地位。胜利的消息铺天盖地地传来，沈忠芳和同学们击掌相庆，仿佛自己打了胜仗一般，青年的血无需点燃，自有一番热切涌动其间。

战争结束后，沈忠芳没有沉浸在胜利的喜悦中很久，我们付出的牺牲远远大于美国，武器装备的落后让中国不得不以血肉之躯抵挡飞机大炮的攻势，这个认知令沈忠芳感觉憋屈气闷，人家都“欺负”到家门口了，保不齐还有下次，难道永远靠“肉搏”赢得胜利么？ 1953 年高中毕业时，沈忠芳看到报考目录上有北京航空学院（北京航空航天大学前身，下文中称“北航”），战机的

青年时期的沈忠芳

嗡嗡声又一次回响在脑海里，那一瞬间，他猛然回忆起朝鲜战场以血肉应对先进武器的景象，沈忠芳毫不犹豫地报考了北京航空学院。

彼时，北航刚成立一年，中央教育部门为了保证国防、军事外交院校的新生政治质量，规定报考北航的学生需要经过政治审查才能录取。经政治审查合格后，需在本人的报考志愿表上加盖“北航”图章。同年8月进行全国集中录取工作，全国高校招委会将盖有“北航”图章的考生材料交到学校进行审查录取时，还要根据考生统考成绩及体检状况再进行择优录取。经历层层选拔、优中择优，沈忠芳如愿考入心目中的理想大学。擅长理工科的他毫不犹豫地选择了飞机设计专业，梦想着有一天自己亲手设计的飞机也能像苏联战机那样神气地战斗。

那时北航的校园四周是没有公路的农田和大片坟堆，地理位置偏僻，交通着实不便。沈忠芳记得，在建校初期，学生们只能在工棚里上课，那工棚本也不是特意搭给学生用的，而是盖房子的工人的食堂。工人去上班了，学生临时借用这个地方上课，有时还没下课呢，食堂的饭菜就往工棚里送了。厕所就更简陋，席子一搭就是厕所，遇到下雨、下雪还要举着雨伞如厕。北航是保密单位，查不到电话，公共汽车站也不叫北航，叫十间房站……条件实在艰苦，但再苦也挡不住沈忠芳的学习热情，他全身洋溢着一种十分可贵的乐观主义精神，意气风发、精神饱满地投入到大学生活中。

没过多久，新校园便呈现出一派欣欣向荣的景象，北航师生与苏联专家陆续迁入盖好的教学楼内。当时，学校使用的是从苏联引进的成熟教材，教材内容详细、扎实、具体。苏联专家还带来了莫斯科航空学校机械设计专业的课程和许多图纸供北航的师生参考，此外还有一批从国外留学归来的老师，可谓是四海内外群英荟萃。

沈忠芳大学时期携徐正年在上海沈忠芳家老宅前

沈忠芳所在的飞机设计专业，主要是培养航空工程师，所以在学制上是五年，前两年学习基础知识，第三、第四年增加航空专业知识，最后一年做毕业论文或是毕业设计。沈忠芳如饥似渴地吸收着知识的“养分”，聪慧努力的他在专业上打下了良好基础，每门课程都能拿到 4 分以上，解析几何更是次次 5 分。那时的大学生学业极重，每学期高达十几门课程，学业的重压让许多学生苦不堪言，每晚要在路灯下苦读才行，有些学生甚至需要教授单独“开小灶”才能勉强跟上课程进度。但沈忠芳是个特例，他不仅成绩好，踢足球、游泳、各类文体活动也一点儿都不耽误，日子过得丰富充实。

在校园里，沈忠芳邂逅了与自己相伴一生的爱人徐正年，两人在一个“大班”上课。沈忠芳是校园里的风云人物，学习优异、体育拔尖、性格开朗、穿着时髦。他偶尔会身着时尚的牛仔裤出现在课堂中，这在当时的校园里可谓是特立独行。那个年代的校园还是十分保守的，沈忠芳的牛仔裤很快便引起了老师的关注，老师私下教育他：“你是好学生，怎么能这样穿呢？”徐正年当时担任班里的团组织委员，还曾找到团员沈忠芳谈话，她语重心长地劝道：“不要穿牛仔裤了，这样不好。”半个世纪过去了，夫妻俩再提起往事，也深觉缘分就是如此奇妙。

1956—1957 年，根据我国《十二年科学技术发展规划》的要求，北航在国内率先设立导弹类等相关专业。新增设的导弹设计、液体火箭发动机、空气动力学等专业均是根据我国航空工业实际需要设立的。一石激起千层浪，时刻准备一腔热血献国防的北航学子们在听到增设专业的消息后激动难耐，教室里、操场上、寝室里，都是他们针对新专业激烈的讨论和对自己报国梦的热切憧憬。

沈忠芳与徐正年于北海公园

正读大三的沈忠芳也不例外，火箭导弹专业如同一个磁场对沈忠芳产生了巨大的吸引力，他敏锐地察觉到，这正是国家所需，很有前瞻性，而自己曾经的梦想，终于有了火箭导弹专业这个实实在在的载体。

沈忠芳与妻子徐正年结婚照

经过严格的政治背景、学习成绩的层层选拔，沈忠芳顺利转入这个专业。然而一个学期过后，成绩优异的沈忠芳在老师和同学们的惋惜中决定转回飞机设计系。原来是因为徐正年依然留在飞机设计系，沈忠芳担心两个不同专业的人最后分配工作时不在一个单位，经过深思熟虑后他向学校提出转回原系读书的申请。

大学五年，北京航空学院严谨的学风、浓厚的学术氛围对沈忠芳的影响极其深远，并且指引沈忠芳在后来漫长的科研生涯中不断奋进。

然而就像命中注定一般，从飞机设计系毕业的沈忠芳和徐正年依旧坚定地踏上了航天征程，他们今后的工作，始终围绕着导弹展开。

第二章

初露锋芒 一腔热血献国防

大学毕业后，沈忠芳进入国防部五院二分院工作，主要研究方向是从小就感兴趣的导弹武器。他在这里入伍、在这里入党，凭着初生牛犊不怕虎的冲劲儿，沈忠芳很快就在一众新人中崭露头角。国防部五院二分院见证了他的青春、汗水、成长与辉煌，更承载了他的“强国梦”与“航天梦”，而沈忠芳也用实际行动践行了他在入党志愿书上力透纸背的誓言：“我愿为党的事业、人民的事业，献出自己的一切，甚至是生命！”

1. 没有导弹，就没有国防

20 世纪 50 年代，中国依旧处在帝国主义的封锁、包围和战争威胁里。在强敌环伺中，新中国以坚定的信心和超人的胆识立下了“发展自己导弹事业”的誓言。1956 年 10 月 8 日，中国第一个导弹（火箭）专门研究机构——国防部第五研究院成立。1957 年 11 月 16 日，专门研究导弹控制系统（导弹的心脏）的研究院——国防部五院二分院正式建立，周恩来总理任命王诤中将为院长。

从 1957 年 11 月底开始，国民党军队在美国的援助下，利用 RB-57A、RF-101 高空侦察机和 P-2V 夜间侦察机，持续不断骚扰大陆地区，企图探听经济、军事情报。随后，美国再次向国民党提供性能更优越的、飞行高度可达 20000 米的 RB-57D 侦察机。直至 1959 年 9 月，该侦察机活动区域遍及福建、浙江、江苏、河北、上海等 13 个省市。但当时，中国空军和海军的歼 -5 和米格 -19 歼击机受飞行高度所困，对国民党飞机的入侵束手无策，而中国军队拥有的最大口径的 100 毫米高射炮，对空有效射程仅有 12000 米，根本无法击中 18000 米上空的敌机，何况飞机上还装有电子侦查设备，完全可以绕开高射炮。当时苏联向我国出售的“萨姆 -2”地空导弹武器系统可击落敌机，为严格施行保密措施，“萨姆 -2”的代号被定为“543”，部分苏联专家来到中国，教授如何使用。

但买来的导弹毕竟有数，没有导弹就没有国防！1958 年 11 月，主管国防科研工作的聂荣臻副总理决定，在引进苏联“萨姆 -2”的基础上，研制生产并改进中国自己的第一代中高空地空导弹，后称“543”项目。

同年，沈忠芳英姿勃发地走出校园。1958 年 10 月，二分院成为北航优秀毕业生沈忠芳的“家”。从海淀区柏彦庄的农田一路颠簸，穿过一片菜地，沈忠芳来到位于北京西郊的永定路。井然有序的营房、守卫森严的部队、荷枪实弹的战士在沈忠芳眼中都是如此新鲜，也为他接下来的工作和生活蒙上了一层神秘的面纱。他感觉身体里有团火，烧得他雄心满怀。担任二分院二中队一室技术员的沈忠芳踌躇满志地想，他必要学以致用，再不能让敌人随意进入我国领空。当时，二分院刚刚建立，一穷二白，还处于“边建边干”的阶段。艰苦的条件没有削减沈忠芳的热情，他反而感慨自己赶上了国防事业发展的好时机，刚刚踏上工作岗位，就能参与“543”地空导弹研制工作，用他的话说，“越干越热爱”。

1959 年 10 月 7 日，25 岁的沈忠芳永远不会忘记这一天，“萨姆 –2”导弹击落了当时世界上最先进的 RB–57D 型高空侦察机，开创了世界军事史上地空导弹击落飞机的先河。沈忠芳的一腔热血沸腾了，那一刻，日军飞机从天空中投掷的炸弹、嗡嗡盘旋在头顶的国民党轰炸机，像电影一样，在他的脑海中闪回着画面，最终定格在“萨姆 –2”上。沈忠芳深刻体会到“没有导弹就没有国防”的真实含义。他和同事们就像战场上的士兵，共同投入到“浴血奋战”中，研制工作极其艰苦，大家喊出了“不求名不求利，只求导弹早上天”的口号，沈忠芳的情绪就像这句口号一样斗志昂扬。

2. 集智攻关，崭露头角

然而 1960 年，中苏的蜜月期结束了，7 月 16 日，苏联政府正式照会中国外交部，限期召回全部在华工作的苏联专家，销毁部分技术图纸，撕毁与中国合作的几乎所有经济合同。中苏关系的破裂，对刚刚蹒跚起步的中国导弹事业来说如同一记重锤，“543”研制工作几乎陷入停摆，但也更加坚定了沈忠芳自力更生的决心。中国人一定要争气！

在苏联专家撤走的同时，中国遭遇了“三年自然灾害”。据记载，1959年7月—9月，渭河、黄河中下游以下，南岭、武夷山以北广大区域普遍干旱，闽、粤竟60天无雨，受灾范围前所未有地扩大到20个省区。至1960年，灾害持续扩大且更加严重，旱灾之后又遭遇台风和洪灾，庄稼要么枯死要么淹死，粮食短缺，人民生活极度困难。

情况日益严峻，沈忠芳和同事们每月只能领到26斤粮食、1两油、1两肉。沈忠芳和同事们因为缺乏营养而头晕眼花，很多职工在工作中突然晕倒，喝下一碗糖水后，毅然返回工作岗位，坚持熬夜追赶型号研制进度。即使在最困难的阶段，深夜的二分院依然灯火通明。在忍饥挨饿中，沈忠芳常常想到“精神的力量”，这份力量源自毛泽东主席在1956年党的八届二中全会上讲的一句至理名言，“人是要有一点精神的”。沈忠芳很认可精神的动力，因为理想、信念、品德，可以凝聚成战胜一切艰难险阻的不竭动力，如果没有物质基础，那就用强大的精神信念支撑自己走下去。

得知航天高科技人才面临严重缺乏营养的困境，聂荣臻看在眼里急在心中。他忧心如焚多日，终于想到一个办法，以他的个人名义，向各大军区提出倡议，为航天职工募捐粮食。这一做法得到了陈毅的大力赞同：“加上我的名字，我们不吃，也要保障他们起码的生活。”随着募捐信的寄出，一批批物资从全军部队发来。排队领取食物时，沈忠芳和同事们听说这些粮食是领导为他们从部队特意募捐来的，又想到国家领导人们虽日理万机但喝的却是白菜汤，感动得一时语塞，沈忠芳看到队伍中很多同事红了眼眶，还有低头啜泣的，他在心里发狠地想，拼了命也要搞出个名堂。

1960年，在通过了严格考察后，沈忠芳提笔写下入伍申请书的第一行字，他非常激动地在申请书里写下这样一句话：“美国的军舰和飞机屡次侵犯祖国的领海和领空，我有责任担负起保卫祖国、建设祖国的任务。”1960

刚入伍时，沈忠芳与妻子徐正年

年 9 月 28 日，沈忠芳加入中国人民解放军，成为一名光荣的军人。他太激动了，他想向全世界宣布，他要做一个名副其实的人民战士，不惜任何代价去保卫社会主义、保卫世界和平，一旦祖国需要他立即拿起枪杆，他将坚决完成一名解放军的神圣职责和任务。

虽然未能真正上阵杀敌，但对沈忠芳来说，二分院每夜灯火通明的科研办公楼就是他的“战场”，沈忠芳和同事们不知疲倦地处理着排山倒海而来的工作。他要负责弹上设备与导弹之间参数和安装要求等技术协调问题，这可不是坐在办公室里就能说清楚的，为此，沈忠芳天天“扎”在工厂车间里，很多工人都熟悉小沈，他虽是大学生，但干起活来十分“接地气”，与工人一起上班，在跟踪完成工厂检验等工作时他细致认真。

从学术理论走向实际应用后，沈忠芳开始感觉到学校所学的知识是远远不够的。于是他白天工作，晚上就捧起专业书籍如饥似渴地补充专业知识，他常常沉浸在知识的海洋中忘记了时间，长期下来睡眠不足，难免疲惫不堪，但这种理论联系实际的方法很有效，沈忠芳出色地完成了任务。

付出终有回报，1961 年，二分院的地空导弹团队终于弄清了“萨姆 –2”导弹的设计参数选择、气动布局、强度计算等，但沈忠芳一刻不敢松懈，因为从 1960 年开始，美国将可以飞到 20000 米高空的 U–2 侦察机交付中国台湾使用。不可一世的 U–2 侦察机大摇大摆地窥视着中国大陆，依靠“萨姆 –2”，我们打下了 U–2 飞机。从缴获的设备不难看出，美国的设备在快速更新迭代。沈忠芳心里着急，恨不能一天“掰”成两天过。

二分院实行军事化管理，科研人员大多是军人，因而二分院党的建设也继承了人民军队党建的优良传统，并在实践中将这些优良传统同航天工作的实际情况结合起来，党的工作始终引领着一干航天职工的研究方向。钱学森对此深有感触："回到祖国后，我通过学习才慢慢懂得马克思主义，懂得点政治，弹道科学与政治一定要结合。我回国以后所做的工作，可以说都是科学与政治结合的成果。即使是纯技术工作，那也是有明确政治方向的。不然，技术工作就会迷失方向，失去动力。"这一番肺腑之言诚然抓住了科学与政治的关系本质。国家航天事业与祖国的政治方向休戚相关，是命运共同体。

思想指引行动方向，坚定跟党走的信念让沈忠芳在很多年前就坚定了入党的决心，这使得他在工作中一直自觉用马克思主义哲学思想作为引导，他在科研工作中坚持理论联系实际。1957 年，钱学森发表《技术科学中的方法论问题》。文章指出："在技术科学的研究中我们把理论和实际要灵活地结合，不能刻板行事。我想这个灵活地结合理论与实际也就是辩证唯物主义的真髓了。"

这篇文章曾引发沈忠芳的深思，当他在科研工作中扛起更多重担后，他更是积极学习马克思主义哲学，深入贯彻理论联系实际的做法。1961 年，沈忠芳加入中国共产党，他的入党志愿书写满了整整两页纸，"感谢党给了我知识并不断关怀我成长"。从字里行间流露出的真挚情感，很难想象出自一个雷厉风行、刚毅果敢的军人之手，他用热血呐喊出心底的声音，"我愿为党的事业、人民的事业，献出自己的一切，甚至是生命！"

1963 年，"543"模型弹的研制任务完成，但"闯"事业永远没有一帆风顺的。1964 年 5 月，"543"导弹研制队伍以米格 –15 型靶机为目标，进行战斗导弹试验。两发导弹虽然制导飞行正常，但战斗部未起爆，未能击中靶标。出现问题后，大家按照聂荣臻元帅提出的“严肃、严格、严密”的三严作风，进行了多次对比试验，并分析出故障原因和解决办法。沈忠芳贡献出了聪明才智与勤奋努力，工作也回报他以丰硕成果。1964 年 9 月 26 日，导弹成功击落了米格 –15 型靶机，10 月 6 日，导弹成功击中了中高空模拟目标。1964 年 12 月 10 日，“543”地空导弹被命名为红旗一号。

随后，在“543”研制成功的基础上，二分院进行了新型地空导弹的研究。年轻的沈忠芳又一次参与其中。1965 年 1 月，国防部第五研究院改组为第七机械工业部，简称七机部，二分院随即改为第七机械工业部第二研究院。为了拿出改进红旗一号的最优方案，开展了技术研讨，真理越辩越明，几百名科研人员“争论不休”，常常就一个问题辩得面红耳赤。这对年轻的沈忠芳来说，真是绝佳的学习机会！他像一块海绵吸收着不同的观点，专家们那既高瞻远瞩又脚踏实地的巧思，常常令他茅塞顿开。

在后续的工作中，沈忠芳越来越懂得如何将理论灵活运用到实践中，也是从那时他开始思考，若只是亦步亦趋地跟随，想走得远会很难，想走到世界的前列，唯有自立和创新这一条路。

升级版的红旗二号成功面世了，从此，中国形成了一条能生产并装备部队的完整的地空导弹生产线，形成了立足国内的全套生产协作网，使国内具备了独立生产全套武器系统的条件，而二院也为中国培养出第一支年轻的、初步掌握地空导弹武器系统研制技术的设计队伍，为中国自行设计地空导弹系统奠定了基础，这其中就包括年轻的沈忠芳。他随着这两种型号的中高空地空导弹一起，逐渐崭露头角，也开始承担起新型导弹的研发工作。

3. 解剖高手，初露锋芒

1965 年，七机部成立后，决定成立地空导弹设备研究所，代号 25 所，年仅 31 岁的沈忠芳任 25 所总体室主任。他的主要工作是“解剖”美军“送”给中国的“礼物”，进行 F–4B“鬼怪式”飞机和“麻雀 –3”空空导弹残骸分析工作。说是“礼物”，其实“送礼”的过程充满惊心动魄。

1965 年 4 月 9 日，8 架美国海军舰载机 F–4B“鬼怪式”飞机侵入中国领空。为阻止美军入侵，中美空军于 3000 米高空处展开缠斗，“F–4B”率先攻击，却不慎将自己人击落，也许是太紧张，“鬼怪”飞行员在近距离共发射了 8 发“麻雀 –3”导弹，除误伤队友的导弹外，还有 4 发未爆炸的导弹便成为送给中国的“礼物”。

这份礼物既是“送”给中国的，更是“送”给每一名航天科研人员的。能够“解剖”F–4B“鬼怪式”飞机和“麻雀 –3”空空导弹，对于当时正在蹒跚起步中的中国导弹事业来说，无疑能产生很大的助力。国家相关部门组成了工作队，负责对残骸进行集中分析研究。沈忠芳跟随 25 所派出的工作组参与研究工作，他将目光聚焦在“麻雀 –3”的“大脑”，也就是导引头上。

“麻雀 –3”导弹是美国研制的一种中程雷达半主动制导空空导弹，从 20 世纪 50 年代末到 90 年代，“麻雀 –3”导弹及其后来的各种改进型号，长期作为西方盟国主力超视距空战兵器并在战争中广泛使用。“麻雀 –3”拥有导弹天线小型化、弹上采用液压伺服系统、导弹依靠飞机雷达导引的连续波末制导等先进技术。

“确实先进！”沈忠芳在“解剖”过程中大开眼界，他每天琢磨着，如何将这些新技术融入“中国血液”，应用到我们自己的中低空导弹上。很快，这份巧思便得到了验证，胆大心细的沈忠芳提出将“麻雀 -3”导弹有关技术用于中低空导弹的建议，成为红旗六十一号最早的方案设想，后被领导采纳，开始了红旗六十一号的研制工作。

1965 年，31 岁的沈忠芳已拥有与年龄不相符的沉稳，他参与组织红旗六十一号武器系统总体和导弹方案的制定工作，并组织领导了发射系统对接、模型弹等飞行试验，处理了大量总体与分系统之间技术协调问题。他提出采用单级方案，并分析了被动段攻击目标的可能性，解决了导弹加速度变化目标机动在导引规律中的补偿问题。

1966 年 3 月，红旗六十一号进行模型弹飞行试验。试验虽然成功，但也暴露了部分问题，在此期间，沈忠芳再次展现出“拼命三郎”的劲头，和同事们针对试验中暴露的问题，进行集中攻关。眼看成功在望，一个命令却让研制工作戛然而止。1967 年，中央军委决定将红旗六十一号交由上海机电二局继续研制，而红旗六十一号也将改为我国的舰空导弹，沈忠芳的命运随之迎来一个全新的转折点。

沈忠芳

第三章

咬定青山 千磨万击还坚劲

这是不同寻常的十年，这十年不仅承载了沈忠芳的青春，更承载了老一辈二院人的辛勤汗水和中国人的“强国梦”……当沈忠芳早已成为一名耄耋老者，往事依然如同电影画面般清晰如昨，那些有关研制与自行设计的争论，那些捉襟见肘的艰难岁月，那些“比肩列国”的远大梦想、那些一腔热血的挑灯夜战、那些刻骨铭心的挫折都还历历在目。

1. 铁血铸剑，保卫山河

1963 年 12 月，毛泽东主席在听取战略武器问题汇报时指示："原子弹、导弹，无论如何也不会比别人搞得多。同时，我们又是防御战略方针，因此除搞进攻性武器外，还要搞些防御武器。"1964 年 2 月，毛泽东在会见钱学森时专门谈到这个问题："5 年不行，10 年；10 年不行，15 年。总要搞出来的。"

根据毛泽东主席这一指示， 1969 年，二院正式调整为该项任务总体研究院并将地空导弹的研究成果全部移交上海，同时配备一批专家支援，沈忠芳也是人选之一。地空导弹是沈忠芳感兴趣的研究方向，所以，当军管会领导征求他的意见时，沈忠芳犹豫了。夜深人静，辗转难眠，他细细体会着钱学森在大会上传达毛主席的指示时，自己心中那热血沸腾的感觉，这一晚，他坚定了留在二院的决心，自己定要为祖国铸造一枚空天防御的神盾。1970 年，36 岁的沈忠芳正式加入此项工作，参与 FJ 型号的方案论证和研制工作。当时项目主要负责人宋健因为受到"文化大革命"的冲击被保护起来，项目的武器系统抓总这项重任便落在了年仅 36 岁的沈忠芳肩上。

当时，项目工作面临的困难非常多。首先是技术问题，国内的技术基础很差，但工程提出的设想和指标又很超前，基本不可能达到，沈忠芳和同事们都是在摸着石头过河，探索过程极为艰辛。另一个困难则来自对整体方向和整体机制的不明确，对于大总体怎么搞，小总体怎么搞都还有争议，对于技术指标也有很多争论。除了技术上的困难，沈忠芳和同事们还要面对资源上的短缺。刚刚经历"三年自然灾害"之后的中国，正处于恢复元气的阶段，财力、物力等各项条件均"捉襟见肘"。

难上加难，苦上加苦，但沈忠芳就是有股子初生牛犊不怕虎的冲劲。毛泽东曾说：“这个军队具有一往无前的精神，它要压倒一切敌人，而绝不被敌人所屈服。不论在任何艰难困苦的场合，只要还有一个人，这个人就要继续战斗下去。”军队如是，军人也如是，沈忠芳依然记得自己曾在入伍申请中写下的誓言，他沈忠芳，就是要有压倒一切困难的精神！

由于武器系统是一项系统工程，涉及上百个专业，当时队伍里每一个人的背景都不一样，所学的专业也都不一样，若是“放任自流”，很容易变成“各说各话”，但沈忠芳很擅长合理统筹还有情绪调节，在团队日常工作中明确分工、团结队伍让所有人都充满了热情和干劲。除此以外，沈忠芳也是个严格的“军官”，他深知纪律严明不仅是军队的特性，更是航天人必备的品质之一，责任明确、听从指挥、措施落实、严肃处理、完善规章都是降低失误的制胜“法宝”，毕竟，他们失败不起，无路可退。正是这份热忱与极强的责任感，将航天人紧紧凝聚在一起，他们拥有的“团魂”是任何挫折都无法熄灭的，即使遭遇“十年动乱”。

“文革”开始后，中国的航天事业遭受重创，当时主要的研究机构如中国科学院、国防科委等一些单位处于瘫痪状态，二院不少干部职工被下放到五七干校农垦劳动。

沈忠芳和夫人徐正年在这场运动中都受到了波及，两人远赴河南正阳五七干校“学习”。有一次沈忠芳被批斗后，徐正年特意做了顿好饭安慰他，可沈忠芳却轻松地说：“我问心无愧，对得起国家，对得起自己，才不会生气。生气是用别人的错误来惩罚自己。瞧，夫人的担心反倒多余了！”原来，那时沈忠芳满心想的都是如何才能实现工程的总体目标，等批斗结束了还能抓紧时间做哪些研究。时隔多年后，沈忠芳回忆起那段蹉跎岁月，仿佛已经忘记了插秧、打井的疲惫与挑水、喂猪的辛苦，在他的描述里，正阳当地的干部对他们这帮来“学习”的“学生”十分客气，态度很好。学习结束后，村里的同志舍不得他们，特意备下了一桌“好酒好菜”为沈忠芳和其他同志送行。农村自然是没什么好酒的，不过是农民用红薯酿的高度酒，味道差强人意，70度的白酒入口辛辣，但最暖人心。那天，沈忠芳喝了两斤白酒，他从里到外只觉一股暖意。

不久后，沈忠芳重返科研舞台。

2. 尊重科学，大胆求证

整个大地都震动起来，伴随而来的是漫天的火花和碎片……沈忠芳被这一场景猛然惊醒，原来是做梦啊。他觉得很疲惫，眼睛干涩得紧，这些天他的精神高度紧绷，躺下也难以入眠，索性就歇在了办公室。虽然已经连续多日挑灯夜战，但总找不出爆炸原因，这说明技术还是“没吃透”，沈忠芳站起来胡乱用冷水抹了把脸，又一头“扎”进资料中。

1972年，经历了几年的攻关，二院进行了FJ型号第一次试飞弹试验，然而点火后仅仅0.746秒，发动机便爆炸了。那时的发动机用沈忠芳的话形容：太笨大了，发动机爆炸的威力可想而知。失败的那一瞬间，沈忠芳脑海里一片空白，只听到一个干涩的声音响起：“到底为什么？”

办公室内的气温霎时低至冰点，头顶上灯管发出的“滋滋”电流声清晰可闻，白炽灯照得人面色惨白，没人说话。待沈忠芳渐渐从震惊中回过神来，才能听到领导正不停地安慰大家：“所有新鲜事物都会遇到挫折，试验的目的就是总结经验，不断前进。”听到这句话，茫然失措的沈忠芳逐渐镇定，是的，失败是差一点的成功，他们也许已经离成功很近了，不要气馁。沈忠芳开始组织全员进行分析。最终经过几天几夜的攻关，由四院的同事找到了发动机爆炸的原因，并采取了改进措施，在接下来的5次试验中，再也没有因为发动机出现问题。

沈忠芳（左二）和同事们在试验场

但前进的每一步都很艰辛，解决了发动机问题还远远不够，FJ型号由于速度太快，在大气层飞行时，表面摩擦的温度很高，这就需要很好的耐热材料，钢、钛合金、铝这些材料都远远达不到标准。仅仅是选用何种耐热材料这一个问题就引发了不小的争执，研讨会上多次争论也没个结果。当时有专家提出，让导弹外面罩上玻璃钢，可以耐高温。沈忠芳听完不可置信地说："这怎么行？"原来，小弹头套玻璃钢进入大气层可以抵御高温，但是给FJ型号套玻璃钢等于是给大弹头戴大"口罩"，弹体上有天线和很多口盖，缠绕玻璃钢很难给天线和口盖的缝隙防热，而且玻璃钢自重极大，这样的提议完全是纸上谈兵，项目一时陷入僵局。一些同事为此每天急躁不安，投入了这样大的人力、物力、财力，却不能做出番成绩，实如芒刺在背。沈忠芳劝大家："越是这种时刻越应做到'每临大事有静气'。"沈忠芳常将中华民族千百年来的古训融入工作生活中，因而"静气"早已沉淀为沈忠芳的精神基因。静而后能安，安而后能虑，虑而后能得。成就大事要有这样的"静气"，应对挫折要有这样的"静气"，越是艰难的时刻越是要有这样的"静气"。

就在这看不清、拿不准的时刻，灵活的沈忠芳又一次找到了打破桎梏的捷径。在翻阅了上百本专业书籍后，一个大胆的想法将他带到了中科院

沈忠芳全家

涂料研究所。沈忠芳尝试着说出自己的需求，他想要一种像浆糊一样的防热涂料，刷在导弹上，若是能刷出一个防热涂层，那岂不是又轻便又易操作。为了实现这个设想，沈忠芳反复奔波在永定路与涂料研究所之间，他详细描述需求，紧盯科研进度。经过上千次试验，影响耐热性的“拦路虎”终于被“打倒”，有机涂料完美解决了 FJ 型号的耐热问题，而且涂层甚至比预想的还要薄，不仅减轻了导弹重量，而且大大缩短了施工周期。专家们同事们都夸赞沈忠芳：“老沈这个人，脑袋可以啊！”

从 1970 年到 1979 年近十年间，在沈忠芳的带领下，他所负责的型号在很多方面取得重要成果，并成功完成 4 次飞行试验考核。其中 8 项成果荣获全国科学大会奖。也是在这十年间，沈忠芳的两个孩子接连出生，但他的工作性质一度让孩子们觉得爸爸是“陌生人”。老大刚出生便送到上海托付爷爷奶奶照看，直到小学四年级才接回北京。及至晚年，沈忠芳依然忘不了那一幕，终于团聚的一家三口之间弥漫着疏离的情绪，老大面对爸爸妈妈这两个“陌生人”感到十分恐惧，迟疑着不愿伸出小手。数十年间，沈忠芳陪伴家人的时间少之又少，就连夫人做手术他也无暇顾及。回顾往事，沈忠芳总是将荣誉看得很淡，晚年时，他甚至记不清自己获得了哪些奖项，但年轻时对家里疏于照顾，让沈忠芳始终感到遗憾。

3. 总理关怀，终身难忘

1972 年 5 月，周恩来总理听取钱学森、二院副院长马辛和沈忠芳关于 FJ 型号遥测弹准备工作汇报。那是 38 岁的沈忠芳第一次面见周总理，只隔着一个茶几的距离让他既紧张又兴奋。为何在场这么多领导专家，却是沈忠芳这个名不见经传的科研人员和周总理坐得最近，甚至连钱学森也坐在后排？针对这一点，沈忠芳解释道，航天人从不讲论资排辈，大家都靠技术水平、靠专业能力说话，这次的工作是我负责就由我汇报给周总理，其中一些专业技术名词，由钱学森同志负责向周总理解释。

晚餐时间，沈忠芳依然被安排在周总理身边。这比刚才汇报工作离得还近呢！沈忠芳激动之下生怕拿筷子的手都要抖动。总理是多么和蔼可亲啊，沈忠芳定了定心神，渐渐也不拘谨了。他看到总理身前的小米粥，便好奇地问："总理，您是江苏淮安人，祖上是浙江绍兴的，怎么不吃白米饭和面条，反而喝小米粥呢？" 总理慈祥地看着身边的年轻人："我是在延安养成了喝粥的习惯，你这么清楚我的祖籍？" 对周总理仰慕已久的沈忠芳坦然大方地回答："有关您的历史我都关注过。"

晚饭后沈忠芳又就目前的工作进展向总理进一步汇报了情况，眼看时间已经是晚上 11 点，沈忠芳犯了难，他和队员们第二天必须赶到千里之外的基地进行试验，就是立刻动身去机场也不会有航班了，时间肯定来不及。同行的人都推举胆大的沈忠芳向总理寻求帮助。沈忠芳灵机一动，悄悄问钱学森："钱老，明天早上我们要赶回基地，那边的导弹已经在发射架上了，是不是请总理给我们派个专机？" 钱老一口答应："没问题。" 果然，总理一听说沈忠芳一行人接下来的行程，立刻给他们安排了专机。

第二日清晨，因为周总理对他们的照顾，副院长马辛、沈忠芳和试验队的同事们在西郊机场门口还遭遇了一场“乌龙”。由于他们是乘坐总理安排的专机，让当时西郊机场的主任误以为来的是个了不得的“大人物”，便与同事们等在门口列队欢迎。不曾想乘客们却都看起来十分年轻，主任再三询问之下才敢确定他们就是专机乘客。

这段珍贵回忆从未随着时间的流逝而褪色，半个世纪过去了，沈忠芳依旧记得总理对航天事业的关注，以及对科研人员的关怀，他依然可以清晰复述总理与他的每一句对话。那和蔼的微笑，那碗热气腾腾的小米粥、那四个螺旋桨的专机……所有细节都清晰如昨，成为沈忠芳这一生最难以忘怀的回忆。

4. 实事求是，勇于探索

回顾 FJ 型号的十年攻关历程，沈忠芳坦言，虽然取得了一定的成绩，但存在的问题是不可回避的。

沈忠芳曾遗憾地表示，FJ 型号虽然很成功，模型弹、独立弹，这两发导弹都打得非常漂亮，但受限于国家的工业基础水平，弹上计算机只使用少量晶体管，有些甚至使用电子管，更不要谈集成电路了。再加上二级发动机又是液体燃料，反应慢、导弹重，等发现了目标，对方早已经打到“头上”来了。想要解决这些问题，单单抓住个别方面研究是不够的，这涉及电子工业、发动机技术等十来个专业方向，而这些工作在当时看来都很难完成。

因而对沈忠芳来说，这项工程是他航天生涯中一段遗憾的经历，但令他欣慰的是，在这十年间攻关成功的许多成果都被证实是现实可行的，并成功运用到后期的型号上。其一是导引方法。沈忠芳擅长研究制导规律，空气动力学和导弹总体设计都是他的专长，后来还学习了空中控制，这样扎实的专业技术应用在当时的导弹研究中十分有利。对于FJ型号研究工作，他提到，过去的导弹飞行路线很长，时间也很长，命中率不高。针对这样的情况，由沈忠芳牵头，联合中科院共同研究出了非常先进的导引方法，这些技术延续到现在依然能够使用的竟高达十几项，在当时可谓是极其超前。其二便是前文提到的防热涂层，这个技术直到现在也一直沿用。

5. 攻坚克难，意气风发

沈忠芳的职业生涯是令人艳羡的，外人看来，他一路走得顺风顺水，由他参与的型号研制工作成功率非常高。对于前来“取经”的同行，他从不吝啬于分享成功工作经验。办法很简单，也很复杂——只有尽可能将问题暴露在地面上，敢于突破技术瓶颈，挑战技术难度，才能真正解决难题，获得成功。

此时的国际军事战略已发生改变，从一开始在高空硬碰硬的对决，演变成为同样重视低空打击，因而中国在低空军事飞行器上的研发力度也不断加大。沈忠芳敏锐地意识到，短、小、精的武器在提升国家军事能力方面，有着无可替代的优势。而他的这一观点，正契合了1975年，国务院、中央军委下达研制红缨五号低空导弹的任务。

红缨五号的研制基础是苏联的SA–7型单兵防空导弹，属于单兵肩射型导弹，在陆地上保持目视可见的距离条件下，可对飞机进行射击。可以说，若是研制成功，这款便捷易携带的单兵防空系统将大大提高部队作战机动性能。

然而，研制并不顺利。1980年，一则请求支援的信号发出。红缨五号在靶场做定型飞行试验时，出现多次导弹早炸现象，并且在较长一段时间内，一直无法查出故障原因，更不要提拿出排除故障的具体方案了。在这种情势下，二院决定任命沈忠芳为总指挥兼任总设计师，由他率队，组织、领导全面排故工作。行事沉稳、心思活络的沈忠芳又一次遇到了难题。

到达目的地后，沈忠芳决定从调查导弹动力装置、控制系统开始着手。不过在此之前，他会遵循一套按部就班的办事程序，看似古板，实则实事求是、稳扎稳打。他首先将目光聚焦于试验报告，并查阅了大量的技术文献。将底细基本摸透后，沈忠芳开始进入导弹残骸分析和理论计算阶段。

越是深入挖掘，越能探清前路。很快，沈忠芳便将目光聚焦在发动机推动峰值过高这一问题上。为验证这一观点，他多次前往发动机总装厂指导工作，帮助分析发动机推力峰值过高的原因，并提出解决方案。

试验证明，沈忠芳分析的原因和采取的技术措施都是正确的。由于他准确地判断了故障原因，提出并解决了攻关中的主要关键技术问题，红缨五号在一年九个月的时间里顺利定型。在国家靶场定型试验时，打一发中一发的红缨五号实现了 22 发导弹精度米级的优异成绩。而沈忠芳仅仅花了不到 300 万元的经费，便研制出车载红缨五号超低空防空武器系统试验样车一台，可谓是花小钱办大事。为此，航天工业部和辽宁省人民政府联合向沈忠芳颁发了奖状，与此相关的技术成果获国家重大科技成果奖。

第四章

三年攻关 威猛红旗迎风展

回顾沈忠芳半个多世纪的工作历程，第三代防空武器系统毫无疑问是他的“高光”经历，从论证立项到型号试验，他指挥组织第三代防空武器系统走过十几年的艰难历程，为第三代防空武器系统的成功研制定型奠定了坚实基础。如今，该型号已经成为我国最重要的空天防御武器之一，成为防空作战体系中的中坚力量，其优异的性能，适应了现代战争的需要，对于加强国防建设、抵御外敌侵犯、扬我国威，都具有重要作用，然而在最初，有关第三代防空武器系统导弹的设想，曾被认为是“好高骛远”的产物。

1. 强敌环伺，迫在眉睫

20 世纪 60 年代至 90 年代，我国对空防御主要依靠第二代防空武器系统，以及在它基础上的改进型。那时美国已经研发出第三代地空导弹——“爱国者”，其性能非常先进，可实现全空域打击多目标，采用的是多功能相控阵雷达，这种雷达系统能够同时追踪 100 个目标，同时射击 3 个目标。1984 年“爱国者”正式开始服役。随着国际局势风云变幻，我国现有的对空防御能力已经越来越不能满足现代作战需要。除了美国的“爱国者”，苏联研制出的 C–300，也先进于我国当时的武器装备。

二院党委针对当前国际形势以及我国导弹现状和发展趋势进行了深入研究，对存在的问题以及改进的重点进行了较深入的剖析。沈忠芳也强烈意识到，以我国当时仅有的装备，将很难应对复杂的国际形势。因此，急需研制出具备抗干扰能力强、抗多目标打击、导引先进等功能的第三代中高空中远程防空导弹武器系统。

当时，我国防空导弹体系建设正在布局中，许多单位都在论证上项目，中高空导弹体系被论证出两个型号，但也不过是属于一代半的武器，只是在第一代的基础上改进而已，无法满足未来战争的需要。

时任二部主任陈定昌提出的，发展防空导弹第三代武器的设想，却遭到了不少人的反对，即使是在二部内部，也存在不同意见。在一次二部党委会上，有党委委员质疑这样的项目，目前能搞好红旗七号就不错了。但是，时任二院副院长的沈忠芳坚定地支持陈定昌的建议，他认为：制定指标一定要远，起码保持 15~20 年内的先进性，这样的产品才有研制价值，要不然花那么多钱，东西研制出来就过期，装备部队过几年就落后了，怎么能行呢。

1985年，中央军委指出防空导弹的研制工作应该适应未来战争的需要。此后不久，二院接到了航天工业部打来的电话，要求二院上报防空导弹发展规划。

上报发展规划的消息让沈忠芳、吴北生和陈定昌等主张研制防空导弹第三代武器的同志都感到心潮澎湃，时任二院院长刘从军爽快地表示支持，并夸赞他们说："研制防空导弹第三代武器这个想法不错。"

可以说，第三代防空武器系统项目的上马离不开刘从军院长的支持与肯定。在紧要时刻总能出其不意地提出关键解决办法的沈忠芳很得刘院长赏识，刘院长曾多次夸奖沈忠芳是难得一见的"歪才"。

刘从军院长也是一位有着传奇经历的人物，他是陕北红军革命先烈刘志丹的后人，从小参加革命，15岁就在东北林海雪原中参加剿匪，19岁时考入长春二航校。抗美援朝战争爆发后，他曾前往苏联学习，毕业后分配到国防部五院，担任导弹研究所所长，领导过红旗三号的研制工作，是一位懂技术的领导。同时，刘院长也是一位懂管理的领导，他知人善任，积极为科研人才脱颖而出创造条件，在型号研制工作中，他常常通过型号任务给科研人员压担子，促进技术骨干的快速成长。这不仅调动了大家的工作积极性，也强化了型号研制人员的责任意识，促进了型号研制工作。

在得到刘院长的首肯后，第三代防空导弹的立项准备工作开始了。同年，航天工业部决定听取并审查二院地空导弹发展规划。这是一次极其关键的会议，会上奠定了中国第三代中高空中远程防空导弹武器系统的发展方向。这个工程的研制工作备受各方重视，很快，型号正式立项研制。

2. 力主研发，协同攻关

型号研制的第一步就是要确定技术指标。然而，对一种新的武器装备来说，这绝不是一件容易的事，既要做到指标先进，同时还要符合中国实际。

为了符合第三代防空武器系统的作战需要，沈忠芳、吴北生、陈定昌等带领技术人员，通过大量调查研究、分析比较、研究论证，提出了垂直发射、捷联惯导、主动末制导、相控阵雷达等一系列技术指标，有的技术此前在国内外地空导弹中从来都没有使用过。在很多人看来，这样的技术指标是过高的，因此也受到许多专家和领导的质疑。当然，考虑到当时的二院乃至整个航天工业部的工业、经济和技术基础还并未完全具备条件，以两总为主的领导团队经过慎重考虑，也提出了一个相对折中的方案：对一些关键技术提前进行攻关，把型号过程中的技术难点、关键技术先行突破，再上型号。这样就可以保证项目进度，避免到时候造成骑虎难下的局面。因此，他们建议用三年的时间，先对五大关键技术进行攻关。

在他们的共同努力下，这一方案得到了上级机关的认可，1988 年，二院与用户签订技术合同，以“突破五大关键、确定研制方案、取得九项成果，打好型号基础”为总目标，全力开展为期三年的技术攻关。

可以说，这三年技术攻关能否成功，直接决定了二院能否拿到第三代防空武器系统的研制任务，沉甸甸的担子压在了以沈忠芳为代表的型号领导团队身上。

为取得用户支持，二院技术人员多次上门拜访，主动向用户宣传该型号的性能指标和实现措施。第三代防空武器系统的研制实在是太难了，可是国家要强大，必然要有最精良的装备才有底气啊！这是经历过战争年代的沈忠芳，从儿时起就深埋于心底的坚持。作为型号研制的指挥，沈忠芳一向以坚韧不拔的心智、敢于决策的勇气而著称，这一特点在第三代防空武器系统的研制中，对型号任务的推进起着关键作用。

3. 力排众议，填补空白

三年技术攻关中，上不上主动末制导是一个颇有争议的关键技术。寻的末制导技术是影响武器系统性能的最主要因素之一，有主动寻的和半主动寻的两种体制，前者弹上设备复杂，技术新、难度大，在当时国内尚属空白，但性能好，代表了寻的制导技术的发展方向，后者弹上设备简单，技术相对容易。当时，围绕“上不上主动末制导”的争论非常激烈。

“你们不要好高骛远行不行？”

“这怎么是好高骛远呢？不上主动末制导，怎能保证我们的主要型号性能 20 年不落后？”

“必须上！半主动毕竟不如主动，主动末制导发射后不用管，能打击多目标，这是应对未来战争最需要的技术！”

“这难度系数也太大了，这么复杂，谁敢拍板儿说一定能成功？”

……

一时间，会议室里竟弥漫着剑拔弩张的情绪。对采取主动末制导技术这一点，沈忠芳的态度始终非常坚决。对于目标的制定，他主张，“要远，但不能太远，且要有发展前途。”这并不是盲目自信，因为已经掌握了基本技术，所以沈忠芳是充满信心的。

“老沈啊，你给交个底，搞这个主动末制导，到底有几成把握？”

“老沈呀，这项技术这么多人反对，你怎么就如此固执呢？稳妥一点不好么？”

“老沈啊，你看你，一把岁数了，还这么激进，担这么大的风险干什么！”

“放心，如果搞不出来，按期定不下来，你们可以找我沈忠芳负责，我可以当技术员去！”

为了说服各级专家领导，沈忠芳在许多场合拍着胸脯向他们保证，让他们放心。但是，关于“上不上主动末制导”依然没个定论，最终，这个争论被报告给国防科工委副主任谢光，谢光副主任当即决定：采用主动末制导。

这一决定，让第三代防空武器系统具备了同时打击多个空中目标的能力，奠定了该型号在第三代中高空中远程防空导弹武器系统中的领先地位。

一次次挑战，一场场攻关，几年后，二院全面完成了攻关任务，突破了五大关键技术，取得了九项科研成果，为工程研制奠定了重要技术基础。谢光副主任赞扬说：“你们特别能攻关，以后有困难任务，都交给你们去完成！”

通过三年攻关，二院培养了一大批人才，其中不乏型号研制的重要骨干。1992 年 1 月，沈忠芳被任命为型号总指挥，此前负责控制系统的张福安担任型号总设计师。

4. 老骥伏枥，一心为公

就在前景似乎已经明朗之时，变故再起。国际共产主义阵营发生了一件震惊全世界的大事件——苏联解体了。由于苏联解体，俄罗斯军工企业的秘密解除了，俄制导弹的面纱被揭开，相较于第三代防空武器系统性能指标要先进许多。刚刚赢得攻关胜利的第三代防空武器系统面临着夭折的命运。

二院怎么办？第三代防空武器系统怎么办？突破口在哪儿？这一系列难题打得研制团队措手不及，对此，沈忠芳的想法很明确：型号产品研制，的确应该尽可能地吸收国外先进技术，但这一切的前提是自力更生、独立研制，直接引进或完全仿制是行不通的。从研制“543”期间苏联突然撤走全部专家，到参与型号研制工作与国外长期打交道，他深刻体会到：中国的导弹，归根结底还是要靠中国人自己。

1992 年，沈忠芳、张福安率高级专家团赴俄罗斯防空导弹研制生产相关单位进行了考察访问。负责接待二院代表团的俄罗斯专家认为，虽然二院经过三年攻关已经具备了一定的技术基础，但基础还是相当薄弱。若是中俄合作，希望能以俄方的方案为主。毫无疑问，俄罗斯在技术上拥有优势，因此当时国内也出现了一种声音：我国对俄罗斯的技术可以全盘接受。沈忠芳、张福安等人不同意这样的观点，他们提出了立足国内基础、借鉴引进技术、提高第三代防空武器系统战术技术指标与作战性能的具体建议。

在经历三年攻关和工程研制的基础上，又经历了一年的方案调整和论证，历尽坎坷的第三代防空武器系统研制终于迈入正轨！于是，在许多人已经安享退休生活的时候，刚刚迈入花甲之年的沈忠芳又一次开始了忙碌的工作。

很多人问沈忠芳，是什么支撑他几十年如一日的忙碌。沈忠芳就回答了两个字：“信念”。是的，第三代防空武器系统队伍之所以在历经十几年的坎坷后，取得了最终胜利，就是靠“国家利益高于一切”的信念支撑着。

为了飞行试验的成功，为了导弹发射的成功，沈忠芳放弃了无数个节假日，他长年和科研人员奋斗在试验场、戈壁滩一线。遇到个别同事生病等情况，他毅然顶上去，但他自己身体不适，却是轻伤不下火线，再忙再累，沈忠芳心里依然挂念着型号任务！

当时第三代防空武器系统试验队还发生了一件有趣的小插曲，在工作压力极大的状态下，很多研究人员出现了“白天吃不下，晚上睡不着，嘴里起溃疡，唇上冒水泡，大手解不出，别提多痛苦”的尴尬状态。不知为何，“大手解不出”的痛苦成了大家心照不宣的秘密。也不知是从哪传来一个偏方，说多吃香蕉能促进肠蠕动增加排便，食堂负责采购的师傅立刻心领神会，每天都安排香蕉作为饭后水果。采购师傅买得积极，科研人员吃得起劲儿，但好几天过去了，似乎肠蠕动的效果并不明显。这时又有人提到，香蕉并不能促进排便，反而会加剧便秘。这“一会儿东一会儿西”的说法简直让忙得焦头烂额的科研人员哭笑不得，大家调侃道：“吃什么偏方也没用，等试验成功我们就能不药而愈了。”

这一年沈忠芳 64 岁了，他同时担任第三代防空武器系统和 B611 两个型号总指挥，这是难以想象的工作强度。1998 年，沈忠芳经历了人生中最为危险的一次意外。

那是沈忠芳担任第三代防空武器系统总指挥后，最忙碌的一段时间，一刻不停歇的他像个上紧了发条的陀螺。在国防科工委召开的一次气氛极其紧张的讨论会中，本来就患有高血压的沈忠芳已是勉力支撑。秘书发现了沈忠芳的不适，会议结束后立即驱车将他送回家中，回家后沈忠芳便呕吐不止，出现了行动不便的症状，随即失去了意识。秘书紧急联系医生前来查看，发现沈忠芳此时的高压竟然达到了 220，低压也达到 110！这个结果一出，现场一瞬间静得连一根针掉在地上也能听清楚，随后，只听医生惊呼：“怎么这么高啊！”很快，医院确诊沈忠芳出现了小脑出血的情况。本来大家还感叹，闲不住的老沈出院后肯定会惦记着早日重返他热爱的工作岗位，听说是极其危险的小脑出血，都震惊得面面相觑。听到消息立刻赶到医院的妻子徐正年也不敢相信，她喃喃地问道：“有这么严重？”实际情况是，非常危险！医院建议马上住院开刀，把小脑中的血抽出来！

要做开颅手术？徐正年惊吓中只觉得手足无措，尤其是得知医院当时的定位仪器并不准确后更加担心了，万一抽血的位置没定位准怎么办？那岂不是会造成别的伤害？此时，一位医生提出，不一定要开刀，开刀很危险，后遗症很大。徐正年一听，当机立断向时任二院院长王国祥汇报，王国祥院长马上赶过来与医院协商，并提出，对于这么高难度的手术，是否能多请几位专家进行会诊，确认是否需要开刀？

这句话在某种程度上挽救了沈忠芳，医院从解放军总医院请来了几位脑外科专家，其中一位姓刘的专家认为不需要开刀，因为小脑出血相对大脑出血本身危险性就小一些，他的出血量也并不大，而且老年人相对年轻人来说，小脑会自然萎缩，这样脑子里的空间也会大一些，出血就可以自己吸收掉。他建议观察一个晚上，如果不再继续出血就没事。这个方案也得到了专家组的认可。在没有开刀的情况下，经过 40 多天的治疗，沈忠芳从死亡线上挺了过来，在住院 2 个多月后，沈忠芳恢复得很好，顺利出院，重新投入他挚爱的航天事业。

“我的人生经历已经足够丰富，就算死过去了也无所谓。”谈及这段惊心动魄的往事，沈忠芳笑眯眯地表示。话虽如此，从那之后，他还是戒掉了烟酒，定期去检查身体，他笑称这是“生病得来的好处”。

在沈忠芳、张福安两位老总的带领下，第三代防空武器系统开展了多次外场试验，取得了一系列进展。在此期间，二院党委非常关注型号的研制工作，对研制中遇到的困难尽可能给予最大的帮助，作为二院院长的王国祥常到试验队与两位老总一起研究制定攻关措施。2000 年，王国祥卸任二院院长职务后，接替沈忠芳担任第三代防空武器系统总指挥。面对试验中遇到的一系列棘手问题，王国祥凭借着极强的组织管理能力，带领团队开展了大量的分析改进工作，对第三代防空武器系统研制工作起到了重要的推动作用。

第五章

新锐 B6 走出国门闯市场

2004 年，亮相珠海航展的 B611 型战术近程地地导弹吸引了众多目光，西方有关媒体给它取了个响亮的绰号：密林野獾。獾是一种野生动物，机敏且警惕性极高，习惯在扑食猎物前做好准备，因而每一次出击都无往不利。密林两个字，揭示了这种导弹将以大山为伴，“密林”为伍，极具神秘感，这样的形容贴切又生动。事实上，在珠海航展之前，人们很少有机会一睹它的真面目，更无从知晓这一新锐武器背后的人是何方神圣。这一年，B6 系列背后的“操盘手”沈忠芳已经 70 岁。

1. 艰苦创业，白手起家

20 世纪 80 年代，国内主要力量用于经济建设，军品订单大幅下降，军工行业遭遇发展困境，彼时的沈忠芳已经调离 26 所，在四部任副主任。他手里握着好技术、好产品，但苦于客户少，需求小，销量上不去。而让沈忠芳更为担忧的是，手里无“型号”、兜里无“钞票”、工作无“前景”的“三无”窘境，将导致最直接、也是最严重的后果——二院科研人才大量流失。针对这一情况，二院党委围绕制约人才发展的瓶颈问题积极探索新举措。沈忠芳着急呀，祖国航天事业的发展依赖科技创新，而人才是夯实创新发展的基础。拿不出“千金买马骨”的诚意，别说是吸纳外部人才，即使是二院自己培养的科研人员也会因为养家糊口的巨大压力而不得不考虑另谋出路。

其实不光是沈忠芳的日子不好过，整个二院都处在困难时期，除了“红旗”系列型号外，二院没有其他型号项目支撑，眼看着生存都成了问题。人心散了，队伍就不好带了，一部分想要追求更高事业成就的科研骨干便开始到“外面”找机会。

必须扭转现状！二院党委从实际出发，认真贯彻中央改革决定的精神，加快了二院整顿改革的步伐。此时的沈忠芳也因为改革开放的思路打通了“任督二脉”，要是能拿到一个外贸的单子，不就能解决“吃饭”的大问题了。沈忠芳敏锐地嗅到了机会的气息，立刻决定跟随国家的涉外政策调整工作步伐，做出口打开销路！

沈忠芳摩拳擦掌，准备研制一款能够打入国际市场的产品，他打算把以红旗一号、红旗二号为代表的地空导弹，改成地地导弹。经过充分论证，沈忠芳向一些领导提出自己的设想。这是从未有过先例的，方案立即遭到反对，有人诘问："从来没见过这种路子，出了问题你们担得起吗？"

但沈忠芳坚信研究方向是正确的，他和同事们通过多方搜集资料来论证方案的可行性。在一篇资料中他们发现，这一思路与美国同行的研制思路竟不谋而合，美国在这一领域的技术先进性是公认的。沈忠芳想：有戏！他没有放过这一有力证据，又对可行性报告进行了充分的补充、完善，最终通过了评审。

队伍组建起来，他又开始为经费发愁。沈忠芳预估了一下成本，哎！没钱难倒英雄汉。他没犹豫，直接敲开了二院刘从军院长的办公室。刘院长虽被沈忠芳的冲劲儿感染，但依然充满担忧地感叹："哎呀，你这个产品别的单位已经搞了嘛！"沈忠芳自信从容地展示了现有的技术优势，成功让刘院长同意拨取200万元经费用于新型号的研制工作。可这些钱其实远远不够，院长刘从军和沈忠芳又前往七机部极力争取项目上马，几经波折，终于取得了250万元项目经费的支持，凑了450万元，沈忠芳总算脱离了"一穷二白"的困境。

80年代的450万元不是小数目，沈忠芳敢借这么多钱，他的底气来源于对技术领先的绝对把握。他摸透了那时的地地导弹，导弹的弹道是个抛物线，前半程控制，到最高点便关掉发动机，不再控制导弹，依靠惯性让导弹直接掉到地面上。而采用二院地空导弹的技术，则可以实现全程控制，直到导弹引爆。沈忠芳胸有成竹地认为：就这一个优点，足以证明二院先进的制导系统更具有优势。而且，现有的地地导弹只能打击地面的固定目标，二院却已经具备打击天空中活动目标的能力，若是能将这种技术用在地地导弹上，那这款产品在国际市场上将拥有不容小觑的竞争力。

万事俱备，二院任命沈忠芳为B610总指挥、吴北生为总设计师。沈忠芳踌躇满志地一头扎进型号研制中，他不仅担任地地导弹研制任务总指挥，

沈忠芳（左二）在会议中

并多次担任试验队队长，带领试验队深入西北戈壁滩进行试验。对于沈忠芳这个地道的南方人来说，“风吹石头跑，遍地不长草，天空飞鸟绝，大雁不落脚”竟是他再熟悉不过的景象了。靠着强大的意志力，他能顶着烈日坦然咽下黄沙盖饭，也能抗得住冰冷透骨的严寒，可他的血压却先一步罢工，飙升至190的高压吓得大夫坚持让他住院治疗。

住院？这怎么行！试验正在关键时刻，沈忠芳顾不得医生的苦口婆心，决定“不遵”医嘱。于是，走出医院的“沈患者”又变成了那个严肃认真、一丝不苟的沈总。这一晚照样是顾不得休息的，沈忠芳又开始与同事们讨论研制方案，他详细布置着计划，和多方协调工作。几个孩子只能留在家里“自力更生”，因为沈忠芳的夫人徐正年也一心扑在外场试验中，这个家他们两个谁也顾不上。

手握百万启动资金，再配合地空导弹技术的加持，只用了不到一年多的时间，地地导弹面世了。队员们兴奋地奔赴靶场，这里是从前地地导弹打靶的地方，大家在脑海中构建出一幅美妙的画面，第一次打靶将震撼全场。那一天，负责弹上计算机的李伯虎也在场，他是204所的所长。204所的主业是研制地面计算机，地地导弹上装载的弹上计算机是他们的新任务，可以说，这次打靶能否成功，对于李伯虎来说，影响很大。

第一发导弹在万众期盼中发射，才飞出去10公里，随着一声巨响，导弹变成了火光，它爆炸了。控制室里一片沉默，随即有唉声叹气响起。刘从军院长艰难地看向沈忠芳和总师吴北生，那道目光仿佛无声地问：现在怎么办？环顾四周，从一张张垂头丧气的面孔中，沈忠芳依稀看到了过去那个青涩的自己，不过这一次，他不再茫然失措。“我们可以分析原因，大家不要灰心，我们会把成功找回来的”，这句话，沈忠芳说得掷地有声。失败的原因找到了，导弹的液体发动机受风力干扰，计算机程序出现紊乱。有人提出这个技术方案行不通，在争论中，不免出现一些过头的指责。会议眼看变成一场论战，幸而沈忠芳力排众议，顶着巨大压力站了出来。他安慰大家，在技术迭代的进程中遇到挫折很正常，如果因为一次失误就全盘否定方案，那只会前功尽弃。

打靶失败的消息早就传到了七机部，他们担心实际情况与预想不同，不具备可操作性。等沈忠芳走进七机部的会议室，疑问的潮水几乎将他包围。

压迫感袭来，沈忠芳的语气中却不见紧张焦虑，“制导方法本来就有很多种嘛！再说了，研制经费都已经花光了。为了这次打靶，我们做了两发导弹。现在第一发打完了，第二发还没打，实在不行，就扣我工资吧！”

这一番发言震惊四座，在场领导们感动于他的担当，当然更多的是无奈。在沉默中，沈忠芳坚定的声音响彻整个会议室：“请相信我们，一定会找出症结，取得成功。”

从七机部回到二院，沈忠芳再次和试验人员一起，废寝忘食、夜以继日地投入到研制工作中。很快，他用事实证明自己的设想不是空中楼阁，靶场见证了他们连打10发导弹，发发成功的成绩。

产品过硬，自然腰杆子也硬。第一批客户到基地看打靶的时候，曾提出到靠近靶心的位置去看结果。沈忠芳明白，那是防着他们弄虚作假。当时，中方只有少数工作人员在5公里之外看着打靶过程，因为根本不需要人工，靠计算机确定了程序就可以轻松完成打靶。不过沈忠芳也有心震慑一下客户，便信心十足地一口答应，同意等到导弹打完以后，带着客户进去丈量脱靶量。

这一发导弹打得极其漂亮，客户当即表达购买意向：“我们要三个导弹旅”。“什么？三个导弹旅？”沈忠芳喜不自胜。

虽然正式合同还未落实，二院只与客户签订了购买纪要，但这个消息依然震惊了所有人。二院的导弹武器第一次走出国门，不仅实现了零的突破，竟还拿到了几亿美元的大合同。几亿美元是什么概念？1986 年中国外汇储备仅 20.73 亿美元。这次出口不仅为二院创造了可观的经济效益，大大增强了二院经济实力，更是给所有科研人员注入一针强心剂，激发了大家创新、攻关的信心和活力，也为二院留住了不少科研骨干，为今后的型号发展培养了更多高质量人才。

2. 信心十足，主客尽欢

精明的客户认为，打靶当然不能只在中国境内进行，导弹若是离开中国就“水土不服”，那定是要退货的。沈忠芳带领一队人马，携地地导弹万里迢迢奔赴客户驻地，接受交付前的抽检。他心里有底气得很，轻松坦然地表示：“随便抽检，想打哪一发随你们定，打成了我们再交付。”

沈忠芳其实心里也有自己的盘算，他故意制定严苛的验收标准，在靶场画了三个小圈。沈忠芳这样做一是因为绝对的自信，二是想向客户展现中国航天的实力，也秀一秀二院名不虚传的先进制导系统。见中方自己提出如此苛刻的条件，客户乐见其成，满口答应。

第一发导弹打完，一刻钟后，落点报告，导弹进入中间圈内，还需要打第二发。沈忠芳一愣，随即动了个心眼，对客户说：“你们来中国的时候，派人到落点去看。现在我们也要派人去看着第二发导弹打靶。”

这是合理要求，客户没理由拒绝，便连夜派直升飞机将一干中国技术人员送至导弹落区。及至走下直升飞机，中方人员大吃一惊，目标点竟如此简陋！客户仅用了七八个卡车的废弃轮胎垒起了一个圆圈，再浇上汽油将轮胎点着，就是导弹打击目标了，沈忠芳心想：“这家伙虽然简陋，但我们一样能打得准。”只见沈忠芳笑笑，对客户说：“请告诉我打击点所在的精确经纬度。”凌晨一点，一道火光擦着深沉的天空，划过一道美丽的弧线，最终降落在小圈内。

签约谈判时，沈忠芳有一说一地问道：“我们到达落点后，明明看到第一发导弹就打在小圈里了，当初我们说好了，第一发进小圈就可以不打了，你们怎么不说真话？”也许是知道以沈忠芳直爽的性格，问出这个问题是在所难免的，客户倒也不隐瞒：“怕你们第一发导弹打中小圈是蒙上的。”

对我们如此不信任！听完这番解释，沈忠芳这个不算高大的南方人，竟生生将气势提得极高。一番审视的目光扫过对面的客户，他缓缓地说：“你们有任何想法，尽可以与我们沟通，若是打完第一发还想再打，我们也能商量。”没有指责，但胜似千言万语。在商言商，是自己不遵守“游戏规则”在先，客户无言以对。

沈忠芳见状，也不纠缠，只故作疑惑地问：“如此说来，那第一发导弹该如何评价呢？”客户很是羞愧，表示“打靶纪要”怎么写，都是中方人员说了算。沈忠芳这才笑着说：“如果第一发导弹用‘非常好’形容，那第二发导弹的形容词必须要‘升一级’”。客户也笑了，满口应下：“该怎么评价，你们定就行。”沈忠芳说：“那就‘绝佳’！” 这样一来，宾主尽欢，合作愉快。双方约定 1986 年 10 月签订合约，由沈忠芳带领团队研制的地地导弹也终于拥有了名号，因为 8 像 B，结合签约日期，地地导弹最终被命名为 B610。

3. 沉稳老练，胆大心细

刚刚签约成功时，沈忠芳激动得一连几天难以入眠，但他白天依旧是那个沉稳老练的沈总，因为签约只是第一步，顺利交付才是重中之重。

B610 的生产周期不短，但客户给出的交付时间十分苛刻。又是一场硬仗，不过沈忠芳依然完成得漂亮。在进行第一个导弹旅的打靶验收时，客户提出了新的要求。希望中方对客户进行培训后，由他们独自操作导弹发射装置。这有何难？沈忠芳爽快应下。不过按照打靶验收时实行技术双岗制的要求，沈忠芳在客户独自操作时安排了他非常信任的技术人员担任二岗，在一旁观看客户进行操作。

由于打靶方向与民航航线有交叉部分，经过协调，客户方面仅仅留出半小时的空中管制时间用于打靶。为保险起见，沈忠芳准备了两发导弹，一发在旁边待命，一发在发射架上就位。万事俱备，客户在众人的期待中按下操作钮。随即，惊险一幕令所有人瞠目结舌。导弹发射后，在助推器的推力下竖了起来，待升至空中后，竟向着反方向飞去。已是千钧一发之际，导弹感应到自己的“错误”自行启动自毁。就在沈忠芳等人的头顶上，B610 导弹的碎片像天女散花一样徐徐落下。

客户当即以质问的口吻怀疑是中方产品质量不过关。沈忠芳也是丈二和尚摸不着头脑，试验时打了十来发，从未出现这种问题。在场的一位领导似是认定了沈忠芳的产品质量不过关，已经开始担心 B610 无法按期交付验收的问题。

在大风大浪中闯荡过的沈忠芳及时稳定了心神，他冷静地准备集结科研人员开会讨论，脑中却是灵光一闪，“不！不是！绝不是质量问题！导弹能发射、能飞，说明还是‘听话’的，只不过是听了某种错误的口令，本来应该朝前飞，被指挥着朝后飞了嘛！”一番思索后，沈忠芳认定了，这发导弹应该没有问题。

沈忠芳立即唤来距离现场最近的技术人员询问：“客户的装定参数有没有错？”沈忠芳的问题直中要害，技术人员看过现场后急得直拍大腿，“是啊！就是他们装错了！”这下更加证明了沈忠芳的疑虑不是空穴来风，果然是客户把爬升系数搞错了，本该以公里为单位的系数，竟被粗心的客户按照米来计算。小数点差了三位，那不得倒过来飞？找出问题症结，沈忠芳“哎呦”一声松了一口气，看来第二发还可以打。

但出师不利的坏消息，已经将中方人员的自信与外方人员的信任一并消磨了大半，包括总师吴北生在内的很多人劝沈忠芳慎重。吴北生关切地询问沈忠芳：“老沈，如何？能不能判定是操作失误引起的？”“没问题！就是客户装错参数了。现在导弹按错误的指令飞，说明它‘听话’，如果装错参数，还往正确的方向飞，那才是不对了。”沈忠芳为大家分析了失败原因后，大手一挥，口气坚决地说：“我认为是没问题的，第二发导弹可以打！”

面对沈忠芳的建议，在场人员依旧呈观望态势。出现这种情况就该回去“归零”，现在打第二发是不是太冒进了？说打就打，这要承担多大的风险？出了问题谁能担得起好几亿美元的责任？这可是军贸项目啊，搞不好是要影响中外关系的……在场人员各有各的考量，谁也不敢站出来执行沈忠芳的指令。总师吴北生担心沈忠芳是一时冲动，谨慎地提醒他：“这可影响着好几亿美元的合同呐！”

沈忠芳沉默地看着在场所有人，只坚决地说了一个字：“打”。他当时信心十足，认为方案是经过科学论证的，找准了方向，就一定要坚持。但最糟糕的情况沈忠芳也了解，若他的设想是错误的，最轻的处罚是自己将被撤职，不过他是个豁达的人，心想就算不当领导只当个技术人员潜心做研究也挺好，毕竟在航天事业的进程中，自己的个人前途是渺小不值一提的，但如若这次的军贸合同出现问题，很可能会给二院甚至是国家带来影响，关于这一点，沈忠芳很清楚，但他依然坚持自己的选择。

第二发导弹和沈忠芳设想的完全一样，参数对了，B610 发挥了它应有的水平，直接命中目标，导弹打击点距离靶心很近，精度极高。雷鸣般的掌声和欢呼声如潮水般涌来，为 B610，更为沈忠芳。这一次回到北京后，沈忠芳才算终于卸下了肩上 450 万元负债的重担，回想起 B610 导弹前后 27 次奔赴靶场开展试验的艰辛历程，沈忠芳不禁感叹，经历再多曲折都是值得的。1995 年，B610 导弹武器系统荣获国家科技进步奖二等奖。

4. 整合资源，打开市场

B610 的成功让时任二院副院长的沈忠芳成为敢于吃螃蟹的人，他让同行看到了军贸合同的市场潜力，也让更多客户了解了二院在技术上的巨大优势。本着“自愿结合、自筹资金、风险共担、利益共享”的原则，B611 展开了开发论证工作，联合体由二院抓总。此后，军贸市场的前景日趋明朗，当接到另一客户传来的购买意向时，沈忠芳意识到，

沈忠芳参加航空航天博览会

B610 为中国航天在世界上打响了名气。

1996 年，二院决定加快 B611 研制步伐，并任命沈忠芳为行政总指挥、吴北生为总设计师，这是两位“黄金搭档”的再次合作。说起沈忠芳和吴北生，两位“老总”可以称得上是渊源颇深了。他们的合作自 1986 年开展三年技术攻关开始，直到完全退休，沈忠芳与吴北生搭档了 20 多年。沈忠芳常常夸赞这位合作多年的老伙计，但凡提到吴北生，他总要竖起大拇指，“吴老总的技术水平非常高，人也儒雅，我们合作相当愉快”。

别看沈忠芳和吴北生性格迥然不同，但在工作中两人充分发挥优势互补的作用，豪爽大气的沈忠芳主抓管理，温文尔雅的吴北生主抓技术，一动一静之间便能配合得极为默契，推动着型号项目快速前进。

在国内竞争者众多的情况下，二院发挥经验优势与技术领先优势，始终在地地导弹的竞标工作中占据主动。合作需求纷纷找上门来，但 B611 导弹研制联合体由哪个单位来牵头、谁做总体一直争论不下。同年，世界航天大会将在中国召开，原航天工业部部长刘纪原在忙碌中仅仅抽出 10 分钟听取沈忠芳关于 B611 项目的报告，但沈忠芳只用了 5 分钟便说服了刘部长决定让二院四部作为本次联合体的总体部。1998 年，B611 项目办正式组建。

B611 导弹武器系统是根据国外军贸需求和国内用户需求，由二院组织，联合几十家单位，自筹资金开发研制的。这种联合体是导弹研制的一种新的组织形式。新形式意味着新挑战，联合体的管理者必须拥有强有力的号召力和管理能力，才能从松散的团体中激发出凝聚力，在资金不足的情况下推动项目快速发展。同时，管理者还必须具备正确的决策能力，为 B611 制定正确的研制方向。

实际上，面对 B611 项目联合体的管理工作，即使是非常有经验、有能力的总指挥都会感觉棘手。没有国家拨款，参与联合体的各个单位只能顶着巨大压力自筹有限的研制经费，可以预想到，研究工作的开展将是如何的捉襟见肘。而各单位此前均未有过项目联合体工作经验，在项目开展初期，大家心中难免存在疑虑，管理者能够做到真正意义上的“公平、公正”吗？在某项任务的开展上存在分歧时，联合体成员之间的默契度会不会直接影响项目研制进度，从而造成资金损失呢？疑惑像是横亘在各单位之间的屏障，不能“破局”，管理者便只能面对一个松散且毫无战斗力的团队。

除了联合体存在问题之外，B611 项目的推进情况也是不容乐观的。为争取合同，B611 联合体必须确保次年 3 月飞行试验成功，同时还必须通过全武器系统的研制、试验，总结出一套武器系统作战使用规范和适用于导弹批量生产的技术资料，以便在今后保证顺利签订合同和保质保量批生产交付的同时，也能为技术转让和培训打好基础。这就要求联合体对原定的研制工作目标、进度要求做出调整，配合谈判进程加速各方面的工作。同时，联合体还必须按照一步到位的设计思想进一步研究落实武器系统和导弹的总体设计方案，协调确定各分系统和设备的技术状态及其研制进程安排。

当 64 岁的沈忠芳接手 B611 项目联合体总指挥一职的时候，很多人都说，这个“烫手山芋”非沈忠芳这样的技术＋管理“双料能人”莫属。确实，许多技术人员在走上管理岗位时，或多或少经历过转型的阵痛，但沈忠芳在两种身份中转换得游刃有余。面对难题，沈忠芳已经想好对策，其实想要“破局”也不难，联合体成员之间是出于项目需要才走到一起，因相知时间不长难免会有摩擦和争执，这就需要通过磨合建立默契和互信，只要各方能坚定工作目标和“知行合一”的执行力，陌生队员成为黄金搭档打出默契配合也不是难事。

在 1997 年的会议上，沈忠芳针对 B611 当前的研究形势发表了讲话，他表示，研制工作正面临一个新的发展机遇，因此，承担 B611 研制任务的单位，要珍惜和抓住这个机会，把我们多年研制工作的成果变为一个完整的导弹武器系统供外贸出口。他希望各个单位，继续发扬联合体团结协作、勇担风险与重任和艰苦奋斗三个精神。关于分工和职责，沈忠芳在会议中也提道："分工在某种意义上讲是相对的，当出现认识不一致时，各个单位要顾全大局，发扬大力协同、主动协调的精神，把可能出现的问题协调好，少走弯路，少进行反复，提高效率。关于总体与分系统的关系，各个研制单位要各自摆正自己的位置，无论是总体单位还是分系统单位，都要处理好这个关系。"会议再次明确了各单位的分工。在会议的最后，沈忠芳提议，请各单位认真研究如何加快B611的研制步伐，对改善研制环境如有好的建议，欢迎大家向有关领导和部门提出建议。同时，他也再次强调，各单位要强化两条指挥线的工作，提高效率。各级设计师要积极处理属于职责范围内的工作，各个岗位都要承担起自己的责任。

这一次的会议确定了B611整体工作基调，也为项目全体人员吃下一颗定心丸。技术上，在确保B611总体指标先进性的情况下，沈忠芳在研制中大力倡导充分利用成熟技术，减小技术风险，从而大大缩短了研制周期。在管理上，沈忠芳积极探索项目管理方法，结合型号和组织的具体特点，制定出许多有效、实用的管理措施。他提出，在型号全线中明确研制目标、形势以及失败结果，让全线人员牢记"合同推迟一小时就罚款15万元"，让全线人员都感受到压力，增强责任感，再将任务层层分解，落实到人，使武器系统各单元的研制得到真正落实。同时，在型号研制中明确奖罚分明制度，增大激励力度。

这些措施的实施，使得联合体成员自发践行"优势互补、齐心协力、合作共赢"的宗旨，大家均会主动、默契地去履行自己的本职工作，大大提高了研制效率，确保合同节点全部按时高质量完成。这样的管理办法在导弹型号研制中是少见的，而获得的成效也是显著的，在履行重大决策和出现失误时，联合体成员并未出现各执一词或是相互推诿的不和谐现象。

1999 年，在为客户演示打靶时，由于可靠性故障造成靶试失利，但客户仍坚持合同原节点不变，若是不能如期履约，不仅需退还前期预付的订金，中方还需向客户缴纳违约金。情势非常严峻，但也给了沈忠芳的管理方法一个“验明正身”的机会。经全线人员日夜奋战，大家赶回了失去的时间。在一年多时间内，完成了地面设备、导弹的生产交付、上千份外文资料的编写，获得了客户的高度评价。

客户订购的 B611 是一款当时很先进的固体发动机导弹。和 B610 相比，它的控制系统、计算机、弹上系统都进行了改进。

以沈忠芳对于 B611 的了解，他又一次毫无争议地带队前往客户驻地主导谈判工作。客户很直接，希望中方通过打靶展现真正的技术，而碰巧，打靶那天就连老天爷也要帮沈忠芳一把，用一场狂风大雨，证明 B611 领先世界的实力。

清晨，发射架上的导弹隐身于倾盆大雨中，让人看不真切，大雨没有要停歇的意思，十一月已经入冬，靶标方向甚至飘起了小雪，不一会儿竟还下起了冰雹，而目标就定在一个靶船上，随风飘摇。环境太过恶劣，客户也犹豫不决：“下这么大雨，还打不打？”

这话在中方人员听来似是被质疑一般，大家都憋着展现实力的急切心情。沈忠芳也被这种情绪感染，他自信地告诉客户：“我们的导弹，全天候，风雨无阻。”

有技术撑腰的自信无惧风雨，导弹喷着鲜红的尾焰冲破水帘，B611 精准地打击目标点，展现了中国武器制造的实力。面对质疑，沈忠芳又一次用扎实可靠的产品扬眉吐气。

B6 系列打靶成功后，沈忠芳（右）、吴北生（左）与客户

先进的 B611 令客户相当满意，他们不仅提出立刻签订合同，还表示，若是中方把生产权和设计方法交给他们，价格好商量。完成了任务，67 岁的沈忠芳心情轻松，便又展现出带着几分童趣的直爽性格："生产技术可以教给你们，但设计技术我们可不转让。"

知名度一炮打响，B611 成为"明星产品"，许多国家都对这款产品很感兴趣。去另一客户驻地谈判前，沈忠芳感觉身边的年轻人经过多年历练，已经可以独当一面，便和总师吴北生商量着给他们压担子。虽说工作交出去了，业务上的"秘诀"沈忠芳也是毫无保留地倾囊相授，但大家都盼着他能一起去，有沈忠芳在，军心就能稳。沈忠芳也理解年轻人的忐忑，他就像"定海神针"一般让年轻同事感到安心，他安慰大家："别担心，放手干，打靶失败了算我的，成功了，功劳是集体的。"

这次试验再次见证了沈忠芳的欣慰与骄傲，他的"孩子"B6 系列已经成长为世界上最先进的精锐武器之一，每一次亮相都吸引着世界的目光，而 B611 以联合体的形式圆满完成任务也成为型号研制中的典范。通过多年的实战，沈忠芳成功带出了一支能打硬仗的队伍和一批技术管理能力扎实过硬的航天人才，在他的指导下，许多青年快速成长为相关研究领域的中坚力量。

2002 年 11 月，B611 地地战术导弹武器系统获国防科学技术一等奖和国家科技进步奖二等奖。B611 自行开发研制的成功，给后来的出口项目开发研制工作奠定了坚实的基础。

直到 70 岁，沈忠芳依然为 B6 系列忙碌在科研攻关一线，70 岁可以称为老人了，但沈忠芳精神矍铄、思维敏捷、脚步轻快。谈到 B6 系列，他的眼睛似乎比年轻人更明亮，因为那是让他最自豪的“孩子”。

如今 B6 系列导弹在国际市场上实现了四代型号的更新换代，形成了研制、生产、出口、改进、再出口的良性循环发展，成为国际军贸市场的名牌产品，并在多个市场形成了滚动发展局面。

第六章

一生奉献 航天精神耀千秋

在过往的工作中，沈忠芳既当过总师，也当过总指挥，有时甚至是“一肩挑”，总师、总指挥都是他。在沈忠芳看来，与总师不同，总指挥主要负责管理工作，但还要懂技术。就像一个电影导演，从对画面、情节、演员的把控，到对灯光、剪辑、特效的掌握都得拿捏得当。虽不能做到十八般武艺样样精通，但导演要把“剧组”里所有的人都调动起来，让他们各就各位，各展其能。其实这种理解不无道理，导弹研制是系统工程，一个型号所涉及的专业多达上百个，总指挥就像一个导演。

1. 优秀导演，运筹帷幄

型号“导演”不好当啊！沈忠芳这名“导演”，要有清晰的头脑，始终牢记经费、需求、研制周期这些左右成败的攸关因素。要制定合理且严格的管理规章制度，把目标落实到每个岗位、每个人。他还要拥有凝聚力，负责调动整个队伍的积极性……

他必须保证每个岗位都不出错，任何一个小零件的故障，都有可能造成整个导弹的失败，也是他这名“导演”的失败。想要做到成功已是不易，而沈忠芳是一名将技术与管理融会贯通的“导演”，他并不仅仅是一名管理者，他对自己的要求更高。

这项经费合理么？对产品开发的投入产出比合理么？各级单位的合理利润是多少？ 作为“导演”，从目标制定到进度把控，从制度管理到经费管理，无不让沈忠芳殚精竭虑。但他最为关注的，却是看不见、摸不着的一样东西——团队精神。

像第三代防空武器系统这样的重要型号，动辄十几年的研制周期再正常不过。在这十几年的过程中，可能经历人员变更、方向调整、试验失败等许许多多常人难以想象的挫折，每个团队成员都背负着巨大的压力。这种时候，精神力量往往能发挥巨大的作用。若是型号团队拥有自己的独特精神，那每一名队员心中都会燃烧着火焰，哪怕是在漆黑的夜里，团队也不会迷失前进的方向。

当沈忠芳带领型号队伍攻关项目时，规章制度健全，责任分工清晰，谁犯错误，该罚罚，绝不手软；当试验遭受失利时，他总是显得镇定自若，晚上安然就寝，稳定军心，实际却是自己在失眠的夜晚散步、思索；当型号任务需要时，他在古稀之年依然战斗在第一线，因为母校对他们的要求是“为祖国健康工作50年”。

2005年，第三代防空武器系统正式定型，年逾古稀的沈忠芳已经不再担任总指挥，但他激动的心情难以自抑，提笔写下一首诗：

感叹好事又多磨，
科研探索有坎坷。
折戟沉沙志未消，
奋战戈壁奏凯歌。
献身事业无怨悔，
严慎细实当赞美。
彩虹贯空绣蓝天，
神箭精驻壮国威。

这首文字质朴的诗，写出了沈忠芳“许党许国万事轻”的情怀，写出了型号团队“千磨万击还坚劲”的艰辛，更写出了航天人“虽百死其犹未悔”的赤诚，因此也一直流传下来，成为第三代防空武器系统宝贵而独特的精神财富，激励着一代又一代的二院人、航天人。

2. 海纳百川，无欲则刚

“出色的经营离不开人，管理者要用感人、淳朴的价值观去激发员工的热情，当一名管理者真正以员工为中心，满足员工对归属感的愿望、对成就的需要，倾听和理解员工的抱怨，通过让员工参与对企业发展、工作条件和其他重大事项的决策，使他们感到自尊和尊重的满足，这样员工的士气一定会高涨。”以上这段话出自在世界上负有盛名的管理学大师托马斯·彼得。沈忠芳不曾读过这句话，却通过多年工作经验的总结，与大洋彼岸的管理学大师得出了相同的结论。曾经在沈忠芳团队中工作过的年轻人回想起那段时光，第一个想到的是沈忠芳对年轻人的激励。他带领着团队成员共同探索推动项目进展的方法，激励每一名队员，特别是年轻队员发挥自己的主观能动性，在岗位中找准自己的“发力点”，从而激励他们为项目发展贡献属于自己的青春力量。不论是面对领导、同事还是航天“萌新”，沈忠芳总会自然散发出一种热情，他对团队中的每一名成员都很尊重，虽是总指挥，但从不摆架子，非常喜欢和年轻人打成一片。在这样的氛围中，年轻人都感觉跟着沈忠芳工作特别有奔头。这是当然，有沈忠芳这样的良师益友在身边，怎能不成长？怎能不成材？多年来，沈忠芳不仅辛勤耕耘在科研和管理领域，且高度重视对青年人才的培养。他以身体力行的方式，向年轻一代传递“严慎细实”的工作理念。同时，他也很注重给予年轻人宽松的成长环境，授之以渔，培养他们独立的工作能力以及创新思维。沈忠芳深谙抓大放小的精髓，制定好项目管理的大方针后，便放手让自己精心培养的一批具有优秀管理能力的年轻人去开展工作，让他们在困难中成长。

2010 年，沈忠芳 76 岁了，他在三封请辞信中恳切表达希望卸下职务，将机会多留给年轻人。而由他培养的青年一代，也早已成长为相关领域的中坚力量。

对于年轻人的培养，沈忠芳很谦虚地表示，自己只是“扶上马，送一程”，他认为，成长一定和自身努力是分不开的，而成长也必然伴随着磕磕绊绊。沈忠芳在总结自己多年来的工作经验时特别提到，如果年轻人在工作中出现错误，作为团队领导一定要有容人的胸怀，因为年轻人犯错大多数是由于认识不足、经验不足，从而造成了工作上的失误或是时间节点的推迟，这些都是可以被原谅的。

他常说，“谁能够每件事情都成功呢？世界上没有这样的神仙，所以领导一定要心胸开阔”。团队犯了错误，特别是没有经验的年轻人出了错误，他作为领导一定要第一个站出来承担责任，这是一个领导应该具备的胸怀。

沈忠芳是个很宽容的人，在工作中遇到性格急躁的年轻人，或是遇到非常有个性的新人，沈忠芳是不怕他们“顶撞”自己的。只要是能够提高技术水平的，是为了科研工作的争执，他总是很能包容。起初，年轻人会以为，沈忠芳的“有容乃大”是因为他有一颗“大大咧咧”的心脏，但和他深入接触过后才明白，这份包容的根源，既是对年轻人的爱护，也是对于科学知识的尊重。“哪怕是再有名的专家，哪怕是如钱老这样的泰斗级人物，也不可能对所有领域了如指掌，我们应当尊重知识、尊重人才，学海无涯啊！”对于大家赞叹自己宽容这件事，沈忠芳曾这样感叹。

而他的包容心也影响着团队中的每一名成员，尤其是在第三代防空武器系统三年攻关的过程中，由于是摸着石头过河，研制难度极大，所以工作中难免遇到争论不休的情况，但不论大家在“吵架”中如何“红脸”“出汗”，也从未出现过相互推诿、相互埋怨、只知追责的情况，团队成员的心始终是向着同一个目标，而第三代防空武器系统研制团队这个大家庭永远是团结一致的。不过，沈忠芳虽然是充分民主的，是鼓励年轻人有一说一的，但也并不希望他们一味地“横冲直撞”，在沈忠芳的影响下，曾经稚嫩的年轻人也都渐渐形成了独立成熟的思想工作方法。由他带出的科研骨干，多人曾获得“全国五一劳动奖章”“集团劳动模范”“二院劳动模范”。

作为领导，沈忠芳深谙人才成长的根本，正是在这种尊重知识、尊重人才、鼓励创造、鼓励探索的氛围下，为中国的航天事业培养出了更多优秀的年轻人才。正是在注重队伍建设、注重广纳贤才、不唯资历、不唯身份的机制下，最大限度地激发了航天人才的创新活力和报国情怀。

回忆起在沈忠芳身边工作的那段岁月，小吴非常感慨，他将德才兼备的沈忠芳视为自己的良师。在B611的研制中，资金成为非常棘手的问题之一，因此大家恨不能将一分钱掰成两半儿花。彼时十分年轻的小吴受沈忠芳影响，也成长为思维敏捷、以人为本的管理者，他尽量平衡好少花钱和多办事之间的关系。当时，遇到试验队员赶不及回基地吃饭的情况，食堂会选择送餐到试验地，但受限于现场情况，通常只能安排包子和汤这样的简易餐食，而且现场环境实在恶劣，冷掉的包子配上满嘴的沙子，吃着别提多难受了。小吴不愿意按照“老黄历”办事，他一方面尝试说服队员同意将吃饭时间推后一点，一方面安排食堂单独给晚归的队员“开小灶”，让队员们回来就有新出炉的热菜、热饭、热汤吃。这样做既节省了送饭的成本，也让队员们吃上了热乎的饭菜，科研人员的肠胃舒服了，工作效率自然就更高了。

当时B611试验队的伙食实在谈不上丰盛，每餐饭只提供两个菜，一荤一素，虽然花样不多，但保证大家得吃饱。沈忠芳从不“搞特殊”要求加餐，他跟着队员们一起排队打饭、排队洗碗，与所有坚守在一线的科研人员打成一片。当时有领导来视察工作，特意带来了手艺高超的厨师，希望给辛苦的队员们每顿饭再增加4个菜，尽可能改善伙食，却也被试验队拒绝了，“我们吃两个菜挺好，都能吃饱。”最终经过协商，改为每顿饭提供3个菜，就算只增加一个菜也是改善生活了，队员们都非常满意。这样的场景令领导十分动容，连连感叹，这就是航天人艰苦朴素的优良作风啊！

曾是一名军人的沈忠芳带出的队伍不仅作风朴素，在工作中更有着军人一般极强的组织纪律性。沈忠芳以身作则，在前往试验场的火车上不打牌、不玩乐、不喧哗，抓紧一切时间休息，为即将开展的试验任务养精蓄锐。在经费紧张时期，试验队只配有限的小车，由调度根据工作情况安排使用，严禁使用小车办私事，而沈忠芳也从未因个人原因乘坐过小车出行。

“海纳百川，有容乃大。壁立千仞，无欲则刚”是沈忠芳非常推崇的一句名言，也是他终身践行的行为准则。当功成名就后，很多人劝他申报院士，可当时沈忠芳工作太忙了。然而，等到沈忠芳真正卸下工作的重担，身边的同事朋友们又再度提起，“老沈啊，这下有空了吧，以你的资历不申请院士可惜了。”沈忠芳还是摇了摇头，“我已经一把岁数了，这些荣誉就让给更年轻的同志们吧！”其实倒也不难理解，在沈忠芳心里，科研工作永远是重中之重，名和利都是身外之物，用他的话说，“都无所谓的”。正是这种无欲则刚的品格，让沈忠芳的职业生涯，犹如钻石般熠熠生辉。

3. 严慎细实，科学管理

身外之物沈忠芳不曾看重，但有一项“财富”是他最为珍视的，那就是他积累多年的工作经验。退休后，沈忠芳虽然放下了技术研究，但依然心系航天。空闲时间多了，他便翻出曾经的工作笔记，那详细记录着管理心得的笔记本，是他工作多年的宝贵精神财富。这其中最重要的，也是对二院人影响最为深远的，便是型号精神。

型号精神，代表着二院人在型号导弹武器系统研制生产的实践中创造的巨大精神财富，体现了型号团队独特的奋斗状态和精神风貌。“严慎细实十六字令”，就是沈忠芳总结发展的型号精神的一部分：

严　研制规章令如山。法无情，恪守无戏言。

慎　科学态度攻难关。求真知，名利淡如烟。

细　精益求精搞试验。浸心血，何叹鬓发斑。

实　苦干实干加巧干。破关键，凯歌冲霄汉。

这64个字，每一字每一句，可以说是沈忠芳大半辈子的真实写照，也成为型号精神的基础。从这64个字中，延伸出管理工作的基本要求：任务明确不糊涂，责任落实不推诿；管理到位不越位，加强调度不包办；协调及时不拖拉，信息反馈不截留；狠抓质量不放松，严格验收不讲情；监督考核不马虎，奖惩兑现不食言。

而从“型号”精神中，又细分出了“型号”文化：

1. 型号管理理念：

以法治研，以德治研，有法成方圆，有德众望归。

2. 艰苦创业的联合体机制：

自愿参加，自筹资金，风险共担，利益共享。

3. 进度观念：

任务层层分解，落实到人，让全体员工感受工作压力，增强责任感，确保合同节点。

4. 型号开发研制工作的四个原则：

坚持把可靠性放在首位的设计原则；

坚持采用成熟技术，不单纯追求先进性而降低技术风险的原则；

采用新技术或改进技术时，必须坚持经过地面充分试验后再采用的原则；

坚持基本型、模块化、系列化发展的原则。

5. 型号开发研制工作的四种工作作风：

有问题主动商讨；有困难主动克服；有余量主动相让；有风险主动承担。

6. 日常工作要两化：

工作要流程化，操作要规范化。

型号精神的总结提炼，是型号发展的需要，更是提高管理效率的需要。

沈忠芳见证了二院型号迭代的历程，也更加确信，从型号精神中提炼形成的管理工作办法，能够对研制生产工作产生何等积极的推动作用。

对此，沈忠芳将他多年型号工作的管理经验“提纯”成精炼的文字，以期对科研工作的持续发展起到积极作用。在一个泛黄的笔记本上，沈忠芳曾写下如下内容：首先，管理工作的核心，是做好人的工作，充分调动人的积极性和潜力，从而引导他们自觉自动地做好本职工作，这是管理工作追求的最高境界。其次，管理中应做到：规章科学化、工作制度化、行为规范化、办事程序化。最后，文化是企业的生命力，制度赋予企业规范化，机制保证企业的活力，质量管理体系是落实责任制、实现科学系统管理的基础。

这样的管理办法境界高也难做到，但沈忠芳依然坚定地将此作为管理工作的准则。他常用一句话勉励自己：“一个领导能够带来最大的品质就是有愿望、有能力释放别人的潜力，帮助其他人实现他们认为实现不了的东西，帮助别人看到自身的潜力。”因此他总能知人善用，创造一切机会帮助技术人员提高，推举有能力的年轻人到重要岗位磨炼。当基层技术人员找他吐苦水、聊困难的时候，他总是能帮就帮，能管就管，从无推诿，也从无敷衍。他发自内心地关心普通职工的职称待遇、衣食住行问题。

当然，沈忠芳这样做除了是对普通职工的关心关爱之外，也是出于对航天事业的考虑，他担心工作人员因为个人困难影响工作积极性。在战火中出生，成长于祖国航天事业最艰难时期的沈忠芳，有着不同于硬朗外表的柔情与同理心。“沈总是儒雅的、是平易近人的”，这句评价是沈忠芳身边工作人员对他最朴素的形容，也是最真挚的赞扬。正是在这样科学严谨的管理办法下，沈忠芳带出的型号队伍出了一大批技术骨干和管理精英，他们身上体现的共性的精神状态，赋予了他们极强的凝聚力和战斗力。

4. 一丝不苟，质量至上

作为一名“身经百战”的老航天人，沈忠芳历经多年型号工作，质量至上的工作态度早已深入骨髓。在型号研制中，他坚持最基本的工作原则，就是把“质量可靠性”放在首位，坚持尽量采用成熟技术，坚持基本型、模块化、系列化发展。

关于质量问题的探讨，沈忠芳不单单从产品本身出发，他认为，从管理这个源头敲响警钟，才是提升产品质量的根本。对此，他总结出质量管理体系的六个建设重点：一是落实质量职责，二是产品提前策划，三是技术状态控制，四是外包（协）质量控制，五是质量信息管理，六是持续改进，不断满足顾客需求。

产品高质量的基础源自思想上的高度重视。这一套理论，既是沈忠芳对于自己多年工作的总结注释，也是始终贯穿他职业生涯的工作准则。质量可靠性不能只停留在口头上，质量必须排在性能和进度之前。此外，对产品质量要常怀一颗敬畏之心。“敬”是对装备的责任心，“畏”是对质量事故的锥心之痛。

航天人最忌讳的，就是自以为经验丰富，从而产生麻痹大意的心理，这样反而容易发生低层次的错误，这是沈忠芳认为最应该严肃批评的。“失之毫厘，谬以千里”，对质量工作，沈忠芳要求所有职工必须秉承最严谨的工作作风。

质量管控必须贯穿型号科研生产的全过程，不是一个环节、一个职工、一个岗位、一个部门的事。

举例来说，从产品研制开始，就应该将高质量的系统性设计放在首位。因为高质量不是靠后期检验出来的，而是在设计初期就必须充分考虑的。

这是极高的要求，也是不得不遵守的规则。一个产品不仅要考虑性能和功能，更要在设计时，便充分考虑可靠性、安全性、维修性、测试性等因素，只有事无巨细地覆盖到质量的方方面面，才能减轻后续工作的压力。

由于业务需要，沈忠芳与莫斯科航空学院进行过多次交流，他从中吸取了一些科学的质量管理理论。苏联的设备往往使用的是低指标的元器件，但集成出来的却是高水平的系统。因此，若产品技术指标需要精密的装配、需要非常苛刻的环境条件或是需要高精度的数据支撑才能实现，这样的产品即便能生产出来也很可能难以稳定地工作。

此外，在设计阶段还应着重考虑产品的可观测性。就像大地震之前往往有小震等先兆一样，大的质量事故发生之前，也经常有一些苗头或异常，比如检测数据虽然在合格范围内，但接近临界值，或者系统的监测数据中偶然出现了小概率的毛刺。如果不重视这些非正常的现象，不求根问底，不认真分析，简单地认为只是个案，不是系统问题，轻松放过，就会种下隐患的种子，在关键时刻就可能出乱子。

在质量面前，既当过总师也当过总指挥的沈忠芳一直是如履薄冰的，这是由于他充分认识到质量这两个字的重要性、复杂性、艰巨性。他将质量看作产品的生命，也看作航天事业的“根”。

5. 豁达大气，云淡风轻

沈忠芳深度参与了祖国航天事业的发展进程，他深知，除了自力更生、独立研制以外，还应尽可能吸收一些国外的先进技术，学习先进做法。即使工作再忙碌，他也会抽出时间阅读国外最新的专业期刊，因为取长补短，才能少走弯路。知识的广度与深度，赋予了沈忠芳高瞻远瞩的大格局，当

沈忠芳在英国马克思墓

型号在顺境中蒸蒸日上时，他总能居安思危，提出更加长远的规划与布局。

20 世纪 80 年代，二院和卫生部准备在医疗设备方面与国外先进公司进行合作。由于沈忠芳的外贸工作成绩突出，对于很多国家的风俗人情都比较熟悉，加之他的谈判经验丰富，外语也比较流利，因此王国祥院长决定安排“老将”沈忠芳带领二院以航天品质进军医疗设备行业。沈忠芳是参与过多次型号任务的，对于这份新工作他心里有数，他依然沿用多年来行之有效的策略，先考察学习国外先进技术，这样可以少走弯路，再结合航天技术发展我们自己的民用产品。当时沈忠芳以“沈老板”的身份和同事分别前往了美国通用公司、GE 公司、波音公司等大企业进行考察，归国后成立了 GE 航卫医疗系统有限公司，公司主要经营业务包括生产、销售 CT 仪器、超声诊断仪、MRI 和医学影像设备及其他医用设备等，沈忠芳任公司副董事长，为二院的民用产业发展作出了贡献。

从 1958 年毕业，直到 2010 年，52 年间，沈忠芳生动诠释了“名利淡如烟”的真谛。回望 52 载自力更生、艰苦奋斗的拼搏之路，他用“献身事业、淡泊名利、笑对人生、问心无愧”这 16 个字概括。

“献身事业”即是献身党的事业、国家的事业，这是沈忠芳作为一名党员的初心。

“淡薄名利”则时刻提醒沈忠芳，工作的出发点不应是为了升官发财，只有真正做到“宁静致远、淡泊明志”，才能看清航天事业发展的方向。

从始至终，沈忠芳一直以身体力行的方式传达着一名党员对于淡泊名利的坚持。2000 年，沈忠芳在被评为“全国劳动模范”后，曾自愿放弃了两级工资调整，偶尔有人问沈忠芳：“老沈啊，给你涨工资你都不要？”沈忠芳挥挥手答道：“哎呀，工作挺忙的，调整工资还要去办手续，多耽误时间，再说我现在的工资已经够花了，钱是身外之物，不重要。”

“笑对人生”则是沈忠芳的生活哲学，他这一生拥有很多朋友，但也遇到过误解他的人。在“文化大革命”时，他被“戴高帽”，被打成“资产阶级小权威”，“修正主义苗子”，但时过境迁，他也只是一笑了之。待那段动荡岁月过去，对于曾经误解他的人，沈忠芳依然遵循对事不对人、珍惜人才的原则，有能力、有成绩、有担当的人自然要提拔、要重用。2021 年，87 岁的沈忠芳依然是思路清晰的矫健老人，这与他的宽阔心胸不无关系。分享起自己朴实无华的健康秘诀，沈忠芳还是那句话，“冤枉你了、误解你了，哈哈一笑就完了，有什么了不起，小事一桩。不要老纠结，这样对身体可不好”。

“问心无愧”则是沈忠芳作为党员对自己一生的要求。这四个字沈忠芳时刻放在心里，不做亏心事，对得起事业、对得起国家，老老实实做人就算是一辈子问心无愧了。

沈忠芳佩戴光荣在党 50 年纪念章

沈忠芳的风趣幽默、豁达大气，让他与一干好友友谊长存，他就像一个奇妙的融合体，身上杂糅着烟雨江南的细致与北方汉子的豪爽。晚年时，沈忠芳的老友们还会不时提起他那令人咋舌的酒量：“老沈啊！当年在苏联科学院的招待所，你可是用 65 度的二锅头，一人喝趴下了 5

个苏联人呢！”沈忠芳听了调皮地摆摆手：“我是两斤的量，那次只喝了一斤半，没问题。”

沈忠芳在英国双子塔

曾在沈忠芳身边工作过5年的秘书坦言，跟在沈忠芳身边让他受益良多。沈忠芳在技术和管理上的专业度，以及在生活中展现出的大智慧，都是自己学习的榜样。当卸任沈忠芳秘书一职后，这位老部下依然与沈忠芳保持着联系。逢年过节时，沈忠芳的老部下们会携妻子孩子共同探望已经退休的沈忠芳。许多年过去了，他们之间早已超越同事和上下级的关系，成为相谈甚欢的好朋友。

年轻时的沈忠芳，像极了武侠小说里身怀绝世武功，喝起酒来豪气干云的大侠。他性格爽朗、开朗大度，因而人缘极好。不谈工作的时候，不论是客户还是朋友，都喜欢与他喝上几杯、聊上几句。沈忠芳的酒量在同事朋友中可是数得上呢，他回忆起在列宁格勒那次，莫斯科航空学院系主任请他们一行13人吃饭，却不承想主人被客人喝倒了。待结账时，服务员充满歉意地说：“先生们，我们的主人太不像话了，客人还没喝好，他们自己倒趴下了。”沈忠芳只好笑着和在场的同事们说：“大家都掏掏裤兜吧，有美元出美元，有人民币出人民币，有卢布掏卢布，咱们凑一凑把账替他们结了吧。”这一番话惹得大家哈哈笑个不停，有人忍不住调侃：“他们请客，结果我们掏钱。以后就有经验了，苏联人酒量实在不行，以后他们再请客，一定要留一个清醒的人结账。”每每提到这段奇妙的经历，沈忠芳总会惹来欢声笑语一片。

沈忠芳在法国埃菲尔铁塔

其实，喝酒也是需要智慧的，沈忠芳通过喝酒拉近和客户之间的距离，也方便他开展工作。听说沈忠芳的酒量和他的科研、管理能力同样了得，这样的名声让不少客户“摩拳擦掌”，找到机会就想与他“比试”一番，事后很多人都被沈忠芳的个人魅力折服，与他从此成为朋友。自负能喝的苏联人早已是沈忠芳的手下败将，而对自己酒量很有信心的东北人，曾在沈忠芳面前夸下海口：“我们喝起酒来，不论瓶，是论箱喝的。喝啤酒你不是对手。”沈忠芳也不“放狠话”，喝了8瓶啤酒不跑厕所，直接震撼了在场所有人。后来连美国客户、日本客户提起沈忠芳的酒量，都忍不住要竖起大拇指。不夸张地说，豪爽的沈忠芳这一辈子喝的白酒、啤酒、葡萄酒、洋酒加起来可以灌满整个游泳池了。

经历丰富的人总是有许多有趣的故事可讲，晚年时，沈忠芳每每讲起这些趣事，都会让身边人感叹这些经历是如此精彩。沈忠芳曾提到，他的朋友们经常喜欢称呼他的“外号”沈老板。老伙伴们偶尔会说：“沈老板呀，你可是将业务谈到了全世界的人呢。”确实，以沈忠芳的气度和人生经历衬得起“沈老板”这样的称呼。每次出去谈业务时，沈忠芳的角色从不是“总指挥”，也不是“沈院长”，而是身经百战、经验丰富的“沈老板”。其实，除了上述三个身份外，沈忠芳还身兼更多角色，他在后辈们心中是沈老师，在客户和同事心中他是老朋友，在孩子们心中他是慈爱又风趣的长辈……

拥有多重身份的沈忠芳自然不是刻板、不懂生活的人，别看他年轻时一心扑在科研工作上，说起兴趣爱好，他可是滔滔不绝呢！他喜欢看书，且涉猎广泛，也喜欢摄影，年轻时拍了很多照片，家里的照片集堆满了整个书柜，谈起打猎，他也是个神枪手。他的家里挂着从苏联买的画、从埃及带回来的工艺品，在国外出差，同行的年轻人舍不得买当地特产，沈忠芳会自己掏钱带团队中的年轻人品尝当地美食……他的藏品都不是昂贵的珍品，却是他记录生活、增添情趣的珍藏。退休后的沈忠芳还会在过年时组织家庭活动活跃节日气氛，孩子们热热闹闹地在他家里玩耍时，他总要设计一些“彩头”，给赢了游戏的人发礼物。春节时，沈忠芳除了给小辈们准备过年红包，还会别出心裁地准备一个特别大的红包，让大家参与抽奖活动，每次总能惹得全家欢笑不止。

沈忠芳与夫人徐正年合影

谈及子女，沈忠芳很愧疚，“我和老伴儿那会儿太忙了，我总是出国，要不就在试验队，没空管他们的学习成绩，老伴儿也是科研人员，常常跟着试验队出差，不管是生活上还是学业上，我们都没帮上忙。”虽是嘴上念叨着“我的几个孩子，在科研上的成就都比不上我”，但随即又骄傲地说：“他们几个都是最孝顺的，常常是全家大包小包地拎着东西来看我和老伴儿。从新冠疫情发生以后，孩子们就不让我自己去医院开药了，虽然我腿脚都还可以，但他们说疫情没过去还是要小心。”每当提起小孙女，沈忠芳总是很高兴地说：“她毕业后选择投身航天事业主要是受我的影响吧，她从小听我讲了很多工作中的故事。这不，一毕业就来二院工作了。”言及此处，沈忠芳笑了起来，这笑中饱含着阖家欢乐的幸福，以及能够将航天基因传承下去的自豪。

2006 年，33 名为我国国防现代化建设作出巨大贡献的航天人，上台领取“中国航天事业 50 年杰出贡献奖”，沈忠芳便是其中一员。后辈们用“奉献写青史，功业耀千秋”称赞他为祖国无私奉献的一生。对于那些风起云涌的峥嵘岁月，沈忠芳风轻云淡地一笔带过：“我这一辈子没白活，也干了一些事。”（撰稿：方格子、刘栩、王秀玲）

沈忠芳大事年表

- **1934 年**

  8 月 24 日，出生于上海市。

- **1940 年 6 岁**

  9 月，上海市启明小学。

- **1947 年 13 岁**

  9 月，上海市包斯高中学初中班。

- **1950 年 16 岁**

  9 月，上海市建设中学高中班。

- **1953 年 19 岁**

  10 月，考入北京航空学院飞机设计专业。

- **1958 年 24 岁**

  10 月，任国防部五院二分院二中队一室技术员。

- **1960 年 26 岁**

  9 月，加入中国人民解放军。

- **1961 年 27 岁**

  6 月，加入中国共产党。

- **1964 年 30 岁**

  8 月，任国防部五院二分院二部一室副主任。

- **1965 年 31 岁**

  参与组织红旗六十一号武器系统总体和导弹方案的制定工作。

  1 月，任国防部五院二分院 25 所一室主任。

- **1970 年 36 岁**

  6 月，任二院 26 所副所长。

- **1971 年 37 岁**

  任中国空气动力研究会委员。

- **1979 年 45 岁**

  8 月，任二院四部副主任。

- **1981 年 47 岁**

  12 月，任二院副总工程师。

- **1983 年 49 岁**

  1 月，任二院科技委副主任。

  2 月，荣获航天工业部和辽宁省人民政府颁发的“国家科技进步奖二等奖”。

- **1984 年 50 岁**

  任车载红缨五号系统总设计师。

  任《航空知识》杂志编委。

  9 月，荣立二院二等功。

  10 月，任二院副院长。

- **1985 年 51 岁**

  任北京航空航天学会理事。

- **1987 年 53 岁**

  任中国宇航学会理事。

  任 B6 系列导弹武器系统总指挥。

- **1988 年 54 岁**

  6 月，任北京航空航天大学顾问教授。

  8 月，任哈尔滨工业大学兼职教授。

- **1989 年 55 岁**

  获国防科工委颁发“献身国防科技事业三十一年”荣誉证书和证章。

  1 月，荣立二院一等功。

  2 月，任国防科工委精确制导技术专业高级技术顾问。

- **1991 年 57 岁**
  9 月，被航空航天工业部授予“航天奖”。

- **1992 年 58 岁**
  1 月，任第三代防空武器系统总指挥。

- **1998 年 64 岁**
  任 B611 项目联合体总指挥。

- **2000 年 66 岁**
  荣获“全国劳动模范”。

- **2001 年 67 岁**
  1 月，荣立中国航天机电集团公司个人一等功。

- **2002 年 68 岁**
  12 月，退休。
  12 月，被聘为 B6 系列、第三代防空武器系统顾问。

- **2006 年 72 岁**
  获“中国航天事业 50 年杰出贡献奖”。

- **2009 年 75 岁**
  9 月，任 B6 系列导弹武器系统总指挥顾问。

参考文献

［1］航天工业部第二研究院院史编委会 . 航天工业部第二研究院院史 (1957—1987).1987.

［2］航天工业部第二研究院院史编委会 . 航天工业部第二研究院院史 (1987—2007).2007.

［3］邱霞 . 一个好“导演”——记全国劳动模范沈忠芳［J］. 国防科技工业，2000.

［4］邱霞 . 型号线上的导演——记全国劳动模范沈忠芳［N］. 中国航天报，2002.

［5］韩宁 . 沈忠芳 前方总有好风景［N］. 中国航天报，2004.

［6］凌翔 . 密林野獾：台前幕后看中国 B611 战术地地导弹［N］. 解放军报，2005.

［7］周武，侯萍梅，李路，李善春 . 钟山院士传记［M］. 北京：中国宇航出版社，2015.

［8］孙捷，张吉利，侯鲜利，程国海 . 陈定昌院士传记［M］. 北京：中国宇航出版社，2016.

［9］梁小虹 . 中国航天精神教程［M］. 北京：中共中央党校出版社，2019.

［10］马杰 . 筑梦空天——航天精神在二院［M］. 北京：中国宇航出版社，2020.

［11］红缨五号防空导弹［OL］. 百度百科，2019.

张福安

张福安的故事

张福安（1939.11.25—），山东泰安人，1960年5月毕业于西安交通大学电力系工业企业电气化专业，被分配到航天科技战线，曾先后担任工程组长、研究室主任、总体部副主任、二院科技委副主任。在技术职务上曾担任导弹控制系统主任设计师、武器系统总体主任设计师、仿真工程副总师、型号副总师和型号总师，他主持研制的项目获得过国家科技进步奖特等奖、国防科技进步奖特等奖等多项荣誉。他曾荣获全国五一劳动奖章，被评为国家级有突出贡献的中青年科学家、航空航天部有突出贡献的专家。

◎ 目　录

第四章
曙光在前　我们的队伍向太阳 / 935

第五章
人格如金　优良作风代代传 / 945

第六章
群星荟萃　型号精神放光芒 / 953

第一章 生于困苦 砥砺前行善学习

1939 年 11 月，张福安出生于四川，后随母亲去陕西求学。虽然生长在战火纷飞的年代，母亲的谆谆教导使他从小就养成了吃苦耐劳和自立自强的优秀品格。新中国成立后，张福安和母亲的生活逐渐稳定，他在 1956 年考入西安交通大学电力系工业企业电气化专业。张福安在生活学习工作中，一直受着“胸怀大局，无私奉献，弘扬传统，艰苦创业”的西迁精神的教育，同时注重德智体美劳全面发展，为毕业后投入空天防御事业打下了坚实的基础。

1. 生于困苦，珍惜和平

张福安祖籍山东泰安，1939 年 11 月出生于四川省的一个普通家庭。父母为其取名“福安”，希望他将来的生活能够幸福安康，但彼时中华大地却被日寇的铁蹄蹂躏，四万万同胞处于水深火热之中。自 1937 年“七七”事变后，日本全面侵华战争爆发，战火很快就烧到了大江南北。虽然处在大后方，但由于物资匮乏，加上敌机的轰炸骚扰和难民大量涌入，张福安在幼年时代一直过着颠沛流离的生活，在他出生后不久，他随家人来到陕西。张福安的母亲在一所中学任教，但每个月的工资也仅够勉强维持生计。母亲坚韧不拔的性格和乐观豁达的态度一直是支撑整个家庭的精神支柱。经历了战乱年代的张福安倍加珍惜新中国成立后来之不易的和平安稳。

2.“西迁”精神指引前进方向

1956 年，张福安高中毕业，选择报考西安交通大学。这一年在西安交通大学历史上是极其重要的一年。交通大学始称南洋公学，1896 年由当时清朝洋务运动代表人物、“中国高等教育之父”盛宣怀在上海创立，旨在培养工程技术方面的专业人才。1921 年，南洋公学更名为国立交通大学，新中国成立后正式更名为交通大学。作为近代中国高等教育之发轫，这所蜚声中外的大学是钱学森、张光斗等科学家读书和成长的摇篮。1955 年初，考虑社会主义建设和国防建设的需要，同时为支撑西部社会经济发展，国务院开始制定交通大学内迁西安的计划。1956 年 9 月交通大学的机械、电机等专业迁至西安，包含 815 名教职工、3900 余名学生等在内的 6000 多名交大人汇聚西安，至此开启了一段艰苦奋斗的峥嵘岁月，交大西迁的大幕至此拉开。

作为交大西迁后首批考入西交大的一员，张福安对即将到来的大学生活充满憧憬，更为响应国家号召而激动万分。时至今日，已经年过八旬的张福安依然对往事历历在目。1956 年的西安，无论是基础设施建设，还是各方面配备的资源都与上海差距巨大。张福安至今还记得，当时交大的环境十分简陋，校区是建在田野之上，就连开学典礼也是在草棚搭起来的礼堂里举行的。学校路面崎岖不平，为免颠簸，精密的仪器设备都只能靠人工搬运。傍晚电灯不亮，甚至煤油灯也供应不上，同学们就在月光下看书，学习热情如火。交大师生们需要一面学习，一面参与校园建设。春季大风时节，沙尘漫天，颇有“大漠风尘日色昏，红旗半卷出辕门”的豪迈；夏季暴雨频发、道路泥泞，为避免建筑车辆陷入泥里，师生们和工人们一起清理路面，让人感叹“前路泥泞漫无际，相依相偎心贴心”；秋冬时节西北寒风凛冽，大家虽无暖气和棉衣抵御“将军角弓不得控，都护铁衣冷难着”的寒冷，但内心一腔建设祖国的热情却比任何时候都要来得猛烈。在大学生涯中，老一辈教授以身作则，无私奉献的精神给张福安留下了深刻的印象，例如机电学院的老教授钟兆琳，当年已 57 岁高龄，本人身患多种慢性病，且妻子也卧病在床，但钟教授仍毅然随校西迁。来到西安后，钟教授不但为制定教学计划夙兴夜寐，还以身作则，与学生同吃同住，在一片空地上建立起全国第一个电机制造实验室。他的人格魅力感染鼓励了张福安等大批学生，不畏艰苦，勇往直前。

2020 年，习近平总书记在西安交大参观时，勉励广大师生不忘初心、牢记使命、继续发扬“西迁精神”，到祖国最需要的地方去，把“西迁精神”一代一代传承下去。“胸怀大局，无私奉献，弘扬传统，艰苦创业”是“西迁精神”的核心内涵，张福安始终以此要求自己，为祖国空天防御事业不懈奋斗。

3.“思想活跃，生活活跃，学习活跃”

交大西迁之际正赶上全国的院系调整。在老校长彭康的带领下，学校借助院校调整和重组教研室的机会，吸收苏联的高校办学经验，进行教学改革。但由于改革要求过高过急，教研工作一度陷入被动，加上西迁之初学校的各项设施都不够完善，一些师生出现了畏难情绪。为此，彭康校长提出了“思想活跃，生活活跃，学习活跃”的“三活跃”思想，强调整个学校的思想氛围、学术氛围、文化氛围都要活跃起来，只有为学生们营造一个生动活泼的教育局面，一个生动活泼的政治局面，学生德智体等方面才能全面发展，所培养的人才能是“政治坚定，思想活跃，业务较好，身体健康，有创造精神的革命者”。

在“三活跃”育人思想的指引下，张福安和广大同学的积极性被充分调动起来。张福安思维活跃，一直保持着高涨的学习热情。他时常用毛主席的这句话勉励自己：“情况在不断地变换，要使自己的思想适应新的情况，就得学习”。2014 年，在西安交大本科毕业典礼上，作为校友的张福安在致辞中还特别提道：希望学弟学妹能树立终身学习的观念。这种乐于学习、善于学习的优点，为后来张福安走向总师的岗位打下了重要的专业基础。

张福安深入学习辩证唯物主义这一科学世界观，“从实践出发认识问题，再实践，再认识，实践无止境，创新无止境，认识无止境，与时俱进”，这种方法论一直指导张福安的科研工作，多年以后从型号岗位退休了的他依然教导年轻人：“要熟悉掌握辩证唯物主义这一有力武器，用它去指导工作实践，这对你们的成长有重要帮助！”

第二章

投身航天
一展身手报家国

1960 年 5 月，张福安告别校园，投身于航天事业。他先后参加了“543”导弹仿制工作、红旗二号、红旗三号甲、红旗四号和红旗七号等型号的研制工作。1986 年，第三代防空武器系统研制工作启动，从此张福安便为之付出了长达 20 余年的心血。1992 年他被任命为第三代防空武器系统总师。他先后任二部二室副主任、主任，二部副主任、二院科技委副主任等职务。

1. 身份转变，逐步成长的武器系统设计师

青年时期的张福安

1960 年 5 月，由于航天工作的任务需要，张福安提前从西安交通大学毕业，分配到中国人民解放军总参 743 部队二支队工作。当时单位的一项重要任务就是对从苏联引进的“543”导弹开展仿制，张福安参加了“543”地空导弹控制系统的反设计。1966 年，“543”经过多发实弹打靶，完成生产定型，被命名为红旗一号，初步解决了我国地空导弹的有无问题。张福安在“543”仿制的工作中，完成了从一名电气化专业的学生到武器系统设计师的转变，为今后的型号研制工作奠定了坚实基础。

随着“两弹一星”伟大事业的逐步成功，航天工作者们在工作中热情高涨，为提高航天科技水平、捍卫祖国领土安全而忘我奉献着，张福安也深受航天精神的鼓舞。此时，张福安所在的单位在中央的统一部署下，改制脱掉军装，改称为七机部二院二部。圆满完成“543”仿制工作后，张福安又参加到我国自行研制的第一代中高空、中远程地空导弹红旗二号和红旗三号甲的研制中。之后，张福安在我国第二代低空、超低空地空导弹红旗七号的研制中，曾组织并主持了“91#”导弹自动驾驶仪的二级分解及综合测试工作；在红旗七号方案论证阶段进行了导引准确度分析，主持完成了红旗七号 02 批独立回路弹控制系统三通道半实物仿真试验；完成了 03 批闭合回路弹飞行试验前的导引准确度统计分析和控制系统起伏干扰统计特性确定及数学仿真方法研究；主持和组织了红旗七号研制过程中的有关技术协调工作，并参加完成了部分项目试验研究工作。

从仿制苏联导弹武器系统到自主研发设计，张福安逐步掌握了型号研制规律，更对中国导弹之父——钱学森提出的系统工程论有了深刻的体会，为担任第三代防空武器系统总设计师积累了经验与知识储备。

张福安（右一）和技术人员讨论红旗七号方案

2. 组织上入党，更应思想上入党

投身于航天事业和国防建设的工作中，张福安一方面深刻感受到了党组织的关怀和信任，另一方面，他感受到导弹研制工作难度高、任务重、责任大，必须坚持党的领导，才能把工作做好。张福安在参加工作不久后就递交了入党申请书，他下定决心决不辜负党和人民的殷切期望，矢志不渝跟着党走，在入党志愿书中，张福安坚定地写道："我们的时代是革命的时代，我们的祖国还没有真正强大……因此我志愿加入中国共产党，我愿在党和毛主席的正确领导下，永远干革命！在党组织的教育下，成为一名自觉的革命者，为无产阶级革命事业、共产主义事业的最后胜利奋斗终生。"

在提交入党申请书后，经过工作的历练，张福安对党的认识逐渐成熟。当时，一些科研人员虽然入党热情高涨，但觉悟意识仍需进一步提高。有人单一地认为"科技人员只要技术过硬就能为入党打下牢固基础"，这种唯技术论的思想认识，不但容易滋生骄傲自满的情绪，还会疏远个人与党组织的关系。针对这一错误认识，张福安进行了深刻的批评，他认为与资本主义国家相比，我们的科研事业之所以能够在物质匮乏的情况下创造一个又一个奇迹，就是因为坚持党的领导。只有坚持党的领导，树立为共产主义事业奋斗终生的光荣信念，才能更好地进行科研攻关和自身技术能力的提升，才能更好地与自我价值的实现相结合。此外，为进一步提升自身觉悟，张福安认真学习榜样的先进模范事迹，向榜样靠拢，这类榜样不止存在于航天工作中，更包括奋战在祖国各行各业战线上的模范。张福安在入党志愿书中写道："人活着而无崇高的理想，那就只能庸碌一世而毫无作为。要像雷锋、王杰等同志们那样，怀揣着解放全人类，为共产主义事业奋斗终生的精神。"他深刻地意识到"组织上的入党虽然只有一次，但思想上的入党确是一个持久的过程。"即使在入党之后，仍需要加强自己的无产阶级觉悟，加强组织性，在党的领导教育下，从日常的工作生活做起，把自己锤炼成一个真正的无产阶级先锋战士，成为名副其实的革命接班人。

1965 年 11 月，经研究室主任叶华明同志和同事赵善友同志的介绍，支部党员全体投票通过，张福安同志光荣加入中国共产党，成为预备党员，并在一年后转正。多年以后，在张福安回首这段往事时，他始终认为成为一名光荣的共产主义革命战士是影响自己工作的一件大事，这一角色转变不但夯实了他航天报国的信念，更使他将马克思主义理论方法与工作实践相结合，工作能力得到了极大提升。

3. 项目争取，第三代防空武器系统迎头赶上

自 20 世纪 60 年代红旗二号定型后，直至 20 世纪 90 年代初，我国对中高空防御主要依靠红旗二号及其改进型。而这时的美国和俄罗斯已经相继研制出"爱国者"和 C–300，我国对空防御能力已经越来越无法满足现

代作战需求。因此我国亟须研制出具有杀伤空域大、抗干扰、拦截多目标等功能的第三代中高空、中远程防空导弹武器系统。

20 世纪 80 年代，国防科工委下达了研制第三代防空武器系统的任务，当时全国多家单位都在就此开展论证。航天工业部机关有关部门也要求二院上报防空导弹发展规划。其实，二院对地空导弹发展规划早有布局。收到任务要求后，在当时二院院长刘从军的支持下，二部主任陈定昌带领团队正式开始了第三代防空导弹的立项准备工作。

同年，航天工业部科技委牵头，听取并审查了二院的发展规划。会上出现了当时有名的“九位老总听汇报”的“盛况”，打头的是当时航天工业部科技委主任任新民，还有庄逢甘、陆元九等知名科学家。二院详细介绍了规划中的中高空型号、其主要战术、技术指标，以及技术途径的选择等，并首次提出五大关键技术的概念，即武器系统总体技术、多功能相控阵雷达技术、捷联惯性导航技术、雷达寻的末制导技术、导弹垂直发射技术。汇报引起了与会老总的兴趣，老总们提出要来到二院参观，就其中的关键技术研制单位的攻关能力进行调查，最后，九位老总一致认为二院的专业配套、技术基础比较好，有条件承接这项任务。航天工业部最后同意把这一光荣而艰巨的任务交给二院。

由于这个型号技术途径新、创新比例高，一旦上了型号，遇到技术难题迟迟攻关下不来的话，势必会拉长研制周期。经过型号总体和各专业组的讨论，科研人员秉承为祖国国防负责的态度，提出了“三年攻关”的建议。经过研究，国防科工委同意了这个意见，并明确下达要求：一是中高空防空导弹是防空导弹研制中最突出的重点项目之一，是急需装备。二是不分军兵种，该型号防空导弹既要适用于陆地防空也要适用于海上防空。之后该型号也普遍被称作中高空基本型。

4. 三年攻关，海纳百川的创新之路

20 世纪 80 年代中期，原总参谋部、国防科工委联合发出关于抓紧中高空防空导弹研制工作的通知，明确要求中高空基本型防空导弹武器系统要具有先进的制导体制，有较高的技术起点。通知提出：要严格按研制程序办事，首先进行 2–3 年的技术攻关，待主要关键技术突破后，再全面开展型号研制。时任二院科技委副主任吴北生任该型号总设计师，时任二部主任陈定昌、副主任严南根负责副总设计师工作。张福安任中高空武器系统主任设计师兼总体主任设计师。

随后，二院与用户签订了该型号三年工程攻关的技术合同，正式开始了为期三年的关键技术攻关，要攻克武器系统总体技术、多功能相控阵雷达技术、捷联惯性导航技术、雷达寻的末制导技术以及导弹垂直发射技术。

经过二十多个主要承担任务单位三年多的协同攻关，三年攻关任务全面完成，实现了“突破五大关键、确定研制方案、取得九项成果、打好型号基础”的既定目标。今后的事实证明，三年攻关时期攻克的五大关键技术，最终奠定了该型号先进性的坚实基础。

5. 对外合作，立足祖国的改进之路

1991 年 12 月，国际共产主义阵营发生了一个大事件——苏联解体了，这个建国 69 年的超级大国从此分裂为俄罗斯、乌克兰等 15 个国家。由于苏联的解体，俄罗斯军工企业的秘密解除了，许多在当时备受关注的重点型号露出了真容，其中就包括俄制 C–300 导弹武器系统。经历了三年攻关的第三代防空武器系统的性能指标较之 C–300 还存在一定差距，团队也担

心若不提高指标，等到定型时的装备性能就已经落后了。于是国内有一部分人建议直接进口先进的防空导弹。

刚刚进入工程研制的第三代防空武器系统，此时再一次面临巨大的考验。经过三年攻关赢得的大好形势突然急转直下，有面临夭折的风险。怎么办？型号今后的路该怎么走？

1992 年 1 月，航空航天部下发任命通知，沈忠芳任行政总指挥，张福安任总设计师。两总对于型号未来的发展，态度非常坚定：“再怎么引进，必须立足于自己，买、和自己有——那是两码事。”于是当时的二院领导决定开展对俄合作，在自力更生的基础上，引进国外的先进技术并加以创新。

此后，二院成立了对俄合作领导小组及办公室。随后，派出沈忠芳、张福安等组成的高级专家代表团赴俄考察访问，与俄罗斯有关部门接洽。负责接待二院代表团的专家，大部分都是苏联解体前在这一领域做过突出贡献的老专家。虽然研制队伍经过三年攻关已经具备了一定的技术基础，但在俄罗斯专家看来，基础还是相当薄弱。俄方专家希望在合作中，能以他们的方案为主。由于俄罗斯在技术上的优势，当时国内也有一种意见是对俄罗斯的技术全盘接受，进行完全仿制。但是，张福安认为，该向人家学习的技术要虚心学习，但是先进的技术不能全部靠引进，这毕竟涉及国家和国家之间的合作。第三代防空武器系统作为我国的研制项目，很多事情要按我们国家的实际情况来决定，要综合考虑到我们国家自身的研制基础和人员、设备的情况，与 C-300 进行一部分结合，来确定技术指标。于是，代表团按照这一方案与俄罗斯设计局开展了一系列合作，逐步达成了共识。

张福安在俄罗斯期间，不仅学习到了先进的技术，也因为在当地生活，对这个国家及人民留下了深刻的印象。当时，正是俄罗斯经济困难的时候，物资很匮乏，二院代表团带去的二锅头，深受俄罗斯专家们的喜爱。他们都说二锅头比伏特加好喝，尤其是65度的。当时代表团住在当地的疗养院，当地的饮食不习惯，饿了就吃从国内带去的方便面。有时候俄方会开宴会，所谓宴会就是将桌子摆成一长排，大家分列两旁，俄方对我们表示欢迎，我方人员也向对方表示感谢。开完宴会后，俄方的代表们会将剩下的苹果带走。虽然物质条件如此匮乏，但是俄罗斯的老百姓素质都非常高，时隔多年张福安回忆起当年的场景忍不住说道："在俄罗斯的街头买东西，哪怕是大雪天，大家也都是有秩序的排队等候，从来看不到插队的现象，我们那时候也是觉得很受触动。"

第三代防空武器系统经过非常大的系统指标调整，衍变成了一个新型号。正是由于两总系统敢于在当时的历史条件下作出"调整指标"这一重大转折的决策，才有调整指标后的基本型，才有后来该型号被评为国家科技进步特等奖。

第三章 润物无声 攻关路上定大局

第三代防空武器系统战技指标调整后正式转入工程研制。当时尚不具备完整的质量控制程序，当出现需要解决的棘手问题时，两总的决策能力就显得极为重要。总师张福安在型号团队技术管理中善于决策、勇于担当，凭借其深厚的理论功底和极强的问题分析能力，迅速定位并给出决策意见。总指挥沈忠芳担任二院副院长并兼任军贸型号的总指挥，具有丰富的型号管理经验。各分系统设计师在型号两总的专业指导和带领下，逐个击破各个关键技术难题，型号通过了各项飞行试验的考核。

1. 手工仿制“看”目标

主动导引头是第三代防空武器系统的关键分系统，其性能指标是影响导弹武器系统有效拦截目标的主要因素。在该型号之前，国内从未采用过主动寻的末制导体制，因此没有可借鉴的工程经验，无异于摸着石头过河，如何为导弹提供一双看得远、看得准的“眼睛”，成了型号团队要面对一个关键问题。在型号研制过程中，出现了精度超差的难题。大家曾开玩笑地说：“我们的导引头对目标无动于衷。”

为了尽快解决这一问题，张福安总师亲自参与到分析工作中，经过多轮分析，最终将问题锁定在导引头的一个关键组合上，其关键技术指标中个别参数一直无法满足系统的要求。

该组合关键技术未能实现根本性突破，始终制约着导引头的研制进度和性能的提高。当时 25 所在开展原试样位标器（A 型）研制工作的同时，也借鉴和吸收了西方位标器产品的成熟技术和设计经验，进行 B 型产品研制工作。

B 型产品的机械结构复杂、非线性特性对系统的性能影响很大，因此，系统原理性仿真结果和产品实际测试结果差异较大，B 型产品研制工作一度停滞不前。

针对这一瓶颈，25 所董总、刘总等人开展了手工测量与绘图。这种方法看起来很原始，但却扎实可靠，就是在这样日复一日地反复手工测绘中，最终诞生了 B 型产品的实物，有力保障了导引头后续研制工作的顺利开展。

2. 殊途同归求真理

在一次导弹综合测试时，导航系统主任设计师刘老师发现捷联惯性测量装置数据有波动，虽然波动在测试标准解的正常范围内，可她觉得这个波动是异常的，就让外协生产厂家查问题，最后查出来是捷联惯性测量装置的软件有瑕疵。能在看似“正常”的测试数据中甄别出细微的“异常”，这与她扎实的技术功底和极强的敬业态度密不可分。那么这种独具慧眼的本领是如何炼成的？这还要从刘老师早年的工作经历说起。

刘老师加入第三代防空武器系统后负责制导控制系统和导航系统的相关工作。她接到第一份任务就是“中末制导交班”技术攻关，这是一项关乎导弹战斗力的关键技术，只有中末制导正常交班，导弹才有可能击中目标，否则导引头就是个“瞎子”，导弹也会错失目标。刘老师深知自己责任重大。

为了更深一步启发刘老师思考，张总提出了“导航精度”这一关键问题，引导刘老师从制导控制方面考虑如何让导引头交班，搭建导航精度模型。通过学习相关资料以及不断与总师进行深入探讨，从精度基本概念，到整个武器系统精度链，刘老师逐步理解导航系统是整个精度链中的哪一部分。每经过一段时间的摸索刘老师就去找张总汇报，张总则从更高的层次上引导她进一步思考，在这个过程中刘老师的思路愈发清晰，终于搭建出中末制导交班导引头预定模型。

当刘老师把模型推导出来并经过数学仿真计算得到“导引头天线预定精度要求”的结果时，她原以为任务圆满完成了，她满心欢喜地去找张总“交作业”。张总看了以后说：“先不说你这个是对还是错，你这是一种思路推导出来的，你应该再换一个思路，再推一次。”

要跳出自己绞尽脑汁设计的方案，换一种思路方法重新求证，这对于刘老师又是一个艰巨的挑战。但是出于对国防装备高度负责的态度，她决心从头再来，终于通过另一种途径推导出了相同的结果，得到了张总的充分肯定。至此第一个导引头预定模型产生了。

“要证明一个结论的正确与否，一定要通过不同的思路，不同的视角去思考。”张福安对设计师的要求，往往不是一个模型建起来了就大功告成，而是要多方验证。大量的数学模型仿真计算是重要的科研手段，而数学模型都是人建立起来的，且计算结果的适用性，有着严格的物理概念作为应用前提限定。数学模型推导的有误，不到一定阶段很难发现。如果用不同的途径去推导并最终得到相同结果，那么置信度一定得到了提高。张总在科研上这种严慎细实的态度给刘老师留下了深刻的印象，而第一个地空导弹导引头预定模型，在第一次闭合回路飞行试验中得到成功验证。

3. 总线攻关点明灯

第三代防空武器系统弹上 485 总线采用双总线并行的设计方案。

当时，双总线并行的方案设想十分先进，没有任何公开的成功案例可以借鉴，为此成立了由李副总直接负责的“485 总线攻关”小组。在进行技术攻关时，一个重要的工程问题即总线时序冲突的问题成了摆在“485 总线攻关”小组面前的一道难题。在经历一段时间的分析后，大家依然没有头绪，一股低落的气氛在团队中蔓延。

“问题早出现总比晚出现要好，要用一分为二、辩证统一的观点来看待型号中出现的问题。”两总鼓励大家不要灰心丧气，并肯定了同志们前一段时间的工作。在随后召开的技术讨论会上，两总提出了三条具体的指导意见：第一是要广泛收集、查阅文献资料和行业标准，进一步认清双总线并行理论在实际应用中的关键问题；第二是在理论基础上，结合试验的故障现象，从硬件时序角度分析背后的失效机理；第三是进一步优化软件程序，避免时序冲突的现象发生。

每当回忆起当年两总对弹上总线攻关的这三条指导意见时，李副总都记忆犹新："这三条意见为我们后续解决弹上双总线并行的问题提供了重要的指导思想，保证了总线攻关工作的顺利进行，也为后续其他型号的研制工作积累了宝贵的经验。"

在张福安总师的建议下，"485 总线攻关"小组联合多家单位，从硬件、软件两个方向推进解决总线时序冲突的问题，在这一过程中，张总多次叮嘱技术负责人李副总：要运用系统工程的观点来协调合作关系，做到技术与管理并行。二部作为总体部，不但要明确需求、理清问题，更要多倾听其他单位的意见，注重理论联系实际，真正地做好故障机理分析，深入贯彻"双五归零"的理念。

最终，在大家的通力合作下，"485 总线攻关"任务顺利完成，李副总带领的技术团队高效协同的工作作风给合作单位留下了深刻印象，凸显了二部作为总体部在技术攻关中起到的重要作用。

在"485 总线攻关"的过程中，为保证任务的顺利进行，技术团队把一些设计电路图、底层软件的设计方案提供给了合作单位。有些同志对于这一做法存在顾虑，认为这些技术是团队的知识产权，无偿提供给了别人会不会影响单位后续的发展。而张总的站位显然更高，他耐心开导持反对意见的同志，他说："第三代防空武器系统的研制是具有挑战性的，要把这项工作做好，一定要始终把国家利益放在第一位，只要有利于型号的发展，我们就应该勇于分享、乐于分享。"这种无私奉献的品德一直是他带领的型号团队所奉行的准则。

“485 总线攻关”圆满成功后，型号两总请攻关团队吃饭，大家经历长时间高强度的工作后，终于有时间放松下来，大家把酒言欢，一起回忆攻关期间的酸甜苦辣。席间张总也兴致高昂，甚至罕见地唱起了陕北民歌信天游。

4. 总装厂里的暖心故事

型号在工程研制初期各方面技术都不是很成熟，元器件质量不过硬就是其中突出问题之一，加之团队对于元器件的筛选方法也没有摸透，因此导弹总装后，经常在测试中出现各类问题，只能是导弹装好了拆，改进后测，测完没问题再装，出现问题再拆、再测、再装，这样反反复复，后来 283 厂的同志就开玩笑说，我们“总装厂”都成 “总装总拆厂” 了。

“总装测试的时候经常加班解决测试出现的问题，无论是总体、分系统、还是外协单位，好多时候都是通宵加班。”团队成员回忆，“两总经常晚上 10 点多来厂房看看大家，但也怕给大家压力、影响大家，一般不多过问。”

那时候团队所在的测试厂房有一个茶水台，上面摆放着大家的水杯还有几个暖水瓶，平时大家在测试区干活，口渴了就会到茶水台来喝水。张总到现场及时和试验队员沟通和解决问题，有空时他还会站在茶水台旁边，看谁的水杯里没有水了，就赶紧拿起暖水瓶给蓄上。他看谁要是好长时间没过来喝水，就会拿着水杯给设计师送过去，让他们喝水。

负责总线控制器研制的外协厂家武师傅也是当时参与攻关的主要技术负责人之一，现在谈起张福安还会竖起大拇指说：“我这辈子遇到那么多总师，张福安让我印象最为深刻，他太平易近人了。我们都很惊讶这位总师竟然给我们端茶倒水，让我们备受鼓舞，干劲儿也更足”。

还有一次捷联惯测装置出问题，283 厂连夜拆下故障件，总体部和外协厂家的设计师连夜加班定位故障、调试改进、重新装弹并运送到京外的总装厂测试。装车之后已是凌晨四点，大家坐在厂房外抬头看着星星，小声儿念叨着："但愿上去一切顺利。"那天张总一直在试验现场跟着分析问题，他毕竟年纪大，还跟着熬那么晚，队员们心里真是觉得很过意不去。

从研制初期解决一个一个现在看来可能简单的技术问题，到研制后期越来越复杂的分系统、系统综合性技术难题，导弹的总装测试、技术攻关的现场，只要是有队伍加班的地方，总有两总的身影，经常是与大家一同工作到后半夜。在分析问题和排除故障的日子里，团队成员都有这样的感觉：干不出来对不起两总，心甘情愿地加班加点，推动第三代防空武器系统早日定型。

5. 年轻队伍在坎坷中成长

技术攻关路上总是有层出不穷的新问题需要第三代防空武器系统团队去攻克，两总对这群年轻设计师展现出了极大的包容和信任。

有一次在 283 厂做弹上设备对接，突然所有设备都"趴窝"了，团队心里很紧张，忐忑地去找总师张福安汇报："这下没法儿干活了。"

张总并没有批评设计师，只是举重若轻地答复："那就找问题，好好解决问题吧！"。

没有言语的苛责，取而代之的是两总即刻协调各方资源，帮助团队排查故障。

最后通过层层筛查，终于定位故障是设计缺陷导致，团队大胆进行了设计改进，解决了故障问题，此后直到设计定型都再也没有出现过类似问题。

团队成员回想起这次意外都很感谢张总的包容和指点：“张总真的非常容忍年轻人所犯的错误，在他看来犯错误就是年轻人成长的过程。如果当时张总没有帮我们指明排查方向，那我们可能会花很长时间在原地转圈，找不着问题。”

还有一次型号快定型了，飞行控制软件在测试的时候却出了状况。李副总、杨老师、韩老师等人花了很长时间都找不到软件本身设计的缺陷，要想确保软件的可靠性，必须搞清楚问题的机理，对于李副总团队来说，他们必须证明设计缺陷不在软件本身，最终目标锁定在 CPU 上。

可要想确认 CPU 存在设计缺陷，谈何容易!

为此，两总请来了国内集成电路设计、生产领域的几十名专家在仿真楼一层会议室共同研究、商讨，最终确认是 CPU 芯片确实存在固有缺陷。团队修改了飞控软件将两条控制指令时序错开，以此规避问题的发生。

“如果没有两总调动国内如此多的优势资源，我们无论如何也无法准确定位问题，这对于后续设计定型的影响是无法想象的。”李副总感慨地说道。

“两总当时对于我们这些年轻人非常信任，既放手让我们大胆干活，也注重帮我们树立威信”。在第三代防空武器系统团队里李副总是那时候年轻一批新生力量，也是当年型号团队里最年轻的主任设计师。每当一些老同志质疑年轻同志的水平时，两总都会说：“老同志要放宽心态，要帮助年轻同志快速成长。”

正是在这样的氛围下，型号队伍新老交替过渡得非常自然，一代代年轻设计师迅速成长起来逐渐成为骨干力量。

6. 捷联惯导系统在冰与火中攻关

第三代防空武器系统是国内首次在防空导弹上采用捷联惯性导航系统，这对总体系统设计和能力是一个全新的考验。既要满足战技指标，又要将来让部队用得起；在保障总体的性能指标前提下，对分系统的指标要求能低则低，这才是总体能力的体现。但是既定的指标能否满足武器系统要求，如何评估导航系统的现有精度，在不上天试飞的情况下成了一道几乎不可逾越的坎。为此，两总提出设立捷联惯导精度攻关专项课题，刘老师负责开展工作。

当时虽然查阅大量的国际文献，终归一无所获，国外对我们封锁，国内根本没有先例。一方面是精度指标方方面面，另一方面是天上飞行条件错综复杂，评估什么，怎么评估，毫无头绪。在团队一筹莫展之际，总师张福安从武器系统的精度链为切入点，耐心细致地引导大家理清思路。张总很严肃地说道："中末制导交得了交不了班全在导航系统的精度，交不了班，导引头就成了摆设，复合制导体制无法实现，那型号研制就走不下去。"张总一席话使团队感受到责任巨大，同时，团队也看清了攻关的方向。一份份评估方案送到张总的案头，他都仔细阅读并与团队深入探讨。

两总不仅深入团队参与技术讨论，还在背后关注与支持着团队。人手不够，两总找人事部门预支下一年度的名额，为团队招纳新人；专用设备没有，两总找到仿真中心协调利用现有设备拓展使用；需要京外试验，两总指示机关人员协调优先等等，一路绿灯，使团队倍受鼓舞，坚信攻关方向正确，苦和难就不在话下。二部和研制厂家及外协试验单位团结协作，工作步步深入。

之后精度攻关团队开始了捷联惯导系统在各种环境条件下的精度试验

策划，从方案设计、误差分析计算方法、数据统计处理、试验实施等方面，哪里有试验设备、哪里就有团队的身影。低温条件下的系统试验，产品在低温箱里加电测试，他们三伏天穿着棉袄、棉裤，戴着棉帽子、棉手套。试验规定时间一到，“武装到牙齿”的设计师赶紧进入低温箱给产品换位置，出来以后眉毛都结了霜、眼睫毛都粘上了。

可是低温条件下试验，人还能穿棉袄克服，高温条件下怎么办？于是团队把高温试验箱的需求报给张总。张总向上级领导打报告，要技改经费。后来终于引进了带温箱的转台，解决了高温试验的问题。

之后团队还到外地某所做大离心条件下的系统试验，在超出历史试验对象重量将近十倍的情况下与设备单位深入协调，解决了产品工装、设备校准、试验操作、数据处理及结果分析等难题，获取了珍贵的试验数据，取得了重要的试验结论。

在院里的汇报会上，面对质疑，两总充分肯定了攻关团队的各项试验结论，强调尊重科学试验数据，确认精度攻关团队定义的全新的动态误差概念，并据此指导两个惯测装置厂家开展产品设计改进和试验验证。张总充满深情地说道：“是总体部推着两个研制厂家往前走！”听到这样的评价，精度攻关团队深受感动，这是对团队的最大褒奖。

导航系统精度攻关过程中产生的一系列试验方案设计、试验方法、结果评定与分析方法，形成了一个完整有效的捷联式惯性导航系统精度评估体系。不仅为第三代防空武器系统，也为其他型号使用捷联惯性导航系统参照应用。在当时国家工艺和芯片生产水平能实现的前提下，在精度指标相对较低的硬件设备里，通过系统软件对其各种静态和动态的误差补偿达到了满足中末制导交班所需的系统精度。

历经几年时间的攻关，第一次飞行试验的时候，同志们仍然非常紧张，因为毕竟没有上过天去检验。发射前的阵地，烈日下有两个人影一前一后地来回走动，前面是张福安总师，跟在他后面的是随队医生。大家都不讲话，互相点点头，紧张和压力有些让人透不过气来。直到飞行试验成功的消息传来，同志们相拥而泣。中末制导准确交班实现了！闭合回路飞行试验圆满成功！这也意味着捷联惯导系统精度攻关画上了句号。

张福安

第四章

曙光在前 我们的队伍向太阳

进入21世纪后，第三代防空武器系统能否尽快完成型号定型工作，直接关系着我国国防实力的增强。面对当时严峻的形势，党中央、中央军委对该型号十分关心和重视，为此，作为总设计师，张福安同志深感责任的重大。他常说：即使少睡几天觉，少吃几顿饭也要尽快拿出“杀手锏”，让党中央放心，让全国人民放心。21世纪初，在广袤无垠的阵地，“发射！”挺拔笔直的导弹冲上九霄，划出一道优美的弧线，向着目标呼啸而去。片刻之后又一发导弹发射升空，追随第一发导弹射向远方。“成功了！”多少年的研制试验，多少人的辛勤汗水，终于迎来了型号定型飞行试验的圆满成功。

1. 历经磨难，善打硬仗

成功来之不易，回顾第三代防空武器系统的研制过程，并非一帆风顺，甚至有的时候可以说是跌宕起伏、异常艰难，抑或遭受巨大挫折。这是一支能打硬仗的队伍，每次试验结束后，大家立即投入紧张的数据分析中。成功了，要进一步寻找需要改进和优化的环节；失利了更要仔细分析数据，不放过任何疑点，直至故障定位清楚。无论是成功还是失败，没有泪水，只有全神贯注地工作。

记得在进行陆上飞行试验时，张总经常是夜不能寐，仔细想着每一次飞行试验可能出现的问题。当首发成功时，时任二院党委书记、试验队政委的王可立问张总“这回可以睡个好觉了吧？”张总说“还有下一发呢。”等全部飞行试验成功后，王可立书记又问张总“这回可以睡个好觉了吧？”张总说“还有下一阶段的试验呢。”张总就是这样，从来没有因为某一次试验的成功睡一次好觉，直到退休不再担任总师，有人问他睡眠怎样时，他才回答：确实能睡好觉了。

在一次海上飞行试验的时候，出现了飞行试验失利。由于残骸落入海中，没有实物证明，且受海上的气象条件所限，光学测量数据不充分，型号团队与动力系统的配套单位在故障定位上产生了分歧。

这个时候，型号队员在张总的带领下不抱怨、不退缩，更没有停止前进的步伐，继续攻关、深入分析的同时，并行推进着后续的研制工作。经过 20 余月的不懈努力，终于在陆上试验同类条件下，再次暴露出同样的故障。通过遥测数据、光学测量数据和残骸分析，准确定位了问题的症结。改进后的动力系统，成功通过了同样试验条件的考核。

陆上某次飞行试验前，导弹全弹测试过程中出现导引头假截获，尽管导引头假截获未影响后续靶试的正常进行，但张总秉承对国家负责的原则，依然认为这个问题必须花大力气解决。试验结束后，在张总的提议下，成立了以25所牵头、二部参加的专题攻关组，在董总、刘总等人的努力下，历经三个半月的研究和多次的试验，终于找到了干扰机理、干扰部位和传输路径，采取了抗干扰措施，彻底解决了问题，消除了隐患。

还有一次在海上进行试验，导弹连续打靶失利，原定的任务还未完成就被迫中止，参试队员倍感挫折，一团乌云压在头顶。试验队从海上回来后，张总第一时间召开技术分析会，进行故障定位。这种大型的打靶试验，且不说耗费的物力财力，光是协调、组织难度就很大。这次打不成，下次什么时候能打还是个未知数。张总十分理解大家焦急的心情，作为总师，他知道，疏解团队的挫败情绪，与研究技术解决方案同等重要。担心同志们之间出现相互埋怨的情况，他在会上明确表示："这次打靶失利，责任在我，不在大家。我们要把坏事变好事。型号研制到现在，我们对它的认识和刚开始是不一样的。大家沉住气，别紧张。靶场失利防止了战场失败。"这番话为整个团队凝聚信心奠定了基础。经过深入分析研究，试验失利的原因被彻底查明，不久后的第二次出海试验取得了圆满成功。

2. 上善若水，多方关系的"润滑剂"

导弹武器系统本就是一个庞大的系统工程，作为主战型号的第三代防空武器系统除了自身各分系统之间存在复杂的接口关系外，还要保证技术先进、性能优良。许多关键技术在国内都是首次开展攻关，没有相关经验可借鉴，其研制工作的组织实施和调度协调比以往型号要更加复杂和困难。

为了确保研制工作能够顺利进行，对外需要同时协调十多个研制厂家，对内还需要协调院里各个专业所。面对错综复杂的关系，总师张福安成为多方关系的“润滑剂”，不仅带出了一支团结向上的团队，也让外协厂家对他称赞不已，奏响了一支武器系统研制的“交响乐”，促进了型号的研制成功。

现任某型号总师助理的朱总回忆起当年的事情，依然记忆犹新。当年他刚毕业来到二部，就加入第三代防空武器系统海用型号的研制团队中，负责探测制导系统。当时导弹由二部负责研制，制导雷达的研制单位则是中电集团另一研究所单位，双方都希望把自己的余量留得多一些。

面对这种情况，每次协调，张总并不急于在会上“拍板定论”，他采用会前充分沟通、会后听取各方意见的方式，反复斟酌酝酿，最后参考大家的意见做出决策。

在进行第一次雷达检飞试验时，经过一系列的数据分析发现雷达测量数据存在一个周期性的系统误差，虽然并不会影响雷达测量精度，但是如果长期累积会增大导弹的摆动量，造成控制系统对导弹的飞行控制误差增大。问题分析会上，大家针对这一问题展开了激烈的讨论，武器系统总体认为这一问题必须由雷达研制团队负责解决，负责雷达的设计师则认为目前雷达的各项指标均满足任务书要求，如果进行改动将增加许多工作量。

双方各执己见，非常不利于问题的解决，张总以他一贯的冷静，经过深思熟虑之后，来到对方单位负责人面前说：“我们两个单独聊聊。”两人一直讨论到深夜并最终达成一致。

雷达团队意识到这一误差分量会影响到整个武器系统的研制进程后，开始埋头查找问题，并采取了相应的改进措施，将这一误差分量进行了校准。也正因张总对待外协单位从不以势压人，和各个外协厂家建立了良好的合作关系，才使得型号研制工作一直处于良性循环和高速运转的状态。

导弹武器系统从设计研制到批产使用，是一个漫长的过程，除了要同众多技术部门交流沟通，还要和试验基地打交道。一次，试验队已经进驻到试验基地，却被告知基地暂时无法提供合适的飞机架次，需要再多等几日。张总得知这一情况后，低头沉思了一会儿说："大家不要急，今后的试验需要经常与基地合作，能不能顺利开展，跟基地单位的配合程度有很大关系。这样吧，我去跟基地领导谈一谈。"

于是，张总亲自出面跟基地领导进行了一番详谈，抽丝剥茧地对每一条技术要求进行了解释，并且详细介绍了这次试验的重要性。

经过张总的一番协调，在基地同志的全力配合下，这一次试验进行得顺风顺水，取得了圆满成功，张福安也与基地的领导结下了深厚的友谊。

在后续的试验中，二院的研制团队与基地同志配合良好，为数次重大试验取得完满成功奠定了坚实的基础。

3. 有把握地冒险，终迎完美成功

总线通讯控制器完成初步设计后，张总敏锐地发现系统的很多关键芯片需要进口，虽然当时进口芯片限制还比较少，但张总还是坚持型号设计要完全自主，提出了要在第三代防空武器系统上开展芯片的自主研发工作。

经过两轮新品研制期，在基本型定型时，实现了总线通信控制器自主研发芯片的替代。事后来看，张总的这一决定高瞻远瞩，使得第三代防空武器系统的研制过程不受制于人，这种底线思维正是一个优秀型号总师所应具有的优秀品格。

定型试验时，安排了装配国产总线通信控制器的两发弹参加飞行试验，两发都成功才能通过定型鉴定。出于保险起见，一些同志希望两发都采用含国外芯片的导弹，避免失利。但张福安本着对型号任务和对国防装备负责的原则，同时从检验芯片自主研发工作成果的角度出发，坚持要打两发含自主研发芯片的导弹。

在他的坚持下，定型试验最终打了两发含自主研发芯片的导弹，两发都圆满成功。

4. 为解决风波按下“快进”键

历经20余年的技术攻关，第三代防空武器系统终于列装了。就在这时，从总装现场传来消息，批产导弹接连出现测试数据超差问题。会影响后续批产吗？会影响已装备用户的导弹吗？团队内一时间议论纷纷。

面对这一个个问号，两总迅速组织开展攻关，解决问题。经过冷静分析，确定了故障的定位。事关国防武器装备，各方都高度重视，迅速拿出解决方案刻不容缓。时任产品主任设计师刘老师回忆道：“我们经过详尽的误差链分析和建模，设计出了一种在全弹状态下评定误差的方案、测试方法和数据分析处理方法，并将总装厂内现有的导弹逐个实测与部分分解后单元测试结果比对，无一错判，证明了这一全弹状态评定方案正确可行，方法简单可操作。我们立刻向张总做了汇报，得到张总的肯定与支持。”

在近百位专家参会的评审会上，刘老师的团队带着极大的信心做了汇报，可是现场一片哗然，议论纷纷。不拆卸庞大的弹体就能检测出弹体内不起眼的一个器件是否正常，这在当时未有先例，令人匪夷所思。参会的专家们普遍持怀疑态度。

一直以来，张总对事情的判断是基于对型号发展最优的角度，坚持国家利益高于一切。在充满质疑的会场，张总态度明朗坚定，力排众议：这种检测方案原理是正确的，算法是准确的，试验数据是可信的。

基于张福安担任总师多年来在业界树立的技术威信，在座的专家们被他的坚定态度感染了，大会通过了汇报，后续工作可以继续推进了。“关键时刻张总果断敲下了‘快进’键。”刘老师感慨地说道。

5. 身先士卒到退居幕后

导弹研制过程中，靶场试验是“大考”。作为我国最重要的陆基、海基通用型号的基本型，更是飞过了我国陆上海上的几乎所有靶场。那时候的靶场条件非常艰苦，交通不便。当年亲历的同志形容，到过一望无际的荒凉戈壁滩，才算是真正见识到“九月风夜吼，碎石大如斗，满地石乱走”的景象。夏天的时候阳光很烈，地表温度有时超过 50℃，帐篷里更是透不过气；冬天又是极其的寒冷，东西很快就被冻透，晚上睡在被子里面越睡越冷。帐篷虽然封闭，还是一直有沙子被吹进来。水更是贵如油，驻地每天只有一个小时供应水，且盐碱度极高，无法饮用，漱口刷牙都很不舒服。而每次型号团队进场，型号两总都跟大家一起住在艰苦的靶场，一住就是好几个月。

2000 年后型号总指挥由王国祥担任。王总曾担任二院院长，具有强烈的事业心和责任感。王总患有糖尿病，工作上的压力再加上原本抵抗力就弱，除每天要打两针胰岛素外，还常患感冒打点滴。在型号后期阶段，王总已经接近退休的年龄，他原本可以选择安稳的生活，可他心系这个国家所需的型号，选择和试验队奋战在一线。在靶场有限的条件和紧张的工作压力下，王总常常吃不好饭，精神欠佳。下属十分心疼王总，后来经下属坚持的劝导，王总才不舍离开靶场回京就医。

海上环境也一样，那时船舶吨位小，到了深海风急浪高，船只也摇摇晃晃，人在船上站不稳睡不着，试验队员鲜有不晕船的。考虑到张福安年纪大，试验队都希望他留在后方静候佳音。但张福安不肯，他要第一时间知道飞行试验的状态，他要把自己的工作放到前线。

在没有手机、电话稀缺的年代，在人迹罕至、信息闭塞的靶场，生活是单调乏味的。白天还能各自忙手头的工作，到了晚上就难熬了。茫茫大漠人烟稀少，文化娱乐活动几乎是空白。张总体恤大家，关心同志们的身心健康，在繁重的工作之余，张总要求试验队组织去健身，去运动，用这种方式来给队员们解压，调解情绪。在海上试验靠岸休息时，张福安也会组织大家去当地的运动场，或者是博物馆参观。据当时的队员朱总回忆，“压马路”是张总的压箱底项目。有点空闲，他喜欢约着设计师去散步，谈谈技术，拉拉家常，顺便了解基层技术人员的困难和困惑。

第三代防空武器系统陆用型和舰用型先后定型后，张福安又任型号改进型（陆、海）导弹武器系统顾问。此后他出现在型号会议上的频率少了。一开始很多人不解，后来人们终于明白了其中的奥秘。原来早在研制初期，张福安总师在培养年轻一代技术骨干方面，就有长远的考虑与计划，一方面他提前谋划，很早便开始物色各专业合适的人选，并将其作为未来的技术带头人进行重点培养；另一方面他抓好大方向、放手细节，为了促进年轻人早日成长、早挑重担，他努力创造条件让大家大胆去闯，自己却始终在同志们背后默默地支持着，甘为年轻一代做最坚实有力的后盾。因此到他退休时，参与型号研制的一大批技术负责人，已经成为二院多个型号、多个技术领域和方向的中坚力量。

后来，张福安认为年轻一代的骨干们已经具备了栋梁之材和主持大局的能力，为了尽早让他们放手拼搏，加快成长，张福安找到当时主持二院

张福安

党委工作的孙庚臣副书记，主动要求办理退休。孙书记挽留张总并告诉他：院里正在为你申报院士做相关准备工作。张福安没有因院士的荣誉而动摇，他平淡地说："我只懂一点点控制技术，其他的并不擅长，你还是为我办理退休吧。"可见张福安考虑的从来都是型号和科研工作，而从不在意自己的待遇与利益。

张福安

第五章

人格如金 优良作风代代传

第三代防空武器系统的总师张福安不仅带领研制团队为国家打造了一款好用实用的武器装备，获得了国家科学技术进步特等奖，同时还留下了一笔更加珍贵的无形财富——一支科研经验丰富、战斗精神高昂的科研人才队伍。在型号研制期间，张福安与同志们有福同享、有难同当，被评价为“极具人格魅力的总师”，深受广大科技人员的爱戴。在他的带领和培养下，第三代防空武器系统战线上涌现出一批突出人才，如今很多人已成长为奋战在各型号科研一线的两总和院所领导。

1. 劳逸结合是对工作负责的表现

张福安常年坚持锻炼身体，一直到快退休时，几乎每天早晨，都能看到他在办公楼前打网球的身影。他还坚持游泳和冷水洗澡。工作越是繁重，越是加强锻炼，值得我们所有人向他学习。

张福安工作照

张福安不仅注重自身锻炼，也很关心同事们的全面发展，督促大家加强体育锻炼，他强调，在透支身体的情况下工作本身也是一种对团队不负责任的表现。他经常招呼试验队成员也过来“练两手”，不断告诫大家要加强运动，锻炼身体。在张福安的鼓励和带动下，越来越多的同事也加入锻炼身体的行列，运动成了大伙缓解紧张的科研生产节奏、放松心情的金钥匙。

关于张福安的锻炼还有一件趣事。某年的靶场测试，大家在厂房门口等了很久都不见有人给开门。张福安知道以后就去和看门的小战士攀谈，两个人相谈愉快，最后居然还打赌，如果张总能一口气做 30 个俯卧撑，小战士就立马打开厂房大门。当时张总已经将近 60 岁了，二话没说，立刻就地轻松拿下 30 个俯卧撑，小战士愿赌服输，厂房的门终于开了。30 个俯卧撑，对普通的中年人都要费些力气，一位 60 岁老人却“欣然应战”。用这样一种方式巧妙地化解了难题。

2. 春风化雨，萃育英才

张福安在第三代防空武器系统的研制早期就提出：“我们不但要尽快地为国家研制出先进的防空导弹，而且还要为国家培养出一支年轻、强干的科研队伍。”语言虽平淡却具金玉之声。

“十年树木，百年树人”，在谈到如何培养年轻人时，张福安有自己独到的见解：“首先，一定要多和年轻人交流，了解他们的科研进展，发掘有潜力的年轻人。比如，在听年轻人做技术报告的时候，我特别留意他们的讲解是否概念清楚、逻辑清楚。一份技术报告你是照本宣科地念，还是加入自己的认识？这对于年轻人的成长帮助是完全不一样的。汇报时要从技术问题本身出发，还要结合自己的工程认识，把关键核心的技术要点、实施途径和未来发展趋势讲得清晰明了。只有把问题吃透了，才能讲清楚。”

“重要的是要用好年轻人。”张福安认为，在型号工作中，一定要充分信任年轻人，充分发挥他们的才能，让他们在实践中不断成长。他说：“型号任务是一个复杂的系统工程，在研制过程中无论是论证阶段、设计定型阶段，还是研制生产阶段，总会遇到各种各样的问题。在面对困难时，敢不敢顶住压力把任务交给年轻人去干，敢不敢听取年轻人的意见想法对于总师的决策也是一个重要考验。有时候对于年轻人的信任就是对他们工作的最大肯定。”比如，型号研制队伍中的小朱同志是搞结构设计的，他是结构专家，工作不但细致而且对潜在问题十分敏感，于是张福安就跟其他人讲：“遇到拿不准的结构问题找小朱，他说行就一定行！”在后来研制过程中遇到大大小小的结构问题，很多解决方案都是在小朱的带领下实施的，他也逐渐成长为型号副总。

还有雷达系统总设计师黄玉海，无论是理论水平还是工程经验都十分丰富，当时他带着一帮人搞相控阵雷达，雷达设计方案是有源的还是无源的？到底怎么打多目标？这些问题只要黄玉海拍板了，作为总设计师的张福安都绝对支持。

“世界是你们的，也是我们的，但归根结底是你们的” 张福安总会引用毛主席的这句话来勉励年轻人，他提倡多给年轻人展现自己的机会，并鼓励青年设计师们不要害怕犯错误，要敢于去闯，勇挑重担。正是因为他对年轻人的细心栽培和知人善用，团队中的年轻人成长得很快，在第三代防空武器系统战线上，主要技术骨干实现了年轻化，从副总师到主任设计师，40 岁以下的技术骨干已占 80% 以上。

3. 谆谆教诲，熏陶成性

对于很多年轻人而言，张福安不仅是领导，更是他们心中值得尊敬的长者。很多人在回想起当年张福安总师的教诲时，都认为张总的教诲对自己人生的进步发展起到了非常大的帮助作用。

20 世纪 80 年代初期，新入部的大学生很少，张福安非常关心这些年轻人，关心他们的工作、关心他们的学习、关心他们的生活，希望他们打下良好基础，以便在日后的工作中走得扎实。张福安要求他们在工作之余每周拿出两个半天到图书馆和情报所去翻期刊、查资料，还主动把自己情报所的借阅卡借给刚入部的年轻人。张福安并不限定他们查什么，而是为了培养年轻设计师一定要学会用好这些信息资源，培养查资料和持续学习的习惯。

张福安时常还会要求年轻人把外文资料翻译过来。与阅读不同，文献资料在看的时候只是快速浏览，但如果要翻译就得认认真真，非常严谨。

张福安用他独特的方法，培养着年轻设计师们严谨治学的工作态度，对他们今后的职业发展起着潜移默化的作用。

现任二院科技委总师的吴总在回忆与张福安总师一起工作的经历时，开玩笑道："我的日子不好过"。张福安是制导控制系统出身，但凡飞行数据有异常，张总很容易就能发现，和他一起工作的压力很大。吴总回忆道："想在张总的眼皮底下犯错，太难了！那些年我一直处于一种如履薄冰的状态。每当有问题时，张总并不批评你，而是特别严肃地给你指出来。只要他在场，每说一句话之前都要考虑仔细。因为他对你的要求让你不认真、不努力就不行。"吴总不断提高对自己的要求，不断力求出精品，到了后来吴总出手的报告张总可以一个字都不改。在这种严格要求下，吴总工作越做越细，再让别人挑出毛病就很难。"现在各种场合下我说话、做事都很有把握。"吴总感谢那些年张总对他的培养。

某位型号里的同志在谈起自己参与研制的经历时，这样说道："以前年轻的时候，在会上常常会因为一个技术问题跟其他设计师争论，在态度上有时候表现的不恰当。"张福安在得知这些事情后，并未像其他人一样产生相同的看法，而是对他这种坚持科学、实事求是的态度表示赞同，但同时也直接指出他还需要注意的地方："会上讨论问题要就事论事，无论什么事情，你即使有理，也要学会控制情绪，尊重其他同事。"

在平时的待人接物中，张福安也身体力行做到了这一点，他尊重团队中的每一位设计师，善于听取各方的意见，就连入职不久的设计师都曾接过张总打来的讨论问题的电话。每当回忆起这些事，这位设计师至今都觉得张总的话犹在耳畔，在后续的工作中，他也遵循着张总的教诲，面对技术分歧时，用平和的态度与他人讨论，他说："张总在潜移默化地影响着型号队伍里的每一个人，这也是我们团队充满凝聚力的原因之一。"

4.“全知”的奥秘，科研里也有“民主集中制”

张福安始终强调要做到勤学不辍、与时俱进。当今社会，知识技术的发展日新月异，作为型号设计师，一定要树立终身学习的观念，保持旺盛的求知欲和创新意识，只有这样才能让自己设计的产品在行业竞争中保持优势。面对型号所需而又非本专业的知识，张总十分重视。为了把导引头、无线电弄清楚，首先要学习基础知识，他自学巴顿的《雷达原理》，然后再去专业人员那里学习了解，向团队的年轻同志学习新的技术，他请导引头分系统主任设计师董胜波给大家讲课，他自己也去听课并认真做笔记，还经常与董胜波讨论，提升自己的专业技术。

张福安是从控制系统成长起来的。第三代防空武器系统自身各分系统之间有着复杂的接口关系，加之采用了相控阵雷达、火力单元局区网互联、垂直发射、捷联惯导以及主动末制导等第四代武器的先进技术，使得其研制工作异常困难。

面临这种情况，张福安抓大放小，给予了各分系统团队充分的信任。张总在工作中提倡技术民主，尤其重视一线设计师们的意见，他认为“闻道有先后，术业有专攻”，在有些时候，一线设计师们可能具有更强的问题敏感度，只有广泛倾听，充分讨论，科研团队的整体理论水平和工程经验才能不断提高，才能具有更强的发现问题、解决问题的能力。

张总虽然不是事必躬亲、面面俱到，但是一些关键技术的决策会议他都会参加。会上，张总善于采取“民主集中制”，充分听取设计师的意见，集中群众智慧，结合自己的专业素养，不断优化设计方案。张福安总是强调技术问题是讨论出来的，大家相互交流才能更快进步。得益于张总善于倾听、善于学习的特点，在与专业技术人员讨论时，他不但能够一针见血地指出问题要害，更能不断学习吸收对方的专业优势，海纳百川，博采众长。有时遇到技术问题难以解决的情况，张福安会鼓励大家把自己的想法都说出来，平等对待每一个人，即使意见相左，也会耐心听对方说完。

5. 站在困难前头，躲在荣誉背后

在研制工作遇到困难时，特别研制中出现质量故障时，张福安经常说：“我是总师，责任是我的，我来承担。”虽然第三代防空武器系统在张总的技术领导下，总方案直到定型也没出现过大的变动，甚至直到现在的改进型，仍然保持着原有方案和技术体制。但是早期由于受技术基础等客观因素制约，在研制过程中曾遇到过大量的技术难题，虽然最终都得以攻克解决，但也出现了多次重大的反复。在此过程中，张福安总师不可避免地遭到来自各方的质疑，他都愿主动承担。

一次，型号任务在某阶段遭遇挫折，两总因型号试验接连不顺而受罚。张福安对此并无异议，但当他得知不仅是两总，团队其他有关同志也要被牵连时，他和型号总指挥王国祥共同向院领导提出建议：“型号研制出了问题该两总担责，不应该让一线科研骨干受罚。”尽管已经时隔多年，张福安回忆起当初的往事时，态度依然十分坚定。最终，在两总的据理力争之下，团队其他成员没有被处罚。

宝剑锋从磨砺出，梅花香自苦寒来。从高瞻远瞩，勇担研制重任，到三年攻关，克服五大技术难题；从指标改进，促进性能全面提升，到最终定型，靶场试验胜利收官，第三代防空导弹武器系统的研制团队在吴北生、沈忠芳、张福安、王国祥等型号总师、总指挥的带领下，用辛勤与汗水谱写了一部可歌可泣的奋斗篇章。伟大的事业凝聚人，崇高的精神鼓舞人。

第三代防空导弹武器系统的研制过程集中体现了二院人“团结协作、勇克难关、拼搏奋斗、争创一流、胜不骄败不馁”的型号精神。这一精神既是对三大航天精神的践行与弘扬，更深刻诠释了二院人在努力赶超世界先进空天防御技术的决心与勇气。

第六章 群星荟萃 型号精神放光芒

有梦想才有未来。如果梦想能与个人事业相契合，那无疑是人生的幸运；如果个人的梦想还能与国家、民族的梦想结合在一起，那无疑更是人生的一种大幸。第三代防空武器系统研制团队就有这样一群有志于科技强军、航天报国的人。十几年的研制历程，饱含了所有人的辛勤付出。多少年的研制试验，多少人的无私奉献，多少个不眠之夜，多少件可歌可泣的感人事迹，他们打造了国之重器，也铸造了“团结协作、拼搏奋斗、勇克难关、争创一流”的型号精神。随着型号的序列化发展，型号精神还在不断激励着二院人奋勇前行。

1. 无私奉献，只求任务不讲条件

23 所作为雷达的研制生产单位，以雄厚的技术实力和严谨的工作作风实现了第三代防空武器系统对目标和导弹的准确捕获和跟踪。

2003 年 4 月“非典”时期，正值型号某次试验进场前关键时期，为保障高峰期的雷达测试，团队住进调试场，连续加班加点。雷达作战软件的主要负责人吴老师的爱人在 721 医院抢救病人时不幸染上“非典”，23 所近 20 位同志也因此被隔离在调试场，心心念念的雷达调试工作尚未完成，因隔离不能与亲人相见，还随时面临感染风险，团队当时的心情可想而知，即使如此，战友们依然没有退缩，没有无谓的担心，而是通过电话相互鼓励，相互支持，继续战斗在工作岗位，讨论如何解决雷达调试中出现的问题。特别是吴老师在爱人染上“非典”并患有“非典后遗症”的情况下，仍然坚守工作岗位，忘我的为国防武器装备事业而奋斗。

经过艰苦的奋斗，在陆用型鉴定试验取得成功后，考虑到陆定型飞行试验的最短线是雷达，尤其是高重和抗干扰状态何时能到位，大家心里都没有底，于是在红旗宾馆驻地楼前的小亭子里，雷达技术骨干举行了一个重要会议，决定后续高重和抗干扰状态的调试雷达是留在基地还是跟随大部队返回北京调试场。经过充分分析利弊，最后形成一致意见，急国家之所急，继续奋战，将雷达留在基地调试。

正是这样的一个决定，23 所的同志们在基地整整苦战了包含春节假期在内的十个月，加快了型号成功定型的进度，才使得雷达能够在 5 个月的时间内达到高重和抗干扰状态的基本到位，同时在 2 个月的时间内完成几十种状态的调试和十余个架次的摸底校飞，也才能够在 3 个月的时间内完成定型检飞项目的数十余个有效架次的检飞。

某位亲历此事的同志用诗歌记录下了这段奉献的时光。

“高重” 攻克，“干扰” 把握，

“识别” 解决，“监测” 在望。

只求任务，不讲条件，不讲待遇，不图名利。

一个方向，一个目标，千里之眼，利剑定型。

2. 坚持不懈，终迎胜利曙光

25所作为导引头、引信、应答机等的研制生产单位，以坚韧不拔的精神，刻苦攻关，实现了精确制导和打击。

在试验队积极筹备转靶试评审关键时期，长期从事导引头相关工作的小常同志一直坚守在工作一线分析解决试验中出现的各种情况。春节之际，身在靶场的小常同志接到父亲去世的噩耗，然而为了首发靶试的成功，她强忍悲痛，坚守岗位，继续开展有关工作。面对紧张的试验形势，在组织和领导的关怀下，小常克服悲痛，把不能尽孝则更加尽忠作为信条，全身心投入了后续试验工作中。

定型试验对于红外跟踪车来说充满艰辛，新研的三脉冲激光测距机在夏季经过3个月外场调试终于达到了良好状态，被冬季寒冷残酷的自然环境无情地打破，水冷系统的不完善使冷却液频频出故。为了确保试验按计划进行，25所分队红外跟踪车的同志们春节期间没有休息，每天迎着晨雾进场、踏着星光归来，从早到晚都在工作岗位上度过，除夕夜烟花绚丽，家家美酒佳肴、合家欢乐，而他们却仍在寒风中、夜色里埋头苦干，毫无怨言、兢兢业业。

六十有余的苏老师同年轻人们一起早出晚归，坚守岗位、并肩作战。

无论白天黑夜，大风低温，年轻人加班，他也跟着加班，对出现的每一个问题，都认真对待，组织分析讨论，从现象到本质，逐层排查问题。当一系列的故障接连发生后，大家都有些灰心丧气，苏老师总是精神饱满地勉励大家“要有信心，没有解决不了的问题，再加把油就一定能渡过难关取得最后胜利”，同志们也因此充满信心。在苏老师的带领下，年轻同志凝聚在一起，互相鼓励，用颗颗火热的决心，铸就了定型的圆满成功。

3. 披星戴月，为心中的热爱

206 所作为地面装备的研制生产单位，吃苦耐劳，团结协作，保证了试验的圆满成功。

在试验队，工作时间最长的人群是谁？这些人里肯定有电源车的人员。上班最早，下班最晚，经常是连续且频繁地加班，从早到晚，日复一日。当大多数人在宾馆休息时，他们在电源车里观测着仪表、记录着各项参数，当大家进入梦乡时，他们还在阵地配合其他单位加班加点。周末，大家娱乐休息时，他们却还在检查维护电源车，就是为了不影响正常工作时间向各装备车的供电。他们明白，没有电源车正常工作就没有整个试验任务的顺利进行。每次试验开始时，电源车要求自动操作，电源系统主任设计师王老师需在车外等候，但他从不坐下休息，而是在车旁不停踱步，听声音判断车内运行的实时情况，确保意外情况下第一时间做出响应。

发射车的技术人员经常要登高作业，赶上冬天进场，戈壁滩的寒冬，晚上最低温度零下二十多摄氏度，白天零下十几摄氏度，206 所的设备自检几乎全部在车厢外进行，低温、大风、登高、攀爬，工作环境艰苦，危险程度大，工作场地缺乏适合的工作和休息环境。参试队员在设备众多的自检任务压力下，丝毫没有放过任何一个细节的检查，以严谨细致的工作态度保证了各项试验任务的顺利开展。

在发射阵地，大家经常会看到一位头发花白、高大魁梧、精神矍铄的老同志，他就是206所分队的柴油发电机组专家刘工。刘工非常热爱自己的工作。在阵地上，大家常常会看到刘工手拿工具，带着年轻人巡查各辆电源车，认真细致的检查柴油机组的每个环节，不放过一个螺钉螺母，还会一边检查一边耐心地给年轻人讲解他的经验，恨不得把几十年积累的经验都毫无保留地传授给年轻人。刘工常常会戴着手套，拿着棉纱擦拭柴油发电机上的油污，整理电源车上的物件，经他的擦拭整理，柴油机组光闪锃亮，车内物件摆放得整整齐齐、井然有序。每次试验队员借用工作物资，都能很快从刘工手里取到。而且，很多人根本意想不到的零件，在刘工那里几乎都可以找到，因此，刘工的备件箱被大家称为“百宝箱”，这都是刘工平时精心准备和整理的成果，他以默默奉献诠释着自己对型号的热爱。

4. 上天的东西，99 分都是不及格

283 厂作为总装调部，发扬优良的总装精神，狠抓产品质量，做到准时、保质、保量，打造了“总装后墙”的金名片。

定型阶段，一次飞行试验出现了问题，问题查明后，决定对靶场后续的全部产品进行反向作业，拆解问题设备并进行技术处理，此时导弹均已经安装上正式火工品，并已连接好电源，一旦有误操作，或发生静电，后果将不堪设想；导弹的全部缝隙，所有钉孔均已使用高温腻子填满，进行了防热修补，腻子已处于固化或半固化的状态，想要进行反向作业，安全地去除高温腻子是第一步。

在型号研制的十余年里，这种状态下，如此大量的反向作业还是第一次。靶场周边人迹罕至，几乎没有工业配套，钳工师傅更没有称手的工具，工作难度十分巨大。为了型号定型试验能够早日取得圆满成功，从整个试验队及二院的大局出发，283厂试验分队义无反顾地承担起了这项艰巨的任务。

时间紧，任务重，难度大，条件差。283厂分队长王总在接到正式反向作业任务的当天上午就组织有关人员商讨工作计划和操作方案。在王总的带领下，钳工领班丁积全师傅、工艺铁春燕师傅、检验曹永红师傅、调度高红伟以及其他老师傅利用休息时间商讨制定了一套合理、有效的返修计划和操作方案。小伙子们也没闲着，改造阵地现有的工具，用石头磨，用锤子砸，硬是生生制作出各式各样的腻子剔除工具。

导弹的高温腻子也是航天人历经千百次试验研发出的产品，强度高，附着力大，固化以后表面坚硬，和导弹紧紧连成一体，师傅们使好大劲儿才能刻下一点点，不一会儿大家的手上就磨出了水泡，但没有人有一声怨言。六十多岁的王总日夜守在现场，坚决不回去休息。小李是新人，头一次进场，手上的水泡都磨破了，队长让他休息一下，他却憨厚一笑，说："大家都在干活，我不能退，咱们早一天干完，也许国家就早一天用上。"话语很朴实，但一颗爱国心却那么美。

腻子剔除掉，故障排完后还要重新补好。防热修补是导弹发射前的最后一次"施工"，修补过程及后续的固化过程严禁对导弹进行任何搬运、吊装等操作。故对导弹正下方进行修补时，师傅们只能用侧着、仰着、蹲着的体位进行。当时，为了加速高温腻子的固化时间，厂房内温度很高，师傅们的汗水很快就浸湿了衣襟。虽然争分夺秒，虽然燥热难耐，但丝毫不影响师傅们精益求精的操作。最终大批量反向作业任务保质保量完成。"零缺陷，零故障，零疑点""严上加严、细上加细、慎之又慎、精益求精"

这些话语不仅仅是口号，更是全体 283 人的行事准则。

5. 管理创新出实招，战斗力生成有保障

型号研制的指挥线，总指挥、副总指挥以及各分系统指挥，是研制成功的重要保证。在研制立项后，研制经费的科学预测上报、各研制单位的计划落实、与各方关系的协调以及各种大型外场试验的组织实施等工作，都至关重要。二院在贯彻型号两条线（研制、管理）的建设理念上坚定不移，两条线各级人员同心同德，形成了特别能战斗的和谐团队。很多航天系统外的单位，也向航天系统学习建立了两总系统（总设计师与总指挥）。这也正是钱学森同志在航天型号系统工程中提出的创新理念。

型号团队在多年的攻关和研制过程中，不仅攻坚克难突破了一系列关键技术，而且管理人员不断创新管理模式，完善管理制度体系，加强管理队伍建设，形成一套行之有效的管理制度，带出了一支高效和谐的管理队伍，以管理促攻关，筑牢项目管理基础，推动项目发展。

项目团队各个专业配置得非常全面，各个专业的设计师们都非常优秀，然而在项目开始之初，攻关压力非常大，设计师们都把所有精力放在自己的专业领域，对其他领域不够了解，“一叶障目，不见森林”，这对于复杂的航天系统项目的攻关是不利的。这时急需统揽全局的协调调度会议，改变“铁路警察各管一段的局面”。

时任二院科研生产部杜部长回忆道：“为此，我向两总们提出实行例会制度的建议，在老总们的大力支持下，我们的团队坚持每周召开‘两总’例会，主要是各单位各系统汇报计划完成情况，以便团队协调进度安排，这样从上到下对项目的总进展有了一个全面的认识。”

“两总”例会制度就像建立了一个坐标系，横轴是时间，纵轴是各个分系统。每次开会都是在横轴上选取了一个时间点，在这个时间点上，绘制一条纵坐标线，各分系统开展有关业务的汇报，主要包括上周完成了哪些计划，没完成的存在什么问题？哪些需要分系统继续攻关？哪些需要协调资源？哪些需要与外协沟通？下一周的计划是什么？下周计划的重点是什么？存在哪些风险？……

例会制度不仅利于“两总”和调度们把握进度，而且对年轻的设计师来说，是非常好的学习机会。刚开始大家都总是先抢着汇报技术问题，因为平时总师和总指挥们都非常忙，得知要开例会大家都非常高兴，觉得这是请总师们把关技术问题的大好机会。然而，几次例会开下来，大家就明白了例会不是讨论具体技术细节的攻关会，例会是把握全局的调度会。当青年设计师们看到老总们都坐下来，认真听取各个系统汇报时，心一下就踏实下来了。当团队成员都静下来时，在总师带领下跟着各个分系统，捋下来以后，对项目有了更加全面的认识，同时也受到很多启发，对项目整体的技术路线更加明确了，知其然，还知其所以然，打开了思路，感受到了全局视角为个人带来的大局观，也感受到了不同专业、各个分系统之间不断交锋、相互启发、激发灵感的工作热情。

“两总”例会制度让项目团队从时间维度和各个分系统的维度分解了计划节点，极大地促进了团队的攻关进度。

经过多年攻关后，项目终于一朝定型，交付用户。然而这并不是结束，而是一个新的开始，是检验型号质量的开始，是生成战斗力的开始，也是保障服务的开始。

作为国之重器的第三代防空武器系统，技术尖端，组成复杂，使用过程中维护、保养也非常关键。在列装部队后，出现了一些使用过程中的具体问题。为此二院组建了售后保障团队，建立售后服务流动站机制，并为每个售后服务流动站授旗。

售后服务流动站跟着新装备而流动，对列装后的武器系统连续三年进行保障，走到哪里，售后保障团队就把二院售后服务流动站红旗插到哪里，用实际行动告诉部队官兵二院人在这里保障。他们通过深入到部队基层，走访部队，跟踪部队使用情况，及时发现问题，将问题收集起来汇总给两总系统和总体单位，再根据实际问题，初步定位后下发给各个分系统解决。几年下来，西北大漠到中原腹地，从雪域高原到海疆边陲，都留下了售后保障团队的足迹。他们与基层指战员同训练，同流汗，心往一处想，劲儿往一处使。

售后服务流动站在部队和工业部门之间架起了桥梁，使得使用中的问题全部及时得到回应和反馈。件件有回复，处处有着落。

参加过售后服务流动站的张主任回忆到，“刚开始下部队的时候，收集到了各种各样的具体问题，有操作不当造成的，也有设计和工艺造成的质量问题。感觉到处起火，派出的售后专员就像救火队似的到处跑。一出问题，部队的同志第一反应就是装备坏了、不好使。售后专员和我心里都很不好受，能解决的售后专员马上解决，解决不了的立即详细记录下来，反应给我，我再组织家里的同志分析现象、想办法、调动资源，然后迅速将解决办法反馈给售后专员，立即回部队去执行。慢慢地，部队的同志对我们越来越信任，对咱们二院人越来越认可，再有问题出现，部队同志跟我们一起分析，一起想办法，先看看是不是使用不当，是不是保存不当，然后再看是不是质量问题，总之越来越顺畅。到了后来部队和我们售后团队都积累了经验，小毛病已经不用问院里，也不用售后专员来回跑了，我电话沟通就能解决了。部队的首长和战士都特别满意，还给我们送了锦旗，表示感谢。”

售后服务机制和一心服务基层部队的精神得到了广大官兵的认可，对新的武器装备战斗力的形成功不可没。项目团队创新的售后服务机制还推广到了其他项目，为国防武器列装后战斗力的快速形成发挥了不可替代的作用。

6. 有一群可爱的人，让大家饮食无忧干工作

外场试验工作的顺利进行离不开他们，试验队员的“衣食住行”离不开他们，他们是试验队正常运转不可或缺的人，一群可爱的人。

为了使大家能在试验外场吃到可口饭菜，负责炊事工作的成师傅和孙师傅在进场前就对工作进行细致安排，他们深知，伙食搞好了，人心就稳了，试验也就顺了。在日常工作中，炊事班克服试验人员分散、冬季蔬菜短缺等困难，尽一切力量，为大家改善饮食，提高生活质量。他们还以伙委会的形式向大家征求意见，进一步提高伙食质量。进场后，试验基本是在加班加点的状态下进行的，炊事工作也就更加繁忙。试验队的炊事员们每天早上往往要提前2小时左右起床，为家准备早餐。为了节约试验队员的时间，炊事班会把午饭和晚饭送到阵地上。有时候队员加班到深夜，炊事班也值班到深夜，以便大家回来后还能吃上热腾腾的饭。赶上靶试则是炊事班最忙的时候。在首发靶试时，加上阵地的战士，备餐工作量几乎是平时的一倍，而且时间又紧，为了大家在试验间隙及时用餐，保证后续试验进行，炊事员从早餐后就开始忙着准备午餐了。中午12点，他们准时将上千个包子送到阵地，确保了试验的顺利进行。每当看到大家准时吃上了可口的饭菜，炊事班的同志们都会由衷露出欣慰的笑容。

在外场，只要有试验队员在工作，就有他们在，他们就是为大家出行、为试验进行提供方便的司机们。他们是去阵地工作人员中上班最早的。每天当上班铃声响起来时，他们已经在岗位——驾驶室里待命了。由于冬天天气寒冷，他们一早起床后就提前发动车辆，让车内暖和起来，以便大家上车后不受冻。除了车队司机外，还有一类司机，那就是特装人员，他们除保障出行外，还肩负着装备车的驾驶工作。有的车辆重达几十吨，这样的大家伙开动起来有特殊的要求，他们凭着过硬的技术和丰富的经验，确保了试验的顺利进行。当车辆就位后特装人员从车上下来时，满头满脸的尘土，像是刚经历了沙尘暴的洗礼一样。但他们的心里却有着试验顺利完成的喜悦。这份喜悦离不开大家心中自始至终怀有的信念，那就是一切为了试验，再难再苦都无所谓。这不由得不令人肃然起敬。

与科研人员朝夕相伴、同甘共苦的还有机关人员。在定型试验阶段的大批量反向作业中，为了进一步加快试验进度，夺回耽误的宝贵时间，需要提高厂房的环境温度，缩短导弹高温泥子固化时间。为此试验队购置了八部柜式空调，安装在导弹作业、停放厂房里。为了温度能够更快达到要求，在厂房里搭起了一个塑料大棚，这样环境温度在几小时后即超过25℃，达到了要求。工作时间，283厂分队在棚内辛勤忙碌地进行导弹总装测试工作，从晚上九点到次日早晨八点，大棚内需要有人值班，值班员要每小时记录一次棚内温度，根据温度变化，随时调节空调，确保棚内温度不过高或过低，还要预防空调长时间工作导致起火或发生故障。机关人员为了保证试验队员们在辛劳一天后能有充足的休息，在日常工作之余主动承担起了夜间值班的任务。他们中有年过花甲的政工组长，坚持也要同大家一样承担值班任务；有白天工作繁忙的保卫干部、技安员，在人员紧张时更是主动连续值班；有白天冒着生命危险在阵地近距离进行拍摄的摄像人员；还有戏称是给导弹把脉的队医。值班虽是一件小事，但同样需要细心与责任心。机关人员组成的值班队伍，为了导弹的“温暖”，为了靶试的如期进行而默默守护着，他们一致认为，能为型号圆满定型出一份力，为祖国国防出一份力，值得！

这就是奋战在第三代防空武器系统战线上的人们。他们吃的苦，不仅是忍受恶劣自然条件的艰苦，还包括克服身体疲惫不适的辛苦和以坚强的信念一次次直面失败的痛苦。这支队伍历经十几年的坎坷，取得了了不起的胜利，正是“国家利益高于一切”的信念支撑着他们。如今在该型号序列化发展的新征程里，新的型号队伍学习与传承前辈们的精神，诞生了“缺氧不缺精神”的型号精神文化，队员们不断向着空天防御尖端技术而进军。

党的十八大以来，习近平总书记多次对航天事业的发展和航天精神的传承与弘扬作出重要指示。“要着力弘扬优良传统，加强思想政治建设，保持自力更生、艰苦奋斗的革命干劲，保持创新超越、勇攀高峰的事业追求，保持严慎细实、精益求精的工作作风，为建设世界一流军队、建设航天强国再立新功。”面对百年未有之大变局下的复杂周边形势，二院人更应牢记自己的责任与使命，充分继承与发扬老一辈的优良精神品质，百尺竿头更进一步，为祖国的空天防御事业再立新功。（撰稿：苗译文、郭瑜童、黄硕、姜琳、郭良栋、徐菁、萧倩）

张福安大事年表

- **1939 年**

  11 月 25 日，出生于四川。

- **1946 年 7 岁**

  7 月，就读于陕西省郃阳县小学。

- **1948 年 9 岁**

  1 月，就读于陕西省大荔县城关小学。

  9 月，就读于陕西省三原县福音村小学 。

- **1949 年 10 岁**

  9 月，就读于陕西省富平中学。

- **1950 年 11 岁**

  9 月，就读于陕西省三原中学。

- **1951 年 12 岁**

  9 月，就读于陕西省三原一中。

- **1953 年 14 岁**

  7 月，就读于陕西省三原中学。

- **1955 年 16 岁**

  9 月，就读于陕西大荔中学。

- **1956 年 17 岁**

  3 月，加入中国共产主义青年团。

  9 月，就读于西安交通大学电力系工业企业电气化专业本科。

- **1960 年 21 岁**

  5 月，大学毕业，调入中国人民解放军总参 743 部队二支队任技术员。

- **1965 年 26 岁**

  6 月，复员转业。

11 月，发展为中国共产党预备党员。

- **1966 年 27 岁**

  11 月成为中国共产党正式党员。

- **1979 年 40 岁**

  4 月，担任七机部二院二部二室副主任。

- **1984 年 45 岁**

  获航天工业部科技进步二等奖。

  4 月，担任航天工业部二院二部二室主任兼二部科技委常委。

- **1986 年 47 岁**

  4 月，参与第三代防空武器系统预研工作，担任中高空武器系统主任设计师兼总体主任设计师。

- **1987 年 48 岁**

  获航天工业部科技进步奖一等奖。

- **1988 年 49 岁**

  12 月，担任航空航天工业部二院二部副主任。

- **1989 年 50 岁**

  4 月，担任二部仿真工程副总师。

- **1991 年 52 岁**

  获航空航天工业部科技进步三等奖。

  获航空航天工业部科技进步二等奖。

  获航空航天工业部科技进步一等奖。

  7 月，担任航空航天工业部二院科技委副主任。

- **1992 年 53 岁**

  获国家科技进步二等奖。

  1 月，担任第三代防空武器系统导弹武器系统总设计师。

  10 月，享受国务院政府特殊津贴。

- **1994 年 55 岁**

  获航天工业总公司部级突出贡献专家。

  12 月，获国家人事部国家有突出贡献的中青年科学技术管理专家。

- **1996 年 57 岁**

  3 月，担任舰艇型号副总设计师。

- **2002 年 63 岁**

  获航天科工集团公司劳动模范。

- **2003 年 64 岁**

  获航天科工集团航天基金奖。

- **2004 年 65 岁**

  获航天科工集团思想政治工作保障体系建设先进个人。

- **2006 年 67 岁**

  9 月，担任第三代防空武器系统改（陆、海）导弹武器系统顾问。

- **2007 年 68 岁**

  12 月，获国家科学技术进步奖特等奖。

- **2009 年 70 岁**

  2 月，退休。

张福安

参考文献

〔1〕中国航天二院院史编委会．中国航天二院院史（1987—2007）.2007.

〔2〕《北京仿真中心建设和研制工作总结》编委会．北京仿真中心建设和研制工作总结[M]．北京：国防工业出版社，1996.

〔3〕孙捷，张吉利，侯鲜利，程国海．陈定昌院士传记[M]．北京：中国宇航出版社，2016.

〔4〕王雨培，陶社兰．于本水院士传记[M]．北京：中国宇航出版社，2015.

〔5〕马杰．筑梦空天——航天精神在二院[M]．北京：中国宇航出版社，2020.

王国祥

王国祥的故事

王国祥（1940.8.26—2010.5.27），辽宁省（锦州）北镇人，1966 年毕业于哈尔滨军事工程学院导弹工程系导弹无线电控制专业，毕业后进入七机部二院 26 所工作，曾任航天工业部二院四部主任、航天总公司二院院长、中国航天机电集团二院院长、二院科技委主任、第三代防空导弹武器系统总指挥等职。王国祥长期从事导弹武器装备研制工作，是导弹系统工程和型号研制管理的杰出专家，为我国第三代防空导弹武器系统设计定型作出突出贡献。在担任二院副院长、院长期间，他积极推进二院产业发展，探索推行管理体制改革，有力推动了二院的长期繁荣发展。曾获得国家科技进步奖特等奖、全国五一劳动奖章、航天科工集团劳动模范、二院第三代防空导弹武器系统型号研制特殊贡献个人等荣誉，荣立国防科技工业武器装备型号研制个人一等功。

◎ 目　录

第一章

自强不息 劲草哪怕秋风疾

1940 年出生于乱世之中的王国祥，自幼经历国恨家仇，饱尝人世间的苦难挫折。命运的一次次考验，没有将他击垮，反而铸就了他坚毅果敢的性格，也坚定了他自强不息、报效国家的理想信念。

1. 不幸幼年多坎坷

辽宁西部有一个北镇县，雄伟秀丽的医巫闾山就坐落在这里。据传说，医巫闾山曾被舜封为北方镇山，北镇因此而得名。时至今日，国内五大镇山中唯一幸存的镇山神庙——北镇庙依旧庄严矗立，无言诉说着岁月沧桑。

新中国成立前的北镇

北镇拥有悠久的历史和灿烂的文化。据记载，历代帝王来北镇祈福祭山达 50 余次。辽代的皇家陵寝静卧山谷，沉睡着一个朝代的历史辉煌。北镇也保存着东北地区迄今最为完整的大型古建筑群，辽代崇兴寺双塔直插云天、巍峨峥嵘，与钟鼓楼和李成梁石牌坊遥相呼应。

然而就是这样一个拥有厚重历史文化底蕴的美丽地方，在 20 世纪 30 年代，由于连年军阀混战和日寇入侵，到处呈现出人间地狱般的景象。“九一八”事变之后，日本关东军侵占东北，“伪满洲国”成立，日本侵略者对东北地区进行着残酷的奴役和剥削，导致整个东北经济凋敝，数百万东北同胞生活陷入极端贫困，北镇人民更是终日苦苦挣扎在生死线上，饱尝亡国奴的痛苦滋味。

1940 年 8 月 26 日，在北镇县廖屯乡一个名叫王希林的农户家中，一个男婴呱呱坠地，为这个贫苦的家庭带来了难得的喜悦。新的生命代表着新的希望，王希林为这个儿子取名为“国祥”，期望他早日长大成材，为国家带来吉祥康顺。

可是此时的国家战火连天、满目疮痍，为了最大程度掠夺资源，日伪当局在东北地区开始有预谋有组织地诱骗、强征劳工。这些劳工常常住在不遮风雨的凉棚之中，吃的是难以下咽的糠腌菜，从事着超负荷、高危险的工作。劳工们工作的环境极其恶劣，夏天闷热潮湿，蚊虫滋生，冬天寒风刺骨，冰冷难耐，经常有人因患病得不到及时医治而被拉走“处理”掉，他们犹如生活在人间地狱之中。

王希林就是当时数十万被强征的劳工之一，每天要在厂矿中工作十几个小时，长期高强度的劳动和恶劣的工作生活环境逐渐透支了他的健康。在一次服完劳役回家的路上，王希林淋了一场大雨，从此一病不起，不久就因无钱医治撒手人寰。

这一年，王国祥只有五岁，父亲的离世令他伤心欲绝，给他稚嫩的心灵带来了极大的创伤，成为他一生中最大的痛苦。年幼的王国祥内心隐约明白，日寇的侵略和国家的贫弱是家里遭遇不幸的根源，这令他对侵略者的仇恨深入骨髓，也在他幼小的心中埋下了一颗种子，指引着他毕生献身国防事业。

父亲去世后，家里的顶梁柱倒下，成为压垮这个穷困家庭的最后一根稻草。母亲被迫改嫁，留下年幼的王国祥托付给奶奶和叔伯们照顾。

2. 穷人孩子早当家

王国祥的奶奶是地道的农村妇女，身上带有农民特有的淳朴和勤劳，虽然年事已高仍每天坚持劳作，照顾一家人的饮食起居。她对孙子王国祥格外疼爱，农忙之余时常教导他做人的道理，告诫他一定要奋发努力，长大后成为一个对国家有用的人。

穷人的孩子早当家。奶奶的善良和乐观像阳光一样照进了王国祥的内心，他并没有因为童年的不幸变得消沉，而是比同龄孩童更早学会了自立自强，也更懂事。他对奶奶孝顺有加，时常帮着奶奶做些力所能及的家务。奶奶成为对幼年王国祥影响最大的人，在他后来的一份自传材料中写道，“奶奶朴素、和蔼、热爱劳动，是我学习的榜样……奶奶的幸福就是我的幸福。”

1948 年 1 月，北镇城乡解放，一场轰轰烈烈的群众翻身运动迅速展开，打土豪，分田产，受尽剥削压迫的劳苦大众们分到了属于自己的土地和房屋，王国祥一家终于有了盼头，生活从此发生巨大变化。

新中国成立后，国家领导人深刻意识到，文化落后十分不利于新中国建设，于是在广大农村地区大力宣传和动员适龄儿童入学读书接受文化教育，并开展了声势浩大的农民扫盲运动。王国祥的奶奶虽然没有接受过教育，却深知唯有读书才能改变命运的道理，在她的坚持下，王国祥进入了廖屯乡沈屯村初级小学读书。也正是奶奶的这个决定，改变了王国祥的人生轨迹。

王国祥天资聪慧、勤奋好学，对一切新知识都有着强烈的求知欲，一入学就成为学校的尖子生，他不仅成绩优异，还率先加入少先队，先后担任中队长、大队长，深得老师和同学们的喜爱。王国祥心里一直牢牢记着奶奶的嘱托和期盼，格外珍惜这来之不易的学习机会，在他看来，上学念书是之前从来不敢奢求的事情，他在一份学习材料中直言道，“只有好好学习，才能对得起国家的培养，才能报答奶奶的养育之恩。”

3. 爱国少年渐成长

王国祥从小就有着强烈的爱国信念。1950 年，朝鲜战争爆发，美国政府纠集“联合国军”进行武装干涉，并派遣海军第七舰队入侵中国台湾海峡。此后，侵朝美军越过“三八”线，直逼鸭绿江，并出动大批飞机轰炸我国东北边境，直接威胁到新中国的安全。毛泽东主席果断做出“抗美援朝、保家卫国”的英明决策，组建中国人民志愿军入朝参战，一时间全国各地的学校纷纷掀起参军参战的热潮。

当时只有 10 岁的王国祥积极响应号召，一心想要参军报国，但无奈当时实在是年龄太小，身材瘦弱，“连枪都扛不动”，最终没能如愿参军入伍。虽然没能上前线，但他时刻心系前方战况，经常因为听到前线战士们英勇牺牲的故事而痛心不已。想着战士们在前线打仗物资紧张，他硬是饿着肚子，从自己本就不多的伙食费中攒下了 1000 元（旧币），郑重地捐献给前线志愿军战士们。

后来，王国祥听闻好友的父亲在朝鲜战场上英勇牺牲，悲痛的同时也带给了他内心很大触动。他知道，正是因为有这么多英勇的战士们在前线不怕牺牲、冲锋陷阵，才有了自己如今平静安宁的生活。自此以后，王国祥更加坚定了要努力学习、锻炼体魄的决心，为保家卫国时刻做好准备。

1954 年，王国祥以优异的成绩升入北镇二中，　年后转入北镇中学。这所学校创建于 1919 年，是当时北镇县第一所新式学堂，后来因经费困难等原因几经停办和更名，但学校一直坚持传授知识的同时，更着重培养学生的爱国情怀。

伪满洲国时期，日伪政府推行奴化教育，妄图让东北地区的中国学生忘掉自己的祖国，俯首为奴，北镇中学的广大师生 14 年间不断以各种形式进行反抗和斗争，使侵略者的阴谋始终没能得逞。

朝鲜战争爆发的第一年，北镇中学的在校学生积极响应国家“抗美援朝，保家卫国”的号召，90% 以上的学生踊跃报名参军，并利用参加秋收劳动、收集废品等所得收入捐献给国家支援前线。北镇中学的厚重历史，奠定了这所学校的红色传统。

在这样一所有着浓厚爱国气息的学校里，王国祥度过了他宝贵的中学时光。在这期间，他一直保持着优异的学习成绩，待人真诚、随和，深受老师和同学们的喜欢。也正是在这段时间里，王国祥目睹了新中国成立之后，党和政府将劳苦大众从水深火热的旧社会中解救出来，人民的生活也发生了翻天覆地的变化。他常怀感恩之心，思想上一直追求上进，在第一时间加入了中国共青团，并担任军体委员。在学习之余，他积极组织同学们开展文体活动，锻炼了组织协调能力，逐渐成长为一名品学兼优、文“武”兼备的爱国青年。

此时的王国祥，就像一只羽翼渐丰的雄鹰，时刻准备着飞向浩瀚无垠的天空。

4. 保送升入“哈军工”

1960 年 7 月，20 岁的王国祥由于成绩优异、德才兼备，从北镇中学保送升入中国人民解放军军事工程学院（又称哈尔滨军事工程学院，简称“哈军工”），进入导弹工程系，攻读导弹无线电控制专业。当年整个北镇中学，能够保送升入这所神秘军事院校的“幸运儿”唯独王国祥一人，可谓凤毛麟角。

“哈军工”这所神秘的军事院校创建于 1953 年，是新中国第一所高等军事工程学院，由陈赓大将出任首任院长兼政委，主要负责为党和军队培养高级军事科学技术干部。虽然这所学校的校门从来没有挂过正式的校牌，却有着至高无上的地位，始终吸引着国家最高层的关注：毛泽东主席亲自为它颁发《训词》，周恩来总理来视察过两次，朱德委员长来过，邓小平来过，彭德怀进校三次，十大元帅中有八位都曾经来过这所学校。虽然这所学校只开办了 17 年，但关于它的传奇故事却一直流传至今，在共和国的历史上留下浓墨重彩的一笔。

“哈军工”招收的第一批学员，是从解放军全军指战员高中以上文化程度的军人中经过层层选拔考试以后，择优录取的。后来改为从应届优秀高中毕业生中招收学员，并且是从参加全国统一高考、成绩优于清华大学的录取线后，再选成绩优异者录取，足见选拔标准之高。“哈军工”前后共招收了十三届学员，为国家培养输送了上万名合格的毕业学员，他们成为我国第一代国防科技、军事科技的顶尖人才，奠定了新中国国防工业的基础，为新中国的国防事业立下了汗马功劳。

1959 年，中央军委决定改变“哈军工”培养目标，由原来培养装备维护、使用方面的军事人才改为培养研究、设计、制造方面的军事工程师，实施“尖端专业集中，常规专业分散”的办学方针，将建校初期设置的炮兵、装甲兵等常规专业陆续调出，而后续建立的导弹工程系、原子工程系、电子工程系等尖端学科日益受到重视。

从“哈军工”导弹工程专业毕业的莘莘学子后来大都功成名就，涌现出上千名高级工程师、教授、导弹专家、总设计师；有以“两弹一星”功勋奖章获得者、两院院士为代表的科技领域领军人才，有上百名军队将领和省部级领导，还有党和国家领导人。如果说“哈军工”是新中国军事院校中的一顶皇冠，那导弹专业就是皇冠上最耀眼的一颗明珠。

王国祥作为导弹专业第七期学员，是从当年新招进学院的学员中择优录取，可谓是经过层层选拔之后脱颖而出的佼佼者。在毛泽东主席《训词》的激励下，在陈赓院长大将风范和老干部们优良作风的感召下，青年时代的王国祥在这里的学习充满了神圣感和自豪感，树立了为祖国和人民而学的崇高信念，在政治思想、业务能力、作风养成等各个方面都取得了极大的进步。

5. 军校熔炉炼成材

来到充满神秘色彩的“哈军工”，王国祥就像走进了一个全新的世界。学院雄伟整齐的教学大楼、俱乐部、体育馆，宽阔的马路和大操场，排列整齐的学员方队，特别是学院领导热情洋溢的欢迎讲话以及精彩的国内外形势报告，这一切都让从农村走出来的王国祥闻所未闻、见所未见。王国祥在这个崭新的环境里极大地开阔了视野，他的命运也因历史的机遇而改变，逐渐从一个农民家庭的孩子成长为一个军校大学生，一个立志为国防事业建功的热血青年。

王国祥在哈军工

经过三个月军训后，王国祥进入导弹工程系学习。一进入导弹工程系，学院对学员首先强调的是要“严格遵守保密制度”。严格到什么程度呢？学导弹、搞导弹，却不能说“导弹”，在任何时间、任何地点、任何场合，都不能说“导弹”二字。即使在课堂上、在实验室，面对导弹、面对老师、面对本班同学，也不能说“导弹”二字。必须称导弹为部件，“苏制 P–1 导弹”叫 520 部件，“苏制 P–2 导弹”叫 1059 部件。保密纪律之严，可见一斑。

“哈军工”的课程十分繁重，一周 24 学时以上的课程，从周一上到周六，且每节课都有一定的深度，课堂上一时听不懂也是常事。当时的基础课和专业基础课，都是参考清华大学的教学大纲而制定的。到了专业课，种类更多，难度也更大，涉及力学、机械、电子等多个学科。那时“哈军工”的考试制度、升降级制度都非常严格，考试不及格就要补考，再不及格就要留级。正因为如此，在学习上谁也不敢怠慢。

导弹工程系教学楼

王国祥每天早晨六点钟起床后就开始了一天的紧张生活。先是早操或跑步，之后利用早餐前的一段时间背单词、学外语，上午四节课排得满满的，下午和晚上是复习和写作业，通过阅读教材及参考书，巩固所学内容。就连星期天，也很难有时间用于休息和放松，因为还要对这一周所学的知识进行强化记忆。唯独每天下午五点的体育运动时间，可以打篮球、乒乓球，也可以游泳，王国祥喜欢打篮球，就是那个时候打下的底子。

王国祥所学的导弹专业是当时国内科技最前沿的专业之一，对我国的国防建设至关重要。20 世纪 50 年代，美苏靠着大力发展航天，争夺着全球战略优势地位，军事力量欠缺的新中国时刻面临着巨大的外部威胁。新中国的导弹事业是白手起家，在发展过程中屡屡遭受挫折。特别是1960 年8 月，苏联政府单方面撤走全部在华工作的苏联专家，给我国刚刚起步的导弹研制工作带来了极大困难。

但这种困难并不能阻止中国人前进的脚步。作为新中国最早的一批导弹“科班生”，王国祥心里明白，依靠别人的帮助绝不是长久之计，只有自力更生才能研制出属于我们自己的导弹，才能不惧威胁，在国际舞台上赢得一席之位。

为了研制出属于我们自己的导弹装备，打破美苏的核讹诈，导弹工程

王国祥与妻子王玉珠

系的全体教职员工在党的带领下，白手起家，日夜奋战。1960 年前后，正值国家遭受严重自然灾害时期，加上中苏关系生变，我国经济面临极度困难，师生们的生活艰难程度可想而知。但人穷志不短，王国祥和其他广大“哈军工”师生一样，拼命干革命，在“一个馒头在暖气片上一烤，配上东北的咸菜疙瘩就是一顿饭”的艰苦奋斗中为新中国的导弹事业默默奉献。

人生是一座可以无限采掘开拓的金矿，但总是因为人的勤奋程度不同，给予人的回报也各不相同。多年的刻苦求索报以王国祥优异成绩的同时，也为他日后在航天系统的工作打下坚实的基础。由于各方面表现优异，王国祥成为年级里第一批入党的学员，还先后担任了副班长、班长、党小组组长等职务，各方面能力都得到了很大锻炼。

令人羡慕的是，王国祥在学校里还结识了一名同样优秀的女同学，也就是他后来的妻子王玉珠，两人在毕业后不久结为伉俪，并且都进入国防系统工作，彼此之间相互理解，相互支持。

可以说，“哈军工”多年严肃紧张的院校学习经历，是王国祥后来事业发展真正的起点，也是他梦想开始的地方。

第二章

孜孜不倦 无怨无悔航天路

大学毕业后，王国祥进入第七机械工业部第二研究院（航天二院的前身）工作，先后参与了多个重要型号的研制任务。在工作中，王国祥凭借着“拼命三郎”式的工作作风和卓越的计划、管理才能，从一众佼佼者中脱颖而出，逐步走上领导岗位。

1. 初入航天梦开始

1966 年 2 月，王国祥从中国人民解放军军事工程学院毕业，由组织统一分配到位于北京市海淀区永定路的七机部二院 26 所（武器系统总体研究所）三室任技术员、工程师。

如今一提到海淀区永定路，人们首先想到的往往是繁华的五棵松商圈、便利的生活条件、优质的教育资源，但在 20 世纪 60 年代，这里还是北京的西郊，偏僻荒凉，人烟稀少。

在大片大片的农田中，有几栋办公楼孤零零地矗立其中，门口是荷枪实弹的哨兵，里面是忙忙碌碌的人群。每天，这个大院里都会有数千名军人进进出出，却总是安安静静、来去匆匆，更不见军事训练、操刀弄枪。

究竟他们承担着什么任务，外人谁也不知道，一点儿风都不透，即使是在内部，彼此之间对于工作也是讳莫如深，一切都显得是那样的神秘莫测，这里就是后来大名鼎鼎的航天二院（当时称第七机械工业部第二研究院，简称七机部二院）。

从哈尔滨出发，刚从大学毕业的王国祥坐了二十多个小时火车，一路风尘仆仆地来到北京，他带着大包小包的行李，换乘了几趟公交车，然后穿过一片农田，终于来到了七机部二院，他难掩内心的兴奋，扛起包裹大步踏入二院 26 所的大门，铆足劲头准备风风火火地干出一番事业。

二院 26 所的起源，得追溯到 1957 年 10 月，当时毛泽东主席受邀参加苏联“十月革命”40 周年庆典，观看了苏联研制原子弹、氢弹等尖端武器的纪录片，对中国国防安全问题有了更深入的思考。当时，西方发达国家已经研制出了能够携带核弹头的中、远程弹道导弹，这是一种飞行速度快、雷达散射截面积小、突防能力强的新式武器，给当时我国的防御系统带来了极大的威胁与挑战。到了1960年，中苏关系破裂，苏联利用其强大的军事实力，在中苏边境上虎视眈眈，陈兵百万，甚至“全苏联的战略导弹都指向中国的重要设施”，战争大有一触即发之势。正是在此背景之下，毛泽东主席花费大量时间和精力思考防御问题，并决定在现有导弹技术基础上开展深入研究。

1963年12月16日晚，毛泽东主席在中南海颐年堂和刘少奇、邓小平等领导听取聂荣臻汇报十年科学技术规划时，第一次提出研制一款用于防御的导弹武器的想法。他说：“我们的原子弹、导弹无论如何也不会比别人搞得多，同时，我们又是防御的战略方针，因此，除搞进攻性武器外，还要搞防御性武器。搞一批人专搞，让他们吃饭不做别的。我们要从防御上发展，研究一款导弹武器。在数量上我们搞不过他，这个问题要研究一下。”

毛泽东主席从战略防御角度出发，在1964年接见钱学森时明确指出：“有矛必有盾，搞少数人有饭吃，专门研究这个问题。五年不行，十年；十年不行，十五年。总要搞出来的。”这里所说的“矛”指的是导弹，而“盾”指的是对付导弹的防御系统，毛泽东主席明确指示，要研制某导弹武器系统，构造共和国的防御盾牌。这段“有矛必有盾”的重要指示使得研制某型防御武器在一段时间里被列为国家重点任务，而且对我国后来武器装备的发展也产生了深远的历史影响。

1964年4月，时任国防部五院副院长的钱学森找到二分院院长张怀中（后任七机部副部长、一机部副部长）少将，说要抽调一批人搞防御武器规划。他拿出一张写着8个人名字的纸条，上面写的是防御武器规划小组成员，第一个就是时任二分院二部四室主任的宋健，其他七个人分别是李岩、杨国华、黄培康、陈世年、邵公正、赵元盛和齐占春，这些人平均年龄不到三十岁，个个都是精兵强将。随后二分院在防御武器规划小组的基础上成立了代号为“502”的研究室，宋健担任室主任，但运行了一段时间后，部领导发现仅仅靠这几个骨干人员还远远不够。

为了充实人员力量，1965 年 7 月，根据国防工办的批示，将原承担某任务的 711 所划归七机部二院，组建七机部二院 26 所（武器系统总体研究所），承担整个防御武器的技术总体和某防御系统的研制任务。

当时的26所设立了四个研究室和一个车间，宋健任副所长（主持工作），黄培康（现为中国工程院院士，我国雷达目标特性领域的开拓者和学术带头人）任第三研究室主任，宋健明确三室的任务是：防御武器地面制导的总体设计、指挥所的设计及部分设备的研制。

1966 年，王国祥进入 26 所第三研究室工作，黄培康安排他负责武器系统中雷达计算机的研制任务。黄培康善于发掘和培育人才，他主张“厚基础、重实践”，要求科研人员要有坚实的基础理论、系统深入的专业知识。在他的指导下，王国祥逐步了解掌握武器系统的组成及工作原理，深入参与到雷达计算机研制工作中。可以说，正是得益于老一辈航天人的悉心培养，王国祥快速迈入了航天科研事业的大门。

2. 身处逆境不迷茫

王国祥进入 26 所工作时，正值二院承担的改进设计和自行设计的地空型号研制任务全面铺开，三线基地正加紧施工，二院呈现出大发展的势头。在这样的形势下，王国祥一心想要干出一番事业。

然而天有不测风云。从 1966 年 5 月开始，一场席卷全国的“文化大革命”倏然而至，二院随即被卷入这个巨大的政治漩涡，陷入长期的动荡徘徊之中，二院的工作制度和秩序遭受严重破坏，各项工作开展起来困难重重。

“文革”对二院的科研工作造成了巨大的冲击，各项科研生产长期陷于瘫痪、半瘫痪状态。“军管会”（军事管制委员会）和“工宣队”（首都工人毛泽东思想宣传队）经常通知全部科研人员停下手头工作参加运动。在这种社会大环境下，为了不被说成是“只知道埋头拉车不知道抬头看路”，科研人员往往也只能暂停科研工作，参加没完没了的运动，导致大量科研生产任务停滞不前。

面对着“文革”对国防事业带来的巨大冲击，王国祥深感痛心不已。他自幼经历了国破家亡的悲惨遭遇，见识过战争的残酷无情，比大多数人更深刻地理解国防建设的重要性。年轻的王国祥暗自下定决心，不管面临何种境地，自己绝对不能迷失前进的方向。

项目难以推进，王国祥就在各种政治运动的间隙中深入学习理论知识，刻苦钻研技术，尽最大可能抽出精力投入到他甘之如饴的科研工作中。他给自己定下严格的计划，坚持当天给自己定好的任务必须当天完成，这也成为他日后工作中恪守的准则。到了政治斗争最激烈的时候，他甚至有家不能回，就干脆吃住都在单位。就这样，王国祥凭借着长期的积累，逐渐成长为一名技术骨干。

鲁迅先生有句话：“愿中国青年都摆脱冷气，只是向上走，不必听自暴自弃者流的话。能做事的做事，能发声的发声。有一分热，发一分光。就令萤火一般，也可以在黑暗里发一点光，不必等候炬火。”正是因为当时的二院有着这么一批同王国祥一样的干部、技术人员和工人，在“文化大革命”的严重干扰下，仍旧顾大局，识大体，忍辱负重，努力工作，对多项前沿技术开展了艰难的探索，最终使得新中国的国防科技事业没有出现大的滑坡，困境之中仍然取得了不少重要科研成果。

根据国家总体安排，这一时期七机部二院也有了较大的体制变化。

1969年,中央对某重点任务的分工进行了进一步明确,由二部负责工程总体,26所负责导弹总体,同年,中央决定将七机部二院所有的防空导弹研制工作转交给上海机电二局,七机部二院调整为防御总体研究院。

经历了“文化大革命”的磨炼,王国祥变得更加成熟沉稳重。他凭借着过硬的技术实力在26所三室脱颖而出,担任工程组组长,主攻雷达计算机研制任务。1971年5月,王国祥因为工作中的突出表现,成为26所三室副主任,参与了更多重要项目的研制工作。

然而此时“文化大革命”尚未结束,在“知识青年到农村去,接受贫下中农的再教育,很有必要”的指示下,一场轰轰烈烈的“上山下乡”运动在全国大规模展开。1975年3月,王国祥与七机部二院的一大批干部职工一起,被下放到河南正阳“五七干校”参加劳动,开始了前途未卜的下放生活。

正阳“五七干校”位于河南省驻马店市,地跨正阳、确山两县,学员主要是来自七机部一院、二院的干部职工,到这里主要从事农业生产和畜牧业养殖等工作。干校规模最大时曾达到2000多人,内部实行军事化管理,按军事化编制,分成几个连队,每个连队又分为几个排和十几个班。每天早上通过广播喇叭播放部队的起床号,上班、手工、就餐都吹号,纪律非常严格。

为了解决吃住问题,干校在对学员进行思想教育的同时,把发展生产作为实际上的首要任务,当时流行一句话叫“练红心,晒黑脸”。为了做一名合格的学员,大家都抢着干重活、脏活,作为纯正“农村娃”和军人,王国祥很快适应了这里的新生活,他把这次经历当作生活的一种磨炼,每天干劲十足地带领大家到田间劳作。

当时每位新来的学员都会领到一把新铁锹,木质的锹把非常磨手,虽然打小就在田间地头长大，可没过几天王国祥的两手仍然是磨起了水泡，后来水泡慢慢变成血泡，血泡又渐渐化作一层厚厚的老茧，锹把也因为汗渍长期浸泡和摩擦逐渐变得光滑锃亮，无言地见证着当时的艰辛。但无论条件多么艰苦，王国祥从来都没有消极怠工，他后来因为表现优异还被干校评为先进学员。

在“五七干校”劳动期间，王国祥并没有将他的科研本职工作抛之脑后，他在繁忙的劳动之余，静下心来思考未来防御武器如何发展等重大问题，时刻为日后回归科研工作岗位做好准备。

党的十一届三中全会后，党中央果断地停止了使用“以阶级斗争为纲”的口号，作出了把全党工作重点转移到社会主义现代化建设上来的英明决策。二院党委适时地把全院工作重心转到了科研生产上，并在新的历史条件下提出了“以科研生产经营为中心，为科研生产经营服务，为全院职工服务”的口号，并在实际工作中认真贯彻了这一指导思想，从而使二院的各方面工作又呈现出蓬勃发展的新局面。1976年，在下放河南正阳“五七干校”一年之后，王国祥回到了北京，继续从事他所热爱的航天事业。

王国祥在二院

作为三室副主任，王国祥除了推进科室的科研生产任务，还非常关心身边同事，经常不辞辛劳地为大家解决工作生活中的实际问题。据当时同在26所三室工作，并且后来成为二院某重要型号总设计师的陈国新回忆，“王国祥除了抓好科研工作之外，非常关心职工生活，经常到职工宿舍看望大家，给大家解决实际困难。”其中有一个故事令陈国新时至今日仍记忆犹新。

当时大学生毕业后都是服从国家统一分配，夫妻两地分居情况非常普遍，给职工家庭带来了许多困难。后来，国家解决职工两地分居的政策出台，但在实际操作过程中又经常遇到各类矛盾和问题。三室有一名职工结婚多年，妻子常年在外地工作，多次申请调回北京都没有结果。这名职工既要赡养父母，又要独自养育两个孩子，严重影响了工作生活。王国祥在了解详细情况后，多次向相关领导部门反映情况，不辞辛劳地与各方沟通协调，最终圆满解决了这名职工夫妻两地分居的问题。

“虽然事情已经过去了几十年，我们老同志相聚时，许多同志对王国祥关心群众生活，帮助解决职工实际困难的事迹仍旧念念不忘。”陈国新认为，正是王国祥待人真诚，不怕困难，勇于下大力气解决实际困难的性格特点让他日后走上了更高的领导岗位，并赢得了大家的普遍尊重。

1978 年 3 月，王国祥凭借着工作中展现出的非凡管理才能，调任 26 所科技处担任副处长，负责全所型号研制管理工作。

3. 打破常规谋发展

1979 年 4 月，国防科委和七机部根据中央的方针，对航天工业进行了调整。根据国防科委对七机部《关于调整二院任务方向中几个问题的报告》的批复，七机部决定将原一院四部与二院 26 所合并，组建二院四部，主要承担固体导弹武器系统总体设计与技术抓总工作。这一时期，王国祥担任四部科技处副处长、处长，主抓型号研制管理工作。

调整组建后，四部的技术实力得到进一步增强，职工队伍相应扩大，型号研制进度大大加快。经过一年多的努力，由四部抓总研制的我国第一款潜地导弹巨浪一号于1980年年底成功进行了陆上发射飞行试验。与此同时，四部还审定通过了采用“一弹两用”原则的总体方案，以巨浪一号为基础抓总开展陆基固体导弹东风二十一号的研制工作。在数百名科研人员的共同努力下，两个重点型号的研制任务稳定地向前推进。

作为四部科技处处长，王国祥敏锐地察觉到，随着当时两个重点型号进入最后的研制阶段，而新的型号任务迟迟没有下达，四部未来可能将面临很大的经济困难，如果仅仅依靠型号总体设计，难以维持四部逐渐发展壮大的人员队伍。由于当时航天系统内部各家单位有着明确的分工，四部的主要工作仅限于型号总体设计，不负责研制具体产品，收入几乎全部依赖国家财政拨款，无论是科研人员的收入还是四部的进一步发展都因此受到了极大限制。

而随着当时改革开放的逐步推进，王国祥认为，军品研制任务迟早是要打破计划经济体制下的固有分工，军工单位之间也会像民品领域一样出现激烈竞争。四部完全可以利用数百名科研人员的技术优势，研制出自己的“拳头”产品，获取更多经济效益，并且在未来的市场竞争中抢占先机，为四部的未来发展增加保障。于是，王国祥在抓好各型号研制工作的同时，特别重视发挥科研人员主观能动性，鼓励他们尝试开展具体产品的研制工作。

当时，国内研制的导弹发动机技术较为落后，主要依靠多个喷管的摆动实现导弹飞行方向控制和弹体滚动控制，这种技术原理简单，但是会大大增加导弹的质量。国内外该领域的专家都已经意识到，单喷管的导弹发动机将成为未来发展的主流，但单喷管导弹发动机如何实现滚动控制，又一直是一项亟待解决的难题。当时还是四部一室设计师的王根彬翻阅了国内外大量资料，提出了一种新技术，可以实现精准滚动控制。

王国祥得知这一情况后，马上意识到这是一个非常有前景的研究方向，恰好当时国内负责研制滚控装置的另一家单位已经选择了另外一条技术路线，王国祥果断建议四部领导，由四部自己开展相关研究，打造四部第一款自己的产品，掷出一颗探索未来发展方向的“探路石”。

但说起来容易做起来难，研制经费从何而来？研制成功后又能否顺利应用到型号中？如果通过院里向上层层申请，即使最后能够批准下来，也容易错失良机。经过深思熟虑，王国祥向四部领导提出建议，直接寻求七机部领导的支持。他找到七机部预研处的主管领导，详细汇报了四部的想法。恰好当时中央提出国民经济“调整、改革、整顿、提高”方针，王国祥的这一思路与七机部领导的想法不谋而合，七机部同样希望打破原有分工和壁垒，因而该项目得到批准立项，由此产生了四部第一个部管预研项目。

经过 5 年的潜心研究，由四部独立研制的导弹二级滚控装置于 1985 年获得成功。在结题评审会上，评审组组长黄纬禄（“两弹一星”功勋奖章获得者，中国导弹与航天技术的重要开拓者之一）对该项研究成果非常满意，亲自签下了“技术成熟，填补国内空白，可用于型号研制”的评审结论。

后来，四部研制的这款产品广泛用在了多个重要型号中，推进了武器装备的技术进步和创新发展，在发挥巨大军事效益的同时，也为四部创造了可观的经济效益。王国祥这种不拘泥于常规、敢于打破固有藩篱的做法，为四部后来的发展开辟了一条全新的道路。

1984 年 2 月，王国祥担任四部副主任，同年 12 月，二院党委一纸任命，又把四部主任的重担放在了王国祥的肩上。上任后，王国祥一方面潜心研究航天发展趋势，思考四部的未来技术发展方向，另一方面狠抓四部经济建设，大力推进四部的产品研制工作。一时间，导弹适配器、复合材料水平梁、复合材料防热隔板等产品如雨后春笋般涌现出来，为多个关键型号的研制工作攻克了技术瓶颈。

王国祥与技术人员探讨问题

同年 11 月，一场我军历史上具有重要转折意义的军委座谈会在北京京西宾馆召开。时任中央军委主席邓小平出席会议，并在会上做了 90 分钟的长篇讲话，他以一位伟大政治家的远见卓识，提出了“世界大战 10 年打不起来”的科学论断，从根本上改变了若干年来“立足于早打、大打、打核战争”的指导思想。同时，邓小平还在会上宣布，军队裁减员额 100 万，使中国军队走上和平时期建军的发展轨道。

同时，作为国防装备建设的主力军和国家队，二院的发展环境客观上发生了重大变化。随着军品任务逐渐减少，二院开始在经济上遇到严重挑战。中央对国防工业提出“军民结合，平战结合，军品优先，以民养军”的十六字方针，二院加速适应社会主义市场经济，在民品领域不断推进改革探索。

在二院领导的支持下，王国祥领导四部大力发展民品业务，四部的发展逐渐由封闭型转为开放型，由单一军品型转为军民结合型，由科研生产型转为科研生产经营型，由单纯为国防现代化服务转为为国家整个四个现代化服务。

在民品开发领域，四部凭借着科研人员专业覆盖广、技术实力雄厚的优势，逐步研制出以先进医疗器械和电子计算机自动控制为主的大量高技术产品。其中，四部自主研制的SC-500多功能呼吸器，通过了部级鉴定，填补了国内空白，研制的烟厂发酵温度控制器等产品为国内众多企业提高了生产效率，为四部创造了可观的经济效益。

在王国祥的主导下，四部在很大程度上缓解了经济压力，在经济最困难的时期依然为国家保留住了宝贵的科技人才队伍。在自主研发军用、民用产品的过程中，四部职工的市场意识和竞争意识大为增强，为四部后来的快速发展奠定了坚实基础。王国祥也在这个时期逐步形成了“狠抓管理出效益”“军品民品两条腿走路”等先进的经营管理理念，为他后来担任院领导，推动解决二院发展面临的经济困难打下了坚实基础。

4.“爬高”项目立大功

1982年，由四部抓总研制的巨浪一号潜地固体战略导弹，首次由潜艇水下发射试验成功，1985年，同样由四部负责抓总研制的东风二十一号陆基固体战略导弹，首次在三用车上发射成功。巨浪一号和东风二十一号的相继成功，标志着我国导弹技术又有了新的突破，使我国成为世界上少数几个同时掌握海基和陆基固体战略导弹研制技术的国家之一。

作为四部主任，王国祥对接连的喜讯感到由衷的高兴，同时更加长远地思考四部下一步的发展。当时四部已有科研人员七百余名，其中大多数都在从事巨浪一号和东风二十一号两个重点型号的研制任务，但随着这两个型号陆续转入定型阶段，数百名科研人员即将面临没有重大型号研制任务可以参与的尴尬境地。虽然当时四部在军品、民品等领域取得了价值不菲的成果，但王国祥心里非常清楚，型号任务才是四部的立业之本，也是四部作为总体部存在的核心意义所在，此时的四部急需争取到一个新的型号立项。

根据对2000年前后我国国防需求的估计和武器装备的现实情况，二院早在几年前就已经预测国家将需要一种新型中远程战略导弹，并提前安排四部开展东风二十一号的增程方案研究。后来，部队开始酝酿在已经研制成功的两型导弹中选择一型开展改进增程工作，其中一型是采用液体推进剂发动机的中程弹道导弹，而另一型正是由四部负责研制的固体推进剂弹道导弹东风二十一号。

其实从技术角度上看，对于中远程战略导弹，采用固体推进剂作为动力的东风二十一号具有天然的优势。首先，在当时的技术条件下，由于液体推进剂易挥发，液体推进剂导弹在存储时内部并未加注推进剂，而是必须等到导弹运到发射阵地上竖起后，由专门的推进剂加注车进行加注，之后才能具备发射状态。而仅是加注推进剂所需的时间，往往就长达几个小时，不仅容易延误战机，而且导弹阵地容易被敌方的侦察手段发现，提前遭到打击。相比而言，固体推进剂导弹在生产时已经将固体推进剂组装完成，在合适的温湿度环境中，往往可以保存数年之久，作战时只要开展简单的准备工作后便可以具备发射条件，能够大大提高部队的反应速度，提升战场生存能力。

另外，如果通过发射车进行发射，液体推进剂导弹所需的保障车辆也远远多于固体导弹，当遇到作战任务时，往往需要由几十辆各类车辆组成的保障车队浩浩荡荡地开赴阵地，隐蔽性很差。相比而言，固体推进剂导弹的车队规模小得多，需要的操作人员也大幅减少，可极大地提升武器系统的隐蔽能力和作战效率。

王国祥意识到，部队急需的这个增程型号正好能够化解四部任务短缺的“燃眉之急”，并且对四部乃至整个二院的未来发展都至关重要，拿下这个型号，意味着四部在固体战略导弹研制领域站稳了脚跟。他迅速调集精兵强将开展研究，提出要“不惜一切代价将这个任务争取过来”。

在王国祥的指示下，四部的专家们起草了《关于二十一号爬高的建议》。报告送到了王国祥手上后，他当即推掉了手头的所有工作，一门心思对报告进行逐字修改。王国祥对方案的内容反复斟酌，多次召集各领域专家开展研讨，力图在尊重科学规律、保证客观准确的基础上，最大限度地将该方案的优越性展现出来。经过整整两天的修改完善，王国祥郑重地在报告的末尾盖上了四部的印章。这份代表了四部全体人员智慧结晶的报告随即上报给了部队领导，得到了相关领导的高度肯定。

1986 年，二院向部队正式呈报了《东风二十一号改进型可行性初步论证报告》，对如何在东风二十一号基础上进行改进增程给出了详细的技术方案。次年，东风二十一号的改进型号正式立项，由二院四部负责研制。这个型号解决了四部的燃眉之急，成为四部在后续近十年时间里唯一的主要在研型号，为四部保住了数百名科研技术骨干。

5. 关键合同终促成

1986 年 9 月，王国祥调任二院计划部部长，负责全院计划和财务管理等工作。

从 1987 年开始，国家关于军品研制的政策规定发生重大调整，由原国家或上级直接下达指令性计划，改变为实行指令性计划下的合同制。凡属国家或上级下达的型号研制及预先研究指令性计划任务，由上级主管部门拨款；各类新型号研制，包括技术攻关等，均需研制单位与用户签订研制总承包合同，再由研制单位与各分系统承制单位签订分承包合同，军方拨款按照合同制管理办法执行；研制各阶段目标由用户下达年度计划来加以实施和落实。

这种管理方式给当时二院的综合计划管理部门带来了较大压力，表现为：任务重、指标高、经费少、周期短、条件差。作为主管此项工作的直接负责人，王国祥既要积极主动地与用户协商，又要按照研制合同要求与各分系统签订分承包合同，确保型号任务的完成。

在二院领导的支持下，王国祥带领计划部门迅速适应政策变化，围绕指令性计划下的合同制管理工作开展了一系列探索。计划部门按照上级计划、二院年度目标任务要求，结合规划目标的分解，全面编制和安排综合计划，并组织对综合计划执行情况进行监督和检查，取得良好成效，大大提高了二院的综合计划管理水平。

在探索合同制计划管理的过程中，王国祥解决的第一个大问题，正好是由他在四部担任主任期间牵头争取到的东风二十一号改进型号合同签署。

对于当时二院的科研人员来说，签订研制任务合同还是一件新鲜事，多少还有点不适应。因为在此之前，型号研制往往是由上级单位或用户下达研制任务书，约定好研制周期和主要技术指标后即开展研制任务，对于甲乙双方都没有严格的约束，出了问题也很难厘清责任，在实施过程中暴露出很多弊端。一方面，需求方为了尽快下达研制任务，有时并未对提出的指标进行科学、深入的研究，在研制过程中可能会修改需求，导致承制方不断出现反复，造成人力物力浪费；另一方面，由于缺乏对承制方的约束，型号的实际研制周期经常会突破约定的时间要求。

为了解决型号研制过程中出现的这类问题，部队开始探索军品研制任务合同制，希望通过签订合同提升军品研制任务的规范性，东风二十一号改进型号成为我国第一个在指令性计划指导下实施合同制管理的战略型号。

客观上，采用合同制管理对于型号研制双方来说都是一件好事，承制方不必再担心需求经常更改，需求方也对型号研制的进度、质量加强了管控。但或许出于对新兴事物的不了解，当时负责确认导弹各项技术指标的科研人员在签署合同过程中感受到了巨大的压力，毕竟一旦白纸黑字签署了姓名，就意味着要严格按照合同上约定的时间节点完成研制任务，而且每项约定的技术指标必须达到，否则研制单位和个人都会面临相应的惩罚。

在合同谈判过程中，部队对于导弹的射程提出了较高的指标要求，对于当时而言难以达到，经过多次探讨，部队最终同意适当降低射程指标，但最终给出的指标要求正好是四部相关技术人员计算得到的理论值，为了稳妥起见，技术人员希望在射程指标上留出一些余量，但部队出于实际使用需求的考量，表示不能再继续降低，双方由此产生了分歧，合同谈判陷入停滞。

王国祥在得知这一情况后，先是与部队相关人员进行沟通，在确定射程指标确实没有商量的余地后，王国祥找到相关技术负责人，语重心长地和他谈道："签合同是一件非常严肃的事情，你希望在指标上多争取一些余量，是为四部和二院考虑，这点你做得很好。"紧接着，他认真地说道："但是，我们搞研究的，凡事要讲科学，计算导弹的射程本身也是一门严谨的科学，你作为技术负责人应该心里清楚，你们计算的结果到底可不可靠？"

这位负责人一听，毫不犹豫地答道："当然可靠，我们是反复计算验证过的，达到这个指标没有问题，我们只是担心出现意外。""好！那就好！"王国祥劝道："既然可靠，那你们就要相信自己，再一个，这个型号对四部和二院的发展都非常重要，甚至关系到四部的存续，只要指标没有问题，就一定要拿到这个任务！"经过王国祥一番开导，这位技术负责人心悦诚服地同意了这项指标。

东风二十一号改进型号合同签署仪式

与此同时，在王国祥的推动下，二院在广大职工群体中宣传和普及了在型号研制中开展合同制管理带来的诸多益处，消除了职工的疑虑，强化了职工的责任意识，该改进型号的合同签署工作得以顺利推进。

经过多年的潜心研制，东风二十一号改进型号飞行试验取得圆满成功，江泽民总书记通过航天工业总公司刘纪原总经理向全体参试单位和人员表示祝贺。该型号的研制成功，标志着我国固体战略导弹的研制能力提高到了一个新的水平，为我国固体中程战略导弹武器中增加了一款射程更远、精度更高、机动性能更强、作战使用更加方便的新式武器装备，这对于建设一支具有中国特色的精干高效的战略导弹部队具有十分重要的意义。

当时完整经历了该型号研制历程的老专家们回忆道，“这个型号是四部的救命型号，如果没有王国祥当时的大力推动，立项不会这么顺利，要是没有该型号，我们这些科研人员不知道会面临怎样的命运”。

王国祥

第三章 勇挑重担 披荆斩棘向未来

20世纪80年代末，为适应社会主义市场经济、实现转型变轨，二院进行了大胆的改革探索，进入新世纪后，国际形势的发展变化、国家对高新技术武器装备的需求，促使二院进入新的发展战略机遇期。这一阶段，王国祥先后担任二院副院长、院长，为二院加强经济建设、实现转型发展作出重要贡献。

1. 经济建设开新篇

从 20 世纪 80 年代，受国内大环境变化影响，二院承接的军品任务订单不足，整体上面临严峻的经济困难，甚至一度出现“搞导弹的不如卖茶叶蛋”的情况，一定程度上造成了宝贵人才的流失。二院党委充分研判形势，积极做出应对措施，提出了“争军保军、促民上民、发展三产、多种经营、开拓市场、走向世界”发展方针，把“促民上民”和“发展三产”与“争军保军”放在同等重要地位，军品、民品和三产逐渐成为支撑二院发展的三大支柱，二院步入适应社会主义市场经济并得到全面发展的关键时期。

20 世纪 80 年代中期，二院进入推进计划管理和财务管理体制改革的关键时期，在 1986 年 11 月召开的二院第三次党代表大会工作报告中明确提出：今后五年二院管理体制改革的总体设想，是要按照国民经济发展和国防建设的要求，按照社会主义有计划的商品经济的要求，把二院建设成为一个充满生机和活力的军民结合的科研生产经营型的文明研究院。

在担任二院计划部部长的两年时间里，王国祥展现出卓越的计划和财务管理才能。在二院领导的大力支持下，他推动了合同制管理等先进管理方法在二院落地实施，推进“两费合一”财务改革（“两费”指科研经费与事业费），探索和实施会计电算化，落实价格管理等一系列举措，有效提升了二院的综合管理水平，保障了二院科研生产任务有序推进。在这期间，二院经济状况不断改善，在短时间内改变了自有资金赤字和科研经费出现较大缺口的被动局面，积累了可观的自有资金。

1988 年 12 月，王国祥担任二院副院长，主管计划、财务、经营管理、军贸和民品等重要工作。1998 年 1 月，王国祥被任命为二院院长，接过了二院改革与发展的重任。

二院研制的数控机床

这一时期，王国祥提出“加速改制、加强联合、加强营销、强化管理”的指导方针，在经营实践中充分运用了很多先进的经营管理理念。在他的主导下，二院建立了覆盖全国多地的营销网络，培养了一支专业的营销队伍，把二院的民用产品推向国内外市场。同时，他大力推行前店后所（厂）的管理模式，通过减少产品从出厂到零售之间的流通环节，降低企业经营成本，提高了二院民用产品的市场竞争力。

为实现全员共同面对市场，形成竞争合力，在王国祥的推动下，二院以业务领域为划分，推动院内各单位加强联合，建立了以“计算机工业过程控制柔性总体”为代表的五个“柔性总体”，积累了宝贵的管理经验。二院及各厂所设立了分管民用产业的领导和职能机构，选拔出一批青年骨干人才充实管理队伍，并组建和发展了一支近四千人的民品研发队伍，使二院的民品发展逐步实现了从“找米下锅”到“遍地开花”的转变。

从 1988 年开始，分散在院属各单位的 400 多项民用产品在院里的大力扶持和整合下，得到迅速发展，有些成果还填补了国内空白，达到国际同类产品的先进水平。经过十余年发展，二院民用产业初步形成规模化、系列化发展格局，民品总收入逐年提高，民品、三产销售收入从 1988 年的千万级提高到 1999 年的十亿级，年平均增长接近 30%，销售收入接近二院科研生产总值的近 40%。

在 1990 年由王国祥主持制定的《二院“八五”发展规划》中，将医疗

王国祥（中）主持型号方案审定会

器械和制药机械、机床数控设备、计算机应用及工业过程控制、雷达与通讯、特种器件和汽车零配件六大产业确定为重点发展的支柱产业。二院党委通过采取组建独立经营实体、加强资金政策支持、由二院组织开发市场等一系列支持措施，全力促进六大民用产业发展。到“九五” 末，六个重点发展的产业中，除汽车零配件外，均发展成为二院民用支柱产业，并初步实现规模化经营。

在发展民用产业的同时，王国祥主管的军贸业务也实现了重大突破。从 1986 年开始，在国家改革和对外开放的大形势下，二院充分利用国家涉外政策，大胆实践，开拓创新，在极其困难的条件下，顶着巨大压力和风险，成功研制了多个军贸型号并实现出口。在当时军品型号任务有限的情况下，二院通过发展军贸型号，锻炼了一支强干的干部职工队伍，在提升二院军品研制技术水平的同时，为二院带来了巨大的经济效益。

2. 锐意改革谋发展

在我国计划经济向市场经济的过渡中，国防科技工业实施了国防科研经费拨款制度的重大改革，科研经费由国家统拨，研制单位实报实销（不计成本），改为由需方按照研制合同拨付，并进行成本核算，国家只拨付一定数量的事业费（日常运行费用）。为确保完成国防科研生产任务，又能适应新形势的变化，二院探索推行管理体制改革，逐步向着军民结合型的科研生产经营实体转变。

王国祥主持制定了《二院“八五”期间承包经营责任制暂行规定》和《二院“八五”期间承包经营责任制实施办法》，对所属厂所全面推行承包经营责任制。按照所有权与经营权适当分离的原则，二院以承包经营合同的形式，确定院与所属各单位的责、权、利关系，使承包单位逐步做到自主经营、自负盈亏，充分调动其积极性、创造性，确保各项承包指标的完成。承包经营责任制对当时完成军品任务，发展民品与服务性三产，确保利润或收益上缴，提高经营管理水平都起到了重要作用。

同时，为了检查二院下达的年度计划指标的完成情况，确保院属单位经营承包合同保质保量完成，王国祥主持开展了院属单位的科研生产经营考评，在科研生产、经营管理、质量、安全等各方面都制订了明确的考核指标。每年先由院属单位进行自检，并将结果报二院，二院根据年度下达的计划与管理指标，对其进行综合性考核与评价。为防止院属单位在经营过程中出现短期行为，王国祥在考评过程中特意增加了自有资金必须用于更新改造投入等具体指标。科研生产经营考评机制客观评价了院属单位完成各项任务的综合情况，促进了各单位完成年度任务和考评指标，提高了二院的经济效益和管理水平。

1998 年，二院工作会上王国祥（右排右五）作工作报告

在二院发展民用产业、扩大经营规模的过程中，所有制关系深刻影响了职工工作的积极性、创造性。为充分调动二院广大科技人员和职工的积极性，王国祥尝试

在民品领域推行改制，获得了时任二院党委书记王可立等人的支持。在王可立倡导“工者有其股”和王国祥创建“三个一”工程（一个好项目或产品、一个好带头人、一个好机制）的有力推动下，二院于1998年在民用产业实体中推进多种所有制经济形式的改制，使劳动者与劳动者的资本有机结合，最大限度地解放和发展了生产力。

在王国祥的主导下，二院还开创性地成立了内部结算中心（航天部京区第一家），负责办理二院与院属单位、院属单位之间以及单位与银行的结算业务，办理院属单位之间流动资金余缺的调剂业务，以及集中办理与银行及金融机构间的存贷业务、住房基金及住房公积金管理业务等。内部结算中心面向院属单位发挥了内部资金调剂的职能，降低了资金的使用成本，有力地支持了院属各单位完成科研生产任务，为二院民用产业的发展以及二院整体经济发展起到了积极推动作用。

为了进一步提升二院的综合计划管理水平，王国祥在担任院长期间高度重视内控制度的建设，新建院级各类管理规章制度40余项。为加强宏观调控，王国祥主持开展了二院科研生产经营宏观调控预警系统的课题研究，建立了以科研生产经营各项重要指标为基础的分析、预警和保障机制。预警系统的研究成果在1995年、1996年二院总目标的测算和《二院2000年总体发展规划》总目标的分解落实工作中得到了应用，并继续用于后续二院规划总目标实现的跟踪、评价和预测，为二院科学合理地制定长远发展规划起到了重要作用。

3. 体制探索建“长峰”

1988年，中央提出“应重视在军工企业的基础上搞技术密集产品的外

1994 年 10 月 22 日，二院召开长峰科技工业集团成立大会

向型集团”的指示精神，实施沿海地区经济开放发展战略，推动国内技术密集型产品进入国际市场。国家体改委、航空航天部决定选择二院进行组建高技术外向型科技工业集团的试点。在时任二院院长刘从军、院党委书记王可立的领导下，二院按照中央和航空航天部的具体部署，历时六年时间，于 1994 年 10 月，正式组建长峰科技工业集团，王可立任董事长，陈定昌任副董事长兼总裁，王国祥等 6 位院领导任董事兼副总裁。

1998 年 1 月，王国祥担任二院院长，同时兼任长峰集团董事长和总裁。为实现发展壮大长峰集团的目标，王国祥积极推进长峰集团实体化运作。根据航天总公司对军民品分线、分离、分立的要求，二院党委决定将民品总公司及外贸公司的机构、实体、人员等从院机构中剥离出来，组成长峰集团公司（集团核心企业），实施实体化运行。与此同时，二院投资控股参股的公司及实体等 30 余家划归长峰集团公司，其中包括数控、医疗、工控、计算机等支柱产业，使长峰集团公司按现代企业制度独立运行，成为真正的经济实体和民用产业主力军，实现独立面向市场运作。

长峰集团公司独立运行后，接手了二院的民用产业。在当时国家重点发展高新技术产业，鼓励并支持高新技术企业依靠资本市场获取资金支撑，尽快实现产业化的政策指引下，长峰集团公司于 1999 年对数控机床、医疗器械与制药机械以及计算机等产业实施整合，对各产业所在的公司、实体进行股份制改制。

在二院“走向世界”的发展方针指导下，王国祥在担任副院长期间领导机关部门同志积极申请外贸权。1993 年，经过二院的努力争取，二院被国家外经贸部赋予首批 100 家科研院所科技产品对外经营权。1999 年，二院将机电产品进出口业务划归长峰集团公司，在长峰集团公司组建外贸分公司，进一步加强对外贸易和经济技术合作，促进外向型经济发展。

长峰集团公司经营出口的产品主要是二院自主研制生产的民用产品，也代理经营一些院外单位的产品。随着二院民用产业的快速发展，出口业务也迅速增加。先后有十多种高科技产品打入国际市场。全自动高速压片机、胶囊自动填充机、麻醉呼吸机、除粉器等医疗器械和制药机械产品，先后出口到泰国、印尼、美国、非洲等国家和地区；广播通信设备出口到非洲；石英晶体、铁氧体器件出口到韩国和欧美等；微波暗室、光学实验等产品出口到非洲和东南亚等国家和地区。产品出口的增加，使二院的出口创汇额有了较大幅度的增长，为二院带来了可观的经济效益。

长峰集团公司在 1998 年、1999 年连续 2 年被评为北京中关村高新区 20 强高新技术企业之一。长峰集团公司的建立和发展，是二院党委领导带领全院职工，顺应改革开放潮流，主动走上国民经济主战场，开拓进取，大胆实践，求生存谋发展的一次创举。作为我国国防科研机构领办的第一个面向市场的大型科技工业集团，它的组建与发展对二院、航天乃至整个军工系统的调整改革，都产生了深远的影响。

4. 只为型号早成功

20 世纪 90 年代初，“海湾战争”爆发，高科技的导弹武器大显神威，全新的战争形态让人眼花缭乱。在这场历时仅 43 天的战争中，面对号称 120 万人的伊拉克军队，以美国为首的多国部队凭借着高科技武器装备的优势，歼灭或重创伊军 38 个师，俘虏 6.2 万余人，击毁或缴获坦克 3800 余辆、装甲车 1400 余辆、火炮 2900 余门、飞机 100 余架，而付出的代价仅为 126 人阵亡、300 余人受伤，让世界各国都深感震撼。

随着国际形势的风云变化和国防建设的迫切需要，二院的导弹研制工作由初期的单一型号发展到多个型号同步开展。二院的军品任务逐渐进入快速发展时期，红旗七号已经完成工程研制和设计定型，第三代防空导弹武器系统已经正式立项研制，东风二十一号在定型的基础上又开始了系列化发展的研制局面。多个重点型号研制任务的并行开展，为二院带来难得发展机遇的同时，也给二院带来了严峻的挑战。

1999 年，航天工业总公司管理机构发生重大变革，成立两大航天集团公司，由原来的国家行业行政管理机构转变为企业集团。二院的任务方向也随之发生了重大变化，固体战略导弹研制的抓总任务从二院划出，承担总体设计和控制系统任务的两个单位也相应划出，二院型号任务由两大体系四个系列调整为防空防天型号的研制生产。同时由于批生产任务急剧增加，二院由以型号研制为主转变为研制、生产并举。国际形势的发展变化、国家对高新技术武器装备的需求，促使二院进入了一个新的发展战略机遇期，在不断改革创新中实现新的跨越式发展。

1999 年 5 月，以美国为首的北约野蛮轰炸我国驻南联盟大使馆，造成了中方人员的伤亡和馆舍的严重损毁，这是对中方主权的粗暴侵犯。美方的这一恶劣行径震惊了国人，使我们终于认识到：对待像豺狼一样凶残的美帝国主义，仅有满腔的爱国热情是远远不够的，手上必须有“杀手锏”式的武器装备，只有做好充分的军事斗争准备，才能使敌人不敢轻举妄动，才能真正维护国家主权和领土安全。

时任二院院长的王国祥组织干部职工和专家学者召开座谈会，愤怒声讨北约暴行，他在发言中指出：“落后就要挨打，这一历史教训我们决不能忘记。二院作为国防工业战线上的科研单位，肩负的责任是重大的。我们要在党中央的领导下，加大研发投入力度，加快型号研制进度，尽快拿出国家急需的型号装备，为增强国防实力作出二院人应有的贡献。”

也正是在这一年，国家开始加大在国防领域的投入，一大批后来对国防建设具有全局性重要影响的“杀手锏”型号纷纷上马，武器装备建设发展驶入快车道。二院在这一历史发展进程中承担了重要职责并作出了重大贡献。

1999 年 12 月 31 日午夜，新千年的钟声在中华世纪坛即将敲响之际，时刻牵挂着靶场试验一线的二院院长王国祥，来到酒泉卫星发射基地的试验队员们中间，在驻地简单的招待所里召开联谊会，与队员们一起尽情联欢，共同迎接千禧之年的到来。王国祥满怀深情地向全体队员们致以节日慰问，并祝愿试验取得圆满成功。兴致高昂的王国祥更是即兴创作一首诗《只为型号早成功》：

世纪交替国运亨，航天战士更有情。
茫茫戈壁斗严寒，国威军威记心中。
夜深人静也想家，日出月落伴征程。
不惧前途多风雪，只为型号早成功。

这位诗人在即兴赋诗的同时，以一句“夜深人静的时候是想家的时候”的深情演唱，博得了大家热烈的掌声。0 点，当新千年的钟声敲响时，随着现场电视画面中欢庆焰火的升腾，王国祥与试验队员们齐声高呼：祝愿祖国繁荣昌盛！祝愿型号早日成功！这不是两句普通的口号，这是二院人

王国祥（右二）参加型号研制工作会议

的心声！它化解了戈壁的严寒，它溶进了试验队员们的血液中，它是信心和力量，更是型号试验成功的精神保证！

责任重于泰山，理想化为行动。新年伊始，二院各厂所领导便接到了由王国祥院长签发的“2000年院长一号令”，全是关于二院承担的“重中之重”杀手锏型号的各项任务要求，明确工作责任、内容要求和计划节点，特别是明确了重点型号进场时间，必须确保在5月份进场。当年的型号研制中，提出了“三军”的说法，分别是：军令如山、军中无戏言、军法无情。足可见当时军工任务之艰巨，军工形势之紧迫。

从2000年开始，二院的军品研制节奏明显加快，在人力物力上开始向重点型号研制任务倾斜，明确提出“确保五项大型试验成功，作为二院全年工作的头等大事”。军品任务是主责主业，全院上下都要为军品科研生产任务的完成提供有力保障。这些年来，二院能够出色完成国家和军队交给的各项装备任务，与王国祥担任院长时期大抓二院能力建设、大抓型号科研攻关的领导策略密不可分。

5. 咬定青山不放松

不管何时何地，也不管身份职务如何变化，王国祥总是把型号的研制生产工作放在中心位置来抓，他知道型号工作既是他的主责主业，也是二院长远发展的安身立命之本，更是国防建设的重大职责所在，容不得丝毫马虎。走上二院领导岗位以后，王国祥社会活动明显增加。其实他本人并不喜欢过多参与社会活动，但为了工作，他又觉得只要利于二院的发展，干什么都是值得的。

有一次，王国祥参加院里的一个型号工作会议，开到一半，他站起身来匆匆忙忙就要离开会场，同时向大家表示歉意。原来是他要去参加一个两院院士的增选选举会议，为了减少对中心工作的影响，他选择先参加型号工作会议再去参加院士选举的会议，把参加社会活动带来的影响减少到最低程度。

“科技强军，航天报国”不是一句口号，而是实实在在的行动。聚焦主责主业，咬定青山不放松。王国祥一直坚信，只有把科研生产工作摆在第一位，只有把部队的武器装备建设踏踏实实地搞上去，才能实现他少年时立下的保家卫国的梦想。

王国祥一生都在从事航天工作，养成了“严慎细实”的工作作风，他不喜欢豪言壮语，也不喜欢花拳绣腿做表面文章，而是喜欢把自己置于踏踏实实、一件又一件微不足道的具体工作中。能够按期交付部队急需的好用顶用装备才是最重要的工作，其他的一切工作都要为此让路。他是这么说的，也是这么做的。

因为要干的事情太多，王国祥非常体谅研制队伍的辛劳和付出，他曾经动情地对大家说：“我希望今年像‘公斤’一样是‘公年’，能有730天，这样大家就能不那么紧张了。”他的话总是饱含哲理，总是能深深地感染大家。王国祥十分理解基层单位和技术人员面临的各种压力，他曾不止一次动情地对大家讲：工作再忙也要保重身体，不管结果如何，都要保持一颗平常心。

第四章

老骥伏枥 定型成功垂青史

2000 年 8 月，王国祥在卸任二院院长职务后，成为新一任第三代防空导弹武器系统总指挥。王国祥凭借着极强的组织管理能力，带领团队圆满完成了多次重大飞行试验任务。他在面对重大问题时及时果断的决策，对型号的成功定型起了重要的推动作用。

1. 接过型号指挥棒

20 世纪 60 年代至 90 年代，我国对空防御主要依靠“红旗二号”，以及在它基础上的改进型，但对空防御能力已经越来越不符合现代作战需要。当时的美国和苏联相继研制出“爱国者”、C–300，这两种防空导弹系统都具备同时拦截多个来袭目标的能力，远胜于当时我国防空导弹只能单通道拦截的模式，我国防空导弹领域与国际军事强国的差距正在拉大。因此，我国急需研制出一款具有杀伤空域大、抗干扰能力强、具备多目标能力、制导控制先进等功能的第三代中高空中远程防空导弹武器系统。

1986 年，国防科工委召集有关单位讨论了中高空防空导弹基本型的研制任务，并将其列为防空导弹研制中最突出的重点项目之一，由二院负责抓总研制。经过三年多的协同攻关，二院全面完成了该型号技术攻关任务，突破了五大关键技术，取得了九项科研成果。在沈忠芳、张福安两位老总的带领下，该型号转入工程研制阶段，开展了多次外场试验，取得了一系列重要进展。在此期间，作为二院院长的王国祥十分关注型号研制进度，经常到试验队与两总一起研究制定具体措施。

1998 年，时任型号总指挥沈忠芳由于突发小脑出血，紧急送往医院治疗，型号团队一下子失去了主心骨，陷入深深的迷茫之中。王国祥在妥善安置好沈忠芳总指挥的治疗事宜后，深入参与到该型号的研制任务中，帮助解决型号研制中遇到的各种困难，鼓舞团队士气。同时他大力培育年轻人，给当时年轻的副总指挥充分信任和支持，型号工作得以有条不紊地推进。

2000 年 7 月，王国祥卸任二院院长职务，改任二院科技委主任。8 月，他从已经 66 岁的沈忠芳手中接过指挥棒，成为该重要型号的新一任总指挥。

此时，该型号已经完成独立回路试验以及地面作战装备初样研制，正转入闭合回路状态。面对试验中遇到的一系列棘手问题，王国祥凭借着丰富的管理经验和过硬的工作作风，与型号总师张福安一起带领型号团队解决研制过程中遇到的一项项难题。

2. 勇于担当堪大任

在型号研制过程中，曾经有个分车方案和合车方案的技术路线之争。雷达是武器系统的眼睛，指控是武器系统的大脑，都很重要。所谓的分车方案就是雷达系统和指控系统分成两辆车，分别叫雷达车和指控车，而合车方案则是雷达和指控合成一辆车，叫雷达指控车。分车方案的好处是雷达和指控分属两辆车，也分属两个研制单位，可以减少很多彼此间技术协调的工作量，责任界面也更容易划分。而合车方案可以减少一辆车，更有利于机动行军作战，而且作战时展开时间更短，导弹发射后能更加迅速撤离阵地，可以有效提升生存能力。

技术上出现争议是很正常的，但是型号研制进度十分紧张，国家和军队急需这一型装备，时间上根本就耽误不起。王国祥总指挥认为，任何技术方案都有利有弊，都不可能完美无缺，但如果迟迟不拍板决策，则百害而无一利，作为领导者，就是要勇于担当，敢于拍板决策，抢夺最宝贵的时间资源。

最终，在和用户反复沟通确认后，王国祥总指挥和张福安总师经过慎重决策，拍板决定：型号研制采用合车方案，这样做在当时最有利于行军打仗，即使多付出一些技术协调的工作量也是值得的。合车方案确定后，研制工作迅速展开，型号研制进度得到了充分保障。

2003 年 9 月，武器系统迎来型号立项研制以来最重要的一次外场试验——武器系统鉴定试验。王国祥总指挥和张福安总师走在队列的最前面，后面跟着的是试验队员们，他们满面春风，信心满怀，道路两侧，是敲锣打鼓列队欢迎的基地官兵们。那一刻，大家也都感受到了肩上沉甸甸的责任，深刻体会到用户是多么盼望能够尽快用上这一款先进装备啊！

这次试验前3发都非常顺利，导弹成功击落靶机，武器系统经受住了严苛考验，性能稳定、状态良好。然而到了第4发导弹飞行试验时，导弹刚刚发射出筒不久即失去控制，最后导弹坠地，飞行试验失利。经过试验队员对试验数据进行全面细致分析，很快将问题定位在弹上应答机出现故障，导致地面控制失灵。按照航天产品的“双五条”归零管理规定，导弹飞行失利必须完成归零才能恢复试验。然而此时面对的现状却是导弹坠毁，在捡回的导弹残骸上，应答机已经摔得面目全非，无法开展进一步的技术分析工作，归零一时陷入僵局。

一方面是硬性的管理规定，另一方面是分析工作确实无法进一步开展的客观局面。这个时候，王国祥总指挥勇敢地站了出来，他说：归零要看归多大个零，归在一个元器件上是归零，归在应答机上也是一种归零，应答机相对于武器系统来说，已经是一个很小的分机。况且经过前面3发导弹的飞行试验证明，武器系统在技术设计上是没有问题的，已经得到了很好的验证，要相信我们的设计师队伍。

就这样，王国祥总指挥顶住巨大压力，决定继续开展第5发导弹的飞行试验。导弹即将发射时，大家都捏了一把汗，连出气都不敢大声，心提到了嗓子眼。那种紧张的气氛，不在现场的人是绝对体会不出来的。试验队员的心，也随着指挥员十秒倒计时的读秒声一起跳动。

最终，飞行试验取得圆满成功。试验目的完全达到，武器系统研制工作取得重大的阶段性胜利，为型号由研制阶段转入设计定型阶段创造了条件。

试验全部完成以后，按照航天质量问题管理规定，型号“两总”再次组织技术人员对应答机故障问题进行全面设计复查和产品质量排查，最终把此问题定位在应答机内部器件偶发失效引起的个例质量问题，并邀请各方面专家对该问题进行了分析评审确认。

3. 艰难拍板显真情

王国祥总指挥总是把时间看得比金子都珍贵。2002 年 6 月 26 日，是雷达系统完成装车和集成调试、并能跟踪过航飞机的重大时间节点，这是整个型号研制工作中的一件大事，关系到后期地面设备能否如期进场，武器系统鉴定试验能否如期开展。这一天，王国祥总指挥和张福安总师亲临 23 所雷达调试现场，看望慰问试验队员，并为大家加油鼓劲。

最终，在 23 所试验队员的共同努力下，雷达指控车最终在 2003 年 3 月完成了基本功能调试，在 6 月完成了系统对接调试和摸底校飞，武器系统研制顺利进入到靶场试验阶段。

型号研制工作千头万绪，试验项目多，试验难度大，不少试验队员在西北戈壁滩的大漠深处一待就是几个月，23 所的试验队员待在靶场的时间尤其长，一年中有超过半年时间待在靶场的人员更是数不胜数。

2003 年 9 月底，武器系统鉴定试验圆满结束，全体试验队员兴高采烈，因为很多试验队员已经在酷热难耐的戈壁滩连续奋战了三个多月，终于可以回到北京与家人团聚，大家的心情都有些激动。特别是对那些刚入职航天不久的年轻人，就更是归心似箭，他们怎么也没有想到，第一次到外场出差居然是这么长的时间。

然而，23 所的雷达作为武器系统的核心装备，功能极其复杂，此时的技术状态距离定型试验的要求还有很大的差距，调试工作量巨大，而这却是提升雷达抗干扰能力最有效的技术手段，也是体现这部雷达技术先进性的重要参考。

23 所的试验队员在靶场待的时间最长，同志们都很努力也很辛苦，都盼着能够早点回去休整休整再继续下一阶段的繁重工作，这种心情任谁都能理解。然而此时的雷达却是武器系统开展定型试验的最短线，如果人员和装备车辆都返回北京，考虑专列往返运输和年底“两节”放假等因素，时间至少会耽搁 3 个月，而时间却是型号研制最宝贵的资源，等不及，也等不起。到底回还是不回？

王国祥和张福安知道大家的所思所想，但是他们权衡再三，最终还是拍板做出了一项艰难的决定：雷达留在基地试验现场不撤场，23 所试验队员除特殊情况一律不返京，原地开展雷达调试工作。

就这样，23 所的同志们看着兄弟单位的队友们高高兴兴撤场，虽然心里十分羡慕，却没有丝毫怨言和不满，大家都深深理解型号“两总”的这项艰难决定。“国家利益高于一切”绝不是一句空话套话，而是一代又一代航天人精神的积淀与传承，早日研制出先进的武器装备，是航天人对国家的责任担当，没有比这更重要的事情了。

连半天时间都没有耽误，雷达试验分队就继续去阵地开展雷达调试工作。苦点累点是真的，但在这里开展雷达调试，没有生活琐事牵绊，只有空旷辽阔的戈壁滩为伴，效率却是最高的。当年留在靶场开展雷达调试的试验队员小屈同志，后来成为担当大任的型号总设计师，接过了历史的交接棒，在型号研制工作中发挥了中流砥柱的重要作用。

事后证明，“两总”这个雷达不撤场的决定，为型号研制周期节约了差不多半年的时间。而这半年的时间，对于急需拿到新一代防空装备的国家和军队来讲，又是多么的弥足珍贵啊！

2021 年 11 月，已经退休多年，当年担任雷达研制任务所级指挥的吕彤羽同志，在接受采访时深情回忆说：王国祥作为型号总指挥，工作繁重复杂，但他每次都要亲临试验现场，和试验队员吃住在一起。在他担任院长期间就始终把这个型号的研制工作当作二院的头等大事来抓，调动院内外一切资源来确保型号研制进度。在雷达长达十几年的研制历程中，“两总”始终是 23 所雷达研制工作的坚强后盾！尽管 23 所试验队员在靶场待的时间最长，连续几个春节都是在靶场度过的，但大家从心底感谢“两总”，也没有丝毫怨言！

4. 坦诚相待暖人心

作为总指挥的王国祥，与总设计师张福安之间的完美配合，堪称型号“两总”队伍的楷模。

王国祥与张福安带领型号队伍多年，他们二人总是将军地双方的协同配合，院内外各单位之间的协同配合，院内厂所与院机关各部门之间的协调配合，旗帜鲜明地作为型号团队的文化精神，将其融入各项日常工作当中。同时他们自己也是以身作则，树立密切协作与相互配合的典范。

在处理技术问题时，王国祥从来不自作主张，一定要在认真听取专业人员的意见后再做出决策，在担任型号总指挥期间，他常常对试验队员们讲“技术上的事我懂得不多，大家要多问问张总的意见，我这个总指挥就是为咱们技术人员服务的”。

当型号研制工作出现问题，尤其是在飞行试验失利的艰难时刻，王国祥和张福安总是把高的工作标准和困难留给自己，争着抢着去主动担责。

尽可能让大家在宽松和谐的氛围中，毫无思想包袱地在各自岗位上干好自己的工作。

在开展重大技术问题讨论时，王国祥与张福安两位老总总是尽可能地参与其中，在充分发挥技术民主的同时，把握好各部门、各单位之间的协作精神。

曾经有两位型号队伍的重要技术骨干因为技术问题展开了激烈的争论，可谓脸红脖子粗，各执己见、互不相让。王国祥和张福安见缝插针地鼓励大家充分发扬技术民主，充分发表各自见解，同时又不留痕迹地、巧妙地通过三言两语把可能“白热化”的技术问题讨论，拉回到团结协作的轨道上来。在这样的过程中，王国祥与张福安两位老总的默契配合总是天衣无缝、无可挑剔。

在型号研制的艰难历程中，自然少不了一些问题和挫折，也避免不了一些暂时的不理解，更少不了上级机关和用户的严厉批评。每当这个时候，王国祥与张福安两位老总总是争着承担责任。这个说：这个问题跟大家没关系，我作为总师我负全部责任；那个说：这个没有你的责任，我是总指挥，应当由我负全责。他们那种相互谦让、相互补台的密切配合精神为整个研制团队做出了表率，也深深地感染了大家。

王国祥总是满腔热情地关心爱护技术人员，从不摆架子，与所有人相处都是坦诚相待，气氛融洽。他也从不以行政代替技术，总是认真倾听并切实尊重技术人员的意见，给他们提供能够充分发挥个人才能的舞台和空间。

这些年来，“航天”已经成为国家一张靓丽的名片，航天事业蓬勃发展，航天科技队伍英才辈出，无数国人为之感到振奋和骄傲，极大地增强了我们的民族自信心和民族自豪感，这与以王国祥为代表的老一代航天人，甘当“铺路石”、发挥传帮带的奉献精神密不可分。

王国祥非常重视试验队员的生活保障工作。在他看来，试验队负责后勤管理的同志如果做到位了，能让试验队员吃好、睡好，工作就完成好了一半。那时候外场的条件非常艰苦，尤其到了冬天，温度经常低至零下 20 多摄氏度，那时候外场没有配备保温设施，试验队员们吃饭时，往往吃着吃着饭就凉了。王国祥知道后，亲自带着大家集思广益，最后找人制作了一套可以加温的大水槽，把盛饭菜的盆子浸泡在热水中保温，及时满足了队员们的迫切需求。当时，外场的厕所是用两块木板搭在一起制作的简易旱厕，大澡堂子一个礼拜只能洗一两次澡，试验队员们的各项生活条件都很艰苦，王国祥总指挥总是想各种方法尽可能提高大家的生活水平，为外场试验提供了坚实的后勤保障。

王国祥具有高超的领导艺术和高尚的人格魅力。他发自内心地关心关爱每一名试验队员，同时也赢得了试验队员们对他无限的尊敬与热爱。每个人心中都有一杆秤，把群众放在心上的领导，群众也自然会把他放在心上。王国祥患有糖尿病，在试验队的日子里胃口不好，每天都要注射胰岛素，但他从不声张，总是悄悄地完成这些。他不愿意因为自己的身体引起别人的关注，更不愿意影响到型号研制工作。但试验队员看在眼里，急在心里。后勤保障的师傅们在准备一日三餐之余，自觉自愿地挤出时间，去戈壁滩里挖野菜，挖的最多的是荠荠菜。后勤人员把这些荠荠菜择洗干净，装碟放在王国祥的餐位上。于是一道简简单单的野菜蘸酱便成为总指挥的“专享”，见证着王国祥与试验队员们的深厚感情。一百多号人的试验队，大家的心始终紧紧地团结在一起！我们的航天事业，就是这样一步一步走过来的。玉汝于成，几多辛酸，几多不易。当年的那些试验队员们回首往事，总是分外怀念这位可亲可敬的王国祥总指挥！

5. 战地黄花分外香

王国祥不仅是一位具有高超指挥艺术、赢得群众广泛爱戴的领导，同时也是一位具有诗人情怀、酷爱诗词文化的豪放派诗人。他横刀立马，身先士卒，创作了大量具有“战地文化”特色的诗词佳作。“战地黄花分外香”，“只见黄沙不见天”，他的诗词，成为无声的号令，极大地丰富了试验队员的精神世界，培养造就了航天勇士们大无畏的革命乐观主义精神。

那时，每年都有二院的试验队驻守在红旗宾馆，一年四季都不断人。王国祥喜欢写诗鼓舞士气，在他的感染带动下，试验队里文风蔚然，精神饱满。红旗宾馆的前台有块黑板报，每天都有试验队员的诗词作品发表，大家争相阅读，都以能在黑板报上发表自己的诗词为荣。谁能想到，在这个理工科占主体的试验队里，满脑子都是电子线路和模型算法的试验队员中间，竟然会有这么多的“文人墨客”，写诗填词个个都是手到擒来，极具专业水准，试验队员们在这种氛围中总是保持着昂扬的斗志。说到底，这要归功于王国祥总指挥的引领作用，俗话说得好：强将手下无弱兵。领导的素质和导向，将在很大程度上决定一个团队的发展方向。精神上的富有才是真的富有，榜样的力量是无穷的。尽管试验队的工作生活条件非常艰苦，茫茫戈壁滩，黄沙飞满天，远离北京和家人，一待就是几个月的时间，但大家以苦为乐，以漠为家，拳拳报国之心溢于字里行间。

戈壁滩里没有春天，也没有秋天，只有夏冬两季。试验队员们每天都重复着从驻地宾馆到试验阵地“两点一线”的生活方式。夏天的时候，紫外线特别强烈，女队员们抹再多的防晒霜都不管用，男队员们全晒得皮肤黝黑。冬天的时候，凛冽的寒风无遮无挡地从茫茫戈壁滩呼啸而过，把人吹个透心凉，多厚的防寒服都挡不住戈壁滩的严寒。孤零零的班车行走在从宾馆到阵地的路上，斗严寒战酷暑的试验队员，只有路旁历经千年风霜的胡杨林做伴，只有几近干涸的弱水河蜿蜒向前。

2005 年 9 月，在研制任务取得决定性胜利的日子里，由二院党委工作部负责辑录的诗集终于与读者见面，它是以王国祥总指挥为代表的广大试验队员兼“战地诗人”家国情怀的历史见证，更是对那一段豪情满怀、披荆斩棘、戈壁黄沙飞满天的峥嵘岁月的不朽赞歌！

这本诗选共收录了 53 位作者 160 篇诗词作品，53 位作者中，既有调度管理人员，也有工程技术人员，还有后勤保障人员；既有老试验队员，也有刚入职的年轻队员；既有领导干部，也有老专家和普普通通的设计师人员。其中，王国祥总指挥一人收录了 36 篇，占了五分之一还多，足以印证他对试验队“战地文化”的引领作用。

2001 年 8 月，试验队进场，王国祥带领试验队员入驻红旗宾馆。刚到宾馆，他就创作了这样一首《试验队进场有感》：

酷暑严寒心无怨，
戈壁风沙不眯眼。
披星戴月平常事，
神箭前程更灿烂。

这首诗既是试验队员日常生活的真实写照，更是二院人航天精神的浓缩和升华。

2002 年 7 月，王国祥总指挥在他创作的《长相思》中写道：

望嫦娥，
问嫦娥，
可见神剑穿云过，
何时不寂寞？

诗人与嫦娥对话，字里行间流露出对试验任务早日成功的无比期盼，表现出了极具浪漫色彩的革命英雄主义情怀，令人拍案称奇！

2003年11月底，试验结束后，试验队大部队返回北京。但23所的试验队员却因为雷达调试工作量巨大，选择留下来继续工作。11月份，戈壁滩的寒冷已经冻到骨头里，23所的女试验队员小李创作了一首诗，发表在红旗宾馆一楼大厅的黑板报上：

漠里飞沙，
已过夏秋冬。
不算飘零。
争春还需痛饮刺骨冰凉露。
尽归去，人来迟，
只剩下三五十个英雄，
驻守阵地，
故显风流。

这首诗作真实再现了当时试验队员们艰苦卓绝的生活环境，以及有家不能回的辛酸心路历程。当时小李的女儿还在上小学，可她长期驻守在靶场试验现场，负责雷达显控系统的调试工作，无法照顾女儿和家庭，那种内心的煎熬，非亲历者不能体会。

2004年2月，春节刚过，王国祥总指挥再次带领试验队进场，他看到了小李的诗作，很是感动，即兴和了一首：

戈壁走石，
正值酷寒冬。
咋不飘零？
报春更要饱餐透心冰凉风。

同志到，扎大营，

净增百十个弟兄，

拉开战幕，虽苦犹荣，

对接检飞试英雄！

寥寥数语，把试验队不怕困难、迎难而上的壮志豪情表现得淋漓尽致，同时也把整个试验队的心紧紧连在了一起。

王国祥总指挥用诗词和队员们对话，试验队员们也用诗词回敬。2005年2月，23所试验调度员小石创作了《有感于王总指挥撰联而作》，其中写道：

王总指挥，撰联赋对；情深意切，意义深邃。

全队同心，互激互励；指日可待，成功在即。

2005年4月，恰值试验圆满成功，诗人王国祥总指挥再次诗兴大发，写下这样一首《军民携手再攀登》：

神箭呼啸震长空，

双机坠毁黑烟浓。

国家利益比天高，

军民携手再攀登。

看到总指挥的这一首诗之后，试验队员陈仕正当即也创作了一首诗《帅哉总指挥》，热情讴歌赞美王国祥总指挥。其中写道：

激情总指挥，愿与众人醉。出口成好诗，壮语增国辉。

壮哉定型成，帅哉总指挥。花甲病体疲，睿智心不惫。

试验队总指挥和试验队员们不仅在工作上配合默契，心灵上也是高度契合，作诗填词更是心有灵犀一点通。大家是工作的同事，是战场的战友，是惺惺相惜的知己，更像是诗人兴会。

王国祥是试验队的主心骨，更像是一位驰骋疆场、指挥千军万马，又带有浓厚家国情怀的大将军和边塞诗人。他的所言所行，深深感染和带动了大家，让整个试验队风清气正，斗志昂扬，精神饱满。王国祥带领大家走过的那一段峥嵘岁月，成为每一名试验队员一生中最为宝贵的精神财富，那一首首不朽的诗篇足以作证！

6. 千锤百炼定型成

在外场试验中，王国祥都是身先士卒，与试验队员一起在阵地上奋战。为了提高工作效率，王国祥经常中午在阵地与试验队员一起吃饭。阵地上经常连续刮起大风，往往是端起餐盒吃了上口，下口就有沙子，可他依然笑呵呵地边吃边开着玩笑鼓励大家，“只见黄沙不见天”。一次试验时，农历新年的前一天，装备进场后完成了首次校飞，做好了低温试验准备，大年三十这天仍然正常上班，冒着清晨零下 20 多摄氏度的严寒，王国祥坚持与大家一同赶到发射阵地进行低温试验。

定型试验时，曾经一天内完成 2 个序号、数发导弹的飞行试验，包括中间一次撤收、转场、展开，从凌晨四点起床，直到第二天凌晨一点才返回驻地宾馆，整整连续工作 21 个小时。类似的情况绝不止一次，王国祥和年轻人一样全部参与其中，而此时的他已经是位 65 岁的老人了。

孙庚臣（右三）迎接王国祥（右二）等试验队员归来

时间终于到了 2005 年

4月的一天，一阵哨声打破了戈壁滩的静谧。这一次是定型试验决定性的最后一战，无遮无挡的阵地，降温后格外寒冷，凌晨五点半进程序后，整个阵地笼罩在紧张的临战气氛中。“1分钟准备”“遥电激活”“发射”……随着发射口令的发出，英姿神武的导弹，划出一道优美的弧线，向着靶弹呼啸而去。仅相隔数秒钟，又一发导弹发射升空，追随第一发导弹一齐射向靶弹。“成功了！”一片欢呼声响彻试验阵地，响彻试验指挥大厅。成功了！多少年的研制攻关，多少人的辛勤汗水，终于迎来了今天定型飞行试验收官之战的圆满成功。

从确定中高空基本型防空导弹的研制任务由二院承担，到定型试验成功，一共经历了20年。该型号是我国第一个自行研制的陆、海基通用新型中高空、中远程防空导弹武器系统的基本型，是我国第三代防空导弹武器系统的典型代表；标志着我国防空导弹研制、试验水平跨入世界先进行列，是我国地空导弹研制历史上的一个重要里程碑；2007年，该型号荣获国家科技进步奖特等奖，作为型号总指挥的王国祥为此作出了不可磨灭的历史贡献。

王国祥

第五章

鞠躬尽瘁 壮心不已真英雄

王国祥多年身患糖尿病，但他从来不把自己当作一个病人。每次试验进场，都少不了他忙忙碌碌的身影。常年出差，家对他来说更像是一个旅店，他陪伴家人的时间少之又少，对此他充满愧疚。他总觉得时间不够用，因为他要干的事情实在是太多太多。

1. 聚少离多忙工作

从一名普通的技术员，一路成长为二院院长，再到担任二院科技委主任、型号总指挥，王国祥在每个工作岗位上都将全部的精力投入到工作中，不管是领导、同事还是试验队员、车班司机，凡是认识他的人都知道“王院长干工作很拼”。为了工作，王国祥牺牲了几乎所有陪伴家人的时间，甚至也牺牲了自己的健康。

早在哈军工读书期间，王国祥和后来的妻子王玉珠已经相识，毕业后，王国祥来到北京，而王玉珠被分配到甘肃某基地工作，两个相恋的年轻人经受住了异地的考验，最终走到了一起。那时候，两地交通十分不便，路上需要乘坐四天三夜的“绿皮火车”，夫妻俩很少有机会聚在一起。好在王国祥和妻子每年都有十几天的探亲假，这是两个人每年少有的团聚机会。但当时王国祥实在是太忙了，他也不舍得将宝贵的时间耽误在路途上，所以每年都是妻子王玉珠到北京来探望他。直到多年后，王玉珠调到北京工作，两个人才结束了长达十年的两地分居生活，而在这期间，王国祥甚至从来没能抽出时间到甘肃探望一次妻子，每当提到这件事，他都难掩对妻子的愧疚。好在多年后，因为型号试验原因，他终于有机会去往基地，亲眼见到了妻子曾经战斗了十年的地方。

2004 年，王国祥与妻子王玉珠

在王国祥小儿子王立成的记忆中，小时候对于父亲最大的印象只有一个字“忙”。据他回忆：“父亲几乎每天都会加班到深夜才回家，很少有时间陪伴家人，即使是周末和节假日，也极少能完整地待在家里一天。他经常是留下一句‘今天单位有点事，我得过去一趟’，就匆匆忙忙出了家门。记忆中，家里的事情都是由母亲一手操办，我和哥哥的学习也一直是母亲在管，父亲很少有时间过问。为此，母亲没少埋怨父亲，这时候总会听到父亲愧疚地安慰道‘最近实在是太忙了，等过了这段时间就好了’，可一家人这一等，父亲一辈子过去了，却从来没有等到他闲下来过。”虽然很少得到父亲的陪伴，但在家庭环境的熏染下，王国祥的两个儿子最后都像父亲一样读了军校，毕业后进入国防系统，为国防建设兢兢业业工作。

由于早年在军校就读，王国祥年轻的时候身体素质很好，或许也是由于这个原因，他对自己的健康情况从来都不太在意。二院职工每年都有免费体检的福利，但对于王国祥来说，花半天时间进行一项又一项的身体检查简直是一种煎熬，是对宝贵工作时间的浪费，后来他工作忙的时候，便索性不去参加体检，久而久之身体有了问题也没能得到及时发现和治疗，落下了不少毛病。担任院领导职务之后，王国祥比以往更加忙碌了，每年到了体检的时候，他的秘书严华便提醒他要抽空检查一下身体，他总是摆摆手说：“我身体硬实得很，去体检不是耽误时间吗，再说了体检又不是治病，有这功夫我还不如多干干工作呢。”后来在严华的反复提醒下，王国祥才勉强每隔一两年去体检一次。

2. 心底无私天地宽

王国祥的一生都是在为国防建设而奋斗，他从来不计名利得失。他总是首先想到别人，而自己则甘心隐于幕后。但在面对挫折和困难，需要承担责任时，他总是第一个带头冲在前面。

王国祥在工作中从来不计个人得失，但是非常重视维护普通职工的利益。航天产品质量问题“双五条”归零包括技术归零和管理归零两个部分，对于管理归零，“五条标准”的其中一条就是“严肃处理”，这在很多单位演变成了对责任人的经济处罚。但王国祥认为，对于技术人员，由于认识不到位而带来的设计类质量问题，不宜采取经济处罚的措施。有一次，型号试验屡遭不顺，按照集团和院里的相关规定，“两总”都要罚钱，王国祥对此并无异议，愿意接受处罚。但当他得知团队里其他副总师和主任设计师也要被罚钱时，便提出了反对意见。最后，在和张福安总师商议后，两人和院领导进行了深入沟通，团队其他成员没有被处罚，并通过团队共同努力最终解决了问题。

2007 年，王国祥带领团队研制的型号获得了国家科技进步奖特等奖，这是在国家层面对型号研制团队的肯定与褒奖，届时将在人民大会堂举办隆重的颁奖大会，会有国家领导人接见、合影，对于一个科研工作者来说这是至高无上的荣耀。但当时王国祥正与团队成员一起在外场开展一场重要的试验，为了保障试验成功，王国祥请型号副总指挥马总代替他去人民大会堂参加领奖，自己则坚决不肯离开试验现场，在他看来，“去人民大会堂没有我可以，但这里的试验不能没有我”。

当时的试验队员们受到王国祥总指挥人格魅力的感染，都想留在外场继续参加试验，型号总师张福安说“总指挥不去，我这总师也不去”，副总指挥马总也表决心说，“总指挥不去，我这副总指挥也不去”。王国祥笑着劝他们：“放心，这边有我顶着就够了，你们还是得代表团队去参加，这是团队共同的荣誉。”在他的坚持下，作为团队中获奖排序第一的总师张福安和指挥战线代表马总参加了那次颁奖。据马总回忆，颁奖后合影时她正好站在国家领导人身后，那份荣耀让她永生难忘，而王国祥总指挥淡泊名利、大公无私的高尚情操更是让人由衷地钦佩。

在采访王国祥家人的时候，他的儿子王立成搬出父亲生前厚厚一摞各种各样的荣誉证书，这其中包括“全国五一劳动奖章”“国家科技进步奖特等奖”“航天总公司先进工作者”等等。王立成说，连家人都不知道他生前居然获得过这么多的荣誉，他从不声张，也从来都没有告诉过家人，这些荣誉证书，是在王国祥逝世以后，经院办的工作人员整理以后交还给家属，他们才知道的。

3. 化作春泥更护花

人才兴，事业兴。人才才是我国航天事业不断取得重大进步和科技创新的关键所在。在型号研制早期，王国祥还在担任院长职务期间，就与张福安总师一起商议，在培养年轻一代技术骨干方面打破常规，提前谋划布局，在尊重人才、爱惜人才和科学培养人才上表现出卓越的远见和魄力。

齐总和屈总现在都是二院重点型号的总设计师，都是不可多得的宝贵人才。说起来，他们二人的成长经历，和王国祥与张福安的一项重要决定密切有关。2001 年的时候，齐总还是 23 所的一名主任设计师，屈总是二部刚刚毕业不久的一名博士研究生，为了让他们二人在技术上全面发展，王国祥和张福安决定，让二人对调工作，齐总到二部从事地面武器系统总体研制工作，屈总到 23 所从事雷达系统研制工作。二人后来在型号研制历程中，都发挥了特殊而重要的作用，成长为担当大任的航天英才。这种交叉培养人才的模式，是对年轻骨干人才的大胆使用，更是一项管理创新。

王国祥十分重视型号各专业领域技术带头人的培养，对年轻的技术骨干敢于压担子，进行重点培养。包括武器系统总体、导弹系统总体、雷达系统总体、指挥控制系统、发射与地面设备、导引头引信等各专业领域，经过重大型号任务的锤炼，培养出了一大批总师、副总师级别的技术带头人和型号骨干队伍，可谓是既出精品装备，更出精英人才。

除了技术人才，王国祥还十分重视管理人才的培养。马总跟随王国祥身边，当了多年的副总指挥，耳濡目染从王国祥身上学到了很多领导艺术和指挥才能，后来担任型号总指挥后，为型号后续系列化发展作出了重大贡献。当年跟随王国祥工作的很多指挥线上的年轻人，后来都成长为担当大任的行政管理人才，有的还走上了集团领导、院领导、科技委领导等岗位，为航天事业传承发展发挥了关键的作用。

时至今日，他们中的每一个人，每当提到王国祥，都情不自禁地竖起大拇指，对他老人家充满了由衷的钦佩之情。

4. 试验队里“大家长”

王国祥作为型号总指挥，实际就像试验队的“大家长”，是整个试验队的主心骨，他对每一位试验队员都充满关心关爱，千方百计解决试验队在工作生活中遇到的各种问题，让队员们没有后顾之忧。

2001 年春节，由于试验任务极其紧张，为了尽早完成试验任务，王国祥与队员们选择了“舍小家，顾大家”，一起坚守在外场，都没有回家过年，这也是该型号研制历程中试验队集体在基地过的第一个春节。

对很多年轻的试验队员而言，不能回家过年多多少少有点遗憾。大年初一这天，王国祥组织队员们一起去试验场附近的东风水库和东风公园游玩，让大家放松身心的同时，缓解一下想家的情绪，队员们都玩得很高兴。

但就在返回驻地的大巴车上，意外发生了，25所的一名试验队员突然接到了家里人的消息，竟是她父亲猝然离世的噩耗，她一下子脑袋懵了，不由得大哭了起来，事情发生得太过突然了，毫无思想准备的她沉浸在悲伤的情绪中一时难以自拔。

王国祥很快得到了消息，他第一时间来看望和安慰这名队员，并通过各种途径想办法送她回家参加父亲的葬礼。当时进出基地的主要交通工具就是空军的值班飞机，每周只有固定时间的三个航班，但在春节期间正处于停飞状态，只能考虑陆路。但走陆路，如果坐火车，由于路途遥远，会错过葬礼时间，如果开车，路况恶劣再加上天气严寒，会很不安全，而且最快也需三天以上的时间，同样无法赶上父亲的葬礼。当时型号正处于关键时期，经过一番考虑，她最后决定留在基地继续参加试验。看着眼前这个故作坚强的女队员，王国祥心疼地安慰道："自古忠孝不能两全，留在基地就是为国尽忠，你的父亲一定会理解你的。"

同时，为了减少这名队员的后顾之忧，王国祥马上联系安排在北京的领导，代表这名队员和他本人，去家中吊唁看望。后来，试验队完成试验返回北京时，王国祥又专门请副总指挥马总到这名队员的家中看望慰问，让她和家人十分感动。许多年过去了，早已成长为型号副总师的这名队员，对当年的那一幕仍记忆犹新，对王国祥在她最困难的时候所做出的悉心照顾仍充满感激。

除了对在生活中遇到困难的试验队员悉心关怀，王国祥对于工作中处在困境的队员，更是常常加以耐心指导，让很多人感到受益匪浅。2002年，23所的小黄同志还是一位意气风发的年轻主管设计师，他负责指令发射系统的研制工作。在飞行试验时，由于他负责的指令发射系统频频出现发射机高压打火问题，严重影响了试验进度，让他本人深感压力巨大，精神渐渐跌到了谷底。在又一次出现问题后，从试验阵地回到红旗宾馆，沮丧的小黄把自己反锁在了宾馆房间，连晚饭也不过去吃了，任谁叫都不开门。

这个时候，王国祥派自己秘书张远刚过来叫小黄，他要亲自与小黄谈谈，及时化解年轻人心中的疙瘩。小黄压根没有想到，自己只是团队里一位并不起眼的年轻设计师，德高望重的王国祥总指挥竟然亲自和他谈心。这次谈话让小黄一辈子都难以忘记，王国祥不仅丝毫没有责怪自己，也没有在工作上提出要求，而只是从各方面开导他，帮着他卸下思想负担。在王国祥的开导下，小黄放下了思想包袱，再次信心满满地投入到排故工作中。后来，指令发射系统经过设计改进，经受住了后续试验的严苛考验。年轻的设计师小黄，也逐渐成长为一名副总师，在重点型号研制工作中发挥了十分重要的作用。

王国祥总是细心地体察着每一位试验队员的需求和想法，给予大家无微不至的关怀，他的这种做法给很多人留下了深刻的印象，也得到了大家的一致爱戴。

5. 带病未敢忘忧国

担任型号总指挥时，王国祥长期与试验队员们共同驻扎在外场，吃住都和大家在一起，还经常和大家一起加班调试，尽量做些力所能及的事。其实他当时已经患上了严重的糖尿病，常年靠注射胰岛素支撑。一开始，周围的人并不知情，直到有细心的队员发现，王总指挥一旦意外磕着碰着，伤口总是好得比一般人慢很多，这才知道原来王总指挥一直是带病工作。虽然身体经常不适，但王国祥强烈的事业心和责任感，使他坚持带领着队伍度过一道道难关，直到定型成功后，他仍然坚持参加每一次型号外场试验。

在他看来，型号产品是值得用生命去守护的珍宝，完成好每一次试验任务是他最执着的信念。

2009年，王国祥再次因病住院，经过一段时间治疗，王国祥的病情逐渐稳定下来。但家人看他身体日渐消瘦，希望他多休息一段时间，但他心系试验队，一心想着病情轻了赶紧赶回去。面对大家的担心，他不以为然地说道："我的身体还好，你们放心。"说罢就让秘书帮着收拾资料，带着还没打完的吊瓶就赶往了外场。

回到试验队，王国祥了解了试验进展情况后，马上投入工作状态，试验准备、人员调配、问题排查、后勤保障，王国祥把一切都安排得井井有条，在他的带领下，试验进展非常顺利。试验队员们无一不被王国祥对待工作的严肃负责所打动，在他的感召下，全体队员争先恐后地投入到紧张的试验任务中。虽然试验任务进展很顺利，但试验队员们也渐渐发现，他们再熟悉不过的这位总指挥，身体正迅速地消瘦下来，慢慢地眼窝也凹了下去，甚至有时候走路都变得困难起来。

大家非常担心总指挥的身体健康状况，纷纷劝说他回北京检查下身体，他却总是摇摇头说"没事，试验要紧，我还坚持得住"。就这样，王国祥在试验队又整整战斗了半年，后来因为身体实在过于虚弱，他才在众人的一再坚持下坐上了回北京的飞机。据当时接机的同事回忆，王国祥从机场出来时，已经虚弱得两腿几乎走不了路了。在院里的协调下，医院迅速组织专家进行了会诊，结果王国祥总指挥被确诊为肝癌。

在得知结果后，王国祥的亲人和同事们都感到非常难过，但他本人却显得平静坦然，在配合着医院治疗的同时还念念不忘外场试验队的工作。但随着病情的恶化，他的身体变得越来越瘦弱，体重一度下降至不到90斤，眼睛里也失去了往日的光彩，他经常疼得睡不着觉，需要靠止痛药和安眠药才能勉强入睡，到了最后甚至连说话都变得十分吃力。

2010 年春节，时任航天科工集团公司总经理许达哲来医院探望，王国祥赶忙让小儿子王立成帮他摇起病床，慢慢地靠在枕头上坐着，和许达哲总经理聊了起来。在得知工作一切顺利后，王国祥的脸上露出了久违的微笑，他尽可能多地说出自己对今后工作的想法，希望能在生命的最后时刻留下更多有价值的东西。那一刻，坐在床边的王立成惊奇地发现，父亲竟一改病后的倦容，眸子里重新跃动起焰火一般的光芒。那天晚上，王国祥睡得分外香甜。

第六章

天不假年 但留清白在人间

2010年5月27日，带着对国家的挚爱、带着对航天事业的不舍，王国祥走完了他波澜壮阔的人生历程。他燃尽一生，为祖国的航天事业点亮了一把炬火，为后人树起了一座精神的丰碑。

1.“高层”拥有知名度

王国祥一生的最高行政职务是航天二院的院长，但他的名字却被很多党和国家领导人所熟知，在高层领导中拥有很高的知名度，有的甚至因为型号研制任务结下了深厚的友谊。

1999 年 10 月，时任中共中央政治局委员，国务院副总理，中央企业工委书记的吴邦国同志，到二院生产基地视察工作。吴副总理隔着长长的迎接队伍，离老远就开始喊：“老王呢？王国祥呢？”王国祥也大声回答：“首长，我在呢，还没轮到我呢！”众人听了哈哈大笑。大家都没有想到，原来在中央领导那里，王国祥的知名度居然这么高！

原解放军总装备部部长，后担任中央军委副主席的曹刚川同志对第三代防空导弹武器系统研制工作十分关注，对该型号科研人员倾注了特殊的感情。作为“杀手锏”装备，国家和军队急需，曹副主席一直对该型号寄予厚望，对王国祥总指挥、张福安总师更是像老朋友一样，工作上指导，生活上关心。

2005 年，时任中央军委副主席曹刚川在看到定型试验圆满成功的情况报告后，随即做出批示：航天科工集团殷总经理并王、张两位老总，这个材料是我出访回国后看到的，心情十分激动，引起诸多回忆。你们经历千辛万苦，攻克重重难关，终于圆满完成设计定型试验，而且超出设计指标。我衷心向你们并通过你们向从事型号研制的全体同志表示热烈的祝贺。望再接再厉，善始善终，圆满完成后续工作，抓紧完成定型要求，尽快生产装备部队。

曹副主席曾经对王国祥总指挥、张福安总师讲过，等到研制成功的那一天，他要送两位老总一人一瓶自家珍藏的老酒作为特殊“奖励”。一开始，

王国祥（中）参加职工座谈

大家都以为曹副主席是开个玩笑，没有当真。让人没想到的是，定型试验圆满成功之后，曹副主席果真派人给两位老总一人送来了一瓶老酒，让大家感到欣喜万分。这两瓶老酒成为那段艰难研制历程和峥嵘岁月的历史见证，既体现了军委领导对型号研制队伍十多年辛勤工作的充分肯定，也表达了对型号研制人员的关爱与心意，更是对王国祥总指挥、张福安总师“十年铸一剑”执着精神追求的高度赞扬！这是一份无上的荣誉。

2. 众人眼中“王院长”

王国祥虽然在二院领导的位置上干了多年，但他没有一点官架子，平易近人，和蔼可亲，不管走到哪里，都能与群众打成一片，与所有的人相处都非常融洽。同时王国祥也是真心实意地关心下属，对下属人员无论工作还是生活上的困难，他都是竭尽全力给予支持和帮助，努力解决好每一名职工的后顾之忧。大家也都是从心底里尊敬他、拥护他。

身边工作人员一直都称呼王国祥为“王院长”，即使在他不担任院长职务了之后。大家只要一提到“王院长”，都明白指的是王国祥院长。这不仅是因为他当过二院院长，更是因为他赢得了身边工作人员内心无比的尊重。“有他坐镇，我们心里就觉得踏实。”这是身边工作人员对这位老领导最朴实的评价。

王国祥作风十分严谨，工作中最不喜欢听到别人说“马上”二字，当他听到下属人员电话里说“马上到”时，他就会毫不客气板起脸批评，“马上，什么马？你要说十分钟也行，八分钟也行，或者十分钟左右、八分钟左右都行，但不能说马上。”

王国祥对身边工作人员要求非常严格，从不搞特殊照顾。张远刚曾担任他的秘书，跟在他身边工作长达8年的时间。一方面，王国祥高尚的人格魅力深深感染了张远刚，他一心想把领导安排的工作做好；另一方面作为秘书，和王国祥朝夕相处多年，结下了深厚的感情，他也舍不得离开。

直到2005年，定型试验圆满成功，王国祥手头的工作终于告一个段落，此时张远刚跟在王国祥身边工作已经超过7个年头。有一天，王国祥把张远刚叫到自己的办公室谈话，虽然谈话时间不长，但直到16年后的今天，张远刚仍对那次谈话记忆深刻。

张远刚回忆道，跟在王院长身边那么多年，那是第一次，也是唯一一次看见王院长流泪。男儿有泪不轻弹，只是未到伤心时。王国祥对他说：“这么多年，对你的关心很不够，工作上提要求多，个人发展上为你考虑得太少，现在型号也定型了，到了该放你离开的时候了。”说完，只见王国祥眼角泪光闪烁。张远刚听到领导这样讲，也十分感动。他表态说，自己在王院长身边工作学到了很多，这是自己一生的宝贵财富。

张远刚感慨道，王院长的工作作风、管理艺术和高尚人格，潜移默化影响到了自己，使自己养成了忠厚老实、勤奋进取的性格特点，这对自己后面的事业发展起到了至关重要的作用。

2010年5月王国祥逝世之后，张远刚全程参与了老领导后事的办理。在王国祥家人们的眼中，张远刚已经成为这个家庭重要的一个成员。提到王国祥的离世，张远刚的心情至今仍难以平静，几度哽咽，“老爷子这辈子一点福也没有享受到就走了，他走得实在是太早了！”

3. 幽默风趣传美名

凡是接触过王国祥的人，对他都有两个突出的印象：一是说话风趣，二是没有领导架子。从在26所三室担任副主任直到后来成为二院院长，王国祥在对待同事的态度上始终如一地友好随和。

有一年做试验，接连两发导弹都发射失败了，因为当地环境是在山坳里，又是要对付“低慢小”的目标，用户要求在山坳里要完成拦截任务。当时一种声音是改进再研制，另一种声音认为这个不应该作为考核标准。最后通过和用户协商把这个考核项目去掉了。当时总指挥王国祥风趣地说：“我们这个型号是打飞机的，打苍蝇打蚊子，我们还不如苍蝇拍呢！”王国祥经常用这种诙谐的方式，与用户进行坦诚的沟通协调，最终得到用户的理解与认可。

从20世纪80年代末开始，出于二院发展的需要，王国祥多次出国考察和洽谈业务，主导组建了中美GE航卫公司、美国AMT公司等，为二院的国际化发展作出了巨大贡献。

王国祥（前排左一）与美国GE公司代表会谈

有一次，王国祥以中美GE航卫公司总裁的身份赴外参加管理人员培训，学习国外先进的管理理念，同期培训的有不少都是国际知名企业的老总和高管。在饭桌上，有一位新加坡籍华裔老板和王国祥相谈甚欢，当聊到汽车时，那位华裔老板突然好奇地问道：“您的座驾是什么牌子的，宝马还是大奔？”王国祥笑了笑，一本正经地回答道“永久牌”，那位华裔老板一时没有反应过来，思考了良久，好奇地问道：“恕我孤陋寡闻了，请问永久是哪家汽车厂生产的，多大排量？”王国祥答道“二八”，随即忍不住笑了起来，华裔老板一时摸不着头脑，经过解释后也忍不住笑了起来。但他却无论如何也难以相信，眼前这位总裁竟朴素到每天依靠自行车上下班。

王国祥总是用最简单的语言来讲述最复杂的道理，形成了独特的语言风格。开会讲话，他从来不喜欢念稿子作长篇大论式的报告，也不讲套话空话，三言两语就能抓住要害重点，让人心服口服。讲的都是干货实货，时间长了大家都喜欢听他讲话，听他讲话既鼓舞人心，又是一种精神享受。当大家对工作量、任务量的艰巨性估计不足时，他一脸严肃地提醒大家说：“吃面条和吃饺子能一样吗？”吃饺子当然比吃面条费事多了，大家听完都忍不住笑出声来，也理解了他的良苦用心。

4. 偷得浮生半日闲

王国祥是一位十分热爱生活的人，也是一位性情中人。年轻的时候他喜欢打篮球，是一位运动健将。虽然个子不高，可动作十分灵活，年龄大了以后才逐渐远离了球场。自从当了院领导以后，他闲暇的时候很少，但偶有闲暇，他也会与大家打打扑克，适当放松一下自己。

王国祥还有一大爱好，就是养花种树。他总喜欢住在一楼，虽然住所几经搬迁，住的却始终是一楼。这是因为他非常喜欢养花种树，而这种愿望只有住在一楼才能实现。

退休后的王国祥

“偷得浮生半日闲”，经常用来形容在繁忙的工作中偶得宝贵的闲暇时光。对于王国祥来说，“半日闲”经常都是一种奢求，但一旦有些闲暇时光，他也会侍弄侍弄花草，浇水施肥、修剪枝叶，这是他一辈子乐此不疲的事情。

20 世纪 90 年代初，王国祥搬家搬到了玉泉路 16 号院的二院家属区，当时他住的房子后面有一块空场地，但杂草丛生，又堆满了乱七八糟的废弃物，到了夏天蚊蝇乱飞、一片狼藉。王国祥利用空余时间，发扬愚公移山的精神，硬是一点一点把这一块空场地清理了出来，种上了树木和花草。经过他的精心打理，之前这个脏乱差的地方终于变成了一个美丽的小花园，人们从此经过，再也不用捂着鼻子绕着走了。

后来，王国祥搬家搬到了永定路 85 号院的二院家属区。这一住，就是一辈子，直到去世他再也没有离开过这里。

同样是一楼，这处单元房的阳台外，是一个小园子。时至今日，这个小园子里还生长着好几株果树，有海棠、樱桃、杏树，还有无花果树，这些果树都是王国祥当年亲手种下的。园子不大，但却打理得十分干净整洁。

我们去采访的时候正值 2021 年的初冬，海棠叶子已经飘落殆尽，红彤彤的海棠果挂在光秃秃的树枝上，像一颗颗跳动的火焰，映衬着刚下过的一层白雪，在冬日阳光的照耀下，显得分外美丽妖娆。

“一丛梅粉褪残妆，涂抹新红上海棠。”这棵胳膊般粗细的海棠树，正是王国祥刚搬迁过来的时候种下的树苗，如今已是果实累累。除了这棵海棠，紧靠围墙的地方还长有一棵樱桃树，明显要比其他几棵果树更粗壮一些，它结出的果实一定又大又甜吧。

园子的围墙上，还生长有蔷薇花。王国祥的小儿子王立成现在就住在这里，他拿出夏天时拍摄的蔷薇花盛开的照片，红白相间的蔷薇花镶嵌在绿叶丛中，像瀑布一样铺满了整个围墙，十分壮观。这一定是老人家最喜欢看到的人间美景。

据王立成回忆，父亲王国祥虽然十分喜欢花草果树，但因工作繁忙，有很长一段时间他根本没有时间打理它们。直到 2007 年以后，随着型号研制成功，再加上他自己的身体也出了问题，不得不让自己慢下来，这才终于有了点时间忙于他平生最喜欢侍弄的花花草草。

如今，园子曾经的主人已经去了远方。微风徐徐，园子里的果树像是在诉说着无尽的思念。

5. 问渠哪得清如许

事业在传承中发展，历史照见现在，也昭示着未来。让人倍感欣喜的是，一代代的航天人在成长，祖国的航天事业朝气蓬勃、后继有人！时至今日，我国空间站建设取得令世界瞩目的成绩，航空母舰、战机导弹等各型装备发展更是日新月异，王国祥老院长曾主导研制的武器系统系列型号已经全面开花结果，作为国家防空领域的主战装备，成为国防建设的中坚力量！

“问渠哪得清如许？为有源头活水来。”当初参与了该型号研制任务的团队成员们如今也大都成长为二院科研生产各条战线上的骨干力量，他们正沿着老一代航天人的足迹不断取得新的进步。王国祥老院长如果地下

王国祥与妻子王玉珠及孙子在一起

有知，他一定会非常欣慰！

2018年，在王国祥逝世八年之后，他的孙子受爷爷的影响，研究生一毕业，就毅然选择了航天，并投入到当年爷爷一生挚爱的这个型号当中。正是应了二院人的那句话“献了青春献终身，献了终身献子孙”。

“虽然爷爷那时老不着家，一出差就是好几个月，但我能体会到爷爷对型号的感情，作为孙子辈，我觉得自己有责任继承爷爷的遗志，将这个型号干下去。”小王话语朴实，目光坚定，这份对爷爷的爱，还有对型号发展的使命感，使人不由得感慨万千，祖国的航天事业总是在继承中不断向前发展的。

“俏也不争春，只把春来报。待到山花烂漫时，她在丛中笑。”毛泽东主席的这首《卜算子·咏梅》，就是对王国祥鞠躬尽瘁、把毕生心血献给祖国航天事业的生动写照！

祖国终将选择那些忠诚于祖国的人，祖国终将记住那些奉献于祖国的人！（撰稿：魏广宇、刘尚钞、杨雯）

王国祥大事年表

- **1940 年**

  8 月 26 日，出生于辽宁省北镇县廖屯乡。

- **1949 年 9 岁**

  9 月，正式入学，就读于辽宁省北镇县第六区沈屯村初级小学。

- **1954 年 14 岁**

  9 月，入读辽宁省北镇二中。

- **1955 年 15 岁**

  转入辽宁省北镇中学。

- **1956 年 16 岁**

  4 月，于辽宁省北镇中学加入中国共产主义青年团。

- **1960 年 20 岁**

  7 月，保送入读哈尔滨军事工程学院导弹工程系，导弹无线电控制专业。

- **1961 年 21 岁**

  3 月，由魏耀纪、吕金铭介绍加入中国共产党，1962 年按时转正。

- **1966 年 26 岁**

  2 月，加入七机部二院 26 所三室，担任见习技术员、技术员。

- **1967 年 27 岁**

  10 月，与王玉珠结婚。

- **1968 年 28 岁**

  9 月，长子王立新出生。

- **1971 年 31 岁**

  3 月，次子王立成出生。

  5 月，任七机部二院 26 所三室副主任。

- **1975年 35岁**

  3月，于河南正阳五七干校学习，被评为五七干校先进学员。

- **1978年 38岁**

  3月，任七机部二院26所科技处副处长。

- **1979年 39岁**

  4月，任七机部二院四部科技处副处长。

  12月，评聘为二院四部工程师。

- **1980年 40岁**

  荣获七机部二院四部嘉奖。

- **1981年 41岁**

  被评为七机部二院四部先进工作者。

- **1983年 43岁**

  6月，任航天部二院四部科技处处长。

- **1984年 44岁**

  2月，任航天部二院四部副主任。

  12月，任航天部二院四部主任。

  荣立二院四部三等功。

- **1986年 46岁**

  9月，任航天部二院计划部部长。

  获评北京市国防工业工会先进个人。

- **1987年 47岁**

  6月，评聘为高级工程师。

  荣获航天部技术进步一等奖、年度经营管理学术征文三等奖。

- **1988年 48岁**

  11月，任长峰科技工业集团公司副总经理。

  12月，任航空航天部二院副院长。

  荣获航天部技术进步三等奖、中国数量经济学会“优秀论文”。

- 1989年 49岁

  荣获二院研讨会一等奖。

- 1991年 51岁

  参加新加坡国立大学管理培训。

  荣获二院经营管理学术征文一等奖。

- 1992年 52岁

  获评二院优秀共产党员、京区优秀共产党员，政府特殊津贴。

- 1993年 53岁

  8月，评聘为研究员。

  荣获航天总公司“航天奖”。

- 1994年 54岁

  10月，任航天总公司二院副院长、长峰科技工业集团公司董事、常务副总裁。

- 1995年 55岁

  参加美国GE公司高级管理人员培训。

  获评国家机关优秀职工之友。

- 1998年 58岁

  1月，任航天总公司二院院长、长峰科技工业集团公司董事长兼总裁。

  荣获中国航天基金奖。

- 2000年 60岁

  7月，任中国航天机电集团公司二院科学技术委员会主任。

  8月，任第三代防空导弹武器系统总指挥。

- 2002年 62岁

  3月，任中国航天科工集团公司科学技术委员会委员。

- **2004 年 64 岁**

  8 月，任中国航天科工集团公司科学技术委员会常务委员、第三代防空导弹武器系统总指挥。

  获评航天科工集团劳动模范。

- **2005 年 65 岁**

  获评二院第三代防空导弹武器系统研制特殊贡献个人。

  12 月，荣立国防科技工业武器装备型号研制个人一等功。

- **2005 年 66 岁**

  5 月，荣获中国航天事业 50 年“杰出贡献奖”。

- **2007 年 67 岁**

  8 月，荣获国家科技进步奖特等奖（排序第二）。

- **2008 年 68 岁**

  4 月，荣获全国五一劳动奖章。

- **2010 年 70 岁**

  5 月 27 日，因病在北京逝世。

参考文献

［1］马杰．筑梦空天——航天精神在二院［M］．北京：中国宇航出版社，2020.

［2］航天工业部第二研究院院史编委会．航天工业部第二研究院院史 (1957—1987).1987.

［3］中国航天科工集团二院院史编委会．中国航天二院院史 (1987—2007).2007.

［4］中国航天二院党委工作部．回首五十年——二院建院 50 周年征文选 .2007.

［5］二院：《新宇报》（1984—1999）.

［6］二院：《航天长峰》（2000—2002）.

［7］高小林．导弹工程学［M］．哈尔滨：哈尔滨工程大学出版社，2018.

后 记

经过一年多的努力，《导弹人生》终于付梓。本书是在中国航天科工集团第二研究院党委领导下完成的，由党委工作部牵头策划和组织编写，以记录型号两总生平为主要内容，按照时间顺序描述、记录两总工作、科研、生活的诸多方面，是社会了解两总人生故事、学术之路、科学贡献的渠道，同时也是航天系统记录型号研制、发展脉络、重大成就的珍贵资料。

讲述两总故事，只有充分收集和利用史料并加以甄别，才能达到史料性、真实性、科学性和可读性的统一。在整个撰写过程中，编写组始终恪守这一认知。为了客观、真实展现型号两总的故事，准确描述两总一生中重大事件发生的时间、地点、经过等信息，编写组查阅了航天档案馆、二院档案馆等馆藏的文书档案、照片档案等， 参考了《二院院史》《二院年鉴》《新宇报》等材料，学习阅读了《中国航天院士传记丛书》等资料，走访了两总、家属、同事等 90 余人，收集整理了宝贵素材和口述资料。二院领导对本书写作方向进行了总体把关和材料审定，部分院士、老领导、老专家和现任相关型号两总等对本书进行了审阅，并对书稿撰写提出了许多建设性意见。

主要撰写者为:《钱文极的故事》, 罗朝晖;《徐馨伯的故事》, 赵东兴、刘璇；《陈怀瑾的故事》，陈仕正、雷莉；《柴志的故事》，季国；《耿锐的故事》，周平平、任中姣、崔雪妍；《谈风奎的故事》，刘文、张丙菲；《徐乃明的故事》，李乔、王国龙、张菲菲；《陈国新的故事》，李露琪；《吴北生的故事》，王俊冬；《沈忠芳的故事》，方格子、刘栩、王秀玲；《张福安的故事》，苗译文、郭瑜童、黄硕、姜琳、郭良栋、徐菁、萧倩；

《王国祥的故事》，魏广宇、刘尚钞、杨雯。

在撰写过程中，参考、引证了已经出版的多种书籍、资料，致以谢意。本书经反复修改，八易其稿，终于完成。由于时间跨度长、历史年代久、见证人员少，在较短时间里，全面展现型号两总一生经历和突出贡献，难免力有未逮。有疏漏及不妥之处，敬请斧正。

编写组

二〇二二年四月